한국목간학회총서 21

木簡과 文字 연구

21

| 한국목간학회 엮음 |

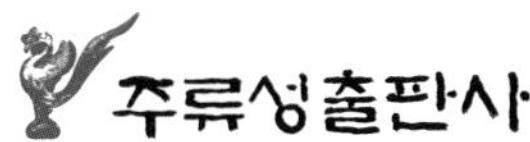

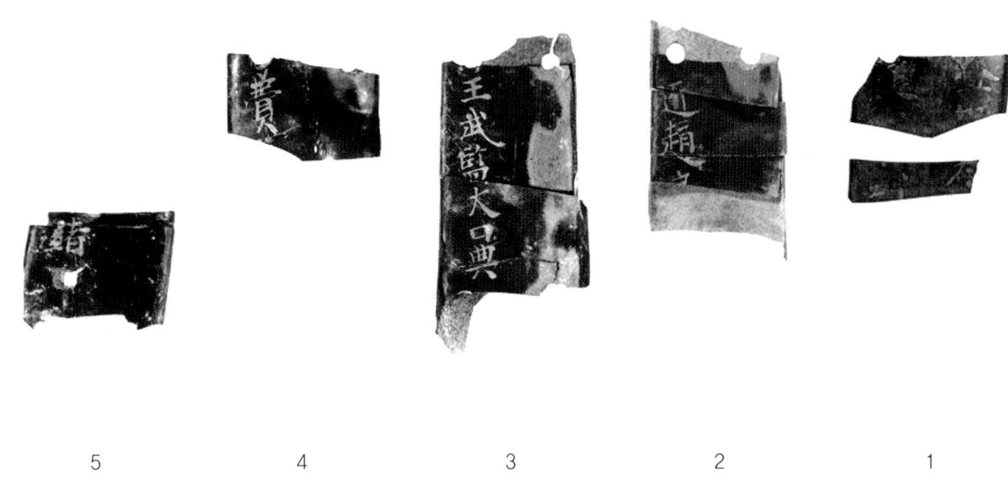

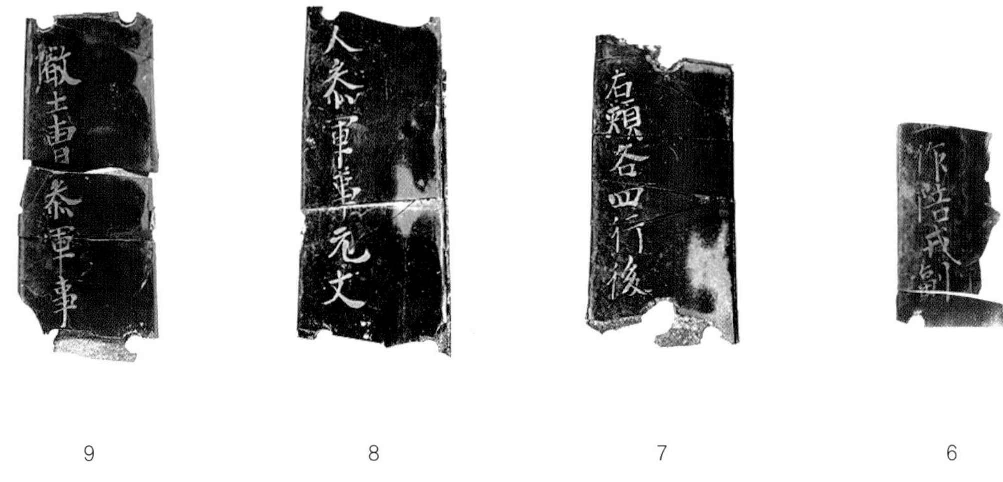

公山城 출토 칠피갑옷 명문(1~9)

公山城 출토 칠피갑옷 명문(10~18)

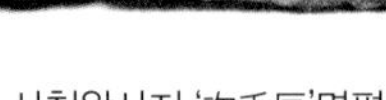

사천왕사지 '次壬辰'명편

사천왕사지 '銘曰'명편

〈전면〉 〈후면〉

사천왕사지 '無窮其德十也'명편

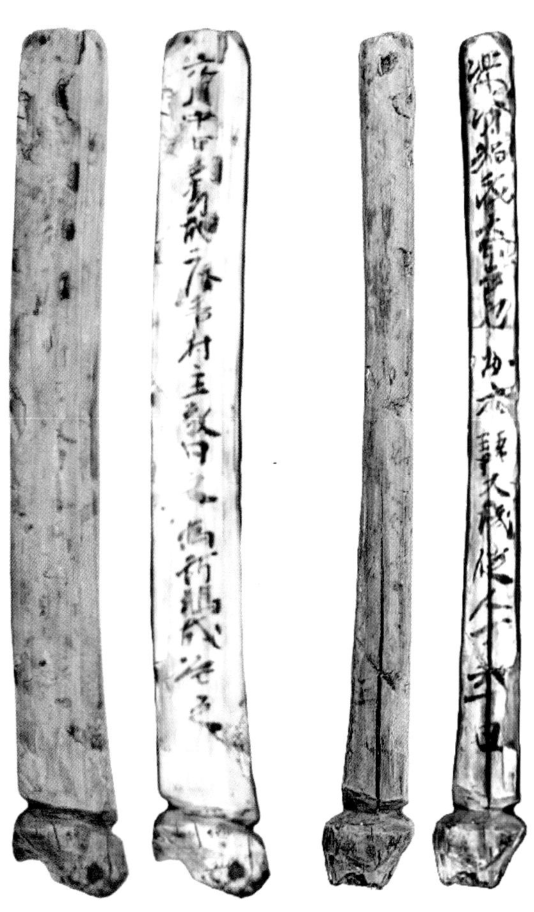

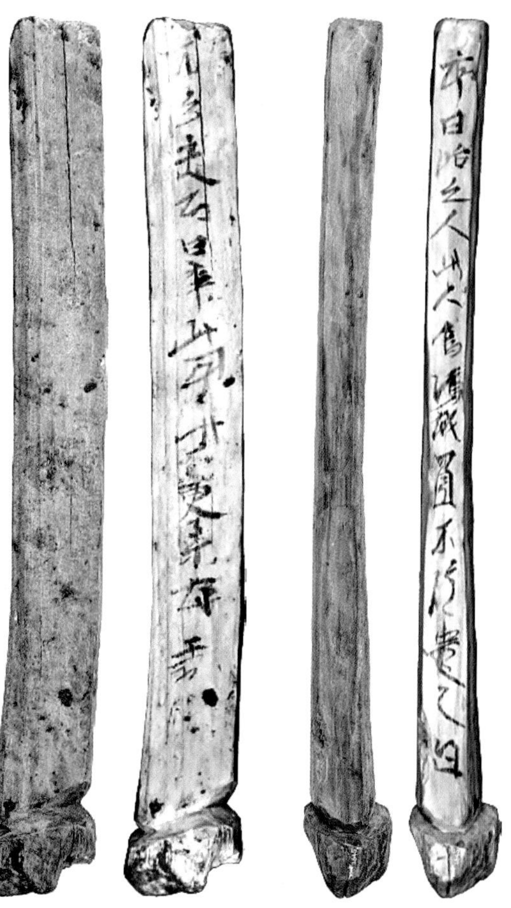

함안 성산산성에서 출토된
가야 2645목간(4면 목간)

秋田城跡 출토 漆紙文書 적외선 사진

1지굴 명문
(오세윤 사진작가 촬영)

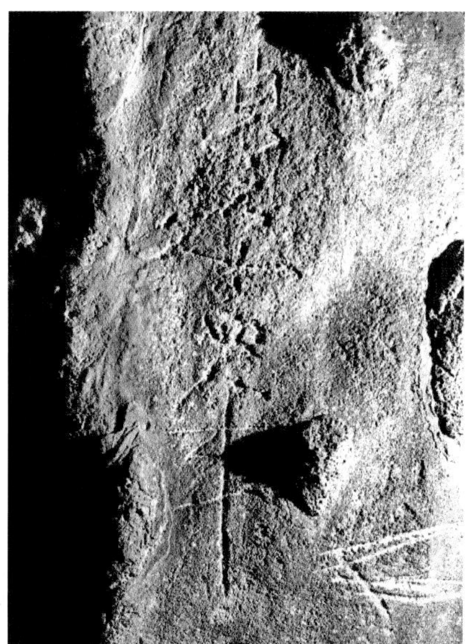

2지굴 명문

울진 성류굴 제8광장 신라 각석문

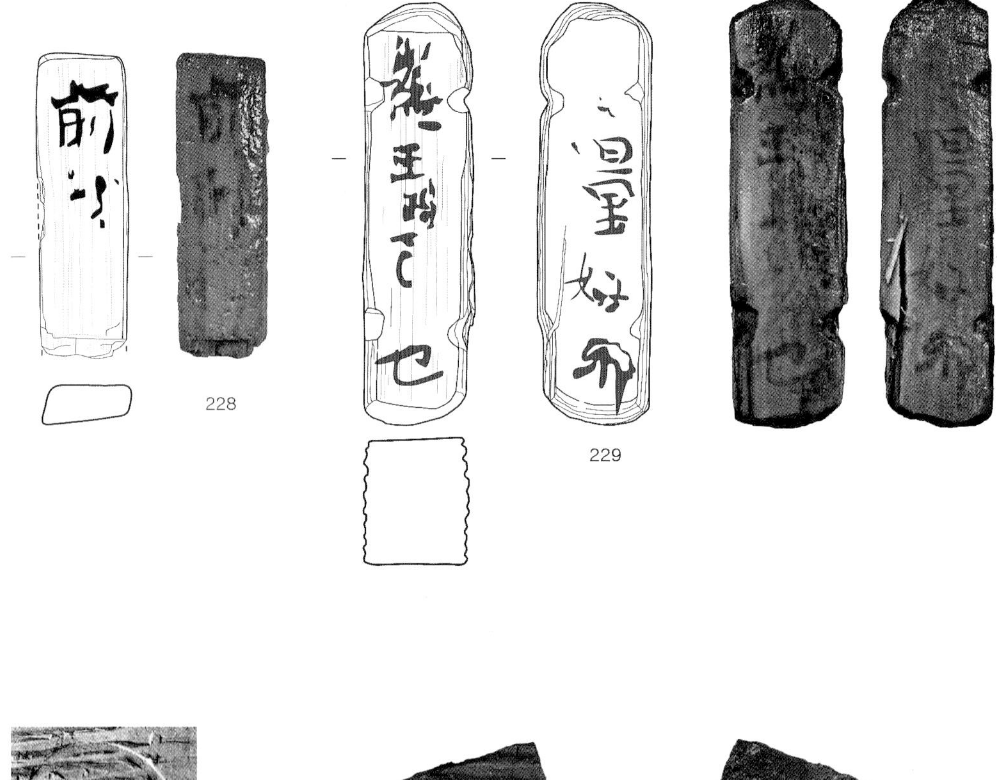

문자 세부

미륵사지 출토품

부여 석목리 143-16번지 유적 출토 목간과 인각와

木簡과 文字

第22號

| 차 례 |

특집 1 함안 성산산성 출토 목간의 신검토

특집 2 한국과 일본 목간의 비교 연구

논문

신출토 문자자료

해외현장조사

휘보

부록

특집 1

함안 성산산성과 출토 목간의 연대

함안 성산산성 출토 문서목간과 力役 동원의 문서 행정

함안 성산산성 목간으로 본 6세기 신라 촌락사회와 지배방식

함안 성산산성 출토 부찰목간의 지명 및 인명 기재방식과 서식

함안 성산산성과 출토 목간의 연대*

김재홍**

〈국문초록〉

함안 성산산성이 다른 신라 산성과 다른 점은 동문과 동성벽 주위의 고고환경이다. 동성벽은 體城壁과 內壁補築으로 이루어져 있고 이를 보완하기 위해 浮葉層을 조성하였다. 논쟁의 핵심은 체성벽과 내벽 보축(부엽층)을 동시에 축성하였느냐, 아니면 다른 시기에 축성하였느냐이다. 내벽 보축과 부엽층에서 출토된 유물은 7세기 전반의 것도 있는 것으로 보아 내벽 보축과 부엽층은 7세기에 조성되었을 가능성이 있다. 그러나 체성벽은 그 자체 완결된 성벽 형태이나 내벽 보축 속의 토기로 보아 6세기 3/4분기일 가능성이 있다. 따라서 성산산성은 6세기 후반에 初築되었으나 이후 7세기 전반에 보축하는 과정을 거쳤을 것으로 보인다.

목간의 사용 연대도 2시기로 나눌 수 있다. 하나는 연대표기상 '○月中'과 같이 어미로 中을 사용하는 경우로 6세기 중반까지 예가 나타나므로 6세기 3/4분기로 비정할 수 있다. 이것은 그 내용으로 보아 문서목간으로 추정되며, 성산산성을 초축할 때 동원된 인원의 관리나 산성의 운영과 관련되었을 것으로 보인다. 다른 하나는 '壬子年(592년)'과 같이 구체적인 간지를 기록한 경우로서, 임자년은 592년으로 추정된

* 이 논문은 한국목간학회 제12회 국제학술대회에서 발표한 졸고, 2018, 「함안 성산산성과 출토 목간의 연대」, 『함안 성산산성 출토 목간의 국제적 위상』을 학술지 형식에 맞추어 수정·보완한 것이다.

** 국민대학교 한국역사학과 교수

다. 이것은 그 내용과 형태로 보아 하찰 목간으로 보이며, 성산산성을 운영하는 과정에서 운반된 화물의 꼬리표로 추정된다. 임자년명 목간을 포함하여 하찰 목간은 6세기 4/4분기의 연대를 상정할 수 있다.

성산산성 출토 하찰 목간에 보이는 지역단위는 (郡)-村-○那(방위명 자연취락) 등의 순서로 기입되어 있다. 촌을 기본 단위로 자연취락을 방위명으로 표시하고 있다. 551년에 만든 명활산성비에는 촌 단위 아래에 지역명보다는 촌락의 사람을 편제한 단위인 徒가 사용되고 있다. 아직 방위명 자연취락 단위가 활성화되지 않은 상태로 추정되므로 성산산성 목간의 연대는 551년보다 뒷시기의 것으로 보인다. 성산산성 목간에서 (군)-촌 단위가 잘 보이는 것과 같이 남산신성비에도 郡-村의 단위성이 보이므로 근접한 시기의 지역단위를 보이는 것으로 보인다. 내용상 완전히 일치하지 않으나 6세기 4/4분기의 촌락 상황을 반영하는 것으로 추정된다.

▶ **핵심어: 성산산성, 문서목간, 하찰 목간, 壬子年, 浮葉層**

I. 머리말

함안 성산산성(사적 제67호)은 삼국시대 석축산성으로 조남산에 위치하며, 국립가야문화재연구소에 의해 1991년부터 2016년까지 17차에 걸쳐 발굴조사가 진행되었다. 20여 년 장기간에 결쳐 단일 성곽을 계획적으로 발굴조사하고 보고서를 간행하였다는 점에서 커다란 의의를 가지고 있다. 17차에 걸친 조사 결과, 삼국시대 축조된 신라의 산성임이 밝혀졌고, 성벽의 절개 조사, 토목공법상의 부엽층의 확인 등 여러 측면에서 새로운 사실을 많이 밝혀내게 되었다.

정밀한 산성 성벽 및 유구에 조사가 장기간 이루어졌으나 정작 성산산성이 주목을 받은 것은 부엽층 내부에서 출토된 신라 목간이다. 여기에서 신라 목간은 245점 정도 발견되었는데,[1] 한국 전체 고대 목간이 650여 점에 불과한 것을 보면 그 수량의 중요성을 짐작할 수 있다. 많은 수량과 더불어 내용상으로도 신라 삼국기 지방사회의 여러 모습을 알려주고 있어 신라 사회사 연구에 활력을 불어 넣고 있다.

이러한 중요성에도 불구하고 최근 목간의 작성 연대를 둘러싸고 여러 의견이 도출되면서 목간의 내용에 보이는 사회상이 흔들리는 현상으로 이어졌다. 단편적인 목간의 내용을 해명하기 위해 이전에 발견된 금석문과 문헌사료에서 얻어진 신라 삼국기 사회상과 연결하는 작업에 신중을 기해야 할 필요성이 제기되었다. 그럼에도 불구하고 목간의 내용을 중심으로 연구한 문헌사에서는 문서양식과 역사적 정황을 근거로 6세기 중반, 아라가야 멸망기인 560년 전후로 연대를 상정하였다. 아라가야 멸망, 성산산성의 축조, 목간의 제작 연대를 일치시키는 연구가 대세를 이루었다.

이러한 상황에서 목간의 제작 연대에 의문을 제기한 연구가 고고학에서 나와 목간 연대의 연구를 한

1) 국립가야문화재연구소, 2017, 『한국의 고대목간Ⅱ』.

단계 진전시키고 있다. 성산산성 축조 공법과 관련하여 성벽, 내부 부엽층 등을 검토하여 부엽층의 조성 연대를 7세기 전반의 늦은 시기로 설정하고 목간의 중심 연대를 비슷하게 보는 안이 나오게 되었다. 이어 성벽의 축조 과정과 유물을 검토하여 목간의 연대를 6세기 중반에서 후반이라는 넓은 시기를 부여하는 연구도 도출되었다. 모두 문헌사의 목간 연대에 새로운 관점이 필요하다는 것을 알려 주고 있으며, 이를 통해 구축한 신라 사회상에 대한 재검토를 요구하기에 이르렀다.

II. 목간 연대의 연구사

1. 목간 내용의 연대

함안 성산산성에서 목간이 발견되고 얼마 지나지 않아 목간 연구자들은 목간의 제작 연대를 560년 전후로 보는 연구성과를 내놓았다.[2] 물론 목간에 나오는 수취체계를 신라 진평왕대의 조부 설치와 관련지어 6세기 후반으로 보기도 하였으나[3] 이후 모두 6세기 중반으로 보는 견해가 대세를 이루었다. 그간 성산산성 목간과 그 작성 연대에 대해서는 여러 차례 연구사 정리가 이루어졌으므로[4] 주로 목간 작성 연대의 근거자료를 제시하면서 논지를 전개하기로 한다.

성산산성의 축조 연대와 목간의 작성 연대를 알기 위해서는 신라가 아라가야에 진출한 시점을 밝히는 것이 중요하다. 신라가 아라가야를 멸망시키고 어느 시점에 성산산성을 쌓았는가를 해명하여야 하기 때문이다. 『삼국사기』에는 "신라 법흥왕 때에 阿尸良國(아라가야)을 멸망시키고 그 땅을 郡으로 삼았다"는 기사가 있으나 거의 부정되고 있다.[5] 『일본서기』의 기사를 참조하여 560년 무렵에 아라가야(안라국)가 신라에 의해 멸망한 것으로 보고 있기 때문이다.[6] 이 무렵에 신라가 함안에 성산산성을 쌓았을 것으로 보고 있으며, 목간의 작성 연대도 산성의 축조 연대와 동일시하고 있다. 아라가야의 멸망, 성산산성의 축조, 목간의 작성 연대를 동일한 시기로 보고 이를 560년의 연대와 맞추고 있다. 이 경우 성산산성은 사료에 나오는 波斯山에 있는 성으로 보게 되었다.[7] 그런데 최근에 아라가야가 멸망한 시점에 신라가 파사산에

---

2) 李成市, 2000, 「한국목간 연구의 현황과 함안성산산성 출토의 목간」, 『한국고대사연구』 19; 주보돈, 2000, 「함안 성산산성 출토 목간의 기초적 검토」, 『한국고대사연구』 19.

3) 윤선태, 1999, 「함안 성산산성 출토 신라목간의 용도」, 『진단학보』 88; 김재홍, 2001, 「신라 중고기 촌제의 성립과 지방사회구조」, 서울대박사학위논문.

4) 이경섭, 2004, 「함안 성산산성 목간의 연구현황과 과제」, 『신라문화』 23; 전덕재, 2008, 「함안 성산산성 목간의 연구현황과 쟁점」, 『신라문화』 31; 이경섭, 2013, 「함안 성산산성 출토 신라목간 연구의 흐름과 전망」, 『목간과 문자』 12; 윤선태, 2017, 「함안 성산산성 출토 신라목간의 연구 성과와 전망」, 『韓國의 古代木簡 II』, 국립가야문화재연구소.

5) 이 기사를 부정하기만은 곤란한 측면이 있다. 이를 긍정적으로 보면, 법흥왕 때 멸망하였다는 의미는 후대의 관념이므로 당시 신라가 아라가야에 어떠한 식으로 영향을 미쳤을 가능성이 있다. 이를 해명하는 것도 중요한 과제이다.

6) 김태식, 1994, 「안라국의 성장과 변천」, 『한국사연구』 86; 주보돈, 2000, 앞의 논문.

7) 박종익, 1998, 「함안성산산성 성격규명」, 『함안성산산성』, 국립창원문화재연구소; 2000, 「함안성산산성 발굴조사와 목간」, 『한국고대사연구』 19.

축성한 성을 대현관문성으로 보는 연구성과가 제출되었다.[8] 이 경우 성산산성의 축조 연대는 6세기 중반이 아니라 6세기 후반 이후의 늦은 시기로 상정하게 된다. 물론 성산산성의 초축이 7세기 전반 늦은 시기라는 고고학적 견해를[9] 받아들인 결과이다.

문헌사료와 목간의 내용을 정합적으로 해석하여 아라가야의 멸망, 성산산성의 축조, 목간의 작성 연대를 동일한 시점으로 보는 시각이 성립하였던 것이다. 이와 관련하여 그동안 다루어져 온 목간 속에서 연대를 추정할 수 있는 근거를 정리한다.

최근 6세기 중반으로 목간 제작연대를 한정하려는 경향에 대하여 일시에 부정할 수 있는 자료가 17차 조사에서 출토되었다. 일명 임자년 목간이다.

219. 가야5599 壬子年□改大村□刀只/米一石

임자라는 간지는 6세기대에 2번 나타나는데, 하나는 532년이고 다른 하나는 592년이다. 먼저 법흥왕 19년(532)으로 보는 견해는[10] 성산산성 목간의 문장형식, '上干支'와 '大舍下智'[11] 등 관등표기 방식과 비교하여 도출하였다. 진평왕 14년(592)으로 보는 견해는[12] 공식적으로 처음 임자년이라 판독하고 연대를 부여하였다. 591년 11월 왜가 2만여 군사를 이끌고 규슈 츠쿠시(築紫)에 주둔하자 이에 대한 대비로 592년 임자년에 성산산성에 산성과 저수조를 축조하였고 이때 사용한 하찰 목간이라는 것이다. 성산산성 목간에서 처음으로 절대연대를 알 수 있는 목간을 특정하였다는 점에서 의의가 있다. 그러나 임자년 목간 하나만 가지고 성산산성 하찰 목간을 592년 임자년 무렵으로 보는 것은 주의를 할 필요가 있다.

다음으로 주목되는 자료가 외위인 上干支와 上干의 변화이다. 상간지 목간은 모두 3점이 출토되었으며, 김해1265, 가야4688, 가야5592 등이다. 상간지 목간을 통해 연대를 추정하니 이성시는 목간의 작성연대를 560년 전후로 고정하는 데 크게 이바지하였다. 신라 관위인 경위와 외위에서 干群 관위는 干支에서 干으로 간략하게 변화하는데 주목하였다.

진흥왕 22년(561)에 건립된 〈창녕진흥왕순수비〉에 干支군 관위는 '支'자를 생략하고 단지 '述干'과 같이 간이라고만 표기하였다. 그런데 550년 이전에 건립된 〈단양적성신라비〉에는 '下干支' 또는 '撰干支'라고 표기한 외위가 보이므로 550년에서 561년 이전 어느 시기에 외위 간지의 표기방식이 변하였으며, 이에 따라 목간 작성시기도 561년을 하한으로 고정하게 되었다.[13]

---

8) 서영교, 2017, 「아라 파사산 신라 성의 위치와 성산산성 축조시기」, 『한국고대사탐구』 26.

9) 이주헌, 2015, 「함안 성산산성 부엽층과 출토유물의 검토」, 『중앙고고연구』 16; 이주헌, 2015, 「함안 성산산성 부엽층과 출토유물의 검토」, 『목간과 문자』 14.

10) 박남수, 2017, 「신라 법흥왕대 '及伐尺'과 성산산성 출토 목간의 '役法'」, 『신라사학보』 40.

11) 대사하지를 경위 대사의 이표기로 보고 있으나 대사/하지로 끊어 읽어 대사는 경위, 하지는 인명으로 볼 수 있다.

12) 손환일, 2017, 「함안성산산성 출토 목간의 의미와 서체」, 신라사학회 제162회 월례발표회, p.29.

13) 이성시, 2000, 앞의 논문.

신라에서 관위를 표기하는 방식은 점차 간략화하는 방향으로 나아가고 있다. 특히 간지의 표기는 561년 무렵에 국가의 공식적인 비문에서 간으로 바뀌고 있다. 신라 중앙에서 공식적으로 간지에서 간으로 변하였으나 일상 문서나 목간 등에서는 변화가 일시적으로 일어나지 않았을 가능성이 있다. 함안 성산산성 목간의 상간지는 그러한 의미를 부여할 수 있다. 기존에도 〈무술오작비(578)〉의 '貴干支' 표기에 의거하여 561년 이후에도 지역에 따라 외위 간지 표기가 상당 기간 유지되고 있어 예외가 있었다는 견해가 제기된 바 있다.[14] 이를 '貴干/支'로 끊어 읽는 방식도[15] 있어 좀 더 고민할 필요가 있다. 그러나 성산산성 목간 중에서 일부는 산성의 축조와 관련되지 않은 것이 있었을 가능성이 존재하므로 상간지나 거벌척 등 6세기 전반에 보이는 용례는 560년 이전 시기에 사용되다가 어느 시점에 성산산성으로 옮겨졌을 가능성도 존재하는 것이다.

그런데 최근에 上干이라고 읽을 수 있는 목간이 발견되었다.

192. 가야4688 古阤伊未(?)上干一大兮伐豆幼去

아직 완전히 판독되지는 않았으나 古阤(지명)+伊未(인명)+上干(외위)의 서식으로 이루어져 있는 것으로 보아 상간으로 판독하여도 무리가 없을 것으로 보인다.[16]

상간지와 더불어 새로이 주목되는 자료가 관위 急伐尺(가야2005), 及伐尺(가야5598, 가야2639), 居伐尺(가야5587)명 목간이다. 한자 표기는 다르지만 모두 동일한 의미를 나타낸다고 추정된다. 이 목간이 출토되면서 울진 봉평리 신라비에 나오는 居□尺,[17] 居伐尺[18]이 주목을 받게 되었다. 이로 보아 목간의 急伐尺, 及伐尺, 居伐尺 등은 모두 외위인 거벌척을 의미한다는 사실을 알게 되었다. 모두 외위 10등급에 포함되지 않으나 일정한 시기 지방에서 사용한 외위라는 사실을 알 수 있다. 거벌척이라는 외위가 사용된 시기를 확정할 수 있는 자료는 봉평리 비이다. 524년경에는 거벌척이라는 외위가 사용되었고, 성산산성 목간이 제작된 시점에도 사용되었다는 것을 알 수 있다.

2. 고고학적인 연대

목간을 연구한 문헌사 연구자는 목간의 연대를 6세기 중반으로 설정하고 성산산성의 축조 시기를 동일한 시기로 상정하였다. 이를 기준으로 6세기 중반 진흥왕대 낙동강을 통한 신라의 조운과 산성 조영을

---

14) 주보돈, 2002, 『금석문과 신라사』, 지식산업사, pp.342-343.

15) 전덕재, 2008, 앞의 논문.

16) 윤선태, 2017, 앞의 논문, p.484.

17) 강종훈, 2009, 「울진봉평신라비의 재검토」, 『동방학지』 148, 2009, p.15; 김재홍, 2009, 「울진 봉평리 신라비의 촌 단위 수취와 노인법」, 『울진 봉평리 신라비와 한국 고대 금석문』, 울진군·한국고대사학회, p.185.

18) 윤선태, 2016, 「신라 초기 외위체계와 '급벌척'」, 『동국사학』 61.

설명하였다. 그런데 2015년에 고고학자인 이주헌에 의해 새로운 문제제기가 일어났다.[19] 성산산성 동벽 내부의 부엽층에서 출토된 목간은 원래 성 바깥(도성인 경주도 포함)에서 버려졌던 폐기물이었으며, 내부에서 출토된 목간도 토기나 동물유체 등 유기물과 함께 토목공법의 일환으로 부엽층에 들어간 것으로 추정하였다. 그 시기도 6세기 중반이 아니라 7세기 전반의 늦은 시기(7세기 2/4분기)라는 것이다.

그림 1. 성산산성 동성벽(체성, 내벽 보축)과 부엽층

그는 목간의 내용에만 주목하던 연구경향을 비판하면서 목간이 들어있는 부엽층과 성벽의 축조과정등 토목공법 기술과 관련하여 주목하였다. 성벽이 안전을 위하여 먼저 나무울타리시설을 설치하고 그 속에 각종 목기와 식물·동물유기체를 의도적으로 매납한 부엽층을 축조하였다는 것이다. 동시에 동성벽 구간을 이중으로 축조하는 방법으로 성벽의 붕괴를 사전에 막고 곡부에 축조한 성벽의 안전성을 유지하였다는 것이다. 한편, 부엽층의 축조에 사용된 재료들은 각종 유물의 출토양상으로 보아 생활쓰레기였으며, 목간 및 목기를 비롯한 각종 유물들은 단기간에 마련된 부엽층의 축조를 위해 다른 장소에서 함안 성산산성으로 이동하여 왔을 가능성이 매우 높다고 추정하였다.

또한, 연대를 구체적으로 잡아내는 작업을 이어가면서 목간과 공반된 토기의 기종과 형태적인 특징에 주목하였다. 특히 출토된 소형완의 구연부가 수평상을 이루며 구연단이 뾰족하게 처리되는 등 발달된 형태를 하고 있는 점에 착안하여 수적형문이 출현하여 각종의 원문류와 결합하는 인화문이 유행한 7세기 전반의 늦은 시기에 산성이 축조되었다고 주장하였다. 공반된 토기를 기준으로 하면, 성벽의 축조 시기와 목간의 중심 사용 시기는 7세기 전반의 늦은 시기로 볼 수 있다는 것이다.

이주헌이 체성벽, 내벽 보축, 부엽층이 동시에 조성되었으며, 그 시기는 7세기 전반의 늦은 시기로 본 것에 대해 윤상덕은 산성의 축조 과정을 통해 비판하였다. 윤상덕은[20] 발굴자료의 검토 결과 내벽 보축과 부엽층은 체성벽과 동시에 축조된 것이 아니라, 후대에 동성벽의 개축 시 조성되었을 가능성이 크다고 결론을 내렸다. 산성 내 유구에서 출토된 유물의 편년 보다는 성벽 자체의 축조 과정과 구조의 분석을 통해 성벽이 최소 2차에 걸려 수축되었으므로 초축은 6세기 중반이라는 의견을 개진하였다. 1차적으로 체성벽과 외벽 보축이 먼저 축조되고 이어 내부 보축과 부엽층이 조성되었다는 것이다. 체성벽, 내벽 보축, 부엽층이 동시 축조되었다면 구조상 이해하기 어려운 부분이 많다는 것이다. 먼저 내부 보축을 동시에

19) 이주헌, 2015, 앞의 논문; 이주헌, 2015, 앞의 논문.

20) 윤상덕, 2015, 「咸安 城山山城 築造年代에 대하여」, 『목간과 문자』 14, pp.75-92.

쌓아 성벽을 튼튼하게 하고자 했다면 애초부터 두껍게 체성을 쌓으면 되는데 왜 따로 성벽을 덧대어 二重 성벽을 만들었는지, 그리고 내보 축벽에 가려서 보이지 않는 체성벽의 안쪽 면을 정연하게 쌓아 올려 마감한 이유가 무엇인지 의문을 제기하였다. 내벽 보축과 체성벽의 축조 방법이 다른 점도 동시 축조라면 설명하기가 어렵다고 한다. 또한 동문지는 한 차례 이상 개축되었는데 내벽 보축이 마감된 지점이 초축 당시의 문지가 아니라 개축된 문지의 남북벽과 일치한다는 것이다. 이러한 증거는 내벽 보축이 체성벽과 동시에 만들어진 것이 아니라 후대에 추가된 것으로, 그 시기는 동문지 개축과 동시, 또는 그 이후일 가능성이 큼을 알려준다.

부엽층도 내보 축벽과 동시에 조성된 것으로 보이므로 역시 성산산성 초축시에 조성된 것이 아니라고 한다. 부엽층이 있는 동문지는 성산산성의 가장 낮은 지대로 배수 문제가 생길 가능성이 크며, 후대에 문제가 생겨 이를 해결하기 위해 성벽 안쪽에 부엽층과 내벽 보축을 설치한 것으로 추정하였다. 결국 부엽층은 산성 축조 직전에 일시에 조성된 것이 아니며, 일정 기간 산성이 운영되다가 조성된 것으로 부엽층 내 유물은 그 기간에 생긴 폐기물로 추정하였다. 구체적으로 부엽층, 1호 수혈 유구, 그리고 맹암거 출토 토기로 보아 성벽의 초축 연대는 6세기 중엽으로 추정하였으며, 내부 축벽을 덧붙이고 부엽층을 조성하는 동성벽 개축 시기는 7세기 초로 특정하였다. 부엽층에서 출토 목간도 6세기 중엽에 제작된 것도 있으나 6세기 후엽까지 지속적으로 제작되었을 가능성을 제기하였다.

III. 산성과 출토 목간의 연대

1. 성벽의 연대와 결부된 자료

함안 성산산성 성벽의 축조 시기는 부엽층에서 발견된 목간의 폐기 연대와 성벽의 축성 기술에서 찾을 수 있다. 이를 해결할 수 있는 유효한 지역이 동성벽과 동문지이다. 동성벽의 체성벽, 내벽 보축, 부엽층의 해명이 중요한 이유이다.

산성의 초축 연대와 관련하여 제기된 논쟁도 이 점에 주목하였다. 이주헌은 성산산성 성벽은 7세기 전반 늦은 시기(7세기 2/4분기)에 축조되었으며, 체성벽, 내벽 보축, 부엽층은 동시에 조성된 것으로 파악하였다. 목간은 사용 시기와 폐기 하한이 7세기 전반 늦은 시기로 볼 수 있으며, 그 이전의 것도 혼재되어 있을 가능성은 남겨놓고 있다. 이에 비해 윤상덕은 발굴자료의 검토 결과 내벽 보축과 부엽층은 체성벽과 동시에 축조된 것이 아니라, 후대에 동성벽의 개축 시 조성되었을 가능성이 있으며, 부엽층에서 출토 목간도 6세기 중엽에 제작된 것도 있으나 6세기 후엽까지 지속적으로 제작되었다고 한다.

성벽의 축조와 관련하여 제기된 견해차에 비해 목간의 제작 연대와 폐기 연대를 거의 동일하게 보고 있다. 폐기 연대는 약간의 시기 차는 있으나 대체적으로 7세기 전반대로 보고 있으며, 제작 연대는 6세기로 보고 있다는 점에서 동일하다. 단지 문제가 되는 것은 성벽의 개축 여부와 초축 연대이다. 이것은 목간의 내용과 관련하여 중요한 차이를 보이고 있다. 초축 연대가 6세기 중반이냐, 7세기 전반의 늦은 시기

이냐에 따라 목간의 내용이 성산산성 축조와 관련하여 동원된 물자나 인원과 관련을 지을 수 있느냐 없느냐의 문제이다. 이는 곧 목간의 내용을 규정하는 요소가 될 수 있다. 초축 연대를 6세기 중반으로 보면 부엽층 출토 목간은 성산산성의 축조와 관련하여 동원된 물자나 인원과 관련하여 해석할 수 있다. 그러나 초축 연대를 7세기 전반의 늦은 시기로 보면 목간의 내용은 성산산성과 관련을 지을 수 없게 되며, 산성 축조 이전의 상황이나 다른 지역과 관련된 내용으로 볼 수 있게 된다. 목간의 작성 연대와 내용을 이해하기 위해서 산성의 축조 연대가 중요한 이유이다.

함안 성산산성은 삼국시대 신라 산성의 특성을 잘 반영하고 있다.[21] 신라의 석축 산성은 통일기를 기점으로 크게 변하고 있다. 6~7세기 산성은 돌을 잘라내어 가공하기 쉬운 편마암이나 응회암 등 판석계 석재를 사용하여 횡방향으로 줄이 연결되도록 바른층쌓기를 하였으며, 체성 외벽의 기저부에 석축을 쌓아 보강하는 '基壇補築(성산산성의 외벽 보축)'을 조성하고 있다. 또한 성문을 현문식으로 조성하고 있다. 이에 비해 신라 통일기의 산성은 간단하고 잘라내기 힘든 덩어리 암석인 화강암을 장방형으로 다듬어 들어쌓기 방식으로 체성벽을 축조하고 있다.

성산산성은 기본적으로 신라 삼국기 산성의 특성을 잘 반영하고 있다. 그러나 현재 성산산성 축조 과정과 관련하여 논쟁이 되는 지점을 동문과 동성벽이다. 동성벽에서 보이는 현상은 다른 지역의 신라 산성에서 잘 보이지 않는 현상이다.[22]

성산산성 동쪽 방향에는 동문과 동성벽(체성벽과 외벽 보축, 내벽 보축), 부엽층 등이 있으며, 부엽층과 내벽 보축이 다른 산성의 성벽과 다른 구조물이다. 산성의 초축 연대와 결부하여 논쟁이 되는 것도 바로 체성벽과 내벽 보축(부엽층)에 대한 이해이다.

그런데 성산산성 보고서와 논문에서 일치하는 부분이 있는데, 체성벽과 외벽 보축은 동일한 시점에 축조되었다는 사실이다. 신라 삼국기 산성의 성벽은 판석을 이용하여 체성벽을 쌓고 높은 성벽의 기울기를 보완하기 위하여 체성 외벽에 단면 삼각형의 기단보축(성산산성의 외벽 보축)을 하였다. 성산산성 동벽도 동일한 석재을 사용하여 쌓는 방법으로 축성한 예이다. 또 하나 견해가 일치하는 부분이 내벽 보축과 부엽층이 동일한 시점에 동시에 조성되었다는 사실이다. 동성벽 중에서 57.4m 정도 길이로 체성 내벽에서 0.8~1.2m 정도 들여쌓기를 하고 있다. 이 부분에 다시 내벽 보축을 쌓는 독특한 축조방식을 보여주고 있다. 다른 산성의 성벽과 달리 내벽 보축을 한 이유는 동문지 부근이 지형적으로 물이 모이는 곳으로 성벽을 유지하기 어려운 지역이라는 사실에 기초하고 있다. 내벽 보축을 쌓아 체성벽의 부하를 분산시킨다는 의도를 가지고 있었던 것이다. 이와 함께 산 정상부로부터 흘러온 물을 머물게 하여 체성벽을 보호하

21) 박종익, 1994, 「고대산성의 축조기법에 대한 연구」, 『영남고고학』 15, pp.139-142; 심광주, 2013, 「계양산성의 축조방식과 축성시기」, 『인천 계양산성의 역사적 가치와 활용』, 겨레문화재연구원·성곽학회, 2013, pp.68-69; 김재홍, 2018, 「신라의 거제도 郡縣 편제 과정」, 『한국학논총』 50, 국민대 한국학연구소, pp.5-6.

22) 최종 보고서에서는 성산산성 동성벽의 내벽 보축의 유사한 예로 장성 진원성(전남문화재연구원·장성군, 2018, 『장성 진원성』, p.152)을 들고 있으나 축조 기법이나 덧대는 방식, 성돌의 종류 등에서 정밀한 검토할 필요가 있다(국립가야문화재연구소, 2017, 『함안 성산산성 발굴조사 보고서 Ⅵ』, p.152).

려는 부엽층을 동성벽 내부에 남북 49m, 동서 12m, 최대깊이 2m로 설정하여 나뭇가지와 같은 다양한 유기물과 토기, 철기, 목간, 목기 등을 쌓아 올려 조성하였다. 동일한 목적으로 조성한 내벽 보축과 부엽층을 동시기에 축조되었다는 것도 보고서와 논문에서 제기된 공통점이다.

그런데 내벽 보축과 부엽층의 조성연대에 대해서는 입장 차를 보이고 있다. 내부에서 출토된 토기를 검토하여 6세기 말~7세기 초(윤상덕), 7세기 전반의 늦은 시기(이주헌), 6세기 후반(성산산성 보고서 Ⅵ)로 각각 편년하고 있으나 비교적 의견이 접근하고 있다. 특히 초축 연대는 부엽층과 1호 수혈에서 출토된 소형 완을 기준으로 설정하고 있다. 성산산성 성벽의 연대와 관련하여 주목되는 자료가 부엽층이나 이것은 장시간에 걸쳐 제작된 유물이나 유기물이 일시에 투여된 결과물이다. 그러므로 연대의 하한으로는 의미가 있으나 어느 한 시점을 특정하기 곤란한 측면이 있다. 그런데 발굴된 유구 중에서 성벽의 축조 연대와 관련하여 유구를 안정적으로 보존하고 있는 유구가 있는데, 1호 수혈이다. 따라서 1호 수혈과 그 출토 유물은 부엽층의 연대를 설정할 경우에 중요한 시사점을 제공하고 있다.

먼저 이주헌은 부엽층의 유물과 비교하기 위해 1호 수혈에 주목하였다. 너비 3m에 이르는 1호 수혈은 유구 내부 시설의 활용 및 폐기 과정에서 퇴적된 층으로 구성되어 있으며 다량의 목탄편과 회색점토·주조철부·철도자·슬래그·연질완·대부완·고배 편·평저단경호·탁잔형토기 등이 혼입된 양상이어서 자연적인 퇴적이라기보다는 인위적인 폐기 행위가 있었다. 1호 수혈에서 상·하층으로 구분되어 수습된 유물은 동시기에 사용되었던 것으로도 볼 수 있는데 탁잔형토기가 포함되어 있고, 구연 부분을 대칭되도록 잘라 손잡이 모양을 갖춘 연질완형토기는 부엽층에서 출토된 전달린 목제용기와 동일한 형태를 하고 있어 성산산성의 축조시기 및 운영과 관련된 사항을 검토하는데 주목하고 있다. 여기에서 출토된 완과 동일한 것이 부엽층에서도 출토되었는데, 구연부가 수평상을 이루며 구연단이 뾰족하게 처리되는 등 발달된 형태를 하고 있는 점은 7세기 전반의 늦은 시기로 보고 있다.

이에 대해 윤상덕은 토기 편년을 달리하고 있다. 1호 수혈 유구의 내부 퇴적토에서 출토된 대부완의 중심 시기를 6세기 중엽으로 설정하고 이 시기에 1호 수혈 유구가 사용되었다고 하였다. 1호 수혈 유구 퇴적토에서 철광석과 슬래그가 출토되어 근처에 대장간과 같은 금속제품을 만드는 시설이 있었다고 추정하고, 그 시기도 1호 수혈 유구가 사용되었던 시기와 비슷하다고 하였다. 따라서 산성의 운영시기를 6세기 중엽 이후로 보고, 성산산성의 초축 시기도 6세기 중엽으로 설정하였다. 또한 부엽층에서 6세기 말까지의 유물이 출토되는 것으로 보아 내부 축벽이 추가되고 부엽층이 조성되는 동성벽의 개축 시기는 7세기 초로 추정하여 편년안을 보강하였다.

최근 국립가야문화재연구소에서는 1호 수혈에 보이는 대부완을 인화문토기와 같은 단계로 보고 6세기 후반 성벽을 축조한 이후인 7세기 전반에서 8세기 전반으로 비정하고 있다. 일단 성벽을 축조한 이후의 유구로 보고 있으나 그 시기는 이주헌과 비슷하게 보고 있다.

한 가지 분명한 사실은 동일한 유구에서 출토된 같은 토기를 관찰하여, 연구자의 편년에 따라 시기를 달리하고 있다는 점이다. 결국 고고학적인 연대 차이는 연구자의 편년에 따른 것이므로 이를 기준으로 6세기 후반이나 7세기 전반 중에서 취사선택하고 있다. 1호 수혈에서 출토된 토기를 편년하면서 성산산성의 초축 연대와 동일시하고 있는 것이다. 연구자의 토기 편년에 따른 결과로서 성벽의 축조연대를 달리 본다는 점에서 신중할 필요가 있다.

이제 문제는 체성벽과 내벽 보축(부엽층)의 연대 차이다. 논쟁의 핵심은 체성벽과 내벽 보축, 부엽층을 동시에 조성하였느냐, 아니면 체성벽을 먼저 축조하고 어느 시점에 누수에 문제가 생겨 내벽 보축과 부엽층을 새로이 조성하였냐이다. 현재 간행된 6권의 성산산성 보고서를 검토하여도 토층이나 성벽 축조 기술 등으로 축조 연대의 차이를 추출하는 것은 쉽지 않다. 체성벽을 쌓은 성돌의 재질(판석)이나 쌓는 기술이 내벽 보축을 쌓는 것과 유사하기 때문이다. 그렇다고 하여 체성벽과 내벽 보축이 동시에 이루어졌다고 상정하기도 곤란하다. 이는 신라 삼국기 산성의 성벽 축조 기술에 보이는 보편적인 성벽 쌓기 기술이기 때문이다.

현재로서는 정황 증거로 설명하고자 한다. 이미 지적한 바와 같이 체성 내벽이 ㄷ자형으로 들여가 쌓여있고 체성 내벽이 판석으로 정연하게 쌓여 있는 것으로 보아 그 자체 완결성을 가지고 있었다고 여겨진다. ㄷ자형으로 쌓은 것은 동성벽 주변의 지형과 관련을 가지고 있었을 것이다. 이러한 형태의 체성벽을 유지하다가 어느 시점에 계곡부로부터 흘러나오는 유수로 인해 성벽이 불완정해지자 이를 보완하기 위해 내벽 보축을 축조하고 주변에 부엽층을 쌓았던 것으로 보인다.

그런데 이번 7차 보고서에는 내벽 보축 기단부를 쌓는 과정에서 들어간 성돌 사이의 보강토에서 고배의 대각 2~3점이 출토되었다.[23] 성벽 내부 출토 유물이 없는 상태에서 시기를 판별할 수 있는 좋은 예이다.

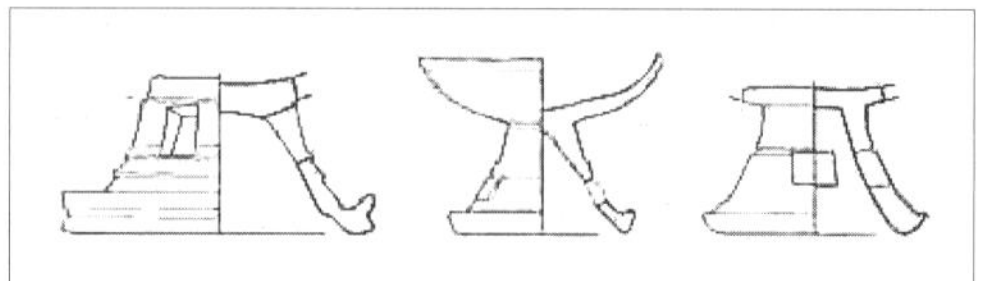

그림 2. 동성벽 내벽 보축 기단부 보강토

여기에서 출토된 1단투창고배는 투창이 방형이고, 각단이 위로 치켜들려 뾰족하고, 단면이 삼각형이다. 이와 같은 형태의 고배는 신라후기양식 Ⅲ양식의 E형식에 해당한다. 이 E형식은 562년 대가야 멸망 직후 서부경남 각지에 조영된 고분에서 보편적으로 출토되어 그 시기가 6세기 후반, 구체적으로는 6세기 3/4분기 신라 고배의 특징이다.[24] 이 토기는 성벽 보강토 내에서 출토되었기 때문에 유구 속에서 안정적으로 출토되었다고 보기 어려운 측면이 있다. 그러나 의도적으로 단각고배의 대각을 깨뜨리고 보강토에 넣는 행위가 이루어졌다면 내벽 보축의 축조 연대와 일정한 관련을 가질 수 있다. 물론 토기가 6세기 3/4분기이므로 내벽 보축은 6세기 말로 추정할 수도 있으나 토기의 연대가 성벽의 연대가 일치시킬 수 없는 점도 고려하여야 한다. 6세기 후반의 토기가 이후 시기에 들어갈 수도 있기 때문이다. 이를 적극적으로 해석하면 6세기 말에서 7세

23) 보고서에서는 동성벽 내벽 보강토에서 대각 2점이 출토되었고(국립가야문화재연구소, 2017, 앞의 책, p.180), 4차 동성벽 기단부에서 단각고배 대각편 3점이 출토되었다(국립가야문화재연구소, 2017, 앞의 책, p.192)고 고찰하였다. 각각 토기 대각의 사진과 도면이라는 차이는 있으나 동일한 유구와 유물에 대한 기술로 보인다.

24) 홍보식, 2002, 『신라 후기 고분문화 연구』, pp.90-91, pp.100-101.

기 전반경에 내벽 보축이 축조되었을 것으로 추정된다. 더 나아가 체성벽은 6세기 3/4분기의 어느 시점으로 볼 수 있지 않을까 한다. 상한은 아라가야가 멸망한 560년경으로 볼 수 있으나 한 시점을 특정하기보다는 6세기 3/4분기로 추정하고자 한다.

2. 목간의 제작 연대

함안 성산산성 출토 목간 중에서 연대를 보여 주는 예는 2가지 방식이 있다. 하나는 '임자년'과 같이 구체적인 간지를 기록한 경우이고, 다른 하나는 '○月中'과 같이 어미로 中을 사용하는 경우이다.

먼저 '○月中'의 예는 4점 정도 확인되며, 正月中(가야2639), 三月中(가야5598, 가야4686), 六月中(가야2645) 등이다. 이것은 '○월에'라는 해석이 가능하다. 이것들은 목간의 형태나 내용으로 보아 文書木簡으로 추정된다. 그런데 '○月中'은 사용 시기가 특정되어 있다. 6세기 신라비에서 사용한 예가 확인된다. 포항 중성리 신라비(501년)에서는 '辛未□□中', 단양 적성 신라비(550년경)에서는 '□□□□月中', 명활산성 신라비(551년)에서는 '辛未年十一月中'이 보인다. 대부분 6세기 전반과 중반에 해당한다.

이와 달리 6세기 금석문에는 연대를 표기할 경우, 年月日을 모두 적을 때에는 中을 사용하지 않고 연월일만 적고 있다. 울진 봉평리 신라비(524년)의 '甲辰年正月十五日', 영천 청제 병진명의 '丙辰年二月八日', 경주 남산신성비의 '辛亥年二月廿六日'과 같이 연월일을 모두 적을 경우에 中을 사용하지 않고 있다. 이것은 시기적인 특징이라기보다는 보편적으로 사용한 것으로 추정된다.

성산산성 목간에서 가장 주목을 받은 자료가 구체적인 간지가 나오는 임자년명 목간이다.

219. 가야5599 壬子年□(改)大村□刀只 / 米一石

해석은 "임자년에 □(改)大村(촌명) □刀只(인명)의 쌀 한 섬"이며, 목간의 양옆에 홈이 있는 것으로 보아 물건에 매단 荷札木簡으로 보인다. 이 목간에서 임자년의 뒤에 中이 붙어 있지 않은 것으로 보아 '○月中' 목간보다는 뒷 시기의 표기방법을 보여주고 있다. 물론 동일한 시기에 사용되었을 가능성이 있으나 사용을 시작한 시점을 기준으로 하면 '○月中'이라는 표기가 '임자년'이라는 표기보다는 앞선 것으로 보인다. 따라서 임자년은 532년보다는 592년의 가능성이 높은 것으로 보인다.

이와 유사한 사례가 경상북도 영주지역의 문자자료에 보인다. 영주지역은 옛 순흥 땅으로 6세기대 횡혈식 석실묘가 발견되었으며, 2기의 고분에서 문자자료가 발견되었다.

기해명벽화고분에는[25] 남벽에 '己亥中墓像人名, □□'[26]이라는 묵서명이 2행으로 쓰여져 있다. 이를 문장구조로 분해하면, "己亥(연대)+中(에라는 의미의 조사)+墓像人(직역)+명(그 이름은)+□□(피장자의

25) 문화재연구소, 1986, 『순흥 읍내리벽화고분』; 문화재연구소·대구대학교박물관, 1995, 『순흥 읍내리벽화고분 발굴조사보고서』.

26) 보고서와 대부분의 연구논문에서는 '己未'로 판독하고 있으나, '未'자로 판독한 글자는 '亥'자의 이체자이다.

성명)"이다. 이는 "기해년에 (여기에 묻힌) 묘상인의 이름은 □□이다."로 해석할 수 있다. 이른 시기의 비석인 포항 중성리 신라비에서도 '辛未□□中'으로 표기하고 있다. 구체적인 연월일을 표기하기보다는 간단하게 연도나 월 정도를 표기하고 '中'을 붙이고 있다. 이러한 연대 기입법을 잘 보여주는 것이 서봉총 출토 은합의 명문이다. 서봉총 은합에는 '延壽元年太歲在卯三月中'이라고 하여 연월 뒤에 중이라는 조사를 사용하고 있으며, 단양적성비에도 보이고 있다.

어숙지 술간묘는[27] 석비 중앙에 청동제 고리를 달았던 구멍이 있으며 석비 내면에 '乙卯年於宿知述干'이라는 8자가 새겨져 있고 글자에는 朱漆이 남아 있었다. 이것의 문장 구조는 "乙卯年(연대)+於宿知(인명)+述干(외위)"의 순이다. 여기의 연대 표기는 기해명벽화고분의 묵서명과 달리, 간지 다음에 '中'이라는 조사를 사용하기 않고 일반적인 표기인 '乙卯年'을 연대로 사용하고 있다. 초기 금석문에 보이는 연대 표기의 서사 구조를 가지지 않고 있는 것으로 보아 6세기 중반의 정형을 보여주고 있다. 어숙지묘의 연대와 관련하여 일찍부터 주목된 것이 다음에 나오는 述干이다. 6세기 전반에는 경위나 외위에는 간지를 붙이고 있고 6세기 중반에 간지가 간으로 간략화 과정을 밟게 된다. 이로 보아 어숙지묘의 을묘년은 595년일 가능성이 높다. 임자년 목간의 연대를 추정하는데 있어서 중요한 자료를 제공하고 있다.

기해명벽화고분과 어숙지술간묘는 영주 순흥에 있는 고분이다. 당시 지명은 성산산성 목간에 나오는 及伐城에 해당하며, 남산신성 9비의 伋伐郡[28]이나 岋山郡·及伐山郡(삼국사기 지리지)에 해당한다.

이와 같이 성산산성 목간에 보이는 연대는 新舊의 시기차를 반영하고 있다. 壬子年은 연도를 표기하는 형식상 6세기 전반으로 보기 어려우므로 6세기 후반 592년으로 보는 것이 타당하다. '○月中'의 연도를 가진 목간의 연대는 임자년보다 이른 시기로 보인다. 대체적으로 6세기 중반까지 사용된 것으로 추정된다. 그러나 성산산성 성벽과 내부 유구의 연대를 고려하면 6세기 3/4분기의 어느 시점으로 볼 수 있다.

따라서 '○月中'의 연도를 가진 문서목간은 6세기 3/4분기의 어느 시점에 제작되었으며, 축성에 동원된 인원과 관련을 가진 것으로 보인다. 문서목간은 성산산성의 축조와 관련되어 있다. 이에 비해 그 동안 주목받았던 하찰 목간은 보다 후대의 상황을 반영하고 있다. '壬子年'명 목간은 문서 양식과 목간의 형태로 보아 하찰 목간으로 보인다. 성산산성이 축조된 이후에 조달된 화물과 관련을 가지고 있었던 것으로 보인다. 제작 시기를 특정할 수 없으나 임자년인 592년을 기준으로 하면 6세기 후반을 제작 및 사용 시기로 규정할 수 있다.

3. 지역단위의 변화

연대의 비정과 관련하여 성산산성 목간에 보이는 지역명을 통하여 연대를 추정하도록 한다. 성산산성 목간은 성산산성과 관련을 가진 문자자료이며, 축성이나 산성의 관리와 관련하여 이해하여야 한다. 이런

---

27) 이화여대박물관, 1984, 『榮州順興里壁畫古墳發掘調査報告』.

28) 구별성으로 볼 가능성도 있다(하시모토 시게루, 2016, 「中古期 新羅 築城碑의 연구」, 『동국사학』 55, p.144).

측면에서 비교할 수 있는 자료가 명활산성비와 남산신성비이다.

명활산성비는 '辛未年'이라는 간지로 보아 진흥왕 12년(551)에 만들어진 것으로 보고 있다. 이비는 역역방식에 있어 두 가지의 특성을 가지고 있다. 첫째, 축성작업의 분담이 촌단위로 이루어지고 책임도 촌단위로 부과되고 있다. 따라서 역역의 감독은 촌에 파견된 지방관인 邏頭와 재지세력인 촌주(비문의 '郡中上人')가 맡고 있다. 여기에 나오는 촌명은 烏大谷이고, 촌주는 외위 7등급의 下干支를 가진 仇智支라는 인물이다. 둘째, 비록 촌단위로 작업이 분담되었지만 실제로 작업은 다시 촌내의 徒를 단위로 이루어지고 있다. 도는 외위를 가진 工人 3명에 의해 이루어지고 이들을 거느리고 현장에서의 총기술책임은 匠人인 比智休 彼日이 지고 있다. 도가 책임을 맡은 거리는 각기 4보 5척 1촌으로 동일하다는 사실을 알 수 있다.

여기에서 주목되는 것이 3개로 나뉘어진 徒라는 집단이다. 이들이 분담한 수작거리가 3개의 도가 각기 4보 5척 1촌으로 동일하므로 역역작업시 편성한 역역단위로 볼 수도 있으나, 평소에 어떤 결속을 가지고 있었기 때문에 축성이라는 역역사업을 수행할 때에 3개의 도로 편제되었다고 여겨진다. 따라서 여기에 나오는 도는 촌내에서 평소에도 일정한 관계를 가진 집단이라고 여겨진다. 외위를 가진 3인은 촌내 집단인 도의 지도자일 것이고, 이 徒의 구성원들은 바로 비문의 후반부에 보이는 촌민인 衆人이라고 여겨진다. 여기에서 중인은 명활산성의 축성을 위한 작업에 직접 노동력을 제공하는 잡역부들로 병진명의 作人, 무술오작비의 功夫와 같은 촌민들이다.

551년경 세워진 명활산성비의 역역 부과 방식은 '村'이라는 지역 단위와 '徒'라는 인간 조직으로 나눌 수 있다. 촌이라는 행정 단위 아래에 자연 취락이 지역 단위를 형성하지 못하고 도라는 인간 조직을 이루고 있다.

이러한 상태의 촌락에 비해 함안 성산산성 목간에 보이는 촌락은 '촌' 아래에 방위를 나타내는 단위지역이 보인다. 함안 성산산성에서 발견된 6세기 중엽경의 신라 목간을 보면, "古阤一古利村末那沙見 / 日糸利稗石"라는 내용이 있다. "古阤(郡), 一古利村(촌명), 末那(자연취락)에 사는 沙見·日糸利(사람이름)가 납부한 세금인 피(稗, 곡물) 한 섬"라는 의미이다. 고타는 촌명 앞에 나오는 것으로 보아 군(郡)을 가르키고, 다음에 보이는 아나는 큰 마을(村) 안에 있던 자연취락을 지칭한다. 그런데 이 자연 취락을 가리키는 지명은 독자적으로 사용되지 않았으며, 村과 같이 고유한 단위로 파악되지도 않았다. 대신 伊骨利村+阿那, 一古利村+末那처럼 모두 村名 뒤에 기록되었다.[29] '村' 아래의 단위로는 前羅, 阿那, 末那, 本彼 등 방위를 나타내는 지명이 오고 있다. 아직 촌과 같은 단위를 붙이고 있지 않아 국가로부터 단위성을 인정받지 못하였으나 지역 사회에서 하나의 단위지역으로 기능하기 시작하였다. 이는 551년 명활산성비에 보이는 徒보다는 지역성을 확보하였다는 점에서 시사적이다. 따라서 성산산성 목간의 사용시기는 551년 명활산성비보다는 이후라고 추정된다.

6세기 후반에 행해진 力役工事의 체계를 알려주는 것이 남산신성비이다. 이 비는 진평왕 13년(591)에

---

29) 김재홍, 2016, 「농업 생산력과 촌락 사회」, 『한국고대사2』, 사회 운영과 국가 지배, 푸른역사, p.42.

남산신성을 축조하면서 세운 비인데, 본 축성공사를 위하여 전국적 규모로 역역동원이 이루어지고 축성은 200여 분단으로 구역을 나누어 분단별로 책임을 분담시키고 있었다.

이 중에서 제9비에는 郡 단위의 지역명인 伋伐郡이 보이고 촌으로는 尒同城(村), 生伐, □谷村, 指大生村, 伯干支村 등이 보인다. 여기에서 가장 중요한 사실은 명활산성비에 비해 군 단위의 지역명이 구체적으로 보인다는 점과 성산산성 목간에 비해 郡이라는 단위명을 사용하고 있다는 점이다.[30] 이제 군이 국가의 행정 단위로서 제모습을 갖추고 있다. 물론 통일기와 비교하여 군치로서의 면모는 약하였고 광역 단위로서의 역할이 강하였다. 또한 촌단위의 명칭이 촌과 성으로 대체적으로 통일성을 띠어 가고 있다. 이제 군-촌이 행정단위로서뿐만 아니라 수취단위로서 上下의 계통관계를 분명히 하고 있는 모습을 볼 수 있다. 성산산성 목간의 촌의 모습은 명활산성비보다는 남산신성비와 친근성을 보이고 있다. 따라서 성산산성 하찰 목간의 서식은 591년의 남산신성비와 친근성을 보이며, 임자년의 연대와 연결하여 이해할 수 있다.

Ⅳ. 맺음말

목간은 나무로 만들었으므로 공기에 접촉하면 부패하는 단점을 가지고 있었다. 그런데 목간이 썩지 않고 그대로 남아 있는 환경이 있다. 한국의 목간은 함안 성산산성에서 계곡으로 흐르는 물을 막는 부엽층에서 245점이 집중적으로 출토되었고, 경주 월지와 월성 해자에서는 모두 물속에서 나왔다. 이 경우 목간의 제작 및 사용 연대는 고고환경인 유적과 관련하여 이해하여야 한다.[31] 이런 측면에서 함안 성산산성 목간의 연구는 관련 유적인 산성의 성벽과 부엽층의 조성 연대와 결부하여 이해하여야 한다.

함안 성산산성이 다른 신라 산성과 다른 점은 동문과 동성벽 주위의 고고환경이다. 동성벽은 體城壁과 內壁補築으로 이루어져 있고 이를 보완하기 위해 浮葉層을 조성하였다. 논쟁의 핵심은 체성벽과 내벽 보축(부엽층)을 동시에 축성하였느냐, 아니면 다른 시기에 축성하였느냐이다. 내벽 보축과 부엽층에서 출토된 유물은 7세기 전반의 것도 있는 것으로 보아 내벽 보축과 부엽층은 7세기에 조성되었을 가능성이 있다. 그러나 체성벽은 그 자체 완결된 성벽 형태이나 내벽 보축 속의 토기로 보아 6세기 3/4분기일 가능성이 있다. 따라서 성산산성은 6세기 후반에 初築되었으나 이후 7세기 전반에 보축하는 과정을 거쳤을 것으로 보인다.

목간의 사용 연대도 2시기로 나눌 수 있다. 하나는 연대 표기상 '○月中'과 같이 어미로 中을 사용하는 경우로 6세기 중반까지 예가 나타나므로 6세기 3/4분기로 비정할 수 있다. 이것은 그 내용으로 보아 문서

---

30) 성산산성 목간에서도 郡이라는 단위명을 사용하지 않았으나 '고타'와 같이 후대 군 단위에 해당하는 지명이 있어 郡이 지방 행정단위로 기능하였음을 알 수 있다.

31) 김재홍, 2017, 「고대 목간, 동아시아의 문자 정보 시스템」, 『내일을 여는 역사』, 민족문제연구소.

목간으로 추정되며, 성산산성을 초축할 때 동원된 인원의 관리나 산성의 운영과 관련되었을 것으로 보인다. 다른 하나는 '壬子年(592년)'과 같이 구체적인 간지를 기록한 경우로서, 임자년은 592년으로 추정된다. 이것은 그 내용과 형태로 보아 하찰 목간으로 보이며, 성산산성을 운영하는 과정에서 운반된 화물의 꼬리표로 추정된다. 임자년명 목간을 포함하여 하찰 목간은 6세기 4/4분기의 연대를 상정할 수 있다.

성산산성 출토 하찰 목간에 보이는 지역단위는 (郡)-村-○那(방위명 자연취락) 등의 순서로 기입되어 있다. 촌을 기본 단위로 자연 취락을 방위명으로 표시하고 있다. 551년에 만든 명활산성비에는 촌 단위 아래에 지역명보다는 촌락의 사람을 편제한 단위인 徒가 사용되고 있다. 아직 방위명 자연 취락 단위가 활성화되지 않은 상태로 추정되므로 성산산성 목간의 연대는 551년보다 뒷 시기의 것으로 보인다. 성산산성 목간에서 (군)-촌 단위가 잘 보이는 것과 같이 남산신성비에도 郡-村의 단위성이 보이므로 근접한 시기의 지역 단위를 보이는 것으로 보인다. 내용상 완전히 일치하지 않으나 6세기 4/4분기의 촌락 상황을 반영하는 것으로 추정된다.

투고일: 2019. 4. 10.　　심사개시일: 2019. 5. 08.　　심사완료일: 2019. 5. 27.

참/고/문/헌

국립가야문화재연구소, 2017, 『한국의 고대목간Ⅱ』.

국립가야문화재연구소, 2017, 『함안 성산산성 발굴조사 보고서 Ⅵ』.

문화재연구소, 1986, 『순흥 읍내리벽화고분』.

문화재연구소·대구대학교박물관, 1995, 『순흥 읍내리벽화고분 발굴조사보고서』.

이화여대박물관, 1984, 『榮州順興里壁畵古墳發掘調査報告』.

전남문화재연구원·장성군, 2018, 『장성 진원성』.

주보돈, 2002, 『금석문과 신라사』, 지식산업사.

홍보식, 2002, 『신라 후기 고분문화 연구』.

강종훈, 2009, 「울진봉평신라비의 재검토」, 『동방학지』 148.

김재홍, 2001, 「신라 중고기 촌제의 성립과 지방사회구조」, 서울대박사학위논문.

김재홍, 2009, 「울진 봉평리 신라비의 촌 단위 수취와 노인법」, 『울진 봉평리 신라비와 한국 고대 금석문』, 울진군·한국고대사학회.

김재홍, 2016, 「농업 생산력과 촌락 사회」, 『한국고대사2』, 사회 운영과 국가 지배, 푸른역사.

김재홍, 2017, 「고대 목간, 동아시아의 문자 정보 시스템」, 『내일을 여는 역사』, 민족문제연구소.

김재홍. 2018, 「신라의 거제도 郡縣 편제 과정」, 『한국학논총』 50, 국민대 한국학연구소.

김태식, 1994, 「안라국의 성장과 변천」, 『한국사연구』 86.

박남수, 2017, 「신라 법흥왕대 '及伐尺'과 성산산성 출토 목간의 '役法'」, 『신라사학보』 40.

박종익, 1994, 「고대산성의 축조기법에 대한 연구」, 『영남고고학』 15

박종익, 1998, 「함안성산산성 성격규명」, 『함안성산산성』, 국립창원문화재연구소.

박종익, 2000, 「함안성산산성 발굴조사와 목간」, 『한국고대사연구』 19.

서영교, 2017, 「아라 파사산 신라 성의 위치와 성산산성 축조시기」, 『한국고대사탐구』 26.

손환일, 2017, 「함안성산산성 출토 목간의 의미와 서체」, 신라사학회 제162회 월례발표회.

심광주, 2013, 「계양산성의 축조방식과 축성시기」, 『인천 계양산성의 역사적 가치와 활용』, 겨레문화재연구원·성곽학회

윤상덕, 2015, 「咸安 城山山城 築造年代에 대하여」, 『목간과 문자』 14.

윤선태, 1999, 「함안 성산산성 출토 신라목간의 용도」, 『진단학보』 88.

윤선태, 2016, 「신라 초기 외위체계와 '급벌척'」, 『동국사학』 61.

윤선태, 2017, 「함안 성산산성 출토 신라목간의 연구 성과와 전망」, 『韓國의 古代木簡Ⅱ』, 국립가야문화재연구소.

이경섭, 2004, 「함안 성산산성 목간의 연구현황과 과제」, 『신라문화』 23.

이경섭, 2013,「함안 성산산성 출토 신라목간 연구의 흐름과 전망」,『목간과 문자』12.
이성시, 2000,「한국목간 연구의 현황과 함안 성산산성 출토의 목간」,『한국고대사연구』19.
李成市, 2000,「한국목간 연구의 현황과 함안성산산성 출토의 목간」,『한국고대사연구』19.
이주헌, 2015,「함안 성산산성 부엽층과 출토유물의 검토」,『목간과 문자』14.
이주헌, 2015,「함안 성산산성 부엽층과 출토유물의 검토」,『중앙고고연구』16.
전덕재, 2008,「함안 성산산성 목간의 연구현황과 쟁점」,『신라문화』31.
주보돈, 2000,「함안 성산산성 출토 목간의 기초적 검토」,『한국고대사연구』19.
하시모토 시게루, 2016,「中古期 新羅 築城碑의 연구」,『동국사학』.

〈Abstract〉

The Seongsan Sanseong fortress in the Haman region,
and the Dates of Wooden strips (Mokgan, 木簡) found inside

Kim, Jae-hong

The difference between the Seongsan Sanseong mountain fortress located in the Haman region and mountain fortresses [山城] from the same Shilla era in other regions could be found in the former's geographic features in terms of its East Gate [東門] and the East Side Wall [東城壁]. The East Side Wall is composed of the Main Wall [Che-seongbyeok, 體城壁] and the Inner Supplementary Wall [Naebyeok Bochuk, 內壁補築], with another layer [Bu'yeob-cheung, 浮葉層] installed to support the overall structure. Whether or not the Main Wall and the Inner Supplementary Wall (with the Bu'yeob-cheung layer as well) were created simultaneously at the same time or in different time periods has been an issue debated for quite some time. Some of the relics and artifacts excavated from the latter are from the early 7th century, so the latter wall may have been constructed during that very time period. But the former, which features a self-sufficient structure, reveals some earthenware that may be from the third quarter of the 6th century. This leads us to speculate that the Seongsan Sanseong mountain fortress was first constructed in the late 6th century and then went through some renovation (or additional construction) in the early 7th.

There are also two types of wooden strips excavated from this fortress, identified so based on descriptions of the times they were created. Due to the fashion of indicating months like '○月中,' some strips could be presumed to have been created back in the mid-6th century, and the third quarter of that century to be exact. Judging from their contents, the wooden strips of this kind seem to have been official documents, which would have most likely recorded the number and nature of personnel mobilized for the initial construction of the fortress, or its management after construction was completed. Meanwhile, there are also other wooden strips whose issue dates are specified with Ganji(干支) years, such as the "Imja year(壬子年, 592)" example. Considering their contents and fashion, these seem like Hachal strips [荷札木簡] which would have been essentially cargo tags for items transported for the fortress' construction. They seem to have been from the fourth quarter of the 6th century.

Local units indicated on these Hachal wooden strips excavated from the Seongsan Sanseong fortress are recorded in the order of (Gun, 郡) – Chon[村] – ○Na[○那, natural villages named with their directions: east, west, south and north]. Counties[Chon] were the basic unit, with villages inside them indicated with their relative positions. Also recorded on the Myeong'hwal Sanseong Monument (erected in 551) was the concept of "Do[徒]" as a unit of people under the jurisdiction of the Chon counties. Featuring this kind of concept seems as a result of the underdeveloped nature of natural villages with directional names, so the Seongsan Sanseong strips should have been from an era later than 551. As the [Gun/郡]–Chon(村) relationship was vividly described on the Seongsan Sanseong wooden strips, their counterparts are also visible on the Namsan Shinseong Monument, so one may assume that both relics were from relatively close periods, which would be the fourth quarter of the 6th century.

▶ Key words: Seongsan Sanseong Fortress, Document on a Wooden strip, Hachal Wooden strip(cargo tags), the Imja-year[壬子年], Bu'yeob-cheung(浮葉層)

특 집 1

함안 성산산성 출토 문서목간과 力役 동원의 문서 행정

이재환*

〈국문초록〉

이 논문은 함안 성산산성에서 출토된 세 점의 문서목간, 가야2645와 가야5598, 가야1602에 대한 나름의 판독과 해석을 시도하고, 그 과정에서 얻은 몇 가지 생각해 볼 만한 거리들을 제시해 본 것이다. 가야2645는 원래 정해진 복역 기간 60일 동안 작업을 다 마치고 □□走石이 인솔하는 새로운 역역 동원자들과 교대해야 했을 □□智 一伐 휘하의 力役 동원자들을 鳥馮城에서 보내주지 않자, 그들의 소속지인 □馮城 □看村主가 이러한 정황을 상위 행정단위에 보고하여 이들의 귀환을 요청한 문서로 파악하였다. 역역 동원에 있어서 村主와 그를 대신해 파견된 현장 담당자의 역할이 중요했음은 가야5598에서도 확인된다. 가야5598은 현장 담당자인 伊毛罹 及伐尺이 현장 및 인원 현황을 검토한 결과 이전에 결정되었던 교대 기간 60일을 30일로 줄일 수 있음을 고하자, 眞乃滅村主가 30일분의 식량만을 준비하면 된다고 □城의 弥即尒智 大舍와 下智에게 보고한 문서로 보인다. 역역에 종사하는 인원들이 현장에서도 村別로 관리되는 정황은 가야1602에도 나타나고 있다. 이 목간은 村 단위로 丁의 현황과 증감을 기록한 장부의 일부로 판단된다. 나아가 가야1602는 다른 무언가를 의식하여 위쪽을 비워두고 아래쪽부터 서사하였다는 점에서, 다면목간도 단독으로서 완결성을 가지는 것이 아니라 여러 개가 함께 묶여서 활용되었을 가능성을 보여준다. 이를 통해 단독간에 기반하였다고 간주되어 왔던 한반도 목간 문화의 새로운 면모를 엿볼 수

* 홍익대학교 교양과

있다.

▶ 핵심어: 咸安 城山山城, 文書木簡, 가야2645, 가야5598, 가야1602, 力役, 多面木簡

I. 머리말

본고는 함안 성산산성에서 출토된 문서목간에 대한 해석을 목적으로 하고 있다. 문서목간은 용도에 따른 목간의 분류 범주 가운데 하나이다. 일본의 경우 목간을 文書(A), 付札(B), 기타(C)의 세 가지로 구분하는데, 그중 문서는 諸官司에서 작성된 다양한 문서·기록·官人의 편지 등을 총칭하는 것으로서, 다시 그 서식에 따라 협의의 문서(a)와 기록(b)으로 나뉜다. 협의의 문서(a)란 어떠한 형태로든 授受關係가 분명한 것을 가리키며, 수수관계가 명기되지 않은 기록(b)은 다시 傳票와 帳簿로 분류된다고 한다.[1)]

한국 고대 목간에 대해서도 이러한 분류를 받아들여 문서목간을 꼬리표목간, 기타 목간과 함께 세 개의 큰 분류 범주 중 하나로 두고, 그 하위 항목으로 官司나 官人 사이에서 명령의 전달 혹은 행정 처리의 보고·업무 연락을 위해 사용한 (협의의) 문서목간과 문서행정의 과정에서 근거를 남기기 위해 제작한 기록목간(帳簿, 集計, 傳票, 기타)을 설정한 견해가 있다.[2)] 이와는 조금 다르게 한국의 고대 목간을 용도에 따라 다섯 가지로 구분하면서 그중 하나로 문서목간을 설정하고, 이를 다시 문서수발자가 명확한 '수발목간'과 '장부목간', 전표나 각종 행정처리를 위한 메모·발췌용으로 사용된 '기록간' 등 세 가지로 나누기도 한다.[3)]

함안 성산산성 출토 목간 가운데 문서목간으로 분류할 수 있을 만한 것은 많지 않다. 대부분은 荷物에 붙어있던 꼬리표로 간주되고 있다. 다양한 지역으로부터 온 것으로서, 서식도 지역 별로 약간의 차이점이 확인되지만, 적혀 있는 내용 요소들은 대체로 비슷하여 지역명과 人名, 물품명, 수량 정도이다. 이들과 형식이나 성격을 달리하는 목간의 존재는 2006년부터 2009년까지 이루어진 제11차~제14차 발굴조사를 통해 출토된 목간들이 공개되면서 비로소 인식되기 시작하였다.[4)]

새롭게 보고된 목간들 가운데 가야1609(한국 목간자전 [城]107, 12차 현장설명회 2006-w19, 발굴보고

1) 寺崎保廣, 2004, 「帳簿」, 『文字と古代日本 1 支配と文字』, 吉川弘文館; 이성시, 2011, 「한국목간연구의 현재」, 『죽간·목간에 담긴 고대 동아시아』, 성균관대학교 출판부, p.48.

2) 이경섭, 2013a, 「新羅木簡의 출토현황과 분류체계 확립을 위한 試論」, 『신라문화』 42, 동국대학교 신라문화연구소, pp.103-104.

3) 윤선태, 2007, 「한국고대목간의 형태와 종류」, 『역사와 현실』 65, pp.177-180.

4) 국립가야문화재연구소, 2007, 『함안 성산산성 12차 발굴조사 현장설명회자료』.
손환일 편저, 2011, 『韓國 木簡字典』, 國立加耶文化財研究所.
국립가야문화재연구소, 2011, 『함안 성산산성 발굴조사 보고서 Ⅳ』.

서 사진107-486, 한국의 고대목간 Ⅱ 연번 078)와 가야1602(한국 목간자전 [城]127, 12차 현장설명회 2006-w40, 발굴보고서 사진118-507, 한국의 고대목간 Ⅱ 연번 075), 가야2629(한국 목간자전 [城]210, 발굴보고서 사진159-589, 한국의 고대목간 Ⅱ 연번 175), 가야2645(한국 목간자전 [城]221, 발굴보고서 사진165-600, 한국의 고대목간 Ⅱ 연번 186), 가야2956(한국 목간자전 [城]223, 발굴보고서 사진167-603, 한국의 고대목간 Ⅱ 연번 188) 등이 문서목간으로 지목되었다.[5] 이에 더하여 가야2639(한국 목간자전 [城]218, 발굴보고서 사진163-597, 한국의 고대목간 Ⅱ 연번 183)와 가야2640(한국 목간자전 [城]219, 발굴보고서 사진164-598, 한국의 고대목간 Ⅱ 연번 184), 가야2954(한국 목간자전 [城]222, 발굴보고서 사진166-601, 한국의 고대목간 Ⅱ 연번 187) 또한 문서목간일 가능성이 높다고 본 견해도 나왔다.[6] 이후 2014년에서 2016년에 걸쳐 진행된 제17차 발굴조사에서 출토된 가야5598(목간 공개 1호, 출토번호 w150, 한국의 고대목간 Ⅱ 연번 218)이 문서목간으로 공개되어 많은 연구자들의 관심을 끌고 있다.[7]

그런데 가야2629와 가야2954는 묵흔이 있으나 판독이 불가능한 상태이다. 가야1609의 경우, 다면목간으로서 내용상으로도 문서목간이라고 보거나,[8] "(之)形白(汝) / △月(音)"으로 판독하고 문서 혹은 詩文을 적은 것으로 본 견해가 나와 있다.[9] 너비 1.3㎝에 두께 2.0㎝로 다소 두꺼워서 다면목간일 가능성은 있으나, 현재는 앞·뒷면의 묵서만 확인 가능한 상태며, 판독 가능한 글자들도 人名이나 村名의 일부인지, 詩文이나 행정문서의 문장 중 일부인지 판단내리기 어렵다.

가야2639는 比思伐과 夷喙 출신 외위 소지자 두 명의 인명이 함께 등장하는 흥미로운 목간으로서, 다른 荷札들과는 서식에 있어서도 차이를 보이나, 瓮에 달아둔 付札로 여겨지므로 문서목간의 분류에는 해당하지 않는다. 가야2640 역시 刀寧의 負에 盜人이 있었음을 전하는 독특한 내용이 눈길을 끌지만, '此負'라 하여 짐의 존재를 전제하고 있고 형태적으로도 전형적인 荷札의 형태를 띠고 있어,[10] 문서목간에는 포함시키지 않고자 한다.

가야2956은 묵서면이 두 면뿐이지만 형태적으로 다면목간이며, '十一月十', '十月一', '十一月五' 등의 문구가 확인되어 월별로 무언가의 수량을 기록한 문서목간일 가능성이 있다. 다만, 판독이 불가능한 글자가 많고, '廿月'과 같은 독특한 표현도 등장하여 아직 전반적 내용을 파악하기 어려운 단계라 하겠다. 이를 문서로 보지 않고 연습용, 곧 習書로 파악한 견해도 있다.[11]

이에 본고는 문서목간으로 분류하는 것이 적당하며 내용의 파악이 어느 정도 가능한 가야1602, 가야2645, 가야5598의 세 목간을 대상으로 삼아, 기존의 연구 성과를 바탕으로 판독과 해석을 시도하고, 이를

---

5) 尹善泰, 2012, 「咸安 城山山城 出土 新羅 荷札의 再檢討」, 『사림』 제41호, p.162.

6) 전덕재, 2012, 「한국의 고대목간과 연구동향」, 『목간과 문자』 9호, p.24.

7) 최장미, 2017, 「함안 성산산성 제17차 발굴조사 출토 목간 자료 검토」, 『목간과 문자』 18호, p.202.

8) 尹善泰, 2012, 앞의 논문, p.162.

9) 金昌錫, 2016, 「함안 성산산성 木簡을 통해 본 新羅의 지방사회 구조와 수취」, 『百濟文化』 第54輯, p.148.

10) 이는 '此發'로 시작하는 가야5601의 경우도 마찬가지이다.

11) 金昌錫, 2016, 앞의 논문, p.148.

통해 몇 가지 논점을 제시해 보고자 한다.

II. 가야2645와 村主의 入役者 관리

가야2645목간은 발굴보고서 연번 122, 도면·사진 번호 600에 해당하며, 길이 25.0㎝, 너비 3.4㎝, 두께 2.8㎝의 사면목간으로서, 네 면에 모두 묵서가 서사되었다. 『한국 목간자전』에 [城]221이라는 넘버링으로 적외선 사진이 공개되면서 관심을 받기 시작되었다. 이 목간에 처음 주목한 이승재는 당시까지 성산산성에서 출토된 목간 가운데 기록의 양이 가장 많은 목간임을 지적하면서, 일정한 형식을 갖춘 한국 최초의 문서목간이며, 한국 최초의 이두 문장이 기록되었다고 의미를 부여하였다.[12)] 다만, 이견의 여지가

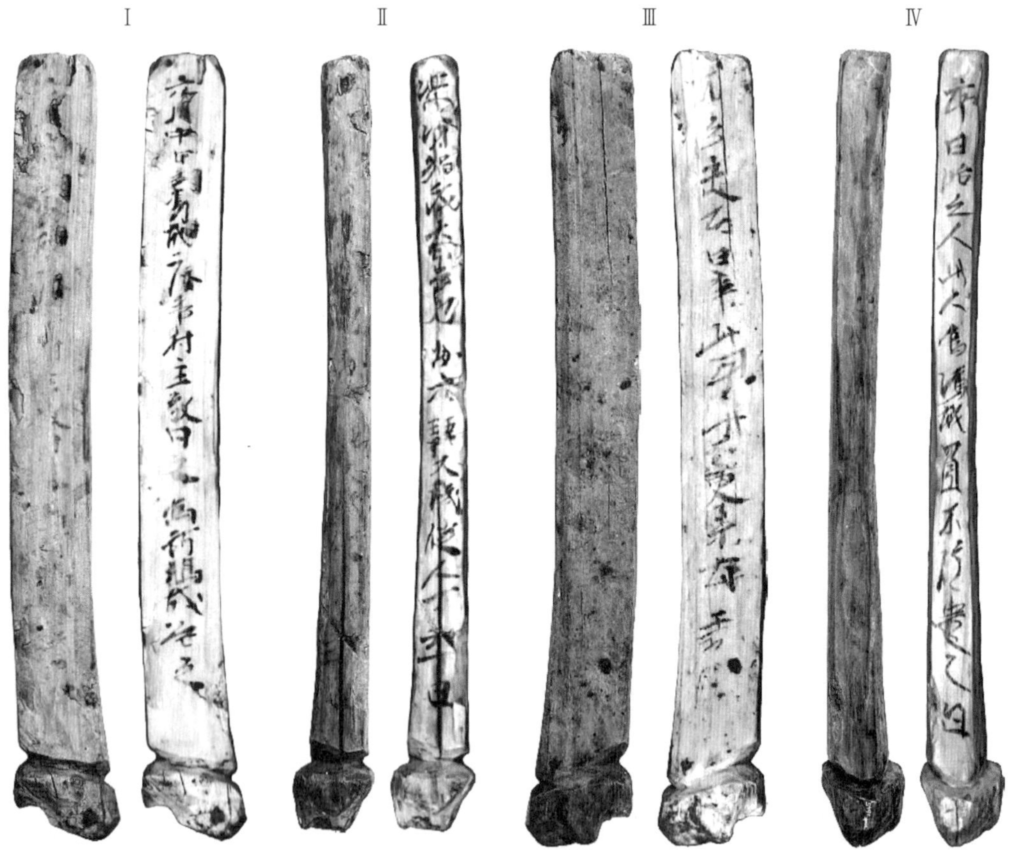

그림 1. 가야2645(국립가야문화재연구소, 2017, 『韓國의 古代木簡 II(학술총서 제69집)』, pp.356-359)

12) 李丞宰, 2013b, 「함안 성산산성 221호 목간의 해독」, 『韓國文化』 61, 서울대학교 규장각한국학연구원, pp.3-4.

있는 판독에 기반한 해석 중에는 다른 연구자들에게 받아들여지지 않게 되는 부분들도 많았다. 이후 수정된 판독 혹은 해석들이 제시되면서,[13] 인력 동원과 관련된 촌주의 보고를 담은 문서목간이라는 점은 대체로 인정받고 있다.

이 목간은 많은 글자가 확인되지만, 중간 중간 명확히 판독을 확정짓기 어려운 부분들이 남아 있다. Ⅰ면의 두 번째 글자는 '月'로 판독하는 것이 일반적이나, 왼쪽 세로획만 확실하다. 기존에 '月'의 오른쪽 부분으로 간주해 왔던 부분은 공교롭게도 목간에 나 있는 흠집 모양과 일치한다. 다만, 문장 첫 부분에 등장하는 '숫자 + 月中'의 사례가 많은 편이므로 '月'字가 서사되었을 가능성은 여전히 높다고 판단되어, '月'로 추독하는 것은 인정 가능하다고 본다. 네 번째 글자의 남아 있는 모습은 '口'와 유사하나, 오른쪽 내려지는 획이 꺾이고 있어 확실하지 않다. Ⅰ면 여섯 번째 글자와 열여덟 번째 글자, Ⅱ면 열 세번째 글자, Ⅳ면 열 번째 글자는 형태적으로 유사한데, Ⅰ면 열여덟 번째 글자만 좌·우측의 획이 적어 '成'으로 판독하고, 나머지는 '城'으로 보았다.

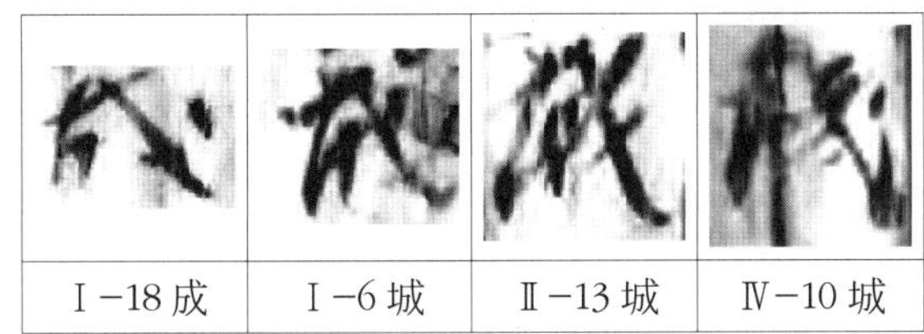

Ⅰ면 일곱 번째 글자는 오른쪽 흠집을 제외하고 보면 '二人'의 合字와 유사하지만 확정짓기 어렵다. 뒤에 등장하는 '村主'를 감안할 때, 村名의 일부일 가능성이 높다. 여덟 번째 글자는 '者'로 추정하기도 했으나,[14] 획이 하나 더 많아서 '看'에 가깝다고 여겨진다. 역시 村名의 일부라고 볼 수 있다.

13) 이용현, 2015, 「함안 성산산성 출토 목간 221호의 국어학적 의의」, 『口訣研究』 第34輯.
金昌錫, 2016, 앞의 논문, p.148.
金昌錫, 2017, 「咸安 城山山城 17차 발굴조사 출토 四面木簡(23번)에 관한 試考」, 『韓國史研究』 177, pp.140-144.
박남수, 2017, 「신라 법흥왕대 '及伐尺'과 성산산성 출토 목간의 '役法'」, 『新羅史學報』 40, pp.60-61.
백두현, 2018, 「월성 해자 목간의 이두 자료」, 『목간과 문자』 20호, pp.277-279.
강나리, 2019, 「신라 중고기의 '代法'과 역역동원체계 -함안 성산산성 출토 218호 목간을 중심으로-」, 『한국고대사연구』 93, pp.248-249.

Ⅰ면의 열두 번째 글자는 '白'으로 판독하고, 앞뒤 글자와 함께 '敬白之'의 문구를 갖춘 것으로 파악하는 것이 일반적이다. 월성해자 출토 新2호(임392(2016) 목간)의 "小舍前敬呼白", 新3호(임418(2016) 목간)의 "典中大等敬白" 등을 감안할 때 '敬白之'의 문구는 익숙하게 느껴짐이 인정된다. 다만, 자형상으로는 좌측 상단에 점이나 확인되지 않아 '日' 혹은 '曰'로 보인다. '敬日'로서 村主의 이름이라고 볼 수도 있겠지만, 뒤에 관등이 확인되지 않고, 가야5598에도 村主의 이름은 명기되어 있지 않으므로, 이 목간에서도 村主의 이름은 생략되었을 가능성이 높다. 이에 이 글자는 '曰'로 판독하고자 한다. 의미상으로는 '말하다'인 '曰'이 '사뢰다'인 '白'과 유사하므로 바꾸어 쓴 것이 아닐까 추정해 본다. 한문적으로 '曰' 다음에는 '之'와 같은 대명사가 나오기보다는 인용문이 바로 나오는 것이 일반적인데, 여기서는 '白'을 대체하면서, '白之'와 같이 '曰之'라고 쓴 것이거나, '之'가 뒤의 글자에 붙어 '~로 가다'의 의미로 쓰였을 가능성도 상정해 볼 수 있다. 아울러 Ⅲ면의 다섯 번째 글자 또한 납작한 비율을 감안할 때 '曰'로 판독하는 것이 가능하다.

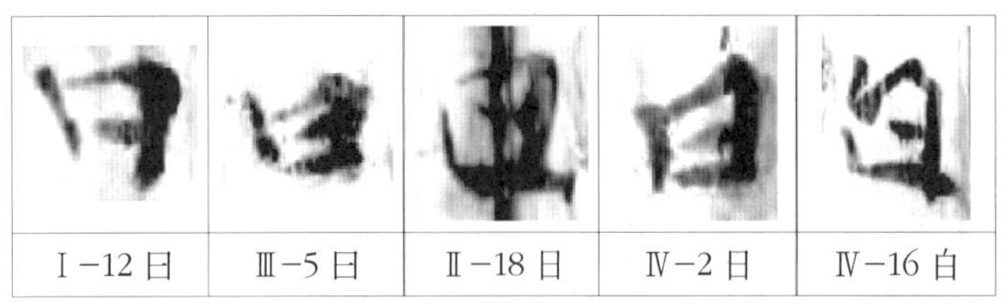

Ⅰ-12 曰	Ⅲ-5 曰	Ⅱ-18 曰	Ⅳ-2 曰	Ⅳ-16 白

Ⅰ면 열여덟 번째 글자는 '行'으로 판독한 경우가 많고,[15] '芒'으로 판독하기도 하였으나,[16] 왼쪽 상단의 점으로 간주된 부분은 목간에 난 흠집으로서 실획에서 제외해야 한다. 해당 부분을 제거한 형태는 '令'에 가깝지 않나 한다. 오히려 '行'과 비슷한 자형은 Ⅰ행 열다섯 번째 글자에서 찾을 수 있다.

Ⅰ-18 사진	Ⅰ-18 적외선	Ⅰ-18 흠집 제거	令 (初 宋克)	(晉 皇象 急就章)
Ⅰ-15 사진	Ⅰ-15 적외선	行 (元 趙孟頫 天冠山詩帖)	(清 沈德潛)	(明 王鐸)

14) 국립가야문화재연구소, 2017, 앞의 책, p.356 및 강나리, 2019, 앞의 논문, p.248.
한편, 李丞宰, 2013b, 앞의 논문에서는 '邦'일 가능성을 제시하였고, 金昌錫, 2017, 앞 논문에서는 '邦'으로 판독하였다.

15) 손환일 편저, 2011, 앞의 책, p.259; 尹善泰, 2012, 앞의 논문, p.162; 李丞宰, 2013b, 앞의 논문, p.7; 이용현, 2015, 앞의 논문, p.45; 金昌錫, 2016, 앞의 논문, p.148; 金昌錫, 2017, 앞의 논문, p.140; 박남수, 2017, 앞의 논문, p.60.

Ⅱ면 첫 두 글자는 판독하기 어렵다. 智로 끝나고 있으므로 一伐 관등 소지자의 이름으로 여겨진다. Ⅱ면의 열일곱 번째 글자는 '六十'의 合字로 판독하는 것이 일반적이다. 다만 '六'의 오른쪽에 해당하는 부분은 목간이 손상되어 있어 획이 잘 보이지 않는다. 그래도 남아 있는 부분은 '六十'의 合字와 유사함이 인정된다. 그와 더불어 주목되는 것이 Ⅳ면의 첫 번째 글자이다. 기존에는 모두 卒로 판독하여 특정인의 사망과 연관지어 해석하거나,[17] 어떤 일을 마친다는 의미로 파악했다.[18] 그런데 해당 글자는 이 목간 書者가 '六'을 쓰는 방법에 비추어 볼 때 '六十'의 合字로도 판독 가능하다. 사실, '卒'字 중에는 형태적으로 '六十'의 合字와 구분이 잘 되지 않는 사례들도 많다. 그렇다면 맥락을 통해 판단해야 할 텐데, Ⅱ면에도 '六十'의 合字가 '日'과 결합하여 등장하고 있음이 인정된다면, 이 또한 '六十'의 合字로 판단하는 편이 자연스럽다고 생각한다.

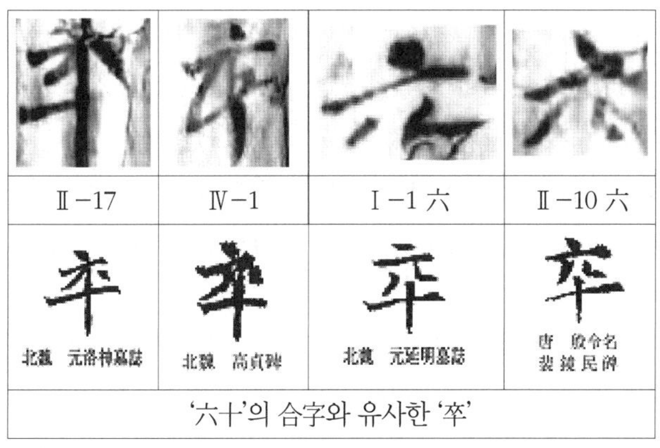

'六十'의 合字와 유사한 '卒'

Ⅲ면은 보이는데도 판독이 잘 되지 않는 글자들이 많은 편이다. 여덟 번째 글자는 자획이 선명히 보이나 마땅한 글자를 비정하기 어렵다. 신라에서 만든 造字일 가능성도 있겠다. 다음 아홉 번째 글자는 '卄'과 유사하지만 첫 세로획이 바깥쪽으로 뻗쳐 있어, 세로획들이 안쪽으로 보이는 다른 사례들과 조금 달라 일단 '廾'로 판독하였다. 다만, '卄'을 특이하게 서사한 것일 가능성도 여전히 남아 있다고 본다. 첫 두 글자와 마지막 세 글자는 판독 미상자로 두었다. 이상의 검토에 기반하여 발표자의 판독안을 제시하면 다음과 같다.

16) 강나리, 2018, 「문자자료를 통해 본 6세기 신라의 율령과 역역동원체계」, 『6세기 금석문과 신라 사회』, 한국고대사학회 제20회 하계세미나 발표문, p.149.

17) 李丞宰, 2013b, 앞의 논문 및 박남수, 2017, 앞의 논문.

18) 이용현, 2015, 앞의 논문 및 강나리, 2018, 앞의 발표문, p.149.

Ⅰ :「六囝中□馮城□(看)村主敬日之鳥(行)□成令之∨」

Ⅱ :「□□智伐大□□也功六□大城從人丁卒日∨」

Ⅲ :「□□走(石)日率此□(廾)更□□□∨」

Ⅳ :「卒日治之人此人(鳥)(馮)城(置)不行遣之白∨」

기본적으로 □馮城 □看(?)村의 村主가 어딘가에 보고하는 내용의 문서임은 쉽게 인정된다. Ⅰ면의 '日'로 보고 내용이 시작되고, Ⅳ면 마지막이 '白'으로 끝나고 있다. 이는 중고기 신라 비문에 보이는 "敎… 敎", "誓 … 誓" 등과 더불어 "(동사)하기를 ~라고 (동사)하다."라는 신라의 문장 양식 투식임이 지적된 바 있다.[19] 아울러 다음에 다룰 가야5598 목간 또한 "白 … 白之"의 형식이 반복되고 있어, 두 목간이 형식적으로 유사함을 보여준다. 이에 〈某月中 – 某村主 白(白之) – 보고 내용 – 白之(白)〉이 신라 중고기 지방사회에서 촌주가 상부 기구에 上申할 때 사용한 보고문서의 書式이었다고 보기도 한다.[20]

가야5598 목간과의 유사점은 그에 그치지 않는다. Ⅲ면의 다섯 번째 글자를 '日'로 판독할 경우, '日' 이하에 인용되는 말을 한 주체는 앞의 □□走石이라고 판단된다. 보고 내용 속에 보고자가 아닌 다른 사람이 말한 내용이 포함되어 있는 것이다. 뒤에서 자세히 살피겠지만, 가야5598 목간 또한 보고자인 眞乃滅 村主의 보고 내용 속에 伊毛罹 及伐尺이라는 또 다른 인물의 말이 다시 인용되었다. 제3의 인물이 그 보고와 관련되어 있음을 짐작할 수 있다.

그렇다면 가야2645 목간에 보이는 □□走石의 역할은 무엇이었을까? Ⅲ면의 '日' 다음에는 '率此…'의 내용이 이어지고 있다. 어떤 사람들을 '인솔한다'는 의미로 해석된다. Ⅲ면 아홉 번째 글자를 '廾'으로 판독하는 것이 가능하다면, 그가 인솔하는 인원의 수와 관련될 숫자일 수 있다. 다음에 보이는 '更' 또한, 현재로서는 앞·뒤에 판독이 어려운 부분들이 있어 정확한 의미를 파악하기 어렵지만, 漢代의 兵·徭役으로서 更卒, 更役의 '更'을 연상케 하는 측면이 있다. 특히 '更'이 교대 방식이나 복무 기간에 관련된 용어로 사용되고 있음이 주목된다.[21]

Ⅱ면의 '人丁'을 감안할 때, 촌주의 보고 내용은 人丁의 동원과 관련된 것으로 여겨진다. 徭役이나 軍役 등 力役 동원을 상정할 수 있다. 6세기 말 신라의 축성 과정에 城이나 村 단위의 인원들이 '徒'를 이루어 작업에 참여하고 있음은 〈남산신성비〉를 통해 확인되는 바이다. 모든 村主들이 村을 비우고 이들을 인솔해서 직접 작업 현장에 머무르면서 지휘·감독할 수는 없을 것이므로, 실질적인 인솔·지휘·감독 업무는 村主를 대신하여 현장에 파견된 다른 인물들이 담당하였다고 생각된다. 그렇다면 □□走石 역시 촌주를 대신하여 어떤 城에 役夫들을 인솔하고 가는 임무를 맡은 존재로 추정해 볼 수 있다.

그런데 이 목간에는 또 다른 인물도 확인된다. Ⅱ면에 □□智 一伐이라는 인물이 보인다. 그렇다면 이

19) 이용현, 2015, 앞의 논문, pp.47–49.

20) 金昌錫, 2017, 앞의 논문, pp.134–135.

21) 李成珪, 2009, 「前漢 更卒의 徵集과 服役 方式 –松柏木牘 47호의 분석을 중심으로–」, 『東洋史學研究』 第109輯 참조.

인물과 □□走石는 어떠한 관계일까? □□智 一伐 또한 뒤에 '從人丁'과 '60日'이라는 기간이 나오고 있어, 역시 人丁을 데리고 일정 기간 동안 역역을 담당하는 역할을 했던 것으로 여겨진다. 그에게 정해진 역역 기간은 60일이 된다. 60일 동안 임무를 다했다면 □□智 一伐과 정해진 기간을 채운 인원들은 새로운 인원들과 교대되어야 할 것이다. 이 경우 새로운 인원들을 인솔해 갈 사람이 필요할 텐데, □□走石이 그에 해당하는 것이 아닐까?

Ⅳ면에는 '六十日治之人'이 보이는데, 기존에는 '治之人'을 '책임자'로 해석하였다.[22] 그렇다면 '治之人'은 책임자로서 60일 人丁들을 지휘·관리해야 했을 □□智 一伐을 가리키는 것일 수 있다. 단, '治'에는 '다스리다'는 의미 외에 '만들다'나 '짓다', '수리하다' 등 작업을 가리키는 뜻도 있으므로,[23] 60일에 걸친 人丁들의 작업 자체를 의미한다는 해석 또한 가능하다. 이렇게 볼 경우 '六十日治之人'은 60일간 작업한 사람들, 곧 60일의 정해진 역역 기간을 마친 사람들을 가리키는 것이 된다. 정해진 기간을 마쳤으므로, 이들은 □□走石이 인솔해 온 새로운 役夫들과 교대하여 집으로 보내져야 했다. 그런데 이들(此人)을 작업이 이루어지던 城에서 보내주지 않았다면(置不行遣之), 村主가 해당 城 혹은 상위 행정 단위에 문서를 보낼 만한 사안이 되기에 충분할 것이다.[24] 이러한 관점에서 새로운 해석안을 제시하면 다음과 같다.

Ⅰ : 6月(?)에 □馮城 □看村主가 삼가 말하건대, … 이룰 것을 명령하셨습니다.
Ⅱ : □□智 一伐이 …인데, 功이 … 大城에 따라 간 人丁은 (복역일이) 60일입니다.
Ⅲ : □□走石(?)이 말하기를, 이 …를 인솔하여 … 20(?) 更 …
Ⅳ : 60일 동안 작업한 사람들, 이 사람들을 烏馮城에 두고 行하여 보내지 않는다고 함을 사룁니다.

이렇게 보면, 역역 동원에 있어서 村主의 역할은 단순히 중앙의 명령을 받아 入役할 인원을 보내는 데 그치는 것이 아니다. 정해진 기간이 끝나는 시점에 맞추어 교대할 새로운 인원을 파견하고, 기간을 채운 인원들의 귀환도 확인하며 상위 행정 단위와 협의해야 했다. 이를 위해서 현장에 파견된 담당자와 지속적으로 소통하면서 상황을 파악했을 것이다. 力役 동원에 있어서 村主와 그를 대신해 파견된 현장 담당자의 역할은 상당히 중요했다고 여겨진다. 이러한 정황을 보여주는 또 다른 목간이 가야5598이다.[25]

---

22) 이용현, 2015, 앞의 논문, p.55.

23) 居延漢簡에도 戍卒들의 작업 내용으로 治墼, 治簿 등이 확인된다(Michael Loewe, 1967, *RECORDS OF HAN ADMINISTRATION Volume Ⅱ DOCUMENTS*, pp.123-127의 MD14-1(286.29/61/7) 및 MD15-3(203.8) 등).

24) Ⅰ행에서 □看村의 상위 행정 단위로 나오는 □馮城과 작업한 이들을 보내주지 않고 있는 烏馮城이 동일한 실체인지는 현재 판독이 어려운 글자 때문에 확인하기 어렵다. 단, 烏馮城에서의 문제에 대해 烏馮城의 책임자, 혹은 그보다 상위의 책임자에게 호소하는 내용임은 짐작할 수 있다.

25) '村'과 '一伐'의 외위 소지자가 등장하고, '功'에 따른 '受', '往'·'留' 등의 내용이 확인된다는 점에서, 함안 성산산성 출토 목간 외에 신 출토 월성해자 임069(2016)(목간 新1호)와도 상통하는 부분이 있다고 생각된다(해당 목간에 대해서는 전경효, 2018, 「신 출토 경주 월성 해자 묵서 목간 소개」, 『목간과 문자』 20호, pp.66-68 및 윤선태, 2018, 「월성 해자 목간의 연구 성

III. 가야5598과 役夫의 식량 조달

가야 5598은 2014년부터 2016년에 걸쳐 진행된 제 17차 발굴조사 과정에서 발견되었다. 처음 공개될 때는 1번으로 넘버링되었으며, 이후 출토번호 w150으로도 소개된 바 있다.[26] 길이 34.4㎝, 너비 1.0~1.3㎝, 두께 1.6~1.9㎝의 사면목간으로서, 사면에 모두 묵서가 서사되었다. 공개될 당시부터 문서목간으로 주목받았다.

적외선 촬영을 거치지 않고도 대부분의 글자들이 판독될 정도로 상태가 양호하여, 가야2645에 비해서 판독의 이견은 적은 편이지만, 논란이 되는 몇 글자들이 있다. Ⅱ면의 첫 글자는 '此'로 판독한 바 있으나,[27] 글자의 우측 부분만 남아 있고, 왼쪽의 떨어져 나간 부분 위쪽으로도 묵흔이 보여 '此'로 보기는 어렵다. 판독 미상 글자로 남겨 둔다. 두 번째 글자는 일부가 떨어져 나갔지만 '城'으로 판독하기에 충분한 부분들이 남아 있다. Ⅲ면 첫 글자 역시 상당 부분이 훼손되었는데, 남은 부분을 통해 '即'으로 추독하고 있다.

Ⅱ면의 여섯 번째 글자가 尒(尔)로 볼 것인지,[28]

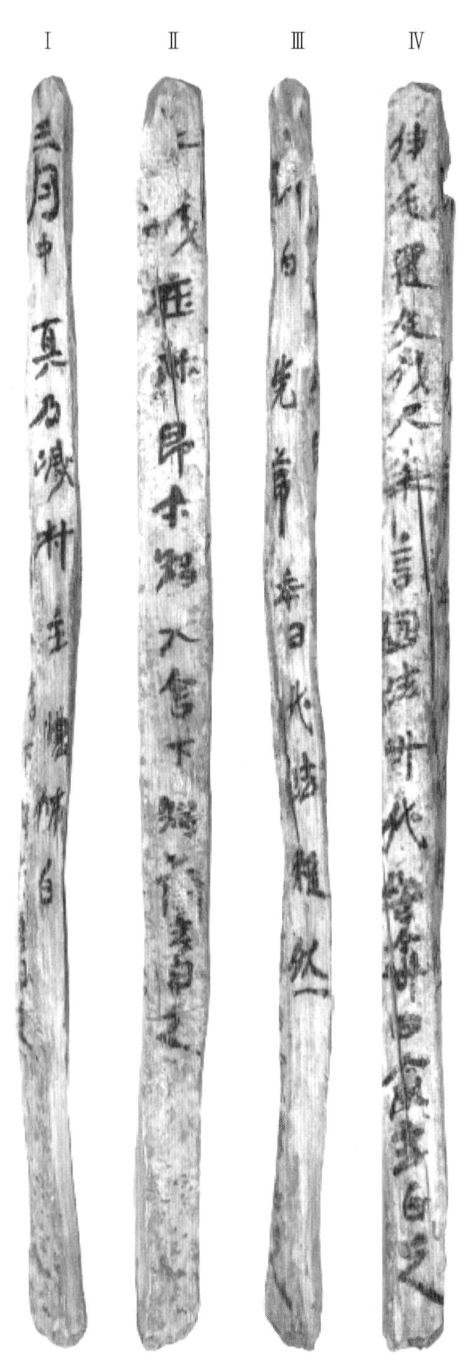

그림 2. 가야5598 적외선 사진(국립가야문화재연구소, 2017, 앞의 책, pp.418-421)

과와 신 출토 목간의 판독」, 『목간과 문자』 20호, pp.94-95 참조).

26) 최장미, 2017, 앞의 논문, pp.201-202.

27) 손환일, 2017, 「함안 성산산성 출토 목간의 의미와 서체 -17차 발굴조사 성과 발표문을 중심으로-」, 『韓國史學史學報』 35, p.8.

28) 최장미, 2017, 앞의 논문; 이부오, 2017, 「6세기 초중엽 新羅의 非干外位 운영과 及伐尺」, 『한국고대사탐구』 26; 윤선태, 2017, 「함안 성산산성 출토 신라목간의 연구 성과와 전망」, 『韓國의 古代木簡 Ⅱ(학술총서 제69집)』, 국립가야문화재연구소; 김창호, 2018, 「咸安 城山山城 木簡의 新考察」, 『文化史學』 第49號; 강나리, 2019, 앞의 논문, p.237.

朩(等)[29] 혹은 木으로 볼 것인지[30] 판독이 갈리는데, 여기서는 '尒'의 판독안을 따르고자 한다. Ⅳ면 두 번째 글자도 他(최장미, 이부오, 박남수, 김창호), 汒(金昌錫, 전덕재), 乇(이수훈) 등 여러 판독안이 제시된 바 있으나, 적외선 사진에 보이는 희미한 가로획의 존재를 인정하여 '毛'라는 판독을 받아들인다(윤선태, 강나리). 단, 이 두 글자는 인명의 일부로서 해석에는 큰 영향을 끼치지 않는다.

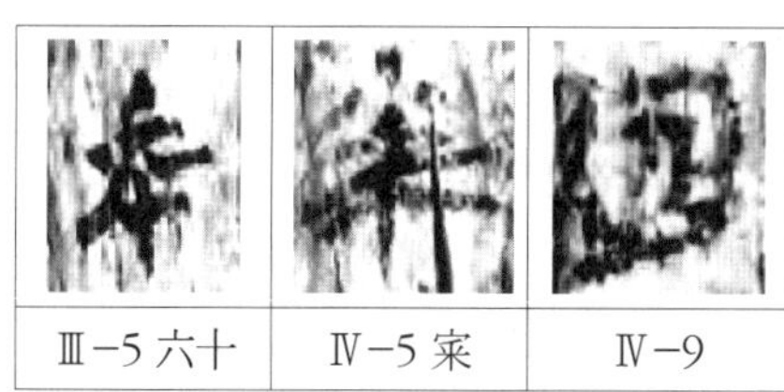

Ⅲ-5 六十	Ⅳ-5 宷	Ⅳ-9

해석과 관련하여 논란이 되는 부분은 먼저 Ⅲ면의 다섯 번째 글자이다. 이 글자에 대해서는 '夲(本)'으로 판독하는 견해(박남수, 전덕재)와 '六十'의 合字로 파악하는 입장(최장미, 金昌錫, 손환일, 이부오, 이수훈, 윤선태, 강나리)이 있다. 상부에 의도적으로 점을 찍은 것이 확인된다는 데 주목하여 여기서는 '六十'의 合字로 보는 판독을 따른다. Ⅳ면 일곱 번째 글자는 宷(金昌錫·박남수·이수훈·윤선태·강나리)과 宎(최장미·손환일·이부오·전덕재)로 판독안이 갈려 있다. 두 판독안 모두 가능성이 인정되지만, 의미상으로 볼 때 녹봉을 의미하는 '宎'가 及伐尺과 言 사이에 갑자기 등장하는 것은 어색해 보이므로 審의 本字인 '宷'으로 판독하겠다.

Ⅳ면 아홉 번째 글자는 정확히 일치하는 글자를 찾기 어렵다. 廻(金昌錫, 전덕재, 강나리)나 回(이수훈)로 판독하기도 하였으며, '驅'의 이체자 '逈'와 力'이 결합된 조합자로 보는 견해(박남수)도 나와 있다. 확신하기 어려워 미판독자로 남겨두고자 한다. 이상의 검토에 기반한 판독문은 다음과 같다.

Ⅰ :「三月中　真乃滅村主憹怖白　」
Ⅱ :「□(城)在弥即尒智大舍下智前去白之　」
Ⅲ :「[卽]白　先節夲日代法稚然　」
Ⅳ :「伊毛罹及伐尺(宷)言□法卅代告今卅日食去白之」

白으로 시작해서 白之로 끝나는 형식이 반복되고 있음은 일찍부터 지적된 바와 같다. 白의 주체는 眞乃滅村主이다. Ⅱ면에서 白의 주체가 바뀌어 弥即尒智 大舍가 下智에게 白하였다고 보고, Ⅲ면의 '即白'

29) 金昌錫, 2017, 앞의 논문; 전덕재, 2017, 「중고기 신라의 대(代)와 대법(代法)에 관한 고찰 – 함안 성산산성 17차 발굴조사 출토 사면 문서목간을 중심으로」, 『역사와 현실』 105; 이수훈, 2017, 「함안 성산산성 출토 4면 목간의 代 – 17차 발굴조사 출토 23번 목간을 중심으로–」, 『역사와 경계』 105, 부산경남사학회.

30) 박남수, 2017, 앞의 논문.

의 주체는 다시 Ⅱ면에 나오는 '下智'라고 본 견해도 있지만,[31] 大舍가 무관등자에게 '白'하는 정황이나 Ⅰ면에서 언급된 白의 주체가 Ⅱ면, Ⅲ면으로 넘어가면서 계속 바뀐다는 해석은 문맥상 어색하게 느껴진다.[32] Ⅰ면의 白과 Ⅲ면의 即白 모두 그 주체는 문서 보고의 발신자로서 眞乃滅村主라고 보아야 할 것이다. Ⅱ면의 弥即尒智 大舍·下智는 白을 받는 대상, 수신자가 된다.

Ⅳ면 마지막 부분의 '去'는 앞의 '食'과 연결하여 '식료를 없애다'(金昌錫), '먹어버렸다'(전덕재)나 '먹고 가버렸다'(최장미, 강나리), '먹고 갔다'(윤선태)로 해석하기도 했으나, 형식적으로 '白 … 去白之'가 두 번 반복된다고 파악하는 편이 자연스럽다. 弥即尒智 大舍·下智가 村主와 같은 장소에 있는 것이 아니라 □城에 있으므로 '가서 사뢴다'는 의미로 '去'가 白 앞에 붙었다고 생각된다. Ⅰ·Ⅱ면의 '白'과 '去白之' 사이에 나오는 것은 보고를 받는 대상이므로, 실질적 보고 내용은 Ⅲ면의 '白'과 Ⅳ면의 '去白之' 사이에 해당한다. 곧, 先節로 시작하여 今卌日食에서 끝나는 문장이다.

보고 내용의 문장 중에 伊毛罹 及伐尺이라는 별도의 인물이 審言하여 告한 내용이 포함되어 있다. 보고 내용 중 다른 사람의 말이 인용되는 형식이 가야2645와 유사하다. 여기서 伊毛罹 及伐尺이 審言한 告를 받은 주체는 眞乃滅村主이다. 그렇다면 伊毛罹 及伐尺은 眞乃滅村主의 관리 하에 있는 인물로 볼 수 있다. 그를 가야2645에 보이는 □□智 一伐이나 □□走石처럼 村主를 대신하여 入役하는 村民을 인솔해서 力役 동원 현장에 나가 작업을 지휘·관리한 담당자로 상정하고자 한다.

Ⅲ면과 Ⅳ면에 각각 '六十日代'와 '卌代'가 확인되므로, 보고 내용의 핵심은 '代'와 관련되어 있다고 판단된다. '代'를 수전 1속에서 거둘 수 있는 벼의 수확량에 기반하여 한 사람이 하루에 먹었던 벼의 양을 가리킨다고 해석하기도 했으나,[33] 수확량과 관련된 토지면적 혹은 그에 바탕을 둔 벼의 양, 그리고 그러한 것들을 규정한 법률로서의 '代法'이, 세금 수취 정황이 아니라 특정 인물의 宎(녹봉) 지급 관련해서 村主로부터 某城의 大舍에게 보고되는 상황에 '稚然'하다고까지 언급되었다고 보기는 어렵지 않을까 한다.

이 목간에서 '代'는 60日과 30(日) 등 날짜와 관련되며, 食과도 결부되는 단위이다.[34] 역역에 동원되어서 작업해야 할 기간과 연관된다고 이해할 수 있다. '代'는 '교대한다'는 의미를 가지고 있으며, 군사·행정에 관련하여 漢代부터 교대의 의미로 쓰여 왔음을 감안할 때,[35] 이 목간에서의 代도 '교대'를 의미한다고 보는 편이 자연스럽다. 앞서 가야2645에서도 기존의 역역 일수를 채우고 새로운 入役者들로 교체되어야 하는 교대 상황을 상정한 바 있다. 60일·30일이 교대 기간이라면, 이는 60일·30일마다, 혹은 60일·30일을 채우고 교대한다는 의미이므로, 실질적으로 역역 동원 기간과 동일한 의미를 가지게 된다.[36]

그렇다면 '六十日代法'은 "60일 만에 교대하는 법"으로 해석할 수 있는데, 기존에는 여기서의 '法'을 법

31) 金昌錫, 2017, 앞의 논문, pp.135-138.

32) 전덕재, 2017, 앞의 논문, pp.194-195.

33) 전덕재, 2017, 앞의 논문, pp.197-208.

34) 이수훈, 2017, 앞의 논문, pp.171-172.

35) 강나리, 2019, 앞의 논문, pp.245-247.

36) 보다 복잡하지만, 漢代의 '更'도 교대의 단위이자 근무 기간의 단위로 파악되고 있다(李成珪, 2009, 앞의 논문).

전의 항목이나 法令 자체로 이해하는 것이 일반적이었다.[37] 그런데 일개 村主가 상위 행정 단위에 보고하면서 법전의 조항이나 법령을 '稚然'하다고 표현할 수 있을지 의문이 남는다. 이에 '法'을 '六十日代'에서 분리하고, 뒤의 '稚然'에 붙여 "60日代는 法에 (제대로 따르지 않은) 유치한(미숙한) 판단이었습니다."로 해석한 견해도 있다.[38] 그러나 '法稚然'이라는 구절만으로 "법에 따르지 않은 미숙한 판단"을 나타려고 했다면 오해를 불러일으킬 수도 있었으리라 여겨진다. '六十日代法'은 '稚然'하다고 평해도 무방한 대상이라고 보아야 할 것이다.

그런데 '法'은 法令이나 法典, 법조항을 가리키기도 하지만, 방법·作法을 의미하기도 한다. "~하는 法"을 의미하는 "…之法"의 사례는 흔히 찾아볼 수 있다.[39] 이를 감안할 때 '六十日代法'을 "60일 만에 교대하는 방법"으로서, 국가에서 정해서 내려보낸 법조항이 아니라 村主가 주어진 작업량을 달성하기 위해 정해서 이전에 보고했던 교대 방식으로 해석하는 것이 가능하다. 〈명활산성 작성비〉나 〈남산신성비〉를 보면, 축성의 徭役에서 할당되는 것은 日數가 아니라, 步/尺/村으로 정해진 길이, 즉 작업량이었다. 해당 작업량을 완수하기 위한 인원의 할당이나 교대 기간 등은 村主가 조정할 수 있었을 것이다.

Ⅲ면에 따르면 眞乃滅村主가 이전에 보고했던 교대 기간은 60일이었다. 그러한 교대 기간, 곧 작업 일수의 상정은 이 문서의 보고자인 村主 자신의 결정이었으므로 稚然했었다는 평가가 가능하다. 교대 방법을 □하여 30일 교대로 바꾸겠다고 말한 伊毛罹 及伐尺은 현장에 파견된 혹은 파견될 실질적인 책임자로서, 그가 현장 상황이나 인력의 실태를 審한 결과 기존의 60일 교대가 아니라 30일 교대여야 한다는 판단을 내리고 村主에게 告한 것이다.[40]

이를 받아들인 촌주는 弥卽尒智 大舍·下智에게 궁극적으로 30日 食을 사뢰게 된다. 30日 食은 30일 분량의 식량으로 이해할 수 있다. 동원된 인력들이 해당 力役 장소에서 식량을 지급받았을 것으로 보는 일반적인 관점에 따른다면, 해당 城에 30일 분량의 식량을 준비해 줄 것을 요청한 것이 된다. 入役者들이 자신의 식량을 직접 가지고 갔다고 보거나,[41] 소속지에서 전체 혹은 일부의 식량을 보내주었다고 보는 입장의 경우,[42] 30일 분량의 식량만 보내겠다는 통보나 허가 요청이 되겠다.

기존에는 Ⅰ면의 '懼怖'에 크게 의미를 부여하여 '괴로워 떨어야 할' 만한 사유와 관계된 '사죄'의 내용으로 이해한 경우가 많았으나, 내용 중에는 구체적 사죄의 표현이 나타나지 않는다. '白' 바로 앞이라는

---

37) 金昌錫, 2017, 앞의 논문; 이부오, 2017, 앞의 논문, p.30; 윤선태, 2017, 앞의 논문, p.491.
'代法'을 특정 법령 혹은 법조항으로 보지 않고 '(법대로 하지 않고) 대신한 (임의적인) 법'으로 간주한 견해에서도, Ⅳ면의 □法이라는 법조항을 전제로 하고 있다(박남수, 2017, 앞의 논문, pp.46-64).

38) 이수훈, 2017, 앞의 논문, p.170.

39) 『漢語大詞典』에서 든 예문으로 다음과 같은 것들이 있다.
『墨子』 辭過, "爲宮室之法 日高足以辟潤濕 邊足以圉風寒 ……"
『文心雕龍』 附會, "馭文之法 有似於此"

40) 현재의 건설 현장에서도, 현장 관리 책임자의 미덕은 '공기 단축'에 있다.

41) 박남수, 2017, 앞의 논문.

42) 이재환, 2018, 「함안 성산산성 출토 신라 荷札의 성격에 대한 새로운 접근」, 『韓國史硏究』 182.

'儂怖'의 위치를 볼 때 '敬白' 등에 보이는 겸사로 파악하는 편이 자연스럽다.[43] 다음은 지금까지 살펴본 바에 따른 해석문이다.

Ⅰ : 3월에 眞乃滅村主가 괴로워 떨며 사뢰니,

Ⅱ : □城에 계신 弥即尒智 大舍와 下智 앞에 가서 사뢥니다.

Ⅲ : 곧 사뢰기를, 앞선 때 60일의 교대 방법은 어리석었습니다.

Ⅳ : 伊毛罹 及伐尺이 살펴 말하기를 방법을 □하여 30(日)으로 교대하겠다고 告하니, 지금 30일의 식량으로써 가서 사뢥니다.

이렇게 본다면 村主가 역역 동원 과정에서 맡은 역할은 굉장히 많았던 것이 된다. 실질적인 작업을 지휘·관리할 책임자를 선발하고, 할당된 작업량에 맞추어 파견할 人丁의 수와 교대 기간을 산정한 뒤, 관리 책임자로 하여금 인솔해 가서 정해진 기간 동안 복역하도록 한다. 이후에도 귀환을 기다리기만 하는 것이 아니라, 지속적으로 현장의 담당자와 소통하면서 소속 村民을 관리하여 잘 귀환시킨다. 그 과정에서 역역에 동원된 村民들이 해당 장소에서 먹을 식량의 조달 또한 村主가 신경써야 할 부분이었다. 한편, 역역 현장에서도 村別로 인원 상황을 관리해야 했음을 물론이다. 그와 관련하여 또 다른 문서 목간 가야1602가 주목된다.

Ⅳ. 가야1602와 다면목간의 줄맞춤

가야1602는 2006년 11월 13일 출토되었으며, 2007년에 보존처리 과정에서 묵서가 확인되었다고 한다. 12차 발굴조사 현장설명회자료에서는 w40으로 소개되었고,[44] 『나무 속 암호 목간』에 06-w40이라는 넘버링으로 컬러사진과 적외선 사진이 실렸다.[45] 『한국목간자전』은 [城]127으로 넘버링하였다. 발굴보고서의 연번 28, 도면·사진번호 506에 해당한다. 잔존 길이 26.4㎝에 너비 2.0㎝, 두께 1.2㎝의 사면목간인데, 묵서는 정면과 측면의 두 면에만 서사되었다.

'丁'과 숫자, '村' 등이 확인되어 공개 당시부터 축성에 동원된 인력자료로 추정하였다. 『나무 속 암호 목간』에서는 "□二□丁十一"이 기록된 면을 Ⅰ면으로 보고 "丁卄二益丁四"가 기록된 면을 Ⅳ면으로 보았으나, Ⅱ·Ⅲ면을 비워둔 것이 되어 어색하다. 『한국목간자전』에서는 "□二□丁十一"이 기록된 면을 Ⅰ면

43) 居延漢簡 등에서도 '叩頭死罪'와 같은 겸사가 '白', '敢言之' 앞에 등장하는 사례들을 흔히 찾아볼 수 있는데, 이것들이 정말 죽을 죄를 지어 머리를 조아리는 상황에서 사용되는 것이 아님은 물론이다(谢桂华·李均明·朱国炤, 1987, 『秦汉魏晋出土文献 居延汉简释文合校 上册』, 文物出版社 참조).

44) 국립가야문화재연구소, 2007, 앞의 책.

45) 국립부여박물관·국립가야문화재연구소 편저, 2009, 『나무 속 암호 목간』, 예맥, pp.102-103.

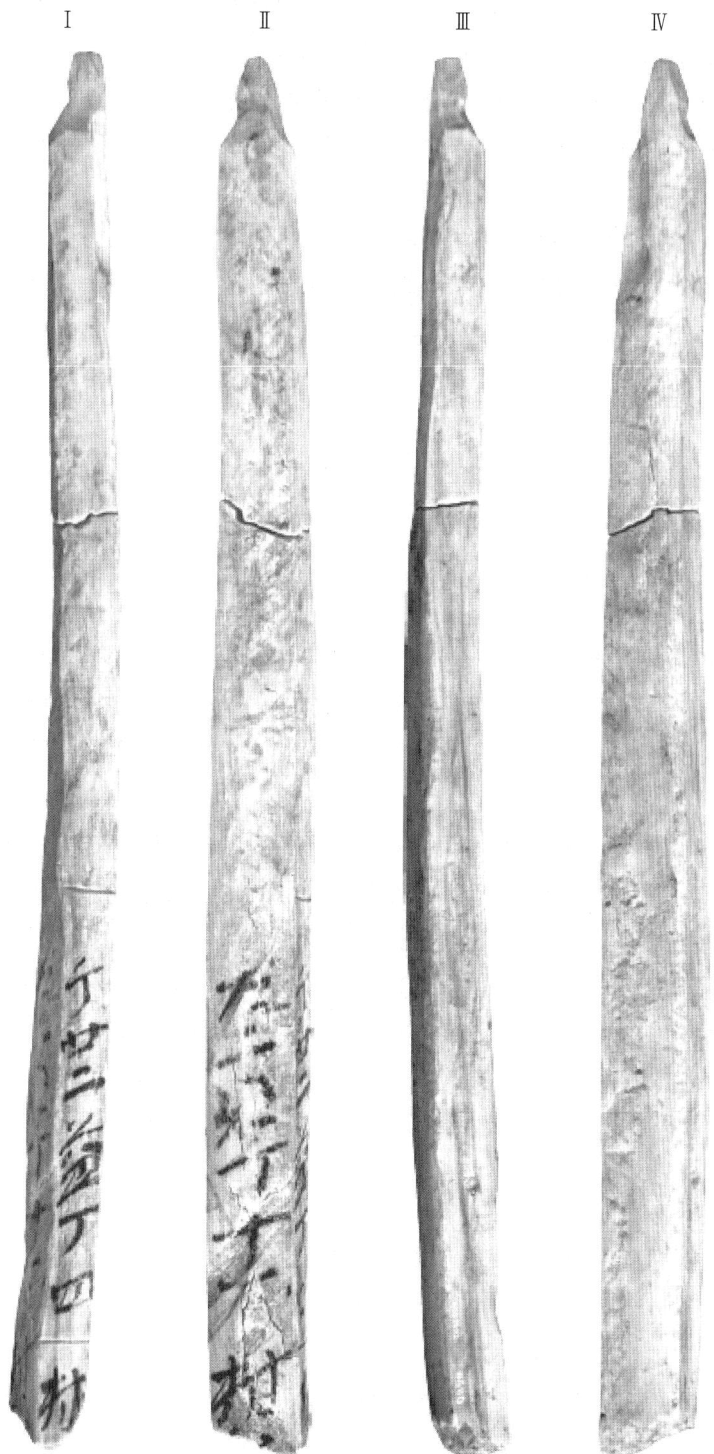

그림 3. 가야1602 적외선 사진(국립가야문화재연구소, 2017, 앞의 책, pp.154~157)

으로, "丁卄二益丁四"가 기록된 면을 Ⅱ면으로 보았는데, 일반적인 한문 문서의 서사 방향과 일치하지 않는다. 『韓國의 古代木簡 Ⅱ』와 같이 "丁卄二益丁四"가 기록된 면을 Ⅰ면으로, "□二□丁十一"이 기록된 면을 Ⅱ면으로 보고, Ⅲ·Ⅳ면은 서사되지 않은 것으로 파악하는 편이 자연스럽다. Ⅰ면 첫 번째 글자 '丁' 위에 보이는 점은 항목이 시작되거나 집계 부분이 시작된다는 표시로 찍은 점에 해당하는 것이 아닌가 한다.

판독 중 사소하게 갈리는 부분이 있지만, 애초에 남아 있는 글자가 많지 않다. 마, 더덕 등이 표기된 것으로 파악한 견해도 제기된 바 있으나,[46] 村別로 동원된 丁의 현황이나 증감을 기록한 장부로 파악하는 것이 일반적이다.[47] 본고에서 제시하는 판독안은 다음과 같다.

Ⅰ :「∨ • 丁卄二益丁四 村…×

Ⅱ :「∨ □二□丁十一 村…×

Ⅲ :「∨ ×

Ⅳ :「∨ ×

Ⅰ면에 丁 22명과 益丁 4명을 기록하였다. Ⅱ면은 판독이 어려운 글자들이 있지만, 丁 11명이 확인된다. 두 면 모두 丁의 數 다음에 공백을 두고 '村'이 씌여 있다. 村 다음에도 글자가 있음은 분명하나 목간 자체가 잘려져 나갔다. 村 단위의 丁 인원수와 인원 증감을 기록한 장부의 일부임은 충분히 인정되는 바이다.

역역 동원 과정 중 村에서 구체적인 인원 동원과 교대 기간 등을 책정했다 하더라도, 동원된 인원의 명단이나 수가 역역을 수행할 장소에 보고되어야 함은 물론이다. 성산산성에서 출토된 다수의 목간들에 대해서 초기에는 이러한 동원 인력들의 인명을 기록한 名籍이거나 신분증일 것이라고 추정한 적도 있었으나,[48] 이후 연구가 진전되고 목간의 발견이 이어지면서 이제는 성산산성 목간의 대다수가 물품에 붙어 있던 꼬리표였다는 사실은 대부분의 연구자들에게 받아들여지게 되었다.[49] 그러나 현재 발견되지 않았다 하더라도, 名籍이나 인원에 관련된 목록·장부가 존재했을 것임은 분명하며, 이 목간이 곧 그러한 명단이나 장부의 일부 혹은 관련된 문서라고 할 수 있다. 아울러 村別로 인원수가 파악되는 모습은 앞서 가야

46) 李丞宰, 2013a, 「新羅木簡과 百濟木簡의 표기법」, 『震檀學報』 117, pp.181-182.

47) 尹善泰, 2012, 앞의 논문; 이용현, 2015, 앞의 논문; 박남수, 2017, 앞의 논문.

48) 김창호, 1998, 「咸安 城山山城 出土 木簡에 대하여」, 『咸安 城山山城 Ⅰ』, p.92.
주보돈, 2000, 「咸安 城山山城 出土 木簡의 基礎的 檢討」, 『한국고대사연구』 19, p.58.
박종익, 2000, 「함안 성산산성 발굴조사와 목간」, 『한국고대사연구』 19, p.25; 2002, 『함안 성산산성 출토 목간의 성격 검토』, 『한국고고학보』 48.

49) 荷札로 간주하는 것이 일반적이며, 付札로 보는 견해도 나왔으나(박남수, 2017, 앞의 논문), 광의의 付札, 곧 꼬리표에 포함됨은 마찬가지이다.

2645와 가야5598을 통해 확인한 村主와 그가 파견한 현장 책임자에 의한 역역 동원 인력의 관리 정황과 잘 부합된다.

그런데 가야1602 목간에서 눈길을 끄는 부분은 내용보다도 형식에 있다. Ⅰ면과 Ⅱ면 모두 목간 최상단으로부터 약 17.5㎝ 정도를 비워두고 쓰기 시작했다는 점이 그것이다. 위 부분에 원래 글자가 있었는데 깎아내서 보이지 않게 되었을 가능성도 있지만, 글자의 흔적이 전혀 보이지 않다가, Ⅰ·Ⅱ면의 해당 부분부터 비교적 선명하게 글자가 완형으로 나타난다는 점에서 원래부터 지금 서사된 부분 위쪽으로는 글자가 씌여 있지 않았다고 보는 편이 자연스럽다. 앞서 언급한 Ⅰ면 첫 '丁'字 위의 점도 해당 부분부터 문장이 시작되었을 것이라는 추정을 뒷받침해준다. 약 17.5㎝의 상부 여백이 글씨를 쓰기에 적합하지 않은 것도 아니다. 아래쪽과 마찬가지로 서사면으로서 다듬어져 있다. 그렇다면 이 목간의 Ⅰ·Ⅱ면은 어떠한 이유로, 무언가를 의식하여 위쪽을 비워두고 해당 부분부터 서사를 시작했다고 보아야 한다.

윗부분의 여백이 확인되는 다른 신라 문서목간의 사례가 있다. 월성해자 2호 목간(『한국의 고대목간』 149호, 『한국 목간자전』 [月]2)의 경우도 모든 면의 윗부분에 상당한 여백이 균등하게 부여되었음이 지적되었다.[50] 이 또한 무언가를 의식하여 공통적으로 위쪽을 비워두고 서사를 시작한 것이다. 그렇다면 이들 목간을 무엇을 의식했던 것일까? 문제는 두 목간 자체에서는 의식하고 줄을 맞출 대상을 확인할 수 없다는 점이다.

擡頭나 공격, 혹은 항목에 따라 줄을 맞추어 서사하는 것은 여러 줄로 서사가 이어지는 종이 문서에서 일반적으로 사용되는 양식이다. 여러 簡들을 편철할 경우에도 簡들 간에 맞춤이 의식될 수 있다. 그런데 이 두 목간은 면당 한 줄씩 서사되었다. 각 면은 같은 위치에서 시작하고 있어 상호 줄맞춤을 의도하였다고 판단되나, 그 위치에서 시작되어야 할 기준은 목간 내에서는 찾아지지 않는다. 그렇다면 그들이 의식하고 있었던 '무언가'는 해당 목간 바깥에서 찾아야 할 것이다. 이는 다면목간도 단독적으로 완결성을 가지는 문서가 아닐 수 있었을 가능성을 보여주는 단서라고 하겠다.

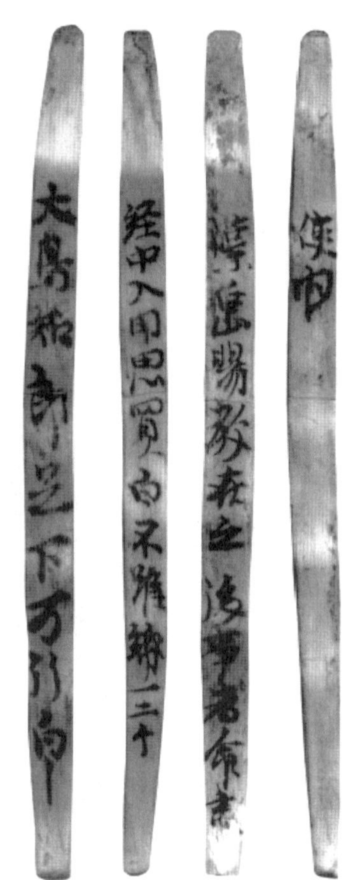

그림 4. 월성해자 2호 목간(국립창원문화재연구소, 2006, 『개정판 韓國의 古代木簡(학술조사보고 제32집)』, p.116–117)

일찍이 월성해자 출토 목간 중 다면·다행 목간 대부분이 문서목간임에 비하여 동궁과 월지(안압지) 출토 목간에는 다면목간의 비중이 현격히 떨어진다는 점에서, 다면·다행 목간이 관청의

50) 김병준, 2018, 「월성 해자 2호 목간 다시 읽기」, 『목간과 문자』 20호, pp.180–181.

장부나 행정문서용으로 6~7세기에 널리 사용되다가, 8세기 이후 종이의 보급이 일반화되면서 다면목간을 대체해 간 것이라는 추정이 제기된 바 있다.[51] 나아가 다면 목간이나 원주형 목간이 단독간 대여섯 개를 끈으로 묶은 편철간과 동일한 효과를 발휘한다고 지적하고, 편철간을 경험한 전통 속에서 그 특성을 살릴 수 있는 다면목간을 활발히 제작했을 가능성을 제시하면서, 중국 한대의 '편철간문화'와 고대일본의 '단책형목간문화'와 대비되는 한국고대의 '다면목간문화'를 제창하기도 하였다.[52]

반면에 고대 한국에서는 죽간이 배제된 목간의 문화가 전개되었다고 여기며, 초보적 문자생활을 시작하던 단계에 편철간 문화가 요구되지 않았을 것이라는 주장도 나왔다. 그러다가 국가와 제도의 발전으로 더 많은 정보를 목간에 서사할 필요가 생기자 다면 혹은 원주형 목간의 사용이 확대되었다는 것이다.[53] 이에 한국 고대 목간문화를 '단독간의 문화'로 규정하기까지 하였다.[54] 두 입장 모두 다면목간의 경우는 단독적으로 사용되었을 것임을 전제로 두고 있다는 점은 공통적이다.

하지만 가야1602 목간은 다면목간조차도 단독적이 아니라 다른 목간 혹은 다른 유형의 문서를 의식하면서 만들어지고 사용되었을 수 있음을 엿보게 한다. 그런데 다면목간은 목간을 돌려 가면서 각 면의 내용을 차례로 파악하도록 만들어진 것이므로, 편철간과 같은 방식으로 여러 개의 다면목간을 묶을 수는 없다. 이와 관련하여 2장에서 살핀 가야2645 하단에 절입부가 있음이 주목된다. 이는 가야2645를 다른 무언가와 묶었던 사실을 보여준다.[55] 가야2645는 荷札이 아니며, 내용 또한 人丁이나 특정 인물과 관련된 것이지 특정 물건을 언급하고 있지 않기 때문에, 어떤 물건에 매달았다고 보기는 어렵다. 그렇다면 標題나 수신자·내용에 있어서 공통점을 가지는 다른 문서목간들과 함께 묶었던 것은 아닐까?

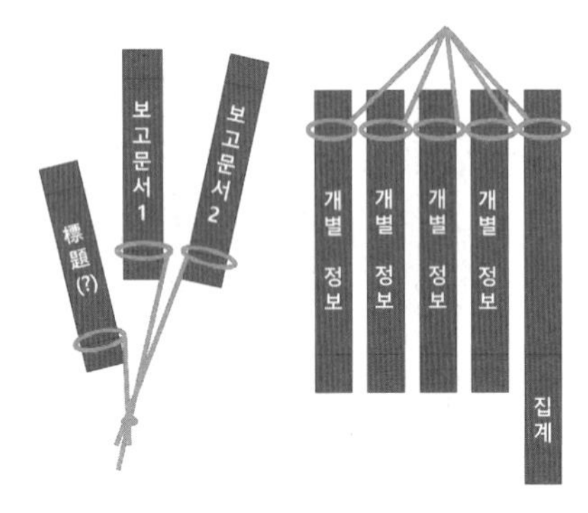

그림 5. 가야2645(左)와 가야5598(右)의 사용 방식 추정

가야2645의 내용 가운데 발신자인 村主는 확인되지만, 수신자를 찾기 어렵다는 점 또한 염두에 둘 필요가 있다. 가야5598은 누구 前인지 수신자를 명기하였고, 월성해자 2호 목간도 '大烏知郎足下'라는 수신 대상을 밝혔다. 『안압지발굴보고서』 1호 목간이나 월성해자 10호 목간, 월성해자 新3호 역시 白을 받을 대상을 前 앞에 썼다.[56] 문서의 수신 당사자는 생략하기 어려운 정보라 하겠다. 그렇다면 가야2645의 수신자는 아예 생략했다기보다 이 목간과 set를 이루며 함께 전달되었던 다른 문서목간 혹은 標題의 성격을 지닌 목간에 썼

51) 윤선태, 2005, 「월성해자 출토 신라 문서목간」, 『역사와 현실』 56, p.122.

52) 윤선태, 2007, 「한국고대목간의 형태와 종류」, 『역사와 현실』 65, pp.168-170.

53) 이경섭, 2013b, 「新羅 木簡文化의 전개와 특성」, 『民族文化論叢』 第54輯, pp.282-284.

54) 이경섭, 2013b, 앞의 논문, p.282.

55) 金昌錫, 2016, 앞의 논문, p.148에서도 이를 지적한 바 있다.

56) 윤선태, 2018, 앞의 논문, p.89·pp.94-95 참조.

기 때문에 쓰지 않아도 되었을 가능성을 상정할 수 있다.

다면목간에는 단독간 몇 개에 해당하는 정보를 담을 수 있다. 하지만 문서 행정 중에는 그 정도로는 충분하지 않은 정보도 오고가야 했을 것이다. 가야1602에 보이는 丁의 소속 村 혹은 村 하위의 세부 단위와 이름 등의 정보를 목간에 담을 경우, 村 하나에만 22명의 인원이 있었고, 다른 村도 적어도 11명 이상은 되었음을 감안하면, 다면목간이라 해도 하나에 모두 기록하기에는 부족했을 것으로 여겨진다. 이처럼 여러 개의 목간들로 구성된 명단 혹은 목록이 존재했고, 이를 집계한 가야1602는 다른 목간들에 기록된 내용들을 의식하면서 줄을 맞추어 윗부분을 비워두고 아래쪽부터 서사를 시작했던 정황을 상정할 수 있다.[57]

V. 맺음말

지금까지 함안 성산산성에서 출토된 세 점의 문서목간, 가야2645와 가야5598, 가야1602에 대한 나름의 판독과 해석을 시도하고, 그 과정에서 얻은 몇 가지 생각해 볼 만한 거리들을 제시해 보았다. 가야2645는 원래 정해진 복역 기간 60일 동안 작업을 다 마치고 □□走石이 인솔하는 새로운 역역 동원자들과 교대해야 했을 □□智 一伐 휘하의 力役 동원자들을 烏馮城에서 보내주지 않자, 그들의 소속지인 □馮城 □看村主가 이러한 정황을 상위 행정단위에 보고하여 이들의 귀환을 요청한 문서로 파악하였다. 역역 동원에 있어서 村主와 그를 대신해 파견된 현장 담당자의 역할이 중요했음은 가야5598에서도 확인된다. 가야5598은 현장 담당자인 伊毛罹 及伐尺이 현장 및 인원 현황을 검토한 결과 이전에 결정되었던 교대 기간 60일을 30일로 줄일 수 있음을 고하자, 眞乃滅村主가 30일분의 식량만을 준비하면 된다고 □城의 弥即尒智 大舍와 下智에게 보고한 문서로 보인다. 역역에 종사하는 인원들이 현장에서도 村別로 관리되는 정황은 가야1602에도 나타나고 있다. 이 목간은 村 단위로 丁의 현황과 증감을 기록한 장부의 일부로 판단된다. 나아가 가야1602는 다른 무언가를 의식하여 위쪽을 비워두고 아래쪽부터 서사하였다는 점에서, 다면목간도 단독으로서 완결성을 가지는 것이 아니라 여러 개가 함께 묶여서 활용되었을 가능성을 보여준다. 이를 통해 단독간에 기반하였다고 간주되어 왔던 한반도 목간 문화의 새로운 면모를 엿볼 수 있다.

투고일: 2019. 4. 10.	심사개시일: 2019. 5. 10.	심사완료일: 2019. 5. 20.

57) 집계에 해당하는 가야1602는 다른 목간들에 비해 길었을 가능성도 있다. 성산산성 출토 목간 중 '구리벌'명 목간을 제외한 하찰들의 평균 길이는 20㎝ 전후인데(국립가야문화재연구소, 2018, 앞의 책, p.34), 하찰은 아니지만 名籍에 해당하는 목간들도 비슷한 크기였다면, 가야1602는 대체로 이들의 서사가 끝난 부분에 맞추어 서사를 시작하고 있는 것이 된다. 묶어서 걸어 늘어뜨리거나 함께 나란히 늘어놓을 경우, 집계부분만 아래쪽으로 튀어나와 쉽게 인식될 수 있다.

참/고/문/헌

국립가야문화재연구소, 2007, 『함안 성산산성 12차 발굴조사 현장설명회자료』.

국립가야문화재연구소, 2011, 『함안 성산산성 발굴조사 보고서 Ⅳ』.

국립가야문화재연구소, 2017, 『韓國의 古代木簡 Ⅱ(학술총서 제69집)』.

국립부여박물관·국립가야문화재연구소 편저, 2009, 『나무 속 암호 목간』, 예맥.

국립창원문화재연구소, 2006, 『개정판 韓國의 古代木簡(학술조사보고 제32집)』.

손환일 편저, 2011, 『韓國 木簡字典』, 國立加耶文化財研究所.

Michael Loewe, 1967, *RECORDS OF HAN ADMINISTRATION Volume Ⅱ DOCUMENTS*.

강나리, 2018, 「문자자료를 통해 본 6세기 신라의 율령과 역역동원체계」, 『6세기 금석문과 신라 사회』, 한국고대사학회 제20회 하계세미나 발표문.

강나리, 2019 「신라 중고기의 '代法'과 역역동원체계 -함안 성산산성 출토 218호 목간을 중심으로-」 『한국고대사연구』 93.

김병준, 2018, 「월성 해자 2호 목간 다시 읽기 -중국 출토 고대 행정 문서 자료와의 비교-」 『목간과 문자』 20호.

金昌錫, 2016, 「함안 성산산성 木簡을 통해 본 新羅의 지방사회 구조와 수취」, 『百濟文化』 第54輯.

金昌錫, 2017, 「咸安 城山山城 17차 발굴조사 출토 四面木簡(23번)에 관한 試考」, 『韓國史研究』 177.

김창호, 1998, 「咸安 城山山城 出土 木簡에 대하여」, 『咸安 城山山城 Ⅰ』.

金昌鎬, 2018, 「咸安 城山山城 木簡의 新考察」, 『文化史學』 第49號.

박남수, 2017, 「신라 법흥왕대 '及伐尺'과 성산산성 출토 목간의 '役法'」, 『新羅史學報』 40.

박종익, 2000, 「함안 성산산성 발굴조사와 목간」, 『한국고대사연구』 19.

박종익, 2002, 『함안 성산산성 출토 목간의 성격 검토』, 『한국고고학보』 48.

백두현, 2018, 「월성 해자 목간의 이두 자료」, 『목간과 문자』 20호.

손환일, 2017, 「함안 성산산성 출토 목간의 의미와 서체 -17차 발굴조사 성과 발표문을 중심으로-」, 『韓國史學史學報』 35.

윤선태, 2005, 「월성 해자 출토 신라 문서목간」, 『역사와 현실』 56.

윤선태, 2007, 「한국고대목간의 형태와 종류」, 『역사와 현실』 65.

尹善泰, 2012, 「咸安 城山山城 出土 新羅 荷札의 再檢討」, 『사림』 제41호.

윤선태, 2017, 「함안 성산산성 출토 신라목간의 연구 성과와 전망」, 『韓國의 古代木簡 Ⅱ(학술총서 제69집)』, 국립가야문화재연구소.

윤선태, 2018, 「월성 해자 목간의 연구 성과와 신 출토 목간의 판독」, 『목간과 문자』 20호.

이경섭, 2013a, 「新羅木簡의 출토현황과 분류체계 확립을 위한 試論」, 『신라문화』 42, 동국대학교 신라문화연구소.

이경섭, 2013b, 「新羅 木簡文化의 전개와 특성」, 『民族文化論叢』 第54輯.

李丞宰, 2013a, 「新羅木簡과 百濟木簡의 표기법」, 『震檀學報』 117.

李丞宰, 2013b, 「함안 성산산성 221호 목간의 해독」, 『韓國文化』 61, 서울대학교 규장각한국학연구원.

이부오, 2017, 「6세기 초중엽 新羅의 非干外位 운영과 及伐尺」, 『한국고대사탐구』 26.

李成珪, 2009, 「前漢 更卒의 徵集과 服役 方式 -松柏木牘 47호의 분석을 중심으로-」, 『東洋史學硏究』 第109輯.

이성시, 2011, 「한국목간연구의 현재」, 『죽간·목간에 담긴 고대 동아시아』, 성균관대학교 출판부.

이수훈, 2017, 「함안 성산산성 출토 4면 목간의 代 -17차 발굴조사 출토 23번 목간을 중심으로-」, 『역사와 경계』 105, 부산경남사학회.

이용현, 2015, 「함안 성산산성 출토 목간 221호의 국어학적 의의」, 『口訣硏究』 第34輯.

이재환, 2018, 「함안 성산산성 출토 신라 荷札의 성격에 대한 새로운 접근」, 『韓國史硏究』 182.

전경효, 2018, 「신 출토 경주 월성 해자 묵서 목간 소개」, 『목간과 문자』 20호.

전덕재, 2012, 「한국의 고대목간과 연구동향」, 『목간과 문자』 9호.

전덕재, 2017, 「중고기 신라의 대(代)와 대법(代法)에 관한 고찰 - 함안 성산산성 17차 발굴조사 출토 사면 문서목간을 중심으로」, 『역사와 현실』 105.

주보돈, 2000, 「咸安 城山山城 出土 木簡의 基礎的 檢討」, 『한국고대사연구』 19.

최장미, 2017, 「함안 성산산성 제17차 발굴조사 출토 목간 자료 검토」, 『목간과 문자』 18호.

백두현, 2018, 「월성 해자 목간의 이두 자료」, 『목간과 문자』 20호.

谢桂华·李均明·朱国炤, 1987, 『秦汉魏晋出土文献 居延汉简释文合校 上册』, 文物出版社

寺崎保廣, 2004, 「帳簿」, 『文字と古代日本 1 支配と文字』, 吉川弘文館.

〈Abstract〉

Wooden Documents Excavated from the Seongsansanseong Fortress in Haman and Documental Administration for National Services of Silla Dynasty

Lee, Jae-hwan

This article attempts to interpret three wooden documents(Gaya2645, Gaya5598, Gaya1602) excavated from the Seongsansanseong Fortress in Haman. Some ideas to consider were also found in the process. I would like to see Gaya2645 as a document that reported to a higher administrative agency. It seems that the labourers for national service who were led by □□智 一伐 have finished 60 day's work and had to take turns with the new labourers that □□走石 led, but 烏馮城 didn't let them go back home, so 村主 of □馮城 □看村 who has jurisdiction over their hometown, had to ask for their return. The role of 村主 and field manager dispatched on behalf of him is also seen in Gaya5598. In Gaya5598, field manager 伊毛罹 及伐尺 has examined the situation of the site and the workers, and announced that the shift period which was originally set at 60 days could be reduced to 30 days. Based on this, 村主 of 眞乃滅村 reported to 即尒智 大舍 and 下智 of □城 that it's okay to prepare only 30 day's food. Gaya1602 also shows that workers for national service were managed by their 村 in the field. This wooden document seems to be part of the books that recorded the present situation and increase/decrease of men(丁) by 村. It is also interesting that Gaya1602 was conscious of something else and left the top part and started writting down from the bottom part. It shows the possibility that several polyhedral wooden documents were used combined together, rather than being used solely. This gives a glimse of the new aspect of the wooden documents culture in Korean peninsula.

▶ Key words: the Seongsansanseong Fortress in Haman, wooden tablets used as documents(文書木簡), Gaya2645, Gaya5598, Gaya1602, national services(力役), polyhedral wooden documents(多面木簡)

특 집 1

함안 성산산성 목간으로 본 6세기 신라 촌락사회와 지배방식

홍기승*

〈국문초록〉

함안 성산산성 출토 목간은 6세기 신라 지방사회를 이해하는 데 필수적인 자료이다. 이 글에서는 그동안의 연구 성과와『韓國의 古代木簡Ⅱ』에 최종 정리된 판독문을 토대로 6세기 신라 촌락사회의 양상과 그에 대한 지배방식의 일면을 살펴보았다.

먼저 성산산성 목간에는 村 이외에 '本波' '阿那' '末那' 등 이전의 금석문이나 사료에서 찾아볼 수 없는 용어들이 확인된다. 이들은 村을 구성하던 자연취락으로, 목간의 기재 순서로 볼 때 행정체계상 村의 하위단위로 파악되었다. 다만 모든 자연취락이 목간에 기재된 것이 아니라 경제적, 사회적으로 우세한 것부터 대상으로 삼았으리라 추정된다. 村이 있음에도 굳이 자연취락 단계까지 기록한 데서 이들에 대한 국가의 관심을 엿볼 수 있는데, 그 배경에는 자연취락의 성장을 유도하고 지원함으로써 촌락을 재편하고 지배체제를 강화하려던 의도가 있었다.

다음으로 중고기 신라의 村의 성격에 대해 검토하였다. 중고기 사료에 보이는 村의 이해를 두고 크게 행정촌설과 자연촌설로 의견이 나뉘는데, 이러한 견해차는 '지명+촌명' 형식의 성산산성 목간의 해석에서도 나타난다. 검토 결과 이 형식은 '郡名+행정촌명'이 아니라 '행정촌+자연촌'으로 해석해야 한다. 따라서 중고기 村은 자연촌과 행정촌 두 가지 용례로 나눌 수 있다. 하지만 자연촌이 상위의 행정촌명을 생

* 국사편찬위원회 편사연구사

략한 채 단독으로 목간에 기록될 수 있었던 점에서 자연촌을 지방지배의 기층 단위로서 행정적 역할을 수행하던 독자적인 단위로 보아야 한다. 아울러 자연촌은 국가의 행정력에 의한 인위적인 재편을 거쳤다. 따라서 자연촌은 행정촌과 마찬가지로 지방지배를 위해 국가가 인위적으로 설정한 행정단위로서의 성격을 가졌다고 할 수 있다.

마지막으로 역역동원 관련 문서목간에 보이는 村主를 살펴보았다. 문서목간은 기존의 일반적인 이해와 달리 촌주가 지방관과 엄격한 상하관계에 있었음을 보여준다. 이를 통해 중고기 촌주의 위상은 지역과 시기에 따라 다양했음을 짐작할 수 있다. 그러면서도 한편으로 촌주의 영향력은 촌락사회의 변동과 국가의 제약 아래서 점차 축소되는 방향으로 나아갔으며, 마침내 신라 중대가 되면 縣 단위 행정을 담당하는 말단관료적 존재로 탈바꿈하게 된다.

▶핵심어: 성산산성, 목간, 자연취락, 행정촌, 자연촌, 촌주

I. 머리말

함안 성산산성에서 출토된 목간은 6세기 신라사를 이해하는 데 아주 큰 도움을 주었다. 특히 성산산성 목간에는 다른 어느 자료보다 많은 城·村名과 人名, 外位 등의 정보를 담고 있어 신라 촌락사회와 지방지배를 연구하는 데 필수적인 자료라 할 수 있다. 그래서 목간을 활용하여 6세기 신라 지방사회 전반을 검토한 연구들이 목간 발굴 초기부터 이루어졌고 많은 성과를 거두었다.[1)]

이 글에서는 그동안 축적된 많은 연구 성과와 최근 발간된『韓國의 古代木簡Ⅱ』의 판독문을 바탕으로[2)] 성산산성 목간에 보이는 6세기 신라 촌락사회의 양상과 그에 대한 지배방식의 일면을 세 가지 측면에서 살펴보고자 한다. 먼저 성산산성 목간에서 자연취락의 존재를 추출하고 그 의미를 검토하겠다. 목간에서 처음으로 확인되었던 '本波' '阿那' '末那'를 두고 여러 견해가 제기되었는데, 그것이 6세기 신라의 촌락 지배 과정에서 가지는 역사적 의미를 풀어보고자 한다.

한편 많은 村名이 기록된 성산산성 목간의 발견으로 중고기 村은 행정촌과 자연촌으로 나뉜다는 시각이 통설로 자리 잡았다고 할 수 있다. 그럼에도 그에 대한 구체적인 검토는 여전히 미진하다고 생각된다. 여기서는 '村'을 둘러싼 기왕의 논의를 정리하면서 중고기 '村'의 성격을 재론하고자 한다. 그리고 마지막

---

1) 함안 성산산성 목간 관련 주요 연구사 정리는 다음을 참조. 세부 주제에 대한 연구 성과는 논의 과정에서 언급하겠다.
李京燮, 2004,「咸安 城山山城 木簡의 研究現況과 課題」,『新羅文化』23; 全德在, 2008,「함안 성산산성 목간의 연구현황과 쟁점」,『新羅文化』31; 전덕재, 2012,「한국의 고대목간과 연구동향」,『목간과 문자』9; 이경섭, 2013,「함안 城山山城 출토 新羅木簡 연구의 흐름과 전망」,『목간과 문자』10; 윤선태, 2017,「함안 성산산성 출토 신라목간의 연구 성과와 전망」,『韓國의 古代木簡Ⅱ』.

2) 이 글의 목간 번호와 판독은 국립가야문화재연구소, 2017,『韓國의 古代木簡Ⅱ』의 국가귀속번호와 판독문을 우선 따랐다.

으로 村主명 문서목간과 관련 금석문을 활용하여 촌주의 변화 과정을 논하겠다. 그동안 村主는 중고기 지방사회의 최상위층으로 신라 지방지배에서 중추적인 역할을 수행하였다고 여겨졌다. 하지만 성산산성 출토 문서목간은 이러한 이해와 상충되는 면이 적지 않다. 신라 중대와의 연속성이라는 관점에서 촌주의 성격을 살피고자 한다.

다만 글의 시작에 앞서 한 가지 짚고 넘어가야 할 부분이 있다. 최근 성산산성 목간의 제작 연대를 560년 전후로 비정했던 통설에 비판이 제기되었고, 532년 또는 592년으로 추정되는 '壬子年'명 목간이 확인되면서 목간의 제작 연대가 논란이 되고 있다. 이 문제는 목간을 연구에 활용하기 위해서는 무엇보다 선결해야 할 것이나, 글의 주제에서 벗어날 뿐만 아니라 현재로서는 쉽게 단언할 수 없는 상황이다. 여기서는 성산산성 목간이 6세기 중반에서 후반에 이르는 시기의 사정을 반영한다고 전제하고 논의를 진행하겠다.

II. 촌락의 재편과 자연취락

성산산성 목간 이전의 중고기 각종 금석문과 사료에서 村落은 '村'으로 통칭되었다. 촌락의 구체적인 모습이 '村'이란 명칭 아래 가려졌던 셈이다. 그런데 성산산성 목간에는 '村' 이외에도 촌락과 관련된 새로운 용어들이 확인되어 주목을 받았다. 관련 자료를 유형별로 정리하면 다음과 같다.

A-1 本波	앞면	뒷면
가야72	須伐本波居須智∨×	
가야1593	∨夷津本波只那公末□(稗)	
가야1990	×…本波破智(福)□古□…×	×…支云稗石×
가야2038	古阤本波豆物烈智□∨	(勿)大兮∨
가야2636	×(古)阤一古利(村)本波∨	×阤々支稗發∨
가야4685	古阤一古利村本彼∨	阤々只稗發∨
가야1590	甘文城下麦本波大村毛利只∨	一石∨
가야4687	甘文城下麦十五石甘文∨	本波加本斯(稗)一石之∨
가야5595	甘文城下麦十五石甘文本波×	伊次只去之×
진주1268	甘文本波(居)(村)[3]旦利村伊竹伊	
진주1279	甘文城下麦甘文本波王(村)[4]∨	(文)利村(知)利(兮)負∨

3) 『韓國의 古代木簡Ⅱ』에서는 '居村'으로 추정했지만 바로 아래 '旦利村'과 비교했을 때 '村'의 좌변이 서로 달라 확실히 '村'이라 할 수는 없다.

4) 『韓國의 古代木簡Ⅱ』에서는 '村'으로 추독했으나 획이 제대로 보이지 않아 그대로 따르기 어렵다.

A-2 阿那	앞면	뒷면
가야29	夷津支阿那古刀羅只豆支∨	稗∨
가야44	夷津阿那休智稗∨	
가야50	仇伐阿那舌只稗石×	
가야2018	∨仇伐阿那內□買子	∨一支買 稗石
가야1623	古阤伊骨村阿那∨	仇利稿支稗發∨
가야27	古阤伊骨利村阿那(衆)智卜利古支◎	稗發◎
가야2006	古阤一古利村阿那弥伊□(久)∨	稗石∨

A-3 末那	앞면	뒷면
가야1987	仇伐末那 沙刀(礼)奴∨	弥次(分)稗石∨
가야5587	丘伐末那早尸智居伐尺奴	能利智稗石
가야30	古阤一古利村末那∨	毛羅次尸智稗石∨
가야1992	古阤一古利村末那∨×	殆利夫稗□∨×
가야1995	古阤一古(利)村末那仇□…×	(稗)(石)×
가야2014	古阤一古利村末那沙見∨	日糸利稗石∨

자료A에서 '本波' '阿那' '末那'라는 용어가 확인된다.[5] 이들은 목간에 단독으로 등장하지 않고 반드시 지명 또는 村名에 이어서 기록되었다. 아직까지는 성산산성 목간에만 보이는 이 용어들은 古阤, 甘文, 夷津, 仇伐 등 일부 지역의 목간들에 동시에 기록되었으므로 고유한 지명이나 인명이 아님은 분명하다. 이 용어들의 의미에 대해서는 인명과 연결지어 물품의 발송과 관련된 직명으로 풀이한 견해가 있으며,[6] 어떤 읍락(행정촌)의 발원이 되는 마을과 주변의 자연취락으로 보거나[7] 특정 방향 또는 위치에 해당하는 지역을 가리키는 표현으로 해석하기도 하였다.[8]

이처럼 '本波' '阿那' '末那'의 의미를 두고 크게 직명 또는 공간으로 견해가 나누어진다. 현재로서는 정

5) 이밖에 '鄒文前那牟只村∨ / 伊□(習)∨'(가야2033)에서 '前那'를 추출하기도 한다. 다만 사례가 하나뿐이고 '前那牟只村'으로 읽을 수도 있으므로 여기서는 판단을 유보하겠다.

6) 이수훈, 2010, 「城山山城 목간의 本波와 末那·阿那」, 『역사와 세계』 38.

7) 전덕재, 2007a, 「함안 성산산성 목간의 내용과 중고기 신라의 수취체계」, 『역사와 현실』 65, pp.227-231. 阿那를 川邊의 평야에 위치한 취락으로 추정하였다. 또한 '本波/本彼'를 "本原의 의미를 가진 *本불(또는 *밑불)"로 설명한 연구도 있다(權仁瀚, 2008, 「고대 지명형태소 '本波/本彼'에 대하여」, 『목간과 문자』 2).

8) 李京燮, 2011, 「성산산성 출토 신라 짐꼬리표[荷札] 목간의 地名 문제와 제작 단위」, 『新羅史學報』 23, pp.551-557. '那'를 어떤 지역(구역)을 의미한다고 보고, 고구려, 백제의 方位部의 경우처럼 阿那는 서쪽, 末那는 북쪽, 本波는 중앙의 지역을 가리킨다고 해석하였다. 한편 이를 구체화하여 本波를 治所가 설치된 지역으로 보기도 한다(김창석, 2016, 「함안 성산산성 木簡을 통해 본 新羅의 지방사회 구조와 수취」, 『百濟文化』 54, pp.161-163).

확한 의미는 알 수 없지만 '阿那' '末那'에서 '那'의 일반적인 의미, 職名으로 이해할 경우 생겨나는 서식상의 불일치 등으로 미루어 전자의 견해는 따를 수 없다고 생각된다. 한편 古阤 목간 중 '고타+촌명' 형식이 아닌 경우는 가야4688('古阤伊未(?)上干一大兮伐')과 가야2038('古阤本波豆物烈智□∨')이 있다. 만일 本波 등이 村 내부의 구분을 위해 사용된, 어떤 방향과 범위에 있는 지역(구역)을 의미한다면 가야4688은 그 소재지가 명확하지 않게 된다. 가야4688도 가야2038과 같은 방식으로 古阤 뒤에 本波나 阿那 등을 기록해야만 거주 구역이 분명해지고 표기의 일관성이 지켜질 수 있는데 그렇지 않은 점으로 볼 때 本波 등이 방향이나 위치와 연관된 구역을 가리킨다고 하기도 어렵다.[9)]

이상의 점을 고려할 때 이 용어들은 본래 어떤 지형적 특징을 가진 지역을 가리키던 용어가 轉化하여 그 지역 내 사람들이 모여 사는 마을 즉 자연취락을 가리키게 되었다고 할 수 있다.[10)] 특히 '本波'의 경우 목간에서 '阿那' '末那'와 같은 위치에 기록된 점이나 그 語義 등으로 보아 해당 지역의 발원지에 있던 자연취락이라는 견해가 충분히 타당하다고 여겨진다.[11)] 따라서 이 글에서는 성산산성 목간의 '本波' '阿那' '末那'를 자연취락을 가리키는 용어로 이해하고자 한다.

이러한 자연취락은 행정체계상 바로 앞에 기록된 村에 소속된 하위 단위로서 파악되었으며, 사회적, 경제적으로 상호 간에 일정한 유대관계를 맺었으리라 추정된다. 성산산성 목간에 기록된 자연취락을 가리키는 명칭들을 통해 기존 사료에서 '村'으로 표현된 공간이 실제로는 복수의 취락으로 구성되기도 했음을 알 수 있다. 당연히 각 촌락의 형태나 규모는 일률적이지 않으므로 모든 村이 그러했다고 할 수는 없다. 다만「신라촌락문서」에 보이는 村의 형태에 대한 연구[12)]나 고대 日本의 사례로 볼 때[13)] 복수의 취락으

9) 같은 양상은 '古阤 一古利村'명 목간에서도 확인된다. 가야1998목간('古阤一古利村□…×')은 一古利村 다음에 本波, 阿那, 末那가 기록되지 않았다. 명확히 읽히지 않지만 '一古利村' 다음 글자는 기존에 알려진 本波, 阿那, 末那 등의 첫 글자가 아님은 확실하며 그 다음 글자는 판독이 사실상 불가능하다. 그렇다면 가야1998은 목간의 주인공 乃兮支의 소속을 一古利村까지만 표기했을 가능성이 높은데, 만일 本波 등을 어떤 방향과 범위에 있는 지역(구역)이라면 乃兮支의 소속은 불분명하게 된다.

10) 6세기 신라 취락 유적은 대체로 구릉 말단부에서 곡부, 충적지 등 비교적 취락의 확대가 용이한 넓은 장소에 위치하였다고 한다(공봉석, 2014,「신라의 주거와 취락」,『신라고고학개론 上』, 진인진, pp.137-138). 이를 참고할 때 '末那'는 구릉 말단부를 가리키는 용어였을 가능성이 높다.

한편 자연지형을 거주단위를 표시할 때 사용한 사례로 중국 陝西省 富平縣에서 발견된 北魏 太昌 元年(532)의 樊奴子造像을 들 수 있다. 이 조상명에는 樊奴子가 거주하는 곳을 '北雍州 北地郡 高望縣 東鄉 北魯川'으로 기록하였다. 鄉 아래에 최종 거주단위로 北魯川을 명기한 점이 주목되는데, 이를 하천 자체가 아니라 그 인근에 존재했던 자연취락을 가리킨다고 해석한 견해가 있다(侯旭东, 2005,『北朝村民的生活世界-朝廷, 州县与村里』, 商务印书馆, p.33). 성산산성 목간도 같은 맥락에서 이해할 수 있을 것이다.

11) 다만 이처럼 이해할 때 甘文에서만 확인되는 '甘文+本波+村名'(예컨대 가야1590 '甘文本波大村') 목간의 해석이 문제가 된다. 마치 자연취락이 행정체계상 村의 상위 단위인 것처럼 기록되었기 때문이다. 필자는 本波의 본래 의미 등을 고려할 때 이러한 형식은 해당 村이 상위 단위인 행정촌의 本波에서 분화되었음을 분명히 하려는 목적에서 비롯되었다고 생각한다. 즉 해당 형식은 "甘文의 本波(에서 나온) ~村"이라는 의미로 읽을 수 있으며, 本波가 甘文과 村 사이의 중간 행정 단위는 아니었던 것이다. 물론 이 경우 왜 굳이 독립된 촌명만 쓰지 않고 本波를 앞에 기록하였는가 하는 의문이 생긴다. 억측일 수 있겠지만 목간을 작성할 무렵 甘文의 本波에서 大村 등 여러 村이 새로이 형성되었는데 그 내용이 아직 목간 수신처의 장부에 반영되지 않았기에 本波를 特記하여 해당 村의 신설 및 영속관계 변화 등을 분명히 한 것은 아닐까 추정해본다.

12)「신라촌락문서」D촌의 위치를 비정하면서, 그 村域이 인구에 비해 지나치게 넓다는 점에 주목하고 오늘날의 취락-농경지

로 이루어진 村이 당시의 일반적인 유형이었다고 보아도 무리는 없을 것이다.

이렇게 이해할 때 왜 일부 지역만 인명의 소속 단위를 자연취락 단계까지 기록하였는지 의문이 생긴다. 물론 이러한 현상을 지역별 기재 방식의 차이로 해석할 수도 있다. 성산산성 목간은 일반적으로 행정촌 단위로 제작되었다고 추정되므로, 각 지역의 목간 작성자가 자연취락의 기록 여부를 임의로 정했을지도 모른다. 하지만 성산산성 목간은 개인이 아닌 국가 차원에서 제작한 것으로서 일종의 행정 문서적 성격을 가졌으므로 정해진 기재 항목이나 순서 등을 준수해야만 했을 것이다. 따라서 작성자가 임의로 자연취락을 생략하거나 일부러 기록하였다고 상정하기는 어렵다고 생각된다.

또 다른 경우로는 나머지 지역에는 자연취락이 존재하지 않았기 때문에 기록하지 않았을 수도 있다. 다시 말해 존재하는 자연취락은 모두 목간의 기록 대상이었던 것이다. 그런데 17점으로 가장 수량이 많은 仇利伐 목간에서는 자연취락은 전혀 찾을 수 없는 반면 古阤 목간은 16점 가운데 10점이 확인된다. 지역 간 차이를 고려하더라도 만일 비슷한 시기에 제작되었다면 仇利伐과 그 예하 3개 村의 모습이 주변의 다른 지역과 그만큼 크게 차이가 났다고 보기는 어려울 것이다.

당시 각 지역 촌락의 구체적인 모습을 알 수 없어 매우 조심스럽지만, 이상의 논의로 보아 성산산성 목간에는 모든 자연취락이 기록되지 않았다고 보는 편이 더 타당할 것이다. 그렇다면 일부 자연취락만이 목간의 기재 대상으로 선별된 셈인데, 그 기준과 목적은 무엇이었을까.

우선 신라가 어떤 기준에서 자연취락을 선별하여 목간에 기록하였는지 알 수는 없다. 다만 성산산성 목간이나 「단양 신라 적성비」가 보여주듯이 신라는 6세기 중반 이미 연령별로 民을 파악하고 家戶별로 균일하게 곡물을 수취할 정도로 촌락의 사정을 정밀하게 파악하고 있었다. 그렇다면 행정적인 효율성을 고려할 때 별도의 기준을 정하기보다는 기왕에 조사된 家戶나 토지 현황 등을 종합적으로 고려한 기준에 따라 자연취락을 선별하여 수취의 대상으로 파악하는 편이 가장 가능성이 높다고 생각된다. 이 경우 아무래도 경제적, 사회적으로 우세한 자연취락을 우선 대상으로 삼았을 것이다.

이와 관련해 丘伐 末那 목간이 주목된다. 가야5587 목간에는 “丘伐 末那에 사는 早尸智 居伐尺의 奴 能利智”가 등장하는데, ‘居伐尺’은 早尸智의 外位로 추정되며 能利智는 그의 私奴라 생각된다.[14] 가야1987에도 “沙刀(礼)의 奴 弥次(分)”이 확인된다. 이로 보아 丘伐 末那는 村의 중심취락만큼은 아니겠지만 奴를

간 평균 거리를 함께 감안하여 D촌은 3개 정도의 마을이 합쳐져 이루어졌다고 추정한 견해가 있다(李仁哲, 1996, 『新羅村落社會史研究』, 一志社, pp.117-122). 한편 朱甫暾, 2000a, 「新羅 中古期 村의 性格」, 『慶北史學』 23, p.192에서도 같은 村域 내에서 서로 떨어진 하위의 몇몇 취락으로 구성되었을 가능성이 높다고 보았다.

13) 이와 관련해 고대 일본의 ‘村’의 형성 원리에 대하여 농경의 기반인 경지나 관개, 山野의 用益 등에 따라 여러 개 집락이 합쳐진 경우와 그렇지 않고 단일 집락이 바로 ‘村’인 경우 두 가지 유형으로 나눈 연구가 참고된다(小林昌二, 2000, 『日本古代の村落と農民支配』, 塙書房). 또한 일본의 奈良, 平安時代에는 10호 미만의 小村 혹은 주거지의 분포밀도가 매우 낮아 경지 사이사이에 흩어져 존재하는 疎塊村이 촌락의 일반적인 형태였다는 연구도 있다(金田章裕, 1985, 「古代·中世の村落形態とその変遷」, 『条里と村落の歴史地理学研究』, 大明堂).

14) 奴(人)이 기록된 목간은 총 15점이며 지명이 확인되는 경우의 대부분은 仇利伐이다. 奴(人)에 대해서는 다양한 견해가 있으나, 앞에 人名이 붙는 점으로 보아 기본적으로 私奴의 성격을 가졌다고 생각된다.

거느릴 정도의 경제력을 갖추고 외위를 소지한 이들이 사는 자연취락이었다고 할 수 있다.

丘伐 외에는 자연취락과 관련된 목간에서 이러한 양상을 찾기 어렵다. 하지만 당시 촌락의 상황을 고려할 때 목간에 기록된 자연취락 가운데는 위의 사례처럼 村의 중심취락과 경제적, 사회적으로 대등한 수준인 경우가 적지 않았을 것이다. 주지하듯이 4~6세기 농업생산력의 발전은 중심취락을 중심으로 한 공동체를 해체하는 한편 그에 종속되어 있던 자연취락이 독자적으로 성장할 수 있는 계기를 마련하였다. 여기에는 그 결과 일부 자연취락은 기존의 중심취락과 경제적으로 대등한 수준에 이르거나 이를 뛰어넘어 촌락 내 주도권을 새로이 장악하는 경우도 있었을 것이다.

이처럼 성산산성 목간을 통해 6세기 중반 신라 촌락사회에서 기존의 공동체로부터 벗어나 성장해가던 자연취락의 양상을 유추할 수 있다. 목간에 기록되지 않은 자연취락들도 정도의 차이는 있겠지만 비슷한 방향으로 나아갔다고 생각된다. 촌락에 대한 지배력을 강화해나가고자 하던 신라로서는 이러한 상황을 놓칠 리 없었을 것이다. 즉 촌락사회를 기존의 공동체적 질서가 지배하는 공간이 아닌 국가의 일원적인 지배체제 안으로 편입시키려 했으리라 짐작된다.

6세기 신라 지방지배의 기본단위는 村이었으므로 신라 입장에서는 일부 유력한 자연취락을 중심으로 새로운 村을 편제하여 중심취락과의 관계를 단절시키는 편이 국가의 의도에 훨씬 부합했을 것이다. 하지만 성산산성 목간 단계의 지방지배는 여전히 村의 재지유력층을 중심으로 한 공동체적 관계에 의존하는 부분이 컸기에 기존 질서를 쉽사리 무너뜨릴 수는 없었으리라 추정된다. 설령 강제로 자연취락을 村으로 편제한다 해도 그것이 사회적, 경제적 측면에서 안정적으로 자립하지 않는 이상 국가의 행정단위로서 원활히 기능하기란 어려웠을 것이다.

이러한 상황에서 신라는 촌락사회에 직접 개입하여 강제적으로 자연취락을 村으로 편제하기보다는, 자연취락의 성장을 유도함으로써 여전히 남아 있던 공동체적 관계를 해체시킬 수 있는 여건을 조성하여 촌락사회의 변화를 이끄는 방법을 선택했을 가능성이 높다. 그리고 그러한 목적을 가장 효율적으로 달성하기 위해 촌락의 실태를 정기적으로 파악함으로써 경제적 자립이 가능하고 규모가 큰 자연취락부터 먼저 선별 지원하는 정책을 추진하였을 것이다. 이렇게 선별된 자연취락은 당연히 국가의 관심 대상이었으므로 지방지배 과정에서 성산산성 목간에서 보듯이 村名에 가려지지 않고 하나의 단위로서 파악되었던 것이다.

신라가 자연취락을 구체적으로 어떤 방식으로 지원했는지는 알 수 없다. 다만 공동체 질서의 기반이 수장을 중심으로 한 농업경영이었음을 감안할 때 자연취락의 자립과 성장을 위해서는 소규모 단위 또는 개별 家戶의 생산성을 증대시키는 일이 급선무였다고 추정된다. 6세기 신라가 국가적 차원에서 수리시설의 축조, 우경의 정착 등 농업생산력 발전을 위한 정책을 적극 시행했던 것도[15] 이러한 신라의 지향점이

15) 金在弘, 2001, 「新羅 中古期 村制의 成立과 地方社會構造」, 서울大學校 大學院 博士學位論文, pp.191-210. 신라 철제농구가 5세기 중반부터 주변지구나 하위취락으로 확산되기 시작했으며 6세기 전반 이후에는 하위 집단으로의 유통이 가속화되었다는 견해도 참고가 된다(이하나, 2013, 「신라 철제농구의 변천과 확산」, 『韓國考古學報』 86, pp.108-112).

크게 작용하였다고 볼 수 있다. 여기에 해당 자연취락의 유력층에 외위를 수여함으로써 국가의 공적 지배질서 안으로 편입하려 했을 것이다. 그 결과 자연취락의 성장과 독립을 유도하고 이들을 村으로 편제함으로써 촌락사회의 기존 질서를 해체하고 촌락에 대한 지배체제를 강화할 수 있었을 것이다.

이처럼 성산산성 목간에 보이는 자연취락을 통해 당시 촌락사회의 변동 과정과 함께 신라가 이를 활용하여 촌락을 재편해나가던 방식의 일례를 확인할 수 있다. 이제 章을 바꾸어 자연취락의 상위 단위인 村에 대해 살펴보겠다.

III. 6세기 '村'의 성격

앞서 언급했듯이 성산산성 목간의 자연취락은 인명의 소속을 나타내는 단위로서 단독으로 기록될 수 없었다. 이와 달리 ① 村이나 城이 붙지 않는 지명(古阤, 仇利伐 등) ② 城 ③ 村 세 유형은 목간에 단독으로 기록되었다. 이런 점으로 볼 때 이들은 독자적으로 행정업무를 수행하던 단위로 기능할 수 있었다고 추정된다.

이 가운데 가장 많이 보이는 단위는 '村'으로, 전체 목간의 1/3에 가까운 약 80점 가량을 차지하며 대략 60개 정도의 村名이 확인되어 가장 사례가 많다.[16] 村은 지명이나 城과 함께 기록되기도 했는데, 전자는 '지명+村'의 형식을 취하였다. 城의 사례는 거의 대부분 '城下' 형식의 목간에서 확인되는데 어떤 경우든 지명이나 城보다 村이 앞에 기록된 사례는 찾을 수 없다.

한편 村名 목간 가운데 상단부가 파손되지 않은 경우 중에 맨 앞에 촌명이 기록된 것으로 추정되는 목간은 33점으로 村名 목간의 40% 가량 된다. 단독으로 기록된 목간이 적지 않은 비중을 차지한다는 사실을 통해 村이 자연취락처럼 단순한 거주구역을 가리키는 용어가 아니었음을 짐작할 수 있다. 그렇다면 당시 村은 신라의 지방지배체제에서 어떤 역할을 수행하였을까. 이를 검토하기 위해서는 신라 중고기 村의 성격을 둘러싼 그동안의 논의를 살펴볼 필요가 있다. 연구자마다 차이가 있지만 크게 두 견해로 나누어 간단히 정리해보면 다음과 같다.

우선 행정촌설[17]에서는 村이란 대개 小國 단계의 읍락단위를 편제한 것으로서, 일반 자연취락 가운데 크고 중심적인 자연취락을 거점으로 활용하여 주변 소규모 취락을 지배하기 위해 인위적으로 설정한 단

---

16) 이밖에 城名은 29점에서 14개, 지명은 65점에서 13개 정도가 확인된다. 이 수치는 당연히 판독에 따라 달라질 수 있다. 『韓國의 古代木簡Ⅱ』, p.24에서는 총 103점을 村, 城을 기록한 목간으로 파악하였다.

17) 행정촌설의 村에 대한 기본적인 이해는 李銖勳, 1993, 「新羅 村落의 성격 - 6세기 금석문을 통한 행정촌·자연촌 문제의 검토 -」, 『韓國民族文化』 6 참고. 행정촌설의 관점에서 성산산성 목간을 활용한 주요 연구는 다음과 같다.
金在弘, 2001, 앞의 논문; 李銖勳, 2007, 「新羅 中古期 행정촌·자연촌 문제의 검토-城山山城 木簡과 「冷水里碑」를 중심으로-」, 『한국고대사연구』 48; 이수훈, 2015, 「6세기 신라 촌락지배의 변화-금석문의 使人과 道使를 중심으로-」, 『역사와 경계』 97; 金昌鎬, 2018, 「咸安 城山山城 木簡의 新考察」, 『文化史學』 49.

위였다. 6세기 사료의 城·村은 모두 행정촌으로 삼국통일 이후 郡縣의 前身이었으며, 초기에는 일부 村에만 지방관을 파견되다가 점차 신라 전역에 道使를 파견하였다고 보았다.[18] 또한 이 시기의 자연촌은 자연적인 거주단위로서 대체로 자연취락과 동일시하거나, 통일신라의 村에 국한된 개념으로 해석하기도 한다.[19]

반면 자연촌설은 본래 금석문에 보이는 村에는 行政村과 自然村 두 가지 의미가 중첩된 것으로 보았다.[20] 본래 자연촌을 뜻하던 村이 국가의 정식 행정단위로 정착하면서 두 가지 의미가 병존하게 된 것이다. 이 가운데 자연촌은 자연취락을 다수 포괄하면서 村名을 自稱한 自生的인 지연공동체이며, 행정촌은 이러한 자연촌 다수로 구성되었다. 그리고 지방관은 여러 자연촌 가운데 중심이 되는 자연촌(중심자연촌)에 파견되었으며 행정촌의 이름은 행정거점이 있는 자연촌의 것을 따랐다고 추정하였다.

새로운 자료의 계속된 발견에도 불구하고 그동안 논의가 접점을 찾지 못한 것은 행정촌·자연촌의 개념 설정은 물론 당시 촌락의 상황에 대한 이해가 서로 달랐기 때문일 것이다. 특히 중고기 自然村를 어떻게 정의할지 그리고 그 존재를 인정할 수 있을지를 두고 견해차가 가장 크게 두드러진다. 행정촌설은 村을 국가가 촌락에 설정한 가상의 인위적인 단위로 이해하고, 중고기의 자연촌은 아직 자기완결성과 독자성을 갖추지 못한 자연취락에 불과하다고 보았다. 여기에 따른다면 국가의 공적 단위로서 村名을 스스로 드러낼 수 있는 자연촌은 중고기에 존재할 수 없다. 반면 자연촌설은 村의 자연발생적 성격과 자율성을 강조하고, 행정촌은 이미 실재한 자연촌을 토대로 설치되었다고 보았다. 이 관점에 따르면 6세기 기록에 보이는 村名은 자연촌과 행정촌 두 가지 의미를 동시에 가질 수 있으며, 村 사이에 행정적 상하관계가 성립하게 된다.

이러한 시각차는 성산산성 목간에 보이는 '村'의 이해에도 그대로 반영되었다. 특히 '지명+촌명' 목간의 해석을 두고 두 가지 견해가 제기되었다. '仇利伐上彡者村'을 예로 들자면 자연촌설에서는 "(행정촌) 仇利伐의 (자연촌인) 上彡者村"으로 이해하였다. 반면 행정촌설의 입장에서는 上彡者村을 행정촌으로 보고 "仇利伐(郡)의 (행정촌인) 上彡者村"으로 해석하면서 '郡'은 생략되었다고 해석하였다. 같은 맥락에서 촌명만 있는 목간도 앞에 군명이 생략된 것으로 보았다. 그리고 그 배경으로 당시 郡制의 미비로 郡은 생략할 수 있는 부수적인 것이었고, 해당 인물의 출신지를 표기할 때 필수조건은 행정촌명이었다고 설명하였다.

---

18) 郡이 성립되는 6세기 중반에는 모든 성촌에 도사가 파견되었다거나(金在弘, 2001, 위의 논문), 6세기 말 남산신성비 단계에는 신라 전역의 성촌에 지방관을 파견하였다고 본다(이수훈, 2015, 위의 논문).

19) 자연취락이 자기완결성을 갖고 독자적인 모습을 띠게 되면서 국가에 의해 편제되어 村단위로 존재할 경우를 자연촌으로 규정한 견해(金在弘, 2003, 「新羅 統一期 專制王權의 강화와 村落支配」, 『新羅文化』 22, p.129의 주56)가 참고된다.

20) 자연촌설의 주요 내용은 朱甫暾, 2000a, 앞의 논문 및 朱甫暾, 2007, 「韓國 古代 村落史硏究의 進展을 위하여」, 『韓國古代史硏究』 48에 잘 정리되어 있다. 이밖에 자연촌설의 시각에서 성산산성 목간을 검토한 주요 연구는 다음과 같다.
朱甫暾, 2000b, 「咸安 城山山城 出土 木簡의 基礎的 檢討」, 『韓國古代史硏究 19; 尹善泰, 2002, 「新羅 中古期의 村과 徒-邑落의 解體와 관련하여-」, 『韓國古代史硏究』 25; 전덕재, 2007a, 앞의 논문; 전덕재, 2007b, 「중고기 신라의 지방행정체계와 郡의 성격」, 『한국고대사연구』 48; 李京燮, 2011, 앞의 논문.

그런데 성산산성 목간에서 '郡'이란 명칭은 전혀 찾을 수 없으므로 仇利伐을 비롯한 촌명 앞에 기록된 단위가 郡이라는 근거는 어디에도 없다. 뒤에 村名이 있으므로 '郡'을 적지 않아도 충분히 郡名으로 통용되었을 것이라 설명하였지만, 郡과 村이라는 서로 다른 행정단위가 동시에 기록되는 상황이라면 혼란을 피하기 위해서라도 郡을 표기해야 마땅하다. 古阤 등 일부 지명이 『三國史記』 地理志에 郡으로 표시된 점을 근거로 제시하기도 하나, 邑格은 언제든 변할 수 있으므로 이를 기준으로 삼기는 어려워 보인다.

무엇보다 목간에 郡名이 기록되었다면 목간의 제작이 적어도 郡 단위 이상에서 이루어졌다는 전제가 성립해야 한다.[21] 하지만 그동안의 중고기 신라 지방지배에 관한 연구들은 중고기 행정촌이 지방지배의 중심이었다고 이해해왔다.[22] 그렇다면 郡 단위가 수취와 관련된 목간을 제작했을 가능성은 매우 낮아 보인다. 지역에 따라 郡의 행정력이 차이가 나 일부 郡에서는 적극적으로 수취에 관여하였다고 이해할 수도 있겠지만[23] 목간의 내용만으로는 지역 간 차이를 확인하기는 어렵다고 생각된다.

한편 성산산성 목간에서 '大村'명 村이 다수 확인된다. '大村'명 목간은 단독으로 기록되기도 했지만(가야51 '大村主舡麦', 김해1286 '大村伊息智一伐'), 小南兮(城) 예하(가야5596 '小南兮城麦十五斗石大(村)…'), 甘文 예하(가야1590 '甘文城下麦本波大村毛利只')의 村으로 기록되기도 하였다. 행정촌설에 따르면 甘文과 小南兮(城)은 郡名이고 大村은 행정촌명이 되는데, 서로 다른 郡에 同名의 행정촌을 두었다고 보기는 어렵다. 더욱이 大村만 나오는 목간도 있으므로 甘文과 小南兮(城)에도 속하지 않는 同名異村이 존재했을 경우도 충분히 상정할 수 있다. 이들이 국가가 의도적으로 설정한, 지방관이 파견되는 단위였다면 혼동을 피하기 위해서라도 이런 식으로 촌명을 정하지는 않았을 것이다.

따라서 '지명+촌명' 목간을 '郡+행정촌'으로 볼 수는 없으며, '행정촌+자연촌' 형식으로 이해하는 편이 더 타당하다고 생각된다. 이 경우 앞의 행정촌명은, 鄒文村(가야1607 '鄒文村內旦利負')이 '鄒文+村名'으로 기록되어 예하의 자연촌과 함께 기록될 때 村을 생략하는 사례에서 보듯이 행정촌명에서 '村'을 생략하는 식으로 표기하여 행정촌임을 밝힌 것으로 추정된다.

이처럼 성산산성 목간을 통해 행정촌만이 아니라 그 예하에 있었다고 하는 자연촌도 존재했다고 보아도 무리는 없을 것이다. 그런데 성산산성 목간에는 '지명+촌명' 형식뿐만 아니라 '村名+인명' 형식의 경우도 상당수를 차지한다. 이 가운데 鄒文村, 買谷村, (小)伊伐支村, 及伐城 등 일부는 『三國史記』 및 6세

21) 金在弘, 2001, 앞의 논문, p.98에서 郡이 국가의 공문서를 작성하는 단위로 기능하였다고 보았다. 橋本 繁도 필체 분석을 통해 목간이 仇伐, 古阤, 仇利伐 등 郡에서 제작되었다고 주장하였다(2009, 「城山山城木簡と六世紀新羅の地方支配」, 『東アジア古代出土文字資料の研究』, 雄山閣).

22) 6세기 郡의 성격에 대해서는 감찰구역(李銖勳, 1995, 「新羅 中古期 村落支配 研究」, 釜山大學校 史學科 博士學位論文, pp.106-124), 군사적 성격(朱甫暾, 1998, 『新羅 地方統治體制의 整備過程과 村落』, 신서원, pp.110-127; 전덕재, 2007b, 앞의 논문, pp.103-118), 수취 또는 역역동원을 위한 단위(金在弘, 2001, 앞의 논문, pp.100-103; 박성현, 2013, 「신라 郡-城·村制의 특징과 郡縣制로의 전환」, 『韓國史硏究』 163, pp.80-84) 등 의견이 다양하다. 하지만 6세기 지방행정체계에서 郡은 中代와 비교했을 때 여러 행정촌을 관할하는 중간 행정단위로 정착하지 못했으며 지방지배의 중심은 행정촌이었다는 데는 큰 이견이 없다.

23) 김창석, 2016, 앞의 논문, pp.170-173.

기 금석문에서 소재를 확인 또는 추정할 수 있거나 '지명+촌명' 목간에서 지명 부분에 해당된다. 기존 연구는 이러한 村을 행정촌으로,[24] 각종 자료에서 흔적을 찾을 수 없는 상당수의 나머지는 자연촌으로 간주하였다.[25]

하지만 행정촌으로 분류된 목간 역시 엄밀히 말하면 행정거점이 설치된 자연촌이라는 관점에서 접근할 필요가 있다. 행정촌은 예하 자연촌 전체를 아우르고 대표한다는 의미와 함께 행정거점이 설치된 중심자연촌과 동일한 실체를 가리키기도 하였다.[26] 예컨대 '추문촌'은 比尸河村, □□□村, 前那牟只村 등을 관할로 두고 이들을 대표하는 단위를 일컫기도 하지만, 좁은 의미로는 행정거점이 소재한 중심자연촌 자체를 가리키기도 하였다.

그렇다면 '鄒文村內旦利負'의 추문촌의 용례는 어디에 해당될까. 만일 추문촌이 여러 村을 아우르는 행정촌이라 한다면, 內旦利의 출신지가 불분명해진다. 이 목간을 제외하면 추문명 목간은 '추문+촌명' 형식으로 기록하여 인명의 출신지를 자연촌 단계까지 표시하였다. 따라서 '鄒文村內旦利負'의 추문촌도 여러 자연촌을 관할하는 행정촌이 아니라 행정거점이 설치된 중심자연촌을 가리키는 표현으로 이해해야만 다른 추문명 목간과 일관성을 가질 수 있다. 같은 맥락에서 村名이 붙지 않은 고타, 구리벌 목간 역시 예하 村 없이 기록될 때는 거점으로서의 행정촌 즉 중심자연촌의 의미로서 목간에 사용되었다고 보아야 한다.[27] 이러한 원칙은 城을 표기할 경우에도 마찬가지였을 것이다.

그러므로 '촌명+인명' 목간에서 행정촌에 해당되는 村名 역시 실제로는 자연촌으로서의 측면을 강조한 것이라 할 수 있다. 그렇다면 촌명과 인명이 함께 확인되는 모든 성산산성 목간에는 자연촌이 기록된 셈이 된다. 이는 당시 촌락이 자연촌을 기본 단위로 하여 국가에 파악되었음을 말해준다. 또한 상위의 행정촌명을 생략한 채 단독으로 목간에 기록될 수 있었다는 점에서 자연촌을 단지 자연적인 거주단위나 자연취락과 동일시할 수는 없을 것이다. 그보다는 지방행정체계에서 일정한 역할을 수행하던 독자적인 단위로 보아야 한다. 그렇지 않았다면 자연촌만 목간에 기록할 수 없을뿐더러 상위의 행정촌만 밝혀도 충분했을 것이다.

당시 자연촌이 구체적으로 어떤 역할을 했는지는 명확치 않다. 다만 앞서 본 자연취락의 기재 방식에

24) 전덕재, 2007a, 앞의 논문, pp.236-237에서는 ① 금석문 등에서 지방관 파견이 확인된 곳 ② 『三國史記』 地理志에서 비정이 가능한 곳 ③ '지명+촌' 형식의 목간에서 앞의 지명인 경우를 행정촌으로 정의하였다.

25) 물론 행정촌의 역할을 수행하였지만 체제 정비 과정에서 혹은 촌락의 변동으로 인해 미처 기록에 남지 못한 채 그 지위를 상실한 경우도 있었을 것이므로 기록에 확인되지 않는 村 가운데 행정촌이 존재할 수도 있다. 한편 필체 분석을 통해 勿利村, 次々支村이 買谷村, 鳥欣弥村, 上莫村, 陽村이 급벌성 소속 자연촌으로 추정된다는 견해도 참고가 된다(전덕재, 2009, 「함안 성산산성 출토 신라 하찰목간의 형태와 제작지의 검토」, 『목간과 문자』 3, pp.82-83).

26) 전덕재, 2007b, 앞의 논문, p.99. 개념의 혼동을 피하기 위해 도사가 파견된 자연촌 및 城은 통치 거점이라는 측면에서 거점성·촌이라고 부르고, 그것을 중심으로 묶이는 단위를 행정촌으로 지칭하는 것이 적절하다는 의견이 있는데(박성현, 2013, 앞의 논문, p.79) 매우 타당하다고 생각된다.

27) 고타, 구리벌은 인명만 기록될 경우 추문촌과 달리 고타촌, 구리벌촌으로 기록하지 않았다. 정확한 이유는 알 수 없지만 아마도 목간 작성자가 '지명+촌명' 형식의 목간을 작성하면서 '村'을 생략하는 방식을 그대로 적용했기 때문이 아닐까 추정된다. 이런 형식이 다수를 차지하므로 어쩌면 추문촌의 경우가 예외적일지도 모른다. 물론 어느 쪽이든 의미는 통했을 것이다.

서 볼 때 여러 자연취락을 관할하고 책임지는 역할을 했을 것이다. 또한 인명의 소속 표기에서 기본 단위이자 독립된 단위로서 기록될 수 있었음을 고려한다면, 자연촌을 단위로 戶口를 파악하여 戶籍이나 計帳을 작성했을 가능성이 높다.[28)] 그리고 이를 바탕으로 성산산성 목간에 보이는 바와 같이 자연촌을 단위로 수취를 1차적으로 진행되었다고 추정할 수 있다. 이러한 행정업무는 행정촌에 있는 지방관의 감독 하에 각 자연촌의 외위소지자 등 유력층이 중심이 되어 진행되었을 것이다.

이처럼 성산산성 목간 단계에서 자연촌은 지방지배의 기층 단위로서 기능하였다. 그런 면에서 자연촌은 단순한 거주구역이 아니라 행정촌과 같이 정치적, 행정적인 목적을 수행하던 공간으로 보아야 한다. 행정촌에 비하면 제한적이겠지만 일정한 행정 업무를 처리하는 단위란 점에서 본질은 동일하다 할 수 있다.

그런데 행정촌은 국가가 지방지배를 위해 관할 범위를 설정하거나 특정 자연촌에 지방관을 파견하고 행정거점을 만드는 등의 인위적인 재편을 통해 창출한 단위였다. 그렇다면 행정촌 예하의 자연촌도 이러한 과정을 거쳤을까. 자연촌설에서 말하는 것처럼 자연촌이 정식 행정단위로 파악되기 이전부터 존재한 자연발생적인 지역공동체였다고 한다면, 그것은 인위적인 재편과는 무관해 보이기도 한다.

하지만 자연촌이 설령 처음에는 신라의 의도와 관계없이 自生한 것이고 村名도 해당 주민들이 自稱하였다 하더라도, 신라가 국가의 행정단위로 활용하기 위해서는 일정한 整地 작업, 예컨대 해당 村의 현황 조사, 영역[29)] 및 영속 관계의 조정, 유력층의 처우 결정 등 일련의 과정을 거쳐야만 했을 것이다. 이는 행정촌설에서 주장한 인위적, 구획된 단위로서의 성격을 자연촌 역시 가졌음을 의미한다.[30)] 자연촌도 엄밀하게 말하면 인위적으로 편제한 단위라는 지적은[31)] 그런 면에서 매우 타당하다.

결국 6세기 신라의 자연촌은 국가가 지방지배를 목적으로 재편한 단위로서 각종 행정 업무를 수행하였다고 할 수 있다. 기존 연구에서는 지방관이 파견된 행정촌과 차이점만 강조했을 뿐 자연촌 또한 지방지배를 위해 인위적으로 설정된 행정단위라는 측면은 상대적으로 과소평가되어 왔다. 대신 자연촌을 기반으로 하면서 村司의 구성원으로서 활동한 재지유력층에 초점이 맞춰져 왔다. 여기에는 자연촌 관련 사료가 부족했던 탓도 있겠지만, 그보다는 자연촌을 국가가 설정한 행정촌과 상반되는, "일정한 독자성을

---

28) 전덕재, 2007a, 앞의 논문.
한편 추정에 불과하지만, 村 단위로 戶籍이나 計帳을 작성할 때 자연취락 별로 다시 세분하여 정리했을 가능성이 높다고 생각한다. 아마도 이를 근거로 성산산성 목간에 기록할 자연취락을 선별하였을 것이다.

29) 당시의 村은 복수의 자연취락으로 구성되는 경우가 많았으므로 1개 村의 관할 범위를 조정하는 작업이 반드시 선행되어야 했을 것이다.

30) 특히 이러한 경향은 城村制의 본격적인 시행 이후 새롭게 등장한 村에서 더욱 두드러졌을 텐데, 성산산성 목간의 新村, 大村 등 이전과 완전히 다른 한자식 명칭의 村이 여기에 해당될 것이다.

31) 전덕재, 2007b, 앞의 논문, p.238. 편제된 단위로서의 '村'이 가장 일찍 확인되는 사례로 「포항 중성리 신라비」를 들 수 있다. 여기에는 于居伐, 蘇豆古利村, 那音支村, 珍伐의 순으로 4개 지역명이 기록되었다. ~伐과 달리 ~村의 유력층만 干支, 壹金智 등 위계호를 칭하였는데, 이를 근거로 신라가 편제한 지역에 村名을 부여했다고 추정한 견해가 참고된다(홍승우, 2013, 「「浦項中成里新羅碑」를 통해 본 新羅의 部와 지방지배」, 『한국문화』 66, pp.221-227).

가진 하나의 정치적인 의미에서의 공동체"[32]로 바라보는 시각이 크게 작용하였다고 생각된다. 물론 공동체로서의 성격이 자연촌의 중요한 속성이긴 하겠지만, 동시에 자연촌이 행정단위로서 가지는 측면도 함께 고려할 필요가 있다.

이렇게 자연촌을 이해한다면 當代 신라인들이 금석문이나 목간에 단지 '村'으로만 표기한 이유도 유추할 수 있다. 만일 행정촌과 자연촌이 기능과 성격에서 본질적으로 다르거나 양자가 별개로 인식되었다면 똑같이 '村'으로 표기하기보다는 아예 단위를 달리 하는 편이 효율적이었을 것이다. 그럼에도 별다른 구분 없이 村名을 쓰는 표기 방식이 가능했던 것은 양자 모두 당대인의 눈에 행정적 기능을 수행하는 단위로서 동일하게 인식되었기 때문은 아닐까. 비록 지방관의 유무에서 차이가 있었겠지만 지방관의 거점은 고정불변하지 않고 언제든 다른 村으로 옮길 수 있었으므로 절대적인 기준이 될 수는 없었을 것이다.[33]

이상으로 성산산성 목간에 보이는 村名을 중심으로 신라의 村에 대해 정리해보았다. 6세기 신라 문자자료의 '村'은 행정촌과 자연촌 두 가지로 용례를 나눌 수 있다. 자연촌은 행정촌과 마찬가지로 국가가 지방지배를 위해 재편한 단위로서의 성격을 가지며 행정적 역할을 수행하였다.

Ⅳ. 문서목간에 보이는 村主

성산산성 목간은 거의 대부분 하찰목간이다. 그렇다면 물품의 수취와 목간의 제작은 어떤 과정을 통해 이루어졌을까. 비록 목간 자체에서 구체적인 내용을 추출할 수는 없지만, 앞서 살펴보았듯이 6세기 신라 지방지배의 기초 단위가 村이었으므로 물품의 수취는 村別로 이루어졌을 것이다. 다음으로 각 村에서 거둬들인 곡물을 다시 수합하고 정리, 확인한 후 목간을 제작하여 부착하는 작업이 행정촌에서 이루어졌을 것이다.

이러한 일련의 과정을 행정촌에 파견된 지방관 혼자서 책임지지는 않았을 것이다. 기존 연구에 따르면[34] 중고기 행정촌 단위로 각 촌의 재지유력층이 참여하는 村司가 존재하였다. 村司에 참여한 재지유력층은 대개 外位 소지자였고, 일부는 匠尺, 文尺처럼 일정한 職名을 가지고 참여했을 것으로 추정된다. 지방관은 村司를 통해 촌락을 지배하였으며 재지유력층 역시 村司의 구성원으로서 행정촌의 운영에 관여하였다.

성산산성 목간에서도 上干支(3점), 一伐(11점), 一尺과 阿尺(각 1점) 등의 외위와 함께 及伐尺, 居伐尺 등 그동안 알려지지 않았던 외위까지 확인된다. 이러한 외위를 가진 이들은 물론이고 외위를 갖지 않았

32) 朱甫暾, 1996,「6세기 新羅의 村落支配 强化 過程」,『慶北史學』 19, p.7의 각주 17.

33) 그런 점에서 행정촌 이외의 村을 '自然村'으로 지칭하는 것은 부적절하다고 생각된다. '자연'이라는 접두사의 일반적인 의미와 달리, 또 '자연촌'의 사전적 의미와 달리 6세기 신라의 村은 형태적, 정치적으로 단지 자연형성된 취락을 가리키지 않았기 때문이다. 차라리 당대의 표현 그대로 '村'으로 칭하는 편이 당시 사정에 부합해 보인다.

34) 朱甫暾, 1988,「新羅 中古期의 郡司와 村司」,『韓國古代史硏究』 1.

지만 私奴를 거느릴 정도의 유력층까지 아마 村司의 구성원이었을 가능성이 높다. 이들은 아마도 村別 물품 수취에서부터 목간의 제작에 이르는 각 과정에 주도적으로 참여하였을 것이다. 이들이 村司에 참여하면서 가졌을 만한 職名이나 役名은 하찰목간에서 찾을 수 없는데, 다행히도 문서목간에서 村主를 확인할 수 있을 따름이다.[35]

먼저 가야5598은 역역동원과 관련하여 眞乃滅村主가 □城에 있는 弥卽尒智 大舍와 下智에게 伊毛罹及伐尺가 저지른 어떤 위법 사안을 보고하는('憹怖白') 내용이다. 아마도 진내멸촌주는 伊毛罹 及伐尺이 맡은 업무의 중간관리자로서 그가 어떤 문제를 일으킴에 따라 法에 따라 책임을 져야 하는 상황이 아니었을까 추정된다. 여기서 '眞乃滅'은 일반적으로 촌주의 출신 村名으로 이해된다. 그 위치는 알 수 없지만 촌주가 있던 곳이므로 행정촌이었다고 보아야 할 것이다. 또한 가야2645에서는 '□多馮城□(者)村主'가 확인된다. 판독이 어려워 촌주 앞의 내용을 확실히 알 수 없지만 眞乃滅村主의 예로 볼 때 村名을 관칭한 촌주일 가능성이 높다고 생각된다. 이 목간 역시 역역동원 관련 사안에 대하여 상부에 보고하는('敬白之') 내용을 담았던 것으로 추정된다.

두 문서목간은 얼마 안 되는 중고기 村主 관련 자료이자[36] 당시 체계적인 문서행정 과정을 유추할 수 있는 좋은 사례라 할 수 있다. 그런데 목간의 문장이 '~村主白'의 형식을 취한 점이 주목된다. 주지하듯이 '白'은 신라 문자자료에서 아랫사람이 윗사람에게 '아뢴다' 또는 '사뢴다'는 뜻으로 사용되었다. 가야5598의 경우 보고의 주체인 진내멸촌주가 아랫사람이, 보고를 받는 弥卽尒智 大舍와 下智는 윗사람이 되는 셈이다. 특히 "괴롭고 두려워하며 아룁니다"로 해석되는 '憹怖白'이라는 표현이 흥미롭다. 상투적인 문구일지도 모르지만, 그보다는 진내멸촌주와 弥卽尒智 大舍와 下智 간의 엄격한 상하관계를 단적으로 반영한 표현이라 생각된다. 보고받는 이들의 구체적인 역할은 알 수 없으나 大舍라는 경위 관등으로 미루어 弥卽尒智는 중앙에서 파견된 道使였을 가능성이 높다.[37]

가야5598을 위와 같이 촌주가 지방관에게 보고하는 내용이라 한다면, 그 안에 담긴 村主의 모습은 기존의 이해와 상충되어 보인다. 그동안 촌주는 干層 가운데에서도 일부 최상층 首長에게만 주어진 직명으로, 郡마다 2인 정도만 임명된 것으로 추정해왔다.[38] 금석문에 '郡中上人'으로 기록되기도 한 촌주는 상당한 독자성을 가지고 郡司의 상층부를 구성하였으며, 지방관과 협의를 통하여 郡政을 이끌 만큼 강한 영향력을 행사하였다. 이후 中代로 가면서 郡이 아닌 縣 단위로 복수의 촌주가 임명되었으며 그 지위도 크

35) 두 문서목간의 판독과 대략적인 내용은 윤선태, 2017, 앞의 책, pp.491-492를 참고.

36) 성산산성 목간 출토 이전에 '村主'가 나오는 중고기 문자자료는 浦項 冷水里 新羅碑, 昌寧 新羅 眞興王 拓境碑, 慶州 南山新城碑 第1碑, 河南 二聖山城 木簡 등에 불과하다.

37) 수신처로 추정할 만한 대상이 확인되지 않는 가야2645도 가야5598처럼 지방관에게 보내는 문서였을 가능성이 높다. 가야2645 목간에 대해서는 이용현, 2015, 「함안 성산산성 출토 목간 221번의 국어학적 의의」, 『口訣研究』 34 참고.

38) 朱甫暾, 1988, 앞의 논문; 姜鳳龍, 1994, 「新羅 地方統治體制 研究」, 서울大學校 國史學科 博士學位論文. 한편 모든 村에 村主가 임명되었으며 그 가운데 일부를 차출하여 郡政에 참여시켰다고 보기도 한다(金在弘, 1991, 「新羅 中古期의 村制와 지방사회 구조」, 『韓國史研究』 72).

게 저하되었다고 이해하였다.[39)]

이처럼 기존 연구에서 중고기 촌주는 재지유력층 가운데 최상위층으로서 지방관과 거의 대등한, 상당한 영향력을 가진 존재로 그려졌다. 「창녕 신라 진흥왕 척경비」에 '外村主'가 여러 지방관과 병렬적으로 기록되고 인명 부분 마지막에 述干 외위를 가진 촌주 2인이 기재된 점, 이성산성 목간에서 道使와 村主가 나란히 수신 대상으로 기록된 점으로 보아 이러한 이해가 일면 타당할 수도 있다. 하지만 성산산성 목간 속의 村主들을 보면 그러한 면모를 중고기 모든 촌주에게 동일하게 적용할 수는 없어 보인다.

물론 「창녕비」와 같이 새롭게 신라로 편입된 지역이라면 촌락을 재편하는 과정 초기에는 村主의 위상이나 영향력이 상당했을 것이다. 또는 이성산성처럼 원활한 지방지배를 위해 재지유력층의 협력이 절실했을 변경지역의 촌주라면 독자성을 발휘할 공간이 존재했을지도 모른다. 하지만 지방제도를 정비하고 지배력을 강화해나갔던 신라가 이러한 촌주의 권위를 계속 인정해주었다고 보기는 어렵다.[40)] 해당 지역이 어느 정도 안정되었다고 판단되면 새로운 촌주를 임명하거나 촌주의 수를 늘리는 식으로, 또는 아예 기존 촌주의 지위를 박탈하는 등의 방법으로 촌주의 권한과 영향력을 억제하고 축소하는 방향으로 나아갔을 가능성이 높다.

또한 목간에서 촌명을 관칭한 데서 알 수 있듯이 村主는 비록 郡 단위의 행정에 참여할 수 있었으나 동시에 자신의 村을 대표하는 존재였다. 따라서 촌주가 자신의 정치적 위상과 영향력을 유지하기 위해서는 소속 村의 뒷받침이 필수적이었다. 하지만 6세기 촌락사회의 변동 과정에서 촌주의 기반이 약화되어 다른 재지유력층의 도전을 받는 일이 종종 발생했을 텐데, 그 결과 촌주는 점점 지방관에 의존하게 되었을 것이다.

따라서 중고기 촌주의 위상은 고정적이고 일률적이지 않았다고 할 수 있다. 그보다는 지역과 시기에 따라 다양한 모습으로 존재했을 가능성이 높다. 그러면서도 한편으로 촌주의 영향력은 촌락사회의 변동과 함께 국가의 제약 아래 축소되는 추세였다고 할 수 있다. 그 결과 촌주는 재지유력층의 대표자가 아니라 신라 중·하대와 같이 村主位畓을 받고 그 대가로 직무를 수행하는 말단관료적 존재로 전락하였을 것이다. 진내멸촌주의 사례는 그러한 흐름의 과도기적 상황을 잘 보여준다 하겠다.

마지막으로 이상의 맥락에서 중고기 금석문에 보이는 '郡中上人'도 다른 관점에서 이해할 수 있을 것이다. 그동안 일반적으로 「경주 남산신성비」제1비 B집단의 '郡上村主'를 "郡의 촌주"로 해석하고 이를 '郡(中)上人'와 동일하다고 간주해왔다. 여기에는 "郡의 윗사람(上人)"이 될 만한 최상위 재지유력층은 촌주뿐이라는 인식이 깔려 있었다고 생각된다.

하지만 '郡中上人=村主'라는 확실한 근거는 없으며, 그러한 등식이 반드시 성립한다고 할 수도 없다.

39) 朱甫暾, 1989, 「統一期 新羅 地方統治制度의 整備와 村落構造의 變化」, 『大丘史學』 37, pp.49-52.

40) 하대의 사례지만 촌주 祐連과 같이 村主 직위는 세습되었을 가능성이 높다. 그렇다 하더라도 이전의 外位를 반드시 그대로 계승하지는 않았을 것이다.

"郡의 上人"이 촌주 이외의 郡司 내 다른 외위소지자일 가능성도 충분하기 때문이다.[41] 그렇다면 제1비와 달리 제2비, 제9비에서는 村主가 郡을 대표하는 上人 2인에 해당되지 않은 셈이 된다. 예컨대 제2비의 군중상인인 沙刀城의 平西利之와 久利城의 首△利之는 촌주가 아니었던 것이다. 이를 해당 郡에 촌주가 없었다고 해석할 수도 있겠지만,[42] 당시 촌락의 사정이나 이후 촌주의 수가 크게 증가했음과 연결해본다면 촌주들이 존재했음에도 과거와 같이 지역을 대표할 만한 최상위 재지유력층은 아니었기 때문이라고 이해하는 편이 더 타당하다고 생각된다. 관련 자료가 매우 적어 조심스럽지만, '군중상인'의 사례 또한 촌주가 본래의 수장적 성격에서 中代 이후 지방지배의 행정 말단을 담당하는 존재로 탈바꿈해가던 흐름을 잘 보여준다고 할 수 있다.

V. 맺음말

성산산성 목간에는 村 이외에 '本波' '阿那' '末那' 등 이전 자료에서 찾아볼 수 없는, 각종 자연취락을 뜻하는 용어들이 확인된다. 이러한 자연취락들은 행정체계상 村의 하위단위로 파악되었다. 다만 모든 자연취락이 목간에 기재된 것이 아니라 경제적, 사회적으로 우세한 것을 우선 대상으로 삼았으리라 추정된다. 당시 신라는 일부 자연취락의 성장을 유도하고 지원함으로써 촌락을 재편하고 촌락에 대한 지배체제를 강화하고자 했는데, 목간 속 자연취락은 그러한 정책의 흔적이라 할 수 있다.

한편 '지명+촌명' 형식의 성산산성 목간을 통해 중고기 村의 용례를 자연촌과 행정촌으로 나눌 수 있음을 확인하였다. 하지만 목간에 자연촌이 상위의 행정촌명을 생략한 채 단독으로 목간에 기록될 수 있었던 점에서 자연촌을 지방지배의 기층 단위로서 일정 역할을 수행하던 독자적인 단위로 보아야 한다. 그리고 이는 자연촌 역시 행정촌처럼 국가의 행정력에 의해 인위적으로 재편된 단위였음을 의미하기도 하였다. 이처럼 자연촌은 행정촌과 마찬가지로 지방지배를 위해 국가가 인위적으로 설정한 행정단위로서의 성격을 가졌다.

마지막으로 역역동원 관련 문서목간에서 村主가 확인되었다. 기존의 일반적인 이해와 달리 문서목간 속 村主는 지방관으로 추정되는 보고 대상과 철저한 상하관계를 보여준다. 이러한 모습을 통해 중고기 촌주의 위상은 지역과 시기에 따라 다양했음을 짐작할 수 있다. 그러면서도 한편으로 촌주의 영향력은

41) 역역동원 과정에서 촌주에 버금가는 재지유력층에게 上人이란 직책을 주고 촌주와 같은 역할을 맡겼을 것이란 견해가 참고된다(李宇泰, 1991, 「新羅 中古期의 地方勢力 研究」, 서울大學校 國史學科 博士學位論文, pp.126-128). 또한 '군상촌주'를 '役名(郡上)+職名(村主)'로 나누고 '郡上'은 '郡上人' '郡中上人'과 동일하다고 본 연구도 있다(橋本 繁, 2013, 「中古期 新羅 築城碑의 연구」, 『동국사학』 55, pp.148-149). 만일 그렇다면 郡司 구성원 가운데 村主의 직명을 가진 것은 아니지만 대신 그에 상응하거나 높은 外位를 가진 인물이 '郡上人'의 役名을 가지고 역역동원을 주관했을 경우도 충분히 생각해볼 수 있다.

42) 橋本 繁, 2013, 위의 논문, pp.150-151. 이 견해는 금석문에 촌주를 찾기 힘들다는 점을 근거로 중고기 촌주의 수가 매우 적었다고 추정하였다.

촌락사회의 변동과 국가의 제약 아래서 점차 축소되는 방향으로 나아갔다고 추정된다. 그러한 변화의 결과가 바로 지방지배의 행정 말단을 담당하던 中代의 촌주로, 가야5598의 진내멸촌주나 「경주 남산신성비」에 보이는 '郡中上人'은 그 과도기적 모습을 잘 보여준다.

이상이 이 글의 주요 내용이다. 필자의 역량이 부족한 탓에 6세기 문자자료나 주거유적에 대한 발굴성과를 종합적으로 검토하지 못하였다. 그리고 머리말에서 언급했지만 논의의 중요한 전제인 자료의 시간적 범위가 불안정한 상태에서 논지를 전개하다 보니 촌락사회의 변동과정이나 지배방식의 변화상을 제대로 그려내지 못하였다. 이상의 부족한 점은 차후 보완하도록 노력할 것이며, 아울러 앞으로 이러한 한계를 보완해줄 새로운 문자자료와 고고학적 성과들을 기대하며 글을 마친다.

투고일: 2019. 4. 02. 심사개시일: 2019. 5. 01. 심사완료일: 2019. 5. 19.

참/고/문/헌

국립가야문화재연구소, 2017, 『韓國의 古代木簡 II』.

李仁哲, 1996, 『新羅村落社會史研究』, 一志社.
전덕재, 2006, 『한국고대사회경제사』, 태학사.
朱甫暾, 1998, 『新羅 地方統治體制의 整備過程과 村落』, 신서원.
중앙문화재연구원, 2014, 『신라고고학개론 上』, 진인진

金田章裕, 1985, 『条里と村落の歷史地理学研究』, 大明堂.
小林昌二, 2000, 『日本古代の村落と農民支配』, 塙書房.

侯旭东, 2005, 『北朝村民的生活世界-朝廷, 州县与村里』, 商务印书馆.

姜鳳龍, 1994, 「新羅 地方統治體制 研究」, 서울大學校 國史學科 博士學位論文.
權仁瀚, 2008, 「고대 지명형태소 '本波/本彼'에 대하여」, 『목간과 문자』 2.
金在弘, 1991, 「新羅 中古期의 村制와 지방사회 구조」, 『韓國史研究』 72.
金在弘, 2001, 「新羅 中古期 村制의 成立과 地方社會構造」, 서울大學校 國史學科 博士學位論文.
金在弘, 2003, 「新羅 統一期 專制王權의 강화와 村落支配」, 『新羅文化』 22.
金在弘, 2005, 「咸安 城山山城 木簡과 촌락사회의 변화」, 『國史館論叢』 106.
金在弘, 2015, 「신라 중고기 道使의 운영과 성격 변화」, 『한국학논총』 44.
김창석, 2016, 「함안 성산산성 木簡을 통해 본 新羅의 지방사회 구조와 수취」, 『百濟文化』 54.
金昌錫, 2017, 「咸安城山山城17차 발굴조사 출토 四面木簡(23번)에 관한 試考」, 『韓國史研究』 177.
金昌鎬, 1990, 「金石文 자료로 본 古新羅의 村落 構造」, 『鄕土史研究』 2.
金昌鎬, 2018, 「咸安 城山山城 木簡의 新考察」, 『文化史學』 49.
박성현, 2013, 「신라 郡-城·村制의 특징과 郡縣制로의 전환」, 『韓國史研究』 163.
尹善泰, 2002, 「新羅 中古期의 村과 徒-邑落의 解體와 관련하여-」, 『韓國古代史研究』 25.
윤선태, 2012, 「咸安 城山山城 出土 新羅 荷札의 再檢討」, 『사림』 41.
윤선태, 2016, 「新羅의 初期 外位體系와 '及伐尺'」, 『동국사학』 61.
李京燮, 2004, 「咸安 城山山城 木簡의 研究現況과 課題」, 『新羅文化』 23.
李京燮, 2011, 「성산산성 출토 신라 짐꼬리표[荷札] 목간의 地名 문제와 제작 단위」, 『新羅史學報』 23.
이경섭, 2013, 「함안 城山山城 출토 新羅木簡 연구의 흐름과 전망」, 『목간과 문자』 10.
李京燮, 2018, 「금석문과 목간으로 본 6세기 신라의 촌락 구조」, 『사학연구』 132.

李銖勳, 1993, 「新羅 村落의 성격 – 6세기 금석문을 통한 행정촌·자연촌 문제의 검토 –」, 『韓國民族文化』 6.

李銖勳, 1995, 「新羅 中古期 村落支配 硏究」, 釜山大學校 史學科 博士學位論文.

李銖勳, 2007, 「新羅 中古期 행정촌·자연촌 문제의 검토–城山山城 木簡과 「冷水里碑」를 중심으로–」, 『한국고대사연구』 48.

이수훈, 2010, 「城山山城 목간의 本波와 末那·阿那」, 『역사와 세계』 38.

이수훈, 2015, 「6세기 신라 촌락지배의 변화–금석문의 使人과 道使를 중심으로–」, 『역사와 경계』 97.

이용현, 2015, 「함안 성산산성 출토 목간 221번의 국어학적 의의」, 『口訣硏究』 34.

李宇泰, 1981, 「新羅의 村과 村主 –三國時代를 중심으로–」, 『韓國史論』 7, 서울大學校 國史學科.

李宇泰, 1991, 「新羅 中古期의 地方勢力 硏究」, 서울大學校 國史學科 博士學位論文.

이하나, 2013, 「신라 철제농구의 변천과 확산」, 『韓國考古學報』 86.

전덕재, 2007a, 「함안 성산산성 목간의 내용과 중고기 신라의 수취체계」, 『역사와 현실』 65.

전덕재, 2007b, 「중고기 신라의 지방행정체계와 郡의 성격」, 『한국고대사연구』 48.

全德在, 2008, 「함안 성산산성 목간의 연구현황과 쟁점」, 『新羅文化』 31.

전덕재, 2009, 「함안 성산산성 출토 신라 하찰목간의 형태와 제작지의 검토」, 『목간과 문자』 3.

전덕재, 2012, 「한국의 고대목간과 연구동향」, 『목간과 문자』 9.

朱甫暾, 1988, 「新羅 中古期의 郡司와 村司」, 『韓國古代史硏究』 1.

朱甫暾, 1989, 「統一期 新羅 地方統治制度의 整備와 村落構造의 變化」, 『大丘史學』 37.

朱甫暾, 1992, 「新羅의 村落構造와 그 變化」, 『國史館論叢』 35.

朱甫暾, 1994, 「南山新城의 築造와 南山新城碑–第9碑를 중심으로–」, 『新羅文化』 10·11.

朱甫暾, 1996, 「6세기 新羅의 村落支配 强化 過程」, 『慶北史學』 19.

朱甫暾, 2000a, 「新羅 中古期 村의 性格」, 『慶北史學』 23.

朱甫暾, 2000b, 「咸安 城山山城 出土 木簡의 基礎的 檢討」, 『韓國古代史硏究』 19.

朱甫暾, 2007, 「韓國 古代 村落史硏究의 進展을 위하여」, 『韓國古代史硏究』 48.

홍기승, 2009, 「6세기 신라 지방지배 방식의 변화와 '村'」, 『한국고대사연구』 55.

홍승우, 2013, 「「浦項中成里新羅碑」를 통해 본 新羅의 部와 지방지배」, 『한국문화』 66.

橋本 繁, 2009, 「城山山城木簡と六世紀新羅の地方支配」, 『東アジア古代出土文字資料の研究』, 雄山閣.

橋本 繁, 2013, 「中古期 新羅 築城碑의 연구」, 『동국사학』 55.

〈Abstract〉

A Study on the village society and governing method in the 6th century of Silla examined with the wooden tablets of the Seongsan Mountain Fortress in Haman

Hong, Ki-seung

Wooden tablets from the Seongsan Mountain Fortress in Haman are an essential material for understanding the 6th century Silla local society. Based on research results and character reading in 『韓國의 古代木簡Ⅱ』, this article looked at the aspects of Silla's village society in the 6th century and its governing method.

In Wooden tablets, terms not found in other materials such as Bonpa(本波), Ana(阿那), Malna(末那) are identified. These are the natural villages(自然聚落) that made up the Chon(村), and the sub-units of the Chon in the system of local administration. However, it is assumed that not all natural villages are listed in wooden tablets, but economically and socially dominant one is recorded first. Silla intended to reorganize the village society and strengthen its governance system by inducing and supporting the growth of natural villages.

In addition, researchers have different opinions on the understanding of the Chon in the 6th century. These differences are also seen in the interpretation of the 'place+Chon' type. As a result of the review, this type should be read as 'Administrative Chon(行政村)+Natural Chon(自然村)'. Therefore, Chon can be divided into two types: Natural Chon and Administrative Chon. A Natural Chon should be regarded as a primary unit of local control and an independent unit that played an administrative role. And it went through artificial reorganization by the administrative power of the state. Thus, a Natural Chon can be said to have the character of an administrative unit set by the state for local governing like the Administrative Chon.

Finally, I Analyzed the leader of villages(村主) in the wooden documents related to labor mobilization. These documents show that the leader of villages was in a strict hierarchical relationship with the local governor, unlike the general understanding. It can also be inferred that the status of the leader of the 6th century varied according to region and time. At the same time, the influence of the leader of villages gradually decreased under the fluctuation of the village society and the constraints of the state, and finally transformed into a low-level official in charge of unit administration of Hyeon(縣) by the middle period of Silla.

▶Key words: Seongsan Mountain Fortress, the wooden tablets, natural village, Administrative Chon, Natural Chon, leader of villages

특 집 1

함안 성산산성 출토 부찰목간의 지명 및 인명 기재방식과 서식

홍승우*

〈국문초록〉

이 논문은 함안 성산산성 출토 신라목간 중 대부분을 차지하는 부찰목간의 용도와 그것이 부착되어 있던 짐의 성격을 밝히기 위한 작업의 일환으로 부찰목간들의 기재방식과 그 특징을 고찰한 것이다. 특히 지명과 인명에 대해 살펴보았는데, 그 출토 사례가 많고 관련 정보들이 다양하게 많이 있는 구리벌 지명 목간, 통칭 구리벌목간들을 중심으로 하였다.

그 결과 다음과 같은 결론을 도출하였다. 성산산성 출토 부찰목간의 지명은 대체로 '대단위지명(城)+소단위지명(村)'이 일반적인 서식이었던 것 같다. 그런데 여러 구리벌목간이 대단위지명은 표제처럼 크게 기재되는 서식을 가지고 있는 점이 주목된다. 목간에 적힌 지명은 뒤에 나오는 인명의 貫籍地로 생각되지만, 구리벌목간의 기재방식을 고려하면, 적관지를 상위행정단위를 포함하여 기재한 것이라고 이해하기 힘들다. 성하목간의 서식을 참고하면, 짐들의 집결지 내지 발송처로서 기재되었을 가능성이 높다고 생각된다.

또 구리벌목간 중 소위 노인목간으로 분류되는 것들을 포함한 복수 인명의 경우, 이 둘이 대등한 성격의 정보가 아닐 가능성이 높음을 확인했다. 짐과 관련있는 직접적인 인물은 뒤에 나오는 인명이고, 앞사람은 더 앞의 지명과 함께 뒷사람에 대한 정보로서 적힌 것이라 추정된다. 아마도 호주의 이름으로서, 장부와 대조하여 짐 주인의 정확한 신분을 확인하는데 필요했던 것이 아닐까 추정된다.

* 경북대학교 역사교육과 조교수

결론적으로 성하목간과 구리벌목간을 포함한 대부분의 성산산성 부찰목간에서 지명과 인명은 짐과 관련한 특정 인물에 대한 정보로서 기재되었다고 할 수 있으며, '대단위지명+소단위지명+호주명+인명'의 서식을 가졌던 것으로 볼 수 있겠다. 그리고 대단위지명은 짐이 성산산성으로 이동하기 전의 집결지 혹은 발송지점으로 이해된다.

▶ **핵심어: 성산산성, 부찰목간, 서식, 구리벌목간, 노인목간**

I. 머리말

1991년에서 2016년까지 총 17차에 걸쳐 진행된 함안 성산산성(사적 제67호) 발굴조사에서 245점에 달하는 신라목간이 출토되었다.[1] 이들 함안 성산산성 출토 신라목간(이하 성산산성 목간으로 칭함)은 한국목간 연구에서 가장 중요한 자료라 평가될 정도로 주목받아 왔다.

그간 성산산성 목간에 대해서 많은 연구들이 이루어졌는데,[2] 성산산성 목간 중 가장 많은 양을 차지하는,[3] 짐에 부착된 부찰목간에 특히 연구가 집중되었다.[4] 초기 연구들에서는 이 부찰목간을 名籍으로 이해하기도 하였지만,[5] 대체로 어떠한 물품들을 담은 짐에 매달아 놓았던 목간으로 보는 것이 일반적이다. 그리고 그 짐은 성산산성 축조나 활용시 동원되었던 사람들에게 지급되었던 물품이라고 파악되어 왔다. 다만 이들 부찰목간은 짐들이 성산산성에 도착하기 이전에 각 지역에서 해당 지역민들에게 세물을 수납하는 과정에서 만들어졌고, 그 세물들이 성산산성으로 이동해 온 뒤 폐기되었기 때문에 성산산성에서 출토되었다고 이해되어 왔다. 즉 稅物에 부착되어 있던 목간으로 보는 것이 통설에 가깝다고 하겠는데, 이

1) 국립가야문화재연구소, 2017, 『韓國의 古代木簡 Ⅱ』, pp.496-510에 전체 목간에 대해 정리되어 있다. 본고의 목간번호는 이 책의 것이다(이 책은 이하에서 『고대목간 Ⅱ』로만 기재한다).

2) 성산산성 목간 연구들의 현황에 대해서는 李京燮, 2003, 「咸安 城山山城 木簡의 硏究現況과 課題」, 『新羅文化』 23; 전덕재, 2008, 「함안 성산산성 목간의 연구현황과 쟁점」, 『新羅文化』 31; 주보돈, 2008, 「한국 목간 연구의 현황과 전망」, 『木簡과 文字』 創刊號; 이경섭, 2013, 「함안 성산산성 출토 신라목간 연구의 흐름과 전망」, 『木簡과 文字』 10; 윤선태, 2016, 「한국의 고대 목간의 연구현황과 과제」, 『선사와 고대 목기·목간의 최신 연구 형황과 과제』, 국립가야문화재연구소·복천박물관; 윤선태, 2017, 「함안 성산산성 출토 신라목간의 연구 성과와 전망」, 『韓國의 古代木簡 Ⅱ』, 국립가야문화재연구소; 홍승우, 2018, 「함안성산산성 목간의 물품 기재방식과 성하목간의 서식」, 『木簡과 問字』 21 등을 참고할 것.

3) 전체 245점의 목간 중 부찰목간은 224점 정도로 파악된다(홍승우, 2018, 앞의 논문, p.80).

4) 그간 성산산성 목간 중 물품에 부착되었던 것을 통상 荷札木簡이라 불러왔다. 그러나 하찰목간이라는 용어는 일본 목간연구에서 통용되는 이름으로, 稅物이라는 특정한 짐에 부착된 목간을 지칭한다(馬場基, 2008, 「古代日本의 荷札」, 『木簡과 文字』 2, p.148). 아직 성산산성 목간이 부착되었던 짐의 성격이 명확하지 않기 때문에, 이를 하찰목간으로 칭하는 것은 신중할 필요가 있다. 이에 본고에서는 하찰목간 대신 부찰목간이라는 이름을 사용하기로 한다.

5) 김창호, 1998, 「咸安 城山山城 出土 木簡에 대하여」, 『咸安 城山山城 Ⅰ』, 국립창원문화재연구소; 朴鍾益, 2000, 「咸安 城山山城 發掘調査와 木簡」, 『韓國古代史硏究』 19; 주보돈, 2000, 「咸安 城山山城 出土 木簡의 基礎的 檢討」, 『韓國古代史硏究』 19.

는 목간들에 기재된 내용이 물품을 납부한 측에 대한 정보라고 보는 입장이다.

그런데 최근 짐들이 성산산성으로 이동하는 과정에서 제작·사용된 것이었다는 주장들이 제기되고 있다.[6] 이는 기존 통설과 달리 목간에 기재된 정보가 물품을 받는 사람 혹은 사용자와 관련한 것이라 파악하는 입장이다.[7] 이러한 신설들의 제기는, 목간이 부착된 짐의 성격이 세물이라는 통설에 대한 전면적이고 정밀한 재검토 필요성을 주장한 것이라 해도 좋을 것이다. 그리고 그 전제 작업으로서 목간의 기재 내용 자체에 대한 면밀한 고찰과 분석이 필요하다고 하겠다.

필자는 그 작업의 일환으로 성산산성 부찰목간의 물품 기재방식을 분석하여 성산산성 목간의 일반적인 서식을 복원해 보고, 그 물품 기재방식의 특징으로서 물품과 관련한 대부분의 정보를 생략할 수 있다는 것을 밝힌 바 있다. 이를 통해 성산산성 부찰목간은 대단히 정형화된 물품, 곧 1石이라는 정량의 곡물을 담은 짐에 부착되었던 것이라 추정하기도 하였다. 아울러 일반적인 것과 다른 특수한 서식을 가진 것으로 파악되어 온 소위 '城下(麦)木簡'(이하 성하목간)의 서식 역시 여타 목간들과 유사하다는 결론을 도출하였다.[8] 이는 성산산성 부찰목간이 비슷한 성격의 짐들에 매어두었던, 거의 동일한 목적을 가진 목간이었을 가능성을 주장한 것이다.

그런데 이는 기본적으로 물품 기재방식만을 분석한 것이다. 성산산성 부찰목간들에는 물품 관련 정보 이외에도 '지명'과 '인명'의 두 요소가 대부분 기재되어 있다. 이들은 생략되는 경우도 많았던 물품 관련 정보들과 다르게 거의 모든 목간에 빠짐없이 기재된 요소들이다. 즉 물품보다 더 필수적인 정보였다고도 할 수 있다.[9] 지난 논고에서의 추정들, 곧 성하목간이 특수한 서식이 아니며 대부분의 부찰목간은 동일한 서식에 입각해 있다는 것이 타당한지를 확인하기 위해서는 추가적으로 이들 정보의 기재방식 및 그 특징을 검토해야 할 것이다.

본고는 이러한 목적의식을 가지고 성산산성 부찰목간의 기재방식과 서식에 대한 추가적인 검토를 하려 한다. 그중에서도 지명과 인명에 대한 정보가 가장 많고 다양하게 기재된 소위 '구리벌 지명 목간'(이하 구리벌목간)을 중심으로 검토할 것이다. 이 작업이 필자의 지난 논고를 뒷받침하는 동시에, 성산산성 목간의 성격에 접근할 수 있는 단서를 마련해 주는데 도움이 될 수 있으리라 기대한다.

---

6) 박남수, 2017, 「신라 법흥왕대 '及伐尺'과 성산산성 출토 목간의 '役法'」, 『新羅史學報』 40; 이재환, 2018, 「함안 성산산성 출토 신라 荷札의 성격에 대한 새로운 접근」, 『韓國史研究』 182.

7) 박남수의 경우 입역자들이 스스로 마련한 식량으로 파악하므로, 이 물품의 납부자로 파악하는 입장이라고도 할 수 있다. 그러나 적혀진 정보들이 납부자를 나타내기 위한 것이라기보다 사용자를 드러내기 위해서라고 보았다고 생각되므로, 이와 같이 분류해도 큰 문제는 없으리라 생각된다.

8) 홍승우, 2018, 앞의 논문.

9) 성산산성 부찰목간 중 상당수는 물품명과 그 양이 생략되어 있다. 이는 물품 정보는 생략해도 무방할 정도로 통상적으로 알고 있는 정보였기 때문일 것이다.

II. 지명 기재방식과 복수 지명

성산산성 목간은 성산산성의 발굴조사 완료와 함께 전체 목간들이 『고대목간Ⅱ』로 종합 정리되었고, 그중 부찰목간들은 다음과 같이 분류되었다.[10)]

① 年月荷札 : 가야4686(三月中/②서식포함), 가야2639(正月中) 가야5599(壬子年/③서식포함)

② 城下荷札 : 대단위지명(城)+下(+곡물+양)+소단위지명+인명+곡물+양

③ 地名人名荷札 : [지명(城)+]지명(村)+인명[+負·發 or (곡물)+(양)] – 가장 많은 유형

④ 人名荷札 : 인명[+負·發 or (곡물)+(양)]

⑤ 地名荷札 : 지명[+負 or (곡물)+(양)]

이 중 ①은 그 사례가 극히 드물고 주변국들의 사례와 달리 가장 앞에 나오기 때문에,[11)] 이를 하나의 특수 유형으로 분류한 것이라 생각되는데, 성하목간의 서식을 통해 볼 때 원래는 들어가야 하는 정보이지만 주로 생략했다고 파악할 수 있으므로,[12)] 이를 별도의 유형으로 분류하기는 힘들지 않을까 한다.

③이 가장 많은 사례를 보여주는 유형으로, 물품 정보 기재 여부와 상관없이, 부찰목간에 기재된 기본적인 정보는 '지명'과 '인명'임을 알 수 있다. ④, ⑤는 둘 중 하나가 없는 것인데, 이것이 ③과 다른 유형으로 분류할 수 있는지, 혹은 그중 한 요소가 생략된 것에 불과한지는 ③서식에 대한 분석이 끝난 후 추가적인 검토를 거쳐 확정해야 할 문제이다.

우선 가장 많은 사례인 ③ 유형에 대한 검토가 성산산성 부찰목간의 서식 내지 형식을 파악하기 위해 이루어져야 하므로, 이에 대해 살펴보겠다. 출토예가 많으면서도 비교적 여러 요소들이 많이 들어 있어, 그간 많이 주목하고 연구해 온 구리벌목간을 중심으로 분석하면서, 필요한 경우 다른 사례를 아울러 비교·검토하려 한다. 논의의 편의를 위해 먼저 구리벌목간의 판독문들을 제시하면 다음과 같다.[13)]

---

10) 윤선태, 2017, 앞의 논문, pp.485–486.

11) 중국의 사례는 722년 호탄에서 당으로 보낸 수취물에 달려 있던 목간을 통해 알 수 있다. "(1면)拔伽不遶俱 送小麥參碩貳斗 開元十年八月四日 典 (2면)何仙 官張並 相惠"(榮新江·文欣, 김창석 역, 2015, 「새로 발견된 漢字–호탄 문자의 이중언어 목간」, 『江原史學』 27, p.153)와 같이 '지명+인명+送.+물품(小麥)+양+연월일+담당관리'의 형식으로, 날짜가 뒤에 나온다. 일본도 '지명(國郡鄕里)+인명(호주)+세목+물품+양+날짜' 형식으로 되어 있다(烟中彩子, 2018, 「목간群으로서의 성산산성 목간」, 『木簡과 文字』 21, p.185).

12) 홍승우, 2018, 앞의 논문, p.90.

13) 본고에 사용된 판독문은 기본적으로 『고대목간Ⅱ』의 것을 따르며, 사용된 부호도 대부분 『고대목간Ⅱ』 p.16의 것을 그대로 사용하는 것을 원칙으로 한다. 다만 가독성 등을 위해 일부 기호를 다음과 같이 바꾸었다. 판독불능자=▨, ...=묵흔은 있지만 글자 수를 알 수 없는 경우, [ ]=注雙行 형식, / =注雙行에서 행 바뀜 기호.

표 1. 구리벌목간 일람

목간번호	판독문	서식
진주1263	× 仇利伐[上彡者村 波婁]」	지명+지명+인명
가야33	「仇利伐[上彡者村 波婁]∨」	지명+지명+인명
김해1275	(1면)「仇利伐[上彡者村]」 (2면)「乞利」	지명+지명+인명
가야5589	「仇利伐[上彡者(村)▨▨▨▨]∨」	지명+지명+인명(추정)
가야2001	「仇▨▨ [.....智]◎」	지명(판독불능)+인명(판독불능)
김해1287	「仇利伐[仇阤尒一伐/尒利▨(負)]∨」	지명+인명+인명+負
가야32	「仇利伐[彤谷村/仇礼支負]∨」	지명+인명+인명+負
가야2627	(1면)「仇利伐∨」 (2면)「▨(伐)彡▨村伊面於支負∨」	지명+지명+인명+負
가야2034	「仇利伐 [習彤村/牟利之負]∨」	지명+지명+인명+負
가야2036	「仇利伐今尒次負∨」	지명+인명+負
가야2619	「仇利伐記本礼支負∨」	지명+인명+負
진주1288	「仇利伐 ▨德知一伐奴人 ▨ ×	지명+인명(관등)+노인+인명(추정)
가야35	「仇利伐 [只卽智奴 於支負] ∨」	지명+인명+노+인명+負
가야1613	「仇(利)伐 [比夕智 奴 先能支 負] ◎」	지명+인명+노+인명+負
가야2012	「仇利伐 仇阤知一伐奴人 毛利支負∨」	지명+인명+노+인명+負
가야1989	× ...(一伐)奴人 毛利支負∨」	지명+인명+노+인명+負
가야2008	「仇(利)伐 [郝豆智奴人/▨支負] ∨」	지명+인명+노+인명+負
가야5593	「仇利伐[夫(及)知一伐奴人/宍巳礼負]∨」	지명+인명+노+인명+負
가야5592	「丘利伐 [卜今智上干支 奴 / ▨▨巳支 負] ∨」	지명+인명+노+인명+負
가야1999	「▨▨伐 [▨▨只▨/▨伐支負]∨」	지명+인명+노(추정)+인명(추정)+負
가야1596	「仇利伐[(不夫).....] ∨」	지명+지명(추정)(이하 판독불능)
가야2620	「仇▨伐 ..... ◎」	지명(이하 판독불능)

구리벌목간은 최상단에 대단위지명 仇利伐이 큰 글씨로 적혀 있고,[14] 나머지 정보들을 그 아래 작은 글씨로 두 행을 나누어[注雙行 형식] 적거나 뒷면에 적는 다소 특이한 형식으로 되어있다(사진 1~4). 또 '인명+노(인)+인명+負' 형식이 다수 나와 '奴(人)'의 성격과 실체 및 負의 의미에 대해 많은 관심을 받아 왔다. 이런 특징적인 형식 때문에, 직접 구리벌이라는 지명이 나오지 않아도, '인명+노(인)+인명+負' 서식의 목간이면, 결손 등의 이유로 인해 전체 내용을 알 수 없다고 하더라도, 구리벌목간으로 추정하는 경

14) 가야5592에서 丘利伐로 표기된 사례도 있다.

우가 많았다.[15)]

그러나 다른 지역인 仇伐(丘伐) 지역명 목간(이하 구벌목간)들에서 비슷한 형식이 확인되므로,[16)] 유사한 형식을 모두 구리벌목간으로 추정하기 힘들어졌다. 이에 본고에서는 구리벌 지명이 등장하거나, 일부 남아있는 지명이 구리벌로 유추할 수 있는 경우에 한하여 구리벌목간으로 정리하였다. 이들 구리벌목간들은 크게 두 가지 유형의 서식으로 나눌 수 있다.

(A) 仇利伐(대단위지명)+[~村(소단위지명)]+인명(+負)
(B) 仇利伐(대단위지명)+[~村(소단위지명)]+인명+奴(人)+인명(+負)

(B)유형은 인명 기재 방식에서 특별한 사례이므로 다음 장에서 살펴보고, 이 장에서는 (A)유형을 분석한다. 마지막의 負는 구리벌목간에서 단독으로만 사용되지만, 성하목간의 형식 분석에서 확인했듯이, 뒤에 '물품명+양+~之'가 생략된 것으로 보아도 큰 무리는 없을 듯하다.[17)] 이는 유사한 형식의 仇伐(丘伐) 목간들에서 負 대신 稗石이 있는 것을 통해서도 방증될 수 있을 것이다.

표 2. 구벌목간 일람

목간번호	판독문	서식
김해1272	「仇伐干好(津)村卑尸稗石◎」	지명+지명+인명+稗+양(1석)
가야50	「仇伐阿那舌只稗石×	지명+인명+稗+양(1석)
가야1987	(1면)「仇伐未那 沙刀(礼)奴∨」 (2면)「弥次(分)稗石∨」	지명+인명+奴+인명+稗+양(1석)
가야5587	(1면)「丘伐未那早尸智居伐尺奴」 (2면)「能利智稗石」	지명+인명+奴+인명+稗+양(1석)
가야2018	(1면)「∨仇伐阿那內▨買子」 (2면)「∨一支買 稗石」	지명+인명+子(추정)+인명++稗+양(1석)
가야1988	「丘伐稗」	지명+稗
가야2029	「∨丘伐稗石」	지명+稗+양(1석)

15) 기존 연구들에서는 김해1277(× 前谷村 阿足只(負) ×), 가야35(「內恩知 奴人 居助支 負∨」), 가야36(× 內只次奴 須礼支負∨」), 가야37(× 比▨須奴 / 尒先利支負 ∨」), 가야1616(× 末甘村/借刀利(支) 負 ◎」), 가야1994(「眞尒密奴那智石∨」) 등을 구리벌목간으로 추정하기도 하였다(전덕재, 2009, 「함안 성산산성 출토 신라 하찰목간의 형태와 제작지의 검토」, 『木簡과 文字』 3; 이경섭, 2013, 앞의 논문).

16) 가야1987(「仇伐未那 沙刀(礼)奴∨」「弥次(分)稗石∨」), 가야5587(「丘伐未那早尸智居伐尺奴」「能利智稗石」)

17) 홍승우, 2018, 앞의 논문, pp.91-92.

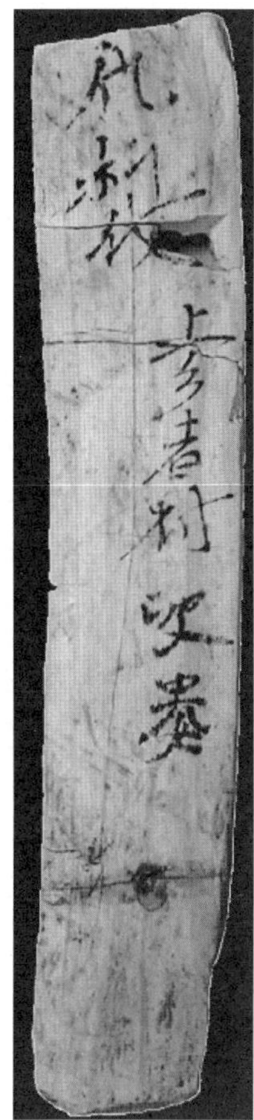

사진 1. 진주1263 적외선 사진(『고대목간Ⅱ』, p.428)

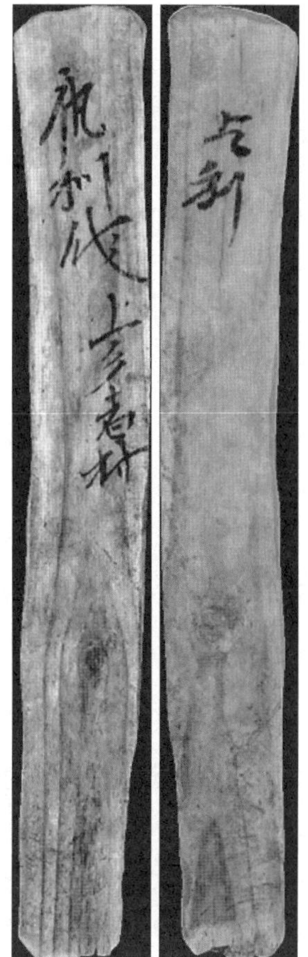

사진 2. 김해1275 적외선사진(『고대목간Ⅱ』, pp.444-445)

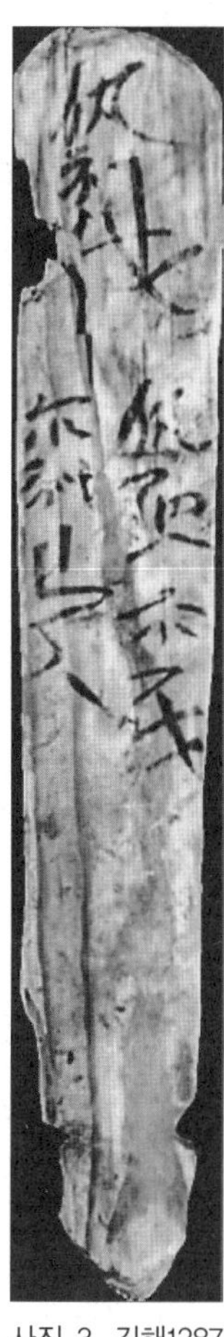

사진 3. 김해1287 적외선사진(『고대목간Ⅱ』, p.458)

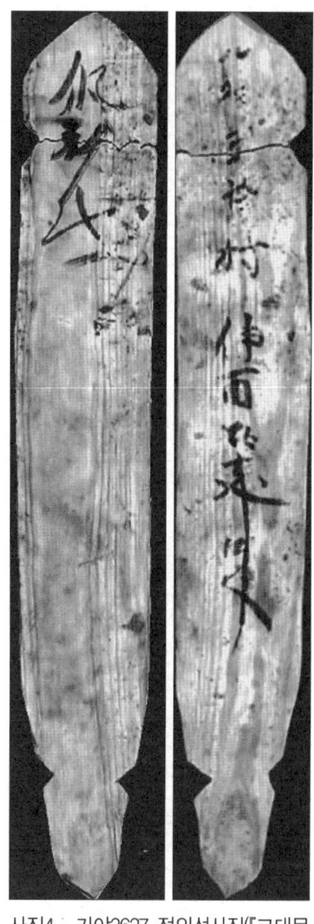

사진4 . 가야2627 적외선사진(『고대목간Ⅱ』, pp.332-333)

구리벌목간의 또 다른 특징은 대단위지명이 마치 표제처럼 앞에 큰 글씨로 쓰여져 있는 것이다(사진 1~4). 그렇지 않은 경우도 있지만(진주1288, 가야2036, 가야2619), 대체로 이러한 형식은 지켜지고 있는데, 대단위지명과 그 아래 내용을 구분하려는 의도가 엿보인다고 할 수 있다.[18] 이러한 형식을 볼 때, '구리벌+소단위지명' 형식이 단지 정확한 행정단위 표기를 위해 '상위행정단위+하위행정단위'로 적은 것이 아닐 가능성이 있겠다.[19]

구리벌이 뒤에 나오는 소단위지명과 구분되는 것이라고 한다면, 이는 성하목간의 대단위지명인 '~城'

18) 대부분의 구리벌목간이 모든 내용을 같은 크기로 기재해도 충분한 공간이 나옴에도 불구하고 이런 기재방식을 취한 것은, 구리벌이 그 아래 내용을 포괄하고 관장한다는 것을 보여주기 위한 의도를 가진 것이라 생각된다.

19) 통상 복수 지명이 나올 경우 앞을 대단위지명, 뒤를 소단위지명으로 파악하고 행정상 상하관계를 구성하는 것으로 이해하는 것이 일반적이다.

과 유사하다고 할 수 있다. 즉 성하목간의 '~城'과 그 아래 '~村'은, 그 사이에 '하(맥)'이 기재되어 있어, 단순한 행정단위의 전체 표기로 볼 수 없는 측면이 있는데, 구리벌목간 역시 구리벌을 크게 앞에 기재하는 형식의 표기를 통해 동일함을 알 수 있는 것이다. 곧 구리벌 목간은 형식상 성하목간은 아니지만, 성하목간과 동일한 서식을 가졌다고 이해할 수 있는 것이다.

이러한 점은 이진지성 지명 목간(이하 이진지목간)의 사례를 통해서도 방증할 수 있다.

표 3. 이진지목간 일람

목간번호	판독문	서식
가야2025	(1면)「夷津支城下麦王▨巳珎兮村∨」	지명+하맥+지명+인명+양(2석)
	(2면)「弥次二石∨」	
가야2058	(1면)「夷(津)支(城)下麦烏列支負∨」	지명+하맥+인명+부+(판독불능)+양(석)
	(2면)「▨▨(二)石∨」	
가야2011	(1면)「夷津支士斯石村末▨▨烋∨」	지명+지명+인명+맥
	(2면)「麦∨」	

가야2025와 2058은 성하목간이다. 그에 비해 가야2011은 마지막 물품명 부분이 麦으로 되어 있는 것만 제외하고 구리벌목간과 동일한 서식이다. 가야2025에서 마지막의 2석은 물품명 맥이 앞에 나왔기에 생략된 표현이라고 볼 수 있는데, 가야2011은 물품명이 뒷부분에 麦으로 적시되고 반대로 伊津支 다음에 와야 할 '下+물품명'이 생략된 것으로 보인다. 또 성하목간들(가야2025, 2058)이 통상적인 사례와 다르게 二石이어서 양을 적시한 것과 달리, 가야2011은 통상적인 양인 1석이어서 양 기재는 생략했다고 추정된다. 결국 세 이진지목간은 동일한 서식의 목간을 추정되며, 이를 통해 '下麦'이 없지만 구리벌목간 역시 기본적으로 성하목간과 같은 서식에 바탕을 둔 것이라 판단할 수 있는 것이다.[20]

아울러 대단위 지역명과 소단위 지역명이 나오는 일련의 부찰목간들, 곧 구벌목간(김해1272), 고타목간(진주1283, 가야28, 가야30, 가야1623, 가야1991, 가야1992, 가야1995, 가야1998, 가야2006, 가야2014, 가야2019, 가야2636, 가야4685), 추문목간(가야38, 가야52, 가야2033) 등도 동일한 서식이라고 보아야 할 것 같다.

이상과 같은 추정이 타당하다면, 성산산성 부찰목간의 '대단위지명+소단위지명+인명' 형식의 기재 내용이 단순히 인명이 속한 곳 곧 거주하며 호적이 등재된 곳의 상위행정단위와 하위행정단위로서의 의미만 가지고 있었다고 볼 수 없겠다. 일반적으로 두 지명의 관계를 행정단위의 영속관계로서 '군-촌'[21] 혹

20) 성하목간이 물품 기재방식에서 여타 목간들과 사실상 동일하다는 것을 논증한 바 있는데(홍승우, 2018, 앞의 논문, pp.86-93), 그렇다면 구리벌목간 역시 성하목간과 대동소이한 서식이라고 보아도 좋을 것이다.

21) 김재홍, 2005, 「함안 성산산성 목간과 촌락사회의 변화」, 『國史館論叢』 106; 李銖勳, 2007, 「新羅 中古期 행정촌·자연촌 문

은 '행정성·촌–자연촌'[22]으로 파악하였고, 인명의 거주지이자 貫籍된 하나의 지명으로 보았다. 해당 인명의 표기법이 '상위행정단위+하위행정단위+이름(+관등)'이라 이해한 것이다.

그러나 이렇듯 구리벌목간이 성하목간의 지명기재 방식과 동일한 형식이라 할 수 있다면, 구리벌은 단순한 상위행정단위명이 될 수 없으며, 성하목간의 '성'과 유사한 성격으로 이해해야 한다.[23] 즉 구리벌이 인명의 거주지(관적지) 기재상 지명이라는 성격 이외에, 목간이 부착된 짐의 최종 종착지 내지 발송을 주관하는 곳을 보여주기 위해 앞에 기재되었던 것으로 파악할 수 있다. 더하여 이 구리벌목간이 성산산성에서 출토된 점을 볼 때, 최종 목적지일 수는 없고 발송을 주관하는 곳일 가능성이 높다고 여겨진다.[24]

구리벌목간에서 작은 글씨가 2행으로 기재되지 않은 진주1288, 가야2036, 가야2619와 이진지성하목간인 가야2058은 모두 소단위지명이 없는 서식을 가진 것들로, '대단위지명(仇利伐, 伊津支城)+인명'만 기재되어 있다. 이들이 소단위지명을 인명 앞에 기재하지 않은 이유는, 이 사람들이 仇利伐(성·촌) 거점에 거주하던 인물이었기 때문으로 추정된다.

그런데 이들 사례와 같이 하나의 지명만이 인명 앞에 나오는 경우는 성산산성 하찰목간에서 드물지 않게 확인된다. 陽村(가야42, 가야1597), 買谷村(가야1598, 가야2051), 上莫村(김해1271, 가야43), 上弗刀弥村(가야31, 가야2054), (小)伊伐支村(가야74, 가야1993, 가야2024, 가야61, 가야2027), 巾夫支城(가야2009, 가야2021, 가야5591), 陳城(김해1282, 가야40)이 대표적인 것들이다. 이들이 모두 구리벌이나 이진지 같은 대단위지명의 성격을 가진 것이어서 이와 같은 서식을 가진 것인지, 아니면 소단위지명인데 대단위지명은 적지 않은 것인지는 분명하지 않다.

그러나 이들 모두가 대단위지명이라고 보기는 힘들지 않을까 생각한다.[25] 특히 陽村 같은 경우 이것이 대단위지명, 곧 행정 거점(군이나 행정촌)의 이름일 가능성은 많지 않다고 판단한다. 그렇다면 이는 '대단위지명+소단위지명+인명'이라는 인명 표기 방식에서 대단위지명이 생략된 표기방식이라 하겠다. 이런 생략이 가능한 것은, 이 인물의 거주지(관적지) 표기에 대단위지명이 필수적인 요소가 아니었기 때문일 것이다.[26] 목간에 기재된 내용의 원출처가 되는 장부 혹은 목간 기재내용과 대조하여 확인하기 위한 장부, 곧 호적이나 그에 바탕을 둔 計帳 등이 대단위지명 단위로 작성 혹은 정리되어 있다고 한다면, 장부

제의 검토–城山山城 木簡과 「冷水里碑」를 중심으로–」, 『韓國古代史研究』 48.

22) 尹善泰, 2002, 「新羅 中古期의 村과 徒–읍락의 해체와 관련하여–」, 『韓國古代史研究』 25(2004, 『한국고대중세 지방제도의 제문제』, 집문당); 전덕재, 2007, 「함안 성산산성 목간의 내용과 중고기 신라의 수취체계」, 『역사와 현실』 65.

23) 홍승우, 2018, 앞의 논문, p.90.

24) 그간 통설에서는 대단위지명을 '군' 혹은 '행정촌'으로 파악하면서 이곳이 이 짐의 물품을 납부한 사람의 관적지이면서 동시에 세물이 납부되어 집적된 곳으로 파악하였다고 볼 수 있다. 즉 목간에 기재된 정보로만 볼 때, 짐의 최종 목적지라고 할 수 있겠다. 그러나 성하목간과 구리벌목간이 동일한 서식이라고 볼 수 있다면, 대단위지명은 이 짐이 집적되는 곳으로서 기재된 것이 아니라 성산산성으로 발송되는 지점으로서의 성격이 강하다고 하겠다. 물품 주인의 관적지로서 혹은 물품이 납인된 곳으로서 기재된 것이 아니라, 물품이 발송되는 지점으로서의 성격이 우선된다고 할 수 있다.

25) 박현정, 2018, 「함안 성산산성 목간의 개요」, 『木簡과 文字』 21, pp.41–44에서도 이 지명들 상당수를 자연촌, 곧 소단위지명으로 파악하였다.

26) 물품에 대한 정보가 생략되었던 이유와 비슷할 것이다.

자체에 개인별로 대단위지명이 적혀 있지 않았을 것이고, 그러한 기재방식이 목간에도 반영되었을 것이다.

성산산성 목간보다 늦은 시기의 것이기는 하지만, 조세수취를 위한 장부라 할 수 있는 〈新羅村落文書〉의 내용에 의하면, 신라는 縣 예하의 말단 단위인 村 별로 計烟을 산출하였는데, 이는 村 단위로 수취가 집적되었을 가능성이 높음을 보여준다. 이 경우 戶 혹은 개인이 낸 세물에 부착될 목간에는 村명 정도만이 기재되었다고 볼 수 있다.[27] 다만 개별 (자연)村에 세물의 보관과 활용을 위한 창고가 있었다고 보기는 어려우므로, 이를 창고가 있는 거점으로 운반할 필요가 있을 것이다. 만약 그 거점이 바로 상위의 행정단위, 예컨대 현에 있다면, 여전히 촌명만 쓰거나 현명까지만 적시하면 된다. 군이라면 현-촌, 혹은 군-현-촌을 모두 기재하는 것이 일반적일 것이다. 그리고 자신이 속한 상위 행정단위 밖 별도의 최상위 행정단위나 중앙에 납입된다면, 그 행정체계상의 모든 단위를 적을 필요가 있겠다.[28]

결국 대단위지명은 기본적으로 관할 하의 하위행정단위들의 세물이 집적되는 창고의 소재이자, 성산산성으로 운반되는 화물들의 출발지일 가능성이 높은 것이다.[29] 성·촌에서 세물인 곡물이 보관되었고, 이곳에서 일정한 절차를 거쳐 필요한 사용처로 반출되는 행정절차와 관련하여 대단위지명이 기재되었던 것으로 추정되는 것이다.[30] 그렇다면 소단위지명만이 기본적으로 인명에 부기되어 기재되는 정보, 아마도 주거지이자 호적이 등재된 곳일 것이다. 목간에서 인명과 직접적으로 관련되어 있는 지명은 일단 소단위지명만이라고 할 수 있겠다.

그런데 '(소단위)지명+인명(+물품)' 서식 목간(이하 소단위지명목간)은 (A)유형 목간과 어떤 차이가 있

27) 중국의 사례를 보면 종이로 적장문서를 작성하는 5호 16국시대 이후에는 적장류 문서에 호주의 적관을 '某郡 某縣 某鄕 某里'와 같이 기재한다(朴根七, 2015, 「'前秦建元20年(384)籍'과 호적 기재양식의 변천-4~10세기 서북지역출토 호적류 문서의 분석을 중심으로-」, 『東洋史學硏究』 131). 그러나 목간을 사용하던 진대 호적류 문서에는 호주의 적관을 '謀里'로만 표기하고 있어 차이를 보여준다(尹在碩, 2011, 「秦·漢初의 戶籍制度」, 『中國古中世史硏究』 26). 이러한 차이는 기본적으로 서사 공간이 좁은 목간에 문서를 작성하였기 때문으로 보이지만, 다른 한편으로 적장문서가 집적되고 보관되는 행정단위에 따른 것이기도 하다. 백제 적장문서목간인 「궁남지315목간」도 西部後巷으로만 기재되어 있고(홍승우, 2015, 「목간 자료로 본 백제의 籍帳 문서와 수취제도」, 『韓國古代史硏究』 80, p.120), 「복암리목간5」는 村만 보이고 있다(홍승우, 위의 논문, p.128).

28) 당대 호탄 지역의 하찰목간을 보면 세물 납부자와 관련한 행정단위를 당으로 치면 鄕 단위 정도로만 적고 있다. 이는 변경의 이종족 거주지라는 특수한 상황이었기 때문일 수도 있지만 참고할 수 있다. 일본에서도 같은 安芸国의 하찰이지만 도성인 후지와라궁 유적에서 나온 것은 국명까지 갖추어져 있는데 비해[安芸国安芸(郡)▨倉椅部(名代)調(塩)三斗(http://mokkanko.nabunken.go.jp/ja/6AJAUE290110)], 安芸国分寺 유적에서 나온 목간은 郡까지만 기록되는 차이를 확인할 수 있다[沙田郡▨▨(鄕米五斗)(http://mokkanko.nabunken.go.jp/ja/6AKBMKBG0011)].

29) 행정거점에 곡물인 세물, 곧 租를 모아 보관하는 창고가 있고, 그곳에서 다른 지역 내지 어떤 개인을 위해 운반했었던 것은 『三國遺事』 卷2 紀異2 孝昭王代竹旨郎條의 "富山城倉直…時有使吏侃珍 管收推火郡能節租三十石 輸送城中"이라는 문장에 잘 드러난다. 또 같은 책 卷3 塔像4 臺山五萬眞身條의 "長年供費 每歲春秋 各給近山州縣倉租一百石" 및 『三國史記』 列傳 金庾信傳下의 "南城租", 强首傳의 "新城租一百石" 등에서도 확인할 수 있다. 한편 곡물의 이동과 관련해서는 다음 율령 조문이 참고된다. 「천성령 복원 당창고령19(天一閣博物館·中國社會科學院歷史硏究所天聖令整理課題組, 2006, 『天一閣藏明鈔本天聖令校證 下册』, 中華書局, p.495)」, "諸給糧祿 皆以當處正倉充 無倉之處 則申省 隨近有處支給 又無者 聽以稅物及和糴屯收等物充"

30) 박남수는 대단위지명에서 소단위지명으로 맥을 내려준 것으로 보았다(박남수, 2017, 앞의 논문, p.56).

을까. 두 가지 가능성을 상정해 볼 수 있다. 첫째는 성산산성으로 반출되기 이전, 곧 대단위지명 소재 창고에 납입되는 과정에서 사용된 것이다. 둘째는 (A)유형과 같으나 대단위지명을 어떠한 이유로 생략한 것이다. 현재로서는 후자 쪽이지 않을까 생각한다.

부찰목간에서 정보가 생략되는 경우는, 그것이 생략되어도 짐의 발송·운반·납입 과정에 문제가 없다는 전제가 필요하다. 원칙적으로는 '대단위지명+소단위지명+인명'이 기재되어야 하지만, 대단위지명의 창고에서 한꺼번에 나가는 일련의 하물들에 부착되는 것을 생각한다면, 몇몇 짐의 부찰목간에 대단위지명에 대한 정보가 있을 경우, 나머지 목간들에서 그 정보가 없어도 큰 문제가 아닐 것이기에, 소단위지명 목간으로 만든 것이 아닐까 조심스레 추정해 본다.[31)]

III. 노인목간과 복수 인명의 관계

다음으로 복수 인명이 기재된 부찰목간의 서식과 내용에 대해 검토해 보자. 구리벌목간에는 인명과 관련하여 특징적인 서식이 있다. 앞서 정리한 구리벌목간의 서식 중 (B)의 '인명+노(인)+인명'이 그것으로 하나의 목간에 두 명의 인물이 기재된 것이다. 성산산성 부찰목간에는 2명 이상의 인물이 기재된 목간이 여럿 있다.

일찍부터 가야27(「古陁伊骨利村阿那(衆)智卜利古支◎」「稗發◎」), 가야28(「古陁新村智利知一尺那▨」「豆兮利智稗石」), 가야1598(「買谷村古光斯珎于∨」「稗石∨」), 가야2051(「買谷村物礼利◎」「斯珎于稗石◎」) 등이 지적되었고, 특히 구리벌목간의 노(인)이라는 표현이 들어간 목간(이하 노인목간)이 주목받았다. 구리벌목간과 상당수 겹치지만, 논의의 편의를 위해 노인목간을 정리하면 다음과 같다.

표 4. 노인목간 일람

목간번호	판독문	서식
진주1288	「仇利伐 ▨德知一伐奴人 ▨ ×	지명+인명+노+인명(이하 결손)
가야35	「仇利伐 [只卽智奴 於支負] ∨」	지명+인명+노+인명+負
가야1613	「仇(利)伐 [比夕智 奴 先能支 負] ◎」	지명+인명+노+인명+負
가야2008	「仇(利)伐 [郝豆智奴人/▨支負] ∨」	지명+인명+노+인명+負

31) 이와 관련하여 대단위지명으로 추정되는 지명과 물품만 있는 목간들에 주목해 볼 수 있다[가야1988(「丘伐稗」), 가야2029(「∨丘伐稗石」), 가야2015(「伊大兮村稗石∨」), 가야5594(「沙喙部負∨」)]. 또 직접적으로 관련 있다고 보기는 힘들지만 다음 세 점의 급벌성목간도 단서라 할 수 있다. 가야2004(「及伐城文尸伊稗石∨」), 가야2005(「及伐城文尸伊急伐尺稗石∨」), 가야2633(「及伐城文(尸)▨稗石∨」)에 공통적으로 及伐城의 文尸伊라는 사람이 있는데, 한군데에만 及伐尺이라는 외위를 기재하고 나머지 둘은 생략하였다. 아마 하나에 급벌척을 기재하면 나머지에서도 이 기재된 하나를 참고하여 해당 정보를 파악할 수 있었기 때문에 생략한 것이 아닐까.

목간번호	판독문	서식
가야2012	「仇利伐 仇阤知一伐奴人 毛利支負∨」	지명+인명+노+인명+負
가야1989	× …(一伐)奴人 毛利支負∨」	지명+인명+노+인명+負
가야5593	「仇利伐[夫(及)知一伐奴人/宍巳礼負]∨」	지명+인명+노+인명+負
가야5592	「丘利伐 [卜今智上干支 奴 / ▨▨巳支 負] ∨」	지명+인명+노+인명+負
가야1987	(1면)「仇伐未那沙刀(礼)奴∨」 (2면)「弥次(分)稗石∨」	지명+인명+노+인명+패+양(석)
가야5587	(1면)「丘伐未那早尸智居伐尺奴」 (2면)「能利智稗石」	지명+인명+노+인명+패+양(석)
가야34	「內恩知 奴人 居助支 負∨」	인명+노+인명+負
가야1994	「眞尒密奴那智石∨」	인명+노+인명+양(석)
가야36	×內只次奴須礼支負∨」	(결손)인명+노+인명+負
가야37	×比▨須奴/尒先利支負∨」	(결손)인명+노+인명+負

이외에도 인명 부분에 奴자가 들어 있는 것은 가야2023(「及伐城登奴稗石∨」)이 있지만, 동일한 서식의 급벌성 지명 목간들을 볼 때,[32] 이는 인명의 일부로 보아야 하므로 노인목간이 아니다. 이 노(인)에 대해서는 앞에 나오는 인명의 신분으로 보기도 하지만,[33] 뒷사람의 신분으로 보는 것이 타당하다.[34] 이미 지적되었던 것과 같이 一伐, 一尺 등의 비간군 외위 소지자가 노(인) 신분으로 보기 힘든 점이 있었는데, 가야5592가 새로이 발견되면서 간군 외위 소지자 뒤에 노가 나오는 사례가 확인되어 그 가능성이 더욱 높아졌기 때문이다. 또 만약 노(인)이 앞 인명의 신분이라면, 뒤의 사람은 노가 아니므로 더 신분이 높다고 할 텐데, 이 경우 신분이 높은 사람의 인명이 뒤에 기술되는 것이어서 이상하다.

한편 노(인)의 성격에 대해서는 이를 공동체 성격을 유지한 집단예속민으로 이해하는 견해와[35] 앞 사

32) 김해1273(「及伐城(秀)乃巳稗∨」), 가야41(「及伐城立(龍)稗石∨」), 가야70(「及伐城只智稗石∨」), 가야2004(「及伐城文尸伊稗石∨」), 가야2005(「及伐城文尸伊急伐尺稗石∨」), 가야2633(「及伐城文(尸)▨稗石∨」), 가야2630(「及伐城日沙利稗石∨」)

33) 李成市, 2000, 「韓國木簡연구의 현황과 咸安城山山城 출토의 木簡」, 『韓國古代史硏究』 19; 이용현, 2006, 『韓國木簡基礎硏究』, 신서원; 朴宗基, 2006, 「韓國 古代의 奴人과 部曲」, 『韓國古代史硏究』 43; 이경섭, 2012, 「新羅의 奴人-城山山城 木簡과 〈蔚珍鳳坪碑〉를 중심으로-」, 『韓國古代史硏究』 68.

34) 윤선태, 1999, 「咸安 城山山城 出土 新羅木簡의 用途」, 『震檀學報』 88; 윤선태, 2012, 「咸安 城山山城 出土 新羅 荷札의 再檢討」, 『史林』 41; 전덕재, 2007, 앞의 논문; 金昌錫, 2009, 「新羅 中古期의 奴人과 奴婢-城山山城 木簡과 「鳳坪碑」의 분석을 중심으로-」, 『韓國古代史硏究』 54; 이수훈, 2014, 「6세기 新羅 奴人의 성격-〈蔚珍鳳坪新羅碑〉와 〈城山山城木簡〉을 중심으로-」, 『한국민족문화』 52.

35) 대체로 노(인)을 앞 사람의 신분으로 이해하는 논자들이 이 입장에 있다(李成市, 2000, 「韓國木簡연구의 현황과 咸安城山山城 출토의 木簡」, 『韓國古代史硏究』 19; 이용현, 2007, 「함안성산산성 출토 목간의 負, 本波, 奴人 시론」, 『신라사학회 제67차 학술발표회 발표문』; 朴宗基, 2006, 「韓國 古代의 奴人과 部曲」, 『韓國古代史硏究』 43; 이경섭, 2012, 앞의 논문). 또 뒷사람의 신분으로 보는 견해 중에서 앞사람이 공권력에 의해 노인의 관리를 위임받은 것으로 이해하여 이러한 주장을 한다(金昌

람의 사적 예속인 곧 사노비로 이해하는 주장으로 나뉘어 있다.[36] 노(인)은 「蔚珍鳳坪里新羅碑」에 나오는 大奴村 등의 용어를 고려할 때, 집단예속민의 성격이 존재했던 것을 인정할 수 있다. 그러나 성산산성 목간에 기재된 내용을 보면 앞사람과 뒷사람이 노(인)이라는 용어를 사이에 두고 이어지고 있어, 이 둘이 개인 대 개인으로 일정한 관계가 지어져, 하나의 조합으로 묶여 있음을 짐작할 수 있다.[37] 이를 볼 때, 노(인)는 단순히 뒷사람의 신분을 나타내는 것이 아니라 두 사람 사이의 관계를 의미한다고 하겠다.

그리고 이 목간에서 두 사람의 역할은 뒤에 나오는 負와 연결될 수밖에 없으며, 負는 이 목간이 부착된 짐을 의미한다. 그렇다면 노(인)은 다른 부찰목간들의 일반 인명과 같이 이 負 자체에 관계된 인물 본인이라 볼 수밖에 없을 것이다. 남은 문제는 이 負와 앞 사람, 곧 노(인)이 사적으로 종속되어 있던 인물, 아마도 노(인)의 주인이 이 목간에서 어떤 역할인가 하는 것이다.

이 두 명이 공동으로 負를 납입했다고 보기도 하지만,[38] 노(인)이 두 사람의 관계를 보여주는 점을 적극적으로 고려한다면, 앞의 사람은 뒷사람에 대한 정보로 보는 편이 합리적이라 생각하며, 이 하찰의 負와 직접 관련이 있기보다는, 앞의 지명처럼 부와 관련된 인물 곧 노(인)에 대한 정보로서 목간에 기재되었다고 볼 수 있다.[39] 결국 노인목간 역시 두 명의 인명이 기재된 것이 아니라, 다른 부찰목간들처럼 하나의 인명을 적은 것이라 하겠다.

만약 노(인)에 대한 이상의 추론이 타당하다면, 2명의 인명이 기재된 다른 부찰목간의 인명들에도 적용될 가능성이 있겠다. 일반적으로 노인 기재가 없이 인명이 두 개 적시된 경우, 두 인물은 해당 목간에서 대등한 관계이면서 목간이 부착된 짐과 관련하여 동일한 역할이라고 이해해 왔다. 예컨대 두 사람이

錫, 2009, 「新羅 中古期의 奴人과 奴婢-城山山城 木簡과 鳳坪碑의 분석을 중심으로-」, 『韓國古代史研究』 54; 이수훈, 2014, 「6세기 新羅 奴人의 성격-〈蔚珍鳳坪新羅碑〉와 〈城山山城木簡〉을 중심으로」, 『한국민족문화』 52). 이 견해는 기본적으로 울진봉평리신라비에 나오는 노인촌 용어를 바탕으로 노인이 원래 집단적 예속민이어서 집단적 지배를 받는 존재들로 파악하고 있다.

36) 이러한 입장은 노(인)을 뒷사람의 신분이자, 앞사람과 뒷사람의 관계를 나타내는 용어로 이해한 것이다(윤선태, 2012, 앞의 논문; 전덕재, 2008, 앞의 논문).

37) 노(인)을 공동체적 예속민으로 보는 경우에도, 두 사람이 하나의 조로 짝지어져 함께 輸役을 담당했다거나(金昌錫, 2009, 앞의 논문), 함께 공동납의 형태로 세금을 납부했을 것으로 보거나(이경섭, 2012, 앞의 논문), 앞사람이 부담한 세금을 운반하는 역할에 노인이 동원되었다고 추정하는 견해(이수훈, 2014, 앞의 논문) 등, 두 사람이 1:1로 특수한 관계에 있었다고는 보고 있다. 나아가 성산산성 목간 단계에서는 노(인)에 대한 지배가 공동체적 지배에서 개별 인신적 지배로 전환되고 있었다고 파악하기도 한다(金昌錫, 위의 논문).

38) 윤선태는 노인은 아니지만 가야28 등에서 외위 소지자가 일반인과 함께 稗一石을 부담하였다는 점에서 외위 소지자나 연령등급에 따른 세금 감면 혜택이 있었을 것으로 보았다(윤선태, 2012, 앞의 논문). 명시적으로 언급하지는 않았지만 노인목간의 세 부담 역시 유사한 양상을 상정했던 것이 아닌가 추정된다. 이경섭은 앞의 사람을 노인으로 보았지만 두 사람이 함께 1인분의 세금을 납부한 것으로 보았다(이경섭, 2012, 앞의 논문).

39) 이재환, 2018, 「함안 성산산성 출토 신라 荷札의 성격에 대한 새로운 접근」, 『韓國史研究』 182에서는 노를 사노비로 본 후, 앞의 주인을 대신해 役을 온 노비로 파악하였으며, 대단위지명에서 보내온 하물의 수신자일 것으로 추정하였다. 이 목간에 기재된 인명에서 주된 것이 뒤의 인명이고, 앞은 뒷사람에 대한 정보의 일종이라고 본 것이어서, 필자의 견해와 통하는 부분이 있다.

공동으로 1인분의 세금을 납부한다고 보았던 것이다. 그러나 노인목간에서 앞 사람이 단순한 정보로서 기재된 것이라면, 노(인) 기재가 없이 인명이 2개 나오는 경우 역시 동일한 양상일 가능성이 있겠다. 이와 관련하여 다음 목간들이 주의를 끈다.

[가야28] (1면)「古阤新村智利知一尺那▨」 (2면)「豆兮利智稗石」
[가야2028] 「珎淂智▨ (仇)以稗石∨」
[가야2018] (1면)「∨仇伐阿那内▨買子」 (2면)「∨一支買 稗石」
[가야1598] (1면)「買谷村古光斯珎于∨」 (2면)「稗石∨」
[가야2051] (1면)「買谷村物礼利◎」 (2면)「斯珎于稗石◎」

가야28의 경우 智利知一尺은 확실히 하나의 인명이지만, 뒤의 '那▨豆兮利智'는 어떤 구성인지 명확하지 않다. 那▨를 那村으로 보면 '지명+인명'일 수도 있다. 하지만 지금까지 하나의 부찰목간에 서로 다른 소단위지명을 가진 두 인명이 나온 사례가 없기에, 그럴 가능성은 크지 않다고 여겨진다. '那▨豆兮利智'가 하나의 인명일 가능성도 있지만, 이 목간의 서사 양상을 보면 다르게 볼 여지가 있다. 1면은 아래에 빈 공백이 없을 정도로 꽉 채웠지만, 2면은 공간이 많이 남아있다(사진 5). 만약 하나의 이름이었다면 이를 나누어 앞뒤로 기재하지는 않았을 것이고, '지명+인명'이었으면 뒷사람의 정보인 지명을 굳이 공간이 부족한 앞면에 쓰기보다 뒷면에 이름과 함께 적지 않았을

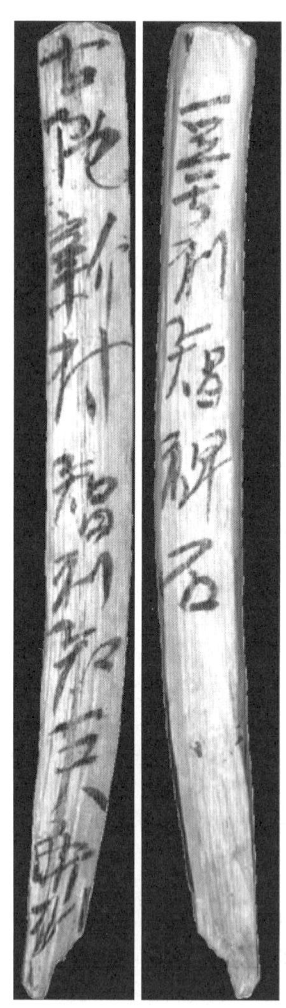

사진 5. 가야28 적외선사진(『고대목간II』, pp.42-43)

사진 6. 가야2028 적외선사진(『고대목간II』, p.270)

사진 7. 가야2018 적외선사진(『고대목간II』, pp.250-251)

까 생각한다. 그렇다면 '智利知一尺(인명)+那▨+豆兮利智'로 구성되었을 가능성이 높으며, 이 형식은 노인목간들의 인명 표기 방식과 유사하다고 할 수 있다. 의미는 알 수 없으나 노(인)처럼 두 인명의 관계를 나타내는 那▨이라는 표현을 상정할 수 있다면, 이 목간 역시 負와 직접 연관된 인명이 둘이었다고 하기는 힘들 것이다.

가야2028도 유사하다. 인명으로 보이는 '珎淂智' 뒤에 판독하기 힘든 한 글자가 더 있고, 공격을 두고 인명으로 추정되는 (仇)以가 나온다(사진 6). 무슨 글자인지 알기는 힘드나 앞뒤 인명의 관계를 보여주는 글자일 가능성이 있을 것으로 여겨진다.

가야2018 역시 동일한 형식이었다고 생각된다. '內▨買子一支買'가 하나의 인명일 가능성도 있지만 너무 긴 감이 없지 않으며, 역시 면을 바꾸어 기재한 것을 염두에 두면 '內▨買子'와 '一支買'로 나누어진다고 보인다(사진7).[40] 그런데 1면의 마지막 글자는 '子'로 이는 대표적인 가족관계를 나타내는 용어이므로, '內▨買+子+一支買'로 볼 수 있지 않을까 한다. 너무 과감한 추론을 하는 것 같은 두려움은 있지만, 비교적 글자가 분명히 남아있기에 그 가능성이 적지는 않다고 생각한다.

이상의 추론이 어느 정도 타당성을 인정받을 수 있다면, 성산산성 목간들에 나오는 두 개의 인명은 기본적으로 뒤의 인명이 짐과 관련하여 중심적 정보가 되는 사람이며, 앞의 인명은 그 사람에 대한 정보로서 기재된 것으로 결론 내릴 수 있을 것이다.

그렇다면 왜 부찰목간에 앞의 사람을 기재해야 했을까. 이와 관련한 단서는 가야1598과 가야2054에서 찾아볼 수 있지 않을까 한다. 이 두 목간은 모두 買谷村이라는 동일한 지명 아래 '인명+稗+石'의 서식을 가지고 있다. 나무판의 형상은 다르지만 서체가 거의 동일하여 한 사람이 두 목간을 모두 썼다고 보여진다. 그런데 인명이 각각 '古光斯珎于'와 '物礼利斯珎于'로 되어 있는데 뒤의 세 글자가 '斯珎于'로 동일하다. 이들이 각각 5자, 6자로 된 이름을 가진 다른 인물들일 가능성도 있고, 각각 '古光+斯珎于'와 '物礼利+斯珎于'로서 지명+인명 혹은 인명+인명일 가능성도 있다.[41]

현재로서는 이것들의 구성이 어떤지 명확하지 않다. 다만 이들이 동일한 서사자에 작성되었던 것을 고려할 때 비슷한 시기에 작성되었다고 여겨지는데, 이 둘이 구분되었다는 것은 서로 다른 인물일 가능성이 높음을 보여준다고 생각된다. 그런데 '사진우'라는 동일한 이름이 있으므로 이를 구분해 주는 정보가 필요했을 것이다. 그것이 앞에 나오는 정보가 아닌가 한다. 현재로서 앞의 정보가 무엇인지는 분명하지 않다. 다만 가야2018이나 노인목간을 염두에 두면 인명에 가까운 것으로 생각되며, 사람을 구분해 주는 기준이 된다는 점을 고려하면 행정상 구분되는 일정한 정보였을 것이다.

가야2018의 경우 앞의 사람은 가족관계상 목간에 기재된 인물의 아버지이겠지만, 장부와의 대조 등에

---

40) 『韓國木簡字典』에서는 '內欣買子/一(石)買稗石'으로 판독하였고, 박남수는 이 판독을 근거로 '內欣이 매입한 것이 一石인데, 이는 買麥(稗의 오기?) 1석'으로 해석하였다(박남수, 2017, 앞의 논문, p.58).

41) 이재환은 이들이 각각 두 개의 이름으로 구성되었고, 뒤에 나오는 斯珎于는 한 사람으로 보았다. 나아가 사진우가 앞의 두 사람에게 고용되어 그들의 역을 대신 진 것을 반영한 것으로 파악하였다. 이는 두 목간이 시간차를 두고 따로 만들어졌다는 입장이다.

필요한 행정상 정보라는 관점에서 보면 해당 인물이 속한 戶의 戶主라 볼 수 있다. 즉 복수인명목간의 인명 기재 서식은 아마 '호주명+관계+인명'의 서식이 아닐까 여겨진다. 노인목간 역시 동일하게 이해할 수 있겠다. 노인의 주인이어서라기보다, 장부와 목간을 대조하여 검수할 때 필요한 정보로서, 노가 속한 호의 호주 이름을 적시한 것으로 이해할 수 있다. 그렇다면 부찰목간에 기재되는 인명은 원칙적으로 호주를 기준으로 했을 것이라는 것도 유추해 볼 수 있겠다.[42] 노인목간의 경우 반드시 두 개의 인명이 나오는 이유 역시 노인이 호주가 아니기 때문일 것이다.

Ⅳ. 맺음말

이상에서 구리벌목간을 중심으로 성산산성 부찰목간의 지명과 인명 기재방식을 분석해 보았다. 이제 분석 내용을 바탕으로 성산산성 부찰목간의 서식을 정리·복원해 보고 그것을 바탕으로 성산산성 부찰목간 전체의 서식상 특징을 생각해 보겠다.

우선 기본적인 성산산성 부찰목간의 서식은 크게 두 부분으로 나눌 수 있다. 하나는 짐의 내용물인 물품에 관한 것이고 다른 하나는 짐과 관련한 사람에 대한 것으로 '(대단위지명+)소단위지명+인명(+관등)'이 기본적인 서식이라고 하겠다. 성하목간을 통해 대단위지명과 소단위지명 사이에 下+물품명이 들어갈 수 있음을 알 수 있으며, 이를 통해 대단위지명은 단순히 인명의 거주지나 관적지 정보에 머물지 않고, 이 목간들이 매달려 있던 짐이 모이는 곳이면서 성산산성으로 물품을 발송하는 거점으로서 목간에 기재되었다고 생각된다. 다만 '下+물품명'은 일반적으로 생략되었다는 것을 구리벌목간을 비롯한 대단위지명이 나오는 목간들에서 확인할 수 있다.

한편 노인목간을 비롯해 두 인명이 기재된 목간들이 있는데, 기본적으로 부찰목간의 주요 정보는 뒤에 나오는 인명이며, 앞의 인명은 호주에 해당하는 존재로 여겨지는데, 뒷사람에 대한 정보로 목간에 기재되었다고 생각된다. 결국 부찰목간은 호적과 같은 장부를 근거로 하여, 호별이 아니라 개인 단위로 작성되었다고 볼 수 있으며, 이는 목간이 부착된 짐 역시 개인별로 구분되었다는 것을 의미한다.

결론적으로 성하목간과 구리벌목간을 포함한 대부분의 성산산성 부찰목간에서 지명과 인명은 짐과 관련한 특정 한 인물에 대한 정보로서 기재되었다고 할 수 있으며, '대단위지명+소단위지명+호주명+인명'의 서식을 가졌던 것으로 볼 수 있겠다. 다만 '대단위지명'의 경우 인명에 대한 정보만의 의미가 있었던 것은 아니며, 짐과 관련된 정보이기도 하다.

그런데 목간에서 지명과 인명에 대한 정보는 거의 생략하지 않지만, 물품에 대한 정보는 거의 대부분,

42) 한편 이러한 인명 기재 서식이 맞고 이 짐의 내용이 세물이라고 한다면, 이 세물은 호를 기준으로 수취하는 戶調라 보기는 힘들다. 노가 따로 납부를 하고 있어 개별 丁에게 부과하는 세목[丁租]이었을 가능성이 높다. 당시 신라 세제에 대한 구체적 검토는 추후를 기약한다.

나아가 아예 완전히 생략될 수 있었다는 것을 확인할 수 있었다. 이는 행정단위 혹은 사람에 대한 정보는 목간에 필수적이지만, 물품 정보는 굳이 기재하지 않아도 관계자들이 당연히 알 수 있다는 전제가 있어야 가능한 것이다. 이러한 점은 부찰목간이 부착되어 있던 짐의 성격을 아는데 매우 중요한 단서가 될 수 있다. 이 논문은 일단 기재방식과 서식에 집중하였기에 관련한 검토를 더 하지는 못했는데, 추후의 과제로 돌린다.

투고일: 2019. 3. 31. 심사개시일: 2019. 4. 30. 심사완료일: 2019. 5. 25.

참/고/문/헌

국립가야문화재연구소, 2017, 『韓國의 古代木簡Ⅱ』.

國立加耶文化財研究所, 2011, 『韓國木簡字典』

『三國史記』 『三國遺事』

睡虎地秦墓竹簡整理小組編, 1978, 『睡虎地秦墓竹簡』, 文物出版社(윤재석 옮김, 2010, 『수호지진묘죽간 역주』, 소명출판.

天一閣博物館·中國社會科學院歷史研究所天聖令整理課題組, 2006, 『天一閣藏明鈔本天聖令校證 下册』, 中華書局(김택민·하원수 주편, 2013, 『천성령 역주』, 혜안).

『養老令』(井上光貞 等校注, 1976, 『律令』 岩波書店).

국립가야문화재연구소·국립부여박물관, 2009, 『고대의 목간 그리고 산성』.

국립가야문화재연구소, 2015, 『함안 성산산성 木簡 발굴에서 보존까지』.

국립가야문화재연구소·복천박물관, 2016, 『선사와 고대 목기·목간의 최신 연구 현황과 과제』.

권인한, 2018, 「신출토 함안 목간에 대한 언어문화사적 연구」, 『木簡과 文字』 21.

김재홍, 2005, 「함안 성산산성 목간과 촌락사회의 변화」, 『國史館論叢』 106.

金昌錫, 2009, 「新羅 中古期의 奴人과 奴婢-城山山城 木簡과 「鳳坪碑」의 분석을 중심으로-」, 『韓國古代史研究』 54.

김창석, 2016, 「함안 성산산성 木簡을 통해 본 新羅의 지방사회 구조와 수취」, 『百濟文化』 54.

김창호, 1998, 「咸安 城山山城 出土 木簡에 대하여」, 『咸安 城山山城Ⅰ』, 국립창원문화재연구소.

金昌鎬, 2018, 「咸安 城山山城 木簡의 新考察」, 『文化史學』 60.

박남수, 2017, 「신라 법흥왕대 '及伐尺'과 성산산성 출토 목간의 '役法'」, 『新羅史學報』 40.

朴鍾益, 2000, 「咸安 城山山城 發掘調査와 木簡」, 『韓國古代史研究』 19.

박현정, 2018, 「함안 성산산성 목간의 개요」, 『木簡과 文字』 22.

윤선태, 1999, 「咸安 城山山城 出土 新羅木簡의 用途」, 『震檀學報』 88.

윤선태, 2012, 「咸安 城山山城 出土 新羅 荷札의 再檢討」, 『史林』 41.

윤선태, 2016, 「한국의 고대 목간의 연구현황과 과제」, 『선사와 고대 목기·목간의 최신 연구 형황과 과제』, 국립가야문화재연구소·복천박물관.

윤선태, 2017, 「함안 성산산성 출토 신라목간의 연구 성과와 전망」, 『韓國의 古代木簡Ⅱ』, 국립가야문화재연구소.

李京燮, 2003,「咸安 城山山城 木簡의 研究現況과 課題」,『新羅文化』23.
이경섭, 2012,「新羅의 奴人-城山山城 木簡과 〈蔚珍鳳坪碑〉를 중심으로-」,『韓國古代史研究』68.
이경섭, 2013,「함안 성산산성 출토 신라목간 연구의 흐름과 전망」,『木簡과 文字』10.
李成市, 2000,「韓國木簡연구의 현황과 咸安城山山城 출토의 木簡」,『韓國古代史研究』19.
이수훈, 2014,「6세기 新羅 奴人의 성격-〈蔚珍鳳坪新羅碑〉와 〈城山山城木簡〉을 중심으로-」,『한국민족문화』52.
이용현, 2007,「함안성산산성 출토 목간의 負, 本波, 奴人 시론」,『신라사학회 제67차 학술발표회 발표문』.
이재환, 2018,「함안 성산산성 출토 신라 荷札의 성격에 대한 새로운 접근」,『韓國史研究』182.
전덕재, 2007,「함안 성산산성 목간의 내용과 중고기 신라의 수취체계」,『역사와 현실』65.
전덕재, 2008,「함안 성산산성 목간의 연구현황과 쟁점」,『新羅文化』31.
전덕재, 2009,「함안 성산산성 출토 신라 하찰목간의 형태와 제작지의 검토」,『木簡과 文字』3.
전덕재, 2018,「7세기 백제·신라 지배체제와 수취제도의 변동」,『新羅史學報』42.
정현숙, 2017,「함안 성산산성 목간의 서체」,『韓國의 古代木簡Ⅱ』, 국립가야문화재연구소.
주보돈, 2000,「咸安 城山山城 出土 木簡의 基礎的 檢討」,『韓國古代史研究』19.
주보돈, 2008,「한국 목간 연구의 현황과 전망」,『木簡과 文字』創刊號.
최장미, 2017,「함안 성산산성 제17차 발굴조사 출토 목간 자료 검토」,『木簡과 文字』18.
홍승우, 2015,「목간 자료로 본 백제의 籍帳 문서와 수취제도」,『韓國古代史研究』80.
홍승우, 2018,「함안 성산산성 목간의 물품 기재방식과 성하목간의 서식」,『木簡과 文字』21.
戴衛紅, 2018,「간독과 문서로 본 중국 中古 시기 지방 징세 체계」,『木簡과 文字』21
榮新江·文欣, 김창석 역, 2015,「새로 발견된 漢字-호탄 문자의 이중언어 목간」,『江原史學』27.
馬場基, 2008,「古代日本의 荷札」,『木簡과 文字』2.
馬場基, 2008,「荷札と荷物のかたるもの」,『木簡研究』30.
畑中彩子, 2018,「목간群으로서의 성산산성 목간」,『木簡과 文字』21.

〈Abstract〉

A Study on the form of text written on the wooden tablets excavated from the Seongsan Mountain Fortress in Haman; Focusing on the records of Place and People

Hong, Sueng-woo

This paper is a second work to clarify the nature and the purpose of Silla Dynasty's wooden tablets attached to the luggage excavated from the Seongsan Mountain Fortress ruins in Haman. This time I looked at the records of Place names and names of the people. In particular, mainly analyzed the set of Guribeol wooden tablets.

As a result, the following conclusions were drawn. First, It seems that the standard format for place name is 'High-level local administration unit+basic local administration unit' and it must be the registration address of a person written after the place names. But it is noted that the High-level unit is not only the registration address but also the place where the luggage was shipped.

The second, In the case of multiple names of person written on some wooden tablets including Noin wooden tablets, It turns out that not both of them are related to the luggage actually. The person whose name is written in front is the head of family and it was recorded for verifying the exact identity of the owner of the luggage whose name is wrtten below.

In conclusion, it can be said that the place name and the name of the person are listed as information on the specific person related to the luggage, maybe the owner. And the standard format of it was 'High-level local administartion unit(departure place of the luggage)+basic local administration unit(address of owner)+Head of Family+Owner's name'.

▶ Key words: Seongsan Mountain Fortress, wooden tablets attached to the luggage, form of text, Guribeol wooden tablets, Noin wooden tablets

특집 2

일본 7세기 목간에 보이는 한국목간

大寶律令 施行에 따른 일본사회의 변용과 한국목간

屯倉과 韓國木簡

특 집 2

일본 7세기 목간에 보이는 한국목간

市 大樹 著*
오택현 譯**

〈국문초록〉

본고는 일본의 7세기 목간을 여러 차례 살펴본 경험을 토대로 한국의 성산산성 출토 荷札木簡, 월성 해자 출토 前白木簡에 대해 약간의 문제 제기를 시도해 본 글이다.

Ⅱ장에서는 성산산성 출토 荷札木簡을 살펴보았다. 1절에서는 목간의 연대를 문제 삼았다. 이제까지 신라 外位의 표기 등을 주된 근거로 삼아 성산산성 목간의 연대를 6세기 중엽으로 보는 견해가 일반적이었다. 그러나 목간의 표기에는 정도의 폭이 있다는 것을 구체적인 사례를 들어 지적했다. 최근 출토된 「壬午年」 목간은 592년으로 보는 것이 타당하기 때문에 다른 목간의 연대도 6세기 말로 보아야 한다고 생각한다. 2절에서는 성산산성 荷札의 서식을 살펴보았는데, 「地名+人名+物品名」을 기본으로 하면서도 다양한 형식이 존재함을 확인했다. 일본의 사례를 참고하면 이러한 서식은 오래 전부터 사용된 특징이 아닐까 생각된다. 3절에서는 수량이 많은 仇利伐의 荷札木簡을 살펴보았다. 특히 「人名A+奴(人)+人名B+負」의 표기를 중심으로 고찰했다. 「奴(人)」는 從者 정도의 의미로 이해해야 한다. 천민 신분을 의미하는 것이 아니다. 또 「負」는 「荷物」을 의미하는 명사가 아니라 「負担하다」의 의미를 지닌 동사라고 생각된다. 이것과 관련해 「発」도 「発送하다」의 의미인 동사로 보인다. 4절에서는 조금 특수한 사례로서 「○城下」의 荷札木簡을 살펴보았다. 이러한 타입은 「○城下」의 真下에서 물품명이 기재되었다는 점이 특이하고, 품

* 日本 大阪大学 大学院 文学研究科
** 동국대학교 역사교육과 일반연구원

목과 麦·米로 少数派인 것을 확인했다. 또「○城下」가 州·郡 중 어디인지를 생각했을 때, 郡에 가깝다고 결론 내렸다.

Ⅲ장에서는 월성 해자 출토 前白木簡을 살펴보았다. 1절에서는「大鳥知郎」으로 시작되는 4면 묵서 목간을 살펴보면서 일본의 前白木簡과의 공동점이 많다고 소개하였다. 그 후 중국 漢簡과의 비교를 시도한 김병준의 견해에 대해서도 약간의 의견을 덧붙였다. 2절에서는 2017년에 공개된 월성 해자 출토 前白木簡 3점을 살펴보았다. 여기서는 그 서식에 주목하면서 검토를 진행했다. 지금까지 알려진 한국의 前白木簡과 달리 3점 모두 날짜가 적혀 있지 않으며, 2점은 첫머리에 행선지(상신처)가 기록되어 있다는 점을 지적했다. 그것들은 일본에서 출토된 대부분의 前白木簡과 공통된다. 또 이 3점을 포함해 한국의 前白木簡을 살펴보면 행선지가 地位·尊称·官職으로 기록되는 것, 差出이 생략되는 경우가 있다는 것은 일본과도 공통되는 부분이다. 일본의 前白木簡의 직접적인 기원이 조선반도에 있었다고 하는 추론은 이미 제기되었지만, 보다 명료한 형태로 나타나고 있는 것이다.

▶ 핵심어: 일본 7세기 목간, 성산산성 출토 土荷札木簡, 월성 해자 출토 前白木簡, 목간 연대, 서식

Ⅰ. 들어가며

필자는 2002년 5월부터 2009년 3월까지 奈良文化財研究所의 飛鳥藤原宮跡発掘調査部(중간에 都城発掘調査部[飛鳥藤原地区]로 조직명이 개편)에 소속되어 飛鳥時代의 목간을 정리할 기회를 갖게 되었다. 주요 연구 성과는 2010·2012년에 간행된 2권의 책에 집약되어 있는데, 그 후에도 필요에 따라 검토를 진행해 몇 편의 논문을 발표한 적이 있다.[1)] 본고는 飛鳥時代의 목간을 이해하기 위해 주로 함안 성산산성 출토 荷札 목간, 경주 월성 해자 출토 前白 목간을 거론하면서 약간의 문제 제기를 하고자 한다. 그리고 이에 대한 비판을 듣고자 한다.

飛鳥時代란 推古天皇이 豊浦宮에 즉위한 592년(崇峻天皇 5년)부터 元明天皇이 平城京으로 천도한 710년(和銅 3년)까지 존재하던 시대이다. 592년에서 710년 사이 難波와 近江으로 都를 옮겼던 적도 있지만 기본적으로 飛鳥와 그 주변에 都를 두었다. 飛鳥時代는 7세기에 있던 국가이기 때문에 飛鳥時代의 목간은 종종 7세기 목간이라고도 불린다. 본고의 7세기 목간도 동일한 의미로 사용되지만 기본적으로 7세기 말까지의 사례로 한정하고자 한다. 왜냐하면 鐘江宏之의 논문에서도 언급하고 있듯이 7세기 말의 倭国은

1) 市大樹a, 2010,『飛鳥藤原木簡の研究』, 塙書房; 同b, 2012,『飛鳥の木簡』, 中央公論新社; 同c, 2014,「日本古代木簡の視覚機能」,『東アジア木簡学のために』, 汲古書院; 同d, 2015,「黎明期の日本古代木簡」,『国立歴史民俗博物館研究報告』194; 同e, 2018,「木簡と日本書紀の用字」,『日本書紀の誕生』, 八木書店 등. b 저서는 이병호에 의해 번역되어 2014년에 周留城 출판사를 통해 간행되었다.

8세기 초 이후의 일본과 비교하면 한반도에서 받은 영향이 매우 크기 때문이다.

II. 성산산성 출토 荷札 목간

이번 장에서는 함안 성산산성에서 출토된 荷札 목간에 대해서 고찰해보고자 한다.

한국 동남부 경상남도 함안군 가야읍에 위치한 성산산성에서는 1991년부터 2016년까지 17차에 걸쳐 발굴조사를 진행하였고, 동문 부근의 성벽에서 조성성토(부엽층)를 중심으로, 총 245점의 목간이 출토되었다.[2] 함안 성산산성에서 출토된 목간은 한국에서 가장 많은 목간 출토점수를 자랑한다. 그 대부분이 稗·麦 등 곡류에 매달았던 荷札이다. 발견 초기에는 신분증 혹은 名籍으로 보는 견해도 있었지만 현재는 인정되지 않는다. 荷札에 매달았던 곡물류는 축성에 동원된 사람들의 식량이었다고 하는 견해[3]가 아마도 지금은 가장 일반적인 견해일 것이다.

2017년 국립가야문화재연구소는『韓國의 古代木簡 Ⅱ』를 간행했다. 이 책에는 성산산성에서 출토된 전체 목간을 대상으로 실물 크기의 컬러 사진, 적외선 사진, 실측도면, 건척(乾拓)도면, 釋文, 法量 등을 게재하고 있다. 가장 주목되는 것은 한국의 여러 관련 연구자들이 12회에 걸친 공동작업을 통해 얻어진 釋文이다. 지금까지 복수의 釋文이 나온 일이 드물었던 만큼 공통의 의논이 토대가 되어 얻어진 釋文이 제시되었다는 것은 의미가 크다. 이후『韓國의 古代木簡 Ⅱ』를 토대로 성산산성 목간의 연구가 현격하게 진전될 것으로 기대된다. 이하 성산산성 목간에 대해서는『韓國의 古代木簡 Ⅱ』에 제시된 번호를 따르고자 한다.

1. 목간의 연대관

이번에는 성산산성 목간의 연대에 대해 고찰해보고자 한다.

성산산성에서는 대량의 荷札 목간이 출토되었지만 후술하는 ①木簡이 출토되기 전까지 연대가 쓰여진 목간은 없었다. 그 중 주목되는 것이 A 성산산성은 신라의 축성기술을 이용했다는 것, B 목간에 신라의 외위가 보인다는 것이다.[4]

먼저 A에 대해 살펴보고자 한다. 성산산성이 위치한 함안 일대는 원래 安羅가 통치하고 있었다. 그러나 6세기에 신라의 침공을 받아 안라는 멸망한다.『삼국사기』에는 법흥왕대(514~540)에 신라가 阿尸良國

2) 木簡이 출토된 토층에 대해서 발굴조사의 초기 단계에는 저습지 또는 저수지 내부의 퇴적토로 생각해 왔지만, 李晟準, 2009,「咸安城山山城木簡集中出土地の発掘調査成果」,『日韓共同研究資料集 咸安城山山城木簡』, 雄山閣에 의해 인위적으로 조성된 흙으로 성벽에 선행하는 것이 밝혀졌다.

3) 橋本繁, 2014,「城山山城木簡のフィールド調査」,『韓国古代木簡の研究』, 吉川弘文館(初出2007年) 등.

4) 李成市a, 2000,「城山山城新羅木簡から何がわかるか」,『月刊しにか』11-9; 同b, 2005,「朝鮮の文書行政」,『文字と古代日本2 文字による交流』, 吉川弘文館 등.

(안라)을 멸망시키고 그 땅에 郡을 두었다고 하는 기록이 보인다. 『일본서기』 欽明紀에 의하면 신라의 세력이 안라에 미치는 것에 위기감을 느낀 백제 성왕이 541·544년 2번에 걸쳐 소위 「任那復興会議」를 개최하였다는 기록이 있다. 이를 통해 보면 법흥왕대에 안라가 회의를 개최한 것이 아니라는 것을 알 수 있다. 안라가 멸망한 시기는 내려간다. 『일본서기』 欽明 天皇 22년(561) 是歲条에 「新羅築於阿羅波斯山, 以備日本」라고 하는 기사를 보면 561년에 안라가 멸망한 것은 거의 확실하다. 또 阿羅波斯山에 축조된 城을 성산산성으로 보는 견해도 나오고 있다.

다음으로 B에 대해 살펴보고자 한다. 신라에서는 6세기에 만들어진 石碑가 다수 존재한다. 그것에 의하면 명활산성비(551)에는 「○干支」라고 표기된 官位가 창녕비(561) 이후 「○干」로 변화된다. 즉 「○干支」에서 「○干」으로의 변화가 551년부터 561년 사이에 일어났다고 생각된다. 이를 감안하면 성산산성 목간에 기록된 外位는 「上干支」(212호, 214호)가 보이므로 목간의 작성연대는 561년 이전으로 볼 수 있다.

이들 A·B를 토대로 성산산성 목간이 작성된 연대는 6세기 중반, 구체적으로는 561년 이전에 목간이 작성된 것으로 보는 견해가 유력하게 보인다.

그런데 그 후 성산산성 유적의 발굴조사에 종사한 연구자로부터 목간과 함께 출토된 토기 중에는 7세기 전반기의 것이 포함되었다는 것이 지적되었다.[5] 토기의 연대 폭을 어느 정도 고려해도 함께 출토된 목간의 연대를 6세기 중반까지 거슬러 올라갈 수 있는가라는 의문이 생긴다. 그리고 앞서 언급한 B의 반증이 되는 「上干」이 기록되어 있는 荷札(192호)도 출토되었다.

다시 B에 대해 생각해 보면, 어느 시기에 「○干支」에서 「○干」로 표기가 일제히 바뀐다고 하는 발상 자체가 큰 문제이다. 여기에서 필자가 예로 들고자 하는 것이 일본 고대의 姓인 「アタヒ(아타히)」의 표기이다. 이것은 「費直」→「費」→「直」 순으로 등장하지만 분명히 동시에 존재하고 있다.[6] 동일한 관점에서 「○干」 「○干支」 표기에 대해 이야기해 보고자 한다. 6세기 중반 이후에 「○干支」 표기가 남겨진 것 같지는 않았다.

하지만 2016년 제17차 조사에서 기년이 기록된 목간이 출토되었다.

① ·「壬子年□(改)大村□刀只＜」
·「米一石　　　　　　　＜」

227×40×8, 219호

「壬子年」의 후보가 되는 연대는 532년과 592년 2개이다. 어느 연대를 선택할 것인지에 대해 한국에서는 활발한 논의가 전개되고 있다.[7] 저자는 532년 무렵 신라가 안라에 축성할 수 있었는지에 대해서는 의

5) 李柱憲, 2016, 「咸安·城山山城敷葉層と出土遺物の検討」, 『木簡研究』 38 등.

6) 市大樹 注1의 e 논문 등.

7) 橋本繁, 2018, 「韓国·咸安城山山城木簡研究の最前線」, 『古代文化』 70-3가 한국의 연구자 동향을 소개하고 있다.

문이 있다. 게다가 함께 출토된 토기 연대관을 감안한다면 592년이 타당하다고 생각된다. 만약 592년으로 본다면「○干支」표기는 6세기 말에도 여전히 사용되고 있었다는 것이 된다.[8)]

일반론으로서 목간은 일상의 문자가 반영되는 경향이 있다. 石碑와 편찬물 등과 달리 목간은 영구히 남겨지는 것을 상정하지 않는다. 어떤 목적이 끝나면 즉각 폐기하는 것이 일반적이다. 이러한 목간의 성격상 표기의 폭을 고려해야 한다. 이와 관련해서 필자의 관심을 끈 것이 경주 안압지에서 출토된 기년명 목간이다. 경주 안압지 출토 목간에는 다음과 같은 연대가 등장한다(불확실한 것은 제외[9)]).

a乙酉(745年)	b丁亥年(747年)	c辛卯年(751年)
d天宝十一載(752年)	e庚子年(760年)	f 甲辰(764年)
g 宝応四年(765年)	h乙巳年(765年)	i 丙午年(766年)
j 甲寅年(774年)		

이 중 d·g는 唐의 연호이기 때문에 그 연대는 변하지 않는다. 그 외는 간지(干支) 연호이며, 괄호 안에 제기되어 있는 연대는 가장 유력한 견해이다. a에서 j까지 29년의 폭이 있지만 목간이 우물 안의 퇴적토에서 출토되었다는 것을 감안하면 문제없다고 생각된다.

다만 b·c는 약간의 문제가 있다. 왜냐하면 신라에서는 744년부터 755년에 唐에서 사용하던「年」字 대신「載」字를 사용하는 방식을 채택하고 있었기 때문이다. 실제로 안압지의 d 외에 无尽寺 鐘記의「天宝四載」(745), 華厳経写経跋文의「天宝十三載」(754),「乙未載」(755), 蔚州川前里書石의「丙戌載」(746),「丙申載」(756)이 이에 해당한다. 이러한 점을 중시한 橋本繁는 안압지의 목간은 연못 내의 각 지점에서 출토되고 있다는 것을 근거로 해, b·c의 연대를 8세기 중반으로 단정할 수 없다는 견해를 제시했다.[10)]

그러나 당시 신라에서「年」字가 전혀 사용되지 않았다고 단정할 수는 없다. 唐의 연대표기 방식이 신라에 영향을 미치고 있었어도 蔚州川前里書石의 것처럼 간지(干支)가 사용되는 경우도 있다. 연대의 표기방식이 하나의 방법으로 고정되어 있던 것이 아니다. 공적인 성격이 강한 경우에는 唐의 연호를 사용해「載」字를 사용하는 경향이 있다고 생각되지만, 일상적으로 그다지 강한 규제력을 가진 것은 아니지 않았을까.

이상 목간의 표기에는 어느 정도 폭이 있다는 것을 살펴보았다. 성산산성 목간의 연대관으로 돌아가면 연대관을 파악하기 위해서는「上干支」라는 표기에 얽매이지 말고 종합적으로 판단해야 한다는 것을 강조하고 싶다.

---

8) 이것은 경주 월성 해자에서 최근 출토된「丙午年」목간의 연대관에도 영향을 미치게 된다. 이「丙午年」목간에는「干支」의 글이 확인된다.「干支」는 6세기 중반 이전의 표기일 것이라는 선입관에 의해 丙午年을 526년 판단하는 것은 가능하지 않다. 물론 526년의 가능성도 충분하지만 그것을 입증하기 위해서는「干支」이외의 근거를 보여줄 필요가 있다.

9) 번역문은 橋本繁, 2014,「慶州·雁鴨池木簡と新羅の内廷」,『韓国古代木簡の研究』(初出2007年)에 게재된 것에 의했다.

10) 橋本繁, 2014, 위의 논문.

2. 荷札 목간의 기본 서식과 다양성

이번에는 성산산성 荷札 목간의 기재내용에 대해서 생각해보고자 한다.

앞서 살펴본 ①은 첫머리에 「壬子年」이라고 하는 연대가 기록되어 있다. 그리고 첫 부분에 月名을 기록한 荷札이 2점 존재하고 있다.

② ·「正月中比思伐古尸(次)阿尺夷喙 <」
·「羅兮(落)及伐尺并作前(瓮)酒四斗瓮<」

208×(13)×7, 183호

③ ·「三月中鉄山下麦十五斗<」
·「左旅□河礼村波利足 <」

173×26×4, 190호

위의 3점 외에는 날짜(干支年, 月名)를 기록한 荷札은 없다. 그렇기에 ①~③은 극히 예외적으로 존재하는 목간인 것이다. 그것은 날짜 이외의 측면에서도 말할 수 있다.

우선 그 물품의 내용이다. 성산산성 荷札의 대부분은 稗의 荷札인데(後述), ①은 米, ②는 酒, ③은 麦의 荷札이다. 米의 荷札은 ① 이외에도 보이고 있으며(134호, 185호, 200호), 麦의 荷札도 ③ 이외에 몇 개가 있다(20호, 25호, 64호, 87호, 119호, 133호, 163호, 190호, 191호, 215호, 216호, 236호). 그러나 酒의 荷札은 현재로서는 ②가 유일하다. 참고로 米·麦 荷札의 대부분은 4절에서 살펴볼 「○城下」 荷札인데(앞서 살펴본 20·25·87·119·185·200호 이외), 이 외에도 조금 특수한 荷札들이 있어 좀 더 살펴보고자 한다.

다음으로는 마을 이름(村名)이다. ①의 「大村」은 다른 荷札에도 등장하지만(25호, 64호, 242호), 일반적으로 자주 사용되는 보통명사이기 때문에 동일한 마을이라고 할 수 없다. ②의 「比思伐」, ③의 「鉄山下」(「鉄山城下」의 의미인가. 4절을 참조)는 현재 이 목간 외에는 확인되지 않는다. 만약 「比思伐」이 「比斯伐」과 같다면 下州의 지명이 된다. 성산산성 荷札에 쓰인 지명은 대부분이 上州에 속하고 있기 때문에 ②는 특이하다.

이렇기 때문에 ①~③을 특수한 사례로 보는 것이 가능하다. 그럼 성산산성 荷札의 기본적인 서식은 어떤 것인지 살펴보고자 한다. 서식은 다음과 같은 「地名+人名+物品名」이다.

④ ·「巾夫支城夫酒只 <×
·「稗一石 <×

(135)×21×6, 117호

「巾夫支城」이 지명, 「夫酒只」가 인명, 「稗一石」이 물품명이 된다. 이들 3개의 항목이 모두 기록된 것이 다수 존재하는데, 어떤 것은 항목이 부족한 경우도 있다.

⑤「竹尸弥牟✓干支稗一<」

186×25×8, 233호

⑥「伊大兮村稗石」

150×15×5, 123호

⑦「陽村文尸只」

149×25×5, 16호

이 중 ⑤는 지명, ⑥은 인명, ⑦은 물품명이 빠져 있다. 그중에는 지명·물품명 모두 기록되지 않은 荷札도 존재한다.

⑧「内恩知 奴人 居助支 負<」

277×33×6, 8호

「負」를 「荷物」을 의미하는 명사로 본다면 稗 등 곡물 이외의 물품을 지칭하는 견해가 되는데, 3절에서 검토하는 것처럼 「負担하다」의 의미의 동사로 생각된다. 더구나 인명에 대해서 ④·⑤·⑦처럼 1명만 기록하는 경우도 있지만, ⑧처럼 2명을 기록하는 경우도 있음을 언급해 두고자 한다.

지금까지 살펴본 것 중에서 ⑤·⑥·⑧과 같은 사례는 많지 않다. ⑤와 같이 인명+물품명이 보이는 목간은 이 외에 5점(74호, 136호, 145호[11], 196호, 203호), ⑥과 같이 지명+물품명이 보이는 목간은 이외에 3점(96호, 125호[12], 137호), ⑧과 같이 인명만 보이는 것은 이 외에 4점(29호, 40호, 130호, 164호)이 있다. 한편 ⑦과 같이 지명+인명의 사례는 많지 않다. 물품명을 생략하는 사례가 비교적 많은 것은 荷札은 荷物에 장착되어 사용되기 때문에 특히 물품명이 기재되지 않아도 그 물품이 무엇인가 알 수 있었다고 생각되기 때문이다. 또한 ⑦과 같이 동일한 지명·인명의 荷札이 존재한다.

⑨ 陽村文尸只稗

170×23×5, 70호

11) 145호는 아래쪽이 파손되어 있기 때문에 마지막에 쓴 글자가 무엇인지는 명확하지 않다. 하지만 「稗」로 생각되며, 인명+물품명이 기록된 荷札로 판단된다.

12) 125호에 대해서는 『韓国의 古代木簡Ⅱ』에 「粟(米)稗石」으로 판독했지만, 사진을 본다면 2번째 글자는 「村」처럼 보이기 때문에 지명+물품명이 기록된 荷札로 판단된다.

이런 ⑦과 ⑨의 공통성을 감안한다면 ⑦도 稗의 荷札이었다고 추정된다.

그리고 ⑨에서 주목되는 것은 품목은 기록되어 있지만 수량이 생략되어 있는데, 이러한 기재도 많이 보인다. 반대로 다음 ⑩처럼 품목을 생략하면서 수량을 기록한 것도 존재한다(이 외에 26호, 50호, 55호, 94호, 108호, 162호가 이에 해당한다).

⑩「真尒密奴那智石<」

238×20×5, 102호

「石」은 ⑥의「石」과 동일하며,「一石」을 합해서 쓴 글자로,[13] 많은 사례가 있다. 오히려 ④와 같이「一石」의 2글자를 명확하게 기록하는 경우가 드물다(이외에도 104호, 117호, 185호가 이에 해당한다).

稗의 荷札에서 数量이 기록된 것은 1石뿐이다.[14] 당시 稗의 荷札이라고 하면 1石이 보통이기에 품목·수량을 다양한 형태로 생략한 것이다(⑤·129호과 같이 단위만 생략한 것도 있다).

다음으로 지명을 살펴보고자 한다. 6세기 신라의 지방 통치는「州-郡-城·村」制로 되어 있었다. 어느 단계에서 荷札이 작성되었는가에 대해서는 논의가 있지만 목간의 형태·表裏의 기재방법·필적 등의 종합적인 검토를 통해 郡에 있었다고 하는 橋本繁의 견해[15]가 설득력이 있다고 생각된다. 이것은「國-郡(評)-里(五十戸, 郷)」制下의 고대 일본에서 荷札이 기본적으로 郡(評) 단위에서 작성되었다고 하는 관점[16]과도 공통된다.

성산산성의 荷札에는「州」「郡」字를 명기한 것은 없다. 그래서 州名·郡名을 판단하는 것이 어렵지만 적어도 郡名에 해당하는 지명을 기록한 荷札은 존재한다(3·4절을 참고). 다만 그 수는 절반에 약간 못 미친다. 지명을 쓰는 경우 州名·郡名을 생략하는 것은 결코 드문 일은 아니다.

한편「城」「村」字에 대해서는 ①·③·④·⑥·⑦·⑨ 등에 보이는 것처럼 기재되는 것이 일반적이다. 물론 생략하는 경우도 없지 않다. 확실한 사례를 하나 들어보고자 한다.

⑪「王松鳥多伊伐支卜烋◎」

234×38×8, 81호

---

13) 平川南, 2003,「韓国·城山山城跡木簡」,『古代地方木簡の研究』, 吉川弘文館(初出2000年).

14) 195호에 대해서『韓国의 古代木簡Ⅱ』는「□(稗)五斗」로 판독했지만, 사진을 보아도「稗」字는 명확하지 않다. 설령 이것을 인정한다고 해도 유일한 사례이다.

15) 橋本繁, 2014,「慶州·雁鴨池木簡と新羅の内廷」,『韓国古代木簡の研究』, 吉川弘文館(初出2007年).

16) 今泉隆雄, 1998,「貢進物付札の諸問題」,『古代木簡の研究』, 吉川弘文館(初出1978年); 吉川真司, 2005,「税の貢進」,『文字と古代日本3 流通と文字』, 吉川弘文館; 市大樹, 2009,「飛鳥藤原出土の評制下荷札木簡」,『飛鳥藤原木簡の研究』, 塙書房(初出2006) 등.

이것과 다르게 「王松鳥多伊伐支乞負支」라고 쓰여진 荷札도 있다(226호). 「王松鳥多」의 의미는 잘 모르지만, 이 4글자가 없는 「伊伐支」의 荷札이 2점 존재한다(48호, 101호). 한편 「伊伐支村」라고 명기된 荷札이 존재하는 것에서(132호), 그들 「伊伐支」는 「村」字가 생략된 것으로 보인다. 또 「小伊伐支村」(135호), 「小伊伐支」(35호)의 荷札도 존재한다.

이상 살펴본 것과 같이 성산산성의 荷札은 「지명+인명+물품명」을 기본서식으로 하면서도 나름의 다양성을 가지고 기재하고 있다. 3·4절에서 살펴볼 내용이지만 지역별 특징도 확인된다. 이러한 기재의 차이에 주목하는 것은 중요하지만, 너무 미세한 기재 차이에 매몰되어 과도한 해석을 하지 않도록 주의를 기울일 필요가 있다.

이번 절의 마지막에 일본 7세기 荷札 목간의 기재에 대해서도 살펴보고자 한다.[17] 그 기재 내용은 「日付+地名+人名+税目+物品名」을 기본으로 하는데, 어떤 것이든 항목을 생략하는 것이 일반적이여서, 모든 항목을 전부 기록한 목간은 거의 보이지 않는다.[18] 시험 삼아 공진을 한 주체를 표시한 지명·인명에 주목해 그것을 기재한 209점을 정리해보니 [1]지명+인명(총 130점), [2]지명만 있는 경우(총 66점), [3]인명만 있는 경우(총 13점)로 정리해 볼 수 있다. 이 가운데 가장 자세하게 기재된 것을 살펴보면 「国名+評名+サト名+人名」인데, 가능성이 있는 것을 포함해도 이와 같은 기재는 38점에 불과하여 전체의 18% 정도만이 해당된다. 이후 8세기가 되면 각각의 항목을 모두 기록하는 사례가 증가한다. 일본의 荷札 목간의 기재 내용은 오래 전부터 다양하게 존재하고 있었다. 동일한 사례가 한국 목간에서도 언급될 수 있기에 향후 추이를 지켜보고자 한다.

3. 仇利伐의 荷札 목간

이번에는 점수가 많은 仇利伐의 荷札 목간을 살펴보고자 한다.

上彡者村 波婁
⑫「仇利伐 <」

290×31×10, 7호

⑬「仇利伐 仇阤知一伐奴人 毛利支負<」

243×30×6, 120호

---

17) 市大樹, 2009, 위의 논문의 검토결과에 따르고자 한다. 2009년까지의 데이터에 의하면 큰 흐름은 현재도 변하지 않았다.

18) 따라서 미세한 기재상의 차이에 주목해 과도한 평가를 내리는 것은 위험하다. 한 가지 사례로서 藤原宮跡에서 출토된, 거의 동시기의 隠岐国海評海里의 荷札을 언급하고 싶다. 각각의 판독은 a「海評/海里人/小宮軍布」, b「海評/海里/●(禾+月)廿斤」, c「海評海里軍布廿斤」, d「海評海里軍布」, e「海評海里伊加廿斤」, f「海評海里[ ]」이다. 판독이 불가능한 부분을 포함해 f 이외를 다루면, a·b는 인명, c~e는 인명이 없고, 물품+수량이 기록되어 있으며, a·d는 품목만, b는 수량만이라는 차이가 있다. 그러나 이러한 기재상의 차이에서 의미를 찾기란 어렵다.

모두 첫 머리에 「仇利伐」이라고 쓰인 荷札이다. ⑫의 아래에는 「上彡者村」이 있어서 「仇利伐」은 郡名으로 판단하는 것이 가능하다.

「上彡者村」이 기록된 荷札은 ⑫ 이외에 3점이 더 있고(209호, 222호, 232호), 이 중 1점은 ⑫에도 기록된 동일한 이름 「波婁」가 보인다(222호). ⑫는 확실하지 않지만 222호의 「波婁」라고 하는 글자는 그 위에 기록된 「仇利伐上彡者村」이라는 글자와 서체가 다르게 보인다. 또 232호에 대해서도 「仇利伐上彡者村」 아래에 충분한 서서공간이 있음에도 불구하고 裏面에 인명 「乞利」를 기록하고 있다. 여러 목간에 걸쳐 일률 기재가 가능한 村名까지를 기록한 후 인명을 뒤에 追記했다고 생각된다. 이러한 효율적인 서사방식은 일본의 荷札 몇 가지에서 확인할 수 있다. 또 仇利伐 외의 村名으로서 「彤谷村」(6호), 「習彤村」(142호), 「□伐彡□村」(173호)이 등장한다. 그 외에는 목간의 상단부가 파손되었기 때문에 단정하기 어렵지만 「末甘村」(83호), 「前谷村」(234호)도 仇利伐에 속했을 가능성이 있다.

한편 ⑬에는 村名이 기록되어 있지 않다. 하나의 가능성으로 郡名이 공통되기 때문에 생략했을 수도 있다. 仇利伐의 村名이 아닌 荷札은 ⑬ 이외에도 최소 9점 존재한다(9호, 80호, 116호, 144호, 169호, 212호, 213호, 143호, 244호). 그중 1점은 「丘利伐」로 기록되어 있는 것에서 「仇利伐」의 다른 표기[19)]라고 생각된다.

卜今智上干支 奴
⑭ 「丘利伐 <」
□□巴支 負

219×35×4~13, 212호

이렇게 다른 표기로서 성산산성의 荷札에서 눈에 띄는 것은 다음의 사례이다.

⑮ ·「古阤一古利村末那沙見<」
·「日糸利稗石 <」

198×24×6, 122호

19) 본고의 기본이 되는 것은 4절에서 언급하는 「一古利」 「伊骨利」 「伊骨」의 사례와 함께 「同音別表記」라는 기록이다. 이 점에 대해서 토론할 때 화제가 되었고, 이러한 견해를 피력한 연구자로서 필자는 犬飼隆의 이름을 들었다. 그때 염두에 둔 것은 犬飼隆, 2017, 「連合仮名を文字運用の一般論から見る」, 『古代文学と隣接諸学4 古代の文字文化』, 竹林舍이다. 그러나 犬飼隆의 논문에서는 「同音別表記」라고 하지 않았다. 심포지엄이 끝난 뒤 犬飼隆에게 口頭 및 私信에 대해 주의를 받았다. 犬飼隆는 「同語異表記」라고 보는 것은 同音인지 아닌지 신중하게 검토할 필요가 있다는 입장이다. 필자의 이해가 충분하지 못해서 犬飼隆의 진의를 잘못 전달한 것에 대해 깊은 사죄하고자 한다. 同音인가는 명확하지 않으므로 본고에서는 단순하게 「別表記」로 서술하고자 한다.

⑯ ·「古阤伊骨利村阿那(衆)智卜利古支 ◎」
·「稗発 ◎」

243×25×7, 1호

모두「古阤」郡의 荷札 목간이다. ⑮의「一古利村」은 이외에도 7점 확인된다(4호, 100호, 103호, 106호, 114호, 181호, 189호). ⑯의「伊骨利村」은 이외에도 1점 확인되며(239호),「利」가 쓰여 있지 않은「伊骨村」도 있다(89호). 이들은 같은 村을 지칭하고 있다고 생각된다.

더욱이 仇利伐의 村名이 생략된 荷札을 보면 ⑬·⑭와 같이「인명A+奴(人)+인명B+負]라고 기록되어 있는 것이 주목된다. 인명A 중에는 ⑬·⑭처럼 외위를 가지고 있는 사람도 있어서(이외에도 213호, 243호, 244호) 그 지역의 유력자였던 모습이 보인다. 한편 인명B에는 외위를 가진 자가 보이지 않는다. 인명A와 인명B 사이에「奴(人)」라고 하는 것도 생각해 보면, 인명B는 인명A에 종속적인 입장이었다고 보는 것이 가능할 것이다. 그래서 필자가 생각하는 것이 다음과 같은 일본의 7세기 荷札 목간이다.

⑰ · 乙丑年十二月三野国ム下評
· 大山五十戸造ム下部知ツ
従人田部児安

152×29×4, 032, 石神遺跡

「乙丑年」은 665년(天智天皇 4년)이다. 이「従人」의 의미를 생각할 때 참고가 되는 것은 ⑰과는 다른 年紀를 가지면서 비슷한 형태·기재를 가진 다음 荷札이다.

⑱ · 丁丑年十二月三野国刀支評次米
· 恵奈五十戸造 阿利麻
舂人服部枚布五斗俵

151×28×4, 032, 飛鳥池遺跡

「丁丑年」은 667년(天武天皇 6년)이다. 물품명(「次米」「五斗俵」)이 기록되어 있다는 점을 제외하면 ⑱과 비슷한 서식이다. ⑰의「従人」에 대응하는 것은 ⑱의「舂人」이다. ⑱은 次米의 荷札로「舂人」은 舂米 작업에 종사한 자를 의미한다.「従人」은 舂米 작업에 종사한 자를 조금 다른 관점에서 표현한 것이 아닐까. ⑰·⑱에서 인명A에 해당하는 것이 이후 里長에 해당하는「五十戸造」인 점을 주목한다면, 인명B는 이 지역의 유력자 아래 속한 자가 되기 때문에「従人」으로 표기될 여지가 있다.「従人」은「舂人」으로서 舂米 작업에도 종사했다고 생각되는 것이다.

仇利伐의「奴(人)」는 여러 가지로 해석되지만 필자는 従者 정도의 의미로 이해되는 것이 타당하기 때문에 단어 그대로 천민 신분으로 인식해서는 안 된다고 생각된다. 참고로 일본에서 ⑰·⑱의 인명B의 경우 部姓을 가지고 있어 절대로 천민 신분이 될 수 없다.

그런데 仇利伐 荷札에서 특징적인 것은 ⑬·⑭의 마지막에 기록되어 있는 「負」라고 하는 글자이다. ⑫와 같은 上彡者村의 荷札에는 기록되지 않았지만 그것 외의 仇利伐 荷札에서는 일반적으로 확인된다. 다른 지역의 荷札인 경우 「負」字가 기록된 사례는 적지만 甘文城下의 것에 1점(236호), 沙喙部의 것에 1점(214점)이 있듯이 전혀 없다는 것은 아니다. 仇利伐에 속할 가능성도 있지만 皺文村(78호), 阿卜智村(13호), 지명 불명 또는 지명이 없는 것(⑧, 29호, 90호, 130호, 152호, 171호, 196호)도 존재한다. 「負」의 의미에 대해서도 여러 설이 있지만 다음의 荷札이 큰 단서를 준다.

⑲ 「盖山鄒勿負稗<」

201×23×6, 196호

⑳ ×…□支負稗×

(105)×27×3, 152호

모두 「負稗」라고 기록되어 있어, 분명히 「負」는 稗를 담당하는 것을 의미한다. 즉 이 「負」는 「담당하다」라는 의미의 동사로 생각된다. 단순하게 「負」로 끝나는 것도 마찬가지일 것이다. 「負」를 「荷物」을 의미하는 명사로 보고 稗 등 곡물 이외의 물품을 지칭하는 것이라는 견해도 있지만 성립되지 않는다고 생각된다. 仇利伐의 荷札은 이미 물품명의 기재가 생략되었지만 2절에서 살펴보았듯이 부자연스러운 것은 아니다.

「負」와 비슷한 것은 ⑯의 「稗発」의 「発」도 예로 들 수 있을 것이다. 「稗発」은 동일한 古阤의 荷札에서 따로 4점 확인된다(89호, 181호, 189호, 239호[20]). 이것은 「負稗」처럼 동사+품목으로 되어 있지 않지만 한국어 어순을 고려한다면 「発」이 「발송하다」의 의미의 동사로 볼 여지가 충분하다. 「発」은 「荷物」을 의미하는 명사는 아닐 것이다.

일본의 荷札 목간에는 「負」「発」의 사례는 없다. 그러나 8세기에 들어와서는 다음과 같이 貢進 행위를 보여주는 동사가 쓰여진 荷札이 존재한다.

六十條
㉑ 安房国安房郡大井郷小野里戸主城部忍麻呂戸城部稲麻呂輸鰒調六斤
天平七年十月

261×24×5, 031, 平城京跡

20) 이제까지는 다르게 221호 「此発□徳(石)莫杖之」의 「発」과 같은 의미로서 사용되고 있을 가능성이 있지만, 내용은 잘 모르기 때문에 이후 과제로 남겨둔다.

㉒ · 武蔵国進上蘇
· 天平七年十一月

65×11×1, 032, 平城京跡

㉓ 参河国播豆郡篠嶋海部供奉正月料御贄須々岐楚割六斤

265×16×3, 032, 平城京跡

㉑은 「輸」, ㉒에는 「進上」, ㉓에는 「供奉」의 단어가 보인다. 일본의 荷札 목간 전반을 살펴보아도 이러한 사례는 많지도 적지도 않다. 대체로 말하면 제물 등과 같은 특별한 공진품(㉑은 調의 荷札인데 신성하게 여겨진 전복으로 제물의 성격에 가깝다)을 보낼 때에 이러한 특별한 표현을 사용하는 경향이 있다.[21]

한편 성산산성 荷札의 경우 기본적으로 稗를 보낼 때의 것이기에 특별한 공진 의식이 부여되어 「負」 「発」의 단어를 사용했다는 것은 납득하기 어렵다. 일본의 荷札에서 「輸」「進上」「供奉」의 단어는 7세기 荷札에 일절 확인되지 않는다는 것을 감안한다면 한국 목간의 직접적인 영향에 의한 것은 아니라고 생각된다.

다만 일본의 7세기 荷札에 「入」이라고 쓰인 것이 있다는 점은 주의해야 한다.

㉔ · 尾張国春部評池田里
· 三家人部[ ] 米六斗入

173×26×4, 011, 飛鳥京跡苑池遺構

이것은 「米 六斗가 들어왔다」 혹은 「米 六斗를 납입했다」라는 의미로 사용되고 있다고 생각된다. 대부분의 荷札에는 「入」字는 없고, 별도의 표기가 없어도 전혀 상관이 없지만 이 단어가 기입되어 있다. 성산산성의 荷札에도 「入」字가 쓰여진 것이 있으며, 필자는 그 영향을 받은 것이 아닐까 추측하고 있다.

㉕ 「好□□六入<」

172×31×9, 74호

3글자는 「鉄」로 판독될 가능성도 있다.[22] 그것이 맞는지 안 맞는지는 판단을 유보하더라도 숫자 「六」의 다음에 「入」字가 오고 있는 것에서 ㉔와 동일한 용례가 될 것이다.

21) 市大樹, 2011, 「物品進上状と貢進荷札」, 『東アジア出土資料と情報伝達』, 汲古書院.

22) 확실하게 「鉄」字로 판독할 수 있는 것으로 21호 목간이 있다.

4.「○城下」의 荷札 목간

이번에는 조금 특수한 荷札인「○城下」荷札 목간을 살펴보고자 한다.

㉖ ·「甘文城下麦本波大村毛利只<」
·「一石 <」
246×26×6, 64호

㉗ ·「夷津支城下麦王□巴珎兮村<」
·「弥次二石 <」
325×33×11, 133호

㉘ ·「巴珎兮城下□…×
·「巴珎兮村… ×
(87)×29×7, 31호

우선 ㉖의「甘文城下」荷札은 이 외에 5점 존재한다(36호, 134호, 191호, 215호, 236호). 다음으로 ㉗의「夷津支城下」荷札은 따로 1점 있다(163호).「○城下」荷札의 특징은 바로 아래에 물품명이 기재되어 있다는 것이다. 그 품목은 1점이「□米」이고(134호), 나머지 6점은 麦이다.[23] 麦·米가 기록된 목간은 성산산성 荷札 중에서 몇 점 없다는 것은 2절에서 확인한 바 있다. 이 점에 주목한다면「城下」의「下」字는 없지만 다음의 荷札도 같은 종류라고 판단된다.

㉙「小南兮城麦十五斗石大村…×
(161)×25×7~10, 216호

또 앞서 살펴본 ③도 표면에「三月中鉄山下麦十五斗」가 있어 지명이 바로 아래「下」字에 이어 麦이 기재되어 있기 때문에 역시 같은 종류의 荷札이었다고 생각된다.

이러한「○城下」荷札이 품목을 먼저 기록한 것은 일반적으로 성산산성 荷札에는 없는 특징이다. 게다가 흥미로운 점은 ㉖·㉗처럼 품목과 수량이 떨어져 기재된 荷札이다(이 외에는 163호). 이것은 무엇보다 품목을 우선해서 기록하고자 한 것을 반영한 것이다. 그만큼 중요한 送付物이었다고 생각된다. 이것에 관해서 필자가 염두에 두고자하는 것은「丁丑年」(677년, 天武天皇 6년)의 기년을 가진 일본의 三野国「次

23) 191호에 대해서『韓国의 古代木簡Ⅱ』는「甘文城下麦十五石甘文/本波加本斯稗石一石之」라고 판독문을 제시했다. 이것에 의하면 麦과 稗의 荷札인 것 같다. 그러나 끝 부분에「稗石一石之」에 대해서「稗」字는 명확하지 않고,「一石」은 전체적으로「之」字로 보이기 때문에 판독문을 재검토할 필요가 있다고 생각된다. 끝 부분의 4글자에 대해서는 일단 고려하지 않는다.

米」荷札이다. 飛鳥池 遺跡에서는 앞서 살펴본 ⑱ 외에 다음의 荷札이 출토되었다.

加尓評久々利五十戸人
㉚ 丁丑年十二月次米三野国
物部古麻里

146×31×4, 031, 飛鳥池遺跡

⑱과 ㉚은 評 이하의 지명은 다르지만 형태는 매우 유사하다. 「次米」는 正月 의식용으로 사용된 糯米로 보이기에,[24] 매우 특별한 공진품이라 해도 좋다. 이들도 「次米」의 기재가 우선되고 있어 ⑱에는 품목과 수량의 기재가 분리되어 있다.

이어서 문제가 되는 것은 「○城下」가 州·郡 어디에 해당하는 것인가이다. 가장 단서가 되는 것이 甘文城下 荷札이다. ㉖에는 「大村」 바로 위에 「本波」가 기록되어 있다. 한편 134호에는 「大村」 바로 위가 「喙」로 되어 있다. 「本波」 뿐이라면 과거 경상북도 성주군 성산에 비정된 것처럼 지명으로 생각할 수 없다. 그러나 「本波」와 「喙」가 병렬 관계로 되어 있다는 점을 주목한다면 왕경 6부의 本波部과 喙部로 볼 수 있지 않을까. 6부는 왕도 경주의 인간집단(人間集團) 구분이기에 지명이라고 할 수는 없다. 게다가 다른 甘文城下 荷札 3점에서도 「甘文本波」가 등장하는데, 1점은 村名 앞에 썼고(236호), 2점은 인명 앞에 썼다(191호, 215호). 이 「甘文本波」 중 「甘文」은 郡名으로 보는 것이 자연스러울 것이다. 그렇다면 甘文城下는 州에 해당할 가능성이 높다. 실제로 557년부터 614년에 걸쳐 甘文에 上州의 州治가 두어진 것으로 알려지고 있다.[25]

이와 같이 다른 「○城下」도 州에 해당하는 것은 아닐까라는 추정이 생기기는 하지만 실제는 큰 문제가 있다. 예를 들면 당시 신라의 영토에서 보면 너무나 많은 州가 있다는 점이다. 필자의 좁은 소견으로 본다면 夷津支·巴珎兮·小南兮·鉄山에 州治가 두어진 것을 보여주는 사료는 없다. 「○城下」가 州에 해당하지 않는다고 생각하는 것도 이 때문이다.

그래서 다시 생각해 보면 「甘文城下」와 그 아래의 「甘文」을 서로 다른 단위로 보는 점은 문제가 있을 것 같다. 말할 필요도 없지만 「甘文城下」와 「甘文」은 모두 「甘文」으로 공통되고 있다. 후자의 「甘文」이 郡이었다고 한다면 전자의 「甘文城下」도 동일한 「甘文」인 이상 郡을 가리켜도 이상하지 않다.

실제로는 지금까지 살펴보지는 않았지만 城下·夷津支城下의 荷札과는 다르게 「城下」의 단어를 사용하지 않은 「甘文」과 「夷津支」로 기록한 荷札도 존재한다.

---

24) 吉川真司, 2005, 위의 논문.

25) 上州의 치소는 沙伐→甘文→一善→沙伐라고 하는 변천을 가진다. 末松保和, 1995, 「新羅幢停考」, 『末松保和朝鮮史著作集2 新羅の政治と社会 下』, 吉川弘文館(初出1932年) 참조하면 된다.

㉛「甘文本波(居)(村)旦利村伊竹伊」

227×26×5, 225호

㉜ ·「夷津支末那石村末□□烋<」
·「麦 <」

183×20×8, 119호[26)]

「甘文」은 ㉛ 이외에도 1점 있다(162호). 「夷津支」는 ㉜ 이외에도 2점 있고(3호, 240호[27)]), 「夷津」 2점도 같은 종류일 것이다(18호, 66호). 이들은 「城下」라고 하는 단어가 없다는 점, 물품명이 바로 쓰이지 않았다는 점, ㉜는 麦이지만 3·18·66호는 稗인 점 등 「○城下」 荷札과는 확실히 구별된다. 그러나 지명이라고 하는 점에서는 「○城下」와 공통된다. ㉛·㉜에는 아래에 村名이 보이고 있기에 「甘文」과 「夷津支」는 郡名으로 생각하는 것도 가능할 것이다.

이상과 같이 약간의 고찰을 해보았는데 「○城下」는 州보다도 郡을 지칭한다고 생각된다.

더욱이 ㉛에는 「本波」가 등장하고, 역시 왕경 6부의 本波部를 지칭한다고 생각된다. 甘文 이외의 지역으로 눈을 돌려보아도 夷津(66호), 古阤(146호, 181호), 須伐(46호)의 荷札에도 등장한다(지명불명인 것으로는 98도 있다). 또 古阤의 荷札에는 「本彼」가 등장하고(189호), 「本彼」의 荷札(181호) 인명이 공통되기 때문에 「本彼」는 「本波」의 다른 표기라고 판단된다. 이 중 夷津·古阤는 郡에 해당하는 지명이고, 그 점에서 甘文과 공통한다. 왜 甘文·夷津(支)·古阤·須伐에서 왕도 경주의 6부에 관련한 기재가 보이는 것인가는 매우 큰 문제이지만 이후의 과제로 남겨두고자 한다. 흥미로운 점은 성산산성의 荷札 중에서 6부의 沙喙部가 직접 담당했던 것을 보여주는 荷札도 존재한다는 점이다.

㉝「沙喙部負」

176×28×4, 214호

다음으로 ㉜를 보면 ㉛의 「本波」에 해당하는 위치에 「末那」라고 기록되어 있다. 「末那」는 같은 夷津支 荷札(240호), 古阤의 荷札 4점(⑮, 4호, 100호, 103호)에도 등장한다. 仇伐의 荷札에 「未那」로 기록된 것이 2점 있는데(95호, 207호), 「未」와 「末」의 자형이 유사하기 때문에 「末那」로 판독하는 것도 가능할 것이다. 「末那」와 유사한 것에 「阿那」가 있으며, 夷津(支)의 荷札 2점(3호, 18호), 古阤의 荷札 3점(1호, 89호, 114호), 仇伐의 荷札 2점(24호, 126호)에 등장한다. 또 皺文의 荷札에는 「前那」가 보인다(141호). 이들 「○那」에 대해서는 어떠한 인간 구분을 표기한 것으로 생각되지만, 이는 이후 검토과제로 하고 싶다.

이번 장에서는 일본의 荷札 목간에 관한 의견을 나누면서 성산산성의 荷札 목간에 대해서도 약간의 검

26) 表面의 4·5번째 글자인 「末那」은 사진에 의해 『韓国의 古代木簡 Ⅱ』의 판독을 고쳤다.

27) 119호와 같은 「末那」은 사진에 의해 『韓国의 古代木簡 Ⅱ』의 판독을 고쳤다.

토를 시도했다. 거론된 荷札은 일부에 한정되어 있어 미해결된 문제도 적지 않지만 비교 관점을 가진다는 점에서 향후 타당한 해석이 제시되기를 기대해 본다.

III. 월성 해자 출토 前白 목간

신라의 왕궁이었던 월성의 周濠(垓字)에서는 많은 문서 목간이 출토되었다. 그중에서도 2017년에 공개된 上申文書 목간이 주목된다. 왜냐하면 그것은 일본 前白 목간의 직접적인 기원이 된다고 보여지기 때문이다. 前白 목간이란 「某前白」(某가 前의 앞에 있음)이라고 하는 형식을 가진 것으로(「白」字는 「申」「請」「牒」「啓」「解」字 등이 기록되기도 함), 일본에서 7세기에 다양하게 사용된 上申文書 목간과 유사하다.[28] 이하 한국 목간에 대해서도 「前」字를 수반하는 것을 「前白木簡」이라고 부르고자 한다. 그래서 월성 해자에서 출토된 前白 목간에 대해서 약간의 견해를 피력하고자 한다.

1. 前白 목간과 비슷한 목간

일찍이 필자는 다음 월성 해자 출토 4면 묵서 목간을 거론하면서 일본의 前白 목간과 유사하다는 것을 지적했다.[29] 다양한 釋文이 있지만 필자는 다음과 같이 판독하고자 한다.

㉞ · 大烏知郎足下万拜白々
· 経中入用思買白不雖紙一二斤
· 牒垂賜教在之 後事者命盡
· 使内

189·5×12×12

각 면의 기재 순서에 대한 논의가 있지만 앞서 살펴본 釋文처럼 「大烏知郎」에서 시작해 「使内」로 끝난다고 생각된다. 필자가 ㉞을 판독할 때 참고했던 것이 일본의 飛鳥京跡 苑池遺構에서 출토된 7세기 후반 무렵에 작성된 前白 목간이다.

---

28) 東野治之, 1983, 「木簡に現われた「某の前に申す」という形式の文書について」, 『日本古代木簡の研究』, 塙書房; 早川庄八, 1997, 「公式様文書と文書木簡」, 『日本古代の文書と典籍』, 吉川弘文館(初出1985年); 鐘江宏之, 2006, 「口頭伝達と文書·記録」, 『列島の古代史6 言語と文字』, 岩波書店; 渡辺晃宏, 2008, 「木簡から万葉の世紀を読む」, 『奈良時代の歌びと』, 高岡市万葉歴史館叢書20; 市大樹, 2010, 「前白木簡に関する一考察」, 『飛鳥藤原木簡の研究』, 塙書房 등.

29) 市大樹, 2010, 「慶州月城垓字出土の四面墨書木簡」, 『飛鳥藤原木簡の研究』, 塙書房(初出2008年).

㉟ · 大夫前恐万段頓首白 僕真乎今日国
· 下行故道間米无寵命坐整賜

293×31×6, 011, 飛鳥京跡苑池遺構

이것은「大夫의 앞에 두려워하며 万段 머리를 조아리며 말합니다. 저 真乎는 오늘 國으로 내려감으로 그 길에 쌀을 요청합니다. 天皇께서 명하셨으니 정리해 주십시오」로 訓讀할 수 있다.[30] 갑작스럽게 지방으로 내려가게 된 真乎라는 자가 도중에 식량이 되는 쌀의 지급을 신청한 목간이다.

㉞를 ㉟와 비교하면「大夫-大鳥知郎」,「前-足下」,「万段-万」,「頓首-拜」,「白-白々」과 대응관계가 명확하게 보인다. 이를 토대로 필자는 ㉞를 前白 목간의 한 종류로 판단했다. 제3면에서 목간의 문서가 시작하는 것으로 보아「牒」목간으로 보는 견해도 있지만 그것은 아니라고 생각된다. 보다시피 ㉞는 ㉟와 같은 종류이며, 정확한 한문체로 쓰여져 있지 않다. 필자의 試訓과 試訳은 다음과 같다.

[試訓] 大鳥知郎의 足下에 여러 번 조아리며 아룁니다. 경전(経)에 사용할 것으로 생각하기 때문에 白이 아니더라도 종이 1~2근을 구입하라는 첩이 내려와 教를 받았습니다. 뒷일은 명을 따르겠습니다.

[試訳] 大鳥知郎의 足下에서 항상 머리를 조아리며 다음과 같이 부탁드립니다. 경전(経)에게 필요한 종이를 비록 白紙는 아니더라고 1, 2근 구매하라고 하는 牒을 받았다고 하는 명령이 있었습니다(혹은 이 명령을 받은 다음 牒을 발급해 주도록 요청합니다). 이후의 령의 의미를 충분히 파악한 후에 처리해 주십시오.

이는 세밀하게 살펴보면 기존과 차이가 있지만, 윤선태의 견해와는 비교적 가깝다.[31]

이 후 김병준의 논고가 발표되었는데, 여기서는 중국의 漢簡을 참고해 본격적인 재검토를 시도하였다.[32] 여기에서는 많은 판독문의 釋文 중에서 (a)「万拜」→「再拜」, (b)「白々」→「白」(세로로 그은 선은 懸針)이라는 의견은 한번 생각해볼 만하다.

(a)에 대해서는「再」字를 상당히 간략하게 쓴 것으로 가능한 상황이다. 다만 ㉟와 같은 사례를 살펴보면 자형을 그대로 받아들여「万」으로 판독하는 것도 여전히 유효하다고 생각된다.

(b)에 대해서는 제1면의「拜」아래를 1글자 혹은 2글자 중 어떤 것으로 볼 것인가에 대한 문제이다. 2글자로 볼 경우 첫 번째 글자인「白」은 그 최종 획이 생략된 것이 된다. 필자는 반복부호를 세로로 그은 선

---

30) 東野治之, 2005,「近年出土の飛鳥京と韓国の木簡」,『日本古代史料学』, 岩波書店(初出2003年).

31) 尹善泰a, 2007,「月城垓字出土新羅木簡に対する基礎的検討」,『韓国出土木簡の世界』, 雄山閣; 同b, 2009,「木簡からみた漢字文化の受容と変容」,『東アジア古代出土文字資料の研究』, 雄山閣 등.

32) 김병준, 2018,「월성 해자 2호 목간 다시 읽기」,『木簡과 文字』20.

으로 기록한 사례를 참고하여 전체를 「白々」으로 釋讀하였다. 이것에 대해서 윤선태는 처음에는 전체를 1글자로 파악해 「白」字로 釋讀했지만, 후에 안압지 출토 목간(뒤에 살펴볼 ㊶)을 참고해서 2글자인 「白之」로 수정하였다. 그 후 성산산성에서도 문장 끝부분에 「白之」로 기록한 목간이 출토되었다(뒤에 살펴볼 ㊷). 이에 대해서 김병준은 문서 속의 鍵詞를 강조해 악센트를 두는 懸針에 착안해서[33] 전체를 「白」으로 釈読했다. 현 시점에서 필자는 김병준의 견해에 커다란 매력을 느끼고 있다. 다만 「白々」「白之」의 가능성도 충분하다. 어쨌든 어느 쪽으로 해석해도 의미는 특별하게 변하지 않는다.

김병준은 (a)(b) 이외에도 漢簡의 전문가로서 중요한 지적을 많이 하고 있다. 그의 지적에 필자는 많은 자극을 받았지만 한편으로 지나치게 漢簡을 인용해서 해석하는 것이 아닌가라는 느낌이 있다. ㉞의 시기는 분명하지 않지만 6세기~7세기라는 것은 거의 틀림없다. 말할 필요도 없지만 ㉞는 漢簡보다는 일본의 7세기 목간이 시기적으로 더 가깝다. 보다 유력한 비교 대상이 되는 것은 오히려 일본의 7세기 목간이지 않을까. 다음 절에서는 이러한 문제를 염두에 두고 월성 해자에서 최근 출토된 前白 목간에 대해서 검토해고자 한다.

2. 신라의 前白 목간

월성 해자에서 새롭게 출토된 前白 목간은 다음의 3점이다. 아래는 2017년 국립경주문화재연구소가 공표한 釋文인데 ㊲의 제1면의 5번째 글자인 「敬」은 심포지움 때 받았던 지적을 바탕으로 「赴」에서 수정한 것이다.

前
㊱ □小舍敬呼白遣　居生小烏送□□
宿二言之　　此二□　官言在

(192)×39×8

㊲ · 典中大等敬告沙喙及伐漸典前
· 阿尺山□舟□至□愼白□□
· 急陻為在之
· 　　　文人周公智吉士 ·

259×25×22

㊳ · 兮刪宋公前別白作□□
· 米卅斗酒作米四斗并卅四斗瓮此□
· 公取□開在之

(150)×21×22

33) 冨谷至, 2010, 「書体·書法·書芸術」, 『文書行政の漢帝国』, 名古屋大学出版会.

우선 이들 목간의 연대가 문제가 되는데 당시 조사에서는「丙午年」의 기년 목간이 출토되어 526년 혹은 586년으로 이해하고 있다.

그런데 필자가 ㊱~㊳을 보고 흥미를 느낌 점은 전혀 날짜가 기록되지 않았다는 점이다. 왜냐하면 일본의 많은 前白 목간에서도 현재 날짜가 있는 것은 1점에 불과하기 때문이다.

〔謹カ〕　〔別カ〕

㊴ · 十一月廿二日自京大夫御前□白奴吾　[　] 賜□

今日□□

· □匹尓 [　] 大寵命坐□

□□□□

373×27×6, 011, 西河原森ノ内遺跡

일본의 前白 목간에 날짜가 없는 점에서 口頭의 세계와 관련을 가진 문서라는 것과 관계해 이해하고 있다.[34] 실제로는 일본의 前白 목간은 정형화된 문서양식을 가지고 쓰여 있기 때문에[35] 구두전달의 측면을 과도하게 강조해서는 안 된다. 그러나 구두전달과 밀접한 관계를 가진 것도 틀림없다. 구두전달을 할 때 上申의 시점은 명백하기 때문에 굳이 목간에 날짜를 쓸 필요성이 없었던 것이다.

㊱~㊳의 발견에 의해 한국의 前白 목간에도 날짜가 없다는 것이 판명되었다. 하지만 실제로 지금까지 알려진 前白 목간에서는 그렇지 않았다.[36]

㊵ · 戊辰年正月十二日明南漢城道使×

· 須城道使村主前南漢城城火囿×

· 城□漢黄去□之□賜□

150×13×9, 二聖山城跡[37]

34) 早川庄八, 1997,「公式様文書と文書木簡」,『日本古代の文書と典籍』, 吉川弘文館(初出1985年) 등.

35) 鐘江宏之, 2006,「口頭伝達と文書 · 記録」,『列島の古代史6 言語と文字』, 岩波書店. 이 이 점을 명쾌하게 지적했다.

36) 李成市, 2009,「韓国木簡研究の現在」,『東アジア古代出土文字資料の研究』, 雄山閣는 월성 해자 출토 목간 중에서 前白 목간인 것을 지적하고 있다. 그것은 국립창원문화재연구소편, 2004,『韓國의 古代木簡』에 수록된 148호 목간이다. 그러나 사진을 봐도 釋讀하기 상당히 어려워 前白 목간의 결정적 수단이 되는「前」字가 명확하지 않다. 前白 목간일 가능성은 충분하다고 생각되지만 여기에서는 거론하지 않는다.

37) 釋文은 李成市a, 1996,「新羅と百済の木簡」,『木簡が語る古代史 上』, 吉川弘文館; 同b, 1997,「韓国出土の木簡について」,『木簡研究』19에 게재된 것을 토대로 하였지만, 일부는 필자가 판독한 내용으로 바꾸어 제시했다.

㊶ · 洗宅白之 二典前 四□子頭身沐浴□□木松茵
· □迎□入日□□
· 十一月廿七日典□ 思林

318×28×15, 雁鴨池遺跡[38)]

㊵의 「戊辰年」은 608년일 가능성이 높고,[39)] ㊶은 8세기 중반 무렵의 목간으로 생각된다. ㊵·㊶은 ㊱~㊳보다 오래되지 않은 시기에 작성된 前白 목간인데 여기에는 날짜가 쓰여 있다.

더욱이 성산산성에서 새롭게 前白 목간이 출토되었는데, 역시 날짜가 쓰여 있다.

㊷ · 「三月中 真乃滅村主 憹怖白 」
· 「□城在弥即尒智大舍下智前去白之 」
· 「即白 先節六十日代法 稚然 」
· 「伊毛羅及伐尺 (寀) 言□法卅代告今卅日食去白之」

344×10~13×16~19, 218호

제1장에서 서술한 것과 같이 성산산성 목간의 연대에 대해서 논의가 있었지만 필자는 6세기 말일 가능성이 높다고 보았다. 만약 ㊱~㊳이 526년 무렵의 것이라면 가장 오래된 시기의 前白 목간에는 날짜를 쓰지 않는 것이 일반적이지만 시기가 지나면서 날짜를 쓰게 되는 것이다. 참고로 일본의 ㊴도 7세기 말~8세기 초의 목간이며 일본의 前白 목간으로서는 새롭게 발견된 것이다. 다만 ㊱~㊳의 연대가 확실하지 않은 이상 현재로서는 어디까지나 하나의 추측에 불과하다. 또 보다 많은 사례를 모아 판단해야하는 문제라는 것은 말할 필요도 없다.

지금까지 ㉞처럼 날짜가 없는 목간이 알려졌지만 ㉞에는 「前」字가 없어 前白 목간이라고 부르기에는 다소 문제가 있었다. 그 때문에 필자는 몇 안 되는 한국의 前白 목간에 날짜가 있다는 점이 조금이나마 신경이 쓰였다. 그러나 새롭게 ㊱~㊳이 발견되면서 날짜가 없는 것도 있을 수 있다는 것이 알려지게 되어, 일본의 前白 목간에 직접적인 기원을 고려한다면 중요한 지식을 얻은 것이라고 생각된다.

또한 날짜에 대해서 한마디 언급하면 8세기 중반으로 생각되는 ㊶의 문장에서는 앞 부분이 아니라 문장 끝 부분에 날짜가 기록되어 있다는 점이 흥미롭다. ㊶은 날짜 아래에 문서 작성 담당자의 이름이 기록되어 있어, 윤선태는 唐 公式令의 영향으로 보았다.[40)] 일본의 목간에서도 7세기까지는 날짜를 문장 처음

---

38) 釋文은 橋本繁, 2014, 「慶州·雁鴨池木簡と新羅の内廷」, 『韓国古代木簡の研究』(初出2007年)에 게재된 것에 의했다.

39) 李成市a, 1996, 「新羅と百済の木簡」, 『木簡が語る古代史 上』, 吉川弘文館; 同b, 1997, 「韓国出土の木簡について」, 『木簡研究』 19.

40) 尹善泰, 2009, 「木簡からみた漢字文化の受容と変容」, 『東アジア古代出土文字資料の研究』, 雄山閣.

에 썼지만, 8세기가 되면 문장 끝으로 이동한다. 이 변화는 唐의 公式令을 받아들여 만들어진 大宝 公式令의 영향이라는 것이 지적된다.[41)]

㊱~㊳에서 한 가지 필자가 흥미롭다고 느낀 것은 ㊱·㊳은 첫머리에 행선지(上申先)가 쓰이고 있다는 점이다. 이것에 대해서도 일본의 前白 목간에서는 일반적인 것이다. 한편 지금까지 알려진 한국의 前白 목간을 보면 ㊶은 분명히 발신→수신의 순으로 쓰여져 있고, ㊵도 그 가능성이 높다. 새롭게 발견된 ㊲·㊷도 역시 발신→수신의 순으로 쓰여져 있다. 일본의 前白 목간에 대해서도 시기가 지나면 발신→수신의 순으로 쓰이게 되는데, 숫자가 그다지 많지 않다. 한국에서도 수신이 첫머리에 쓰인 ㉞가 존재하고 있지만 前白 목간이 아니라는 점에서 약간의 문제가 있다. 그러나 한국의 前白 목간 중에서 첫머리에 수신을 쓴 사례가 있다는 것을 알게 된 것은 의의가 크다.

또 일본의 前白 목간에는 수신은 지명·존칭·관직으로 기록되는 것이 일반적이며, 「大夫」 등의 보통명사도 많다는 특징이 있다. 한국의 前白 목간(및 그와 유사한 목간)의 수신을 보면 ㉞는 「大烏知郎」, ㊱은 「□小舍」, ㊲은 「沙喙及伐漸典」, ㊳은 「兮刪宋公」, ㊵은 「須城道使村主」, ㊶은 「二典」, ㊷는 「弥即尒智大舍下智」이며, 개개인의 이름이 기록된 ㊷를 제외하면 기본적으로 일본과 동일하다고 볼 수 있다.

더구나 일본의 前白 목간의 경우에는 발신은 종종 생략되는(다만 글 속에서 1인칭의 형태로 등장하는 것도 있다) 특징이 확인된다. 한국의 前白 목간(및 그와 유사한 목간)에서도 ㉞·㊱·㊳과 관련해 동일한 것이 있다.

이렇게 ㊱~㊳의 발견에 의해 일본의 前白 목간과 한국의 前白 목간과의 거리가 상당히 좁혀졌다. 일본의 前白 목간의 직접적인 기원이 한반도에 있다는 전망은 이미 제시되었지만[42)] 그것이 명확한 형태로도 나타나고 있다고 생각된다.

마지막으로 ㊱·㊲에 대해서 약간의 논점을 덧붙이고자 한다.

우선 ㊱에 대해서 「前」字가 발신의 우측 아래 쪽에 위치하고 있다는 점이 눈길을 끈다. 그것은 「前」字가 脇字인 것을 말해주는 단어이다. 더욱이 ㊱에는 하단부에 삼각형 모양으로 파여진 절입부가 보인다는 점도 주목된다. 참고로 일본에서도 절입부가 있는 前白 목간이 2점 있다.

〔立カ〕

㊸ · 王母前□□□□

〔六カ〕

· [　　　]卄□□

166×28×5, 032, 難波宮跡

41) 岸俊男, 1988, 「木簡と大宝令」, 『日本古代文物の研究』, 塙書房(初出1980年).

42) 李成市a, 1996, 「新羅と百済の木簡」, 『木簡が語る古代史 上』, 吉川弘文館; 同b, 1997, 「韓国出土の木簡について」, 『木簡研究』 19.

㊹ 大徳御前頓首□

(167)×(36)×7, 039, 飛鳥池遺跡

㊸이 출토된 難波宮跡의 발굴조사에서 「戊申年」(648)의 기년을 가진 목간이 출토되었다. 이때의 조사에서 출토된 목간에는 付札(제물의 荷札인가)이 많이 포함되어 있다. ㊸에는 上申 문서를 표시하는 「白」字 등이 확인되었기 때문에 엄밀하게는 前白 목간인지 알 수가 없다. 裏面에는 수량이 쓰여져 있고, 물품의 송장으로서 기능한 것으로 보인다.

㊹는 하단부가 파손되어 있지만 上申의 내용이 쓰였을 가능성이 있다. 그러나 삼각형 모양으로 파인 절입부가 2차적으로 가공되었을 가능성도 있어 확정할 수는 없다.

현재로서는 일본의 前白 목간에 대해서 그 기능에 직접적인 것으로 절입부를 사용하고 있었다는 것 말고는 확실한 근거는 없다. 단 한국의 경우에는 일본과는 별개로 고찰할 필요가 있고, 이후 연구의 추이를 지켜볼 필요가 있다. 흥미로운 것으로 성산산성 출토 上申과 관해 4면 묵서 목간(前白 목간 그것은 아니다) 중에서도 하단부에 절입부를 가진 것이 확인된다는 점이다(186호).

다음으로 ㊲에 대해서 문서작성자가 「文人」으로서 문장 끝에 기록되어 있다는 점이 주목된다. ㊶에도 문서작성자의 이름이 기록되어 있어 한국의 前白 목간에서는 특이한 것이 아닐지 모르지만 일본의 前白 목간에서는 다음의 사례가 해당되는 정도이다.

〔伎カ〕

㊺ · 関々司前解近江国蒲生郡阿伎里人大初上阿□勝足石許田作人

大宅女右二人左京小治町大初上笠阿曽弥安戸人右二

· 同伊刀古麻呂

送行乎我都 鹿毛牡馬歳七　　里長尾治都留伎

656×36×10, 011, 平城宮跡

이것은 8세기 초의 것으로 「解」字의 사용이 보이는 것에서 확실히 大宝 公式令의 영향을 받고 있다. 公式令에는 문서 작성자의 이름을 기록하고 있고, ㊺도 이러한 원칙에 입각한 것이다. 다만 ㊺에는 날짜가 기록되지 않은 것, 수신이 첫머리에 쓰여 있는 것 등 7세기의 前白 목간의 서식 영향도 남겨져 있다.

게다가 ㊲에서 주목되는 것은 「文人周公智吉士」의 「周公智」이 중국 周의 周公을 본뜬 이름이라는 점이다. 이에 관해서는 일본의 다음 목간이 생각난다.

〔小カ〕　〔小カ〕

㊻ · × 刀自右二人貸稲□斤稲二百斤又□斤稲卌斤貸 ○

· × 人佐太大連

二人知　文作人石木主寸文通 ○

× 首弥皮加之

(289)×45×5, 019, 宮ノ内遺跡

이는 7세기 말~8세기 초의 貸稲(出挙)에 관한 목간이다. 여기에서 주목되는 것은「文作人」의 이름「石木主寸文通」이다.「石木主寸(村主)」는 倭漢氏 系의 渡来系 氏族이다. 그리고 개인 이름인「文通」은 확실히「文作人」을 시사하는 이름이라고 해도 좋다.[43] 고대 일본에는 한반도에서 온 도래인이 문필작업의 핵심을 담당했다는 것이 잘 알려져 있다. 한반도의 각 국에서도 중국 출신 사람들이 문필작업의 핵심을 담당했을 가능성이 있지 않을까. 그것이「周公智」라고 하는 이름에 반영되었다고 생각된다. 모국을 떠나서 얻을 게 없던 사람들에게 新天地에서 살아남기 위해서는 다양한 기술을 가질 필요가 있었다고 생각된다. 문필을 생업으로 한 사람들은 그에 걸맞는 이름을 지향했을 것이다.

Ⅳ. 나오며

이상 일본의 7세기 목간을 보는 입장에서 성산산성 출토 荷札 목간, 월성 해자 출토 前白 목간을 중심으로 나름의 견해를 서술해 보았다. 한국 고대사의 지식이 얕기 때문에 초보적인 오류를 범할까 두렵다. 또 한국의 연구 논문을 충분히 참조하지 못한 것도 큰 문제이다. 많은 오류가 내포되어있지만 비교연구의 중요성에 대해서 재인식하는 기회가 되었으면 한다. 많은 연구자들의 엄정한 비판을 부탁드린다.

[付記] 본고는 필자의 견해를 보다 명확하게 전달하기 위해 심포지움의 보고 내용을 대폭 수정해서 완성되었다는 점을 알리고자 한다. 또 일본 목간은 奈良文化財研究所에서 공개하고 있는 데이터베이스에서 간단하게 조사한 것이기에 출전을 생략했다. 본고에서 많이 언급한 7세기 荷札 목간에 관해서는 奈良文化財研究所編, 2006,『評制下荷札木簡集成』를 기본으로 참조했다. 본고에서는 고찰하는데 한계가 있었지만 성산산성의 荷札을 연구하는데 참고가 되는 점이 많다고 생각된다.

투고일: 2019. 4. 30.　심사개시일: 2019. 5. 16.　심사완료일: 2019. 5. 28.

43) 田中史生, 2012,「倭国史と韓国木簡」,『日本古代の王権と東アジア』, 吉川弘文館.

참/고/문/헌

국립창원문화재연구소편, 2004, 『韓國의 古代木簡』.

국립가야문화재연구소편, 2017, 『韓国의 古代木簡Ⅱ』.

奈良文化財研究所編, 2006, 『評制下荷札木簡集成』.

犬飼隆, 2017, 「連合仮名を文字運用の一般論から見る」, 『古代文学と隣接諸学4 古代の文字文化』, 竹林舎.

橋本繁, 2014, 「慶州·雁鴨池木簡と新羅の内廷」, 『韓国古代木簡の研究』(初出2007年).

橋本繁, 2014, 「城山山城木簡のフィールド調査」, 『韓国古代木簡の研究』, 吉川弘文館(初出2007年).

橋本繁, 2018, 「韓国·咸安城山山城木簡研究の最前線」, 『古代文化』 70-3.

今泉隆雄, 1998, 「貢進物付札の諸問題」, 『古代木簡の研究』, 吉川弘文館(初出1978年).

吉川真司, 2005, 「税の貢進」, 『文字と古代日本3 流通と文字』, 吉川弘文館.

김병준, 2018, 「월성 해자 2호 목간 다시 읽기」, 『木簡과 文字』 20.

渡辺晃宏, 2008, 「木簡から万葉の世紀を読む」, 『奈良時代の歌びと』, 高岡市万葉歴史館叢書20.

東野治之, 1983, 「木簡に現われた「某の前に申す」という形式の文書について」, 『日本古代木簡の研究』, 塙書房.

東野治之, 2005, 「近年出土の飛鳥京と韓国の木簡」, 『日本古代史料学』, 岩波書店(初出2003年).

李成市, 1996, 「新羅と百済の木簡」, 『木簡が語る古代史 上』, 吉川弘文館.

李成市, 1997, 「韓国出土の木簡について」, 『木簡研究』 19.

李成市, 2000, 「城山山城新羅木簡から何がわかるか」, 『月刊しにか』 11-9.

李成市, 2005, 「朝鮮の文書行政」, 『文字と古代日本2 文字による交流』, 吉川弘文館.

李成市, 2009, 「韓国木簡研究の現在」, 『東アジア古代出土文字資料の研究』, 雄山閣.

李晟準, 2009, 「咸安城山山城木簡集中出土地の発掘調査成果」, 『日韓共同研究資料集 咸安城山山城木簡』, 雄山閣.

李柱憲, 2016, 「咸安·城山山城敷葉層と出土遺物の検討」, 『木簡研究』 38.

冨谷至, 2010, 「書体·書法·書芸術」, 『文書行政の漢帝国』, 名古屋大学出版会.

市大樹, 2009, 「飛鳥藤原出土の評制下荷札木簡」, 『飛鳥藤原木簡の研究』, 塙書房(初出2006)

市大樹, 2010, 「慶州月城垓字出土の四面墨書木簡」, 『飛鳥藤原木簡の研究』, 塙書房(初出2008年).

市大樹, 2010, 「前白木簡に関する一考察」, 『飛鳥藤原木簡の研究』, 塙書房.

市大樹, 2011, 「物品進上状と貢進荷札」, 『東アジア出土資料と情報伝達』, 汲古書院.

市大樹, 2012, 『飛鳥の木簡』, 中央公論新社.

市大樹, 2014, 「日本古代木簡の視覚機能」, 『東アジア木簡学のために』, 汲古書院.

市大樹, 2015, 「黎明期の日本古代木簡」, 『国立歴史民俗博物館研究報告』 194.

市大樹, 2018,「木簡と日本書紀の用字」,『日本書紀の誕生』, 八木書店.

岸俊男, 1988,「木簡と大宝令」,『日本古代文物の研究』, 塙書房(初出1980年).

尹善泰, 2007,「月城垓字出土新羅木簡に対する基礎的検討」,『韓国出土木簡の世界』, 雄山閣.

尹善泰, 2009,「木簡からみた漢字文化の受容と変容」,『東アジア古代出土文字資料の研究』, 雄山閣.

早川庄八, 1997,「公式様文書と文書木簡」,『日本古代の文書と典籍』, 吉川弘文館(初出1985年).

鐘江宏之, 2006,「口頭伝達と文書・記録」,『列島の古代史6 言語と文字』, 岩波書店.

平川南, 2003,「韓国・城山山城跡木簡」,『古代地方木簡の研究』, 吉川弘文館(初出2000年).

〈Abstract〉

Korean wooden documents shown in the 7th century Japanese wooden documents

Ichi Hiroki

Based on Japan's experiences in the 7th century, this thesis attempts to raise some questions about 荷札木簡, which was excavated from Seongsan Fortress(城山山城), and 前白木簡, which was excavated at the moat of the Wolseong palace(月城垓字) in Gyeongju.

In Chapter II looked at the excavated at Seongsan Fortress(城山山城) wooden tablets on tag attached to the luggage(荷札木簡). The first verse took issue with the wooden solidarity. In the second verse, we looked at the wooden documents standard form of Seongsan Fortress(城山山城). In section 3, we looked at the high volume of Guribeol(仇利伐). In section 4, we looked at 「○城下」 of wooden tablets on tag attached to the luggage(荷札木簡) as a rather special example.

Chapter III looked excavated at the moat of the Wolseong palace(月城垓字). The first verse confirmed that there were many joint points with Japanese wooden docunents to compare in korea wooden documents. In the second verse, we looked at three pieces of the Wolseong moat(月城垓字), which were released in 2017. The reasoning that the direct origin of Japan's wooden documents of front writing '前'(前白木簡) was found in the ancient korea has already been raised, but is appearing in a clearer form.

▶ Key words: Japan's experiences in the 7th century, Excavated at the Seongsan Fortress(城山山城) wooden tablets on tag attached to the luggage(荷札木簡), Excavate at the moat of the Wolseong palace(月城垓字) wooden documents of front writing '前'(前白木簡), wooden solidarity, wooden documents standard form

大寶律令 施行에 따른 일본사회의 변용과 한국목간

鐘江 宏之 著[*]
정지은 譯[**]

〈국문초록〉

8세기 초 大寶律令 시행에 의해 일본사회가 어떻게 변화했는지를 검증하는 데에는 사회 변화의 실태를 나타내는 것으로서 출토 문자 자료가 중요하다. 일본에서는 대보율령 시행 전후 목간에서 보이는 다양한 관행이 극적으로 변화하고 있어 큰 변혁이 있었음을 증명한다. 대보율령은 唐의 율령을 모범으로 편찬되었으며, 그 체계는 중국율령에서 唐에 이르며 형성된 행정 체계를 계승하고, 중국에서 만들어진 체계를 목표로 하고 있다. 한편, 대보율령이 시행되기 전인 7세기의 목간은 한국에서 출토되는 목간과 여러 유사점을 확인할 수 있다. 대보율령 이전 시대의 목간문화는 한반도 諸國과 문화적으로 공통되는 관행을 가진 사회에서 시행되어 왔다고 할 수 있다. 7세기 일본에서는 遣隋使나 遣唐使가 파견되어 중국과 직접 왕래하였지만, 당시의 문화는 한반도 諸國으로부터 배운 것을 基調로 하고 있다. 이러한 당시 문화의 다양한 면을 검토하는 데 있어 목간은 귀중한 자료이다. 일례로 戶籍制度를 배경으로 한 戶口의 이동을 기록한 목간에 의해, 7세기 호적제도가 8세기 초 이후에 전환해 가는 것을 알 수 있다. 한반도 諸國의 영향을 강하게 받은 7세기에는 호적제도도 한반도의 여러 제도와의 관련성을 생각해 볼 필요가 있으며, 앞으로도 목간자료에 의해 보다 해명이 진전될 것으로 기대된다. 백제나 신라와의 목간문화에서의 공통

* 日本 学習院大学文学部 教授
** 동국대학교 사학과 박사과정

성을 규명함으로써 일본의 7세기 사회의 다양한 면들이 명확해질 것이다. 한국목간의 존재는 지금까지 밝혀지지 않았던 측면을 명확히 한다는 점에서 일본의 7세기에서 8세기로의 전환을 새로운 시점에서 검증하기 위한 자료로 제공될 수 있다. 이를 통해 자명한 일로 여겨지는 일본의 7세기 역사상도 점차 수정을 촉구해 가고 있다.

▶ **핵심어: 대보율령, 7세기, 호적, 일라관계(라일관계)**

Ⅰ. 문제제기

필자는 지금까지 日本에서 律令制에 의해 국가 운영 기구가 성립된 시기에 文筆이나 書類의 사용이 어떻게 시작되었고, 또 어떤 양상으로 전개되었는지에 대해 관심을 가지고 몇몇 주제의 연구를 진행해 왔다.

이들 연구 주제는 大寶律令 시행 이후 율령제라는 틀 안에서 公式令 체계와 관련하여 존재하는 몇 가지 규정에 대한 것이다. 대보령 이후의 공식령의 존재 양태를 고려하면, 令文의 규정 자체는 唐令의 條文에 가깝다고 할 수 있으나, 실제 시행되던 서류의 사용 모습은 唐과 일본이 많은 부분에서 차이점을 보여준다. 그리고 대보율령에 의해 정치가 행해진 일본 사회와 唐의 사회를 비교해 보면, 조문 형성의 배경이 되는 관료 조직 등이 다르기 때문에 조문을 그대로 시행할 수 없었던 점도 확인된다.[1] 이러한 차이에도 불구하고 7세기 말 일본에서는 唐과 거의 동일한 율령을 제정하도록 편찬을 하여 대보율령을 완성시키게 된다.

대보율령에 의해 唐과 유사한 제도가 규정되기 이전의 행정 제도에 대해서는 적어도 대보령제 하에 唐의 제도와 다른 부분의 경우에 대보율령 제정 전부터 존재했던 것이 아닐까 추측된다. 7세기의 일본 사회에서는 다양한 부분에서 唐과 다른 면이 있었다고 생각된다.[2] 이렇게 다른 사회에서 唐과 거의 같은 체계를 지향하게 된 것은 언제였을까, 또 이를 지향하게 된 사정이나 의도는 무엇이었을까 하는 점은 큰 의문이다.

이 의문을 해명하기 위해서는 법으로서의 율령조문 자체가 우선적으로 논의되어야 한다. 그러나 701~702년에 시행된 대보율령까지는 부분적으로 거슬러 올라갈 수 있는 자료가 있지만, 그 전의 淨御原令은 남아 있지 않아 7세기 단계의 율령조문에 대해서는 전혀 알지 못한다. 이 때문에 7세기대의 제도를

1) 鐘江宏之, 1997, 「計会帳作成の背景」, 『正倉院文書研究』 5, 吉川弘文館: 2002, 「公式令における「案」の保管について」, 『日唐律令制の諸相』.

2) 鐘江宏之, 2010, 「藤原京造営期の日本における外来知識の摂取と内政方針」, 『東アジア海をめぐる交流の歴史的展開』: 2011, 「「日本の七世紀史」再考」, 『学習院史学』 49.

이해하기 위해서는 그 시대에 대한 사료상의 서술과 그 시대에 사용되던 유물로부터 판단할 수밖에 없다. 이에 필자는 7세기대의 목간 등의 文物을 중시하여, 이들을 통해 알 수 있는 점을 명확히 규명하고자 지금까지 노력해왔다. 本稿 역시 이러한 입장에서 목간에서 확인되는 것들을 정리하고, 동아시아에서 대보율령 성립에 얽힌 문제의 해석을 바탕으로 한국목간 연구의 의의에 대해 서술해보고자 한다.

II. 大寶律令 시행 전과 시행 후 목간의 차이점

일본 고대의 목간은 대보율령제 시기의 목간과 그 이전의 목간에서 아래와 같은 차이점을 발견할 수 있다.

① 年紀의 차이

· 대보령제 이후에는 연호(元號) 사용을 원칙으로 하였으며, 그 이전은 干支를 사용하였다.[3)]

② 문서목간의 차이

· 대보령 이전에는 이른바 前白様式의 上申文書가 널리 발견되나, 대보령제 이후에는 보이지 않는다.[4)]

· 대보령 이전에는 문서를 한 줄로 바깥부터 안으로 기재한 문서목간이며, 木簡 표면에 기재된 정보의 작성 형태에 대해서는 그다지 생각하지 않았다.[5)]

· 대보령 이후에는 목간에 정보를 배치하는 방법을 볼 수 있다.[6)]

이러한 차이점을 보면, 정어원령제까지의 사회에서 목간을 사용할 때의 관행과 대보령제 이후 사회에서 목간을 사용하는 관행은 기본적으로 다른 부분이 많았던 게 아닐까 추측된다. 목간의 사용에서 이러한 관행의 차이는 정어원령제에서 대보원령제로라는 제도의 전체적인 구조가 推移하는 시기와도 맞닿아 있으므로 이 변천에 수반한 것이라고 생각할 수 있지만, 각각의 구조 사이에서의 문화적 차이라고도 말할 수 있는 차이가 어디서 유래하는지를 생각해보지 않으면 안 될 것이다.

---

3) 岸俊男, 1980, 「木簡と大宝令」, 『木簡研究』 2: 1988, 『日本古代文物の研究』, 塙書房; 鐘江宏之, 2018, 「大宝建元とその背景」 佐藤信編 『律令制と古代国家』, 吉川弘文館.

4) 東野治之, 1983, 「木簡に現れた「某の前に申す」という形式の文書について」, 『日本古代木簡の研究』, 塙書房; 早川庄八, 1985, 「公式様文書と文書木簡」, 『木簡研究』 7: 1997, 『日本古代の文書と典籍』, 吉川弘文館; 市大樹, 2010, 「前白木簡に関する一考察」, 『飛鳥藤原木簡の研究』, 塙書房.

5) 鐘江宏之, 1998, 「七世紀の地方木簡」, 『木簡研究』 20.

6) 鐘江宏之, 1998, 위의 논문.

한편, 일본 고대 목간 중에서는 [앞서 언급한 목간보다도] 앞선 시기의 일본목간과 한국목간 사이에 유사한 특징이 발견되기도 한다.

A. 荷札木簡의 유사성

· 일본에서는 앞선 시기의 荷札 중 아랫부분에 칼집이 난 사례가 있는데, 한국에도 이러한 형태의 荷札木簡이 있다.[7)]

B. 문서목간의 특징

· 일본에서 대보령 전에 많이 보이는 전백양식 목간과 유사한 문장 표현이 한국목간 중에도 발견된다.[8)]

C. 干支에 의한 年紀

· 일본의 7세기 목간에서는 연호를 사용하지 않고, 간지에 의한 年紀가 나타난다. 한국에서도 간지에 의한 연기 사례는 많이 알려져 있다. 한반도의 방식이 7세기 전에 일본사회에 전해졌기 때문일 것이다. 그 무렵에 중국은 연호로 기재하는 것이 당연한 시기였다.[9)]

애초에 일본사회에서 文筆 기술이 사용된 것은 한반도로부터 일본에 전해진 데에서 시작되었다고 여겨진다.[10)] 게다가 일본의 목간 사용 문화는 7세기나 되어서야 정착된 게 아닐까 생각된다. 목간 등 출토 문자 자료로서 알려진 유물의 양을 보더라도 6세기 이전으로 판단되는 출토 문자 자료는 극히 적어서, 일본사회에서의 본격적인 문자의 정착을 6세기까지 올려다보긴 어렵지 않나 싶다. 이렇게 일본사회에 정착하기 시작했을 시기의 것으로 보이는 7세기 목간 사용 문화는 위에서 서술하였듯이 한반도 諸國의 목간 사용 문화와 공통 요소가 매우 많다는 점에서도, 한반도의 목간문화에 가까운 형태의 것이 일본 열도 내에 침투하고 정착한 것은 아닐까 싶다. 그리고 일단 7세기에 정착한 스타일인 한반도 諸國과 공통되는 요소가 많은 목간 사용 문화였던 것이 대보율령제가 시행되면서 다른 방식(流儀)의 목간 사용 문화로 전환하게 되었고, 이에 따른 현상이 701년경에 발생한 것은 아니었을까.

7) 平川南, 2003, 「屋代遺跡群木簡のひろがり」「韓国·城山山城木簡」, 『古代地方木簡の研究』, 吉川弘文館.

8) 李成市, 1996, 「新羅と百済の木簡」, 平野邦雄·鈴木靖民編, 『木簡が語る古代史』 上, 吉川弘文館; 1997, 「韓国出土の木簡について」, 『木簡研究』 19; 市大樹, 2014, 「都の中の文字文化」, 平川南編, 『古代日本と古代朝鮮の文字文化交流』, 大修館書店; 2010, 앞의 논문

9) 岸俊男, 1988, 앞의 논문.

10) 平川南編, 2000, 『古代日本の文字世界』, 大修館書店.

III. 7세기 문화의 基調

이와 같은 목간 사용 문화의 전환은 대보율령 시행과 함께 다양한 문화적 관행에 대한 개혁의 一環이었다고 생각해볼 수 있다. 한국목간과 공통된 면이 많은 목간문화에서 다른 기준의 목간문화로, 나아가는 방향이 변화한 것이다. 그 기준은, 대보율령제 사회의 형태에서 생각해보면 율령제의 본격적인 도입(중국적인 여러 제도의 본격적 도입)에 수반하여 행해진 사회 변혁 현상 중 하나는 아니었을까. 단적으로 말하면, 한반도와 공통되는 요소가 많은 것에서 중국적인 요소가 강하게 나타나는 것으로 변했다고 볼 수 있다. 이러한 것을 필자는 이 시기의「한반도 방식에서 중국 방식으로의 전환」이라고 주장해 왔다.[11]

물론 다른 연구자가 지적한 것처럼 7세기까지 일본으로 중국에서 유래된 다양한 문명이 전해져 온 것은 인정한다. 그러나 그것은 한반도에도 전해진 것이었다. 다시 말하면, 중국에서 직접 유입된 것이 아니라, 한반도를 경유해서 일본사회에 들어온 것일 가능성이 높다. 더 앞 시기에 중국의 것이 한반도에 이미 들어와 있다가, 7세기까지 일본에 전해졌다고 하는 것은 충분히 인정받고 있는 사실이다. 그러나 여기에서 문제되는 대보율령제 도입기의 변혁은 옛 시기의 중국 문명에 準拠하는 것이 아닌, 같은 시기 중국의 다양한 것들을 중국에서 직접 유입한 현상이 발생한 것은 아니었을까 하는 점이다.[12]

일본에서 遣隋使·遣唐使의 문화사적 역할의 한 형태로, 7세기까지 견수사·견당사는 유학생을 보낼 수도 있고, 직접적인 외교도 가능했을 것이나, 대보율령제 이후의 형태와 비교해보면 [중국에서] 가져온 것을 그 시대의 일본사회에 곧바로 도입하는 일은 반드시 가능하지만은 않았다.[13] 7세기 사회의 관행이나 문화의 기조는 한반도로부터 배웠던 다양한 문명의 체계를 기본으로 사용하고 있어서 이런 관행이나 문화의 기조가 정착했던 것은 아니었을까.

이것은 다양한 문화적 측면을 망라하여 검토 및 검증될 필요가 있지만, 당면한 과제로서 검토할 수 있는 자료는 목간이므로 여기로부터 검증할 수 있는 분야가 어떤 것인지를 생각해 볼 필요가 있다.

---

11) 鐘江宏之, 2008,『律令国家と万葉びと』, 小学館: 2011, 위의 논문: 2010, 위의 논문.

12) 大隅清陽, 2008,「大宝律令の歴史的位相」, 大津透編,『日唐律令比較研究の新段階』, 山川出版社는 정어원령제는 "넓은 의미의 율령"으로서 신라의 율령제와도 공통되는 단계이며, 대보율령의 완성에 의해 "협의의 율령" 단계가 달성된다고 평가했다. 일어나고 있는 현상에 대한 이해로써 넓게는 같은 현상에 대해 주목한 지적으로 인식하고 있으나, 필자는 그것이 직접적으로 중국을 첫 번째로 인식해서 행해진 것이 아니라 백제나 신라와 같은 한반도의 문화를 의식하고 도입하면서, 이러한 문화를 닮아가며 일어나는 변화에 의해 생기는 현상이라고 설명할 수 있다고 생각한다.

13) 지금까지 7세기 일본사회는 견수사나 견당사에 의한 교류가 시작되며, 중국에서 직접적인 문화적 도입이 일어나고, 그에 따른 여러 제도가 정비되어 왔다고 이해되나, 遣使나 유학생의 귀국 후에 곧바로 율령 편찬이 시작되지 않은 것은 중국 율령제를 모방한다는 생각에 이르기까지 수십 년의 시간이 걸렸다는 점을 상기시킨다. 견수사·견당사의 활동과 중국 율령제의 도입과의 관계에 대해서도 향후 보다 상세하게 재검토할 필요가 있을 것이다.

Ⅳ. 향후 과제로서의 호적제 검토

아직 많은 과제가 있으나, 이들의 향후 과제 중 하나로서 호적제도의 검토를 [사례로] 들 수 있다. 예를 들어, 목간으로 추정할 수 있는 사례로는 후쿠오카현(福岡県) 코쿠분마츠모토(国分松本) 유적의 戸口 이동에 관해 기록된 목간의 검토가 있다.[14] 이 목간의 해석은 다음과 같다.[15]

〔アカ〕
·「嶋評　戸主建ア身麻呂戸又附去建□×
〔万呂カ〕
政丁次得□□平氏次伊支麻呂政丁次×
〔戸カ〕
『嶋□□
占ア恵[　]川ア里占ア赤足戸有□□×
〔廣カ〕
小子之母占ア真□女老女之子得×

□□□』　〔建ア万呂戸カ〕
穴凡ア加奈代戸有附□□□□□□占ア×

□□
〔建カ〕
·「并十一人同里人進大弐建ア成戸有　戸主□×
〔有カ〕
同里人建ア咋戸有戸主妹夜乎女同戸□□×
〔人カ〕
麻呂損戸　又依去同ア得麻女丁女同里□□×

白髪ア伊止布損戸　二戸別本戸主建ア小麻呂□×

---

14) 이미 坂上康俊, 2017, 「嶋評戸口変動記録木簡をめぐる諸問題」, 『木簡研究』 35이 이 목간에 대한 기본적인 지식을 정리하고 고찰을 더하고 있다. 앞으로 이 논고를 출발점으로 하여, 더욱 다각도에서 검증이 이루어져야 할 자료라고 생각한다. 본고의 단계에서는 아직 필자도 충분한 검토를 할 준비가 되지 않았기 때문에 향후의 과제로 삼고 싶다.

15) 坂上康俊, 2017, 위의 논문, p.131.

기록되어 있는 용어로 보아 685년 正月부터 701년 3월 사이에 적힌 것으로 판단된다. 7세기 말에 지쿠젠국(筑前国) 시마노효(嶋評) 호구의 이동에 관해 기록된 목간이 있는데, 호구의 기재 방법에도 시대적인 특징이 있다. 현재 일본에 남아 있는 호적 중 가장 오래된 大寶 2년(702) 호적에는 御野型과 西海道型의 두 가지 다른 양식이 보이나,[16] 이 목간에 보이는 호구 기재 양식은 御野型에 유사한 면이 많다.[17] 즉, 西海道에서도 御野型을 사용하고 있었으며, 御野型 호적 양식이 西海道型 양식보다 오래되었을 가능성을 나타낸다. 대보율령과 함께 西海道型이 일본사회 속에 들어온 것이라면, 이는 좀 더 唐에 가까운 형태의 것이 새로이 들어와서 그간의 御野型에서 새로운 양식으로 옮겨간다고 하는 전환이 발생했을 가능성이 있다.

御野型 호적 양식이 대보율령제 도입 전보다 오래된 형식이었다고 한다면, 이것은 한반도와 공통된 문화적 기조인 시대의 것으로서 중요하다. 7세기의 호적이 어떠하였는지, 人民을 파악하는 방법이 어떠하였는지를 파악할 수 있는 재료가 되기 때문이다. 이러한 가설을 전제로 판단하자면, 庚寅年籍이나 庚午年籍은 한반도에서 배운 양식으로 작성된 게 아닐까 하는 추측을 상정해볼 수 있다.

물론 코쿠분마츠모토 유적의 목간으로부터 알 수 있는 7세기 말 호적제도의 평가에 대해서는 이미 중국적인 호적제도의 요소가 어느 정도 보인다는 평가도 있을 수 있다. 그러나 앞 장에서도 서술하였듯이, 7세기 말 단계라면 필자는 한반도 문명과의 관계 쪽이 중요하지 않았느냐는 생각이다. 만약 역사적인 평가에서 필자의 견해가 약하다고 한다면, 그것은 사료의 잔존 등의 조건에서 7~8세기 중국의 제도 쪽이 한반도 諸國의 제도보다 잘 알 수 있는 상황이기 때문일 것이다.

코쿠분마츠모토 유적의 목간에 대한 고찰이 심화되기 위해서는 향후 비교자료로서 당연히 일본 국내의 7세기 人民 파악에 관계된 자료를 찾는 것도 중요하지만, 한국의 목간 자료 속에서 이러한 人民 파악 방법을 파악하는 쪽을 기대하고 싶다. 7세기 人民 파악 방법이 일본과 한반도 諸國 사이에서 과연 어느 정도 공통되는지, 어느 정도 차이가 있는지를 검증할 수 있으리라 기대한다.

V. 일본역사 연구에서 한국목간의 의의

그렇다면 일본사회는 대보율령 제정 무렵에 한반도 방식을 기조로 한 모습에서 왜 唐의 방식을 기조로 하는 방향으로 바꾸려 한 것일까. 이는 동시기 대보율령을 제정하려고 했던 정치의 중심에 있던 사람들의 사고 방식의 문제이며, 그 중심에 있던 인물은 대보율령 제정을 주도했을 후지와라노 후히토(藤原不比等)라고 추정된다.[18] 이 전환의 주도자는 아마도 이러한 전환이 국내적으로도 대외적으로도 어떤 의미

16) 宮本救, 1971, 「戸籍と計帳」, 岡崎敬·平野邦雄編, 『古代の日本』 9, 角川書店; 2006, 『日本古代の家族と村落』, 吉川弘文館.
17) 坂上康俊, 2017, 앞의 논문.
18) 鐘江宏之, 2010, 앞의 논문.

를 지니는지 알고서 의도적으로 실행하였다고 보아야할 것이다. 다시 말해 위에서부터의 의도적인 전환이라는 평가를 내릴 수 있겠다.

이 전환으로 일본은 자신들의 사회 기준을 한반도와 일본 열도 범위의 세계에서 통용되는 기준에서 중국까지 포함한 세계의 기준으로 바꾸게 되었다. 한반도까지만 시야에 넣었던 세계 인식에서 중국을 추가한 범위의 세계 인식을 갖게 되면서, 일본 열도 안에서 세계관의 확대가 극적으로 일어나고 있었을 것이다. 동아시아 세계에서 이 의도적인 전환이라는 문제를 생각해 봤을 때, 이것은 일본 역사상 매우 중대한 일로 여겨야 할 사건이다.

이러한 인식에 대하여 일본 역사학계에서는 한반도로부터 배우고 있었다는 점을 적극적으로 평가하지 않으려는 경향이 아직도 다소 남아 있다고 생각된다. 예컨대 필자는 天武天皇期에는 신라로부터 적극적으로 선진문명을 도입하고자 한 것이 아닐까 생각하고 있지만, 연구자에 따라서는 일본이 小帝國主義를 내세우고 있었다고 생각하므로 신라의 위에 서 있었다는 의식으로부터 접근하고 있을 것이며, 신라로부터 문명을 배우고자 했다고는 보기 어렵다는 견해도 가끔 보인다. 하지만 유학생·학문승을 일본에서 신라로 보내거나,[19] 신라에서 정치 중심에 가까운 존재이자 顧問이 될 수 있는 인재가 일본에 방문하고 있다는[20] 점에서 신라와의 교류를 통하여 여러 가지를 배우고 있었다는 것을 부정하기 어렵다.

물론 견수사 파병 이후, 7세기 내내 중국 문명을 직접 배우고자 하는 측면이 있는 점도 부정하지 않는다. 그러나 전체적인 형태를 어떻게 파악할 것인가 하는 점에서는, 7세기 단계에서는 주로 한반도로부터 배워 와 한반도와 공통되는 다양한 것들을 기조로 하고 있었다고 이해해야 한다. 일본사회는 견수사 이후 착실하게 중국 문명을 섭취해 왔다는 점이 이제까지의 연구대상이었다. 그러나 그들 중 많은 연구가 이 시기에 한반도로부터 흡수한 문명 요소 역시 있었다는 것을 고려하지 않아 왔다. 그러므로 이를 제대로 자각하고, 7세기 문화의 기조를 생각하면서 한반도로부터 문명의 흡수라는 부분을 수면 위로 올려야 할 때가 아닐까 싶다.

큰 틀에서 지금까지 서술한 내용이 필자가 현재 생각하고 있는 것이며, 이러한 결론을 내리기까지 일본의 8세기 文物인 목간이나 정창원문서와 비교 연구를 위한 중국의 사료자료인 敦煌文書와 吐魯番文書를 참고삼았다. 그리고 일본의 7세기 문물로는 목간이 그 대부분을 차지하게 되었으며, 이것과 의미 있는 비교를 위해 한국목간을 제공받았다. 그리고 앞으로도 이러한 재료가 되는 출토 문자 자료가 한층 더 발견되어 연구가 보다 풍부해 질 것을 기대한다.

투고일: 2019. 4. 30.　　심사개시일: 2019. 5. 16.　　심사완료일: 2019. 5. 28.

19) 関晃, 1955, 「遣新羅使の文化史的意義」, 『山梨大学学芸学部研究報告』 6: 1996, 『関晃著作集』 3, 吉川弘文館; 鈴木靖民, 1970, 「日羅関係と遣唐使」, 『朝鮮史研究会論文集』 7: 1985, 『古代対外関係史の研究』, 吉川弘文館.

20) 예컨대 신라 승려 行心(幸甚)은 天武天皇의 皇子 중에서도 유력한 大津皇子의 주변에서 활약했으며(『懐風藻』 大津皇子伝), 비슷한 존재가 그 외에도 있을 가능성이 있다.

참/고/문/헌

関晃, 1996,『関晃著作集』3, 吉川弘文館(初出1955年).

宮本救, 2006,『日本古代の家族と村落』, 吉川弘文館(初出1971年).

大隅清陽, 2008,「大宝律令の歴史的位相」, 大津透編,『日唐律令比較研究の新段階』, 山川出版社.

東野治之1983,「木簡に現れた「某の前に申す」という形式の文書について」,『日本古代木簡の研究』, 塙書房.

鈴木靖民, 1985,『古代対外関係史の研究』, 吉川弘文館(初出1970年).

市大樹, 2010,「前白木簡に関する一考察」,『飛鳥藤原木簡の研究』, 塙書房.

市大樹, 2014,「都の中の文字文化」, 平川南編,『古代日本と古代朝鮮の文字文化交流』, 大修館書店.

岸俊男, 1988,『日本古代文物の研究』, 塙書房(初出 1980年).

李成市, 1996,「新羅と百済の木簡」, 平野邦雄·鈴木靖民編,『木簡が語る古代史』上, 吉川弘文館.

李成市, 1997,「韓国出土の木簡について」,『木簡研究』19.

早川庄八, 1997,『日本古代の文書と典籍』, 吉川弘文館(初出1985年).

鐘江宏之, 1997,「計会帳作成の背景『正倉院文書研究』5, 吉川弘文館.

鐘江宏之, 2002,「公式令における「案」の保管について」, 池田温編,『日唐律令制の諸相』, 東方書店.

鐘江宏之, 2008,『律令国家と万葉びと』, 小学館.

鐘江宏之, 2010,「藤原京造営期の日本における外来知識の摂取と内政方針」, 鐘江宏之·鶴間和幸編著,『東アジア海をめぐる交流の歴史的展開』, 東方書店.

鐘江宏之, 2011,「「日本の七世紀史」再考」,『学習院史学』49.

鐘江宏之, 2018,「大宝建元とその背景」佐藤信編『律令制と古代国家』, 吉川弘文館.

坂上康俊, 2017,「嶋評戸口変動記録木簡をめぐる諸問題」,『木簡研究』35.

平川南, 2000,『古代日本の文字世界』, 大修館書店.

平川南, 2003,「屋代遺跡群木簡のひろがり」「韓国·城山山城木簡」,『古代地方木簡の研究』, 吉川弘文館.

〈Abstract〉

Transformation of Japanese Society by Enforcement of Taiho Codes(大寶律令) and Korean Wooden tablets(木簡)

Kanegae Hiroyuki

In Japan, changes in practices before and after the implementation of Taiho Codes(大寶律令) are confirmed in Wooden tablets(木簡). Before the Taiho Codes(大寶律令) took effect, The 7th century's Wooden tablets(木簡) is similar to the Wooden tablets(木簡) excavated in Korea. Prior to the Taiho Codes(大寶律令), the Wooden tablets(木簡) culture has been practiced in societies with culturally common practices with various countries on the Korean Peninsula. In reviewing the various aspects of this culture at the time, Wooden tablets(木簡) are valuable materials. For example, Wooden tablets(木簡), which records the movement of family register system(戸籍制度) against the backdrop of 戸口, shows that the family registry system in the 7th century has changed since the beginning of the 8th century. In the 7th century, strongly influenced by the Korean peninsula, the family registry system needs to consider its relevance to various systems on the Korean Peninsula.

▶ Key words: Taiho Codes(大寶律令), The 7th century, Family register system, Silla and Japan relations

특집 2

屯倉과 韓國木簡

-倭國史에서의 韓國木簡의 가능성-

田中史生 著*

김민수 譯**

〈국문초록〉

일본 律令國家 지배체제의 특징 중 하나는 문서에 의한 행정 시스템이 중앙뿐 아니라 지방에서도 시행되었다는 것이다. 그 이전 단계에 중국이나 한반도에서 5세기 이후 일본에 건너간 渡來系 문자기술자들의 활약이 있었다는 사실 역시 잘 알려져 있다. 하지만 중앙에서의 문자문화 전개 양상과 비교했을 때 지방에서의 문자문화 확산이 어떻게 이뤄졌는지는 아직 불분명한 점이 많다. 일본에서는 地方木簡이 7세기 후반부터 출토되고 있는데, 율령국가에서 지방관의 양성을 담당한 교육기관인 國學은 8세기 초 大寶律令 반포 이후에나 설치된다. 때문에 7세기 이전 일본의 고대 사료는 매우 제한적인 상황이며, 지방에서 한자문화를 담당한 계층이 어떻게 탄생했는지 확실치 않다. 그런데 최근 일본보다 앞서 작성된 한국 출토 목간에서 일본의 地方木簡과 공통점을 가진 것들이 확인되고 있어 이 문제를 풀어낼 단서를 얻을 수 있게 되었다.

그래서 본고에서는 율령국가의 郡(評)의 기초가 된 6세기 중반 이후 屯倉(ミヤケ; 미야케)에 한반도 출

* 日本 早稲田大学

** 동국대학교 역사교육과 일반연구원

신 渡來系 문자기술자가 배치되었다는 점에 착목해 屯倉에 의한 지배의 문제를 한국 출토 목간과의 관련성에서부터 검토하였다. 그 결과 일부 선진적인 屯倉에서는 6세기 중반 무렵부터 渡來系 문자기술자가 투입되어 생산·물류·노동력 징발에 대한 관리를 강화했다는 사실이 확인되었다. 또『日本書紀』등에서 그들과 관련된 기록을 통해 한국 출토 목간의 작성 방식과 통하는 것이 있다는 사실이 판명되었다.

渡來系 문자기술자들이야말로 한국목간에서 확인되는 한자문화를 가지고 그를 일본열도에 전달해준 사람들이었던 것이다. 지역사회에 설치된 屯倉은 중앙왕권이 각지로부터 물자나 노동력을 징발하기 위한 거점으로서의 기능을 하고 있었다. 때문에 渡來系 문자기술자들이 이에 관여하고 있었다는 사실을 통해 한반도를 기원으로 하는 문자문화가 중앙·지방에 공유된 환경이 조성되었다고 생각할 수 있다. 그 후 屯倉의 渡來系 문자기술자들로부터 지방행정을 담당한 왜계 수장층이 문자를 적극적으로 수용하는 단계를 거쳐 7세기 후반에는 일본에서도 지방에서 목간을 작성할 수 있게 되었을 것으로 보인다.

▶ **핵심어: 屯倉(ミヤケ), 戸籍, 今來漢人, 王辰爾, 出擧**

I. 서론

倭武王의 上表文(『宋書』倭國傳)이나 고분에서 출토된 명문 도검류 등을 통해 倭國에서 한자를 사용해 문서를 작성한 것은 5세기에는 이미 시작되었다는 사실을 알 수 있다. 이들은 王權 가까이에서 활약한 중국 혹은 한반도 출신 渡來系의 문자기술자에 의해 작성된 것이었다. 또 율령국가 시대에 이르면 일본은 관인 양성 기관인 대학을 중앙에 설치하였다. 그 전신이 7세기 후반(天智期)에 설치된 學識이다. 그리고 그에 대한 운영을 담당했던 자들 역시 망명한 백제인을 출자로 하는 도래계 인물들이었다.

한편 율령국가 시기 지방 관인 양성을 담당한 기관은 國學이었다. 그런데 국학이 설치된 것은 702년 시행된 大寶律令 반포까지 늦어진 것으로 보인다.[1] 그러나 일본의 지방목간은 7세기 후반의 것부터 출토되고 있다. 이것이 어떤 역사적 환경을 바탕으로 나온 것인가는 아직 확실치 않다. 그렇다고는 하지만 일본목간과 한국목간의 비교 검토를 통해 둘 사이의 유사성이 명확해졌다는 데에 그 의의가 있지 않을까 싶다. 율령국가의 郡(評)의 기초가 된 7세기 중반 이후 屯倉(미야케)에는 한반도를 출자로 하는 도래계 문자기술자들이 배치되었기 때문이다. 본고에서는 주로 屯倉의 지배 문제를 한국목간과의 연결점에서부터 검토하고, 倭國史에서의 한국목간의 가능성에 대해 고찰해보고자 한다.

1) 桃裕行, 1994,『上代学制の研究[修訂版]』, 思文閣出版, 第五章.

II. 屯倉의 篇戶·造籍

大寶律令 시기 지방행정 구획이었던 郡은 7세기 중반 무렵 國造의 지배영역을 재편하면서 설치된 評이 발전한 것이다. 하지만 評이나 郡의 訓讀에 해당하는 '코호리'는 집락을 뜻하는 한반도의 언어인 '고을(코호리)'에서 유래된 것이었다.[2] 또 6세기 중반 이후 중앙왕권은 지방지배를 위해 각지에 屯倉을 설치하고 그 일부에서는 호적을 만들고(造籍) 戶를 편성(編戶)한 도래계 집단을 '○○코호리'라고 파악하기도 했다. 이 '코호리'는 얼마 지나지 않아 屯倉의 지배영역을 가리키는 명칭으로 확대되었으며, 이를 기초로 評·郡이 성립했다는 설이 유력하다.[3]

『日本書紀』에 기록된 도래계 집단의 編戶 관련 기사 중에서 어느 정도 신뢰가 가는 가장 이른 기록은 다음과 같다.

> ① 『日本書紀』 欽明 元年 8月
> 秦人과 漢人 등 諸蕃의 投化者를 모아 國郡에 안치하고, 編戶하였다. 秦人의 戶數는 총 7053호였다. 大藏掾을 秦伴造으로 삼았다.

위 기사의 '欽明 元年'은 編戶·造籍을 실제로 시행한 해는 아니며, 欽明期 무렵 秦人에 대한 編戶·造籍이 이뤄진 것을 기반으로 기록한 것으로 보인다.[4]

앞의 編戶·造籍에 의해 편성된 秦人·漢人과 屯倉의 관계는 '茨田郡屯倉'에 대한 기록을 통해서도 확인할 수 있다. 이 屯倉은 『日本書紀』 宣化 元年(536) 5월 辛丑 朔日 기사에 등장한다. '茨田郡屯倉'의 '郡'은 評·郡制 이전 단계인 '코호리'와 관련된 것으로 보이는데,[5] 『播磨国風土記』 揖保郡條에는 '枚方里'이라는 지명의 유래를 河內國 茨田郡 枚方里으로부터 '漢人'이 이주한 것에서 시작되었다고 설명한다. 이는 播磨의 屯倉 개발을 위해 茨田의 屯倉으로부터 '漢人'들이 이주한 사실을 전하는 것이라고 생각된다.[6] 또 『古事記』 仁德段에는 '秦人'을 징발해 茨田堤이나 茨田三宅(미야케; 屯倉)을 만들었다고 되어있다. 원래부터 茨田는 5세기 왕권이 요도가와(淀川) 水系의 교통기능을 향상시키기위해 도래인을 투입해 적극적으로 개발한 지역이었으며,[7] 6세기 중반에 이르러 여기에 屯倉을 설치해 이 지역에 도래계 집단을 編戶·造籍해 '漢人'·'秦人' 등으로 편성했고, 이를 통해 '茨田 코호리 屯倉'이 성립되었다고 보고 있다.

---

2) 원문에는 'コホリ'라고 되어 있다. 이는 집락을 의미하는 한국어 '고을'을 일본식으로 표현한 것으로 판단되나 확실치 않다. 이후에서는 원문표기의 발음을 따라 '코호리'라고 하였다.

3) 鎌田元一, 2001, 『律令公民制の硏究』, 塙書房, 第一部 Ⅵ.

4) 加藤謙吉, 1998, 『秦氏とその民』, 白水社, 第二章.

5) 平野邦雄, 1985, 『大化前代政治過程の硏究』, 吉川弘文館, 第三編.

6) 舘野和己, 1992, 「畿內のミヤケ·ミタ」, 『畿內 I』; 『新版 古代の日本』 5, 角川書店.

7) 田中史生, 2004, 「五·六世紀の大阪湾岸地域と渡来人-河內を中心に-」, 『歷史科学』 175.

茨田郡 屯倉에서 이뤄진 漢人·秦人에 대한 編戶·造籍은 瀨戶內海에 설치된 각각의 屯倉에서도 이뤄졌다. 『日本書紀』 欽明 16년(555) 7월 壬午 기사에는 '吉備의 5郡'에 白猪 屯倉을 설치하였다고 되어있다. 이 5개의 '郡' 역시 編戶·造籍을 시행한 '코호리'였을 것이다. 다만 編戶가 실제로 이뤄진 것은 白猪屯倉이 설치되고 조금 뒤의 일이다. 欽明期에는 다음의 기록이 보인다.

> ② 『日本書紀』 欽明 30년(569)
>
> 正月 辛卯 朔日, 詔에서 이르길, "田部가 설치된 지 오래되었다. 10년이 지났는데에도 籍에서 빠져 課를 면하는 자가 많다. 膽津(膽津은 王辰爾의 조카이다)을 보내 白猪田部의 丁籍을 조사하여 정하도록 하라"고 하였다.
>
> 夏 4월, 膽津은 白猪田部의 丁을 조사하여 詔에 따라 籍을 정하였다. 이에 의해 田戶가 이루어졌다. 천황은 膽津이 籍을 정한 공을 칭찬하며 姓을 주어 白猪史로 하였고, 田令에 임명해 瑞子의 부관으로 하였다.

②는 膽津이라는 인물이 白猪屯倉의 노동자인 田部의 丁을 조사한 뒤, '丁籍'을 작성해 田戶로서 호를 편성했다는 기록이다. 또 그 공적으로 白猪史라는 성을 받았으며, 屯倉을 감독하는 田令인 瑞子의 부관이 되었다고 되어 있다. 瑞子는 葛城山田直瑞子로, '備前兒島郡'에 설치된 兒島屯倉의 田令이었다(『日本書紀』 欽明 17년 7월 己卯). 또 膽津에게 주어진 '史'라는 성은 6세기 이후 문자 기능을 가진 도래계 씨족에게 주어진 것이다. 즉 膽津은 도래계의 문자기술자였던 것이다. 게다가 膽津은 백제계 도래인인 王辰爾의 조카라는 주가 확인된다. 다만 '白猪'는 백제의 성으로, '王'이라는 성을 가진 王辰爾와 부계 쪽의 혈연관계라고는 볼 수는 없다. 白猪屯倉이라는 이름 역시 이 膽津의 성인 '白猪'에서 유래되었다고 생각된다.[8] 백제의 성을 그대로 칭하였던 膽津은 백제 출신의 도래계였으며, 또 문자기술자였던 것이다.

그런데 여기에서 膽津이 검토하여 정한 '丁籍'의 '丁'은 과역 대상연령에 해당하는 성인 남자를 가리키는 것이다. 하지만 '丁籍'은 '丁'의 이름들만을 기록해 놓은 장부는 아니었다. 이름만을 기록하는 정도의 장부는 일찍부터 있었지만, 그것만으로는 새로 과역 대상 연령이 된 사람들을 보충해 넣을 수 없기 때문에 膽津은 장래에 '丁'이 되는 연령층까지 포함한 형태의 戶를 편성할 목적으로 '丁籍'을 작성하였다.[9] 이를 통해 田部의 戶(田戶)가 성립하였던 것이다. 이렇게 白猪屯倉의 코호리가 성립된 것으로 보인다.

또 膽津은 그 성공을 통해 兒島屯倉의 田令인 葛城山田直瑞子의 부관이 되었다. 兒島屯倉과 白猪屯倉이 별개의 屯倉이라고 보는 설이 유력하지만, 이에 따르면 白猪屯倉은 兒島屯倉의 네트워크 아래에 있었던 것이 된다. 게다가 膽津은 編戶·造籍을 한 공적으로 兒島屯倉 전령의 부관이 되었다. 즉, 白猪屯倉에

8) 加藤謙吉, 2002, 『大和政権とフミヒト制』, 吉川弘文館 第四章 등. 또 『新撰姓氏録』의 未定 雜姓·河內國 大友史에 '百済國人白猪奈世之後也'라는 기록이 보인다.

9) 笹川尚紀, 2001, 「白猪屯倉·児島屯倉に関する初歩的研究」, 『史料としての『日本書紀』—津田左右吉を読みなおす—』, 勉誠出版.

서 編戸·造籍을 성공한 뒤 兒島屯倉에서도 編戸·造籍을 담당했을 가능성이 높다. 兒島屯倉 즉 '兒島의 코호리'는 이 과정을 거쳐 성립한 것으로 보인다. 이와 같은 膽津의 기술을 사용해 설호 관련되어 있었던 吉備의 屯倉에 '五郡'이 형성된 것이라고 생각된다. 이처럼 '五郡'의 편성이 백제 도래인들에 의해 이뤄졌다고 한다면 '五'라는 숫자도 백제로부터의 영향에 의한 것일 가능성이 있다. 백제에서는 왕도나 지방의 행정 구획을 구분할 때 숫자 '五'를 기준으로 하고 있기 때문이다.

III. 今來漢人과 編戸

6세기 중반부터 7세기 전반은 膽津 뿐 아니라 새로 도래한 기능인들이 倭王權에서 여러가지 활약을 하고 있다. 이와 같은 새로운 기술이나 문화를 가지고 일본에 도래해 倭王權에서 활약하게 된 사람들과 그 자손을 '今來才伎'나 '新漢人'이라고 부르기도 하였다. '今來(イマキ; 이마키)'는 오래전에 도래한 자들과 대비해 새로이 왔다는 것을 의미하는 일반적인 용어로, '今來才伎'는 새로 건너온 자들 중 기능자를 말한다. 그중에서 한씨 관할 하에 들어간 자들이 '新漢人', 즉 새로 건너온 漢人[今來漢人]인 것이다. 今來 도래인의 전승은 漢氏와 관련 있는 경우가 많다.

今來 도래인이 처음 등장한 사료는『日本書紀』雄略 7년 是歲에 나오는 吉備氏의 반란 기사로, '新漢'인 陶部高貴·鞍部堅貴·画部因斯羅我·錦部定安那錦·訳語卯安那가 백제에서 도래했으며, 東漢直掬이 그들이 거주할 수 있도록 신경써주었다는 사실이 확인된다. 그런데 이 기사는 今來漢人이 도래한 사실과 吉備氏의 혼인관계 관련 전승 등 각각의 이야기를 무리하게 접합한 雄略 시대의 출자 관련 기사로 개작한 것일 가능성이 높다고 여겨진다.[10] 그런데 여기에 등장하는 '新漢'의 이후 활약을 살펴보면, 鞍部·錦部에 6세기 후반부터 '新漢'을 성으로 하는 사람들이 거주하게 되었다고 하며, 7세기 초에는 遣隋學問生·留學僧·伎樂舞의 傳習者로 등장하기도 한다.

今來漢人이 새로운 기능을 가지고 있었다는 사실은 그 일부 조직이 율령국가의 세습적인 技術民인 品部·雜戸에 들어가게 되었다는 사실로도 확인할 수 있다. 율령국가의 관사에는 직무수행을 위한 관영공방을 가진 집단이 있었으며, 그들은 그 공방에서 일정한 역할을 담당했다. 지금까지의 연구에 의하면 令制品部·雜戸의 전신이 되는 조직은 금래한인이 중심이 되었다고 보이며, 백제 內官部司의 영향을 받아 성립되었다고 여겨지고 있다. 內官에는 刀部·木部·馬部 등의 명칭이 보이는데, 令制品部·雜戸가 담당한 직무와 통하는 것들이 확인된다.[11] 또 백제의 部司制는 部民制의 성립에도 영향을 끼쳤을 것으로도 보인다.

또 品部·雜戸制에서 특히 흥미로운 것이 이들이 호를 기본 단위로 파악되어 공급되고 있었다는 점이

---

10) 大橋信弥, 1996,『古代日本の王権と氏族』, 吉川弘文館, 第一編 第一章.

11) 平野邦雄, 1969,『大化前代社会組織の研究』, 吉川弘文館, 第二編 第一章.

다. 이와 같은 편성 방식은 도래계를 중심으로 적어도 6세기 말에서 7세기 초 무렵 중앙왕권의 공방까지 소급해 확인할 수 있다. 이 시기의 공방에는 수공업 기능자가 戸別로 편성·장악되었는데, 戸로부터 공급된 '△△戸'(百濟戸 등)으로 불리는 기능자를 '△△戸' 내부에서 선정된 '△△手人'(百濟手人 등)이 통솔하는 '手人一戸' 편성방식이 사용되었다.[12] 雜戸에는 雜戸籍이라고 불리는 특수한 호적이 있었다고 알려져 있다. 이는 율령제에서 만들어진 일반적인 호적과 다른 것으로, 율령제 성립 이전에 존재한 호적의 계보를 이은 것으로 보인다. 이와 같은 造籍을 행한 戸를 단위로 한 노동력 징발은 전술했다시피 일부의 선진적인 屯倉에도 도입되었던 것이었다.

여기에서 『日本書紀』의 신빙성 낮은 雄略 7년 기사를 제외하고, 다시 '今來'를 찾아보면, 欽明 7년(546) 7월의 기사에서 檜前邑의 川原民直宮에 의한 良馬 사육 성공을 '倭國의 今來郡'에서 보고하였다는 것이 최초가 된다. 川原民直은 東漢氏系의 도래계 씨족으로 이 기사 역시도 東漢氏系의 사료를 기초로 한 것으로 생각된다. 이 기사에는 『日本書紀』 편자인 文飾이 있는데, 宮에 관련된 일정한 사실을 모아 기록하고 있다.[13] 게다가 그 땅은 東漢氏와 연결된 도래계 사람들이 5세기 후반부터 모여 살던 지역이었다. 『板上系圖』에 인용된 『新撰姓氏錄』의 逸文에도 仁德期 東漢氏의 조상인 阿智王이 한반도에서 '本鄕의 人民'을 새로이 모아 '今來郡'을 세웠는데, 이것이 후에는 高市郡으로 이름이 바뀌었다고 하고 있다.

그렇지만 '今來'에 대한 신뢰할 만한 『日本書紀』의 기사가 '今來의 코호리'라는 명칭과 함께 欽明期 초에 확인된다는 사실에 유의할 필요가 있다. 전술했듯이 마침 그 무렵 쯤부터 도래계 집단을 造籍·編戸를 통해 파악한 '코호리의 屯倉'이 등장하기 때문이다. 실제로 欽明 16년(555) 10월 조에는 高市郡에 韓人大身狹屯倉과 高麗人小身狹屯倉을 두기도 하였다. 고시군은 금래군이 개칭된 것으로 漢人은 해당 기사에서 백제인을 가리키는 것이라는 주기 역시 확인된다. 그 지역에는 欽明期 중앙왕권에서 도래인을 편성해 코호리의 屯倉을 설치했을 가능성이 높다.

이와 같이 屯倉을 매개로 도래계 기능자의 造籍을 행한 編戸가 '今來'의 지역에서 역시 6세기 중반부터 이뤄졌던 것이다. 그들은 戸에서 징발되어 중앙왕권의 공방에서 수공업생산자에 종사하였으며, 일부가 品部·雜戸制에서도 이어졌던 것으로 보인다. 하지만 수장층이 공동체 구성원에게 미치는 영향력에 의존했던 일반적인 部民制 하에서의 노동력 징발의 경우는 編戸나 造籍이 반드시 필요했던 것은 아니다. 그렇다면 品部·雜戸制와도 관련된 今來漢人의 조직편성은 같은 형태의 백제 部司制의 영향을 받았다고 상정되는 일반적인 部民制보다도 선구적인 노동력 징발 방식이 채용된 것이라고 할 수 있다.

12) 浅香年木, 1971, 『日本古代手工業史の研究』, 法政大学出版局, 第一章.

13) 加藤謙吉, 2017, 『渡来系氏族の謎』, 祥伝社.

Ⅳ. 倭國의 編戶·造籍과 韓國木簡

『周書』百濟傳에 의하면 6세기 백제에는 外官 10부의 하나로 戶口의 관리·징발을 행한 것으로 보이는 '点口部'가 있었다고 한다. 그리고 최근 한국에서는 백제의 戶籍制와 관련되었을 가능성이 있는 7세기 목간이 몇 점 출토되었다.

③ 부여 궁남지 출토 목간

[앞면]
西□○丁夷
西ア後巷已達已斯丁 依活□□□丁

[뒷면]
○
歸人中口四 小口二 邁羅城法利源五形

④ 나주 복암리 출토 2호 목간

[ ]
兄將除公丁 婦中口二 小口四
□兄定文丁 婦中口一 『定』
前□□□

⑤ 나주 복암리 출토 5호 목간

[앞면]
大祀○村□弥首山 丁一 中口□
□□四
□丁一 牛一

[뒷면]
□水田二形得七十二石 在月三十日者
○畠一形得六十二石
得耕麥田一形半

이들 목간의 내용을 통해 적어도 7세기 백제에 '丁-中口-小口'라는 연령 구분이 있었다는 사실이 판명되었다. 윤선태는 이것이 7세기 중반 西魏 이후 중국에서 정비된 丁中制와 대응된다는 점을 지적하였다. 그는 御野國戶籍(702)과 新羅村落文書(695)가 그 이전 중국에서 시행된 正丁·次丁制에 의거하고 있다는 사실, 두 호적이 家戸를 '烟'이라고 표시하는 등의 유사성을 가지고 있다는 점에 주목했다. 이와 같은 사실 등을 통해 고대 일본의 호적제도(美濃國戸籍 단계)가 5호16국(北魏)→고구려→신라(村落文書 이전 단계)의 계보를 이은 것이며, 이후 망명한 백제인들에 의해 西魏→北周→隋·唐의 계보를 이은 백제제도의 영향을 받아 西海道型戸籍이 성립된 것이라는 주목할 만한 설을 제시하였다.[14)]

다만 膽津이 백제계로 보인다는 점, 今來漢人의 조직이 백제 部司制의 영향을 받았다는 사실 등을 통해 6세기 倭國의 編戸·造籍이 백제의 영향을 받은 것이었을 가능성이 매우 높다는 사실을 알 수 있다. 이것이 御野國戸籍과 어느 정도 관련이 있는가 하는 문제는 이후의 과제로 하고자 한다. 백제의 丁中制 도입은 일러도 北朝와의 교류가 본격화된 6세기 후반 威德王 이후일 것으로 보이므로, 丁中制 도입 이전의 백제 호적제도가 倭國에 전해졌을 가능성 역시 고려해야만 하기 때문이다, 御野國戸籍에 나타난 동아시아의 각국의 영향을 다원적으로 받은 것이라는 사실 역시 유의해야만 한다.[15)] 때문에 이후의 연구에 한국 목간의 역할에 대해 큰 기대를 가지게 된다.

膽津의 문자기술과 관련된 또 다른 백제 목간은 한국 충청남도 부여 능산리에서 출토되었다. 능산리 목간은 6세기 중반의 것으로[16)] 膽津이 활약했던 시기와 겹친다.

⑥ 능산리 299호 목간

	[女?]		[只文?]
三貴	至□	今母	□□
[丑?]			[翅?]
□牟	至文	安貴	□文
[丁?]	[大?]		
□□	□貴	□□	

14) 尹善泰, 2003, 「新羅村落文書研究の現状」, 『美濃国戸籍の総合的研究』, 東京堂出版; 2007, 「木簡からみた百済泗沘都城の内と外」, 『韓国出土木簡の世界』, 雄山閣.

15) 4세기에 시작된 5호16국 시대, 華北에서 고구려·백제에 유입된 중국계 인물은 양국의 漢字文化에 큰 영향을 주었음은 물론이다. 그리고 그 문화는 주로 백제를 경유해 倭國에 전해졌다. 그러므로 西海道戸籍보다 먼저 작성된 것이 분명한 御野型戸籍의 형식에 前秦에서 北涼 시기에 작성된 호적이 영향을 주었다는 주장이 있으므로 이에 유의해야 한다(小口雅史, 2018, 「日本古代戸籍の源流·再論」, 『律令制と古代国家』, 吉川弘文館). 또 御野國戸籍은 三政戸制와 新羅村落文書에서도 보이는 九等戸制를 채용하고 있다. 그중에서 九等戸制는 신라와 일본 모두 唐制의 영향을 받은 것이며, 특히 일본의 경우 浄御原令 단계 이후에 도입된 것으로 보이며, 三政戸는 浄御原令 이전시기 들어온 것으로, 唐制의 영향이 약했을 때에 시행되었다는 사실이 지적되고 있다(新川登亀男, 2003, 「里の成り立ちと九等戸制」; 「里の成り立ちと三政戸制度」, 『美濃国戸籍の総合的研究』, 東京堂出版). 나아가 御野國戸籍은 하나의 戸에서 한 명의 병사를 낼 수 있도록 戸의 正丁數(3~5人)이 인위적으로 조정되었다는 사실이 확인되므로 이것이 7세기 말의 신라가 실제 생활집단을 중시하며 戸를 편성한 것과는 다르다는 점이 지적되고 있다(立花大輔, 2017, 「新羅·古代日本における戸の編成−新羅村落文章の検討を通して−」, 『古代文化』 69).

16) 李炳鎬, 2011, 「扶余陵山里出土木簡の性格」, 『木簡研究』 33.

⑥은 가로 계선을 넣어 네 단으로 구분되 있으며 두 글자 씩 정리되어 문자가 쓰여 있다. 나주 복암리 유적 출토 12호 목간에는 '軍那德率至安'이라는 인명이 보이므로, 능산리 299호 목간의 '至[因]'·'至文' 역시 백제의 인명일 가능성이 높다. 이 목간은 刀 모양을 띠고 있으며, 뒷면에는 '乙'자 모양의 기호가 3행에 걸쳐 연속해서 써져 있으므로 아마도 제사와 관련된 것으로 보인다. 하지만 앞면 왼쪽 행의 글자가 갈라져 있어 이차적인 가공이 있었을 가능성도 있다. 실제가 어떻든지 간에, 6세기 중반의 백제에는 '籍'의 작성 기술과도 관련 있는 曆名木簡이 만들어지고 있었다 것을 보여주는 자료임은 분명하다. 또 같은 유적에서 출토된 307호 목간에는 단편이기는 하지만 '資丁'이라는 문자가 확인되는데, 이것이 6세기 백제에서 '丁'을 편성·관리했다는 사실과 관련되었을 가능성이 있다. 일본의 경우도 역시 나라현 이시가미 유적(石上遺跡)에서 7세기 Ⅱ四半期에 해당하는 SD4260에서 출토된 목간에 '□□女丁大人丁□取□久□'라는 글자들이 보여 '丁'을 장부를 통해 파악한 것이 7세기 전반에는 널리 행해지고 있었다는 사실을 추측할 수 있게 한다.

Ⅴ. 王辰爾의 문자기술

또 위의 나주 복암리 목간 ④에 '除公'이라는 표현이 보이므로 이것이 新羅村落文書와 공통된 연령 구분일 가능성이 지적되기도 했는데,[17] 백제와 신라의 문자 문화가 6세기에 어느 정도로 달랐는가 역시 문제가 된다. 일반적으로 신라의 문자문화는 고구려로부터 영향을 받았다는 사실이 강조되고 있으나, 목간이 출현하기 전 단계 시기였던 5세기에는 오히려 신라와 백제 사이의 교류가 빈번해지게 된다. 즉, 5세기 전반부터 후반에 걸친 시기에 신라는 고구려로부터 자립하고자 하는 움직임을 보이며, 백제 역시 신라와 관계를 강화했던 것이다.[18] 『三國史記』 百濟本紀와 新羅本紀에 의하면 493년 양국 간의 혼인동맹이 성립되기도 하였다. 또 7세기의 사례이기는 하지만 『三國遺事』 卷3 塔像 第4 皇龍寺九層塔에 의하면 신라의 皇龍寺九層塔은 백제의 工匠에게 청하여 건립할 수 있었다고 되어 있다. 이를 미루어 볼 때 백제·신라 간에도 문자문화 교류가 있었을 가능성이 높다고 보아도 될 것이다. 때문에 膽津의 숙부라 전해지는 백제계 王辰爾의 문자기술 역시 신라 성산산성 목간과 관계가 있을 것으로 보인다. 王辰爾의 활약을 전하고 있는 최초의 기록은 다음의 『日本書紀』 기사이다.

⑦ 『日本書紀』 欽明 14년(553) 7월 甲子

樟勾宮에 行幸하였다. 蘇我大臣稲目宿禰가 勅을 받들어 王辰爾를 보내 船賦의 수를 기록하게[數錄] 하였다. 이에 王辰爾를 船長에 임명하였다. 이로 인하여 성을 내려 船

---

17) 橋本繁, 2014『韓国古代木簡の研究』, 吉川弘文館, Ⅲ·第二章.

18) 熊谷公男, 2015, 「倭王武の上表文と五世紀の東アジア情勢」, 『東北学院大学論集歴史と文化』 53.

史라 하였다. 지금의 船連의 선조이다.

⑦에 의하면 欽明이 樟勾宮에 行幸했을 때 '船賦'부를 '數錄'한 공적으로 '船史'라는 성을 내렸다고 한다. '史'姓은 문자 기능을 가진 도래계 씨족이라고 알려져 있는 성이다.

樟勾宮은 현재 오사카부 히라카타시 구즈하(大阪府 枚方市 楠葉) 부근에 위치한 요도가와(淀川)의 나루터 인근에 있었을 것이라 추정되고 있다. 또 宮의 명칭에 보이는 '樟'은 요도가와 수계를 이용해 운반된 녹나무[樟木]와 관련되었을 것으로 보이므로 樟勾宮은 가공한 녹나무 목재를 운반하는 하천교통의 요지였을 것이라고 생각된다. 그리고 녹나무는 고대에는 배의 재료로 많이 이용되었다.『日本書紀』에 의하면 원군의 준비를 독려하였던 欽明이 行幸하고 10개월 뒤에 많은 兵馬와 함께 배 40척을 백제에 보내었다는 기록이 보인다. 게다가『日本書紀』의 이 기사에 따르면 이때의 行幸은 신라와 전쟁을 하고 있던 백제로부터의 파병 요청을 欽明이 받아들인 다음 달에 이뤄진 것이라고 한다. 즉 백제에서 도래한 王辰爾는 欽明이 樟勾宮에 行幸해 백제 지원을 위해 요도가와 수계를 이용해 선박으로 군사 물자를 조달했을 때 문자 기술을 사용해 그를 관리하였던 것으로 볼 수 있다.[19)]

王辰爾의 '數錄'은 欽明 31년(570) 표류하여 越(北陸道의 옛 이름)에 도착해 山背의 相樂館에 안치된 고구려 사신에 대해『日本書紀』敏達 元年(572) 5월 壬寅朔 기사에 '여러 신하들을 相樂館에 보내었다. 헌상하는 공물을 조사하여 기록하게 하고 京師에 보내도록 하였다[乃遣群臣於相樂館. 檢錄所獻調物, 令送京師]'고 한 것과 통한다. 이어진 丙辰 기사에 의하면 그 고구려 사신에 대한 대응에도 王辰爾를 필두로 한 '諸史'가 연관되어 있음을 알 수 있다.

위와 같은 사실들을 한국목간을 통해 다시 살펴보면, 매일 지급되는 食米의 양을 기록·집계한 능산리 출토 '支藥兒食米記' 목간 등 王辰爾의 '數錄'과 통하는 문자기술이 동시대 백제에 도 있었다는 사실을 확인할 수 있다. 그런데 王辰爾가 요도가와 수계를 이용해 津에 모인 물자의 수를 기록[數錄]했다는 사실에 주목하면 경상남도 함안군의 신라 성산산성에서 낙동강 수계를 이용해 모여 있는 물자에 부착되었던 荷札木簡이 출토되고 있다는 것과의 공통성을 무시할 수 없다. 王辰爾는 백제로부터 도래한 인물이므로 王辰爾와 관련된 기록은 신라 성산산성 목간에서 보이는 것과 마찬가지로 수계를 이용한 물류·공납을 문자로 관리하는 기술을 백제 역시 가지고 있었다는 사실을 보여주는 것이라 생각된다.[20)]

다만『日本書紀』의 기록에서는 王辰爾의 '數錄' 작업 이전에 발송처에서 荷札을 물자에 부착해 보냈는지까지는 알 수 없으며, 성산산성 목간의 작성주체가 郡에 소속된 현지 지방민이었다면,[21)] 같은 시기 倭國에 그 정도의 문자 기술이 보급·정착되었다고 상정하기 어렵다.

하지만 여러 신하들을 객관에 파견해 백제로부터의 '調와 獻物'을 검사[檢]하였다는『日本書紀』皇極 2

19) 田中史生, 2009,「王辰爾」,『日出る国の誕生』, 清文堂出版.

20) 田中史生, 2012,「倭国史と韓国木簡－六·七世紀の文字と物流·労働管理－」,『日本古代の王権と東アジア』, 吉川弘文館.

21) 橋本繁, 앞의 책, Ⅰ, 注 17.

년(643) 7월 기유 기사에는 '所進國調'·'送大臣物'·'送群卿物'이 각각 선별되어 그 물품과 수량을 확인하는 임무를 맡았다. 그런데 群臣을 객관에 파견한 572년의 高句麗使 '所獻調物'의 '檢錄' 역시 이와 비슷한 방식이었다고 한다면, 발송자 측의 기록에 기초한 물품과 送受關係를 확인하고 이를 기록하는 방식이 王辰爾 무렵에 이미 있었던 것이 된다. 현재 일본에서 발견된 하찰목간은 전기 難波宮 출토 목간 등을 통해 7세기 중반까지도 거슬러 올라갈 수도 있다는 사실이 확실하다.[22] 부여 쌍북리 주택건설작업지구유적 출토 목간 중에 倭國에서 제작되었을 것으로 보이는 부찰이 있다. 이 목간은 '那尔波連公'이라는 倭係 인물이 작성한 것으로 7세기 중반 이전에 작성된 것인데,[23] 작성 시기를 조금 더 빠른 시기로 볼 수도 있다. 여기에 王辰爾의 활동에 대한 기록과 한국목간과의 대응관계를 봤을 때, 발송자 측에서 붙여 보낸 하찰 등을 사용한 數錄·檢錄 기술이 6세기 후반에는 백제로부터 전달되었을 가능성도 상정할 수 있다고 생각한다. 실제로 문자 기술을 가진 도래계 '史'계통의 씨족은 近江 비와호(琵琶湖) 일대의 교통이나 요도가와(淀川) 수계의 교통의 요충지 등에도 분포해 있었다. 그중에서도 특히 近江國 滋賀郡에도 '史'계통의 씨족 등이 6세기 중반부터 후반에 걸친 시기에 배치되었다는 점이 지적되고 있다.[24] 요도가와 수계에 위치한 중앙왕권의 거점에서는 이같은 일들이 일어나는 환경을 상정해보고자 한다.

이 점에서 天武 10년(681) 이전의 목간 중에서 시가현 야스시(滋賀県 野洲市)에 위치한 니시가와라 유적군(西河原遺跡群)에 속한 니시가와라모리노우치 유적(西河原森ノ遺跡) 출토 목간은 비와호(琵琶湖)에 접한 유적에서 출토된 것이라는 점에서 주목할 만하다.

⑧ 西河原森ノ内 2호 목간

[앞면] 椋□伝之我持往稲者馬不得故我者反來之故是汝トア

[뒷면] 舟人率而可行也 其稲在處者衣知評平留五十戸旦波博士家

⑧은 쌀[稻]을 운반하기 위한 말을 구하지 못했던 '椋□'이 卜部에 舟人을 이끌어 그를 운반하도록 지시하고, 그 쌀이 '衣知評平留五十戸'에 있는 旦波博士의 가문[家]에 있다는 사실을 기록한 것이다. '衣知評平留五十戸'는 현재의 히코네시 이나자토(彦根市 稲里)의 호수가로 비정되고 있다.

목간 앞 부분에 나오는 '椋□'는 창고[椋]와 관련된 職을 가지고 있었던 씨족 출신으로 보이며, 쌀을 보관·운반을 관련된 지시를 내릴 수 있는 권한을 가진 인물이다. 이를 '椋直'이라 부르며 도래계인 東漢氏系 씨족으로 보는 견해가 유력하다. 한편 쌀을 보관한 旦波博士는 도래계 志賀漢人 일족인 大友旦波史氏이다.[25] 旦波博士와 같이 '史'를 '博士'로 표기하는 예는 甲午年(694)이라는 年紀를 가진 法隆寺 소장 觀音

22) 市大樹, 2015,「黎明期の日本古代木簡」,『国立歴史民俗博物館研究報告』194.

23) 平川南, 2009,「百済の都出土の「連公」木簡—韓国·扶餘双北里遺跡一九九八年出土付札—」,『国立歴史民俗博物館研究報告』153.

24) 加藤謙吉, 2017, 앞의 책, 第二章, 注 7.

25) 大橋信弥, 2004,『古代豪族と渡来人』, 吉川弘文館, 第二編 第一章.

菩薩造像記銅板이나 藤原宮 목간 등을 통해서도 확인할 수 있다.[26] 특히 전자의 경우는 '大原博士'의 출자가 백제라는 사실까지 기록되어 있다.

또 ⑧에 의하면 旦波博士의 '家'에는 니시가와라 유적군 부근에 있었을 것으로 보이는 창고에 옮겼을 것이 분명한 상당한 양의 쌀이 있었다. 그리고 이는 '椋□'의 지시로 움직이는 것이었다. 즉 旦波博士는 '椋□'의 지휘 하에 있으며, 그의 집안 역시 쌀이 집적된 농업경영의 거점 중 하나였던 것이다. 게다가 쌀을 말 혹은 선박 두 가지 운반수단을 사용했다는 사실을 확인할 수 있으므로 두 지역 모두 수륙 쌍방의 교통으로 연결되었던 것을 알 수 있다. 이와 같은 형태는 세토 내해(瀬戸内海)를 교통의 요충지로 하는 네트워크가 형성된 6세기 吉備의 屯倉의 경우 田令인 葛城山田直瑞子의 부관에 '史' 膽津이 있었다는 것과 공통된다. 또 니시가와라 유적군은 安閑 2년(532)에 보이는 葦浦屯倉의 경영 형태를 계승한 것으로, 評家·郡家와 관련된 유적이라는 주장이 제기되었으며,[27] 이는 수긍할만한 견해이다. ⑧ 목간의 작성 주체는 '椋□'로, 이와 같은 명령 하달 목간은 문서 행정을 지행했던 7세기 후반 이후 지방에 문자가 널리 퍼졌다는 평가가 가능하도록 하는 것으로, 적어도 목간에 의해 상위의 창고 기관에 물자를 집적·운반을 담당한 '家'가 있으며, 그 관리를 도래계 문자기술자가 담당하는 형태를 띠는 것이다. 그리고 어쩌면 그 형태는 6세기 초의 葦浦屯倉 단계부터 있었던 것일 가능성이 있다.

정리하면, 문자에 의한 물류 관리는 王辰爾만의 특수한 기술은 아니었던 것이다. '史'系 씨족이 배치된, 7세기 전반 이전까지도 거슬러 올라갈 수 있는 일부 선직적인 屯倉에서는 그와 같은 기술이 투입되었을 가능성을 충분히 생각할 수 있는 것이다.

Ⅵ. 屯倉과 出擧, 그리고 韓國木簡

지금까지 정리했듯이 일본 지방목간의 탄생에 대한 역사적인 배경으로서의 도래계 문자기술자가 배치된 屯倉의 역할에 주목한다면, 일본의 出擧木簡과 한국목간과의 유사성이 지적되고 있는 사실에 대해 새롭게 주목할 필요가 있다.

7세기 전반 이전에는 확실히 시작된 것으로 보이는 出擧[28]의 기원은 재지수장의 기반이었던 기존 공동체 내부의 初穗進上이나 種稻·營料分與, 그 외 여러 채무관계 등이라 여겨지고 있다.[29] 또 出擧는 수장제적 관계를 체현하는 것으로 7세기 단계부터 수장층이 가진 창고기관을 거점·단위로 하여 운용되었다고 생각된다.[30] 이와 같이 재지사회에 있었던 出擧라는 관행은 屯倉의 경영에도 효과적으로 활용되었다.[31]

26) 東野治之, 1996,『長屋王家木簡の研究』, 塙書房, pp.287-295.

27) 市大樹, 2010,『飛鳥藤原木簡の研究』, 塙書房, 第Ⅱ部 第十一章.

28) 水野柳太郎, 2002,『日本古代の食封と出挙』, 吉川弘文館, 第一部 第二章.

29) 三上善孝, 2003,「古代の出挙に関する二,三の考察」,『日本律令制の構造』, 吉川弘文館.

30) 三上善孝, 2013,『日本古代の文字と地方社会』Ⅱ, 吉川弘文館, 第三章·第四章.

屯倉에서의 出擧도 창고 별로 운용되었던 것으로 보인다.[32] 이와 같은 수장제적인 出擧와 屯倉 경영과의 결합은 屯倉의 실질적인 경영을 재지수장이 담당하였던 것과 관계가 있을 것으로 보이며 公出擧의 성립과도 관련된 것으로 보인다.

그런데 최근 한국의 부여 쌍북리에서 다음과 같은 목간이 출토되었고, 일본의 出擧木簡과 유사성을 가진 것임이 확실해졌다. 때문에 일본 出擧制의 기원을 일본의 수장제 사회에서만 찾을 수는 없게 되었다고 생각한다.

⑨ 부여 쌍북리 280-5번지 출토 목간

	戊寅年六月中	固淳□三石	佃麻那二石
[앞면]	○	上夫三石上四石 [ ]	比至二石上一石未二石
	佐官貸食記	佃目之二石上二石未一石	習利一石五斗上一石未一石 ×

素麻一石五斗上一石五斗未七斗半　佃首門一石三斗半上一石未一石甲　　并十九石□×

[뒷면]　　○

今沽一石三斗半上一石未一石甲　刀己邑佐三石与　得十一石

위 목간이 일본목간과 유사성을 가지고 있다는 사실은 三上喜孝의 연구에 자세히 설명되어 있다.[33] 그의 연구에 의하면 이 목간은 戊寅年(618) 6월 食料인 곡류를 개인(관인으로 추정)에게 빌려주었을 때 작성한 장부로 일본의 7세기 出擧木簡의 앞 부분에 주로 나오는 날짜와 '貸稻'·'貸給' 등의 용어를 적고, 그 아래에 공간을 나눠 적어 빌리는 사람의 이름과 수량을 기재하고 있다는 점 등 기재 방식에 있어 공통된 점이 확인된다. 또 후쿠오카현(福岡県)의 이노우에 약사당 유적(井上薬師堂遺跡)에서 출토된 8세기 초기 목간에는 곡류의 반납을 '上', 미납을 '未'로 기록한다던가(4호 목간), 수량단위로 보이는 '半'을 사용하는 모습을 보이는데(3호 목간), 이와 같은 세부적인 것들 역시 ⑨의 백제 목간과 유사한 점들이 보인다.

그런데 井上薬師堂遺跡은 도래계 인물들과도 관련이 있는 屯倉 개발 관련 유적으로, 그들은 주로 7세기 초를 전후한 시기 이후 활약한 것으로 추정된다.[34] 따라서 여기에도 한국목간과의 공통점을 가진 일본목간의 등장 배경에 屯倉 경영과 관련된 도래계 인물들이 관여되었을 것이라 생각되며, 이와 같은 점에서 앞에서 살펴본 시가현 니시가와라 유적군이 참고가 된다.

니시가와라 유적군에 속한 니시가와라궁 내부 유적(西河原宮ノ内遺跡)에는 창고를 헐 때 생긴 구멍에

31) 早川庄八, 2000, 『日本古代の財政制度』, 名著刊行会, 第三章.

32) 吉村武彦, 1989, 「改新詔·律令制支配と「公地公民制」」, 『律令制社会の成立と展開』, 吉川弘文館.

33) 三上善孝, 2013, 앞의 책, 付章, 注 30. 또 목간 ⑨의 해석 역시 이에 따랐다.

34) 田中史生, 2002, 「ミヤケの渡来人と地域社会-西日本を中心に-」, 『日本歴史』 646.

일괄적으로 버려진 7세기 말에서 8세기 초의 出擧목간이 6점 출토되었다.[35] 그중에서 다음의 목간에 주목하고자 한다.

⑩ 西河原宮ノ内遺迹 출토 4호 목간

辛卯年十二月一日記宜都宜椋人□稻千三百五十三半記 ○

⑪ 西河原宮ノ内遺迹 출토 6호 목간

[앞면] ×刀自右二人貸稻□斤稻二百斤又□斤稱卌斤貸 ○

[뒷면] ×人佐太大連
×首弥皮加之 二人知 文作人石木主寸文通 ○

⑩의 앞 부분에 '辛卯年', 즉 691년(持統 5)이라는 연기가 쓰여진 목간에 '宜都宜椋人'라는 인물이 보이며, 그 뒤에 빌린 쌀의 수량이 기재되어 있다. 이 '宜都宜'은 같은 유적에서 출토된 3호 목간에 보이는 '勝鹿首'를 옛 韓音으로 표기한 것으로 보인다.[36] 게다가 쌀의 수량에 이어 써 있는 '半'이라는 글자는 ⑨의 수량단위 '半'과 같은 의미일 가능성이 있다. 또 ⑪의 出擧木簡에는 ⑨의 '貸食'과 통하는 '貸稻'라는 용어가 사용되며 쌀의 수량과 인명도 확인된다. 또 목간 작성자 '石木主寸文通'이라는 이름이 보이는데, '石木主寸'은 東漢氏에 속한 도래계 씨족이다. 게다가 그 직책으로 보이는 '文作人'은 578년 쓰여진 신라의「大邱戊戌銘塢作碑」에서도 확인할 수 있다. 즉 文通은 자신이 문서 작성자라는 사실을 한반도에서 유래한 '文作人'이라는 용어를 통해 표현했던 것이다. 목간에 옛 韓音에서 비롯된 표기가 사용된 것은 이처럼 한반도 문자문화와 연결된 도래계 인물들이 목간을 작성했기 때문이라고 생각된다.[37]

다만 出擧木簡이 만들어지기 위해서는 도래계 문자기술자뿐 아니라 曆도 필요하다.

倭國에서의 曆 사용은 사이타마현 이나리야마(埼玉県 稲荷山) 출토 鐵劍銘이나 구마모토현 에다후나야마고분(熊本県 江田船山古墳) 출토 大刀銘 등을 통해 5세기까지 거슬러 올라갈 수 있다는 사실이 판명되었다. 그리고 그를 본격적으로 도입하고자 하는 움직임은 6세기 중반 이후 활발해진다.『日本書紀』에 의하면 倭國은 백제에게 6세기 중반 무렵부터 易·曆 등과 같은 분야의 博士나 卜書·曆本 등을 요구하게 된다.[38] 여기에서 후쿠오카현 후쿠오카시(福岡県 福岡市)의 모토오카고분군(元岡古墳群) G群6號墳에서 출토된 庚寅年銘鐵刀에 새겨진 '大歲庚寅正月六日庚寅日時作刀'는 역법을 사용해 570년에 이뤄진 刀 제

35) 市大樹, 앞의 논문, 注 27.

36) 市大樹, 앞의 논문, 注 27.

37) 田中史生, 2002, 앞의 논문, 注 16.

38)『日本書紀』欽明 14年 6月; 同 15年 2月.

작시 年紀를 기입한 것으로,[39] 이것이 지방이 아닌 지방의 고분에서 출토되었다는 사실이 주목받았다. 다만 이 鐵刀가 제작된 곳이 倭國인지 아닌지 여부가 논쟁이 되고 있다. 또 602년 백제로부터 승려 觀勒이 도래해 曆本과 天文地理書, 遁甲方術를 전해 倭王權에서는 관륵에게 학생들을 붙여 그 기술들을 배우게 하였다.[40] 천문·지리 지식이나 둔갑·방술 등의 지식은 曆을 사용하기 위해 중요하게 여겨졌던 것들로 왜 王權의 作曆體制가 본격적으로 정비되었던 것은 아마 그 이후가 될 것이다.

한편 曆을 사용해 물류를 관리했다는 사실을 보여주는 문자자료로 621년으로 보이는 '辛巳年八月九日作'이 새겨진 法隆寺 釋迦三尊像臺座銘이 있다. 이는 扉板으로 추정되는 건축부재에 묵서된 것이나, 불상 대좌의 재료로 다시 사용되었다고 전해지므로 창고에서 布의 출납·관리를 기록한 것으로 추정된다.[41] 이는 창고의 출납관리에 曆이 사용되었다는 초기의 문자자료로서 주목받고 받고 있다.

이상에서 살펴봤듯이 出擧목간을 성립할 수 있게 한 문자문화 역시 한반도의 영향을 받은 것으로, 倭國 중앙정부에서는 늦어도 7세기 전반에는 그 기초적인 형태를 갖춰 목간을 작성했을 것으로 보아도 좋을 것이다. 게다가 屯倉은 중앙왕권이 각지에서 물자나 노동력을 징발하기 위한 거점이었기 때문에 중앙의 물류 관리에 문자기술이 투입되어 시작된 단계에 그 기술이 지방에도 전달되었던 역사적인 배경을 생각 할 수 있게 한다. 그리고 이처럼 문자문화를 지방에 전달했던 주체가 屯倉의 경영을 담당한 도래계 문자기술자들이지 않았을까 추측해본다.

VII. 결론

倭王權의 지배조직이 비약적으로 확충되었던 6세기, 한자문화에 대한 관심은 政治·軍事·家政 등 각 방면으로도 한 순간에 확대되었다. 이 시기 왜 王權은 중국왕조와 직접적인 교류를 가지지 않았기 때문에 그 한자문화는 백제에서 도래한 五經博士로 대표되듯이 주로 한반도 諸國에서 온 인물들에 의해 전파되고 유지되었다. 하지만 문자문화가 어떤 식으로 지방으로 확대되었는지에 대해서는 앞으로 밝혀야 하는 점이다. 본고에서는 한국목간과의 관계에 주목했으며, 한국목간이 도래계 문자기술자가 투입된 6세기 중반부터 7세기의 屯倉 경영에 영향을 끼쳤다는 사실을 지적했다.

屯倉制와 관련이 깊은 部民制나 國造制에 의한 지방지배나 노동력 편성이 반드시 編戶·造籍을 필요로 하는 것은 아니기 때문에 屯倉제의 성립 그 자체가 문자에 의한 지배가 확립되었음을 의미하는 것은 아니다. 하지만 일부 屯倉에서는 물류나 노동징발에 대한 관리를 강화하기 위해 한국목간에 사용된 것과 같은 문자기능을 가진 도래계 인물들을 투입했을 것이 분명하다. 이것이 최초로 문자기술자들이 지방에

39) 坂上康俊, 2013, 「庚寅年銘鉄刀の背景となる暦について」, 福岡市教育委員会 編, 『元岡·桑原遺跡群』 22.

40) 『日本書紀』 推古 10年 10月.

41) 市大樹, 2012, 『飛鳥の木簡』, 中公新書, 第一章.

등장하게 된 계기가 되었다. 그 이후 그들로부터 지방행정을 담당한 왜계 수장층에게도 문자가 적극적으로 전달되는 단계를 거쳐 7세기 후반에는 지방목간이 작성될 수 있게 되었을 것이다.

투고일: 2019. 4. 26. 심사개시일: 2019. 5. 3. 심사완료일: 2019. 5. 29.

참/고/문/헌

加藤謙吉, 1998,『秦氏とその民』, 白水社.

加藤謙吉, 2017,『渡来系氏族の謎』, 祥伝社.

加藤謙吉, 2002,『大和政権とフミヒト制』, 吉川弘文館.

橋本繁, 2014,『韓国古代木簡の研究』, 吉川弘文館.

鎌田元一, 2001,『律令公民制の研究』, 塙書房.

舘野和己, 1992,「畿内のミヤケ・ミタ」,『畿内Ⅰ』;『新版 古代の日本』5, 角川書店.

大橋信弥, 1996,『古代日本の王権と氏族』吉川弘文館.

大橋信弥, 2005,『古代豪族と渡来人』, 吉川弘文館.

三上善孝, 2013,『日本古代の文字と地方社会』Ⅱ, 吉川弘文館.

水野柳太郎, 2002,『日本古代の食封と出挙』, 吉川弘文館.

桃裕行, 1994,『上代学制の研究〔修訂版〕』, 思文閣出版.

市大樹, 2010,『飛鳥藤原木簡の研究』, 塙書房.

市大樹, 2012,『飛鳥の木簡』, 中公新書.

早川庄八, 2000,『日本古代の財政制度』, 名著刊行会.

浅香年木, 1971,『日本古代手工業史の研究』, 法政大学出版局.

坂上康俊, 2013,「庚寅年銘鉄刀の背景となる暦について」, 福岡市教育委員会 編,『元岡・桑原遺跡群』22.

平野邦雄, 1985,『大化前代政治過程の研究』, 吉川弘文館.

吉村武彦, 1989,「改新詔·律令制支配と「公地公民制」」,『律令制社会の成立と展開』, 吉川弘文館.

立花大輔, 2017,「新羅·古代日本における戸の編成−新羅村落文章の検討を通して−」,『古代文化』69.

笹川尚紀, 2001,「白猪屯倉·児島屯倉に関する初歩的研究」,『史料としての『日本書紀』−津田左右吉を読みなおす−』, 勉誠出版.

小口雅史, 2018,「日本古代戸籍の源流·再論」,『律令制と古代国家』, 吉川弘文館.

三上善孝, 2003,「古代の出挙に関する二、三の考察」,『日本律令制の構造』, 吉川弘文館.

市大樹, 2015,「黎明期の日本古代木簡」,『国立歴史民俗博物館研究報告』194.

新川登亀男, 2003,「里の成り立ちと九等戸制」;「里の成り立ちと三政戸制度」,『美濃国戸籍の総合的研究』, 東京堂出版.

熊谷公男, 2015,「倭王武の上表文と五世紀の東アジア情勢」,『東北学院大学論集歴史と文化』53.

尹善泰, 2003,「新羅村落文書研究の現状」,『美濃国戸籍の総合的研究』, 東京堂出版.

尹善泰, 2007,「木簡からみた百済泗沘都城の内と外」,『韓国出土木簡の世界』, 雄山閣.

李炳鎬, 2011,「扶余陵山里出土木簡の性格」,『木簡研究』33.

田中史生, 2002, 「ミヤケの渡来人と地域社会−西日本を中心に−」, 『日本歴史』 646.

田中史生, 2004, 「五·六世紀の大阪湾岸地域と渡来人−河内を中心に−」, 『歴史科学』 175.

田中史生, 2009, 「王辰爾」, 『日出る国の誕生』, 清文堂出版.

田中史生, 2012, 「倭国史と韓国木簡−六·七世紀の文字と物流·労働管理−」, 『日本古代の王権と東アジア』, 吉川弘文館.

平川南, 2009, 「百済の都出土の「連公」木簡−韓国·扶餘双北里遺跡一九九八年出土付札−」, 『国立歴史民俗博物館研究報告』 153.

〈Abstract〉

Miyake(屯倉) and Korean Wooden Tablets

The Possibility of Korean Wooden Tablets in the History of Yamato State−

Tanaka Fumio

One of the characteristics of Japan's anceint ritsuryō state governance system is that document administration was conducted not only in the central government but also in the provinces. It is also well known that prior to that time, there was the work of text engineers from China or the Korean Peninsula who moved to Japan after the 5th century. However, compared with the central government, it is not yet clear how the local culture of writing was spread. Japan's local wooden tablets are excavated from the late 7th century. However, the Kokugaku(國學), which is an educational institution in charge of fostering local officials in ancient Japan, will not be established until the early 8th century. Therefore, Japan's ancient historical materials before the 7th century are very limited, and it is also unclear how the classes responsible for Chinese character culture were born in the provinces. Recently, however, some of the wooden tablets from Korea, which was prepared earlier than Japan, has something in common with Japan's local wooden tablets, which gives us a clue to solve the problem ahead of time.

So, in this paper, we first applied that an migrant clan's expert of character from the Korean Peninsula was placed in post 6th century's Miyake(屯倉), which became the basis of Kohori(郡・評) in the ritsuryō state. And the issue of local dominance by Miyake was reviewed from its relevance to wooden tablets excavated in Korea. As a result it was found in Miyake of some prototypes that from the middle of the 6th century migrant clan's expert of character had been deployed to strengthen production, logistics and labor requisition management. A review of *Nihonsoki*(日本書紀)'s records also found that the method of wooden tablets excavated in Korea and Japan's local wooden tablets were similar to each other. Migrant clan's experts of character were those who delivered him to the Japan Islands with the Chinese character culture identified in Korean wooden tablets. The Miyake established in the province was serving as a base for the central government to requisition goods or labor from various parts of the country. However, Migrant clan's experts of character were involved in the local document administration, which led to the emergence of the Korean Peninsula in both central and provincial areas. Since then, the existing heads of state in charge of local administration have actively embraced the writing culture form Migrant clan's experts of character at Miyake. And through that step, it was also possible to make wooden tablets in Japan's provinces in the late 7th century.

▶ Key words: Miyake(屯倉), fabily register, Imaki Chinese(今來漢人), Oh Jin-ni(王辰爾), Suiko(出擧)

논문

논 문

公山城 출토 칠피갑옷 銘文資料의 재검토

이현숙[*], 양종국[**]

〈국문초록〉

공산성 출토 漆皮갑옷은 백제 웅진성인 공주 공산성의 백제시대 저수시설 내에서 마갑-무기류-갑옷이 나란히 포개지듯 2세트가 매납된 후, 그 위에 100㎝ 정도 두께의 볏짚이 덮인 상태로 출토되었다. 저수시설의 상면에는 쌀, 조, 밤 등과 말뼈를 포함한 각종 유기물, 그리고 목기가 포함되어 있었으며, 그 위에 건물지 폐기층이 확인되었다. 따라서 마갑-무기류-갑옷으로 구성된 武裝具 2세트를 나란히 저수시설에 매납한 후 그 위를 덮어서 은닉하는 것과 같은 의도적인 행위는 儀禮의 가능성을 추론할 수 있는 고고학적 증거로 판단된다.

특히 칠피갑옷에서 명문이 확인되었는데, 명문은 갑옷을 제작한 이후 별도로 기록한 것이다. 칠피갑옷에서 현재까지 확인된 명문이 있는 소찰은 약 17점을 계량할 수 있다. 3㎝ 너비의 소찰이 겹쳐서 배치되는 것을 감안하여 1.5~2㎝ 정도가 밖으로 노출된다고 해도, 명문이 기록된 범위는 적어도 가로 약 36㎝×세로 7㎝ 정도이다. 또한 1개의 小札에 완전한 형태로 문자가 확인된 경우 6~7자가 縱書로 배치되는 점을 고려할 때, 6자씩만 計上해도 약 102자 이상의 글자로 구성된 長文임을 알 수 있다. 또한 칠피갑옷의 출토 정황상 명문의 위치는 身甲 상단의 표면으로 추론되는데, 결국 갑옷 표면의 한쪽 가슴 부분은 명

* 공주대학교박물관 학예연구실장
** 공주대학교 사학과 교수

문으로 가득 차 있었다고 볼 수 있다.

銘文의 전체 내용은 알 수 없으나, 갑옷과 연관된 敍事的인 기록을 남긴 것이라는 점을 살필 수 있다. 즉 갑옷 제작의 목적을 살필 수 있는 역사적 정황의 근거가 되는 '蓋州'라는 지명과 더불어 갑옷을 제작한 공간으로서의 官署名과 갑옷과 관련된 행위에 참여한 사람들의 官職과 人名, 갑옷을 둘러싼 행위와 관련된 날짜인 貞觀19년(645) 4월 21일 등을 검토하였다. 이를 통하여 백제가 당나라와의 관계에서 645년 갑옷을 만든 후 준비 과정과 행사 등의 전반적인 내용을 기록하여 15년 동안 공산성에 보관해오다가, 660년 7월 18일 의자왕이 당나라에 항복하려고 공주를 떠나기 전에 공산성 저수시설에 매납 했을 가능성을 추론하였다. 즉 갑옷의 제작→명문의 작성→갑옷의 매납은 모두 별개의 과정을 거친 행위로 이해하였다.

명문이 있는 칠피갑옷은 한반도에서 처음 출토된 중요한 유물이다. 따라서 향후 갑옷의 형태를 파악하기 위한 고증과 복원 연구가 필요하다. 그리고 칠피갑옷이 출토된 유적 현황과 명문에 대하여 정밀한 분석 등의 복합적인 노력을 통하여, 백제시대 공주 공산성에 칠피갑옷이 묻히게 된 역사적 정황을 포함한 다양한 연구가 이루어지기를 기대한다.

▶ **핵심어: 공주 공산성, 백제, 칠피갑옷, 정관19년(645), 蓋州**

I. 머리말

2011년과 2014년 공주 공산성의 저수시설에서 출토된 칠피갑옷에는 '貞觀19年'을 포함한 많은 명문들이 쓰여 있어서 645년이라는 정확한 기년명은 살필 수 있었다.[1] 그러나 명문의 해석을 둘러싸고는 현재까지 논란이 이어지고 있다.[2] 이와 같은 상황은 명문이 확인된 유물이 여러 편의 낱개로 구성된 소찰 칠

1) ①공주대학교박물관, 2011. 10. 13, 『공주 공산성 성안마을 내 발굴조사자료집-칠피갑옷출토-』. 발굴 조사 당시 유적의 층위와 출토 상태를 기초로, 정관19년(645)에 백제에서 제작하여 보관하던 칠피갑옷을 백제 멸망기에 임박하여 의도적으로 매납한 의례품으로 보았다.
②이남석, 2012. 6, 「공산성출토 백제 칠찰갑의 명문」, 『목간과 문자』 9호, 한국목간학회.
③이현숙, 2015. 6, 「공산성 신출토 명문자료」, 『목간과 문자』 14호, 한국목간학회.

2) ①이도학, 2012. 2, 「公山城出土 漆甲의 性格에 대한 再檢討」, 『인문학논총』 28집, 경성대학교 인문과학연구소, pp.321-352. 정관명 연호가 사용된 것에 주목하여 백제는 간지를 사용하였기 때문에 백제 것으로 보기 어렵다고 보았다. 특히 당나라 호군 장수 李肇銀이라는 구체적인 인명에 주목하여 당나라 장수가 착용하였을 가능성을 제시하였다.
② 배근흥, 2016, 「한국에서 새롭게 출토된 두건의 백제사료 연구-<사리봉안기>와 "行貞觀十九年"가죽漆甲의 명문을 중심으로」, 『백제문화』 54, 공주대학교백제문화연구소, pp.91-117. 명문에 당군의 관원과 관련된 직의 표현을 기초로 당나라 사람 관련 유물이지만 직접적인 하사품으로 보기는 어렵다고 하였다. 갑옷의 명문 상태와 마손 흔적이 없는 부장 상황을 기초로 실제 착용한 갑옷이 아니라고 보았기 때문이다. 즉 정관19년(645)이후 고구려 정벌에 나선 당군의 의관총에 사용된 부장품으로 보았다. 그러나 비교 대상자료가 매우 적은 현 상황에서, 한국과 중국학자들의 견해는 모두 가설에 머물 수밖에 없다고 하였다.

피갑옷으로 보존 처리가 이루어지기까지 많은 시간이 소요되었다는 점에 1차적인 이유가 있다. 그리고 명문자료가 있는 고고유물에 대한 고고학계와 문헌사학계의 접근법에도 적지 않은 차이가 있었기 때문으로 볼 수 있다.[3)]

특히 칠피갑옷이 출토된 공산성 저수시설은 2011년에 저수시설의 동쪽 절반을 조사하고 2014년에 서쪽의 절반을 조사하면서 전체 유구의 현황 파악과 명문자료의 확인에도 많은 시간이 소요되었다. 그리고 백제 유적에서는 처음 출토된 칠피갑옷의 보존 처리를 위해 절대적으로 필요한 시간이 있었기 때문에, 자료의 확인에도 많은 한계가 있었다. 다행히 2011년 11월부터 2017년 10월 말에 이르는 만 6년여에 걸친 갑옷의 1차적인 보존 처리가 완료되었다.[4)]

향후 파손된 소찰편에 대한 고고학적 접합이라는 지난한 작업이 남아 있지만, 보존 처리 유물을 대상으로 파악할 수 있는 명문자료는 대부분 확인되었다. 따라서 유물에 대한 고고학적 복원작업과는 별도로, 그동안 논란의 근거가 되고 있는 명문자료를 1차적으로 공개함으로써 앞으로 칠피갑옷의 해석을 위한 학계의 도움을 받고자 한다.

본고에서는 우선 칠피갑옷의 출토 현황을 구체적으로 살펴 그 층위에 대한 이해와 함께 매납 시기와 목적 등에 대한 내용을 일차적으로 정리하였다. 그리고 확인된 명문을 분석하여 작성 목적의 차이에 따라 유형을 나누어 본 후, 갑옷의 제작 목적과 경위, 제작 장소, 그리고 갑옷의 활용 등을 포함하여, 칠피갑옷의 역사성을 가능한 범위 안에서 검토해보고자 하였다.

II. 공산성 출토 칠피갑옷 현황

공산성 공북루 남쪽의 왕궁 관련 유적 내 저수시설에서 출토된 '정관19년(645)'명 칠피갑옷은 안정된 백제문화층에서 출토된 유물이라는 점에서 백제사 연구의 중요한 자료로 주목을 받고 있다. 특히 한반도의 토양은 산성화가 심하여 지하에 매납된 유기물질로 된 유물이 남아 있기 어렵다는 한계를 감안할 때,

---

③ 양홍은 공산성 출토 피갑이 중국 전통의 갑옷편과 같으며, 한국에서 출토된 고대 갑주유물 가운데 백제 갑옷 관련 실물자료가 없는 점, 그리고 칠갑편 위의 명문과 연호는 당과 관련이 있으므로, 당대의 피갑일 가능성을 언급하였다(楊泓, 2012. 3, 「中國古代的皮甲: 兼談韓國公州出土唐貞觀十九年銘皮甲」, 『中國文物報』, 배근흥, 2016, 앞의 논문 재인용, pp.99-100).

④ 이태희, 2018. 12, 「公山城 出土 漆甲 銘文 再考」, 『考古學誌』 24, 국립중앙박물관. 칠갑에서 확인되는 관직명이 주로 당의 관직인 점에 주목하여 명문의 작성 주체가 당이었음을 추론하였다. 갑옷의 명문도 天聖令과 營繕令의 규정에 따라서 제작 후 이력을 주기한 것으로 보았다.

3) 문자가 있는 중요 유물의 출토 층위와 유물의 공반관계 등에 1차적으로 주목하는 고고학계와 문자자료에 1차적 의미를 부여하는 문헌사학계의 자료접근법에 큰 차이를 지적할 수 있다.

4) 공주대학교박물관, 2018. 8, 『백제 칠피갑옷의 비밀』, 국제학술세미나자료집. 본 학술세미나는 백제의 칠공예에 대한 기술적 접근을 위한 것으로, 국립문화재연구소 보존과학센터의 공산성 칠피갑옷의 보존 처리 경과와 분석 결과에 대해 발표하였다. 그리고 일본 정창원 출토 칠피유물에 대한 보존 처리 과정을 비교검토하여, 추후 칠피갑옷의 보존 처리, 관리, 분석등의 방향에 대해 논의되었다.

공산성 저수시설에서 출토된 칠피갑옷은 매우 이례적인 사례에 해당한다.

기존에 우리나라에서 확인된 칠피갑옷은 기원전 1세기 후반 낙랑의 평양 석암리 219호분과 기원 2세기대의 부산 노포동 31호 출토품이 있다. 이를 통하여 기원 전후한 시기부터 삼국시대에 이르기까지 지속적으로 칠피갑옷이 제작되었음을 추론할 수 있다.[5] 그러나 현재까지 약 500여 개체가 조사된 한반도의 고대 갑주 가운데 645년 기년이 있는 7세기 대 칠피갑옷으로는 공산성 출토품이 유일하다.

특히 백제문화층에서 처음 출토된 칠피갑옷이기 때문에 비교대상이 매우 제한되어 있으며, 제작 현황을 증명해줄 수 있는 확실한 역사기록 역시 희박하여 칠피갑옷의 제작 동기와 더불어 제작 주체의 문제까지 다양한 논란이 이어질 수밖에 없었다. 이에 우선 칠피갑옷의 출토 현황에 대하여 살펴보고자 한다.[6]

1. 칠피갑옷의 출토 층위

칠피갑옷이 출토된 저수시설은 공북루 남쪽의 건물지가 밀집된 성토대지에 위치한다. 지형은 저수시설을 중심으로 남쪽(14.5m)에서 북쪽(14~13.5m)으로, 그리고 동쪽(14.5m)에서 서쪽(13.5m)으로 점차 낮아지며, 저수시설의 동쪽과 남쪽은 생토에 기반하지만 북쪽과 서쪽은 성토하였다. 특히 남쪽 상단부에는 30~50㎝ 내외 높이의 석축단 시설을 기준으로 한 단 높은 대지를 조성한 후, 14-1~2호 건물지와 11-6호 건물지가 저수시설과 나란하게 장축을 이루고 있다.

저수시설은 북을 기준으로 42° 편서하여 동서 방향으로 장축을 이루고 있으며, 평면은 말각 세장방형이다. 전체 규모는 저수시설 상면에서 동서 길이 1,100㎝, 남북 너비 870㎝이며, 깊이는 330㎝이고, 바닥면은 동서 길이 600㎝, 남북 너비 300~340㎝이다. 남북 단면은 바닥에서부터 약 120~200㎝ 정도 수직에 가깝게 축조되다가 상면에서부터 약 40~45° 경사를 이루어 지면에 이른다. 반면에 동서 단면은 바닥에서부터 약 200㎝ 정도까지 거의 수직에 가깝게 축조한 후 약 70㎝ 정도 너비의 평탄한 단을 만들고 목주를 박아서 보강하였으며, 이 단 위에서 다시 45° 내외의 경사로 약 100㎝ 높이의 호안을 구축하였다. 즉 건물지와 나란히 장축을 이루는 남북 벽면에 경사각을 많이 주어 안정화를 도모하였으며, 주변의 연약지반에는 목주를 박아서 대지의 안정화를 도모한 것으로 확인된다.

토층은 바닥에서부터 상면에 이르기까지 약 20개의 작은 층위로 세분할 수 있는데, 층위는 크게 백제시대 퇴적층(①~⑱층)과 통일신라시대 퇴적층(⑲~⑳)으로 군집화 할 수 있다. 우선 백제층의 최하층에 해당하는 ①~③층은 칠피갑옷 퇴적 이전에 형성된 회색점토층으로, 외부에서 유입된 유기물 없이 관리된 내면의 바닥에서 바구니 2점이 정치된 형태로 출토되었다. 두 번째 층위인 ④~⑨층은 하층에서부터 마갑-무기(대도, 장식도), 마구(마주)-칠피갑옷이 순차적으로 퇴적되어 있는 층으로, 2014년 조사에서도 마갑-무기(대도, 장식도), 마구(마주, 깃대꽂이)-철제 갑옷이 세트를 이루어 매납된 상태로 확인되었

5) 국립김해박물관, 2015, 『갑주, 고대 전사의 상징』.

6) 출토 층위의 문제는 안정된 층에 의도적으로 매납한 형태를 이루고 있음에 대하여 지속적으로 보고한 바 있다(이남석, 2012, 앞의 논문, 이현숙, 2015, 앞의 논문).

다. 따라서 두 번째 층위에는 의도적으로 마갑과 갑옷을 포함한 무장구류 2세트를 매납한 형상을 살필 수 있다. 세 번째 층위인 ⑩~⑭층은 유기물이 포함된 볏짚 단일층으로 이루어진 두터운 매립층(⑩)과 유기물층(⑪~⑭)으로 구성되어 있다. 매립층은 볍씨가 달린 볏짚이 약 100㎝ 내외 두께의 단일층으로 확인된다.[7] 유기물층은 탄화미, 조, 밤, 조개껍데기(재첩, 말조개), 박씨앗, 가래씨앗, 복숭아씨앗, 목제 칠기 등이 포함되어 있다. 반면에 네 번째 층위(⑮~⑳)는 주변의 건물지와 관련된 석축 기단석재와 완형의 기와편이 기울어지듯이 유입된 건물지 폐기층인 흑갈색 사질점토층(⑮⑰)이 있으며, 이에 인접한 주변 층위에서는 폐와층에 포함된 다수의 화살촉이 함께 확인되고 있다. 그리고 저수시설 중앙의 ⑲~⑳층은 후대에 퇴적된 통일신라 층이 일부 확인된다(도 1).

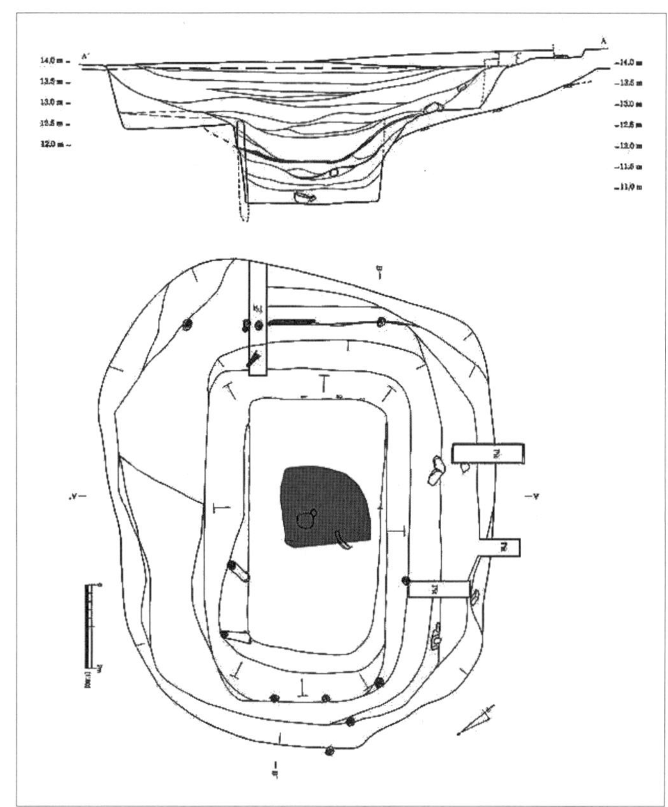

도 1. 공주 공산성 저수시설과 토층도

즉 저수시설 내부의 토양 퇴적층을 살펴보면 백제시대 관련 층위는 크게 Ⅰ~Ⅲ단계의 퇴적상황을 유추할 수 있다.

Ⅰ단계(①~③층)는 저수시설 축조 이후 마갑과 칠피갑옷이 매납되기 이전에 형성된 안정적 퇴적층으로, 이 층의 바닥에서 바구니 2점과 약간의 기와편·토기편이 출토되었다. 저수시설 조성 이후 지속적인 준설로 유기물질의 유입과 퇴적을 최소화시킨 층으로 판단된다.[8]

Ⅱ단계(④~⑭층)는 마갑-칠피갑옷과 관련된 층이다. 마갑-무기(대도, 장식도), 마구-칠피갑옷이 각각 2세트 매납되어 있는 층(④~⑨)과 칠피갑옷 상면의 매립층(⑩~⑭)을 모두 포함한 것이다. 이는 Ⅰ단

7) 짚의 볍씨 형태는 쭉정이와 같은 모습을 지니고 있으며, 함께 확인된 볏짚의 잎사귀도 넓게 남아 있었다. 따라서 볏짚은 추수가 이루어지기 이전의 것을 사용한 것으로 판단된다.

8) Ⅰ단계 퇴적층에 유기물이 많이 포함되지 않은 이유로는 저수시설의 기능과 연관이 있을 것으로 판단된다. 즉 성토대지에 건물지를 축조하면서 가장 저지대에 저수시설을 조성함으로써, 건수를 모아 성토대지의 지반을 안정화시키는 중요한 기능을 담당하였음을 살필 수 있다.

계의 저수시설 내에 마갑-칠피갑옷을 매납한 후 상면을 볏짚과 같은 유기물로 덮어서 매립한 것으로 ④~⑨층과 ⑩~⑭층을 연속된 의도적인 행위의 흔적으로 살필 수 있다.

Ⅲ단계(⑮~⑱층)는 저수시설 남쪽 상단의 11-6호 건물지와 14-1~2호 건물지의 건축 부재인 기단석축 석재와 기와편이 집중적으로 매몰된 이후에 퇴적된 층이다. 화재의 흔적은 보이지 않으나, 주변의 건물지 관련 석재와 건축 부재가 상면에 퇴적되어 있는 것으로 보아, Ⅱ단계 행위 직후에 형성된 연속적인 시간축을 살필 수 있는 층위로 주목된다.

2. 칠피갑옷의 매납 시기와 목적

공산성 출토 칠피갑옷은 백제시대에 성토된 넓은 대지 중앙의 저수시설에 매납된 형태로 확인되었다. 내부 토층은 마갑-무기-갑옷의 무장구를 2세트씩 갖춰서 매납한 후, 상면에 볏짚을 두텁게 덮은 것으로 보인다. 즉 유물을 순서대로 정연하게 배열한 후 상면에 단일층으로 두텁게 덮어 놓은 볏짚 층, 그리고 그 위에 다양한 유기물질과 목기 등이 포함되어 있는 점 등으로 미루어 볼 때, 칠피갑옷의 매납은 어떤 의도적인 목적을 가지고 이루어진 행위의 결과로 볼 수밖에 없다. 그러므로 칠피갑옷의 매납 시기와 그 목적에 대해서 간단히 검토할 필요가 있다.

우선, 매납 시기에 관한 문제는 백제금동대향로와의 연결선상에서 이해해 볼 수 있다. 『구당서』와 『자치통감』은 부여 능산리 나성 일대에서 백제군과 나·당 연합군 사이에 최대의 격전이 벌어졌음을 전하고 있다.[9] 그런데 1993년 12월 12일 저녁, 백제금동대향로가 이 나성 옆의 절터에서 그 찬란한 모습을 드러냈다. 출토 당시의 상황을 보면, 겹겹이 쌓인 기와조각더미 아래의 수조웅덩이 속에서 극적으로 발견되었다. 이 웅덩이는 공방에 필요한 물을 저장하던 목제수조로 보이며, 향로는 칠기 함에 넣어져 이곳에 매장된 것으로 밝혀졌다. 가지고 피신할 여유조차 없어 황급히 숨겨 놓은 흔적이 역력하다. 따라서 백제금동대향로는 660년 7월 12일 나성 일대가 나·당 연합군에게 점령당하기 직전 급히 땅 속의 목제수조에 묻힌 것으로 판단된다.

칠피갑옷도 저수시설에 그것을 숨겼다는 것 자체가 당시의 상황이 심각했음을 말해준다. 다만 토층상 매납 행위가 나름대로의 체계를 갖춰 이루어진 것으로 판단되므로, 적군의 공격이 바로 눈앞에 닥친 긴박한 상황을 맞아 칠피갑옷만을 황급히 숨긴 것은 아니라는 점에서 백제금동대향로와 차이가 있다. 따라서 명문에 기록된 정관19년(645) 이후부터 갑옷이 매납된 저수시설 상층부에 백제시대 건물의 폐기층이 형성될 때까지, 칠피갑옷을 포함한 무장갖춤 2세트를 저수시설에 매납할 정도로 공산성에서 심각한 상황을 예측할 수 있는 시기는 두 경우가 예상된다. 660년 7월 13일 의자왕이 웅진성으로 피난했다가 5일 뒤인 7월 18일 항복하기로 결정하고 스스로 웅진성을 나와 사비도성으로 돌아갔을 때와, 671년 7월 무렵 웅

9) 『舊唐書』, 卷83, 列傳33, 蘇定方에는 "定方於岸上擁陣 水陸齊進 飛楫鼓譟 直趣眞都 去城二十許里 賊傾國來拒 大戰破之 殺虜萬餘人 追奔入郭 …", 『資治通鑑』, 卷200, 唐紀16, 高宗上之下에는 "定方水陸齊進 直趣其都城 未至二十餘里 百濟傾國來戰 大破之 殺萬餘人 追奔入郭 …"이라고 나온다.

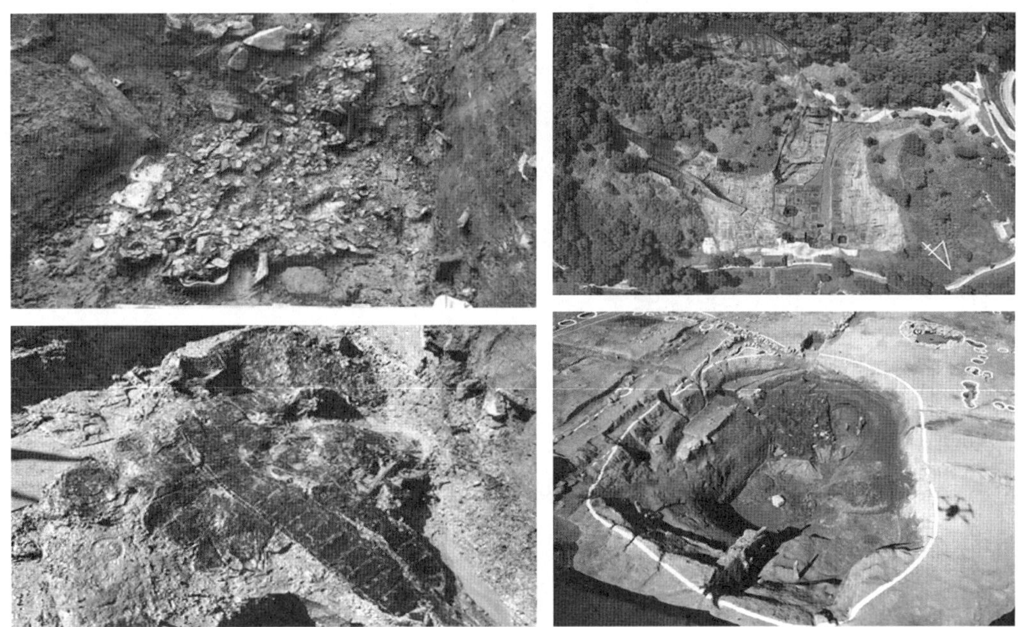

도 2. 저수시설 내 명문 출토 모습

진도독부가 신라의 공격을 받고 한반도에서 완전히 쫓겨났을 때의 두가지 역사적 상황을 살펴볼 수 있다. 그러나 이미 앞에서 살펴본 바와 같이 칠피갑옷이 발견된 당시의 층위에서 전쟁의 급박함으로 인해 이루어진 퇴적이 아니라 체계적인 매납 행위가 읽혀지는 점을 염두에 둔다면, 660년 7월 18일 항복을 결정한 의자왕이 웅진성을 떠나기 전에 이루어진 행위로 보아야 맞을 것 같다.

다음으로 매납 목적에 대해서는 두 가지 가능성을 생각해볼 수 있지 않을까 싶다. 첫째는 항복을 결정한 백제(의자왕)가 웅진성을 떠나기 전에 불확실한 미래에 대한 두려움을 달래고 후일을 도모할 수 있기를 바라는 기원과 함께 매납을 실천에 옮겼을 수 있다는 점이다. 둘째는 백제금동대향로처럼 감추어서 적군이 약탈해가지 못하게 하려는 목적도 있었을 수 있다.

당시의 백제가 국가적으로 직면하게 된 위급한 상황에서 항복을 결정하고 곧 적진 속으로 걸어 들어가야 할 의자왕의 마음 속 불안을 생각해보면 첫째 가능성도 무시할 수 없다. 또한 갑옷이 적에게 넘겨줄 수 없는 백제의 상징성 있는 자산이었기 때문에 그것을 감추려 했을 가능성도 충분히 존재한다. 그렇다면 이들 가능성은 양자택일의 문제로 받아들이기보다 매납이라는 행위 속에 두 가지 목적이 다 들어 있었다고 보아야 하지 않을까 싶기도 하다.

즉 국가적인 위기 앞에서 능사의 백제금동대향로와 공산성의 칠피갑옷을 포함한 무장갖춤새 모두 땅속이나 물 속에 감추었는데, 어떠한 상징적 행위를 유추하지 않더라도 적군에게 빼앗기지 않으려는 노력을 기울였다면, 그 사실 자체는 백제 인들이 그만큼 특별하게 간직해왔다는 증거도 된다. 다시 말해 이들 물건만이 아니라 이들의 제작과 관련하여 외부에 알려주고 싶지 않은 백제 인들만의 특별한 무엇인가가 이들 물건에 내포되어있기 때문에 그것을 숨기려 했을 수도 있다는 것이다.

만일 이들 물건이 중국에서 만들어져 들어온 것이라면 같은 물건이 중국에도 있고 중국과 사대외교로 밀접한 관계를 맺고 있던 신라에도 들어갔을 수 있기 때문에, 백제 인들이 이처럼 위급할 때 땅속이나 물속에 매납할 만큼 특별관리 대상으로 삼았을 것 같지도 않다.

III. 칠피갑옷 銘文의 검토

칠피갑옷의 명문자료는 저수시설 내 층위상 Ⅱ단계층과 연관되어 있다. 그런데 칠피갑옷의 명문에 정관 19년(645)이라는 기년이 나오므로 Ⅱ단계층과 관련된 행위는 적어도 645년 이후에 형성되었음을 알 수 있다. 그리고 Ⅲ단계의 건물 폐기층이 백제시대 건물과 직접적으로 연관되어 있으며, 이 층의 상면으로 통일신라시대 토기편이 일부 포함된 퇴적층이 형성되어 있어 통일신라 이전이라는 시간적 경계를 함께 검토할 수 있다. 따라서 이 저수시설은 고고학적으로도 유용한 층위를 제시하고 있다는 측면에서 매우 주목할 필요가 있다. 이 장에서는 칠피갑옷 내 명문의 출토정황을 기초로 명문이 기록된 위치를 살피고, 확인된 명문을 시간 순서별로 정리하고자 한다.

1. 명문이 기록된 위치

칠피갑옷의 표면에 공식적으로 기록된 명문 소찰은 명문이 잘 남아 있는 것과 파손된 편이 섞여 있어서 1차적인 접합이 필요한 상태였다. 붉은 글씨가 쓰여진 소찰은 모두 추정 길이 13㎝, 너비 3.2㎝의 크기이며[10] 상하의 모서리는 모두 곡면으로 말각되었다. 평면에서 확인되는 소찰의 투공은 상부의 양변에 2공 1조가 있는데, 이는 소찰을 상하로 엮기 위한 수결공으로 볼 수 있다. 그리고 가로로 소찰을 엮기 위한 횡결공이 하부의 양변에 2공 1조로 투공되어 있으며, 그 하단에 소찰의 하단이 몸에 닿는 부분을 막으면서 양측의 소찰과 함께 고정하는 하닉공(下搦孔)[11]으로 추정되는 2공이 배치되어 있다. 이와 같이 명문이 있는 소찰은 평면 형태와 투공이 모두 동일한 평찰로서, 가로로 엮인 동일 부위에 해당한다고 할 수 있다(도 1).

발굴조사 당시 '○○行貞觀十' '九年四月卄一日'명 소찰이 안정적으로 연결된 형태로 겹쳐서 출토되었는데, 소찰의 왼쪽 측면에 종서로 명문이 있다. 즉 오른쪽 소찰이 왼쪽 소찰의 상면에 일부 중복되면서 가로로 연결되어 있기 때문에, 소찰의 상하부 혁철공이 위치한 범위를 제외하면 상하면 약 7㎝에 너비 1.5~2㎝ 내외의 범위에 겹치지 않고 글자가 기록될 수 있다. 세로로 엮이는 상단의 소찰 하부가 하단 소찰의 아래로 들어가며 겹쳐지는 외중식으로 추정된다.

10) 소찰의 크기는 매납 후 변형에 의해서 약간씩 차이를 보인다.

11) 황수진, 2011, 「삼국시대 영남출토 찰갑의 연구」, 『한국고고학보』 78, 한국고고학회, pp.63-64.

특히 명문이 확인된 소찰의 위쪽에 분포되어 있는 소찰은 작고 정교하게 제작된 다양한 형태가 일정한 곡면을 이루는 반면에, 아래쪽에서 출토된 소찰은 크고 넓은 것이 대부분이다. 출토현황으로 볼 때 신갑의 상단부에 해당하는 곳일수록 작은 소찰이 사용되는 반면에 신갑의 하단이나 상갑의 경우 소찰의 크기가 커지는 것을 볼 수 있다. 따라서 이러한 정황으로 미루어 볼 때, 공산성 칠피갑옷의 명문이 출토된 위치는 신갑의 중단에 해당하는 것으로 볼 수 있다. 縱書로 쓰여 있는 글자는 위쪽에서 아래쪽으로 내려갈수록 점차 안쪽으로 비스듬이 기울어지는 배열을 보인다. 이는 갑옷이 완전히 제작된 이후, 별도로 갑옷 위에 글자를 쓰는 불편한 과정에서 나타난 자연스러운 현상으로 판단된다.

특히 일부 소찰편은 칠막의 마모나 파손이 없는 상태에서 명문이 지워져 있는 것도 확인되었다. 이에 명문이 있는 소찰의 단면을 실체현미경으로 관찰한 결과, 전체 소찰 표면에 대한 정제칠과 갑옷 제작을 마친 이후에, 별도로 기록한 것으로 확인된다.[12] 글자의 배열에서 보이는 자연스러운 기울어짐과 부분적으로 문자의 일부가 지워져 있는 모습, 그리고 실체현미경으로 확인한 명문 부분의 단면 등으로 미루어 볼 때, 갑옷을 제작한 이후 어느 시점에 갑옷의 표면에 기록한 것으로 판단된다. 또한 명문 소찰의 아래쪽으로 외중식의 엮임을 살필 수 있는 소찰열이 있어서, 명문이 기록된 부위는 갑옷의 바깥쪽 표면에 해당한다고 볼 수 있다.

요컨대, 칠피갑옷에서 확인된 명문은 소찰을 횡으로 엮은 일정 범위에 기록되었고, 왼쪽에서 오른쪽으로, 그리고 위에서 아래로 글씨를 써내려간 것으로 확인된다. 명문이 있는 위치는 소찰의 엮임과 주변에서 함께 출토된 소찰의 형태로 미루어 신갑의 상단부 외면에 해당하며,[13] 글씨는 갑옷을 모두 제작한 후에 쓴 것으로 판단된다.

문자가 남아 있는 소찰은 모두 동일한 형태와 크기로 같은 열에 엮을 수 있는 것이다. 글자의 배열은 소찰의 왼쪽 단부에서 약 0.5~1㎝ 정도 떨어진 곳에 종서로 6~7자를 배치하였으며, 숫자가 기록된 경우가 7자에 해당한다. 글자의 크기는 주로 0.7~1㎝ 내외의 크기이다. 글자는 소찰 열의 노출된 왼쪽 면에 왼쪽에서 오른쪽으로 쓰여 있는데, 글자가 시작되는 소찰에는 2열로 글씨가 쓰여져 있다. 따라서 문자가 완전한 형태로 확인된 소찰에 6~7자 정도의 글자가 배치되는 것으로 보아, 1개체당 6자씩만 배치한다고 해도 102자 이상의 글자로 구성된 장문임을 알 수 있다. 그러나 글자의 수량은 더 많았을 가능성이 높다.

명문의 글자는 반듯하게 대부분 정자로 쓰여 있으며, 일부 이체자와 부분적으로 다양한 필법을 사용하였으나 한 사람에 의해 기록된 것으로 볼 수 있다. 그리고 명문에서 확인되는 필법은 구양순체와 예서체, 해서체가 일부 확인되며, 안진경체 이전 초당시기 서체에 가까운 곡선적인 글씨도 보인다.[14] 손환일 선생은 가로 획을 네 개로 표현한 '年'자는 예서법으로 보았고, 정자로 쓴 '日'과 '行'은 사경체, '九' '觀' '光'은

12) 이현숙, 2015, 앞의 논문. 이후 국립문화재연구소 문화재보존과학센터에서 실체현미경을 통하여 단층을 분석한 결과 명문 위쪽에서 별도의 칠막이 확인되지 않았다. 이는 갑옷을 모두 제작한 이후에 주사에 옻칠을 섞어서 명문을 기록했을 것으로 본 2012년 KBS 역사스페셜 제작 당시의 분석과 동일한 결과이다.

13) 이남석, 2012, 앞의 논문, p.179.

14) 공주대학교 중어중문과 문종명 교수님의 교시.

구양순체라고 보았다. 전체적으로 사경에서 많이 쓰이는 필체, 구양순체, 예서체 등 세 종류의 서체가 자유분방하게 사용되었는데, 구양순체가 바탕을 이루면서 사경의 글씨체와 예서체가 자유자재로 구사되었다고 보았다. 그리고 書法의 전통을 기초하여 공식적인 기록을 비교할 경우, 중국 글씨는 틀에 딱딱 맞추는 서법을 중시했고 일본은 갈겨쓰는 필사가 유행한 점에 주목하여, 칠피갑옷의 자유분방한 서체를 기초로 백제 사람의 기록으로 보기도 한다.[15] 즉 사경체가 기본으로 사용되었으며, 당대 대세였던 구양순(557~641)체를 능숙하게 반영하고 있는 것으로 미루어, 칠피갑옷에 명문을 기록한 사람은 고법과 사경 글씨체에 능한 유학승일 가능성을 검토할 수 있다.[16] 이와 같이 字形을 기초로 다양한 견해가 제시되고 있기 때문에 이에 대해서는 지속적인 논의가 필요하다.

이상의 내용을 정리하면 글자의 배치는 소찰의 왼쪽 경계에서 약 0.5~1㎝ 정도 떨어진 곳에 종서로 6자에서 7자를 배치하였으며, 소찰의 엮임 면에서 노출된 범위는 약 2~1.5㎝ 정도가 계측된다. 따라서 명문이 기록된 범위는 적어도 가로로 약 36㎝×세로 7㎝ 정도의 넓은 범위에 달하는 것임을 충분히 예측할 수 있다(도 3). 출토 당시의 정황과 소찰의 엮임 상태로 미루어 볼 때 명문의 위치는 칠피갑옷의 바깥면에 해당한다고 볼 수 있다. 그리고 글자의 배치에서 알 수 있듯이 명문이 기록된 범위가 약 36㎝ 내외로 넓게 확인되고 있는 점 등으로 미루어 볼 때, 갑옷의 전면에 크게 주기된 명문이 노출되어 있는 모습을 상상할 수 있다.

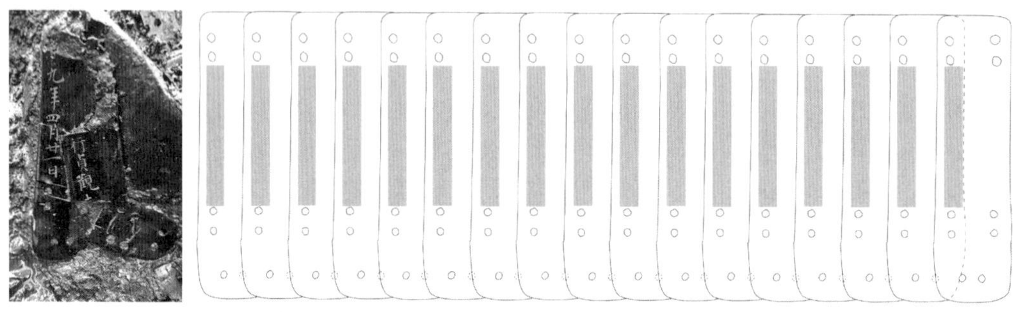

도 3. 소찰의 엮인 모습 모식도

2. 칠피갑옷에서 확인된 명문

공산성 칠피갑옷의 명문 확인은 2011년과 2014년 발굴조사 당시, 그리고 2011~2017년 동안 이루어진 출토갑옷에 대한 보존 처리 과정에서 이루어졌다. 이에 시간대별로 확인된 명문자료를 정리하면 다음의 〈표 1〉과 같다.

15) 손환일 인터뷰(2011. 10. 13. 경향신문) 당시 인터뷰 기록 이외에 최근 관련 명문자료에 대하여 검토한 것임.

16) 명문의 정리 후 손환일 선생께서 유물을 직접 실견한 후 의견을 주심(2019. 4. 18).

표 1. 공산성 출토 칠피갑옷의 명문[17]

<table>
<tr><td>2011년 출토</td><td>갑옷표면
(붓글씨)</td><td>①○○(馬)李肇銀,[18] ②史護軍(張)○○,
③○○○○○緒, ④王武監大口典,
⑤○○行貞觀十, ⑥九年四月卄一日</td></tr>
<tr><td>2014년 출토</td><td>갑옷표면
(붓글씨)</td><td>①○○○叅軍事, ②○○作陪戎副,
③○○支二行左 ④近趙(良)○○,
⑤○○○○大夫,
⑥蓋(益)州○○者○, 土(?)○○○○○</td></tr>
<tr><td rowspan="3">2017년
(보존 처리 후)</td><td>갑옷표면
(붓글씨)</td><td>①人參軍事元文, ② 尉瞿禮專當官,
③右頰各四行後, ④行司馬○○○,
⑤靑光祿大夫行長, ⑥費○○○○○
⑦帥(?)四○○○, ⑧儆[19]士曺○○</td></tr>
<tr><td>갑옷내면
(붓글씨)</td><td>第二 五十一, 第二 背 卅三 至(酉),
'九'-'脫'(동일 소찰 전후), '二' '七' '山'</td></tr>
<tr><td>갑옷표면
(새김글씨)</td><td>時質, 時, 鄧, 孔奴, ×, 兩, 江[20]</td></tr>
</table>

위의 〈표 1〉은 칠피갑옷의 명문자료를 확인된 시기별로 정리한 것이다. 발굴조사가 이루어진 시기와 유물의 보존 처리 기간에 의해서 명문이 확인된 시기는 다르지만, 동일한 유적 내에서 출토된 동일 유물의 자료이기 때문에 접합이 가능한 자료를 중심으로 분류할 수 있다. 명문이 확인된 부위만을 기초로 분류할 경우, 동일한 소찰의 일정한 범위에 주서로 기록한 종류와, 가죽에 묵서한 글자가 반영된 것이 소찰의 漆片 안쪽에서 확인된 글자가 있다. 그리고 소찰의 표면에 날카로운 도구로 긁어서 기록한 글자가 있다. 이들 글자는 위치와 기록 방법에 따라서 ①칠피갑옷의 표면에 공식적으로 기록된 명문과 ②소찰의 가죽에 기록한 것이 옻칠에 의해 반영되어 칠막 내면에 남겨진 제작 행위와 관련된 문자, 그리고 ③소찰 표면에 거칠게 각서된 사적인 문자로 구분할 수 있다. 이를 정리하면 다음과 같다.

1) 칠피갑옷의 공식적인 기록

칠피갑옷의 표면에서 확인된 공식적인 기록은 주서를 이용하여 일정한 범위에 종서로 쓰여져 있다. 출

17) 저수시설을 2011년과 2014년에 절반씩 조사를 진행하였고, 이후 보존 처리 과정에서 각각의 명문이 확인되었다. 동일 개체의 유물에서 확인된 것이므로 서로 접합하여 함께 정리하였다.

18) 2011년 발굴조사 당시 이체자로서 정확한 형태를 검토하고자 하였으나, 이후 이도학(2012, 앞의 논문, p.334)은 수 용화비(肇)와 위 탕평왕태비이씨 묘지명(肇)에서 확인되는 이체자를 근거로 '肇'자로 읽을 수 있다고 보면서 '李肇銀'이라는 인명의 당나라 장수로 이해하였다. 그러나 2017년 보존 처리 후 확인된 ⑤靑光祿大夫行長의 소찰과 연결되어 銀靑光祿大夫로 해석되므로, 이는 수정이 필요하다.

19) '통하다' '뚫다'의 의미인 徹(네이버 한자사전).

20) '鄧', '兩', '江'자의 판독은 손환일 선생님의 교시를 받았다(2019. 4. 18).

토 당시 안정된 형태로 확인된 명문은 '○○行貞觀十' '九年四月卄一日'이지만, 대부분의 명문편이 일정한 곳에 집중된 상태로 출토되었다. 3차에 걸쳐서 확인된 명문을 정리하면 다음의 〈표 2〉와 같다.

표 2. 공산성 출토 칠피갑옷 명문의 현황

구분	명 문	명문 현황	소찰 현황
1	蓋州○○者○, 土(?)○○○○○	유일하게 2열 종서, 명문의 첫 번째 시작 문자	14-⑥, **'金典'**(손환일)
2	近趙良○○○	좌측 종서	14-④, 소찰 하단부 결실
3	王武監大口典	좌측 종서, 2편 접합 '왕무감' 관서명 추정	11-④, 상하 단부 결실
4	費○○○○○	좌측 종서	17-⑥, 소찰 하부 결실
5	○○○○○緖	좌측 종서	11-③, 소찰 상부 결실
6	○○作 陪戎副	좌측 종서	14-②, 소찰 상부 일부결실
7	尉 瞿禮專當官	좌측 종서, 문자 일부 지워짐	17-②, 상하 단부 결실
8	人 叅軍事元文	좌측 종서, 문자 일부 지워짐 이체자 叅, 인명 '元文'	17-①, 상하 단부 결실
9	徹士曺 叅軍事	좌측 종서, 문자 일부 지워짐 2편 접합, 士曺-관서명	17-⑧+14-①, 상하단부결실
10	○○○支二行左	좌측 종서, 해서체 '支'	14-③, 파손 심함
11	右頬各四行後	좌측 종서, 문자 일부 지워짐	17-③, 상하 단부 결실
12	○○○○大夫	좌측 종서, 상부 문자결실	14-⑤, 파손 심함
13	行司馬李肇銀	좌측 종서, 인명 '李肇' 인명 이체자 '肇'	17-④+11-①, 상하단부결실
14	青光祿大夫行長	좌측 종서, 글자일부 결실 '青'	17-⑤, 상하 단부 결실
15	史護軍張(?)○○	좌측 종서, 인명 '張○○'추정	11-②, 상하단부 결실
16	'帥(?)四行貞觀十'	좌측 종서 이체자 帥, 郡	17-⑦+11-⑤, 상단부 결실
17	'九年四月卄一日'	좌측 종서, 예서체 '年'	11-⑥, 상단부 결실

〈표 2〉에 정리된 칠피갑옷의 명문을 살펴보면 徹士曺叅軍事는 2017에 보고된 17-⑧번과 2014년에 보고된 14-①번 명문이 접합된 것이다. 그리고 行司馬李肇銀은 2017년 17-④번과 2011년 11-①번이 접합되고, 帥(?)四行貞觀十은 2017년 17-⑦번과 2011년 11-⑤번이 결합되는 것이다. 칠편의 특성상 출토시점과 건조 과정에서 칠막이 틀어지거나 훼손되는 경우가 많아 접합면의 확인에 많은 어려움이 있었으나, 파손 면과 문자의 남은 면이 정확하게 검증되는 것을 대상으로 판단한 것이다. 따라서 출토된 명문은 2011년, 2014년, 2017년에 확인된 명문을 모두 조합하여 분석할 필요가 있다.

구분	6	5	4	3	2	1
명문	○○作陪戎副	○○○○○緖	費○○○○○	王武監大口典	近趙良○○○	益(蓋)州○○者○,土(?)○○○○○
사진						
출토연도	14-②	11-③	17-⑥	11-④	14-④	14-⑥

구분	12	11	10	9	8	7
명문	○○○○大夫	右頰各四行後	○○支二行左	(徹)士曺叅軍事	人叅軍事元文	尉瞿禮專當官
사진						
출토연도	14-⑤	17-③	14-③	17-⑧+14-①	17-①	17-②

구분	18	17	16	15	14	13
명문	기타	九年四月廿一日	帥四行貞觀十	史護軍張○○	靑光祿大夫行長	行司馬李肇銀
사진		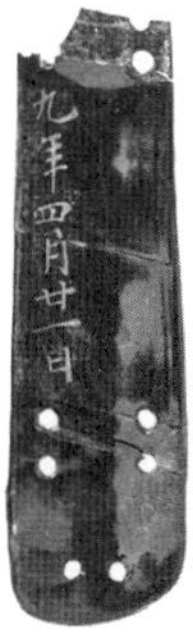				
출토연도	-	11-⑥	17-⑦+11-⑤	11-②	17-⑤	17-④+11-①

도 4. 칠피갑옷의 명문

〈표 2〉에 정리된 명문의 내용은 6번과 7번 자료의 경우 '陪戎副尉'와 같이 소찰의 표면에 종방향으로 연결된 문장을 기록한 것을 살필 수 있다. 이와 같은 자료는 13번과 14번은 '銀-靑光祿大夫', 14번과 15번은 '長-史', 16번과 17번은 '貞觀十-九年'으로 연결되는 부분을 확인할 수 있었다. 따라서 확인된 명문은 연속성을 갖추어 작성된 문장으로 구성되었음을 살필 수 있다.

2) 제작과정에서 남겨진 공인의 기록

소찰편의 칠막 안쪽에 글씨가 반영되어 있는 것으로서, 소찰의 외곽에 방형의 테두리와 중앙에 숫자가 기록된 내용이 있다. 옻칠을 하기 이전에 재단한 가죽 소찰에 붓글씨로 기록한 것이 이후 여러 차례 옻칠을 거듭하는 과정에서 칠막에 글씨가 반영된 것으로 판단된다. 내용을 정리하면 다음의 〈표 3〉과 같다.

표 3. 칠피갑옷의 제작과정에서 남겨진 공인의 기록

구분	명 문	특 징	소찰 현황
1	第二 五十一	-소찰편의 칠막 내면 중앙에 종서로 글씨는 반영되어 있음. -외곽에 가죽재단위한 방형의 테두리 묵서. -'제2(판)의 오십일 열'.	-말각방형의 소찰편, 9×6㎝ -혁철공-상하면의 양측에 2개, 중앙에 3열로 2개
2	第二 ○背 卅三至(酉)	-칠피의 내면에 반영된 종서 3열 -'제2판 뒷판 33열'.	-말각방형의 소찰, 7.5×3.8㎝ -혁철공-중앙에 1개, 상하단의 양측면에 각각 2개
3	九 - 脫	-외면에 날카로운 도구로 긁어서 새긴 '時質'명이 있음. -가죽의 상하면에 쓴 글씨.	-장방형의 대형 소찰편 내면에 반영
4	二, 七, 山.	-파손이 심함. -숫자가 많이 있음.	-내면에 글자가 반영된 상태

글씨는 종방향으로 거침없이 써내려간 필체의 묵서인데, 숫자는 필획의 간격이 좁고, '背'자나 '五'자를 비롯한 字形은 궁남지 2차 보고서 2호 목간,[21] 능사 7차 목간7,[22] 쌍북리 173-8번지 223목간[23]과 같이 군사 행정이나 의례, 호적 관련 공적문서로 보고된 자료의 필체와 비교할 수 있다. 현재 소찰 내면의 가죽은 모두 부식되고 외면의 칠막이 남아 형체를 이루고 있다. 칠피갑옷 제작을 위해 가죽을 계획적으로 재단하고 그 수량도 전체적으로 관리하는 과정에서, 가죽 소찰에 수량과 소용처를 명기했을 가능성을 추론

21) 국립부여문화재연구소, 『궁남지』 Ⅱ-현 궁남지 서북편 일대.

22) 권인한, 김경호, 윤선태, 2015, 『한국고대 문자자료연구-백제(상) 지역별』, 주류성, pp.198-202.

23) 이호형, 2013, 「부여 쌍북리 173-8번지유적 목간의 출토현황 및 검토」, 『목간과 문자』 11.

할 수 있다. 갑옷의 제작이 계획적인 공정에 의해서 소찰의 형태와 수량을 맞추는 등 공인의 제작 행위가 있었음을 살필 수 있다.[24)]

3) 갑옷 외면의 사적인 기록

칠피갑옷에서 확인되는 문자 중에 갑옷 외면의 보이지 않는 곳에 있는 비공식 문자도 확인된다. 문자는 '時質', '時', '鄧', '孔奴', '×'. '兩', '江' 字 등이 있다. 문자가 확인된 소찰편은 크기가 큰 찰갑편에서 작은편 등 모두에 걸쳐 있으며, '孔奴'명을 제외한 모든 문자는 소찰의 엮인 면에서 비켜난 표면의 일부 치우친 곳에서 확인된다. 대부분 갑옷이 모두 제작된 이후 기록한 것으로 판단된다.

이 가운데 '時質' '時' '鄧'은 정자로 반듯하게 칠막을 긁어서 음각한 것이며, 정자로 반듯하게 쓰여진 글씨체가 유사하여 동일인의 표현으로 추정된다. 짧게 표현된 문자만으로 구체적인 의미를 알기는 어렵지만, 갑옷이 모두 만들어진 이후에 별도로 표면에 날카로운 도구로 긁어서 표시한 것으로 확인된다.

'孔奴'는 사선으로 뉘어서 휘둘러 쓴 듯한 모습으로, 다른 글씨와 달리 소찰을 엮기 이전에 기록한 것이다. 특히 '孔奴'명 소찰편은 대형의 찰갑편으로, 출토 위치와 형태로 미루어 볼 때 신갑의 하단이나 상갑편의 일부로 추정된다. '孔奴'는 사선으로 뉘어서 휘둘러 쓴 듯한 필체이며, 제작 공정상 소찰을 엮어 갑옷을 만들기 이전에 쓴 것이다.[25)]

이와 같이 완성된 물건에 각서한 사례로 익산 미륵사지 사리공 내부에서 출토된 청동합(1)의 뚜껑에 '상부의 달솔 목근이 보시하였다.(上部達率目近)'고 역주된 자료가 있다.[26)] 그리고 이와 함께 출토된 금제

---

24) 공산성 칠피갑옷을 제작하는 공정에서 가죽을 먼저 일괄적으로 재단한 후 천공하고, 옻칠을 하였음을 알 수 있다. 특히 일부 소찰편에서 기존에 뚫어 놓은 구멍을 백토로 메꾸고 그 위에 칠을 한 사례가 매우 많이 확인된다. 이는 공방 내에서 일괄작업을 통하여 소찰편을 재단한 후, 가죽 소찰에 칠을 하는 과정에서 수량의 과다에 따라 보수하여 사용한 것으로 판단된다. 따라서 가죽의 재단과 천공은 계획에 따라서 일괄로 진행한 후, 옻칠작업은 정확한 수량과 부위별 수량을 계량 한 후 진행하였을 것으로 추론된다.

25) '孔奴'는 이와 같은 공인들의 자기 이름 표현 방식은 조선시대 목판의 각수 이름새김 등에도 확인되고 있다. '孔'자에 대하여 '記'자의 가능성도 제기되었으나 한국학자료센터의 고문서서체용례사전에서 자형을 비교한 결과 '孔'자로 보는 것이 타당할 것으로 판단된다.

26) 권인한, 김경호, 윤선태, 2015, 『한국고대 문자자료연구-백제(상) 지역별』, 주류성, p.390. 필획의 강약이 거의 표현되지 않은 점을 기초로 刀子가 아닌 송곳과 같은 것으로 쓰듯 새겼다고 보았다.

소형판의 '中部德率支受施金壹兩', '下卩非致夫及父母妻子 同布施'의 명문도 송곳과 같은 것으로 긁어서 쓴 것으로, 이 명문은 미리 준비된 것이 아니라 사리를 봉안할 당시에 즉석에서 급하게 쓰인 시주자의 卽刻으로서 일상 생활의 글씨로 보기도 한다.[27] 이를 참고할 경우 칠피갑옷의 표면에 긁어내듯이 기록한 문자들 역시 갑옷이 제작된 이후, 사적인 행위에 의해 몰래 쓰여진 것으로 추정할 수 있다.

3. 명문의 분류와 판독

칠피갑옷에서 확인되는 명문 중에 공식적인 기록은 주사에 옻칠을 섞어서 주기한 것으로, 갑옷을 제작한 후 외면에 기록하였다. 일부 명문은 지워져 있어 자형을 정확하게 알 수 없는 경우가 있거나, 이체자로 기록하여 정확한 의미를 이해하기 어려운 자료도 있다. 따라서 이와 같이 문자가 지워지거나 파손되어 결락이 있는 경우 정확한 판독의 어려움이 있으나, 명문에 보이는 품계와 인명, 관서명, 그리고 연호와 지명을 중심으로 그 의미를 나름대로 찾아보고자 한다. 앞에서 살펴본 명문 중 칠피갑옷의 공식적인 기록으로 판단되는 내용을 분류하면 다음과 같다.

㉮ 蓋州○○者○ 土○○○○○/ 近[28]趙○○○○/

㉯ 費○○○○○/ ○○○○○緖/ ○○○○○作/

王武監大口典 /

人 參軍事 元文/

徹[29]士曺 忝軍事[30]/

㉰ ○○○陪戎副 / 尉 瞿禮專當官/

27) 손환일, 2009, 「백제 미륵사지 서원석탑 금제사리봉안기와 금정명문의 서체」, 『신라사학보』 16, p.112.

28) 일부 '近'이 아니라 '匠'으로 보아야 한다는 의견도 있었으나, 글씨체를 비교할 경우 '近'자는 받침의 하면이 배가 부르고, '匠'자는 받침의 상면이 배가 부른 형태로 확인된다. 따라서 칠피갑옷에서 확인된 명문은 받침의 하면이 배가 부른 '近'자에 가까운 형태로 판단된다(*近자와 匠자의 자형 비교).

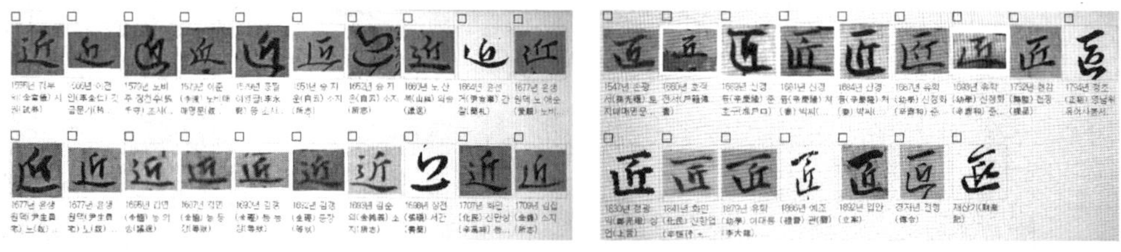

29) 일부 글자가 지워져 있는데, '통하다' '뚫다' '밝다'의 '徹'로 보고 인명의 가능성을 검토하였다. 일부 忄+著+攵가 결합된 것과 같은 형태, 혹은 '儆'으로도 보이는데, 이는 지속적인 검토가 필요하다.

30) 陳茂同, 1985, 『歷代職官沿革史』 --- 단독적으로 칭할 대는 參軍, 參軍事라 하였고, 諸曹의 長의 官名을 따랐다. ---북제의 각 주, 자사의 속관에는 錄事, 功曹, 倉曹, 中兵 等의 參軍이 있었다.---수서(隋)와 양(两)당서(唐)에는 '參軍'이라는 글자 아래 '사(事)'가 있고, '통전'과 '문헌통고'에는 없다.--(---亦單稱參軍, 參軍事, 從此爲諸曹之長的官名. ---北齊各州, 刺史属官有錄事, 功曹, 倉曹, 中兵等參軍. ---《隋書》, 兩《唐書》于"參軍"下有"事"字, 《通典》, 《文献通考》無.

〇〇支 二行 左/　　右頰各四行後/

〇〇〇〇大夫/　　〇行司馬 李肇 銀/

靑光祿大夫 行長/　　史 護軍 張〇〇

㉣ 帥四行貞觀十 /　　九年四月卄一日/

1) 직명과 인명, 관서명의 기록

출토 유물은 글자의 배치와 내용을 중심으로 문장의 시작 부분(㉮)과 끝 부분(㉱)을 구분할 수 있다. 문장의 시작 부분에 해당하는 명문편은 2열 종서로 기록되어 있는데(㉮), 지명과 더불어 문장의 시작에 대한 도입부로 볼 수 있다. 그리고 관서명과 품계-관직명-이름이 있는 기록(㉯㉰), 이행과 사행으로 표현된 행위의 기록(㉣), 문장의 끝부분에 표현된 연호와 날짜의 기록(㉱)으로 구분할 수 있다. 따라서 개략적으로 '어떤 지역과 행위의 계기' 및 '행위의 공간으로서의 관서명과 인명 등의 관련 조건', 그리고 품계와 직명이 병기된 인명이 있는데 元文, 〇〇徹, 〇〇支, 李肇, 張〇〇 등 5인 정도를 추론할 수 있다. 그리고 이러한 행위와 관련된 날로 정관19년(645) 4월 21일이 정확하게 표기되어 있다.

물론 이와 같은 문장에 대한 검토는 자료의 정리를 위한 1차적인 분류이지 고정된 해석을 전제한 것은 아니다. 앞으로 종합적인 연구의 진행에 따라서 깊이 있는 내용 분석이 이루어질 수 있기를 기대하면서, 1차적인 검토를 하고자 한다.

(1) 명문의 시작과 지명(㉮)

명문의 시작은 지명이 기록된 소찰편인 '蓋州〇〇者〇, 土(?)〇〇〇〇〇'명으로, 2014년 조사된 것이다. 명문 소찰편 중 유일하게 2줄로 縱書된 명문이며, 찰갑 왼쪽에 종서로 기록된 문자의 배열 모습으로 볼 때 명문의 시작 부위에 해당한다. 기존의 자료 검토에서 '益州'로 읽고, 정관19년 당 태종의 개모성 함락 이후 설치한 蓋州의 이칭일 가능성을 검토한 바 있다.[31] 당시 백제 땅이었던 공산성에서 출토된 칠피갑옷과 관계 있는 지명을 검토하는 과정에서 백제시대와 역사적인 관계를 살필 수 있는 곳 가운데 발해시대에 익주의 지명이 요동성 일대에 있음을 기초로 한 것이었으나, 글자의 형태가 정확하지 않고 적외선 촬영에서도 글자의 형태가 명확하지 않았기 때문에 정확한 글자를 이해하기 어려웠다. 이에 최근 이

---

31) 일반적으로 익주는 쓰촨성 청두(成都)로 알려져 있으나, 정관 19년(645)을 전후한 시기에 주목되는 역사적 사건이나 지명, 혹은 직접적으로 인명과 품계를 함께 검토할 수 있는 이 지역과 관련된 자료는 거의 없다. 다만 宋代 『證類本草』와 明代 李時珍이 지은 『本草綱目』에서 건칠의 효능을 기록하면서 익주의 칠이 약재로 기록되어 있다(宋(1108년 唐愼微) 『證類本草』, 西部叢刊景金泰和晦明軒本. 『本草綱目』, 明 李時珍(淸 文淵閣四庫全書本) "梁州漆最甚益州亦有廣州漆性急易燥其諸處漆桶中自然乾者狀如蜂房"). 그리고 명대 지리서인 『蜀中廣記』에 쓰촨성 廣漢에 칠기물을 제작하는 工官이 있었고 여기에서 칠을 조공했음을 기록한 내용이 있으나(『蜀中廣記』 권68, 明 曹學佺(淸 文淵閣四庫全書本) "蜀郡成都廣漢有工官, 工官主作漆器物者也 寰宇記益州舊貢蜀漆今向爾."), 갑옷과 같은 무기류를 지칭하거나 특정하지는 않았다.

태희는 논고에서 익주는 오늘날 쓰촨성 청두(成都), 즉 수나라 때의 촉군(蜀郡)으로 봄으로써[32] 칠피갑옷과 백제의 역사적 상황에 대한 이해의 전제를 애초에 차단하였다.

그러나 최근 보존 처리가 완료된 유물을 대상으로 높은 화소의 사진 촬영을 통하여 자료를 재검토해본 결과, 글자의 머리에 '艹'자와 같은 부수의 필획이 확인되고 있어〈도 5〉,[33] '益'자로 읽기는 어려운 것으로 판단된다. 글자의 중앙 부분이 지워져 있는 상태여서 정확한 자형을 파악하는데 한계가 있지만, 머리 부분의 '艹'부수와 발 부분의 '皿'자 사이의 공간을 고려할 때 '蓋'자로 읽혀진다. 이와 비교할 수 있는 자형으로는 大曆6年(771) 안진경의 〈麻姑仙壇記〉 大字本의 글자와[34]〈도 5〉 이후 조선시대 정광익의 상언에서도 확인된다.[35]

도 5. 명문 소찰의 '蓋州'(①)와 顔眞卿의 〈麻姑仙壇記〉의 '蓋'자(②③)

따라서 명문의 시작으로 볼 수 있는 소찰편에서 확인되는 기록은 '蓋州'라는 지명으로 볼 수 있다. 일반적으로 지명이 확인되는 문자의 해석은 역사성을 살피는 데 있어서 매우 중요하므로, 정관19년(645)을 전후하여 역사적 地名을 우선적으로 검토할 수 있다. '蓋州'라는 지명과 관련된 기록은『舊唐書』高句麗傳에서도 '貞觀19년(645) 여름 4월에 李勣의 군대가 遼河를 건너서 蓋牟城을 빼앗고, 그곳에 蓋州를 설치하였다.'는 기록이 있는데, 정관19년 당 태종이 고구려를 親征할 때 백제가 갑옷을 전한 사실이『三國史記』에 자세히 기록되어 있다. 관련 기사를 정리하면 다음과 같다.

①『三國史記』卷21, 高句麗本紀 9, 寶藏王 4年 春3月(645년 3월) 당 태종과 이세적이 요동정벌을 위하여 출정하다.

②『三國史記』卷21, 高句麗本紀 9, 寶藏王 4年 夏4月(645년 4월) 당 이세적과 강하왕 도

32) 이태희, 2018, 앞의 논문, p.95.

33) 옻칠갑옷의 명문 해석에 있어서 지명은 매우 중요한 의미를 지니고 있다. 이에 적외선 촬영과 관련 학자들의 자문을 통하여 해석하고자 하였으나, 손환일 선생님은 '蓋州'의 이체자일 가능성과 '州'로 판독된 글자의 가로획이 면으로 연결되는 점을 기초로 '金典'으로 읽을 수도 있다고 교시하는 등 다양한 견해가 제시되었다. 이에 김광섭 작가님의 도움을 받아 고화소의 사진을 촬영하여 재판독해 본 결과 글자의 머리부수에서 '艹'자로 볼 수 있는 필획이 확인된 것이다.

34) 顔眞卿 〈麻姑仙壇記〉 大字本(大曆6年, 771), "--壇東南有池, 中有紅蓮, 近忽變碧, 今又白矣. 池北下壇傍有杉松, 皆偃蓋, 時聞步虛鍾磬之音--"(---단의 동남쪽에는 연못이 있다. 연못 가운데에 홍련(紅蓮)이 있는데, 근래에 갑자기 푸른색으로 변했고, 지금은 다시 흰색이 되었다. 연못 북쪽 하단(下壇)의 곁에 전나무[杉松]가 있는데, 가지가 모두 일산(日傘)의 덮개[偃蓋]처럼 늘어졌고, 때때로 허공에 종소리가 울렸다.---)

35) 조선시대 1830년 정광익의 상언에 기록된 '익'자는 '(益)', '개'자는 '蓋'로 확인된다. 형태상 명문의 자형과 매우 유사함을 살필 수 있었다.

종이 개모성을 공격하여 빼앗아 1만인을 사로잡고 양곡 10만 석을 얻어 그 땅을 개주로 삼았다.

③ 『三國史記』 卷21, 高句麗本紀 9, 寶藏王 4年 夏5月(645년 5월) 당군이 요동성을 공격하여 함락시켰으며, '이때 백제가 금색 칠을 한 갑옷(金髹鎧)을 바치고, 또 검은 쇠로 무늬를 놓은 갑옷(文鎧)을 만들어 바치니 군사들이 입고 따랐으며, 황제와 이세적이 만났는데 갑옷의 광채가 태양에 빛났다'고 기록되어 있다.

당시 백제가 전한 갑옷은 칠피갑옷이 아니라 철갑옷인 금휴개와 문개이다.[36] 당 태종이 직접 착용했다는 금휴개는 황칠을 입혀 만든 갑옷으로 여겨진다. 그러나 의자왕이 『삼국사기』 고구려 보장왕 본기에서 확인되는 645년 5월에 금휴개나 문개를 당 태종에게 바친 일과 관련하여 비교해볼 수 있는 내용은, 중국의 백제 칠, 특히 황칠에 대한 인식이다. 백제 황칠의 생산과 채취에 관한 기록은 『新唐書』,[37] 『通典』[38] 『太平御覽』,[39] 『太平寰宇記』,[40] 『册府元龜』,[41] 『玉海』,[42] 『佩文韻府』[43] 『通雅』 등에서 갑옷을 설명하며 백제의 황칠에 대해 언급하고 있다. 『華夷花木鳥獸珍玩考』에도 백제의 黃漆樹가 소개되어 있다. 또 백제의 칠공예 기술과 관련하여 『册府元龜』와 『玉海』의 기록에서 확인되는 당 태종이 백제에 사신을 보내 금칠을 한 철갑을 구하고, 오채를 현금에 물들여 산문갑을 제작하였다는 기록도 주목된다. 특히 백제가 조공품으로 무왕 27년(626)에 명광개,[44] 38년(637)에 철갑과 조부,[45] 40년(639)에 금갑과 조부를 중국에 보냈다는 기록을 통하여,[46] 백제의 칠공예와 함께 갑옷 제작 기술이 뛰어났을 뿐만 아니라 당에서도 이를 매우 귀하

---

36) 『考工記, 函人』, 『戰國策, 燕策』. 『周禮 考工記』의 기록에 의하면 '古用皮, 渭之甲, 今用金, 渭之鎧'라 하여, 가죽으로 만든 갑옷을 '甲', '介', '函' 등으로 부르다가, 전국시기 중후기에 이르러 제철기술의 성숙과 함께 철로 갑옷을 만들면서 '鎧'라고 부르기 시작하였다는 것을 알 수 있다.

37) 『新唐書』, 東夷列傳, 百濟, …有三島, 生黃漆, 六月刺取瀋, 色若金. 王服大袖紫袍, 靑錦袴, 素皮帶, 烏革履, 烏羅冠飾以金蘤 羣臣絳衣 飾冠以銀蘤…"

38) 『通典』 卷185 「邊防」1, 東夷 上, 百濟條, "---國西南海中有三島 出黃漆樹 似小榎樹而大 六月取汁漆器物 若黃金 其光奪目---"

39) 『太平御覽』 卷781, 四夷部 二, 東夷, "---其國西南海中, 有三島, 其上出黃漆樹, 似小榎而樹大, 六月取其汁漆器物, 色如黃金, 其光自奪目'---"

40) 『太平寰宇記』 卷一百七十二 四夷一 東夷一, 土俗物産, "--西南海中有三島, 其上出黃漆樹, 似小棕樹, 而大六月, 輒取其汁, 漆器物, 如黃金, 其光奪目."

41) 『册府元龜』 卷117, 「帝王部」親征 2, 貞觀 19年(645) 5月 "--丁丑條, 初 太宗 遣使於百濟國中 採金漆用塗鐵甲皆黃紫 引日翟色邁兼金 又以五綵染玄金 制爲山文甲 竝從將軍.---"

42) 『玉海』 卷151, 兵制, 劍戰 鎧甲, 唐金甲雕斧 明光鎧 金髹鎧 山文鎧 犀甲 ○唐金甲雕斧 明光鎧 金髹鎧 山文鎧 犀甲【舊紀】貞觀十二年(638)十月己亥, 百濟貢金甲雕斧.【百濟傳】武德四年(621), 獻果下馬. 後五年, 獻明光鎧. 貞觀(627~649)中, 上鐵甲雕斧, 帝優勞之, 賜帛.

43) 칠을 채취하는 행위인 取瀋을 설명하면서 백제의 황칠에 대하여 설명하고 있다.

44) 『新唐書』 東夷列傳, 百濟, "---武德四年(621), 王扶餘璋始遣使獻果下馬,自是數朝貢. 高祖册爲帶方郡王·百濟王. 後五年, 獻明光鎧, 且訟高麗梗貢道---"

45) 『三國史記』 卷第二十七 百濟本紀 第五 武王 "冬十二月, 遣使入唐, 獻鐵甲·雕斧. 太宗優勞之, 賜錦袍并彩帛三千段."

게 여겼다는 것을 입증해주고 있다.

(2) 관서명의 검토(㉯)

관서명으로는 王武監과 士曺를 함께 검토할 수 있는데, 무기의 제작이나 관리를 관장한 관서명으로 판단된다. '王武監大口典'과 관련된 소찰편 가운데 '大口典'은 가장 처음 확인된 문자편인데, 주변에서 대부분의 문자편이 확인되었다.

① 王武監 (大口典), ② 徹 士曺 叅軍事

③ 費○○○○○ ④ ○○○○○緖 ⑤ ○○○○○作

'王武監(大口典)'과 '士曺'에서 살필 수 있는 관서명의 존재, 그리고 '費--'(경비), '--緖'(순서, 차례, 실마리, 계통), '--作' 등의 의미를 통하여 갑옷의 제작에 관한 경위 등을 유추할 수 있는 문자가 확인된다. 특히 왕무감의 경우 그 명칭만으로도 왕실의 무기와 관련된 관서명일 가능성을 추론할 수 있다. 백제의 경우 무기의 제작과 관리, 국왕의 호위와 관련하여 내관 12부 중 하나인 刀部를 주목할 수 있다.[47] 중국은『唐六典』에 군기감, 무기감, 무감 등의 용어로 확인된다.[48] 軍器監은 당의 관명으로 무덕(618~626) 초에 武器監으로 이름 하다가, 開元(713~741) 중에 군기감으로 고쳤다고 한다.[49] 특히 무기감은 당 중앙정부로 隋·唐의 行台省에 유감, 소감(또는 부감), 승(丞) 등을 모두 설치하고 병장과 마구간을 관리하였다고[50] 기록되어 있으나, 태종이 정관6년(632)에 혁파한 이후 다시 설치하지 않고 개원 연간까지 소부감 우상서가 병기의 제작을 담당하였다.[51]그러나 안타깝게도 중국이나 백제 어디에서도 '王武監'의 관서명은 확인되지 않는다.

士曺는 관서명이다. 백제에서는 확인되지 않으나, 중국의 경우 동한 말 曹操 丞相府에 속한 諸曹의 하나로, 隋 開皇 3년(서기 583년)에 司士로 개칭하였다가 唐대에 三都, 諸州, 都督府, 王國이 거듭 설치하였다. 土功, 公廨, 津梁, 舟車, 工藝 等을 관장하였으며, 장관은 士曹 參軍事 혹은 司士 參軍事로 삼았다고 한다.[52]

---

46)『三國史記』卷第二十七 百濟本紀 第五 武王 "四十年, 冬十月, 又遣使於唐, 獻金甲·雕斧."

47) 정동준, 2006,「백제 22부사 성립기의 내관, 외관」,『한국고대사연구』42, pp.196-197.

48) 김택민 주편, 2003,『唐六典』, 신서원.

49) 李廷忠(宋),『橘山四六』「賀江東運使鍾編修」, 軍器監 唐官 武德初 名武器監 開元中 改軍器監.

50) **武器監** 官署名. 唐朝中央政府, 隋唐行台省皆置, 有監, 少監(或副監), 丞等, 掌兵仗, 厩牧之事-- 唐太宗貞觀六年(632)廢, 玄宗開元三年(715)又置軍器監. 行台省所置, 于唐高祖武德五年(622)至九年(626)随行台省罷. 중앙정부에 설치한 것은 당 태종정관 6년(632)에 폐지하고, 현종개원 3년(715)에 다시 군기감을 설치하였다. 행대성에는 당고조 무덕 5년(622)에서 9년(626)까지 설치했다가 점차 행대성에서 철수하였다.

51) 이태희, 2018, 앞의 논문, p.107.

52) 바이두 백과사전, 官署名. 東漢末曹操丞相府属诸曹之一,以属爲長官. 晋代沿置. 南朝宋公府,北魏州,東魏公府,北齊三師二大

(3) 품계–직명–인명의 검토(㉰)

칠피갑옷의 명문에서 확인되는 품계와 직명, 인명을 정리하면 다음의 〈표 4〉와 같다.

표 4. 칠피갑옷에서 확인된 품계와 직명, 인명

구분	품계	관서명	직명	인명	행위
1		王武監	大口典		
1			參軍事	元文	
2		士曺	叅軍事	**徹[53]	
3			陪戎副尉 瞿禮專當官	–	
4	**大夫		(行)司馬	李肇	
5	銀青光祿大夫		(行)長史 護軍	張**	
6				**支	/ 二行
7					/ 四行

위의 〈표 4〉에 정리된 바와 같이 ① (王武監)大口典, ② 參軍事 元文, ③徹 士曺 叅軍事[54], ④ 陪戎副尉 瞿禮專當官, ⑤ ○○○○大夫 行司馬 李肇, ⑥ 銀青光祿大夫 (行)長史 護軍 張○○로 정리할 수 있다. 주로 당의 관직명을 포함하고 있는데,[55] 그동안 백제에서 알려지지 않은 은청광록대부, 배융부위, 사조, 왕무감 등의 주요 관직명과 관서명이 확인되어 이에 대해서는 추후 분석이 필요하기 때문에, 일단 개괄적인 현황만 살펴보겠다.

三公府, 諸州府,隋州(郡)府, 王府, 大將軍府皆置. 長官因时而异,有參軍, 行參軍, 從事, 佐等. 隋開皇三年(公元583年)改名尉司士. 唐三都, 諸州, 都督府, 王国复置,掌土功, 公廨, 津梁 舟車, 工藝等, 長官尉士曹參軍事或司士參軍事(동한 말 曹操 丞相府에 속한 諸曹의 하나로, 소속 관리를 長官으로 삼았으며, 晋代에도 이어 설치한 것으로 전한다. 南宋 公府, 北魏 州, 東魏 公府, 北齊3師2大3公府, 諸州府, 隋州(郡)府, 王府, 大將軍府에 모두 설치하였다. 長官은 때에 따라 다른데, 參軍, 行參軍, 從事, 佐 等이 있다. 隋 開皇 3년(서기 583년)에 司士로 개칭하였다. 唐 三都, 諸州, 都督府, 王國이 거듭 설치하고, 土功, 公廨, 津梁, 舟車, 工藝 等을 관장하였다. 장관은 士曹 參軍事 혹은 司士 參軍事로 삼았다)

53) '徹'의 용례는 의례와 인명에서 사용례를 살필 수 있다. 즉 의례의 경우 제기를 사용한 후 거두어들이는 것을 '徹(撤)邊豆'라고 하며, 인명으로는 최치원의 『계원필경』(886)에서도 '度支裵徹相公'과 같은 인명이 확인되며, 조선시대에도 인명으로 '徹'자가 사용된 예가 확인된다. 따라서 '徹'자의 경우 의례와 인명에도 사용되고 있어 단언하기는 어려우므로 지속적으로 자료를 검토하고자 한다.

54) 참군은 관칭된 명칭에 따라 다양한 특정 임무를 가지는데, 무임소, 무정원인 경우가 많았다고 한다. 백제의 參軍도 관칭된 명칭이 없었던 것으로 보아 후자에 가까울 것으로 보았다(정동준, 2007, 「5세기 백제의 중국식 관제 수용과 그 기능」, 『한국사연구』 138, p.15).

55) 공산성 칠피갑옷 출토 명문에서 확인된 당의 관직명에 대한 내용은 이태희의 논고(2018, 앞의 논문, pp.96–102)에 정리되어 있다. 이태희는 당의 관직명에 주목하여 명문의 작성 주체를 唐으로 보았다.

품계는 ○○○○大夫와 銀靑光祿大夫가 있으며, 직명으로는 陪戎副尉 瞿禮專當官, 士曺 **叅軍事**, (行)司馬, (行)長史, 護軍 등이 확인된다. 이 가운데 은청광록대부는 종3품의 문산관이며,[56] 배융부위는 종9품하의 무산관이고, 호군은 훈관이다. 이밖에 당의 직관지나 백제의 관직명에서 구체적으로 확인되지 않는 직명의 존재 및 품계와 직명 사이에 行守法으로 보이는 '行'자의 용례가 주목된다.[57]

구체적인 기록을 찾을 수 없는 직명으로는 '瞿禮 專當官'이 있다. '瞿禮'와 관련하여『禮記』「檀弓 上」에 기록된 바와 같이[58] 부모의 상을 당하여 어찌할 바를 몰라 당황하는 모습을 표현한 내용이 주목된다. 그리고 '瞿禮'가 직명과 관련된 용례는『흠정사고전서』「엄산당별집」의 '會元三品' 기록에 있는 '瞿禮侍'라는 직명이다.[59] 이러한 정황으로 미루어 볼 때 구체적인 기록이 확인되지 않으나, '瞿禮 專當官'이 의례 행위와 관련된 예법을 전담하는 別職에 사용한 것이 아닐까 여겨진다.

칠피갑옷에서 확인되는 인명 앞의 부관호는 장사[60], 사마[61], 참군사이다. 백제의 부관호는 사신의 지위를 표시하는 임시적 명칭으로,[62] 외교사절에만 등장하여 국내 정치에서 역할을 한 흔적이 그다지 보이지 않는다.[63] 따라서 동성왕대 남제에 사신으로 파견된 인물들의 기록에서와 같이 태수호부관호형식의 '(兼)長史', '(兼)司馬', '(兼)參軍'의 표기방식은 사신이 임시로 겸하였던 명칭임을 직접적으로 보여준다.[64] 이와 같은 부관호는 사비시기인 위덕왕 45년(598) 長史 王辯那[65]가 마지막인데, 이로부터 47년이 지난 의

56) 陳茂同, 1985,『歷代職官沿革史』, 銀靑光祿大夫, 古代官名. 初爲兼官, 無職掌. 隋朝以爲正三品散官, 煬帝改爲從三品. 唐朝爲從三品文散官, 宋代以後廢

57) 우리나라에서 행수법은 일반적으로 고려·조선시대 품계와 관직이 일치하지 않은 관원에게 주던 칭호로 알려져 있다. 백제시대에 행수법이 있었는지에 대한 기록이나 관련 자료는 확인된 바 없으나 이 칠피갑옷에서 그 흔적을 엿볼 수 있을 것 같다.

58)『禮記』「檀弓 上」, '始死 充充如有窮 旣殯 瞿瞿如有求而弗得 旣葬 皇皇如有望而弗至 練而慨然 祥而廓然'"(부모님이) 처음 돌아가신 뒤에는 슬픔에 젖어 막다른 곳에 다다른 것 같고, 빈소에 모신 뒤에는 두리번거리며 찾아도 얻지 못하는 것 같고, 장사 지낸 뒤에는 어찌할 줄 모르고 당황함이 바라보아도 이르지 못하는 것 같고, 연제를 지낸 뒤는 세월이 흐른 것을 탄식하고, 대상을 지내면 아득히 멀어져 텅 빈 것 같다."

59)「弇山堂別集」은 중국 명나라 세종~신종 때의 문신·문인·학자인 王世貞이 편찬한 사료집이다.
'--嘉靖李太僕舜臣, 瞿禮侍景淳胡, 太常卿正 蒙田, 禮侍一儁, 凡十人'

60) 陳茂同, 1985,『歷代職官沿革史』, pp.299-300, 장사는 地方官名으로 州에서는 종5품 이상, 都督府에서는 종5품 이상 종3품 이하.
《漢書. 百官公卿表上》,《後漢書. 百官志一》. 官名, 長史是中国 歷史上職官名, 其執掌事務不一, 但多爲幕僚性質的官員. 長史最早設于秦代, 當時丞相和將軍幕府皆設有長史官. 將軍下的長史亦可領軍作戰, 稱作將兵長史, 除此之外, 邊地的郡亦設長史. 爲太守的佐官. 관명(長名). 장사는 중국 역사상 직관(職名)으로, 집무(事務)는 다르지만 막료 성격의 관료가 많았다. 장사는 秦代에 최초로 설치되었는데, 당시 정승과 장군 막부는 모두 장사관이 있었다. 장군 아래의 장사는 군사작전을 영위할 수 있는 것으로서, 장병장사로 불리었다. 이 밖에 변지의 군에도 장사를 두어 태수의 좌관이 되었다.

61) 陳茂同, 1985,『歷代職官沿革史』, pp.299-300, 사마는 地方官名으로 州에서는 종6품 이상 종5품 이하, 都督府에서는 종5품 이상 종4품 이하.

62) 영목정민, 2003,「왜와 백제의 부관제」,『동아세아와 백제』, 서경, pp.340-341.

63) 정동준, 2013,『동아시아 속의 백제 정치제도』, 일지사, pp.155-159.
이남석, 2012, 앞의 논문, p.185.

64) 박찬우, 2014,『5~6세기 백제의 장군호 활용과 그 의미』, 고려대학교대학원 석사학위논문.

65)『隋書』百濟傳, 開皇十八年 昌使其長史王辯那來獻方物---'

자왕 5년 정관19년(645)명의 칠피갑옷에 장사, 사마, 참군사의 부관호가 기록된 것이 공산성에서 출토된 것이다.

인명으로는 元文, ○○徹, ○○支, 李肇, 張○○이 있는데, 정확하게 이름을 알 수 있는 것은 元文과 李肇이다.[66] '이조'의 경우 한때 '李肇銀'이라는 당나라 장수일 것으로 추정된 바 있으나,[67] 이후 확인된 명문 소찰을 기초로 (行)司馬 李肇인 것이 확인되었다. 다음 銀青光祿大夫(行)長史護軍 張○○의 경우는, 백제의 중국계 관료[68] 중 구이신왕 5년(424) 유송에 파견된 長史 張威[69], 개로왕 18년(472) 司馬 張茂, 동성왕 17년(495) 參軍 張塞에서 보이듯이 중국식 성씨를 쓰는 중국계 관인들 중 '張'씨 성의 인물들이 지속적으로 장사·사마·참군의 역을 담당한 것과 비교할 수 있어 주목된다.

(4) 二行과 四行의 의미

칠피갑옷의 명문에서 주목할 수 있는 내용으로 二行과 四行이 있다. 구체적인 용례를 알 수 없으나, 『禮記』에서 大射禮와 관련하여 四行에 賓·公·卿·大夫가 포함되는 것을 검토할 수 있다.[70] 그리고 『文獻通考』에는 임금의 거동 때 따르는 의장에 관한 행렬에 二行과 四行의 기록이 있다.[71] 구체적으로 정의하기는 어렵지만, 『禮記』의 大射禮와 『文獻通考』의 어가 행렬에 보이는 이들 二行과 四行의 기록은 눈길을 끈다. 따라서 二行과 四行은 軍禮와 관련이 있을 가능성을 생각해볼 수 있다.

(5) 날짜와 연호의 의미

다음으로 칠피갑옷에서 확인되는 정관19년(645) 연호와 관련된 부분이다. 백제의 기년 표기 방식을 살

---

66) 이조와 원문이라는 인명을 중국의 기록에서 확인한 결과, 중국에서는 당나라 헌종 원화연간(806~820)에 중서사인 이조를 제외한 다른 인물은 확인되지 않았으며, 元文이라는 인명도 확인되지 않았다. 따라서 기록에서 직접적으로 중국의 관인과 비교할 수 있는 인명은 없다. 그리고 ○○支의 경우 문맥상 행위와 관련된 '二行' 앞에 있어서 인명일 가능성을 추론하였으나, 구체적인 논거는 없기 때문에 향후 검토가 필요하다.

67) 이도학, 2012, 앞의 논문.

68) 백길남, 2015, 「4~5세기 백제의 중국계 유이민의 수용과 태수호」, 『동방학지』 제172집, pp.1-31.

69) 『宋書』 卷97, 列傳 第57 夷蠻 百濟傳, 少帝景平二年 映遣長史張威朝謁貢獻

70) 『禮記』「射義」 射者 男子之事 因面飾之以禮樂也 故事之盡禮樂而可數爲 以立德行者 莫若射 故聖王務焉. 공자가 세간의 여러 일 중에서 예악의 도리를 온전히 갖추고 있어 자주 시행하여 덕행을 확립할 수 있는 것은 射禮만한 것이 없다고 하였는데, 이후 사례는 중요한 '軍禮'로 자리잡게 된다. 사례의 형식중 '四行'이 기록되어 있다.

71) 元 馬端臨 『文獻通考』 卷116 「王禮考」11, 진(晉) 대가(大駕)의 노부(鹵薄, 임금이 거동 때 따르는 의장)는 상거(象車)가 앞선다. 고취(鼓吹) 1부(部) 13인(人)이 길의 가운데를 가고, 다음은 정옥령가(靜屋令駕) 하나가 길의 가운데를 가거나 혹은 길에 후(候) 2인이 가(駕) 하나를 좌우로 나누어 간다. 다음은 낙양위(洛陽尉) 2인이 말을 타고 좌우에 나누어 가고, 다음은 낙양정장(洛陽亭長) 9인이 적거가(赤車駕) 하나를 3길로 나누어 간다. …다음으로 광록(光祿)은 길 가운데에서 인종(引從)하는데 태상주기가(太常主記)가 좌측에 있고, 위위(衛尉)가 우측에 있어서 가(駕) 하나를 둘러싼다. … 다음으로 중호군(中護軍)이 길 가운데서 가사노부(駕駟鹵薄) 좌우에서 각 **2줄[二行]**을 서는데, 극순(戟盾)이 밖에 서고, 궁시(弓矢)는 안에 선다. … 가사팔교(駕駟八校) 좌우에서 각 **4줄[四行]**을 서는데, 밖은 대극순(大戟盾)이고, 다음은 구척(九尺)의 순(楯), 궁(弓), 시(矢), 노(弩)가 웅거(熊渠)를 아우르며, 차비(佽飛)가 감독하고 이끈다. …

필 때, 『翰苑』의 '用宋元嘉曆 其紀年無別號 但數六甲爲次第'라는 기록이 있다. 즉 백제가 중국의 연호를 사용하지 않는다는 내용이 아니라, 별도의 연호를 사용하지 않고 간지를 사용했음을 살필 수 있는 내용이다.

이는 유물을 통해서도 확인된다. 그동안 백제 지역에서 출토된 기년명이 있는 유물은 무령왕릉의 지석(癸卯年523, 乙巳年525, 丙午年526, 己酉年 529), 부여 능사출토 석조사리감(丁亥年567), 왕흥사지 출토 사리감(丁酉年, 위덕왕 20, 577), 사택지적비(甲寅年654 의자왕 14), 부여 쌍북리 출토 좌관대식기 목간(戊寅年618, 무왕17)에서와 같이 간지로 표기하는 것이 일반적이었다. 이와 같이 간지 표기가 일반적이었다고 해서, 백제에서 연호를 이용해 표기하는 방법을 쓰지 않았다고 단정 지을 수는 없다. 이미 백제는 성왕 19년(541)에 양나라로부터 모시박사와 『涅槃經』 등의 경의 및 공장과 화사를 요청하여 받아들였고 강례박사 陸詡를 초빙하는 등 중국과 활발한 교류를 하고 있었다. 관료 조직을 정비하는데 있어서도 外官인 司軍部, 司徒部, 司空部, 司寇部 등을 『周禮』와 『禮記』에서 차용한 사례가 있는 점을 주목할 필요가 있다.[72)]

그리고 많은 논란이 있는 칠지도의 경우 백제와 왜의 관계에서 제작된 국제적 유물에 동진의 연호로 판단되는 太和(4년, 369)라는 연호를 사용하고 있으며, 동성왕 때 남제에 보낸 표문에는 유송의 연호인 泰始라는 중국 연호가 사용되고 있는 모습이 직접적으로 나타난다.[73)] 칠피갑옷의 '貞觀' 연호는 백제의 대중국 외교와 관련된 기록일 가능성을 배제할 수 없기 때문에, 공산성 출토 칠피갑옷의 당 태종 때 연호인 貞觀19년(645)도 백제가 사용했다고 하여 전혀 이상할 것이 없다. 따라서 백제 내부에서 출토된 유물의 경우 간지가 사용되는 것이 일반적이나, 중국과 연결된 국제적인 관계에서는 백제도 중국연호를 사용했음을 살필 수 있는 적극적인 자료로 판단된다.

Ⅳ. 칠피갑옷 명문의 의미

앞에서 살펴본 바와 같이 공산성 내 왕궁 관련 유적의 저수시설에서 출토된 칠피갑옷의 명문은 다양하게 확인된다. 우선 갑옷의 표면에 기록된 공식적인 기록으로서의 명문과 소찰 내면의 칠막에 반영된 제작 과정을 살필 수 있는 공인의 기록, 그리고 갑옷이 완성된 후 사적으로 표면에 각서한 글씨로 구분할 수 있다. 이와 같이 구체적인 고고학 자료에 다양한 행위의 기록이 남아 있는 자료는 역사적 고증연구에 많은 내용을 전달할 수 있다는 점에서 주목할 필요가 있다.

발굴조사 당시 칠피갑옷은 백제 웅진성인 공산성 내부의 안정된 백제시대 층위에서 처음 출토되었을 뿐 아니라, 정관19년(645)이라는 정확한 기년을 알 수 있는 자료였기 때문에 현장공개를 진행하였다. 당

72) 『三國史記』 卷40, 「雜志」 9, 外官.

73) 『南齊書』 卷五十八 列傳 第三十九 東夷 百濟國

시 앞에서 정리한 바와 같이 갑옷의 출토 층위와 공반 유물의 존재로 미루어 백제 멸망기의 정황을 살필 수 있는 중요한 유물로 인식하였다.[74] 그러나 이 칠피갑옷은 출토 당시 현장에서 공개한 직후(2011년 10월 13일)부터 국적 논쟁이 지속적으로 이루어지고 있다. 이도학은 발굴조사 내용 공개 직후 백제가 중국 연호를 사용한 예가 없다는 지적과 함께 명문 중 '000李肇銀'명 소찰을 주목하여 당나라 장수 '李肇銀'의 존재를 설정하면서 당나라' 갑옷 명광개로 보았다.[75] 그리고 이태희는 최근 명문에서 확인된 당의 지명과 관직명을 중심으로 명문의 작성 주체가 당이었으며, 명문은 갑옷을 생산한 후 이력을 주기한 것으로 보았다.[76]

이와 같은 논쟁이 벌어지게 된 가장 큰 이유는 칠피갑옷이 출토된 유구에 대한 조사가 2011년과 2014년이라는 시간차를 두고 진행되었고, 또 장기간에 걸친 유물의 보존 처리 후 나머지 명문은 2017년 이후에 검토할 수 있게 되었다는 점과, 백제의 관직명이나 특정 사안에 대한 기록이 매우 제한적이라는 데에서 그 원인을 찾을 수 있다. 즉 명문자료를 종합적으로 검토할 수 있는 기회가 없었다는 한계와 더불어 지금까지 칠피갑옷과 비교할 수 있을만한 유물이 우리 고대사에서는 거의 없었다는 것에서도 그 이유를 찾을 수 있다.

이 장에서는 칠피갑옷의 공식적 기록으로 판단되는 명문을 중심으로 그 의미를 분석해보고자 한다. 그러나 전문을 알 수 없고, 명문의 배열 순서도 정확히 알 수 없는 상태이기 때문에 근본적인 한계가 있다. 따라서 현재는 제한된 범위 내에서 선후 관계를 살필 수 있는 명문자료를 중심으로 중요 내용을 살펴보겠다.

1. 갑옷의 표면에 쓰여진 공식 기록의 성격

칠피갑옷이 출토된 저수시설의 층위는 매우 안정적인 백제 멸망기 이전의 퇴적층으로 확인된다. 따라서 갑옷의 형태와 명문에 대한 검토와 별개로, 안정된 백제층위에 매납된 갑옷의 의미에 대한 이해를 다각도로 분석할 필요가 있다. 그러나 본고에서는 확인된 명문을 전체적으로 이해하기 위한 것이기 때문에 명문을 중심으로 그 의미를 정리해보고자 한다.

현재까지 확인된 명문이 있는 소찰은 약 17점으로, 1개의 소찰에 6자씩만 배치되었다고 해도 102자 이상의 글자로 구성된 서사적인 문장임을 알 수 있다. 명문이 기록된 위치는 신갑 표면의 상단으로, 가로 약 36㎝×세로 7㎝ 정도의 범위에 넓게 자리했음을 추론할 수 있다. 확인된 명문의 내용은 지명과 관서

74) 공주대학교박물관, 2011. 10. 13. 현장설명회 자료집.
국립문화재연구소, 2012,『고고학저널』.

75) 이도학, 2012. 2, 앞의 논문, pp.334-343.
이도학은 논고에서 명광개로 이해하였으나, 조사단은 발굴 조사 현장 공개 당시 칠피갑옷이 명광개일 가능성을 검토한 바 있으나, 이후 조사단은 명광개와는 다른 漆利甲으로 이해하였다(이남석, 2012. 6, 앞의 논문).

76) 이태희, 2018, 앞의 논문, p.115.

명, 관직명, 인명, 행위에 관한 기록, 그리고 날짜가 있다. 전체 문장을 알 수 없는 상태에서 완벽한 해석은 불가능하겠으나, 칠피갑옷에 기록된 명문의 의미를 개략적으로 살펴보고자 한다.

지역명은 蓋州로 확인되는데, 645년 당의 고구려 요동성 공격과 백제의 갑옷이라는 공통분모가 있는 지역이다. 즉 백제가 금색 칠을 한 갑옷과 검은 쇠로 무늬를 놓은 갑옷을 만들어 바친 정관 19년(645) 5월의 기록을 통하여, 당의 요동성 공격과정에서 부각된 '蓋州'라는 지명과 백제의 갑옷이라는 교집합이 확인되는 것이다.

관서명으로는 '王武監' '士曺'가 있다. '왕무감'은 당에서는 보이지 않는 관서명이지만 왕실의 무기제작 관리와 같은 명칭으로 이해할 수 있고, '사조'는 당의 관서명으로 토공과 공예 등을 담당한 관서명이다. 따라서 이들 관서명은 왕실의 무기를 제작하는 기능과 관련 있는 곳으로 추정할 수 있으나, '왕무감'의 명칭에서 알 수 있듯이 당과 직접적인 관련여부를 살피기 어렵다. 그러나 '大口典'은 大口袴와 같이 통이 넓은 하의를 만드는 법식을 나타내는 것으로 추정되므로, '왕무감'에서 규정된 법식에 의해 제작된 무구로서의 갑옷과 관련된 내용일 가능성을 살필 수 있다.[77)]

관직과 인명은 함께 검토할 수 있는데, 銀靑光祿大夫 (行)長史 護軍 張○○, 參軍事 元文, 陪戎副尉 瞿禮專當官, ○○○○大夫 行司馬 李肇 등으로 정리할 수 있다. 그리고 (行)司馬, (行)長史 護軍에서 알 수 있듯이 행수법의 존재를 살필 수 있는 내용이 있다. 이밖에 '二行'과 '四行'으로 정리된 특정 행위에 대한 기록과 갑옷 제작과 이후 서사적인 행위와 관련된 날짜를 명기한 '貞觀十九年四月卄一日'이라는 기록이 있다.

이와 같이 명문의 내용 구성에 있어서 지명과 무기 관련 제작관서, 법식, 관직·인명, 그리고 행위와 날짜를 기록한 것으로 볼 때, 전체적으로 기승전결이 있는 서사적인 문장구성을 이루고 있다는 점을 주목할 수 있다. 또한 명문의 위치가 눈에 띄는 갑옷 표면의 넓은 범위에 걸쳐 자리하고 있을 뿐만 아니라, 갑옷의 소찰에 뚫려 있는 혁철공의 중앙에 매우 약하게 옻칠이 되어 있는데, 이 칠막이 파손되지 않고 잘 남아 있는 점에 주목하여 일상적으로 착용한 것이 아니라는 견해도 제기되었다.[78)] 결국 이와 같은 정황으로 미루어 볼 때 칠피갑옷은 일상적으로 착용했던 것이라기보다는, 갑옷과 관련된 서사적인 내용을 기록하여 보관하기 위한 기념물적 성격을 지니고 있는 것임을 추론할 수 있다.

백제는 위덕왕 45년(589) 장사 王辯那를 사신으로 보낸 내용이 부관호가 보이는 마지막 기록이다.[79)] 이로부터 18년 뒤인 무왕8년(607)에는 扞率 燕文進, 그리고 佐平 王孝隣이 사신으로 파견되는 모습을 살필 수 있다.[80)] 이에 최근 이태희는 갑옷의 명문에 백제 고유의 관등인 좌평, 달솔 등이 전혀 보이지 않는

---

77) 이남석, 2012, 앞의 논문, p.185.

78) 2018년 8월 28일 '백제 옻칠갑옷의 비밀'을 주제로 옻칠 기술에 대한 국제세미나 진행을 위해 방한한 일본의 옻칠 인간국보 무로세 가즈미(室瀨和美) 선생이 직접 실견한 후 자문해 준 내용이다.

79) 『三國史記』 卷第二十七 百濟本紀 第五 威德王 四十五, 年秋九月, 王使長史王辯那, 入隋朝獻.

80) 『三國史記』 卷第二十七 百濟本紀 第五 武王, '八年 春三月 遣扞率燕文進, 入隋朝貢. 又遣佐平王孝隣, 入貢兼請討高句麗. 煬帝許之, 令覘高句麗動靜.'

문제를 주목하고, 장사, 사마, 호군, 참군사, 배융부위, 대부 등의 당제 관직명을 기초로 명문 작성의 주체를 백제로 보기 어렵다고 보았다. 특히 장사, 사마와 같은 부관호의 사용이 583~595년에 걸쳐 이루어진 隋의 지방제도의 개편과 더불어 대외관계에도 변화가 있었던 점을 주목하여, 고창이 공격받은 이유도 중국과 동일한 관명을 사용한 것이 빌미가 되었다고 하면서, 이와 같은 상황에서 백제가 당으로 보내는 사신에게 장사, 사마, 참군 등의 관직을 부여했을리가 없다고 하였다.[81] 그러나 고창이 공격을 받은 중요 이유는 중국과 동일한 관명을 사용했기 때문이 아니다. 즉 632년(정관 6) 이후 서역교통로의 중개지가 焉耆로 바뀌면서 매년 조공을 생략하고, 중국식 관호를 사용하면서도 번신의 예를 갖추지 않은 데에서 찾아야 할 것이다.[82] 따라서 칠피갑옷에서 확인되는 부관호와 관직명의 해석은 기존에 백제의 대외관계에서 확인되는 외교사절단의 구성, 백제 중앙관제와 비교할 필요가 있다.

일찍부터 백제의 선진적 문화 발전의 원인으로 선진문물의 적극적인 수용이 지적되어 왔으며, 그런 까닭에 백제의 관제에 끼친 중국왕조의 영향이 신라나 고구려에 대한 것보다 강하였다는 인식은 있어 왔다. 특히 백제의 중앙관제는 구체적인 사료가 부족하여 연구하기 어려운 상황이지만, 『周禮』式의 관사명 개정(司軍部, 司徒部, 司空部, 司寇部 등)과 같은 중앙관사의 구성이 중국왕조의 영향 하에 제정된 것으로 보고 있는 점을 감안할 때,[83] 당제 관직명이 기록되어 있다고 해서 백제가 제작하지 않았다고 보는 것 또한 단선적인 해석의 오류를 범할 가능성을 배제할 수 없다.

또한 이태희는 宋 仁宗 天聖 연간에 시행한 「天聖令」의 규정에 근거하여 공산성 출토 칠피갑옷의 명문을 규정에 따른 제작 주기로 이해하였는데,[84] 이와 관련하여 구체적으로 비교할 수 있는 실물 자료를 제시하지 못하고 있다는 점이 아쉽다. 그러나 일반적으로 확인할 수 있는 제작 주기는 명대 '적채팔괘용문합'의 경우 바닥에 '大明嘉靖年製'(1522~1566)로 기록하거나, '흑칠나전인물문장방형접시'(15~16세기)의 경우 병사가 들고 있는 칼에 '甲戌仲冬月吉旦作'이라고 하여 명대 만력 연간의 작품임을 표시하는 등[85] 제작 주기를 일부러 표면에 드러내지는 않는 것을 알 수 있다. 따라서 이태희가 '표면에 기록한다'고 제시한

81) 이태희, 2018, 앞의 논문, p.98. 칠피갑옷에 기록된 관직명의 당대 위계와 직에 대해서는 이태희의 논문을 참고할 수 있다.

82) 『資治通鑑』 卷195 '高昌數年以來 朝貢脫略 無藩臣禮 所置官號 皆準天朝---(이태희, 2018, 앞의 논문 각주 9 재인용).
金鍾完, 1997, 中国南北朝史研究, 一潮閣.
염경이, 2011, 『당 전반기 사신외교 연구-당에서 파견한 사신을 중심으로-』, 전북대학교대학원 박사학위논문, pp.62-63.

83) 이기동, 1990, 「백제국의 정치이념에 대한 일고찰」, 『진단학보』 69, pp.2-14.
정동준, 2013, 「백제의 중앙관제에 미친 중국왕조의 영향에 대하여-중앙관사의 구성을 중심으로-」, 『사림』 44, pp.89-90.

84) 이태희는 천성령의 규정에 '군사 기물의 제작은 모두 견본에 따라야 하고, 제작연월, 장인, 담당관의 이름, 제작한 주(州)와 감(監) 등 제작이력을 '붉은 옻'으로 기록하였는데, 갑옷은 신갑과 상갑, 그리고 어깨갑옷에 명기하며, 모두 사용한 미늘의 수까지 기록하게 되어 있다고 하며, 공산성 출토 칠피갑옷의 명문도 이와 관련이 있을 것으로 보았다. 더불어 위위시 속하의 무고령이 있어 갑옷을 포함한 무기의 관리와 출납을 담당한 점을 기초로 의자왕이 위위경에 추증된 것도 무왕대 이래 백제가 수차에 걸쳐 당에 갑옷을 선물했던 것을 참작한 결과로 보았다(이태희, 2018, 앞의 논문, pp.108-111). 이러한 연유로 의자왕을 위위경에 추증한 것으로 본다면, 갑옷의 제작처의 경우 백제로 보는데 더욱 더 힘을 실어줄 수 있는 논지이기도 하다.

85) 북촌미술관, 2007, 『중국칠기의 美』.

휴제(鐫題)의 의미도 구체적으로는 '금속기물 위에 刻字하는 것'을 말하는 전제(鐫題)와 동일한 의미를 가진 말인 것으로 볼 때,[86] 제작 주기를 노출되는 면에 기록했을 가능성을 보여주는 사례로 인용하기는 어렵다.

「천선령」「영선령」에 기초할 경우 군사기물의 제작은 모두 견본에 따라야 하는데, 제작 주기는 年月-工匠·官典姓名(담당관 이름)-所造州監(제작한 주와 감)을 기록하며, 갑옷은 신갑과 상갑, 상박갑에 명기하고, 미늘의 수를 기록한다고 되어 있다.[87] 즉 기록된 휴제와 行鏁(철제 소찰) 등의 용어에 기초할 때 갑옷은 鐵製 鎧甲이 주를 이루는 것으로 판단된다. 활동성을 감안하여 3부분으로 구성되어 있으며, 제작 주기는 모든 갑옷의 부위별로 별도의 기록을 했음을 살필 수 있다.

따라서 위의 규제에 기초할 경우 제작 주기는 年月-工匠·官典姓名-所造州監의 순서로 기록되어야 한다. 그러나 공산성 출토 칠피갑옷의 명문은 신갑의 표면에 지역명-관서명-관명과 인명들-행위 관련 내용-연월일을 기록하고 있어, 『천성령』의 제작 주기 작성원칙과는 직접적으로 대비하기 어렵다. 오히려 「砂宅智積碑」의 내용에서와 같이 연월일-현재의 상황-감정의 상태를 표현한 내용을 주목할 수 있다.[88] 즉 명문의 구성이 서로 문장을 이루는 長文의 서사적인 내용으로 확인되므로, 갑옷과 관련된 역사적 사실을 구체적으로 기록해 놓은 模本과 같은 것으로 볼 개연성이 높다.

이에 칠피갑옷의 제작주체와 관련하여 주목할 수 있는 내용이 『삼국사기』를 비롯한 중국의 『책부원귀』 등의 기록에 있다. 특히 백제 무왕이 당나라에 보낸 조공품으로 명광개(무왕 27년, 626), 철갑(무왕 38, 637), 금갑(무왕 40, 639)이 있는 점과, 貞觀19年(645) 당 태종이 백제의 황칠 철갑을 원한 기록,[89] 『삼국사기』 고구려본기의 기록, 그리고 『玉海』의 기록[90] 등을 주목할 필요가 있다. 이는 백제에서 제작한 갑옷이 대중국 관계에서 적극적으로 활용될 정도로 기술적 완전성이 높을 뿐만 아니라, 후대 기록에도 백제의 칠기술이나 갑옷에 대한 기록이 지속적으로 남아 있을 정도로 백제의 갑옷 제작 기술과 칠공예 기술이 매우 뛰어났음을 살필 수 있는 것이다.

---

86) 휴제(鐫題)는 전제(鐫題)와 동일한 의미를 가진 말로, 금속기물 위에 刻字하는 것을 말한다고 함(『漢語大詞典』).

87) 『天聖令』 卷28, 「營繕令」, p.512, '諸營造軍器, 皆順依樣,鐫題年月及工匠 官典姓名, 及所造州監[角弓則題角面, 甲則題身裙覆膊, 並注行鏁數] 其題並用朱漆, 不可鐫題者, 不用此令). (이태희, 2018, 앞의 논문, p.108 각주 33번 재인용).

88) 「砂宅智積碑」 '甲寅年正月九日奈祇城砂宅智積 慷身日之易往慨體月之難還穿金 以建珍堂鑿玉以立寶塔巍巍慈容 吐神光以送雲峩峩悲貇含聖明以--'("갑인년 정월 9일, 나지성 사택지적은 몸이 해가 가듯 쉽게 가고 달이 가듯 돌아오기 어려움을 슬퍼하여 금을 뚫어 진당을 세우고 옥을 깎아 보탑을 세우니, 그 웅장하고 자비로운 모습은 신광을 토해내어 구름을 보내며, 찌를듯이 높게 솟아 슬프고 간절함은 성명을 머금어……")

89) 『冊府元龜』 卷117/「帝王部」親征 2/貞觀 19年(645) 5月 丁丑條 '初 太宗 遣使於百濟國中 採金漆用塗鐵甲皆黃紫 引日翟色邁兼金 又以五綵染玄金 制爲山文甲 竝從將軍'

90) 『玉海』 卷151, 兵制, 劍戰, 鎧甲 【實錄】貞觀十九年(645)五月丁丑, 營于馬首山. 初太宗, 遣使於百濟, 取金漆塗鐵甲, 色邁兼金, 又以五采染玄金, 製爲山文甲. 甲申, 太宗親率甲騎萬餘, 金光曜日, 與李勣會遼東城下, 旌旗數百里.

2. 명문을 통한 칠피갑옷의 제작 장소와 용도의 분석

이곳에서는 칠피 갑옷에 기록된 정관 19년(645) 4월 21일 무렵 백제와 중국을 중심으로 한 국제 관계와 갑옷이 발견된 장소인 공산성, 그리고 위에서 살펴본 명문의 내용을 통해 갑옷의 제작 장소와 그 갑옷의 용도에 관한 문제를 좀 더 다루어보도록 하겠다.

1) 정관 19년(645) 4월 21일 백제와 중국의 외교관계

의자왕은 즉위한 641년부터 645년까지 해마다 중국에 조공사신을 보내면서, 신라에 대한 공격은 642년 2회, 643년 1회, 645년 2회 감행했다.[91] 이에 대해 신라가 당나라에 도움을 요청하자 당 태종은 644년 정월에 司農丞[92] 相里玄獎을 보내 백제와 고구려를 타일렀고, 645년(정관 19) 정월에 백제도 태자 扶餘康信을 賀正使로 파견하여 파병을 자원하였다.[93] 그리고 당은 백제 사신과 함께 朝散大夫 莊元表와 副使 右衛勳衛旅師 殷智君을 파견하여 고구려를 협공하라는 조서를 백제와 신라에 전달하였다.[94] 그리고 당 태종은 645년 2월부터 12월까지 고구려 친정(親征)에 나섰으며,[95] 의자왕도 고구려 친정 중인 당 태종에게 645년 5월 금휴개(金休鎧)와 문개(文鎧)와 같은 갑옷을 만들어 바치고 있다.[96]

그러나 백제는 645년 5월 당 태종이 고구려를 공격하고 신라가 군사를 내어 당나라를 원조하는 틈을 타 신라의 7성(城)을 쳐서 빼앗았으며, 『구당서』 백제국전에서는 백제의 이러한 행동에 대해 두 마음을 품고 있다는 평을 하고 있다.[97] 결국 이로 인하여 당과 백제의 관계는 악화되었고, 백제의 견당사 파견은 당 고종 즉위 후인 651년에서야 재개되었다.[98] 공산성에서 출토된 정관 19년(645) 4월 21일이라는 명문이 있는 칠피갑옷은 백제와 당나라 사이에 미묘한 갈등이 조성되고 있던 이 무렵에 만들어졌음을 알려준다.

따라서 당시에 신라를 둘러싼 군사 문제로 갈등을 일으키고 있는 백제에게 당나라가 갑옷을 만들어 보낸다는 것은 상식적으로도 생각하기 어려운 일일뿐만 아니라, 황제까지 고구려 정벌에 나가 있었기 때문에 갑옷을 만들어 백제에게 보내준다는 행위 자체가 당나라 입장에서는 현실적으로 실현 불가능한 상황이었다. 반대로 백제는 외교적으로 이중성을 보이지만 당태종이 고구려와의 전쟁에 앞서 백제 의자왕에게 '군량을 운반하고 군대를 동원하여 오직 나의 명령에만 따르라'고 조서를 내린 바 있으며, 당시 전쟁터

91) 양종국, 2004, 『백제 멸망의 진실』, 주류성, p.59, 표 2. 의자왕의 대외정치 내용 검색표 참조.

92) 사농승은 국가의 창고와 그 출납을 관장하는 司農寺의 관원으로 卿, 少卿에 다음가는 직책이다. 『舊唐書』 권44, 職官志.

93) 『冊府元龜』 권970, 外臣部 朝貢.
『三國史記』 卷28, 百濟本紀 6, 義慈王 4年. 春正月.

94) 全唐文 권7, 太宗皇帝, 命將征高麗詔, '---百濟王扶餘義慈早著丹款, 深識時機, 傑歷稔之私交, 贊順動之公戰, 贏糧蓄說 唯命是從.---'(---백제왕 부여의자는 일찍부터 충성심을 드러내었고 시대의 기미를 깊이 알고 있으니, 여러 해에 걸친 사사로운 교제를 끊어버리고 천도에 따라 출동하는 공전을 돕되, 군량을 운반하고 군대를 동원하여 오직 나의 명령에만 따르라.---)

95) 『資治通鑑』, 卷197, 唐紀13, 太宗 貞觀19年 2月 庚戌~卷198, 唐紀14, 太宗 貞觀19年 12月 辛亥.

96) 『三國史記』 卷21, 高句麗本紀9, 寶藏王上 4年 5月條 및 『新唐書』 卷220, 列傳145, 東夷, 高麗.

97) 『舊唐書』, 卷199上, 列傳 149上 , 東夷, 百濟國. "及太宗親征高麗 百濟懷二"

98) 『舊唐書』 권199상, 百濟傳.

에 나가있던 당 태종에게 분명히 갑옷을 만들어 바치는 모습을 보여주고 있다. 기록에서 보이는 백제가 만들어 보낸 갑옷은 금휴개와 문개라는 철제갑옷이지만, 피갑도 지속적으로 제작되었던 갑옷의 유형이었다. 따라서 역사적 정황은 공산성 출토 칠피갑옷 역시 이 당시 백제가 만들어 당에 바친 갑옷들과 연결시켜 백제에서 제작된 것으로 볼 수밖에 없다고 판단된다.

2) 갑옷의 제작처와 웅진성

칠피갑옷이 제작된 정관 19년(645)은 의자왕이 사비도성, 즉 지금의 부여에서 왕위에 오른 지 5년째 되는 해이다. 그런데 이로부터 15년이 지난 660년 이 갑옷은 나·당 연합군의 공격을 받아서 웅진성으로 피난을 온 백제 왕실에 의해 현재의 공주 공산성의 저수시설에 매납된 것으로 여겨진다. 저수시설에 매납된 갑옷은 하층에서부터 옻칠마갑-무기류(대도와 장식도)-옻칠갑옷이 세트를 이루어 가지런히 놓여져 있고, 그 옆에는 또 한 세트의 옻칠마갑-무기류(대도와 장식도)-철제갑옷이 매납되어 있다. 이 2세트의 武將具가 매납된 층위의 상면에는 볏짚을 100㎝이상 두텁게 매립한 층이 동일하게 확인된다.

나당연합군의 침입에 의해 사비도성을 빠져나오는 급박한 피난길에 백제가 일상적으로 입지 않고 보관해 오던 갑옷을 챙겨서 웅진성으로 가져왔다고 보기는 사실상 어렵다. 때문에 이 갑옷은 이미 오래 전부터 웅진성에 보관되어 있었다고 보아야 할 것 같다. 그렇다면 이 갑옷은 부여가 아니라 공주에서 만들어졌을 가능성이 크다. 바꾸어 말하면, 백제는 이 갑옷을 645년 공주에 있는 무기제조 관서에서 만들어 필요에 의해 관련 행위를 한 후 조성기를 별도로 기록하여 15년 동안 공산성에 보관해 오다가 660년 7월 18일 의자왕이 당나라에 항복하려고 공주를 떠나기 전에 공산성 저수시설에 매납했을 가능성도 충분히 생각해볼 수 있다는 것이다.

『舊唐書』와 『新唐書』의 백제(국)전에는 백제왕이 東西 兩城에 거주했다는 내용이 기록되어있다.[99] 동서 양성의 정확한 실체를 밝히기는 어렵지만, 무왕도 사비의 궁궐을 수리할 당시 웅진성에 와서 거주한 적이 있었고, 의자왕 역시 위급한 상황에서 웅진성으로 피난 온 것을 보면, 사비기에도 공주가 단순히 북방성에 머물지 않고 여전히 백제의 중요한 정치·군사 도시로 역할을 해온 것이 분명하다. 따라서 공산성에서 출토된 칠피갑옷은 웅진성의 이러한 위상을 대변해 주는 하나의 증거로 볼 수도 있을 것 같다.

더불어 이 칠피갑옷의 매납 상황은 의자왕이 항복할 당시 웅진성 내의 분위기를 생생하게 알려준다고 보아야 하겠다. 일부 학자의 주장처럼 당시 웅진방령으로 있던 禰植이 반란을 일으켜 의자왕을 포로로 잡아서 사비성으로 끌고 갔다면, 발굴을 통해 밝혀진 바와 같은 의도적인 매납 행위는 이루어지기 어려웠을 것이다. 결국 항복을 결심한 의자왕이 일정한 절차를 거쳐 매납의례와 같은 행위를 마친 뒤, 공산성을 나와 스스로 항복했다고 보아야 자연스럽다.

99) 『舊唐書』, 卷199上, 列傳 149上, 東夷, 百濟國, "其王所居有東西兩城", 『新唐書』, 卷220, 列傳145, 東夷, 百濟, "王居東西二城"

3) 명문을 통해 본 갑옷의 제작 관서(官署)와 용도

공산성 출토 칠피갑옷의 명문에 담겨 있는 내용에서 확인되는 역사적 의미와 매납 행위에 대하여 검토할 경우 다음과 같이 정리될 수 있다.

> 첫째는 갑옷을 제작하게 된 직접적인 목적과 관련된 역사적 장소.
> 둘째는 갑옷을 제작한 공간으로서의 관서명.
> 셋째는 제작된 갑옷과 관련된 행위에 참여한 사람들의 관직과 인명.
> 넷째는 제작된 갑옷을 활용한 행위와 갑옷에 기록된 날짜.
> 다섯째는 갑옷을 매납한 행위의 시점.

이 순서에 따라 나름대로의 의견을 가능성 차원에서 제시해 보겠다.

첫째는 갑옷을 제작하게 된 직접적인 목적과 관련된 역사적 장소에 대한 검토이다. 칠피갑옷의 날짜와 관련이 있는 역사적 상황과 지역에 대한 기록으로는, 고구려를 정벌 중인 당 태종에게 백제가 645년 5월 금휴개(金休鎧)와 문개(文鎧)를 바쳤다는『삼국사기』고구려 보장왕본기의 내용과 시기적으로 일치한다는 점을 주목할 수 있다. 당시 대상이 된 금휴개와 문개는 철갑이지만, 갑옷의 종류에서 피갑은 가장 먼저 출현하여 늦게까지 사용된 기본이되는 갑옷이다.[100] 따라서 공산성 출토 칠피갑옷은 이 사건과 연결되어 제작되었을 가능성이 그 어느 경우보다 크다고 보아야 할 것 같다. 특히 갑옷의 명문 중에서 "蓋州○○者○"에서 "蓋州"의 존재를 주목할 때, 이 갑옷은 "貞觀 19년(645) 여름 4월에 李勣의 군대가 遼河를 건너서 蓋牟城을 빼앗고, 그곳에 蓋州를 설치하였다."는『舊唐書』高句麗傳의 내용을 기록으로 옮긴 가장 빠른 고고학적 자료로서의 가치도 지닐 수 있을 것으로 본다.

둘째는 갑옷을 제작한 공간으로서의 관서명으로, 명문에서 확인된 "王武監"을 주목할 수 있다. "大口典"은 이 갑옷의 형태를 표현한 견본으로서의 의미를 담고 있는 명칭으로 받아들일 수도 있다. 이 칠피갑옷의 제작 장소를 공주로 볼 수 있다는 가능성에 대해 위에서 언급한 바 있는데, 공주가 백제 사비시대의 東西 兩城 중 하나로서 정치적으로나 군사적으로 중요한 역할을 담당하고 있었다면, 왕실 또는 국가 차원에서 필요로 하는 갑옷이나 무기 등을 만들고 관리하는 부서를 공주에 두고 운영했을 가능성은 충분히 있다.

중국이나 백제, 어느 쪽 기록에도 "왕무감(王武監)"이란 관제(官制)는 보이지 않는다. 그렇지만 백제의 경우 임시기구였든 상설기구였든 이러한 부서가 공주 웅진성에 있었고, 이곳에서 공산성 출토 칠피갑옷

---

100) 中國社會科學院考古硏究所技術室, 1984,「東周時代 皮甲胄의 製作技術에 관한 實驗 論述」,『考古』12집, p.18. 중국의 갑옷은 피갑으로 시작하여 철갑, 견갑, 포면갑, 쇄자갑에 이르기까지 시대적 변천에 따라 다양한 소재를 사용하였다. 특히 피갑은 '札'이라고 하는 대부분 직사각형의 갑옷조각으로 이루어져 있는데, 가로로 엮어 묶은 조각을 '旅'라고 하고, '여'를 줄이나 열로 묶어 줄줄이 연결하는 것을 '屬'이라고 한며, '일곱 줄(七屬)', '여섯 줄(六屬)', 다섯 줄(五屬) 등 3가지 유형이 있다.

과 같은 고급갑옷들이 만들어지고 관리되었다는 사실을 이 칠피갑옷의 명문이 우리에게 알려주고 있지 않나 싶다. 일반 갑옷이나 무기가 아니라 王室 차원에서 필요로 하는 고급품을 만들고 다루는 기구였기 때문에 "王"자를 붙여서 "왕무감"이라 부른 것으로 여겨지기도 한다. 中國은 왕이 아니라 皇帝이기 때문에, 관서 이름 제일 앞에 "왕"자가 들어간 것 또한 이 기구가 중국이 아닌 백제의 기구였음을 증명하는 것이라 하겠다. 따라서 이 명문은 당시 공주에 있던 백제의 "왕무감"이라는 특별한 관서에서 만든 "대구전" 스타일의 갑옷이라는 의미를 알리기 위해 기록된 것으로 보아도 좋을 것 같다.

셋째는 제작된 갑옷과 관련된 행위에 참여한 사람들의 직책과 인명인데, 아마도 이 칠피갑옷을 모델로 하여 만든 갑옷들을 고구려 정벌 중인 당 태종에게 전달하는 행사에 관여한 사람들의 정보가 아닐까 싶다. 중국 황제를 만나 갑옷을 전달하는 중요한 국가적 외교 행사이므로 중국과 잘 통할 수 있는 백제의 중국계 관료들에게 기존에 백제의 대중국 외교관계에서 적용하였던 부관호와 관직을 이용해 임무를 부여하는 형식으로 일을 처리했을 수도 있고, 명문에서 확인된 직책이 대부분 산관·훈관으로 實職이 아닌 점으로 볼 때, 백제에 우호적인 당나라의 문관이나 무관들에게 도움을 요청해 이들이 행사에 직접 참여해 도움을 주었을 수도 있다. 중국식 성씨를 지닌 사람들이 중국식 관직을 가지고 활동한 내용이 칠피갑옷의 명문에 나타나는 것은 이러한 이유로 이해해도 되지 않을까 싶다.

넷째는 갑옷의 제작 시기, 또는 제작된 갑옷을 활용한 행위와 갑옷에 기록된 날짜에 대한 검토이다. 명문의 "貞觀 19年 4月 21日"은 이 명문을 갑옷에 쓴 날짜로 볼 수도 있겠지만, 백제가 당 태종에게 갑옷들을 전달한 행위가 완료된 후 기록된 貞觀 19年 5月의 『삼국사기』 고구려 보장왕본기의 내용으로 눈을 돌려보면, 갑옷을 만들어 관련행위를 한 날짜를 표기했다고 보아야 맞을 것 같기도 하다. 앞으로 구체적인 검토가 필요한 '四行'과 '二行'의 문제도, 이 과정에서 이루어진 '軍禮'의 가능성을 함께 검토할 수 있다. 따라서 "貞觀 19年 4月 21日"은 명문을 갑옷에 쓴 날이 아니라 갑옷을 활용하여 행위를 완료한 날에 대한 기록일 가능성을 살필 수 있다. 즉 만들어진 갑옷을 요동지역의 당 태종에게 전달하기 위한 국가적인 사업을 소정의 계획에 따라 완료한 뒤, 이와 관련된 내용을 기념비적으로 칠피갑옷에 써넣지 않았을까 판단되기도 한다.

다섯째는 갑옷을 매납한 행위의 시점에 관한 문제이다. 앞에서 검토한 내용에 기초할 때 갑옷의 제작과 갑옷에 명문을 추기한 행위가 별개인 것과 같이, 저수시설에 매납된 행위 또한 별개로 판단된다. 즉 백제가 당나라와의 관계에서 갑옷을 만들어 645년 전달한 후, 준비 과정과 행사 결과 등의 전반적인 내용을 기록하여 15년 동안 공산성에 보관해오다가, 660년 7월 18일 의자왕이 당나라에 항복하려고 공주를 떠나기 전에 공산성 저수시설에 매납 했을 가능성을 추론할 수 있다. 따라서 갑옷의 제작→명문의 작성→갑옷의 매납은 모두 별개의 과정을 거친 행위로 받아들여진다.

V. 맺음말

그동안 공산성 출토 칠피갑옷은 일찍부터 명문 해석에 기초한 국적 논쟁의 중심에 있어 왔기 때문에, 유물에 대한 체계적인 검증의 기회가 없었다고 해도 과언이 아니다. 그러나 이 또한 어쩔 수 없는 물리적인 시간이 필요했던 부분임은 간과할 수 없다. 칠피갑옷이 출토된 저수시설의 층위는 매우 안정적인 백제 멸망기 이전의 퇴적층으로 확인된다. 따라서 갑옷의 형태와 명문에 대한 검토와 별개로, 안정된 백제 층위에 매납된 갑옷의 의미에 대한 이해를 다각도로 분석할 필요가 있다. 그러나 본고에서는 확인된 명문을 전체적으로 이해하기 위한 것이기 때문에, 명문을 중심으로 그 의미를 정리해보고자 한다.

현재까지 확인된 명문이 있는 소찰은 약 17점으로, 1개의 소찰에 6자씩만 배치되었다고 해도 102자 이상의 글자로 구성된 서사적인 문장임을 알 수 있다. 명문이 기록된 위치는 신갑 표면의 상단으로, 가로 약 36㎝×세로 7㎝ 정도의 범위에 넓게 자리했음을 추론할 수 있다.

銘文의 전체 내용은 알 수 없으나, 갑옷과 연관된 敍事的인 기록을 남긴 것이라는 점을 살필 수 있다. 즉 갑옷 제작의 목적을 살필 수 있는 역사적 정황의 근거가 되는 '蓋州'라는 지명과 더불어 갑옷을 제작한 공간으로서의 官署名과 갑옷과 관련된 행위에 참여한 사람들의 官職과 人名, 갑옷을 둘러싼 행위와 관련된 날짜인 貞觀19년(645) 4월 21일 등을 검토하였다. 이를 통하여 백제가 당나라와의 관계에서 645년 갑옷을 만든 후 준비 과정과 행사 등의 전반적인 내용을 기록하여 15년 동안 공산성에 보관해오다가, 660년 7월 18일 의자왕이 당나라에 항복하려고 공주를 떠나기 전에 공산성 저수시설에 매납 했을 가능성을 추론하였다. 즉 갑옷의 제작→명문의 작성→갑옷의 매납은 모두 별개의 과정을 거친 행위로 이해하였다.

백제 웅진성인 공산성의 백제시대 저수시설 내에 마갑-무기류-갑옷이 나란히 포개지듯 2셋트가 놓여 있고, 그 위에 100㎝ 정도 두께의 볏짚이 덮여 있으며, 최상 면에는 쌀, 조, 밤, 조개, 복숭아씨앗 등과 말뼈를 포함한 각종 유기물, 그리고 목기가 위치해 있었다. 왜 이런 모습으로 놓여 있을까? 이와 관련하여 공주대학교 박물관 소장 고문서『草廬年譜』기두 부분에 초려가 병자호란 시 건원릉의 제기를 땅에 묻은 행위를 참고할 만하다.[101]

명문이 있는 칠피갑옷은 한반도에서 처음 출토된 중요한 유물이다. 따라서 향후 갑옷의 형태를 파악하기 위한 고증과 복원 연구가 필요하다. 그리고 칠피갑옷이 출토된 유적 현황과 명문에 대하여 정밀한 분석 등의 복합적인 노력을 통하여, 백제시대 공주 공산성에서 칠피갑옷이 출토하게 된 역사적 정황을 포함한 다양한 연구가 이루어지기를 기대한다.

101) "병자년(1636, 인조 14) 겨울 금나라 오랑캐가 서울을 침범했는데, 선생께서는 건원릉(태조의 능) 참봉(參奉)으로 제기(祭器)등의 물건을 땅에 묻고 임금의 수레를 따라 남한산성에 들어가고자 하였으나, 변고가 일어나 갑자기 길이 막혀서 미치지 못하고 부득이 관동(關東)의 양구(楊口)로 전쟁을 피했다.-丙子 冬 金虜犯京 先生以 健元陵參奉 埋 祭器等物隨 駕欲入南漢 而變出倉卒 路阻未及 不得已避兵于關東之楊口-". 기록을 통해 위급한 상황에서 중요 기물의 처리, 혹은 의례의 가능성을 추론할 수 있다.

(중국의 인명과 관직 관련 자료의 교감에 있어서 한국학중앙연구원 고문헌관리학전공 김향숙 박사님의 도움이 있었다. 그리고 서체의 검토에 손환일 선생님과 공주대학교 중어중문과 문종명 교수님의 도움이 있었으며, 목간학회 발표에서 이태희 선생님을 비롯한 여러 선생님의 조언이 있었다. 이를 통하여 감사를 표한다.)

투고일: 2019. 4. 29.　　심사개시일: 2019. 5. 08.　　심사완료일: 2019. 5. 24.

참/고/문/헌

『三國史記』, 「砂宅智積碑」, 『禮記』, 『周禮 考工記』

『계원필경』, 『文獻通考』,

『舊唐書』, 『新唐書』,

『玉海』, 『册府元龜』, 『佩文韻府』

『通典』, 『通雅』, 『太平御覽』, 『太平寰宇記』,

『本草綱目』, 『資治通鑑』, 『證類本草』, 『華夷花木鳥獸珍玩考』

『草廬年譜』

『漢語大詞典』

顔眞卿 〈麻姑仙壇記〉 大字本(大曆6年, 771).

陳茂同, 1985, 『歷代職官沿革史』.

공주대학교박물관, 2018. 8, 『백제 칠피갑옷의 비밀』, 국제학술세미나자료집.

국립김해박물관, 2015, 『갑주, 고대 전사의 상징』.

국립부여문화재연구소, 『궁남지』 Ⅱ-현 궁남지 서북편 일대.

권인한, 김경호, 윤선태, 2015, 『한국고대 문자자료연구-백제(상) 지역별』, 주류성.

김종완, 1997, 『中国南北朝史研究』, 一潮閣.

김택민 주편, 2003, 『唐六典』, 신서원.

박찬우, 2014, 『5~6세기 백제의 장군호 활용과 그 의미』, 고려대학교대학원 석사학위논문.

배근흥, 2016, 「한국에서 새롭게 출토된 두건의 백제사료 연구-〈사리봉안기〉와 "行貞觀十九年"가죽漆甲의 명문을 중심으로」, 『백제문화』 54, 공주대학교백제문화연구소.

백길남, 2015, 「4~5세기 백제의 중국계 유이민의 수용과 태수호」, 『동방학지』 제172집.

북촌미술관, 2007, 『중국칠기의 美』.

손환일, 2009, 「백제 미륵사지 서원서탑 금제사리봉안기와 금정명문의 서체」, 『신라사학보』 16.

양종국, 2004, 『백제 멸망의 진실』, 주류성.

염경이, 2011, 『당 전반기 사신외교 연구-당에서 파견한 사신을 중심으로-』, 전북대학교대학원 박사학위논문.

이기동, 1990, 「백제국의 정치이념에 대한 일고찰」, 『진단학보』 69.

이도학, 2012. 2, 「公山城出土 漆甲의 性格에 대한 再檢討」, 『인문학논총』 28집, 경성대학교 인문과학연구소.

이남석, 2012. 6, 「공산성출토 백제 칠찰갑의 명문」, 『목간과 문자』 9호, 한국목간학회.

李廷忠(宋), 『橘山四六』「賀江東運使鍾編修」.

이태희, 2018. 12,「公山城 出土 漆甲 銘文 再考」,『考古學誌』24, 국립중앙박물관.

이현숙, 2015. 6,「공산성 신출토 명문자료」,『목간과 문자』14호, 한국목간학회.

이호형, 2013,「부여 쌍북리 173-8번지유적 목간의 출토현황 및 검토」,『목간과 문자』11.

정동준, 2006,「백제 22부사 성립기의 내관, 외관」,『한국고대사연구』42, 한국고대사학회.

정동준, 2007,「5세기 백제의 중국식 관제 수용과 그 기능」,『한국사연구』138.

정동준, 2013,『동아시아 속의 백제 정치제도』, 일지사.

정동준, 2013,「백제의 중앙관제에 미친 중국왕조의 영향에 대하여-중앙관사의 구성을 중심으로-」,『사림』44.

황수진, 2011,「삼국시대 영남출토 찰갑의 연구」,『한국고고학보』78, 한국고고학회.

영목정민, 2003,「왜와 백제의 부관제」,『동아세아와 백제』, 서경.

〈Abstract〉

Review of Inscription Data on Lacquered Leather Armor Excavated from Gongsan-seong in Gongju

Lee, Hyun-sook / Yang, Jong-kook

To the present time, the Lacquered Leather Armor excavated from Gongsan-seong(seong: castle) has been the focal point of the disputes on national identity based on the interpretation of inscription from early times that it is prudent to say that there has been no opportunity of systematic proof on the relics thereof. However, it is also true that it has been the time that required physical time in inevitable means. There is an extremely difficult work of archaelogocial conjunction toward the damaged metal scale on armor in the future, but those inscription data that can be found out as the subject of relics for conservation have mostly been confirmed. Therefore, separately from the archaeological restoration works on relics, the inscription data that have been the basis of controversy to this point is disclosed first in a way of obtaining assistance from the academic circle for interpretting Lacquered Leather Armor in the days to come.

After burying two sets of horse armors-weapons-armors as folded side to side within the reservoir facility during the Baekje Era of Gongju Gongsan-seong that was referred to as Woongjin-seong of Baekje Kingdom, it was excavated in the condition of covering with the thatch bundles of approximately 100㎝ in thickness. On the upper part of the reservoir facility, there were various organic substances, including, rice, millet, chestnut and others as well as horse bones, and the wooden-wares, with the disposal layer of the building site on the top of it. Therefore, such an intended act of burying 2 military equipment sets consisting of horse armors-weapons-armors in the reservoir facility side-by-side, and cover the top as if they were concealed would be considered as an archaeological evidence to presume the possibility of ritual ceremony.

In particular, a inscription was confirmed on the Lacquered Leather Armor and the inscription was separately recorded after the armor was manufactured. There are approximately 17 inscriptions confirmed from the Lacquered Leather Armor to this point. Considering the metal scale on armor with 3㎝ of width arranged in overlap, and if it is exposed for about 1.5~2㎝ to outside, the range of the inscriptions recorded about be around 36㎝ in width×7㎝ in length. In addition, in the event that characters in complete shape in a metal scale is confirmed, considering that 6~7 characters are arranged in writing, it is shown to be long writings consisting of approximately 102 letters or more even if it is assumed to be only 6 letters for each. In addition, under the circumstances of excavating the Lacquered Leather Armor, the position of inscription is presumed to be the upper part of the bodily armor surface and this is ultimately shown to have full of inscription for the chest part of the armor surface.

The full contents of the inscription would not be known, but it is easily consider that it is the record in lyrics related to the armor. In other word, together with the area name of 'Gaeju(蓋州)' that would be basis of historic circumstance to contemplate the turning point of armor manufacturing, it has reviewed the name of government agency as the space of manufacturing the armor, title and name of those persons participated in activities related to the armor, and April 21, 645 (Jeonggwan 19) as the date related to the activities around the armor. Through this finding, it is possible to assume that Baekje Kingdom made the armor in 645 under the relationship with the Tand Dynasty and recorded the overall contents of preparatory process, event and others to keep the same in Gongsan-seong for 15 years, and before King Uija-wang left Gongju to surrender to the Tang Dynasty on July 18, 660, he could bury it in the reservoir facility of Gongsan-seong. In other word, the acts of manufacturing of armor→preparation of inscription→burial of armor was the process going through separate individual process.

The Lacquered Leather Armor with inscriptions are important relics excavated for the first time in the Korean Peninsula. Therefore, there is a need of studies on historical verification and restoration in order to find out the type of the armor in the future. Furthermore, through the integrated endeavors of precise analysis and others with respect to the status of relics excavated with the Lacquered Leather Armor and inscriptions, it is expected to have various studies including the historic circumstances to excavatge the Lacquered Leather Armor from the Gongju Gongsan-seong during the Baekje Kingdom Era.

▶ Key words: Gongju Gongsan-seong, Baekje, Lacquered Leather Armor, Jeonggwan(貞觀)19(645), Gaeju

논 문

신라 사천왕사지 출토 비편의 새로운 이해*

-다섯 비편은 '신문왕릉비'다-

정현숙**

〈국문초록〉

일제강점기부터 2012년까지 679년 창건된 신라 사천왕사 터에서 4종의 비편이 출토되었는데, 3종은 각 1편, 1종은 5편이다. 필자는 본고에서 석질, 양식, 서체, 서풍이 동일한 다섯 비편이 사천왕사의 동서 귀부 중 한 곳에 세워진 '신문왕릉비'임을 증명했다. 다섯 편은 신문왕의 몰년인 '임진'을 기록해 건비 시기를 692년경으로 보게 한 '次壬辰'명, 신문왕의 十德을 기록한 '無窮其德十也'명(2편), 비문 후반에서 신문왕을 칭송하는 운문체의 시인 銘辭의 시작을 알리는 '銘曰'명, 이들과 정간의 양식, 필법과 각법이 같은 '鏘'명이다. 또 '신문왕릉비'의 전액 또는 그 연습용으로 추정되는 '之碑'명의 필법이 무열왕릉비의 전액과 일치함도 밝혔다.

'신문왕릉비'는 왕의 몰년인 임진년(692) 이후의 효소왕대(692~702)에 어린 왕 대신 섭정한 신목태후가 남편 신문왕을 위해 건립한 것이다. 700년에 죽은 신목태후가 692~699년 사이에 세웠을 '신문왕릉비'는 당연히 선대인 무열왕과 문무왕의 능비 양식과 서풍을 따랐을 것이다. '之碑'명은 '신문왕릉비' 비액이 〈무열왕릉비〉 전액을 따랐을 가능성이 큼을 말해 준다.

그렇다면 신라 중대(654~780)의 시작인 3왕, 즉 제29대 무열왕, 제30대 문무왕, 제31대 신문왕의 능비

---

* 본고는 2019년 4월 20일 공주대학교에서 열린 '한국목간학회 제31회 정기발표회'의 발표문을 수정, 보완한 것이다.

** 원광대학교 서예문화연구소

가 이어서 건립된 것이다. 자신의 치적이 없는 제32대 효소왕을 건너뛰고 대신 '신문왕릉비'와 비슷한 시기에 건립된, 왕 못지않은 공적을 쌓은 문무왕의 동생 김인문의 묘비, 그리고 제33대 성덕왕의 능비를 더한다면 통일기를 맞이하여 왕권을 강화한 7~8세기 신라 중대에는 능묘비가 왕권의 상징이었음을 알 수 있다. 중대의 다섯 능묘비 가운데 '신문왕릉비'는 신라 중대 능묘비의 맥을 이어 준다는 점에서 그 존재가치가 상당하다.

▶ **핵심어: 사천왕사, 무열왕릉비, 문무왕릉비, 신문왕릉비, 김인문비, 성덕왕릉비, 흥덕왕릉비**

I. 머리말

四天王寺는 금당 앞에 2기의 목탑을 동서로 배치한 통일신라 최초의 쌍탑 가람이다. 일제강점기부터 2012년까지 이 절터에서 다양한 비편들이 출토되었는데, 확인된 것만 해도 4종이다. 그리고 사찰 중문지 남쪽에 비신홈이 있는 동·서 귀부가 발견되어 4종 중 2종이 거기에 세워졌음을 말해 준다. 동귀부 부근에서 이수 편이 발견된 것만 보아도 당연히 螭首·碑身·龜趺 양식을 취했을 두 비의 주인에 대한 논의는 1962년 홍사준에 의해 시작되었다. 그리고 회랑 외곽에 대한 정보를 담은 최종 발굴 조사 보고서가 2014년 발간되었는데, 거기에는 2011, 2012년에 신출토된 비편 2점도 실려 있다.[1] 사천왕사지에 대한 발굴 조사가 완료되었기에 이 시점에서 비의 성격과 주인을 다시 논할 필요가 있다고 여겨진다.

사천왕사지 출토 비편들은 모두 정간선 안에 해서로 쓰였다. 그러나 여러 면에서 조금씩 다른 특징이 있어 쉽게 분류할 수 있다. 필자는 그중 석질, 양식, 서풍, 필법과 각법이 동일하여 한 종류로 묶을 수 있는 다섯 편의 내용을 살펴본 결과 '신문왕릉비'[2]의 편이라고 판단했는데, 본고에서 그것을 증명해보고자 한다. 먼저 사천왕사의 중요성을 인지하기 위해 사찰의 내력과 거기서 출토된 비편들을 분류해 보겠다. 다음으로 다섯 비편이 능묘비의 특징을 지니고 있음을 증명하기 위해 이미 발견된 신라 능묘비의 양식과 글씨를 살펴보겠다. 마지막으로 관련 자료와의 비교를 통해 다섯 비편을 '신문왕릉비'로 보는 근거에 대해 논하겠다.

---

1) 국립경주문화재연구소, 2014, 『四天王寺 Ⅲ』, 회랑외곽 발굴조사보고서.
필자는 사천왕사지 출토 비편뿐만 아니라 본고에서 언급되는 모든 비편을 실견했다. 2018년 10월 26일 동국대 경주캠퍼스 박물관, 국립경주박물관, 국립경주문화재연구소를, 11월 15일 동국대 박물관을, 11월 26일 다시 국립경주박물관, 국립경주문화재연구소를 방문하여 비편을 관찰하고 실측하고 촬영했다. 열람과 자료로 도움 주신 국립경주문화재연구소 김동하 선생님, 국립경주박물관 고은진·임재완 선생님, 동국대 박물관 김형곤 선생님, 동국대 경주캠퍼스 박물관 강정무 선생님께 감사드린다.

2) 신라의 능비 중 〈무열왕릉비〉, 〈성덕왕릉비〉, 〈흥덕왕릉비〉는 모두 능 앞에 있다. 〈무열왕릉비〉의 액에는 "太宗武烈大王之碑"로 기록되어 있고, 〈문무왕릉비〉는 능 앞에 있지 않음에도 비문 전면 1행에 "新羅文武王陵之碑"라고 표기했다. 이런 표기 형식을 따라 다섯 비편을 '신문왕릉비'로 표기한다.

II. 사천왕사의 내력과 출토 비편 분류

1. 사천왕사의 내력

사천왕사지는 경주 시내 동남쪽에 위치한 낭산 일원(사적 제163호) 남단의 해발 약 53m 낮은 언덕에 위치한 통일신라시대의 절터다. 7번 국도를 사이에 두고 望德寺址(사적 제7호)가, 10.5㎞ 지점에 皇福寺址가 있다. 바로 위에 선덕왕릉(사적 제182호)이, 동쪽으로 700m 지점에 傳신문왕릉이, 3.8㎞ 지점에 傳효소왕릉과 성덕왕릉이 있다.[3)]

『삼국유사』 文虎王 法敏條의 건립 설화에 의하면, 사천왕사는 삼국통일 후인 679년(문무왕 19)에 창건되었으며, 망덕사보다 5년 전에 건립되었다. 675년(문무왕 15) 50만 당나라 대군이 신라를 침공하자 이를 막기 위해 이곳에 彩帛으로 假寺를 만들고 초목으로 五方神像을 만들고 明郎法師가 12명의 명승과 함께 文豆婁秘法[4)]을 쓰자 교전하기도 전에 풍랑이 일어 당나라 배가 모두 가라앉았으므로 假寺를 사천왕사로 고쳐 國刹로 삼았다고 한다.[5)] 〈성덕대왕신종명〉(771)과 〈성주사낭혜화상백월보광탑비〉(909년 이후)에도 사천왕사에 관한 기록이 있다.[6)]

『고려사』의 '문종 때 사천왕사에서 문두루도량을 27일간 열었다'는 기록은 고려시대에도 사찰이 유지되었음을 말해 준다. 그러나 조선시대 김시습의 시를 통해 15세기 후반경 이미 민가로 변했음을 알 수 있다.[7)]

통일신라의 호국 사찰이자 밀교 사찰인 사천왕사지에 대한 조사는 경주 지역의 철도 부설을 위해 일제강점기에 여러 차례 진행되었다. 1906년 이마시니 류가 기와편을 수습했고, 1915년 아유카이 후사노신이 녹유신장상을 발굴했다. 1916년 모로가 히데오가 녹유신장상과 녹유능형전을 확인했으며, 1918년 히라다 요시히토가 '사천왕사기사년중□'명 기와를 발견했다. 1922년 고이즈미 아키오, 우메하라 스에지, 후지타 료사쿠가 건물지, 토단, 초석 배치 상태를 조사하는 과정에서 녹유신장상을 발굴했다. 1923년 조선총독부 내무부 수기조사에서 귀부의 머리가 북쪽을 향했다고 기술했으며, 1928년 후지시마 가이지로가 사역 건물지 측량 조사를 진행했다. 1936년 후지타 료사쿠가 녹유신장상벽전을 발견했고, 1940년 요네다 미요치가 측량조사를 실시했다.

---

3) 傳신문왕릉을 효소왕릉으로 보는 주장도 있다. 효소왕이 부친 신문왕을 위해 황복사 삼층석탑을 건립했고, 황복사지에서 왕릉급 석재들이 출토되어 이곳에 신문왕릉이 있었다고 생각한다. 그러나 최근에 이 능의 주인에 관한 이견이 나왔다. 주24 참조.

4) 신비로운 위력을 가진 밀교 주문. 만트라(Mantra) 또는 眞言이라고도 한다.

5) 허준양, 2014, 「고고자료와 문헌을 통해 본 사천왕사의 창건시기 검토」, 『四天王寺 Ⅲ』 회랑외곽 발굴조사보고서, 국립경주문화재연구소, p.427.

6) 이영호, 2018, 「文字資料로 본 新羅王京」, 『대구사학』 132, 대구사학회, p.34 표5.

7) "문두루 주술 비법은 西天(천축 즉 인도)에서 나왔고 신인종(밀교 종파의 하나) 근원은 명랑법사로부터 전해졌네. 성심을 다한다면 환술이야 얻겠지만 이런 일로 어떻게 변방을 다스릴까" 『梅月堂詩集』 卷12 「遊金鰲錄」; 김시습 지음, 이승수 옮김, 2016, 『김시습 시선』, 지식을만드는지식.

광복 後 1962년 홍사준이 귀부 실측 및 비편 수습을 위한 귀부 주변 지역을 조사했고, 1982~1985년까지 동국대학교 경주캠퍼스 박물관이 측량 및 지표 조사를 실시했다. 2006년부터 2012년까지 국립경주문화재연구소의 7차에 걸친 발굴 조사로 전체 가람 배치와 녹유소조상의 배치가 확인되었다. 발굴 조사 전 사역 내에는 금당지, 동·서 목탑지, 추정 동·서 단석지가 확인되었으며, 발굴 조사를 통해 회랑지, 익랑지, 석등지, 강당지 등이 확인되었다. 사역 외곽에는 비수가 떨어져 나간 동·서 귀부와 당간지주 1기가 있었고, 크고 작은 각종 비편들이 출토되었다.

2. 사천왕사지 출토 비편 분류

사천왕사지 출토 비편들은 석질, 양식, 필법과 각법을 기준으로 네 종류로 나눌 수 있다. 첫째, '遠雅志…蘭而…'명(이하 '遠雅志'명)(그림 1)이다.[8] 탁본을 많이 한 탓에 비면에 묵흔이 많아 짙게 보인다. 일제강점기 초 이것을 발견한 조선총독부박물관 초대 경주 분관장 모로가 히데오(諸鹿央雄)는 〈문무왕릉비〉로 추정했으나 현재 국립경주박물관에 전시 중인 〈문무왕릉비〉와는 필법과 각법이 많이 다르다. 오히려 '中禮'명(그림 2) 〈무열왕릉비〉 편과 흡사하다. 세로 계선으로 보아 비의 우측인 '遠雅志'명의 정간은 3.5㎝, 비의 좌측인 '中禮'명은 정간은 3.3㎝다. '遠雅志'명 세로 계선에서 우측 끝까지는 2㎝, '中禮'명 세로 계선에서 좌측 끝까지는 1.5㎝다. 두 편 정간의 오차 0.2㎝는 비신 폭이 대략 1미터인 대형 비의 첫 행과 마지막 행에서 생길 수 있는 정도다. 정간 안에 일정한 크기로 쓰인 정연하면서 힘찬 구양순풍 글씨의 필법과 그것을 생생하게 표현한 수려한 각법이 같아 두 편은 동일비의 편으로 봄이 타당하다.[9]

그림 1. 사천왕사지 '遠雅志'명편, 15×12.5×4.6㎝, 국립중앙박물관

그림 2. 무열왕릉비 '中禮'명편, 8.5×11×5.5㎝, 국립경주박물관

둘째, '書'명(그림 3)이다. 일제 강점기 초에 경주보통학교 교장 오사카 긴타로(大坂金太郎)가 발견한 삼각형의 비편인데, '基(?)書' 두 글자만 남아 있다. 가로 계선으로 인해 비의 하단부임을 알 수 있다. 현재 경주박물관에 전시 중인 〈문무왕릉비〉와 같은 적갈색 화성암이며, 정간도 3.3㎝로 같고, 가는 필획과 비슷한 굵기의 가로획과 세로획 필법, 필법에 맞춘 가늘고 얇은 각법

8) 조선총독부, 1916, 『朝鮮古蹟圖譜』 제4책, 東京: 靑雲堂, 도1588; 1923, 『朝鮮金石總覽』 上, 漢城: 조선총독부, p.27; 허흥식, 1984, 『韓國金石全文』 古代, 아세아문화사, p.109; 황수영, 1994, 『韓國金石遺文』 제5판(1976 초판), 일지사, p.466.

9) 국립경주박물관, 2002, 『文字로 본 新羅』, p.51 참조.

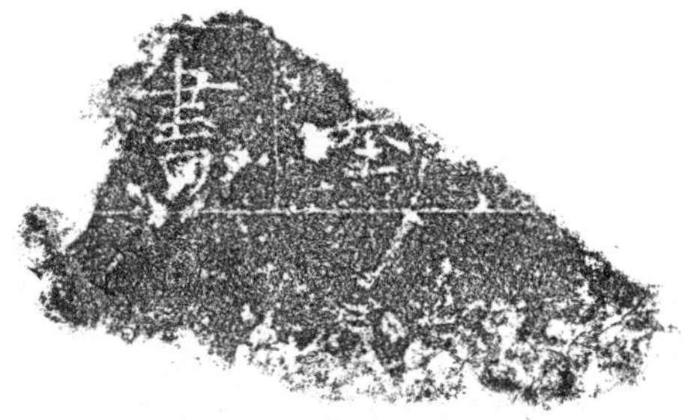

그림 3. 사천왕사지 '書'명편, 8.5×14.5×3.8㎝, 국립경주박물관

그림 4. 문무왕릉비 하단 접합 장면(2018.11.8)과 촉, 국립경주박물관

도 같다. 두 편을 접합해 보니 같은 비임이 더 명확해졌다(그림 4).[10] 다만 마지막 가로선 이하가 3.5㎝인데, 전시 중인 〈문무왕릉비〉는 약 2.5㎝다. 나무판 아래에 1㎝ 정도가 숨어 있을 것이다.

이 편은 출토 당시부터 〈문무왕릉비〉의 편으로 여겼기에 현재까지 〈문무왕릉비〉는 모두 세 편이다. 귀부 홈과 〈문무왕릉비〉 하단 촉의 크기 비교를 통해 사천왕사지 서귀부에 〈문무왕릉비〉가 세워졌고,[11] 후술할 사천왕사지 출토 '次壬辰'명의 壬辰을 신문왕이 승하한 692년으로 보아 동귀부에 '신문왕릉비'가 건립된 것으로 추정했다.[12] 즉 두 능비가 사천왕사에 세워진 것으로 보았다. 경주박물관에 있는 하단 편 〈문무왕릉비〉는 너비 94㎝, 두께 25㎝고, 사천왕사지 귀부의 비신홈은 너비 90㎝, 두께 20㎝다. 〈문무왕릉비〉 촉의 두께는 18.7㎝, 길이는 13㎝이므로 서귀부 비신홈에 비를 끼우는 것이 가능하다.[13] 여기에서

10) 홍사준은 2, 3행의 마지막 글자로 보았다. 홍사준, 1962, 「新羅 文武王陵 斷碑」 追記」, 『미술사학연구』 3(9), 한국미술사학회, p.287; 황수영, 앞의 책, p.71. 최장미, 2012, 「四天王寺 出土 碑片의 形態學的 檢討」, 『역사와 경계』 85, 부산경남사학회.

11) 홍사준, 위의 글, p.288.

12) 황수영, 1976, 「金石文의 新例」, 『한국학보』 5, 일지사, p.27; 앞의 책, p.466.

13) 동귀부의 비신홈은 1단으로 깊이가 11㎝며, 서귀부의 것은 2단으로 깊이가 약 24㎝(상단 15㎝, 하단 9㎝)다. 따라서 〈문무

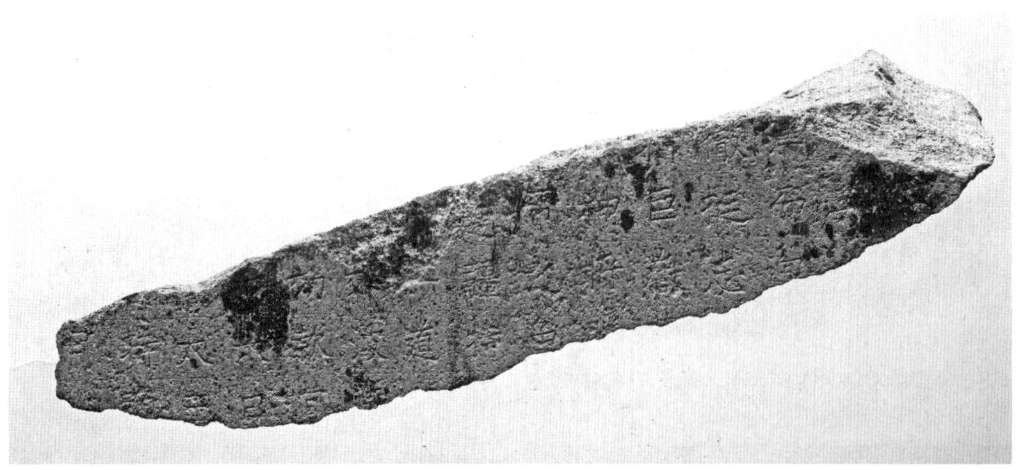

그림 5. 사천왕사지 '神將'명편, 11×58×14.5㎝, 국립경주문화재연구소

1976년 출토 당시에 '次壬辰'명 편만으로 이미 '신문왕릉비'의 건립을 추정한 것이 주목된다.

셋째, 2011년 3월 동귀부 가까이에서 출토된 추정 사적비편이다(그림 5). 가로로 긴 이 화강반암 비편은 능비인 상기 두 편에 비해 석질이 떨어지고, 비면도 거칠다. 명문은 3.5㎝ 정간 속에 15행, 30자 정도가 남아 있지만 행 1~3자이므로 문맥이 연결되지 않아 내용은 파악하기 어렵다. 사찰의 내력을 기록한 사적비 또는 사찰과 관련이 깊은 고승비로 추정되는데 명문 6행의 '神將' 때문에 같이 발굴된 녹유신장전과 관련 있는 사적비일 가능성이 더 크다.[14]

명문은 정방형의 북위풍 해서로 쓰였는데 상기 비편들의 초당풍 해서와는 다르다. 또 가로획과 세로획의 굵기가 같고 전절의 꺾임도 없으며, 일부 파책이 예서의 필법으로 쓰여 당 이전의 해서에 속하므로 사천왕사지 출토 비편 가운데 가장 이른 글씨로 추정된다. 이것도 승려 사후에 건립되는 고승비보다는 679년 사찰 창건 후 세운 사적비로 볼 수 있는 근거가 된다. 서풍은 작은 차이점은 있으나 전체적으로 역시 북위풍에 예서의 필의를 지닌 〈청주운천동신라사적비〉(686, 신문왕 6)와 비슷하다.[15] 이 두 사적비의 글씨로 보아 680년대의 신라 사적비 해서는 주로 구양순풍인 능비 해서와는 달리 아직 북위풍에 예서의 필의까지 있어 과도기적 요소를 지니고 있었음을 알 수 있다.

넷째, 석질과 양식, 필법과 각법이 같은 다섯 편이다. 1976년 당간지주 동쪽에서 출토된 '次壬辰'명, 2012년 12월 서귀부 부근에서 출토된 '無窮其德十也'명(상하 2편), '銘曰'명, '鏘'명은 석질과 양식 그리고 필법과 각법이 동일하여 같은 비의 편임을 알 수 있다. 간지로 비의 건립 시기를 유추할 수 있고, 이전의

왕릉비〉는 둘 중에서는 서귀부에 세워졌을 것이라고 보았으나, 촉이 1단이므로 그렇지 않을 가능성이 제기되기도 했다. 최장미, 앞의 글, pp.171-172.

14) 최장미, 2011, 「사천왕사지 발굴조사 성과와 추정 사적비편」, 『목간과 문자』 8, 한국목간학회.

15) 정현숙, 2013, 「통일신라 서예의 다양성과 서풍의 특징」, 『서예학연구』 22, 한국서예학회, p.51; 2016, 『신라의 서예』, 다운샘, p.230.

〈문무왕릉비〉(687), 이후의 〈황복사금동사리함기〉(706) 명문을 통해서 능비로 추정할 수 있다. '次壬辰' 명에서 壬辰을 신문왕의 승하년인 692년으로 보는 것이 중론이고, 이로 인해 일단 능비로 주목할 만하다고도 했다.[16] 같은 종류의 비편이 다섯 편이므로 분명 동·서 귀부 중 한 곳에 세워졌을 이 능비를 필자는 692년 승하한 신문왕의 능비로 본다. 그 근거를 논하기 전에 먼저 신라 능묘비의 양식과 글씨의 특징에 대한 이해가 필요하다.

III. 신라 능묘비의 양식과 서풍

'신문왕릉비'를 제외한 신라의 능묘비는 총 5기인데 모두 비편으로 출토되었다. 그중 〈흥덕왕릉비〉를 제외한 4기가 신라 중대에 세워졌다.[17] 사천왕사지 출토 다섯 비편이 '신문왕릉비'임을 쉽게 이해하기 위해 신라 능비의 양식과 서풍 그리고 각법을 살펴보자.

표 1. 신라 능묘비 개요

	비명	건립시기	명문 편	찬자/서자	비신서체(서풍)	비액(서체)	양식
1	무열왕릉비 (29대)	661	2	김인문/김인문	해서 (구양순풍)	'太宗武烈大王之碑'(전서)	이수·비신·귀부, 정간선
2	문무왕릉비 (30대)	687	3	김□□/한눌유	해서 (구양순풍)		이수·비신·귀부, 정간선
3	**'신문왕릉비' (31대)**	**692년경**	**5**	**미상/미상**	**해서 (구양순풍)**	**추정 '之碑' (전서)**	**이수·비신·귀부, 정간선**
4	김인문비 (무열왕 차남)	695년경	2	미상/미상	해서 (구양순풍)		이수·비신·귀부, 정간선
5	성덕왕릉비 (33대)	754	3	미상/미상	해서 (구양순풍)		이수·비신·귀부 (추정 정간선)
6	흥덕왕릉비 (42대)	872~884	60	미상/요극일	해서 (구양순풍)	'興德'(전서)	이수·비신·귀부, 정간선

1. 무열왕릉비

신라 제29대 무열왕(재위 654~661)을 기린 한국 최초의 왕릉비다(그림 6). 왕의 차남 金仁問(629~694)이 撰書하고, 왕의 장남 문무왕이 즉위년인 661년에 건립했다. 비편이 발견되기 전에 왕릉의 서북편

16) 황수영, 앞의 책, p.466.

17) 신라 능묘비에 관해서는 주보돈, 2012, 「통일신라의 (陵)墓碑에 대한 몇 가지 논의」, 『목간과 문자』 9, 한국목간학회 참조.

서악동에서 귀부와 이수만 발견되어 능비는 귀부·비신·이수로 구성된 정형비임을 알 수 있었다. 화강암인 귀부는 사실적이고 생동감 있는 조각 기법이 출중하다. 귀부의 상부에 낮게 돌출된 비좌가 있고, 그 위에 양귀를 둥글게 마름한 이수가 있다. 이수에는 중앙의 전액을 중심으로 거꾸로 직립한 반룡이 새겨져 있다.[18)]

『大東金石書目』에도 실린 양각 전액은 "太宗武烈大王之碑" 8자로, 자경은 약 9.1㎝다. 해서와 예서의 필법이 가미된 글씨는 보편적인 圓筆의 소전과는 달리 方筆의 소전이다. 가로획의 起筆에는 해서의 필법이, 收筆에는 매우 짧은 예서 파책이 사용되었는데, 이는 북위 〈문성제남순비〉(461) 비문의 필법과 흡사하다.[19)] 후술할 사천왕사지 출토 '之碑'명도 같은 필법의 전액임이 주목된다.

비신은 두 편이다. 하나는 1935년 향토사학자 崔南柱가 무열왕릉 앞에서 발견한 '中禮'명이다(그림 2). 세로 계선은 이것이 비의 좌측 마지막 행임을 말해 주며, 세로 계선에서 좌측 끝까지의 거리는 1.5㎝다. 3.3㎝ 정간 안에 쓴 한 글자의 크기는 '中'이 2×1.7㎝, '禮'가 2.5×2㎝ 정도며, 글씨는 초당 구양순풍 해서로 쓰였다.

다른 하나는 일제강점기에 사천왕사지에서 모로가 히데오가 발견한 '遠雅志'명이다(그림 1). 세로 계선은 이것이 비의 우측 마지막 행임을 말해 주며, 세로 계선에서 우측 끝까지의 거리는 2㎝다. 3.5㎝ 정간 안에 쓴 글자의 크기는 '蘭'이 3×1.9㎝, '遠'가 2.7×2.5㎝며, 서풍은 '中禮'명과 같다. 출토 당시 문무왕릉비편으로 여겼으나 필법과 각법이 〈문무왕릉비〉와는 다르고, '中禮'명과 동일하여 무열왕릉 비편으로 보아도 무방하다. 두 편의 方筆과 方折은 구양순풍 해서의 전형적인 특징인데, 오히려 그것보다 더 힘차고 근엄하다. 이 특출함은 서자 김인문이 22년간 당에서 살면서 초당 해서를 완벽하게 섭렵했기 때문일 것이다.

그림 6. 무열왕릉비 귀부 · 이수와 전액, 비편, 661, 110×145.4×33.3㎝(이수), 48.4×33.3㎝(전액), 무열왕릉, 국보 제25호

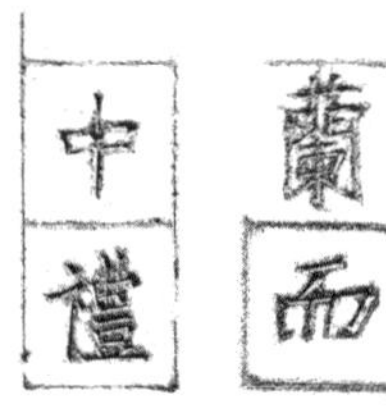

18) 조선총독부, 1916, 앞의 책, 도1583~1586.

19) 정현숙, 2007, 「북위 平城時期의 금석문과 그 연원」, 『서예학연구』 10, 한국서예학회; 2008, 「신라와 북위·수·당의 서예 비교 연구」, 『서예학연구』 13, 한국서예학회.

2. 문무왕릉비

신라 제30대 문무왕(재위 661~681)의 능비다(그림 7). 조선 정조 때 洪良浩(1724~1802)가 『耳溪集』 「題新羅文武王陵碑」에서 비의 존재를 처음 알렸다. 그는 경주부윤 재임(1760~1762) 동안 문무왕릉을 찾았지만 비편 한 조각도 발견하지 못했다. 이후 정조 말년에 경주 주민이 들판에서 우연히 고비를 발견했고, 홍양호가 그 탁본을 세상에 드러냈다. 이후 비의 행방이 다시 묘연해졌다.

1817년 金正喜(1786~1856)가 다시 그것을 찾은 후 그 경위를 상세히 기록했다.

> "위 신라 문무왕비는 현재 경주 동북쪽 9리 낭산 남쪽 기슭 선덕왕릉 아래, 신문왕릉 앞에 있다. 비석은 오래 전에 없어졌고 비부의 비석을 놓는 구멍만 남아 있다. 1817년 내가 경주에 가서 고적을 찾아다니다가 백성들의 밭 가까이에 돌을 쌓아 둑을 만들어 놓은 것을 보고 비를 파헤치고 싶은 생각이 들었다. 마침내 사람을 고용하여 열고 바닥에 이르렀는데 평평하고 네모진 돌 하나가 보였다. 흙을 씻어내자 글자를 새긴 흔적이 나타났다. 꺼내어 보니 비로 이 비석의 하단이었다. 가져다가 옛날 비부에 꽂았더니 조금도 어긋나지 않았다. 마음속으로 신기하다는 생각이 들었다. 또 돌 하나가 풀 속에 섞여 있는 것을 보았는데 살펴보니 이 비석의 상단이었다. 합쳐 놓고 보니 가운데가 조금 없어졌고 윗부분도 한 조각이 없어졌다. 그 없어진 부분은 다시 찾을 수 없었다. 참으로 안타까웠다."[20]

김정희가 두 비편의 탁본을 중국에 보냈고, 청나라 고증학자 劉喜海(1794~1852)는 1832년 편찬한 『海東金石苑』에 그것들을 실었다.[21] 모두 4점의 탁본이 실렸는데 두 편의 전·후면이다.[22] 비의 정간은 약 3.3㎝, 자경은 약 2㎝다. 비문은 급찬 國學少卿 金□□이 사륙변려체로 짓고, 大舍 韓訥儒가 주로 구양순풍으로 썼지만 북위풍도 부분적으로 보여 과도기적 서풍을 보여 준다. 이후에 쓴 〈김인문비〉(695년경)의 무르익은 구양순풍과 비교하면 글씨의 변천 과정을 알 수 있다. 이후 두 편은 일실되었다가 1961년 하단부가, 2009년 9월 경주 민가에서 상단부가 발견되어 현재 경주박물관에 전시 중이다. 하단부에는 촉이 있

---

20) 金正喜, 「文武王碑」『海東碑攷』. "右新羅文武王陵碑, 在今慶州東北九里, 朗山南麓, 善德王陵下, 神文王陵前, 碑舊亡失, 只有趺窩. 嘉慶丁丑, 余到慶州, 行尋古跡, 見傍近民田, 疊石爲坊, 意欲發之. 遂雇人析開至底, 見一片方石平正, 洗其泥土, 有刻字痕, 出而見之, 乃此碑下段也. 以挿舊趺, 不少齟齬, 心異之. 又見一石, 雜於草莽, 就而諦之, 乃此碑上段也. 合而觀之, 中央猶缺少許, 上頭又缺一段, 其缺 者不可復尋, 誠可歎也." 박철상, 2015, 『나는 옛것이 좋아 때론 깨진 빗돌을 찾아다녔다』, 너머북스, pp.251, 336.

21) 비의 건립시기에 관해 유희해는 681년(신문왕 1), 김정희는 명문 '卄五日景辰建'에 근거하여 687년(수공 3년) 8월 25일 또는 이 해에 윤달이 있어 그 직후인 9월경으로 고증했다. 金正喜, 앞의 글; 박철상, 위의 책, pp.249~259. 이마니시 류는 찬자의 직명인 '國學小卿'과 『삼국사기』의 국학 설치 기록을 바탕으로 682년(신문왕 2) 이후로 보았다. 今西 龍, 1933, 「新羅文武王陵碑に就きて」, 『新羅史研究』, 近澤書店, pp.496~500. 김창호는 김정희와 같은 명문을 토대로 682년 7월 25일이라 주장했다. 김창호, 1983, 「新羅 太祖 星漢의 재검토」, 『역사교육논집』 8, 경북대학교 사범대학 역사교육학회; 1986, 「文武王陵碑에 보이는 新羅人의 祖上認識-太祖星漢의 添補-」, 『한국사연구』 53, 한국사연구회.

22) 홍사준, 1961, 「新羅 文武王陵 斷碑의 發見」, 『미술자료』 3, 국립중앙박물관.

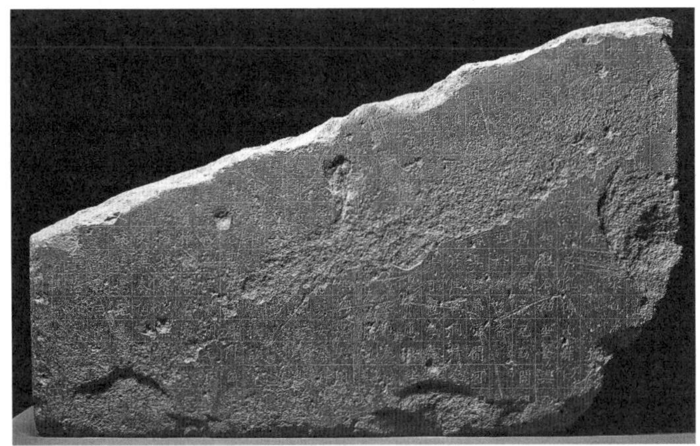

그림 7. 문무왕릉비, 687, 60×94×25㎝, 국립경주박물관

어 귀부의 비신홈에 세워졌음을 알 수 있는데, 홍사준은 이 비가 사천왕사지 서귀부에 세워졌다고 주장했다.

훼손이 심해 비문의 내용을 완전히 파악하기는 어렵지만, 대략 신라에 대한 찬미, 신라 김씨의 내력, 무열왕과 문무왕의 업적, 백제를 평정한 사실 및 문무왕의 유언, 장례에 관한 사실, 銘辭 등을 기술한 것으로 추정된다.[23] 유희해의 『해동금석원』에 실린 하단 편 후면 탁본에 銘辭의 시작을 알리는 '銘曰'이라는 구절이 있는데, 사천왕사지 출토 다섯 비편 가운데 한 편에도 '銘曰'이 새겨져 있어 '신문왕릉비'의 명사임을 추정할 수 있는 근거가 된다.

3. 성덕왕릉비

신라 제33대 성덕왕(재위 702~737)의 능비다(그림 8). 성덕왕은 신문왕의 장남인 효소왕의 동생이다. 아들이 없는 효소왕이 죽자 귀족의 추대를 받아 즉위했다. 성덕왕대는 중대에서 통치기간이 35년으로 가장 길고, 외교적 업적도 상당히 컸다. 당에 빈번히 사신을 파견하여 728년에는 당의 국학에 신라 귀족 자제들의 입학을 요청했고, 733년에는 당의 요청을 받아 발해를 공격하기도 했다. 성덕왕대는 정치적 안정과 함께 사회적으로도 통일신라의 전성기였다.

성덕왕의 장남인 태자 重慶이 717년(성덕왕 16)에 죽자 차남 承慶이 724년(성덕왕 23) 태자로 책봉되었고 부왕이 죽자 16세로 즉위했으니 그가 제34대 효성왕(재위 737~742)이다. 遺命에 따라 法流寺에서 화장하여 유골을 동해에 뿌렸기 때문에 효성왕의 능은 없다.[24] 재위 기간이 5년에 불과한 효성왕은 아들

23) 최광식, 1992, 「文武王陵碑」, 한국고대사회연구소 편, 『역주 한국고대금석문』 제2권, 가락국사적개발연구원.

24) 최근 경주 황복사지 삼층석탑에서 남쪽으로 135m 떨어진 논 경작지는 통일신라 효성왕의 미완성 능이라는 설이 제기되었다. 현재 이곳에 왕릉급 석재들이 나뒹굴고 있어 왕릉지로 추정했지만 어느 왕의 능인지를 놓고 의견이 분분했다. 그런데

그림 8. 성덕왕릉비 귀부와 비편, 754, 268×290㎝(귀부), 5×4.5㎝, 5.5×6.7㎝, 5×5.5㎝, 성덕왕릉·국립경주박물관

이 없어 동생 김헌영을 태제로 삼았으니, 그가 제35대 경덕왕(재위 742~765)이다. 효성왕의 아우이자 성덕왕의 삼남인 경덕왕은 부왕의 능을 개수하면서 754년(경덕왕 13) 5월 왕릉비를 세웠다.[25]

성덕왕릉은 이전의 왕릉보다 더 발달된 모습이다. 귀부만 남은 능비에서 능까지의 거리가 100m 정도고 능 주변에 문인상, 무인상, 십이지신상이 있어 규모는 작지만 중국 황릉비의 신도 양식을 취했음을 알 수 있다. 이는 중대 초기에 시작된 능비 건립 전통이 중대 후기로 갈수록 더 진화되었음을 말해 준다.

〈성덕왕릉비〉는 편으로만 발견되었지만 왕릉의 남쪽 약 100m 떨어진 논의 가운데 귀부가 있어 이수·비신·귀부의 형태를 갖추었음을 알 수 있다. 육각의 거북등무늬가 전체적으로 조각되어 있으며, 귀두는 파손되었고 몸통의 앞발에는 5개, 뒷발에는 4개의 발톱이 새겨져 있다.[26] 귀부를 얹은 사각형의 돌 크기가 가로 약 270㎝, 세로 약 295㎝고, 막힌 비신홈의 크기로 보아 능비도 상당히 컸을 것으로 추정된다.

1966년 출토된 비편 8점 중 3점에 남은 각 한 자의 명문은 '政', '武', '哉' 자로 읽힌다. 정간은 확인되지 않으나, 귀부가 있는 전후 능비의 양식을 참고하면 정간이 있었을 것으로 추정된다. 세 편의 해서는 구양순풍으로 보인다. 부분적으로 북위풍을 지닌 구양순풍의 〈문무왕릉비〉, 예서 필의를 지닌 구양순풍의 '신문왕릉비'에 비해 그 솜씨가 능숙하여 적어도 8세기 중반에는 구양순풍 해서가 신라에서 정착된 것으로 보인다.

4. 흥덕왕릉비

신라 제42대 흥덕왕(재위 826~836)의 능비다(그림 9). 흥덕왕은 원성왕의 태자 仁謙(追奉하여 惠忠大王)의 아들로 소성왕 및 헌덕왕의 同母弟다. 경주시 안강읍 육통리의 울창한 송림 가운데 있는 그의 능은 왕릉 중에서 『삼국사기』와 『삼국유사』에 유일하게 기록이 남아 있는 합장능이다. 왕이 먼저 왕비릉을 조

발굴 조사에 의해 재위 5년 만에 병으로 숨진 신라 제34대 효성왕(재위 737~742)을 위해 조성했던 미완의 능이라는 주장이 설득력을 얻고 있다. 화장하라는 왕의 유언으로 조성이 중단된 왕릉으로 본 것이다.

25) 『三國史記』 新羅本紀 第9, 景德王 13年條.

26) 조선총독부, 1917, 『朝鮮古蹟圖譜』 제5책, 東京: 靑雲堂, 도1693~1703.

성하고 왕의 사후 합장했다. 이 능은 횡혈식 석실 고분인데, 처음부터 합장을 위해 만들어진 무덤이다.[27)]

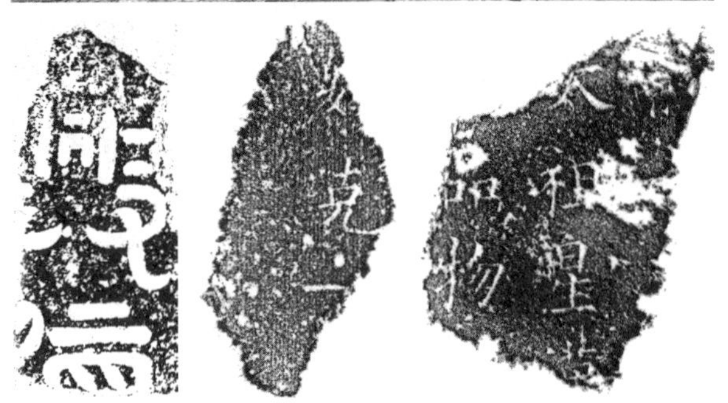

그림 9. 흥덕왕릉비 귀부와 비편, 872~884, 흥덕왕릉·국립경주박물관

능비의 귀부가 능의 전방 왼쪽에 파손된 상태로 남아 있어 원래는 이수·비신·귀부의 형태를 갖추었음을 알 수 있다. 경주 지역의 귀부 가운데 그 규모는 가장 크나, 조각 기법은 뒤떨어진다. 1937년 최남주가 처음 비의 조각 7편을 수집하여 경주박물관에 기증했다. 1957년 閔泳珪가 최남주와 함께 현지를 답사하여 9편을 더 발견했는데, 여기에 비액으로 추정되는 '興德'명이 있어 이 능이 흥덕왕릉임이 증명되었다. 현재 60편이 전한다. 약 3.3㎝ 정간이 있어 중대 능비의 양식을 계승했음을 알 수 있다. 명문은 행 2~7자 정도여서 문맥을 연결하기는 어렵고, 몇몇 단어를 통해 몇 가지 사실만 추정할 수 있다.

이 비가 〈흥덕왕릉비〉임을, 그리고 서자가 당대의 명서가 요극일임을 말해 주는 두 비편은 출토 당시 크게 주목받았다. 비의 주인이 흥덕왕임을 보여 주는 전액 '興德'명은 이전의 〈무열왕릉비〉의 전액 "太宗武烈大王之碑"으로 미루어 보아 "興德大王之碑"의 '興德' 두 자로 생각된다. '(姚)克一'명에서 '姚' 자의 우변 兆 부분이 없지만 아래의 '克一'로 인해 '姚' 자로 봄이 타당하여 구양순풍 해서에 능한 요극일을 서자로 보는 데 이견이 없다. 이외에도 '太祖星漢'명은 김씨 왕조가 성한을 태조로 섬긴 사실이 확인시켜 주며,[28)] '壽六十是日也'명은 재위 11년 만에 죽은 흥덕왕의 향년이 60세라는 것을 말해 준다. 따라서 미상이었던 왕의 생년은 774년이라는 추정이 가능하다.

요극일은 『삼국사기』「김생전」 말미에 "벼슬이 시중 겸 시서학사에 이르렀다. 필력이 遒勁한데 구양솔경(구양순)의 필법을 터득했다. 비록 김생에는 미치지 못했지만 역시 奇品이다"라고 부전되어 있다. 요극일의 글씨로는 〈황룡사구층목탑찰주본기〉(872), 〈傳삼랑사지비〉(883), 〈대안사적인선사조륜청정탑비〉(872), 〈흥덕왕릉비〉(872~884)가 있는데[29)] 그중 〈전삼랑사지비〉(1편)와 〈흥덕왕릉비〉가 구양순풍의

27) 조선총독부, 위의 책, 도1713~1723.

28) 김창호, 1986, 앞의 글.

29) 정현숙, 앞의 책, pp.219~220.

전형이다.

요극일은 〈흥덕왕릉비〉에서 이전의 능비 글씨처럼 왕의 위엄에 걸맞는 해정하고 근엄한 글씨를 구사했다. 그러나 부분적으로 저수량풍과 안진경풍도 지니고 있어 구양순을 근본으로 하면서 동시에 상반되는 서풍도 가미하여 자신의 서풍을 창출했음을 알 수 있다. 약 3.3㎝ 정간 안에 정연하게 쓴 장방형의 글씨는 자간은 빽빽하고 행간은 여유롭다. 전절의 강한 모남에서 힘찬 기운이 느껴지는 반면 구양순보다 긴 파책, 안진경의 곡선 구획에서 부드러움도 표현한 요극일의 독창성이 돋보인다.

이상 4기의 능비에서 양식은 이수·비신·귀부 형태며, 글씨는 비액은 전서로 쓰고, 비문은 3.3~3.5㎝ 정간 안에 구양순풍 해서로 썼음을 알 수 있다. 이제 '신문왕릉비'로 보는 사천왕사지 출토 다섯 비편도 이런 특징을 지니고 있는지 살펴보자.

Ⅳ. 다섯 비편을 '신문왕릉비'로 보는 근거

이 장에서는 사천왕사지 출토 다섯 비편의 양식과 내용 그리고 서풍, 필법, 각법을 통해 그것들이 능비와 공통점을 지니고 있으며, 따라서 그 원비가 '신문왕릉비'임을 증명하고자 한다.

첫째, 1976년 당간지주 동쪽에서 출토된 '次壬辰'명(그림 10)이다. '歲次'는 간지를 따라 정한 해의 차례를 가리키는 용어이므로 '次' 위에 '歲' 자가 있었을 것이다. 또 건비 시기를 암시하는 '壬辰'을 692년으로 보는 것에 이견이 없다.[30] 692년은 신문왕(재위 681~692)이 승하하고 효소왕이 등극한 해다. 692년 7월

그림 10. 사천왕사지 '次壬辰'명편, 11×14×4㎝, 동국대학교박물관

30) 황수영, 앞의 글, p.27; 허흥식, 앞의 책, p.29; 김정숙, 1992, 「四天王寺址 碑片」, 한국고대사회연구소 편, 『역주 한국고대금석문』 제2권, 가락국사적개발연구원, p.148.

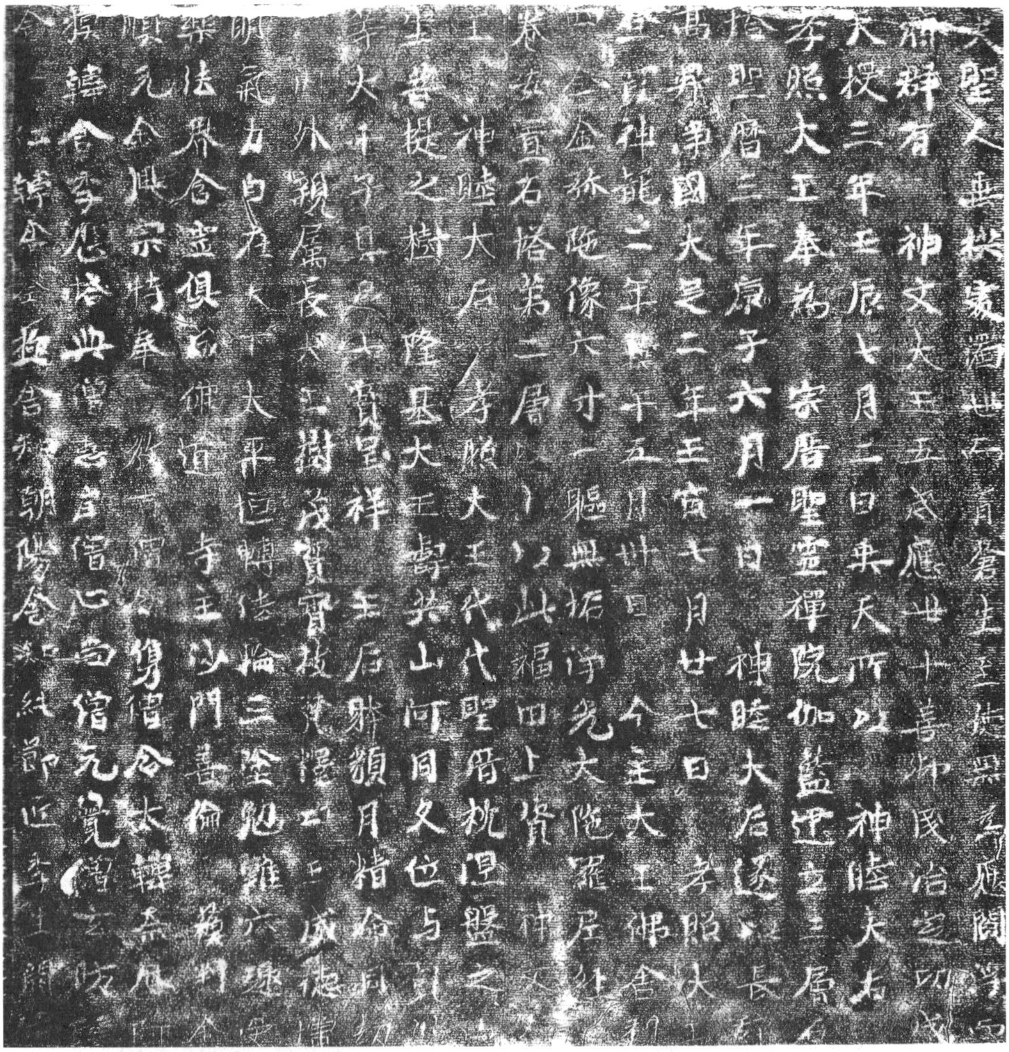

그림 11. 황복사금동사리함기, 706, 30×30.5㎝, 국립중앙박물관

2일 승하한 신문왕의 죽음을 기록했다면 비는 효소왕대(692~702)에 세워졌을 것이다. 효소왕은 아버지 신문왕의 명복을 빌기 위해 황복사에 삼층석탑도 지었다. 효소왕의 동생 성덕왕은 706년(성덕왕 5) 삼층석탑 속에 다시 사리, 아미타불상, 무구정광다라니경을 봉안하면서 아버지 신문왕, 형 효소왕, 어머니 神穆王后의 명복을 빌었다. 탑의 해체 과정에서 금동사리함과 금동 불상 2구 등이 출토되었고, 사리함 뚜껑 명문에 탑의 건립 경위와 유물의 성격 등이 기록되어 있었다. 사천왕사지 비편들처럼 정간 속에 새겨진 〈황복사금동사리함기〉(그림 11)의 2~3행 "神文大王 …… 天授三年壬辰七月二日昇天"에서 신문왕의 몰년 '壬辰'을 기록했다. 그렇다면 사천왕사지 비편의 '壬辰' 아래에도 문무왕의 장자로 681년 즉위하고 692년 승천한 신문왕의 죽음을 언급했을 것이다.

신문왕과 둘째 비인 신목왕후의 아들 효소왕은 5세인 691년 태자로 책봉되고 이듬해 6세로 즉위했기 때문에 모후 신목태후가 섭정했다.[31] 700년 신목태후가 죽고, 702년 효소왕도 16세로 승하했다. 어린 왕의 즉위로 정치적으로 불안했던 효소왕대의 치적은 신목태후 섭정의 결과물이다. 따라서 신목태후는 자신의 섭정 기간인 692~699년에 '신문왕릉비'를 건립했을 것이고, 이는 695년 이후 건립된 〈김인문비〉(그림 12)와 비슷한 시기에 해당된다. 이처럼 '次壬辰'명은 원비와 그 건비 시기를 추정하게 하므로 다섯 비편 중 가장 중요한 것이다.

'次壬辰'명의 정간은 3.7×3.5㎝로 세로가 조금 더 길다. 장방형의 정간에 장방형의 구양순풍 해서로 쓰인 글씨는 가늘면서 힘차며, 후대의 대부분의 사적비나 선사비에 쓰인 행서의 필의가 전혀 없어 왕의 위엄을 보여 주는 듯하다. 정간과 구양순풍 해서는 능묘비의 특징 중 하나이므로 이것도 원비를 능비로 볼 수 있는 근거가 된다.

그러나 起筆과 收筆, 方折의 각법에서 이전의 능묘비와 구별되는 특징이 있다. 기필의 각도가 조금 다르고 가로획의 수필에는 예서의 필법이 쓰여 완전한 구양순풍 이전의 특징을 보이고 있는데, 이는 북위

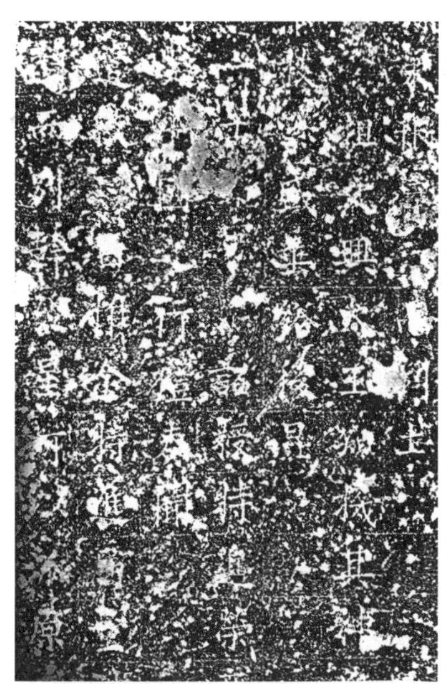

그림 12. 김인문비, 695년경, 58×94㎝, 국립경주박물관

그림 13. 사천왕사지 '無窮其德十也'명편 전후면, 29×14×3.3㎝(상: 15.5×11㎝, 하: 17×14㎝), 국립경주문화재연구소

31) 섭정으로 정권을 주도한 신목태후는 효소왕 즉위 반대 세력을 처단하고, 왕의 親政 시 도움이 될 군사 지원 세력을 얻고자 신문왕대에 폐지된 화랑도를 부활시키고, 그동안 소원했던 대당관계를 개선했다. 그러나 이런 일련의 정책은 반대 세력의 반발을 불러왔고, 결국 700년(효소왕 9) 5월 慶永의 난이 발생하고 그로 인해 신목태후는 6월 1일 죽었다. 이영호, 2014, 「신라 중대 정치와 권력구조」, pp.86-88; 2016, 「왕권의 안정과 만파식적의 이상」, 신라 천년의 역사와 문화 편찬위원회, 『신라 왕권의 강화와 발전』, 신라 천년의 역사와 문화 연구총서 5, 경상북도문화재연구원, pp.116-119.

풍에서 구양순풍으로 변하는 과도기의 글씨에 속한다. 따라서 원비는 예서의 필법이 있는 북위풍 해서로 쓴 추정 사적비(그림 5) 이후에 세운 것으로 보인다. 〈김인문비〉의 구양순풍에도 북위풍이 부분적으로 남아 있어 비슷한 시기에 건립된 두 비 글씨의 공통점과 차이점을 살필 수 있다. '次壬辰'명은 9세기에 요극일이 쓴 〈흥덕왕릉비〉(그림 9)의 성숙된 구양순풍 해서에는 미치지 못하는데, 시기적으로 보면 이는 당연한 일이다.

둘째, 2012년 말 서석교 상부에서 출토된 '無窮其德十也'명이다(그림 13). 〈무열왕릉비〉, 〈문무왕릉비〉처럼 우측이 사선으로 잘 다듬어진 것으로 보아 비의 첫 행으로 추정된다. 두 편이 따로 출토되어 돌의 색깔은 조금 다르지만 붙여보면 원래 한 편임을 알 수 있다. 정간은 3.6~3.7×3.3~3.5㎝로 '次壬辰'명과 거의 같다. '次壬辰'명의 3행 '震' 자와 이 편 2행 '震' 자는 필법과 각법이 같아 두 편은 같은 비임이 증명된다. "... 무궁하며, 그 덕은 열 가지다"로 해석되는 첫 행은 신문왕의 공덕을 칭송한 것이라는 사실을 〈황복사금동사리함기〉(그림 11) 명문으로부터 추정해 볼 수 있다. 이 사리함기 2~3행에 "神文大王, 五戒應世, 十善御民, 治定功成, 神文大王天授三年壬辰七月二日昇天(신문대왕이 五戒로 세상에 응하고 十善으로 백성을 다스려 통치를 안정시키고 공을 이루고 천수 3년(692) 임진년 7월 2일에 돌아가셨다)" 명문이 있는데, 이 '十善'과 '無窮其德十也'명의 '十德'은 같은 의미로 볼 수 있다.

이처럼 이 비편은 양식, 필법과 각법이 '次壬辰'명과 같고 내용까지 더하면 '신문왕릉비'의 편임이 분명해 보인다. 그리고 이 편 1행의 '其' 자와 〈김인문비〉(그림 12) 2행의 '其' 자가 흡사하여 비슷한 시기에 건립된 능묘비의 글씨는 공통점을 지니고 있음을 알 수 있다.

셋째, 1991년 소장처에 입수된 '銘曰'명이다(그림 14). 정간은 3.6~3.7×3.5㎝로 위의 2점과 같다. 여덟 자의 명문 마지막 행에 새긴 '銘曰'은, 지금은 마모되었지만 하단편 〈문무왕릉비〉를 처음 발견할 당시의 후면 탁본에서 이미 등장한 구절이다.[32] 후면 15행에 적힌 "餘下拜之碣主適爲銘曰"이라는 명문으로 보아 사천왕사지 '銘曰'명도 후면에서 왕의 덕을 칭송하는 銘辭의 시작을 알리는 구절로 추정해 볼 수 있다. 명사는 비문의 후반부에서 비의 주인을 칭송하는 운문체 시인데, '銘曰' 이하에는 신문왕의 덕을 칭송

그림 14. 사천왕사지 '銘曰'명편, 8.9×17.8×4㎝, 동국대 경주캠퍼스박물관

32) 劉喜海, 『海東金石苑』; 홍사준, 1961, 앞의 글; 이영호, 앞의 글, p.41; 최광식, 앞의 글, p.126; 국립경주박물관, 앞의 책, p.53.

하는 시구가 쓰였을 것이다.

그림 15. 사천왕사지 '鏘'명편, 5.5×8×4.5㎝, 국립경주박물관

그런데 소장처는 이 편을 〈문무왕릉비〉로 기록하고 있다.[33] 석질과 양식은 물론 기필의 방필법, 冖의 필법과 각법이 경주박물관의 〈문무왕릉비〉와는 전혀 다르며, 상기 두 편과 동일하여 '신문왕릉비'의 편으로 봄이 타당하다.

마지막으로, '鏘'명이다(그림 15). 정간의 가로가 3.5㎝인 점, 기필의 각도, 예서의 필법이 있는 수필의 필법이 위의 3점과 동일하여 같은 비의 편임을 알 수 있다.

이 다섯 편 이외에 일제강점기에 출토된 것으로 '신문왕릉비'의 비액 또는 그것을 추정해 볼 수 있는 양면 비편이 있다[34](그림 16). 한 면에는 비액의 글씨인 '之碑'가 양각 전서로, 다른 면에는 비신의 글씨인 '末判'이 음각 해서로 3.4㎝ 정간 안에 새겨져 있다. 그런데 양면이 같은 방향이 아니라 반시계 방향으로 90도 돌아가 있고 돌의 두께도 약 4.5㎝로 얇아 원비의 양면은 아니고 적어도 한 면은 습서를 위해 재활용된 것으로 보인다.[35] '之碑'명에서 '之' 자 가로획의 길이가 8.2㎝로 자경 9.1㎝인 〈무열왕릉비〉 전액(그림 6)과 대략 비슷하고 필법은 동일하다. 따라서 이 비편은 원비의 전액일 가능성이 있고, 만약 습서라면 원비의 액이 〈무열왕릉비〉와 같았던 것으로 추정할 수 있는 근거가 된다. 이것은 150여 년 후에 기필과 수필이 모두 원필의 소전으로 쓰인 〈흥덕왕릉비〉 비액(그림 9)과는 분명히 구분된다.

정형화된 중국 비제인 이수, 비신, 귀부를 갖추고, 이수의 비액을 소전으로 쓰는 전통을 따른 첫 신라 능비는 〈무열왕릉비〉다. 전액의 문장도 중국의 전통[36]을 따라 "太宗武烈大王之碑"라 썼다. 그러나 이후

그림 16. 사천왕사지 양면 비편과 탁본, 9.5×10×4.5㎝, 5.5×7.7×4.5㎝, 국립경주박물관

33) 동국대 경주캠퍼스 박물관, 2012, 『동국대 경주캠퍼스 박물관 도록』, p.96. 1991년 개인으로부터 매입할 당시의 기록이라고 한다.

34) 황수영, 앞의 책, p.466. 황수영은 각각 1편으로 기록했다.

35) 최장미, 2012, 앞의 글, p.175.

36) 중국에서 '之碑' 또는 '之神道'를 액에 사용한 것으로 남조 송나라의 〈爨龍顔碑〉(458)와 양나라의 〈蕭景墓神道石柱題字〉(523년 이후), 수나라의 〈孟顯達碑〉(600), 당나라의 〈孔子廟堂碑〉(626) 등이 있다. 정현숙, 앞의 책, p.200.

에 세워진 〈문무왕릉비〉 상단 편 1행에는 '國新羅文武王陵之碑'라 기록되어 있다.[37] 따라서 '신문왕릉비'의 전액은 "神文大王"이라 기록한 〈황복사금동사리함기〉와 〈무열왕릉비〉의 비액을 따랐다면 '(神文大王)之碑'로, 〈문무왕릉비〉의 비문을 따랐다면 '(神文王陵)之碑'로 새겨졌을 것으로 추정된다. 그러나 원비든 연습용이든 해서와 예서의 필의가 있는 '之碑' 전액이 〈무열왕릉비〉의 전액과 글씨가 거의 같으므로 전자일 가능성이 커 보인다.

한편 '未判'명은 '次壬辰'명, '無窮其德十也'명, '銘曰'명, '鏘'명과 필법과 각법이 다르며 그 수준도 뒤떨어져 같은 비편으로 보기 어렵다. 양면에 쓰인 '之碑'과 '未判' 중 한 면만 연습용이라면 '未判'이 연습용일 것이다.

지금까지 살핀 바를 종합해 보면, 사천왕사지 출토 다섯 비편은 정간 속에 정연한 구양순풍 해서로, 동일한 필법과 각법으로 쓰고 새겨졌다. 정간 안에 정연한 구양순풍 해서를 쓰는 것은 신라 중대에서 하대의 능묘비로 계승되었다.[38] '次壬辰'명은 건비 시기가 692년경임을, '無窮其德十也'명은 비의 주인이 신문왕임을, '銘曰'명을 신문왕을 위한 명사의 시작을 알리는 중요한 단서가 된다. 이처럼 동일한 양식과 서풍을 지녔고 명문의 내용까지 더하면 다섯 비편이 '신문왕릉비'임은 분명해 보인다.

그리고 비의 두께가 약 4.5㎝이므로 적어도 한 면은 연습용인 양면 편 중 '之碑'는 〈무열왕릉비〉의 전액과 필법이 동일하여 '신문왕릉비'의 전액이거나 그 연습용으로 추정된다. 〈무열왕릉비〉 전액 글씨를 사용하려 한 비라면 그 비도 분명 능비였을 것이다.

사천왕사지의 동귀부와 서귀부는 32.7m 떨어져 있다[39](그림 17). 서귀부는 도로 아래쪽에 인접해 잘 드러나지 않지만, 동귀부는 도로와 거리가 멀어 동남 회랑지 남편으로 완만하게 떨어진 경사면에서 쉽게 확인할 수 있다. 서귀부의 비신좌는 가로 100㎝, 세로 49㎝며, 비신홈은 가로 90㎝, 세로 20㎝다. 동귀부의 비신좌는 가로 103㎝, 세로 50㎝며, 비신홈은 가로 91㎝, 세로 20㎝다. 이처럼 두 귀부 비신좌의 가로는 약간 차이가 있으나 비신홈의 크기는 거의 비슷해 동일한 규모의 정형비가 두 귀부에 세워졌음을 알 수 있다.

2011년 '추정 사적비'가 출토되기 전의 연구에 의하면 하나는 서귀부에 세워진 〈문무왕릉비〉고, 다른 하나는 동귀부에 세워진 '신문왕릉비'다. 그런데 최근에 출토된 비편의 출토 지점을 근거로 하면, 동귀부 가까이에서 출토된 '추정 사적비'는 동귀부에, 서귀부 부근에서 출토된 '신문왕릉비'는 서귀부에 세워졌을

---

37) '國' 위에 '大唐' 또는 '有唐'이 탈락된 것으로 보는 것에 이견이 있다. '大唐國' 또는 '有唐國' 표현은 이전에 없고 『三國史記』, 『冊府元龜』에 기록된, 당에서 받은 문무왕의 官爵이 '開府儀同三司上柱國樂浪郡王新羅王'임을 감안하여 '大唐樂浪郡王開府儀同三司上柱' 14자가 탈락된 것으로 본다. 이영호, 1986, 「新羅 文武王陵碑의 再檢討」, 『역사교육논집』 8, 경북대학교 사범대학 역사교육학회.

38) 고승비로는 약 200년 후 건립된 〈원광사원랑선사탑비〉(890)에만 정간선이 있는데, 이는 선종이 유행하면서 선사의 지위가 높아지고, 따라서 왕릉비의 형식을 차용한 것으로 보인다.

39) 서귀부의 거북은 수컷, 동귀부의 거북은 암컷이다. 수컷은 등 뒤쪽이 볼록하고, 꼬리가 통통하고, 발가락이 벌어져 있다. 암컷은 등 뒤쪽이 편평하고, 꼬리가 가늘고, 발가락이 붙어 있다. 〈성덕왕릉비〉, 〈흥덕왕릉비〉 귀부의 거북은 발가락이 벌어져 있어 수컷임을 알 수 있다.

그림 17. 사천왕사지 동귀부(암)와 서귀부(수). 2018.10.27.

것이다. 어느 경우든 분명한 것은 다섯 비편의 원비인 '신문왕릉비'가 두 귀부 중 한 귀부에 세워졌다는 사실이다. 따라서 신라의 능묘비는 총 6기라 할 수 있고(표 1), 그 글씨의 변천 과정은 〈그림 18〉에서 확인할 수 있다.

그림 18. 신라 능묘비 6기. 무열왕릉비(상좌, 661), 문무왕릉비(상중, 678), '신문왕릉비'(상우, 692년경), 김인문비(하좌, 695년경), 성덕왕릉비(하중, 754), 흥덕왕릉비(하우, 872~884)

V. 맺음말

일제 강점기부터 발굴 조사가 완료된 2012년까지 사천왕사지에서 4종의 비편이 발견되었다. 3종은 각 1편, 1종은 5편인데, 필자는 석질, 이수·비신·귀부의 양식, 정간의 크기, 구양순풍 해서, 필법과 각법이 동일한 5편이 '신문왕릉비'임을 명문의 내용으로 밝혔다.

다섯 비편은 신문왕의 몰년(692)을 기록해 비가 692년경 세워졌음을 알려 준 '次壬辰'명, 신문왕의 十德을 기록한 '無窮其德十也'명(2편), 신문왕을 칭송하는 銘辭의 시작을 알리는 '銘曰'명, 이들과 정간의 양식, 필법과 각법이 같은 '鏘'명이다. 더하여 실제 전액 또는 그 연습용으로 추정되는 '之碑'명의 기필과 수필 필법이 무열왕 능비의 전액과 일치함도 밝혔다.

'신문왕릉비'는 왕의 몰년인 임진년(692) 이후의 효소왕대에 6세로 즉위한 아들 효소왕 대신 섭정한 신목태후가 남편 신문왕을 위해 건립한 것으로 봄이 타당하다. 신목태후의 몰년이 700년이므로 692~699년 사이에 그가 세운 '신문왕릉비'는 당연히 선대인 무열왕과 문무왕의 능비 양식과 서풍을 따랐을 것이다. '신문왕릉비' 비액이 〈무열왕릉비〉 전액을 따랐다면 그것은 신문왕의 정통성을 더욱 높이는 일이다. 신목태후는 '신문왕릉비'를 사천왕사 두 귀부 중 한 곳에 세웠을 것이고, 따라서 절터 700m 동쪽에 있는 능은 당연히 신문왕릉일 것이다.

결과적으로 신라 중대(654~780) 초기의 3대, 즉 통일의 기틀을 마련한 제29대 무열왕, 삼한통일의 위업을 달성한 제30대 문무왕, 통일 초기의 왕권을 강화한 제31대 신문왕의 능비가 이어서 건립된 것이다. 자신의 치적이 없는 제32대 효소왕을 건너뛰고 대신 '신문왕릉비'와 비슷한 시기에 건립된, 왕 못지않은 공적을 쌓은 문무왕의 동생 김인문의 묘비, 그리고 제33대 성덕왕의 능비를 더한다면 통일기를 맞이하여 왕권을 강화한 7~8세기 신라 중대에는 능묘비가 왕권의 상징으로 자리매김했다고 할 수 있다. 특히 신도 양식을 취한 성덕왕의 능비에서 능묘 문화가 절정을 이루었는데, 이는 정치적·외교적·사회적으로 신라의 전성기를 이룬 성덕왕의 치적과 그 궤를 같이 한다. 그리고 중대 5기의 능묘비 가운데 본고에서 그 존재를 드러낸 '신문왕릉비'는 신라 중대 능묘비의 맥을 이어 준다는 점에서 그 가치가 특별하다.

투고일: 2019. 4. 29.　　심사개시일: 2019. 5. 10.　　심사완료일: 2019. 5. 27.

참/고/문/헌

1. 원전

『高麗史』

『三國史記』

『三國遺事』

2. 단행본

葛城末治, 1974, 『朝鮮金石攷』, 東京: 國書刊行會.

국립경주문화재연구소, 2014, 『四天王寺 Ⅲ』 회랑외곽 발굴조사보고서.

국립경주박물관, 2002, 『文字로 본 新羅』.

국사편찬위원회, 1995, 『韓國古代金石文資料集』 Ⅲ, 국사편찬위원회.

권덕영, 2002, 『韓國古代金石文綜合索引』, 학연문화사.

金正喜, 『海東碑攷』.

金時習, 『梅月堂詩集』.

김시습 지음, 이승수 옮김, 2016, 『김시습 시선』, 지식을만드는지식.

동국대 경주캠퍼스 박물관, 2012, 『동국대 경주캠퍼스 박물관 도록』.

박철상, 2015, 『나는 옛것이 좋아 때론 깨진 빗돌을 찾아다녔다』, 너머북스.

신라 천년의 역사와 문화 편찬위원회, 2016, 『신라 왕권의 강화와 발전』, 신라 천년의 역사와 문화 연구총서 5, 경상북도문화재연구원.

劉喜海, 1832, 『海東金石苑』.

吳慶錫, 1853, 『三韓金石錄』.

이영호, 2014, 『신라 중대의 정치와 권력구조』, 지식산업사.

李俁, 1668, 『大東金石書』.

정현숙, 2016, 『신라의 서예』, 다운샘.

조동원 편저, 1983, 『韓國金石文大系』, 원광대학교출판국.

조선총독부, 1916, 『朝鮮古蹟圖譜』 제4책. 東京: 靑雲堂.

조선총독부, 1917, 『朝鮮古蹟圖譜』 제5책, 東京: 靑雲堂.

조선총독부, 1923, 『朝鮮金石總覽』 上, 漢城: 조선총독부.

한국고대사회연구소 편, 1992, 『역주 한국고대금석문』 제2권, 가락국사적개발연구원.

허흥식, 1984, 『韓國金石全文』 古代, 아세아문화사.

洪良浩, 1843, 『耳溪集』.

황수영, 1994, 『韓國金石遺文』 제5판(1976 초판), 일지사.

3. 논문

권영오, 2000, 「新羅下代 왕위계승분쟁과 민애왕」, 『한국고대사연구』 19, 한국고대사학회.

김동수, 1982, 「新羅 憲德·興德王代의 改革政治 -특히 興德王 九年에 頒布된 諸規定의 政治的 背景에 대하여-」, 『한국사연구』 39, 한국사연구회.

김정숙, 1992, 「武烈王陵碑片」, 한국고대사회연구소 편, 『역주 한국고대금석문』 제2권, 가락국사적개발연구원.

김정숙, 1992, 「四天王寺址 碑片」, 한국고대사회연구소 편, 『역주 한국고대금석문』 제2권, 가락국사적개발연구원.

김창호, 1983, 「新羅 太祖 星漢의 재검토」, 『역사교육논집』 8, 경북대학교 사범대학 역사교육학회.

김창호, 1986, 「文武王陵碑에 보이는 新羅人의 祖上認識-太祖星漢의 添補-」, 『한국사연구』 53, 한국사연구회.

민영규, 1962, 「新羅 興德王陵碑斷石記」, 『역사학보』 17·18, 역사학회.

박철상, 2011, 「추사 김정희의 금석학 연구-역사고증적 측면을 중심으로」, 계명대학교 대학원 석사학위논문.

이기동, 1978, 「新羅 太祖 星漢의 問題와 興德王陵碑의 發見」, 『대구사학』 15·16, 대구사학회; 1984, 『新羅 骨品制社會와 花郎徒』, 일조각.

이기동, 1991, 「新羅 興德王代의 政治와 社會」, 『국사관논총』 21, 국사편찬위원회.

이영호, 1986, 「新羅 文武王陵碑의 再檢討」, 『역사교육논집』 8, 경북대학교 사범대학 역사교육학회.

이영호, 2016, 「왕권의 안정과 만파식적의 이상」, 신라 천년의 역사와 문화 편찬위원회, 『신라 왕권의 강화와 발전』, 신라 천년의 역사와 문화 연구총서 5, 경상북도문화재연구원.

이영호, 2018, 「文字資料로 본 新羅王京」, 『대구사학』 132, 대구사학회.

정현숙, 2007, 「북위 平城時期의 금석문과 그 연원」, 『서예학연구』 10, 한국서예학회.

정현숙, 2008, 「신라와 북위·수·당의 서예 비교 연구」, 『서예학연구』 13, 한국서예학회.

정현숙, 2013, 「통일신라 서예의 다양성과 서풍의 특징」, 『서예학연구』 22, 한국서예학회.

주보돈, 2012, 「통일신라의 (陵)墓碑에 대한 몇 가지 논의」, 『목간과 문자』 9, 한국목간학회.

최광식, 1992, 「文武王陵碑」, 한국고대사회연구소 편, 『역주 한국고대금석문』 제2권, 가락국사적개발연구원.

최광식, 1992, 「金仁問碑」, 한국고대사회연구소 편, 『역주 한국고대금석문』 제2권, 가락국사적개발연구원.

최장미, 2011, 「사천왕사지 발굴조사 성과와 추정 사적비편」, 『목간과 문자』 8, 한국목간학회.

최장미, 2012, 「四天王寺 出土 碑片의 形態學的 檢討」, 『역사와 경계』 85, 부산경남사학회.

허준양, 2014, 「고고자료와 문헌을 통해 본 사천왕사의 창건시기 검토」, 『四天王寺 Ⅲ』 회랑외곽 발굴조사 보고서, 국립경주문화재연구소.

홍사준, 1961,「新羅 文武王陵 斷碑의 發見」,『미술자료』3, 국립중앙박물관.

홍사준, 1962,「「新羅 文武王陵 斷碑」追記」,『미술사학연구』3(9), 한국미술사학회.

황수영, 1976,「金石文의 新例」,『한국학보』5, 일지사.

〈Abstract〉

New Understanding of the Stele Pieces Excavated at the Site of Sacheonwang Monastery
−The Stele of the Five Pieces is the King *Sinmun Stele*−

Jung, Hyun−sook

The four kinds of stele pieces were excavated at the site of Sacheonwang Monastery from the Japanese occupation period to 2012: three were one piece each and one five pieces. I proved that the stele of five with the same stone material, stele pattern, calligraphic type and style is the *King Sinmun Stele*. The five are '*chaimjin*'(次壬辰) piece telling the establishment year 692 of the *King Sinmun Stele*, '*mugung-gideoksipya*'(無窮其德十也) pieces pointing out the ten virtures of him, '*myeongwal*'(銘曰) piece showing the beginning of ode for him, and '*jang*'(鏘) piece containing the same pattern and calligraphic style with the above four. Moreover, I also found out that the calligraphic characteristic of '*zibi*'(之碑) piece assumed the real stele forehead or its practice is the same as that of King Muyeol.

The *King Sinmun Stele* was established by Sinmok Empress Dowager, the wife of King Sinmun and mother of King Hyoso, during her regency period between 692 and 699. She assumed to follow the style of stelae of the two former kings, Kings Muyeol and Munmu, for that of her husband King Sinmun. The style of stele forehead would be the same as that of King Muyeol.

The stelae of the three kings, i.e. King Muyeol, the 29th king, King Munmu, the 30th king, and King Sinmun, the 31st king, who opened the middle Silla were established. Skipping King Hyoso, the 32nd king, who had no achievement of his own, instead the stele of Kim In−mun, the son of King Muyeol and younger brother of King Munmu, who made big contributions as king, and the stele of King Seongdeok, the 33rd king, were established as well. It means that the stele of king was a symbol of royal authority during the middle Silla. In a regard of connecting the legacy of king's stele in the middle Silla, the *King Sinmun Stele* among the five of the middle Silla is priceless.

▶ Key words: Sacheonwang Monastery, King Muyeol Stele, King Munmu Stele, King Sinmun Stele, Kim In−mun Stele, King Seongdeok Stele, King Heungdeok Stele

논 문

「壬申誓記石」의 제작 시기와 신라 중고기의 儒學 이해에 대한 재검토

윤경진*

〈국문초록〉

이 연구는 儒學 경전의 학습을 맹서한 내용이 담긴 「壬申誓記石」의 제작 시기를 새롭게 비정하고, 이를 토대로 신라 중고기의 유학 이해를 재검토한 것이다.

이 碑는 그동안 花郎의 활약기에 세워졌을 것이라는 이해에 따라 552년, 또는 612년에 제작된 것으로 보는 것이 일반적이었다. 그러나 비문에서 화랑과 관련된 단서는 찾을 수 없다. 반면 "만약 국가가 不安하거나 大亂이 있으면"이라는 구문은 이 비가 체제 안정기에 건립되었음을 보여준다. 무열왕 때 문장가로 활동한 强首가 학습한 경전은 문장 교재인 『文選』이나 기초 교양인 『孝經』 등이었다. 五經을 비롯한 경전의 본격적인 학습은 원성왕대 讀書三品科 시행 이후에 비로소 이루어졌다.

신라의 초기 유학 이해는 漢文學에 부수된 것이었다. 승려들은 중국에 유학하며 문장을 공부하였고, 그 과정에서 유학 지식도 습득하였다. 그러나 이는 세련된 문장을 위한 것일 뿐이며, 경전 학습이나 사상적 이해를 보증하지 않는다. 「眞興王巡狩碑」 등에 보이는 경전 구문은 문장을 통한 국왕의 권위 포장에 본령이 있다. 그리고 열전에 보이는 유학적 내용은 후대에 傳記를 작성하는 과정에서 가공된 것이 많다. 『老子』와 『書經』을 인용한 金后稷의 사례는 중국의 사적을 차용한 것이다.

▶ **핵심어: 壬申誓記石, 儒學, 强首, 五經, 文選, 讀書三品科, 金后稷**

* 경상대학교 사학과 교수

Ⅰ. 머리말

儒學[1)]은 한국사를 이해하는 화두의 하나이다. 중국에서 들어온 유학은 체제 정비와 정치 이념의 토대를 제공하였고, 사회 윤리로 확장되어 나갔다. 현재까지도 사회 일반의 인식 체계에 뿌리를 깊이 내리고 있다. 이러한 조건으로 인해 역사학 부문에서 儒學史는 중요한 주제로 인식되었고, 일찍부터 많은 연구가 이루어졌다.

삼국은 모두 유학을 수용하여 정치적으로 활용하고자 하였다. 신라 또한 체제 정비 과정에서 유학을 수용하였고, 신문왕 때에는 유학 경전을 교육하는 國學을 설치하였다. 국학의 설립은 유학 이해와 활용이 본격화됨을 의미한다.[2)] 그런데 그 이전 시기의 유학 이해를 어떻게 평가할 것인가에서 논란의 소지가 발견된다.

근래 연구에서는 「진흥왕순수비」가 건립되는 6세기 중엽부터 신라의 유학 이해가 구체화되는 것으로 보고 있다. 이는 유학 경전의 유입과 활용을 유추할 수 있는 몇몇 단서를 통해 유도되었다.[3)] 「진흥왕순수비」에 유학 경전의 구문이 등장한다는 점이 대표적인 예이다.

신라의 유학 이해를 보다 구체적이고 직접적으로 보여주는 자료로 주목된 것은 「壬申誓記石」이다.[4)] 이 비는 청년으로 짐작되는 두 사람이 壬申年에 하늘에 忠道를 맹서하고 그 前年인 辛未年에 詩·尙書·禮 등 유학 경전의 학습을 다짐한 내용을 담고 있다. 경전의 명칭과 학습은 당시 사회에 유학 이해가 상당히

---

1) 儒學과 儒敎는 특별한 구분 없이 사용되는 경우가 많지만, 굳이 구분한다면 유학은 '학문'의 범주에 속하고 유교는 이로부터 이념과 윤리의 차원으로 확장된 개념으로 이해할 수 있다. 이에 본고에서는 도입 초기라는 여건을 감안하여 '유학'을 사용하며, '유교'는 주로 정치 이념과 관련될 경우에 제한적으로 사용할 것이다. 한편 유교는 "실천 도덕의 가르침", 유학은 "그러한 실천 도덕을 연구하는 학문 내지 학파"로 정의한 견해도 있다(홍순창, 1991, 「신라 유교사상의 재조명」, 『新羅文化祭學術發表會論文集』 12, pp.202-203).

2) 李喜寬, 1998, 「新羅中代의 國學과 國學生: 『三國史記』 38 國學條 學生關係規定의 再檢討」, 『新羅文化祭學術發表會論文集』 19.
金瑛河, 2005, 「新羅 中代의 儒學受容과 支配倫理」, 『韓國古代史硏究』 40.
金德原, 2011, 「신라 國學의 설립과 그 주도세력」, 『震檀學報』 112.
劉占鳳, 2011, 「신라와 당의 교육체제 비교: 中央官學을 중심으로」, 『大邱史學』 104 .
황의동, 2012, 「국학(國學) 설립의 의의와 신라유학의 발전」, 『韓國思想과文化』 63.
한준수, 2014, 「신라 중대 國學의 설치와 운용」, 『韓國古代史探究』 17.

3) 權仁瀚, 2015, 「출토 문자자료로 본 신라의 유교경전 문화」, 『口訣硏究』 35.
손환일, 2017, 「한국 고대의 유교경전 기록과 목간(木簡)의 서체(書體)」, 『韓國思想과文化』 87.

4) 「임신서기석」에 대한 기존 연구로는 다음이 있다.
末松保和, 1936, 「慶州出土の壬申誓記石について」, 『京城帝大史學會誌』 10; 1954, 「壬申誓記石」, 『新羅史の諸問題』, 東洋文庫.
이병도, 1957, 「壬申誓記石에 대하여」, 『서울대학교논문집(인문사회과학)』 5; 1976, 『韓國古代史硏究』, 博英社.
大坂金次郎, 1967, 「新羅花郎の誓記石」, 『朝鮮學報』 43.
田中俊明, 1983, 「新羅の金石文: 壬申誓記石」, 『韓國文化』 6-7.
朴蓮洙, 1982, 「壬申誓記石에 관한 考察: 花郎의 '天' 및 '國家'觀」, 『陸士論文集』 23.
김창호, 1984, 「壬申誓記石 製作의 年代와 階層」, 『加耶通信』 10; 2009, 『삼국시대 금석문 연구』, 서경문화사.
孫煥一, 2000, 「壬申誓記石의 書體考」, 『美術資料』 64.

진전되었음을 반영한다.[5)]

문제는 이 비가 언제 제작된 것인지 파악할 수 있는 직접적인 근거가 없다는 점이다. 다만 두 청년의 忠道 맹서가 花郎의 행적을 연상시킨다는 데 착안하여 이것이 화랑의 활약기에 제작된 것이라고 보고, 그 시기를 552년, 또는 612년으로 추정한 견해가 있었고,[6)] 이후 연구에서 대부분 추가적인 논의 없이 이 추정을 그대로 받아들이면서 논점에 따라 552년, 또는 612년을 채용하고 있다.

그러나 비문의 주인공이 화랑이라거나 제작 시기를 화랑의 활약기로 볼 근거는 없다. 단지『삼국사기』열전이나 崔致遠의 風流 설명 등을 통해 수립된 화랑의 이미지를 토대로 유추한 것일 따름이다. 그럼에도 관련 연구들이 이에 대한 검토 없이 제작 시기를 선택적으로 채용하고 있다는 점은 학문적으로 재고할 부분이다. 더구나 화랑도의 사상적 내용에 대한 이해로까지 확대 재생산한 부분에서는 문제가 더욱 커진다.[7)]「임신서기석」의 제작 시기에 대해 다시 검토해야 하는 필요성이 여기에 있다.

「임신서기석」은 그간 신라의 유학 이해를 보여주는 핵심 자료였던 만큼, 이 문제는 신라 중고기 유학 이해에 대한 재검토로 이어질 수밖에 없다.「진흥왕순수비」와 더불어『삼국사기』열전의 중고기 활동 인물에 대한 설명에도 유학 경전의 구문이 언급되고 있고, 强首 열전에는 경전 학습에 대한 내용이 보인다. 이러한 지표들을 토대로 신라 중고기의 유학 이해를 적극적으로 설명하는 경우가 많은데, 경전 명칭이 등장하는 금석문 자료인「임신서기석」은 이러한 입론의 실질적인 준거가 되었다. 따라서「임신서기석」의 제작 시기를 달리 보게 된다면, 이러한 사례들에 대해서도 새롭게 해석해야 하고, 신라 중고기의 유학 이해 또한 새로운 각도에서 설명되어야 할 것이다.

통상 유학 이해의 지표는 경전의 유입과 학습, 교육과 이에 기반한 관리 등용, 그리고 그 내용의 이념적 사회적 활용 등에서 찾아진다. 학문적으로 유학의 수용과 이해에 관심을 갖는 것은 이것이 이후 역사에서 정치 이념으로 기능하고 이를 뒷받침하기 위한 제도가 마련되면서 국가 체제가 정비되어 나가기 때문이다. 그렇다면 유학 이해에 대한 판단은 경전 학습 및 그 반영으로서 정치 이념으로의 활용이 근본적인 기준이 되어야 할 것이다.

이에 경전에 있는 특정 구문을 활용하는 것이 과연 유학 이해의 지표로서 규정적인 의미를 가질 수 있는지 의문이 든다. 경전 이해와 별개로 漢字 기반의 '문장'을 위해 경전에서 비롯된 특정 구문을 관용적으로 사용할 수 있기 때문이다. 따라서 해당 구문, 또는 이와 관련된 사적이 유학 이해의 지표로서 적합성

---

5) 李基白, 1869,「新羅統一期 및 高麗初期의 儒教的 政治理念」,『大東文化研究』6·7; 1986,『新羅思想史研究』, 一潮閣.
홍순창, 1991, 앞의 논문.
노중국, 2008,「신라 中古期 儒學 사상의 수용과 확산」,『大邱史學』93.

6) 이병도, 1957, 앞의 논문.

7)「임신서기석」은 화랑을 통해 당시의 사상과 윤리의식 등을 설명하려는 연구에서 핵심 근거가 되고 있다. 관련 연구로 다음이 참고된다.
장지훈, 2001,「신라의 유교사상」,『史叢』54.
조남옥, 2014,「신라 화랑도에 내재한 유교사상」,『윤리교육연구』35.

을 가지는지 더 구체적으로 따져보아야 할 것이다.

본고는 이러한 문제의식에 따라 「임신서기석」의 제작 시기를 새롭게 파악하고, 이에 수반하여 신라 중고기 유학 이해의 내용을 검증하려는 목적에서 작성되었다.

먼저 2장에서는 「임신서기석」의 제작 시기에 대한 기존 설명의 문제점을 지적하고, 비문에 대한 검토를 통해 실제 제작 시기를 추적해 볼 것이다. 그리고 3장에서는 그동안 신라 중고기 유학 이해의 근거로 제기되었던 사례들을 비판적으로 검토하고, 신라에서 유학 이해가 자리잡는 시기를 교육 체계와 연계하여 확인해 볼 것이다.

II. 「壬申誓記石」의 제작 시기 검토

1. 비의 제작 시기에 대한 諸說 비판

「임신서기석」은 비문의 글자 상태가 양호하여 판독에 큰 이견은 없다. 일반적인 판독문은 다음과 같다.[8)]

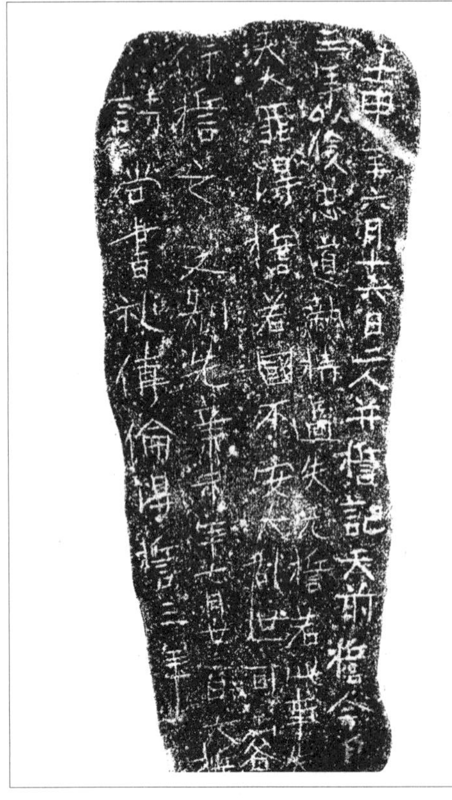	(1) 壬申年六月十六日 二人并誓記天前 誓今自 (2) 三年以後 忠道執持過失无 誓若此事失 (3) 天大罪得 誓若國不安大亂 世可容 (4) 行誓之 又別先 辛未年七月廿二日 大誓 (5) 詩尙書禮傳倫得 誓三年

먼저 3행과 5행에 보이는 '得'은 자형으로는 '淂'인데 이체자로 통용된 것으로 보인다. 3행은 '容'은 '寧'으로 보는 경우도 있다. 글자 형태는 '容'에 가깝지만, 내용상 앞의 '大亂'을 해소한 상황을 나타낸다는 점에서 '寧'으로 볼 여지도 있다. 이체자의 가능성도 있어 차후 검토가 요망된다.

비문의 맹서는 壬申年과 그 前年인 辛未年 두 차례 이루어졌다. 임신년의 맹서는 다시 ① 지금부터 3년 이후 忠道를 지키고 과실이 없도록 한다, ② 만약 이 일을 못하면 하늘에 죄를 얻는다, ③ 만약 나라가 불안하고 크게 어지러워지면 세상을 편안하게 만든다 등 세 부분으로 구성된다.

다음에 신미년의 맹서는 같은 구도에서 두 항목으로 나뉜다. 하나는 詩와 尙書, 禮 등을 학습한다는 내용으로 보이고,[9] 다른 하나는 3년이라는 내용만 파악된다. 흔히 경전을 3년 동안 학습한다는 것으로 묶어서 해석하지만, 임신년의 두 번째 맹서의 형태에 비추어 '誓'에 의해 전후 구문이 나뉜다. 왜 "三年"만 적었는가에 대해서는 추가적인 설명이 필요한데, 이는 前年의 맹서가 왜 뒤에 기재되었는가 하는 것과도 연관된다.

「임신서기석」은 상단과 하단의 폭이 차이가 난다. 5행 구문을 보면 가급적 글자 배열을 맞추고는 있지만 아래로 가면서 행의 폭이 좁아지는 것을 볼 수 있다. 이것은 외곽을 맞추지 않은 자연석에 바로 글자를 새긴 것을 의미한다. 1~3행의 행간 간격에 비해 3~5행의 행간 간격이 넓은 것도 그 때문이다.

당초 임신년의 맹서는 "行誓之"로 마무리된다. 이 때 여백이 남자 주인공들은 前年의 맹서를 기억하며 추가로 넣은 것으로 보인다. 그런데 그 내용을 다 넣기에는 공간이 부족한 탓에 "三年"까지만 적게 된 것이 아닌가 한다. 비의 왼편에 있던 이후 내용이 떨어져나갔을 가능성도 생각할 수 있으나 5행이 비석의 좌측 경사면과 비슷한 각도로 비스듬하게 내려가고 있어 행이 더 있었다고 보기 어렵다. 결국 신미년 맹서는 공간 부족으로 내용을 새기다 만 것이다. 임신년 맹서에서 "忠道執持"를 다짐하고 다음 항목에서 그것을 지키지 못했을 경우에 대한 내용이 나오는 것에 비추어 신미년 맹서에서도 앞의 경전 학습에 대한 추가 행위가 있었을 것으로 짐작된다.

이번에는 비의 제작 시기에 대한 기존의 주요 견해를 살펴보자. 「임신서기석」의 제작 시기에 대해 처음 의견을 제시한 것은 末松保和이다. 그는 詩(毛詩), 尙書, 禮(禮記), 傳(春秋左氏傳) 등 비문에 언급된 경전이 신라 國學의 과목과 통한다는 데 주목하였다. 『三國史記』 雜志에는 국학의 敎授之法에 대해 『周易』·『尙書』·『毛詩』·『禮記』·『春秋左氏傳』·『文選』으로 전공을 나누어 博士와 助敎를 두어 가르친다고 되어 있다.[10]

신라의 국학은 682년(신문 2)에 설립되지만, 잡지에는 소속 관원의 하나인 大舍에 대해 651년(진덕 5)

8) 통상 비문의 끊어 읽기에서 맹서 항목마다 나오는 '誓'를 항목 끝에 넣어 우리식 어법으로 이해하고 있다. 그러나 이 경우 3행의 맹서 내용과 4행의 "行誓之"의 연결이 자연스럽지 않다. 필자는 '誓'가 맹서 각 항목의 서두에서 열거하는 기능을 하며, "行誓之"는 맹서 전체를 총괄하는 종결 표현이 아닐까 한다. 다만 그 차이가 비문 해석에 큰 차이를 가져오는 것은 아니다.

9) 이어지는 '傳'은 앞의 '禮'와 연결하여 禮傳으로 볼 수도 있고, 『春秋左氏傳』으로 볼 수도 있다. 국학 교과목에 『춘추좌씨전』이 있는 점에 비추어 그 약칭으로 보는 것이 적절할 듯하다.

10) 『三國史記』 권38, 雜志7 職官 上

에 두었고 경덕왕 때 主簿로 고쳤다는 내용이 있다. 이에 이 시기에 국학 설립의 단서가 마련된 것으로 보고, 비의 제작 시기를 672년이나 732년으로 추정하였다.[11] 그는 비의 주인공을 花郎으로 보는 점에서는 이후 견해들과 다르지 않으나 시기 비정에서 국학과의 관련성을 적극 인정한다는 점에서 차이가 있다.

그러나 국학이 신문왕 때 설치되는데 그보다 먼저 소속 관원을 둔다는 것은 앞뒤가 맞지 않는 설명이다.[12] 大舍는 중앙 관청 여러 곳에 보이는 관직이다. 설치 시기는 관청마다 다르지만 진덕왕 때 설치된 사례도 보인다. 특히 주목할 것은 禮部이다. 예부 소속 대사가 바로 651년에 설치되었다.[13] 국학은 예부 소속이다.

그렇다면 예부의 대사가 경덕왕 때 主簿로 개정되는 것에 연동하여 국학 소속 대사에 대해서도 같은 내용이 들어간 것일 수 있다. 682년 국학 설치 기사를 보면, 卿 1인을 둔 사실만 나온다. 이것은 설립 초기 예하 관원은 기존 예부에서 차출되어 구성되었음을 시사한다. 박사와 조교는 교육을 담당하는 관원이며 대사는 행정직으로 이해되는데, 처음에 예부 소속 대사가 국학 업무를 담당했다는 것이다. 따라서 대사의 연혁을 근거로 국학 설치를 진덕왕대로 소급할 수 없다.

한편 이병도는 비문의 주인공을 화랑으로 판단하고 화랑의 활약기에 비가 제작되었다고 보되 비문의 경전을 국학과 연결짓지는 않았다. 아울러 「진흥왕순수비」에 보이는 '修己' 등의 유교 이념과 우리말 어법이면서 이두가 사용되지 않은 점 등을 들어 통일 전의 것이라고 판단하였다. 이에 그 시기를 552년 또는 612년으로 추정하였다.[14]

그러나 비문의 주인공을 화랑으로 볼 근거도 없지만, 설사 그렇다 하더라도 이것이 화랑의 '활약기'에 제작되었다고 볼 이유 또한 없다. 비문의 주인공이 표방한 忠道는 왕조 국가의 일반적 덕목을 漢式으로 표현한 것이며, 굳이 '화랑'이 아니어도 나올 수 있다. 후대에 유교 정치 이념이 확산되면 더욱 분명해질 수 있는 것이므로 신라 '통일' 전이라는 시기를 입증하는 지표가 될 수 없다.

우리식 어법도 마찬가지이다. 최근 연구에서는 그동안 이두의 초보적 형태로서 검토되어 왔던 變格漢文, 곧 신라식 한문이 이두한문의 발전과는 별개로 후대에도 지속적으로 사용되었음을 지적하고 있다.[15] 따라서 우리식 어법을 근거로 이두에 선행한다고 단정할 수 없다.

한편 「진흥왕순수비」의 인식은 통치자의 이념으로 차용된 단계를 보여주는 것이어서 청년의 경전 학습과는 층위가 다르다. 「진흥왕순수비」가 유교 이념 수용의 초기적 단서를 보여준다고 하더라도 「임신서기

11) 末松保和, 1936, 앞의 논문.

12) 한준수는 兵部令이 법흥왕 3년, 兵部가 법흥왕 4년에 설치된 것을 준거로 관원이 관부보다 먼저 설치될 수 있다고 하여 진덕왕 때 국학이 설치되었다고 보았다(한준수, 2014, 앞의 논문, p.43). 그러나 병부 설치는 신라본기, 병부령 설치는 잡지의 기사로서 출처가 다르고, 1년의 차이는 기록 과정의 오차로 볼 여지가 있다. 반면 국학은 大舍 설치와 卿 임명 사이에 30여 년의 시차가 있다. 또한 국학 설치와 함께 卿이 설치되는 것에 비추어 병부의 책임자인 병부령 또한 병부와 함께 설치되었다고 보는 것이 상식이다.

13) 그밖에 賞賜署 등의 大舍가 651년에 설치되었다.

14) 이병도, 1957, 앞의 논문, pp.3-6.

15) 최연식, 2016, 「新羅의 變格漢文」, 『木簡과文字』 17.

석」은 그것이 사회적으로 충분히 확산된 단계를 반영하므로 양자 사이에는 시간적 차이가 클 수밖에 없다. 화랑이나 「진흥왕순수비」에 대해서는 후술할 것이다.

김창호 역시 비의 제작 시기를 국학 성립 이전으로 보았다. 이에 대해서는 다음과 같은 기존 견해를 채용하였다.[16] 그 내용은 ① 국가에 대한 충성 맹약은 삼국 각축기 청년들의 애국기상과 생사관을 보여준다는 점, ② 하늘에 대한 信約은 신라의 민간 신앙에 내재해 있다는 점, ③ 사다함과 무관랑, 귀산과 추항에 보이는 二人 맹약의 형태를 취하고 있다는 점, ④ 忠道라는 용어는 신라 화랑들의 국가의식의 표현인 세속오계에서 제일 앞에 오는 것과 일치한다는 점, ⑤ 金后稷의 상소와 朴堤上의 사신 파견 기사에 유교 경전이 국학 이전에 이미 학습된 증거가 있다는 점 등이다.

여기에 진흥왕 때는 화랑도가 설치된 초기이며 김유신이 17세에 告天 맹약을 한 것 등이 비문 내용과 상통한다는 점과 貴山과 箒項의 맹서가 진평왕대임을 지적하였다. 한편 4행의 "行誓之"의 '之'가 종결형으로 사용된 점에 주목하여 「南山新城碑」(591)의 "誓事之"와 연결하고, 6세기 전반 금석문에서는 나온 예가 없지만 앞으로 나올 가능성이 있다면서 제작 시기를 552년으로 추정하였다.[17]

그러나 앞서 지적한 것처럼 이 비의 내용을 화랑과 연결할 근거는 없다. 청년들의 애국 기상이 꼭 전쟁기에만 표출되는 것은 아니며, 유학에서 忠孝는 항상적인 가치이다. 하늘에 대한 信約이나 2인 맹서 또한 특정 시기에 국한된 것으로 볼 근거가 없다. 이러한 내용들은 명확한 시간적 지표가 될 수 없는 만큼, 그로부터 「임신서기석」의 제작 시기를 유도할 수 없다.

상식과 달리 世俗五戒가 화랑의 이념이라는 직접적인 근거가 없고, 忠이 앞서는 것은 국가 이념에서 항상 나타날 수 있는 것이다. 김후직과 박제상의 사례는 열전 기사로서 후대에 윤색된 요소를 가지는데, 이에 대해서는 후술할 것이다.

한편 논자가 새롭게 지적한 '之'의 용법이 「남산신성비」에서 비로소 보인다는 점은 오히려 비의 제작 시기가 그보다 후대로 내려갈 수 있음을 보여준다. 앞으로 관련 사례가 나올 수 있다는 설명은 시기 특정의 준거가 될 수 없다.

실상 「임신서기석」에 대한 이러한 이해는 방법론적으로 문제가 있다. 비문 내용 중에서 가장 구체적인 지표가 되는 경전과 국학과의 관계는 배제하고, 관계가 모호한 화랑을 지표로 삼아 시기를 규정하였다. 그리고 다시 비의 내용을 가지고 화랑의 사상적 기반을 설명함으로써 결국 순환논리에 빠지고 있다. 직접적인 근거가 없는 만큼 「임신서기석」은 화랑과 별개로 다루어져야 할 것이다.

한편 書體의 관점에서 비의 제작 시기를 파악한 연구가 있어 눈길을 끈다. 손환일은 「임신서기석」에 새긴 필체가 격식을 차리지 않은 생활서체임을 지적하고, 진흥왕 재위기에 세워진 「丹陽新羅赤城碑」의 필법과 비슷하다고 보아 552년설을 주장하였다.[18] 논자는 「광개토왕비」, 중고기 금석문, 남북조 서체 등을

16) 이 부분에 대해 논자는 박연수, 1982, 앞의 논문, p.117에 인용된 柳承國의 견해를 재인용한 것으로 밝혀 놓았으나 구체적인 제목은 제기하지 않았다. 필자는 김창호가 인용한 논지를 재인용하였다.

17) 김창호, 2009, 앞의 논문, p.153.

통해 시기 비정을 시도하며 「임신서기석」의 서체가 「단양적성비」와 가장 유사하다는 결론을 도출하였다.[19]

그러나 서체를 통해 「임신서기석」의 제작 시기를 추적하는 것이 타당한지 의문이 든다. 일단 서체를 통한 시기 비정은 적어도 해당 글씨가 어느 정도 수준을 갖춘 것일 때나 가능하다. 필자가 서예사에 문외한이기는 하지만, 아직 서예에 미숙한 사람이 비석에 새긴 것을 가지고 서체의 시기성을 논할 수 있는지 수긍이 가지 않는다.

시대적 지표로서 서체의 판단은 그것을 쓴 '주체'와 서체 자료의 성격을 고려해야 한다. 적어도 해당 글자가 서체 유행의 영향을 받을 만한 일정 수준 이상의 書者이거나 아니면 해당 서체가 사회에 보편화되어 누구라 구사할 정도가 되어야 하지 않을까 한다.

「임신서기석」은 자연석에 정형화되지 않은 형태로 글씨를 새긴 것이다. 상단보다 하단이 좁아 글자도 좁아지는 모습을 보이며, 행을 맞추려고 했지만 글자 위치가 잘 맞지 않는 부분이 많다. 수준 있는 서자가 종이에 미리 쓴 것을 붙여서 새긴 것이 아니라는 것이다. 그렇다면 돌에 직접 글씨를 쓰거나 아니면 글자를 인식하며 직접 새겼을 것이다. 이렇게 새긴 글자에서 서체가 온전히 나타날 수는 없다.

논자는 이미 6~7세기 비라는 것을 전제하며 동 시기의 비문을 이용하여 서로 유사한 것을 추출하는 방식으로 논의를 전개했는데, 이는 결국 결론에 맞춘 분석을 넘기 어렵다. 격식이 없는 생활서체라면 서체 비교 자체에 한계가 명확하며, 정부의 조치를 담은 「단양적성비」 등이 그 비교 대상이 될 수는 없지 않을까 한다. 「단양적성비」와 글씨의 유사성이 보인다고 하더라도 반드시 같은 시대라고 보증할 수는 없다.

한편 다음 기사는 「임신서기석」에 보이는 경전의 신라 유입 시기를 가늠하는 방증이 된다.

> 王이 사신을 보내 梁에 가서 朝貢하고 겸하여 毛詩博士, 『涅槃經』 등의 經義, 아울러 工匠과 畵師 등을 청하니 따랐다.[20]

위의 기사는 541년 백제 성왕이 梁에 조공하면서 毛詩博士를 청한 사실을 보여준다.[21] 백제가 『詩經』 전문가를 초빙했다는 것은 당시 『시경』이 백제에 도입되었음과 아울러 아직 그에 대한 이해가 미흡했던 사정을 짐작케 한다.[22]

그런데 「임신서기석」에서 『시경』을 포함한 여러 경전에 대한 학습을 다짐하는 것은 위의 기사보다 경전

18) 孫煥一, 2000, 앞의 논문.

19) 권인한도 이를 지지하였다(권인한, 2015, 앞의 논문, p.38).

20) 『三國史記』 권26, 百濟本紀4 聖王 19년, "王遣使入梁朝貢 兼表請毛詩博士涅槃等經義并工匠畵師等 從之"

21) 이 기사는 『南史』에도 나오지만, 1년이 빠르다(『南史』 권7, 梁本紀中 武帝下, "百濟求涅盤等經疏及醫工畵師毛詩博士 并許之").

22) 『日本書紀』에는 백제가 513년, 516년, 554년에 일본에 五經博士를 파견한 기사가 보여 당시 백제에서 오경에 대한 전문 인력을 양성하고 있었음을 알 수 있다. 그럼에도 梁에 毛詩博士를 요청한 것은 주요 경전에 대한 이해가 아직 충분치 않았음을 시사한다.

이해가 훨씬 일반화된 상황을 반영한다. 백제는 이른 시기부터 중국과 직접 통교하고 있었고, 신라는 진흥왕대에 이르러 비로소 직접 통교가 시작되었다. 6세기 중반 백제도 『시경』에 대한 이해가 불충분했는데, 동 시기를 전후해 신라가 이보다 훨씬 진전된 이해 수준을 가지고 있었다는 것은 납득하기 어려운 설명이다.

또 하나 참고되는 것은 삼국의 문화에 대한 『舊唐書』의 기록이다. 여기서 고구려와 백제에 대해 모두 五經의 존재를 언급하고 있다.[23] 그런데 신라는 7세기 후반 국학을 설치하고 이후 五經 학습이 이루어졌음에도 그와 같은 기사가 나타나지 않는다. 이는 10세기 초까지 국가가 존속함으로써 항목 구성에 차이가 난 결과일 수도 있지만, 한편으로 고구려·백제와 병존한 시기에 신라에서 이에 상응하는 내용을 파악할 수 없었기 때문일 여지도 있다.

이처럼 기존 논지의 근거와 방증 사례를 검토할 때 「임신서기석」의 제작 시기를 552년이나 612년으로 판단할 수 없다. 따라서 새로운 각도에서 제작 시기를 찾아야 할 것인데,[24] 다음 절에서 이 문제에 대해 천착해 보기로 한다.

2. 비의 제작 시기와 배경

이 절에서는 「임신서기석」의 내용을 통해 비의 제작 시기를 찾아보기로 한다. 이것은 두 가지로 나누어 접근할 것이다. 하나는 비문 내용이 어떤 사회적 상황을 반영하고 있는가 하는 점이다. 552년 내지 612년은 신라의 전쟁기이다. 나당전쟁이 종결된 이후는 체제 안정기로 볼 수 있다. 비문 내용이 어느 시기의 상황에 부합하는지를 통해 비의 제작 시기에 접근할 수 있다.

다른 하나는 경전 학습의 목적과 의미이다. 유학 경전의 학습은 그것을 통한 관리 선발과 불가분의 관계에 있다. 그리고 이는 교육제도와 연결된다. 出仕와 무관한 경전 학습은 조선시대 處士의 경우에나 생각할 수 있다. 그렇다면 두 청년의 경전 학습 또한 교육 및 출사와 무관하지 않을 것인 바, 이것이 어느 시기에 조응하는지 검토할 필요가 있다.

먼저 사회 상황부터 짚어 보자. 비문이 간략하기 때문에 구체적인 사회상을 추출하기는 어렵다. 다만 유념해 볼 구문이 하나 발견된다. 그것은 두 번째 맹서에 보이는 "若國不安大亂"이다. 내용에 '만약'이라는 조건을 달고 있다. 앞으로 발생할 수 있는 상황을 가정한 것으로, 이 맹서를 할 당시에는 적용되지 않

---

23) 『舊唐書』 권199, 列傳149 東夷 高麗, "其書有五經及史記漢書范曄后漢書三國志孫盛晉春秋玉篇字統字林 又有文選 尤愛重之"
『舊唐書』 권199, 列傳149 東夷 百濟, "其書籍有五經子史 又表疏并依中華之法"
고구려의 五經은 『南齊書』 등에도 보인다(『南齊書』 권58, 列傳39 東夷 高麗國, "知讀五經"). 이에 근거하여 5세기 경에 고구려에 오경이 유통되었을 것으로 보기도 하지만(권인한, 2015, 앞의 논문, p.30), 이것이 南齊 시기의 상황이 아니라 『남제서』를 편찬한 梁代의 인식에 의해 6세기의 상황이 투영된 것일 여지도 있다.

24) 최근 신라의 變格漢文을 검토하면서 「임신서기석」의 문장이 자연스럽고 쉽게 이해할 수 있는 한자를 사용하고 있음을 들어 6세기의 것으로 보기 어렵고 그보다 후대의 것일 가능성이 높다고 지적한 견해가 있어 주목된다. 다만 논자는 비의 제작 시기를 특정하지는 않았다(최연식, 2016, 앞의 논문, pp.51-52).

는다. 곧 당시는 나라가 '불안'하거나 '대란'의 상황이 아닌 것이다.

6세기 신라는 진흥왕의 활발한 영토 확장과 함께 전면적인 전쟁의 시대로 접어들었다. 이로부터 백제와 고구려를 공멸할 때까지 나라의 "不安大亂"은 현실 상황이었다. 552년을 전후해 신라는 한강 진출을 본격화하였다. 550년 고구려와 백제가 충돌하는 틈을 타 道薩城과 金峴城을 취하였고,[25] 이듬해에는 고구려 방면 10여 성을 공취한 것으로 나온다.[26] 553년에는 백제의 東北鄙를 취하여 新州를 설치하였다.[27] 이로부터 신라와 백제의 전쟁이 격화되었다. 612년 전후도 다르지 않다. 611년 백제는 신라 椵岑城을 100일이나 포위 공격하였다.[28]

따라서 이 시기에 진행된 수련이라면 그에 걸맞은 지향과 행위가 나와야 할 것이다. 김유신 열전에 보이는 수련 기사는 이에 대한 단서를 제공한다. 김유신은 611년에 고구려·백제·말갈이 강역을 침탈하는 데 분개하여 寇賊을 평정할 뜻을 가졌다고 한다. 그가 하늘에 맹서한 내용을 보면 "略無寧歲", "志淸禍亂"과 같은 구절이 등장한다. 당시는 평안할 때가 없는 화란의 시기였던 것으로, 「임신서기석」에 언급된 국가의 "不安大亂"에 해당한다.

물론 이 사적은 그가 神人을 만나 秘法을 전수받는 내용이어서 후대에 윤색된 것이 분명하다. 다만 적어도 7세기 초 상황에 대한 인식은 엿볼 수 있다. 이 시기는 후대에도 국가 위기로 간주되고 있었던 것이다. 「임신서기석」이 612년에 제작된 것이라면 이는 김유신의 청년기와 같은 시기가 된다. 그러나 비문의 주인공은 일반적인 忠道 관념과 함께 '만약'이라는 가정 상황을 말할 뿐, 전쟁이라는 현실을 말하지 않고 있다. 이것은 명백히 비가 체제 안정기에 들어와 제작된 것임을 반영한다.

다음에 경전 학습 목적과 관련된 문제를 따져 보자. 6세기 말 내지 7세기 초에 청년의 경전 학습이 단순히 학문을 위한 것이라고 볼 수 없다고 할 때, 경전 학습을 통한 출사는 6~7세기 상황에 부합할 수 있을까. 여기서 두 사례를 살펴보기로 한다.

하나는 『삼국사기』 열전에 보이는 花郎 및 郎徒의 활동과 출사이다. 이들에게 경전 학습을 유추할 만한 사례는 전혀 보이지 않는다. 그보다는 무예 연마가 부각되고 있다. 官昌의 사례가 대표적이다.

> 어려서 花郎이 되었는데 다른 사람들과 잘 교유하였다. 16세에 능히 말을 타고 활을 쏘니 [騎馬彎弓] 大監 某가 太宗大王에게 추천하였다.[29]

위에서 화랑이 된 관창은 16세의 나이에 말타기와 활쏘기를 하면서 발탁되었고, 660년 황산 전투에 副

25) 『三國史記』 권4 新羅本紀4 眞興王 11년, "春正月 百濟拔高句麗道薩城 三月 高句麗陷百濟金峴城 王乘兩國兵疲 命伊湌異斯夫出兵擊之 取二城增築 留甲士一千戍之"

26) 『三國史記』 권4 新羅本紀4 眞興王 12년, "王命居柒夫等 侵高句麗 乘勝取十郡"

27) 『三國史記』 권4 新羅本紀4 眞興王 14년 7월, "取百濟東北鄙 置新州"

28) 『三國史記』 권4 新羅本紀4 眞平王 33년 10월, "百濟兵來圍椵岑城"

29) 『三國史記』 권47, 列傳7 官昌, "少而爲花郎 善與人交 年十六 能騎馬彎弓 大監某薦之太宗大王"

將으로 참여했다가 전사하였다.

관창의 사례는 당시 출사에 무예가 중요했음을 보여준다. 무예를 중시한 것은 전쟁기였던 당시 상황에서 당연한 것이거니와 국가 팽창기였던 진흥왕대도 다르지 않았을 것이다. 화랑의 설치 자체가 집단 활동을 통해 유능한 인재를 찾는 데 있었는데, 관창은 그러한 목적에 들어맞는 사례인 셈이다. 김유신이 산에 들어가 무예를 닦은 것도 결국 출사를 위한 과정이었다. 이들에게서 경전 학습은 검출되지 않는다. 결국 7세기 화랑이 「임신서기석」에 보이는 수준으로 경전을 학습했다고 보기 어렵다.

다른 하나는 경전 학습의 가장 이른 사례로 나타나는 强首의 경우이다. 열전 기록에 따르면, 그가 어려서부터 남다른 자질을 보이자 부친은 그를 잘 길러서 '國士'가 되도록 하겠다는 뜻을 가졌다. 관리로의 진출을 염두에 둔 것이다. 그리고 부친이 儒·佛 중 어느 것을 배울 것인가를 묻자 강수는 儒를 선택하였다. 그가 佛을 선택하지 않은 것은 世外之敎라는 것 때문인데, 이는 그가 儒의 학습을 통해 출사를 도모했음을 보여준다. 부친의 허락을 받은 강수는 『孝經』·『曲禮』·『爾雅』·『文選』을 배웠고, 마침내 入仕하여 관직을 지낸 것으로 되어 있다.[30)]

강수가 어려서 유학을 배우고 있고, 이를 바탕으로 출사하고 있다는 점에서 당시 어느 정도 유학의 보급을 상정할 수 있다.[31)] 그러나 강수의 사례는 몇 가지 고려할 사항이 있다. 우선 그는 中原京 출신으로 나오는데 당시에는 중원경이라는 지명이 없었다. 곧 그의 열전 기사는 후대에 찬술된 것으로서 윤색과 과장의 가능성을 내포한다. 그리고 부친이 佛·儒의 선택을 물은 것을 보면, 당시 지식인으로의 성장에서 불교가 주류였음을 짐작할 수 있다.

가장 주목할 부분은 그가 배웠다는 서적이다. 『孝經』과 『曲禮』는 유학 경전의 범주에 들어가지만 전문성보다는 기초 교양의 성격이 강하고,[32)] 『爾雅』와 『文選』은 학문보다는 문장을 위한 교재에 해당한다. 곧 강수는 '儒'의 학습을 말하고 있고 기초 교양으로서 이를 학습한 측면도 보이지만, 근본적으로 '문장가'로서 훈련을 받았던 것이다.

결국 강수의 활동은 후술하듯이 원광과 같은 遊學僧이 담당하던 문장을 전문가가 담당하게 되는 변화를 보여준다. 문장가의 임용은 당시 중국과 외교 관계를 본격화하던 신라에게 절실한 과제였고, 강수는 이 부분에서 중요한 역할을 하였다. 이러한 면모와 관련하여 그의 열전 기사를 음미해 보자.

> ① 太宗大王이 즉위한 뒤 唐의 使者가 와서 詔書를 전달했는데, 그 중에 읽기 어려운 곳이 있었다. 왕이 불러서 묻자 왕 앞에서 한 번 보고 설명하고 해석하는데 막힘이 없었

30) 『三國史記』 권46. 列傳6 强首

31) 이기백은 강수를 유학자로 규정하고, 그의 사례가 당시 전제왕권 하에서 관료제도의 성장과 짝하는 것이며, 유교가 현세적 합리주의에 입각한 도덕적 성격으로 사회적 의미를 확보하였다고 평가하였다(李基白, 1969, 「强首와 그의 思想」, 『文化批評』 3; 1986, 『新羅思想史硏究』, 一潮閣).

32) 최연식은 강수가 학습한 경전이 「임신서기석」의 것에 비해 초보적인 것이어서 이를 근거로 6세기 중엽에 신라 청년들이 해당 경전들을 학습했다고 보기는 힘들다고 지적하였다(최연식, 2016 앞의 논문, p.52 주 17)).

다. (중략) 당 황제의 조서에 회답하며 감사하는 表를 짓게 했는데, 문장이 정교하고 뜻이 곡진하여 왕이 더욱 특별하게 여겼다.[33]

② 강수는 문장을 자임하여 능히 書翰으로 중국과 고구려, 백제에 뜻을 전함으로써 結好에 성공할 수 있었다. 우리 先王이 唐에 請兵하여 고구려와 백제를 평정한 것이 비록 武功이라고 하지만 또한 문장의 도움에 말미암은 것이다.[34]

위의 두 기사는 문장가로서 강수의 활동을 보여주는 일화들이다. ①은 강수가 중국의 조서에서 어려운 부분을 막힘 없이 잘 읽었고, 그래서 답례하는 표문을 지었다는 내용이다. 당시 신라 조정은 조서를 온전히 읽지 못하는 상태였다. 강수의 능력을 드러내기 위한 서술이지만, 한편으로 문장 이해가 아직은 충분치 않은 상황을 반영한다. 유학 경전에 대한 이해 또한 미흡할 수밖에 없다.

②는 강수가 외교 문서에서 탁월한 역량을 보였다는 내용으로서 고구려와 백제의 평정 또한 그의 문장에 힘입은 바가 있다는 것이다. 이러한 평가는 원광의 乞師表로 인해 황제가 원병을 보냈다는 서술과 상통한다. 전쟁기에 필수적인 '武'와 더불어 '文'의 중요성을 강조하려는 찬자의 시각을 느낄 수 있다. 강수가 선택한 '儒' 또한 문장에 초점이 있었다. 그가 배운 경전들이 주로 문장을 위한 것이며, 당시 유학 경전의 근간인 五經에 대한 학습에는 이르지 못한 것은 그 반영이다.

신라는 신문왕 때 國學을 설치하면서 본격적으로 국가적 교육을 시행하였다. 다만 이때 유학 경전의 교육이 어느 정도로 이루어졌는지는 알 수 없다. 志에 소개된 教授之法을 보면, "『周易』·『尙書』·『毛詩』·『禮記』·『春秋左氏傳』·『文選』을 나누어 전공으로 삼고, 博士와 助教 1인을 둔다"[35]라고 되어 있다. 개별 경전에 대한 전문화된 교육이 규정되고 있다. 그런데 國學 諸業의 博士가 설치되는 것은 747년(경덕 6)의 일이다.[36] 물론 이전에도 경전 교육이 진행되었을 것이지만, 박사의 설치는 교과목의 전문화를 의미한다는 점에서 차이가 있다.

한편 788년(원성 4)에 讀書三品科가 제정되었는데,[37] 그 기사는 다음과 같다.

처음으로 讀書三品으로 出身하도록 규정하였다. 『春秋左氏傳』이나 『禮記』나 『文選』을 읽고 그 의미에 통달하고 아울러 『論語』와 『孝經』을 잘 아는 자가 上이고, 『曲禮』·『論語』·『孝經』을 읽은 자가 中이며, 『曲禮』·『孝經』을 읽은 자가 下이다. 만약 五經·三史·諸子百家書에

---

33) 『三國史記』 권46, 列傳6 强首, "及太宗大王卽位 唐使者至 傳詔書 其中有難讀處 王召問之 在王前 一見說釋無疑滯 (중략) 使製廻謝唐皇帝詔書表 文工而意盡 王益奇之"

34) 『三國史記』 권46, 列傳6 强首, "强首文章自任 能以書翰致意於中國及麗濟二邦 故能結好成功 我先王請兵於唐 以平麗濟者 雖曰武功 亦由文章之助焉"

35) 『三國史記』 권38, 雜志7 職官上, "以周易尙書毛詩禮記春秋左氏傳文選 分而爲之業 博士若助敎一人"

36) 『三國史記』 권9, 新羅本紀9 景德王 6년 정월, "置國學諸業博士助敎"

37) 독서삼품과에 대한 전반적인 고찰은 洪起子, 1998, 「新羅下代 讀書三品科」, 『新羅文化祭學術發表會論文集』 19 참조.

> 두루 통달하면 등급을 넘어 발탁한다. 전에는 단지 弓箭으로만 사람을 선발했는데, 이때에 이르러 개정하였다.[38)]

위의 독서삼품과 규정은 敎授之法과는 다소 맥락이 다르다. 위의 규정 중 上品에만 五經 중 『춘추』와 『예기』가 있고 『시경』과 『서경』, 『주역』은 없다. 中品과 下品에는 오경이 들어 있지 않다. 오경은 예외 규정에서 다시 포괄적으로 제시되어 있다. 하품의 『곡례』와 『효경』은 강수가 학습한 것과 일치하며, 중품은 여기에 『논어』가 추가되고 있다. 『문선』은 상품에만 보인다.

이 규정의 목적은 바로 '出身', 곧 관리 선발에 있었는데, 그 선발 기준은 '문장'이었다. 그리고 기사 말미의 "이전에는 弓箭으로만 사람을 선발하였다"는 내용을 음미할 필요가 있다. 무예를 통한 선발은 전술한 7세기 관창 사례와 맥이 닿아 있다. 7세기 이래로 신라는 무예로 관리를 발탁하는 것이 주류였던 것이다.

그런데 원성왕대에 이르러 문장이 기본적인 관리 선발 기준이 된 것이다. 강수의 출사에 보이는 학습 과정이 관리 선발의 보편적 방식으로 채용된 것이다. 경전 학습은 문장을 위한 토대로서 의미가 있었다. 다만 상품은 교수지법과 맥이 닿아 있다. 교수지법이 전문화된 인력의 확보를 도모한 것이라면, 독서삼품과는 이로부터 관리 일반의 양성을 도모한 것이라고 이해할 수 있다.

이때 三品 규정에 이어 五經·三史·諸子百家를 대상으로 한 超擢 규정을 둔 것이 주목된다. 이는 실제 이들에 대한 보편적인 교육이 있었음을 의미하기 때문이다. 다시 말해 독서삼품과는 五經 교육이 정립된 상황에서 기본적인 시험 과목을 제시한 규정이라는 것이다. 이에 시험 대상에 들지 않은 과목에 대해서는 전문성을 감안한 별도 규정을 마련하였다.

「임신서기석」에서 詩·尙書·禮 등의 학습을 다짐한 것은 이러한 관리 선발에 대한 준비로 읽힌다. 그만큼 비문은 경전 교육과 관리 선발 체계가 정비된 상황을 반영하며, 이 경우 壬申年은 경전 학습과 문장에 기초한 보편적 관리 선발을 도모한 독서삼품과 시행 이후로 보는 것이 합당할 것이다. 이 점에서 792년(원성 7), 또는 852년(문성 14)으로 판단할 수 있다.

III. 신라 중고기 유학 이해의 실상

1. 유학 이해 사례의 비판적 검토

「임신서기석」이 552년, 혹은 612년에 만들어졌다는 이해는 관련 연구 대부분에서 그대로 답습되었다. 논자에 따라 552년으로 확정하고 논지를 전개하는 경우도 많다. 이것은 「진흥왕순수비」를 비롯하여 유학

38) 『三國史記』 권10, 新羅本紀10 元聖王 4년, "始定讀書三品以出身 讀春秋左氏傳若禮記文選而能通基義 兼明論語孝經者爲上 讀曲禮論語孝經者爲中 讀曲禮孝經者爲下 若博通五經三史諸子百家書者 超擢用之 前祇以弓箭選人 至是改之"

적 인식이 투영된 사례와 결합되면서 신라 중고기 유학의 확산을 설명하는 토대가 되었다. 그러나 「임신서기석」이 8세기 이후에 제작된 것이라면, 여기에 연동된 제반 역사상도 재고하지 않을 수 없다. 이에 6~7세기 유학 이해를 설명한 주요 사례들을 비판적으로 검토하기로 한다.

이때 분석에 들어가기에 앞서 지적해 둘 사항이 있다. 먼저 신라 중고기의 "유학 이해", 또는 "유교 이념"을 논할 때 그 함의를 명확히 규정할 필요가 있다. 유학 이해는 문자 체계로서 한문의 이해와 밀접히 관련되지만, 내용상 양자는 층위가 다른 문제이기 때문이다.

유학은 漢代에 국가적으로 공인되면서 공자 이래의 사상 체계를 넘어 중국의 전통에 대한 이해의 준거가 되었다. 그 결과 유학은 정치와 사회 일반의 인식과 이를 표현한 문장에 투영되었다. 따라서 신라를 포함한 삼국이 중국 문화의 영향을 받아 한문을 수용할 때 이미 그 내용에는 유학적 요소가 내재해 있었다. 처음부터 문장과 유학은 불가분의 관계를 가질 수밖에 없는 것이다.

이 부분까지 고려할 때 한문과 유학의 수용 및 이해, 활용은 대략 세 단계 정도로 나누어 볼 수 있다. 1단계는 문자로서 한자를 가져다 쓰는 단계이다. 기존에 구술, 또는 기호나 징표를 통해 이루어지던 커뮤니케이션을 한자라는 문자를 통해 해결하는 단계이다. 이는 문자의 기능에 초점을 두므로 사용자가 이해하는 즉자적 의미를 위주로 활용될 수밖에 없다.

2단계는 한문으로 된 문장을 구사하는 단계이다. 특정한 상황이나 추상적 내용을 한자 구문으로 표현하며, 개념이 활용되고 정형화된 문장을 구사한다. 이 단계에서 개념과 구문은 한자 어휘의 뜻을 이용하여 자체적인 조합을 통해 만들어지기도 하지만, 중국에서 관용화된 것들을 그대로 차용하는 경우도 포함된다. 바로 이 개념과 구문에 유학적 요소가 들어 있는 것이다.

3단계는 經學 이해를 토대로 정치 또는 사회 이념까지 표현하는 단계이다. 관용화된 개념과 구문이 활용되면서 그것이 담고 있는 의미에 대한 이해가 깊어지고, 이로부터 그 원전에 대한 탐구로 나아가게 된다. 경전의 구문을 통해 입법화된 인식을 표현하게 되므로 이에 대한 인식이 강화될수록 경학 탐구도 심화된다.

이상과 같은 단계 설정에 기반하여 유학 이해의 추이를 가늠할 때 다음 몇 가지 문제를 제기할 수 있다. 첫째, 2단계에서 과연 "유학 이해"라는 규정을 내릴 수 있는가 하는 점이다. 유학 경전에서 연원한 특정 표현이 확인되고, 그것이 추상적 이념을 표현하고 있다는 점에서 이를 유학 이해의 지표로 보는 경우가 많다. 그러나 이러한 개념의 등장은 두 가지 형태를 염두에 두어야 한다.

하나는 撰者 또는 言者가 해당 경전에 대한 이해를 갖추고 있는 경우이다. 이는 해당 인물이 특수한 경우일 수도 있고, 사회에 일반화된 상황에서 구사된 것일 수도 있다. 후자의 경우에는 유학 이해의 일반화를 말할 수준이 되지만, 전자의 경우도 유학 이해의 방향성을 보여주므로 함께 포괄할 수 있다.

다른 하나는 경전을 매개하지 않고 관용화된 개념이나 구문을 구사한 경우이다. 곧 '유학'이 아니라 '문장'의 관점에서 평가되는 것이다. 찬자가 비교적 세련된 문장을 구사할 때, 그가 차용한 제반 표현은 중국에서 정형화 또는 관용화된 것들이 다수 포함되며, 이 중에는 유학 경전에서 온 것들도 있다. 찬자는 이를 토대로 변용을 가하여 문장을 구성하는데, 이는 실제 원전이 되는 경전을 잘 모르는 상황에서도 나올 수 있다. 이를테면 영어를 사용할 때 성경에 대한 이해가 없어도 성경에서 가져온 표현을 활용할 수 있는 것과 같은 원리이다.

신라에서 『文選』이 중시된 것은 공부의 근본적인 목적이 '문장'이었음을 잘 보여준다. 이로 보아 특정 개념이나 구문이 특정 경전에서 나왔다 하여 그 개념의 구사가 바로 해당 경전의 이해를 보증할 수는 없다. 이러한 여지가 존재한다면 2단계에서 곧바로 유학 이해를 말하는 것은 곤란하다.

둘째, 위와 같은 이해에 입각할 때 신라가 문장 수준을 넘어 경전에 대한 직접적 이해, 곧 3단계의 준거를 어느 시기에 설정할 수 있는가 하는 점이다. 여기에는 우선 그러한 이해를 필요로 하는 정치적 사회적 조건이 있어야 한다. 그리고 해당 내용을 이해하고 교육할 수 있는 인적 자원이 필요하며, 이를 뒷받침하는 제도, 곧 교육 기관과 관리 선발 체계가 수립되어야 한다. 물론 이들은 서로 유기적으로 연결된다.

셋째, 시기별 지표 자료를 검토할 때 해당 자료의 성격에 대한 고려가 필요하다는 점이다. 「진흥왕순수비」처럼 제작 시기가 확인되는 자료는 시기 판단에 문제가 없다. 그러나 『삼국사기』 열전 자료는 대부분 후대에 만들어진 傳記에 의거한 것이다. 해당 기사에 나타나는 유학 이해의 지표가 실제 해당 인물의 활동기에 구사된 것이라고 단정할 수 없다. 전기가 만들어지는 시기에 수립된 유학적 기준이 과거의 상황이나 인물을 평가하는 지표로서 투영될 수 있고, 의도적으로 내용을 가공할 수도 있다. 따라서 해당 인물의 발언에 들어 있다 하더라도 그것이 실제 구사된 표현이라고 볼 수는 없는 것이다.

아래에서는 이러한 요소를 고려하면서 기존에 제시된 지표 중 대표적인 몇 가지를 검증해 보기로 한다. 强首에 대해서는 앞 절에서 살펴보았으므로 따로 항목을 설정하지 않고 필요에 따라 언급하기로 한다.

1) 鳳坪碑

「봉평비」에는 "立石碑人 喙部博士 于時教之 若此者 獲罪於天"이라는 구절이 나온다. 이 중 "獲罪於天"이 『論語』 八佾편의 "獲罪於天 無所禱也"를 인용한 것으로 파악하면서 教를 선포한 사람인 博士를 유학 지식인으로 보기도 한다. 나아가 신라에서 유학 교육을 위해 설치한 기구까지 상정함으로써 법흥왕 단계에 이미 유학교육 체계가 수립되었다고 주장하였다.[39]

「봉평비」는 524년(법흥 11)에 제작된 것으로 파악되고 있다. 이는 불교가 공인된 528년보다 4년이 앞선다. 불교 공인 이전에 유학이 들어왔음은 물론, 이를 교육하는 체계까지 수립했다는 말이 된다. 그러나 후술하듯이 遊學僧이 유학적 소양을 확보하고 문장을 담당하는 사정을 고려할 때, 불교가 공인되지도 않은 시기에 유학교육 체계를 설정하는 것은 무리가 크다. 이미 유학 교육을 통해 전문가가 양성되었다면 승려가 문장을 담당할 이유가 없다.

실상 논자가 유학 지식인으로 파악한 喙部博士는 立石碑人에 바로 이어지고 있어 비를 세운 사람으로 보는 것이 타당하다. 주지하듯이 博士는 전문가 내지 기술자를 뜻하는 말이다. 國學의 박사가 특정 경전

---

39) 노중국, 2008, 앞의 논문, pp.15-16.

의 전문가를 나타낸다면, 「봉평비」의 박사는 명백히 비를 제작하는 전문가로 보아야 한다. 그가 이어지는 敎의 내용을 언급한 것이라 하더라도 이는 立石碑人으로서 관련된 취지를 전한 것이므로 유학 지식 여부를 유도할 수 없다.

다음에 "獲罪於天"이 『논어』에 나온다고 해서 이 말을 한 사람이 해당 경전을 학습했다고 할 수는 없다. "하늘의 벌을 받는다"는 관념은 굳이 유학이 아니어도 하늘을 최고의 신격으로 삼았던 고대인들의 일반적 사유에서 나올 수 있는 말이다. 「임신서기석」의 "天大罪得"도 같은 의미를 담고 있는 바, 이는 유학 이해와는 다른 차원의 문제이다.

실상 "獲罪於天" 구문 자체도 개별 한자의 의미를 통해 구성할 수 있는 평이한 구문이다. 특별한 고사를 수반하거나 수사적 구문으로서 특징을 가지지 않는다면, 특정 경전에 등장한다고 하더라도 곧바로 해당 경전의 이해를 말하기는 어렵다.

2) 진흥왕순수비

568년에 건립한 「마운령비」와 「황초령비」에는 공통적으로 "帝王建號 莫不修己 以安百姓"이라는 구절이 나온다. 이것은 『論語』의 "修己以安百姓"을 차용한 것이다. 이와 더불어 "兢身自愼 恐違乾道"도 유학적 사고 방식을 보여주는 표현으로 평가되었다.[40] 전체적으로 전술한 「봉평비」에 비해 세련된 형식을 갖추고 있다.

그런데 『논어』는 독서삼품과에서도 중요 경전으로 채용되고 있었다. 따라서 진흥왕 때부터 이미 『논어』가 이해되고 있었다면, 전술한 강수의 경전 학습에서도 『논어』가 나오는 것이 합리적이다. 이에 비추어 「진흥왕순수비」의 구문은 『논어』 이해의 직접 지표가 되기 어렵다.

「진흥왕순수비」의 내용은 진흥왕의 업적을 찬양하는 데 초점이 있다. 여기에는 '왕'으로서 위상과 권위, 덕목 등에 대한 修辭가 들어간다. 비문의 찬자는 자신이 가진 지식을 동원해 적절한 구문을 구성할 것인데, 이는 물론 중국 제왕에 대한 수사에서 차용한 것이 많을 수밖에 없다.

이러한 수사 중에는 유학 경전에서 연원한 것도 다수 포함되지만, 문장의 학습은 그 기능과 용도에 맞추어져 있으므로 해당 수사의 습득이 반드시 출전에 대한 이해를 수반하지는 않는다. 다시 말해 비문의 찬자는 『논어』를 배워서 그 구문을 사용한 것이 아니라 문장 훈련 과정에서 습득한 내용 중에 『논어』에서 연원한 구문이 들어 있는 것이며, 이 경우 『논어』 이해를 유추할 수 없다는 것이다.

신라에서 문장 공부의 핵심 텍스트였던 『文選』에도 "修己" 구문이 소개되어 있다.[41]

> 修己安民 良士之所希及 〈修己安民 積德以厚下 論語 子曰 修己以安百姓 尙書 咎繇曰 在安民 孔安國論語注曰 希 少也〉[42]

40) 정구복, 2002, 「유학과 역사학」, 『(신편)한국사』, 국사편찬위원회, p.121.

41) 『文選』은 梁의 昭明太子 蕭統이 찬술했으며, 그는 531년에 사망하였다.

위 구문은 陸士衡의 「五等論」에 등장하는 "修己安民"과 그 해설로서 『논어』의 "修己以安百姓"을 소개하고 있다. 찬자가 문장 구사를 위해 『문선』을 학습했거나 혹은 유사한 맥락의 학습 자료를 접했다면, 『논어』의 해당 구절도 어렵지 않게 차용할 수 있다.

여기서 비문의 찬자가 누구인지 생각해 보아야 한다. 현재 판독되는 비문에서 찬자는 직접 확인되지 않는다. 비의 뒷면에는 수행원, 혹은 立碑 관련자들의 명단이 정리되어 있는데, 가장 앞서 기록된 인물은 승려인 法藏과 慧忍이다. 그리고 그 다음에 최고위자인 居柒夫가 나온다. 말미에 기록된 助人 舜知 奈末과 그 앞에 기록된 非知 沙干은 통상 비문의 말미에 비를 건립한 사람이 기록되는 점에 비추어 역시 立碑 실무자로 판단된다. 그렇다면 이 비문은 수행 승려들이 찬술했을 가능성이 높다.

신라가 梁에 처음 사신을 보낸 것이 521년(법흥 8)의 일이다. 그리고 梁은 549년(진흥 10) 사신과 함께 入學僧 覺德을 보내 佛舍利를 전해 왔다. 이를 통해 신라의 불교 공인 후 유학승이 배출되고 있었음을 알 수 있는데, 「진흥왕순수비」에 보이는 승려들 또한 그러한 과정을 거쳤을 것이다. 이들은 당연히 불교를 배움과 아울러 한문과 문장을 학습했으며, 이 과정에서 문장에 보편적으로 구사되는 유학 경전 내용도 습득하였다. 이는 후술할 圓光의 사례에서 뒷받침된다. 승려들은 이러한 지식을 기초로 비문을 찬술할 수 있었다.

이렇게 본다면 「진흥왕순수비」의 "修己" 표현을 가지고 신라 사회의 유학 이해를 논할 수 없다. 이는 승려가 습득한 문장을 통해 제왕의 권위를 수사적으로 표현한 것으로 보아야 한다. 이것이 이후 유학 이해의 단초를 제공함을 물론이지만, 그 자체가 유학 이해의 산물이라고 평가할 수는 없다.

"兢身自愼 恐違乾道" 같은 표현 또한 제왕의 덕목으로서 회자되던 것을 가져온 것이라고 볼 수 있다. 한편 "純風不扇則世道乖眞 百化不敷則耶爲[邪僞]交競"에 보이는 '世道' 또한 유학에서 중시되는 개념이다. "百化"라는 표현도 『禮記』에 나온다.[43] '巡狩'는 중국 천자의 통치 행위에서 차용한 것이다.

이처럼 국왕을 찬미하는 순수비를 정제된 형태로 찬술하는 데 중국에서 통용되는 다양한 수사들이 동원되었다. 이들 각각이 그 원전이 되는 경전 및 그것에 담긴 사상적 내용의 이해를 토대로 구사된 것이라고 볼 수는 없다. 설사 문장을 지은 승려가 어느 수준의 유학 지식을 갖추었다고 하더라도 그것이 신라 사회에 유학을 보급하는 기능을 했다고 보증할 수 없다.[44]

3) 圓光

『삼국사기』 열전에는 원광이 평생의 가르침을 묻는 貴山 등에게 이른바 世俗五戒를 말해주는 내용이

---

42) 『文選』 권第54, 五等論(陸士衡)

43) 『禮記』 권19 樂記, "地氣上齊 天氣下降 陰陽相摩 天地相蕩 鼓之以雷霆 奮之以風雨 動之以四時 煖之以日月 而百化興焉" 『문선』에도 보인다.

44) 권인한은 「봉평비」와 「진흥왕순수비」의 『論語』 구문을 근거로 6세기 초엽부터 『논어』의 직접 인용이 활발했다는 일반적 견해에 대해 당시 신라 사회에 『논어』의 실물이 유포되어 있었다는 결정적 증거가 없고, 해당 구문을 『논어』 외에 일부 史書에서도 찾을 수 있다는 점을 들어 과장된 측면이 있음을 지적하였다(권인한, 2014, 앞의 논문, pp.33-37).

보인다. 이 중 事君以忠, 事親以孝, 交友以信은 유학의 기본 윤리인 五倫(五常)의 세 덕목을 차용한 것이다. 세속오계는 화랑의 규범으로 보는 것이 상식화되어 있는데, 이에 따르면 유학의 기본 윤리가 보편적으로 공유되고 있다는 이해도 가능하다.

그러나 귀산 등이 화랑이라는 근거는 없고, 오계 또한 귀산 등이 개인적으로 받은 것이다. 따라서 이것이 당대 최고 지식인으로서 원광의 면모를 보여주는 '일화'를 넘어 당시의 보편적 가치 체계로 자리 잡았다고 볼 수는 없다. 오계의 세 조목 또한 원광의 유학 이해를 말할 수는 있어도 이를 전수받은 귀산, 또는 신라 사회의 유학 이해를 보증하지 않는다.[45)]

『삼국유사』 인용 『古本殊異傳』에 수록된 「圓光法師傳」에는 그가 중국에서 11년을 머무르며 "三藏을 널리 통달하고 儒術을 함께 배웠다[博通三藏 兼學儒術]"라고 설명하고 있다. 승려로서 불교를 배우는 한편에서 자연스럽게 儒術을 습득하게 된 것이다. 특히 그는 문장이 뛰어났던 것으로 평가되었는데, 이는 「乞師表」에 대해 "황제가 그것을 보고 30만의 병력으로 高麗를 親征했으니 이로부터 法師가 儒術에 널리 통달했음을 알 수 있다"라고 평가한 것에서 잘 나타난다. 그의 유학 이해를 강조한 초점은 문장력을 드러내는 데 있었던 것이다.[46)] 유학적 소양과 문장력의 관계는 강수의 전기에서도 동일하게 나타난다. 「진흥왕 순수비」의 문장을 지은 것으로 추정되는 승려의 행적도 이와 유사했을 것이다.

이처럼 유학승들은 중국에서 불교를 배우기 위해 필수적으로 어학과 문장을 학습하면서 자연히 유학 지식도 습득하였고, 유학 지식인층이 형성되지 않은 신라에서는 그들의 문장력이 요긴하게 활용되었다. 여기서 유학은 근본적으로 문장 구사를 위한 기능적 속성을 가진다. 원광의 '儒術' 습득이 결국 탁월한 문장 구사로 귀결되는 것에서 그 맥락을 알 수 있다.[47)] 이러한 승려들의 역할이 초기 유학 이해의 토대가 되었을 것임은 분명하지만, 그것이 신라에서 유학 경전의 보급이나 이해의 결과로 나온 것은 아니다. 따라서 원광 등 유학승들의 행적을 통해 당시 신라의 유학 이해를 가늠할 수는 없다.

---

45) 『삼국사기』가 崔致遠의 「鸞郎碑」를 통해 風流(화랑)에 담긴 三敎를 설명한 것을 감안할 때, 세속오계가 화랑의 이념이었다면 당연히 儒·佛의 요소를 공유한 오계에 대한 언급이 있었을 것이고, 이것이 『삼국사기』에서도 인지되었을 법하다. 또한 『삼국유사』는 화랑에 대해 "使人悛惡更善 上敬下順 五常六藝 三師六正 廣行於代"라고 의미를 평가했지만, 역시 세속오계와의 연관성은 적시하지 않았다. 결국 세속오계와 화랑의 관계는 현대적 관점에서 해석한 것일 뿐이므로 이를 전제로 당시의 역사상을 구성할 수는 없다.

46) 『삼국유사』 인용 『續高僧傳』에는 그에 대해 "校獵玄儒 討讎子史 文華騰翥於韓服 博贍猶愧於中原"이라고 평가한 내용이 보인다. 이 구문은 그가 25세에 중국으로 유학을 떠나기 전에 나온다. 이에 근거하여 儒經과 史書의 유통을 상정하는 견해도 있다(권인한, 2015, 앞의 논문, p.37). 그러나 이 구문은 그의 뛰어난 문장력의 근거를 소급 해석한 것으로서 傳記 자료의 수사적 표현으로 보아야 한다. 다시 말해 그가 유경과 자사를 섭렵해서 문장이 뛰어났다는 것이 아니라 뒤에 그의 문장을 높이 평가하면서 그 이유로서 처음부터 유경과 자사를 섭렵했기 때문이라고 추정한 것이다. 25세 이전에 이미 출가했을 그가 "校獵玄儒 討讎子史"의 과정을 거쳤다는 것은 현실성이 떨어진다.

47) 원광의 사례는 관료의 유학 수준이 높지 않았음을 보여주는 지표로 지목되기도 한다(고경석, 1997, 「신라 관인선발제도의 변화」, 『역사와현실』 23, p.96).

4) 金后稷

김후직은 지증왕의 증손으로서 580년(진평 2)에 伊湌으로 兵部令이 되었다.[48] 그는 진평왕이 田獵에 빠진 것을 비판하면서 다음과 같이 말하였다.

> 『老子』에 이르기를, "말을 달리며 사냥하는 것은 사람의 마음을 미치게 한다[馳騁田獵 令人心狂]"라고 하였고, 『書經』에 이르기를, "안은 色으로 인해 황폐해지고 밖은 금수로 인해 황폐해지니 한번 이에 빠지면 망하지 않은 것이 없다[內作色荒 外作禽荒 有一于此 未或不亡]"라고 했습니다. 이로써 보건대 안으로는 마음을 상하게 하고 밖으로는 나라를 망하게 아니 살피지 않을 수 없습니다.[49]

위에서 김후직은 『老子(道德經)』와 『書經』의 구문을 인용하며 사냥에 빠지면 안된다고 諫하였다. 이로 보면 진평왕대 이전에 김후직이 『노자』와 『서경』을 읽고 그 내용을 정치에 활용하는 수준에 이르렀다고 볼 수 있다. 이는 신라에서 유학 경전에 대한 이해가 상당한 진전되었음을 보여주는 확실한 사례가 될 수 있다.[50] 특히 왕의 권위나 역할 행동을 표현하는 수사가 아니라 신하가 왕의 행동을 제어하는 諫言이라는 점에서 정치 이념으로의 면모 또한 뚜렷하다.

그러나 이 기사를 액면 그대로 받아들이는 것은 곤란하다. 전기 자료에서 흔히 발견되듯이 후대의 시각에서 김후직의 행적을 가공한 것일 수 있기 때문이다. 먼저 지적되는 것은 『老子』의 이해이다. 643년 고구려 淵蓋蘇文은 三敎 중에서 道敎만 번성하지 않고 있다며 당에 사신을 보내 도교를 구할 것을 건의하였다. 고구려의 요청에 당 태종이 道士를 보내고 아울러 『道德經』을 내려주었다고 한다.[51]

신라는 고구려를 통해 불교가 전래되었다. 신라는 법흥왕의 공인 후 진흥왕 때 황룡사를 창건하고 불교를 적극 장려하였다. 고구려에서도 도교가 번창하지 않았고 7세기 중반에 비로소 『도덕경』이 도입되었는데, 신라가 이보다 수십 년 이상 앞서서 그 내용을 정치에 활용했다는 것은 수긍하기 어렵다. 여기서 김후직의 고사가 후대에 가공된 것일 가능성이 제기된다. 실제 그 여지를 확인할 수 있는 사례가 발견된다.

> 신이 또 듣건대 "말을 달리며 사냥하는 것은 사람을 미치게 한다[馳騁畋獵 令人發狂]"라고 했습니다. 지금 貴戚이 打球하고 擊鼓하며 매를 날리고 개를 풀고 간사한 사함을 가까이 하며 藪澤을 돌아다닙니다. 『尙書』에 이르기를, "인은 色으로 인해 황폐해지고 밖은 금수로 인해 황폐해진다[內作色荒 外作禽荒]"라고 했습니다. 폐하께서 誕降하여 가르침을

48) 『三國史記』 권4, 新羅本紀4 眞平王 2년, "以伊湌后稷爲兵部令"

49) 『三國史記』 권45, 列傳5 金后稷, "老子曰 馳騁田獵 令人心狂 書曰 內作色荒 外作禽荒 有一于此 未或不亡 由是觀之 內則蕩心 外則亡國 不可不省也"

50) 노중국, 2008, 앞의 논문, p.22.

51) 『三國史記』 권21, 高句麗本紀9 寶臧王 2년 3월

꾀하며 학업을 권장하시니 好惡로 보이시고 成敗로 베푸시면 길이 복록을 누릴 것입니다.[52)]

위 기사는 『舊唐書』 柳澤 열전의 것이다. 유택은 사냥을 경계하면서 김후직과 동일하게 두 경전의 구문을 인용하고 있다. 『文選』의 長楊賦(楊子雲)에는 "此則老氏所誡 君子不爲"라는 구문에 대해 "老子曰 馳騁畋獵 令人心發狂"이라고 설명을 붙였다.

이러한 사실에 비추어 볼 때 김후직의 간언은 실제 그가 제시한 내용이 아니라 그의 忠諫을 부각시키기 위해 후대에 수사적으로 차용한 내용으로 판단된다. 그의 전기는 兵部令 임용 기사 외에는 진평왕의 사냥을 만류하는 충간으로 채워져 있다. 특히 죽으면서도 왕을 걱정했던 그의 이야기를 들은 진평왕은 "夫子忠諫 死而不忘"이라 하였다고 한다. 유택 열전에 보이는 『도덕경』과 『서경』의 구문은 그의 간언을 더욱 설득적으로 표현하기 위해 차용된 것이다. 따라서 이를 가지고 진평왕 초기의 유학 이해를 말할 수 없다.[53)]

비슷한 사례로 强首 열전을 보면, 그가 대장장이의 딸과 혼인하는 것을 부모가 반대하자 "糟糠之妻不下堂 貧賤之交不可忘"이라며 결혼을 강행한 내용이 보인다. 이 구문은 『後漢書』에 처음 나온다. 이에 그가 『후한서』를 읽었음은 물론, 三史를 구성하는 『史記』와 『漢書』도 읽었을 가능성이 크다고 본 견해가 있다.[54)] 이는 고구려와 백제에서 三史 학습이 있었음을 근거로 한다.

그러나 백제와 고구려에 비해 불교의 유입도 늦었던 신라가 유학을 고구려 등과 비슷한 수준으로 수용했다는 것은 수긍하기 어렵다. 강수가 처음에 『문선』과 『효경』 등을 학습한 것을 고려하면, 결혼 당시 20세였던 강수가 이전에 이미 『후한서』를 읽고 그 내용을 활용할 정도로 익혔다는 설명은 현실성이 없다.

후대 사례를 보면 이 구문은 굳이 그 출전에 대한 이해가 없어도 사회적으로 통용되던 것이다. 또한 전기에 등장하는 일화의 내용이 당시에 실제 구사된 내용이라고 볼 수도 없다. 이는 김후직의 사례처럼 강수의 부부 의리를 부각시키기 위해 전기의 찬자가 찬술 당시의 인식에 의해 구성한 내용으로 보아야 할 것이다.

朴堤上(金堤上)의 경우에도 동일한 원리가 적용된다. 『三國遺事』 수록 기사를 보면 그는 "主憂臣辱 主辱臣死"라며 위험한 使行을 수락하였다.[55)] 이 구문은 『史記』에 보이며, 『文選』에도 등장한다. 그러나 박제

---

52) 『舊唐書』 권77, 列傳27 柳澤, "臣又聞 馳騁畋獵 令人發狂 今貴戚打球擊鼓 飛鷹奔犬 狎比宵人 盤遊藪澤 書曰 內作色荒 外作禽荒 惟陛下誕降謀訓 勸以學業 示之以好惡 陳之以成敗 則長享福祿矣"

53) 이밖에 金庾信이 임종에 앞서 문무왕에게 올린 獻議에는 『書經』의 구문을 차용한 "任之勿貳"와 君子·小人의 分辨이 제시되어 있어 뚜렷한 유교정치이념을 보여준다. 그러나 이것은 魏徵의 遺表를 차용하여 가공한 것으로서 실제 김유신이 그러한 유학적 지식을 가지고 말했다고 볼 수 없다(윤경진, 2016, 「三韓一統意識의 성립 시기에 대한 재론: 근거 자료에 대한 검토를 중심으로」, 『韓國史研究』 175).

54) 김영하, 2005, 앞의 논문, p.147.

55) 『三國遺事』 권1, 紀異1 奈勿王 金堤上

상이 실체『史記』를 읽고 이 구문을 구사했다고 볼 수는 없다. 앞서도 지적한 것처럼 후대의 경전 유통에 비추어 이른 시기에 중국 사서가 도입되고 유통되었을 가능성이 거의 없기 때문이다.

이 기사는 訥祇麻立干을 訥祇王으로 적은 데서 드러나듯이 후대에 찬술된 것이다. 전기의 찬자가 위험을 무릅쓰고 사행에 나서는 그의 행적을 묘사하기 위해 해당 구문을 차용하여 넣은 것이다. 따라서 이 기사는 박제상 활동기의 유학 이해를 논하는 근거가 될 수 없다.

이상에서 그동안 신라 중고기 유학 이해의 지표로 제시되었던 주요 사례들을 검토해 보았다. 「진흥왕 순수비」나 원광의 활동은 초기 유학승들이 문장 학습 과정에서 함께 습득한 유학적 요소들을 국왕과 관련된 문장에 활용한 차원을 넘기 어렵다. 강수는 전문적인 문장가가 배출되는 초기 양상으로서 그가 학습한 경전은 기본적으로 문장을 위한 것이었다. 김후직의 사례는 가장 뚜렷한 유학 이해의 내용을 보여주지만, 이는 그의 忠諫을 부각시키기 위해 후대에 중국 사서에 보이는 사적을 차용한 것이다. 따라서 이러한 사례들을 근거로 신라 중고기의 유학 이해를 적극적으로 평가하기는 어렵다.

2. 신라의 교육체계와 유학

유학 경전을 학습하는 주된 목적은 그것에 담신 이념을 정치적 사회적으로 활용하는 데 있다. 이를 위해 국가는 유학을 장려하고 교육을 통해 경전 내용을 습득한 인재들을 관리로 임용한다. 유학은 처음부터 국가와 사회를 운영하기 위한 학문이었기 때문에 유학의 수용과 이해는 그 자체로 체제적인 속성을 띠었고, 교육 및 관리 임용 체계와 불가분의 관계를 가질 수밖에 없다. 遊學僧의 개별적인 공부나 문장 활용을 위해 수사적으로 활용되는 수준에서는 이러한 체제적 의미를 부여하기 어렵다.

강수가 『문선』 등을 학습한 이유도 문장가가 되어 출사하기 위한 것이었다. 「임신서기석」에서 두 청년이 경전의 학습을 다짐하는 근본적인 목적 또한 출사하는 데 있었을 것이다. 이들이 忠道를 執持한다는 것도 결국 출사를 통해 구현되는 것이다.

그렇다면 신라는 언제부터 유학 경전을 수용하고 교육에 활용하게 된 것일까. 이것은 물론 신문왕 때의 국학 설치를 통해 확정되었다.[56] 하지만 이에 앞서 유학 경전이 들어오고 문장이 활용된 만큼 이것이 체계적인 교육으로 이어지는 전기 내지 과정이 상정된다. 기존에 신라가 5~6세기에 이미 유학을 이해하고 있었다는 입론에서는 그에 상응하는 교육 체계도 상정하고 있는데, 花郎이 대표적이다.[57]

현재 화랑이 교육 체계로서 기능한 측면이 있음은 통설이 되어 있지만,[58] 실제 관련 기사에서 교육과

---

56) 玄相允, 1947, 『朝鮮儒學史』, 民衆書館, p.13.

57) 이기백은 접촉이 곧 수용을 의미할 수는 없으며 일정한 사회적 기능이 이루어져야 한다고 보면서 그 지표를 학교에서 찾았다. 다만 그는 화랑도 같은 조직이 유교적 정신을 받들었다면 이 또한 고려할 수 있다고 봄으로써 결과적으로 신라의 유교 수용 시기를 중고기로 설정하였다(李基白, 1973, 「儒教 受容의 初期形態」, 『韓國民族思想史大系』 2; 1986, 『新羅思想史研究』, 一潮閣, pp.194-195).

58) 화랑도 연구의 동향에 대해서는 朱甫暾, 1997, 「新羅 花郎徒 研究의 現況과 課題」, 『啓明史學』 8 참조.

직접 관련된 지표는 찾을 수 없다. 화랑 설치에 대한『삼국사기』기사를 보자.

> 다시 미모의 남자를 취하여 장식하고 花郎이라 이름하며 받들었다. 무리가 운집하니 혹은 道義로 서로 격려하며 혹은 歌樂으로 서로 즐기면서 山水를 돌아다니며 노는데 이르지 않는 곳이 없었다. 이로 인해 그 사람의 邪正을 알고 그 중 좋은 사람을 택하여 조정에 천거하였다.[59)]

주지하듯이 신라의 화랑은 본래 源花에서 시작되었다. 원화의 설치 목적은 "君臣이 사람을 알아볼 방법이 없음을 문제로 여겨 무리들이 모여 놀게 하면서[群遊] 義를 행하는 것[行義]을 살핀 연후에 천거하여 쓰고자 하였다"[60)]라는 것이었다. 곧 인재를 선발하기 위한 것으로서 '群遊'를 통해 '行義'를 관찰하는데 초점이 있었다. 화랑은 무리의 구심점이 여성에서 남성으로 바뀌었을 뿐, 인재 선발이라는 근본 목적에서는 원화와 달라진 것이 없었다.[61)] 교육 기능은 교육 체계가 관리 선발과 직결되었다는 인식에 따라 유추된 것에 가깝다.

또한 이 기사에 제시된 "道義"를 유학적 이념의 반영으로 간주하기도 하지만, 이는 실제 화랑 창설 당시에 수립된 개념이 아니라 화랑의 운영에 대한 후대의 표현이다. 이는 같은 내용이 金歆運 열전의 論에서 나타나는 것에서 뒷받침된다. 곧 무리 내부에 형성되는 상호 관계와 집단의 유지를 위한 규범을 후대의 가치 개념으로 표현한 것이다. 이 구문은 "相悅以歌樂"과 대구를 이루면서 邪正 판별의 방안으로 제시되고 있다.

전술한 관창의 사례에서 화랑의 무예 연마가 제시되는 데 근거해 보면, "相磨以道義"로 표현된 화랑의 내부 관계는 무예를 매개로 형성되었을 것이다. 따라서 이것을 당대의 유학적 가치의 표현으로 간주할 수 없다. 아울러 교육에 수반되는 기본적인 師弟 관계에 대한 내용을 찾을 수 없다는 점에서 '교육'과의 관련성도 현재로서는 상정하기 곤란하다.

『三國遺事』에는 原花(源花)의 설치 목적을 "聚徒選士"라고 제시하면서 아울러 "敎之以孝悌忠信 亦理國之大要也"라고 설명하였다.[62)] 이에 따르면 원화 단계에서 이미 유교적 교육이 있었던 것으로 해석될 수 있다. 그러나 이는 실제 원화 설치 당시의 운영 내용이 아니라 관리에게 요구되는 국가 의식을 후대의 관점에서 설명한 것이다. 원화나 화랑의 목적인 選士의 기준을 후대의 관리 선발과 같은 맥락에서 소급 설명한 것으로서 "理國之大要"라는 표현에서 그 의미가 유추된다. 따라서 이것만으로 원화의 교육 가능이나 유학적 가치를 설명하기 어렵다.

---

59)『三國史記』권4, 新羅本紀4 眞興王 37년, "更取美貌男子 粧飾之 名花郎以奉之 徒衆雲集 或相磨以道義 或相悅以歌樂 遊娛山水 無遠不至 因此知其人邪正 擇其善者 薦之於朝"

60)『三國史記』권4, 新羅本紀4 眞興王 37년, "君臣病無以知人 欲使類聚群遊 以觀其行義 然後擧而用之"

61) 고경석, 1997, 앞의 논문, p.84.

62)『三國遺事』권3, 塔像 彌勒仙花

교육이나 유학과 관련된 화랑도의 이미지는 세속오계와 더불어 고구려의 扃堂을 통해 유도된 측면도 있다.[63] 『舊唐書』에는 고구려의 풍속이 책을 좋아하고, 경당에서 독서와 習射를 했으며, 그 책에 五經 등이 있다고 소개하였다.[64] 이것이 어느 시기의 사정을 담은 것인지는 알 수 없지만, 기사에서 제시한 "독서의 일반화"를 太學 설치 이전으로 보기는 어렵다.

이에 반해 신라는 해당 史書에 독서와 관련된 기록이 없고, 국학은 신문왕 때 비로소 설치되었다. 이들이 청년조직으로서의 유래가 상통한다 하더라도 유학 및 교육에 있어 양자의 차이는 엄존한다. 적어도 청년조직이라는 것만으로 경당을 통해 화랑도의 내용을 설명할 수는 없다.

한편 화랑도의 성격과 관련하여 짚어볼 또 다른 사항은 崔致遠의 서술이다. 잘 알려져 있듯이 최치원은 「鸞郎碑」의 서문에서 다음과 같이 설명하였다.

> 나라에 玄妙한 道가 있으니 風流라 한다. 가르침을 베푼 연원은 仙史에 자세하다. 실로 三教를 포함하며 群生을 접하여 교화한다. 또한 들어와 집에서 효도하고 나가서 나라에 충성하는 것은 魯司寇의 요지이며(儒), 無爲의 일에 처하고 不言의 教를 행하는 것은 周柱史의 종지이며(道), 惡을 행하지 않고 善을 받들어 행하는 것은 竺乾太子의 교화이다(佛).[65]

위의 기사는 신라의 風流, 곧 화랑도에 儒教, 道教, 佛教의 三教가 포함되어 있음을 말한 것이다. 이것은 풍류가 群生을 接化한다는 설명의 근거가 된다.

그러나 유의할 것은 풍류의 三教 포함이 신라 말 최치원의 평가일 뿐, 실제 그것이 화랑의 창설에 적용될 수 있는 내용은 아니라는 것이다. 이것은 풍류의 운영에서 발견되는 여러 가치를 삼교의 일반적 이념에 의도적으로 맞추어 설명한 것이다.

예를 들어 家長과 가족 구성원 사이의 권위-복종 관계는 모든 사회에 일반적인 것이고, 국가 권력의 형성과 함께 그에 대한 구성원의 복종 또한 보편적이다. 이것은 한문 이해와 더불어 '孝'와 '忠'이라는 개념으로 설명된다. 忠孝로 지칭되는 가치를 설정한다고 해서 그 가치 자체가 곧바로 유교 이념이 되는 것은 아닌 것이다.

善惡에 대한 인식도 마찬가지이다. 선악 구분과 선택 행동은 특정 종교나 사상에 국한되지 않는 보편적인 사회 윤리이다. 불교는 선악의 행위가 어떤 결과로 이어지는지에 대한 설명, 곧 輪廻와 業報에서 그 특징이 나타난다. 선을 강조하는 것만으로 다른 사상이나 종교와 구분되는 불교의 특성을 제시할 수 없다. 『周易』에 보이는 "積善之家 必有餘慶"처럼 유학 이념에서도 비슷한 원리가 제시된다.

---

63) 이기백, 1986, 앞의 책, pp.198-199.

64) 『舊唐書』 권199, 列傳149 東夷 高麗, "俗愛書籍 至於衡門廝養之家 各於街衢造大屋 謂之扃堂 子弟未婚之前 晝夜於此讀書習射 其書有五經及史記漢書范曄后漢書三國志孫盛晉春秋玉篇字統字林 又有文選 尤愛重之"

65) 『三國史記』 권4, 新羅本紀4 眞興王 37년, "國有玄妙之道 日風流 設教之源 備詳仙史 實乃包含三教 接化群生 且如入則孝於家 出則忠於國 魯司寇之旨也 處無爲之事 行不言之教 周柱史之宗也 諸惡莫作 諸善奉行 竺乾太子之化也"

최치원의 설명은 신라 말에 삼교의 융합이라는 가치 지향이 나타났다는 설명의 준거는 될 수 있지만, 화랑도가 당초 삼교를 포함한 가치 체계를 갖추고 있었다는 근거가 될 수는 없다. 따라서 화랑도가 유학 이해와 교육을 보여주는 지표가 될 수 없음도 명백하다.

실질적으로 신라에서 유학 학습과 연계된 교육이 모색되는 전기로 평가되는 것은 640년(선덕 9) 唐에 자제를 보내 국학 입학을 요청한 것이다.[66] 다만 이어진 설명을 보면 이 때의 조치는 신라의 필요에 의한 것이 아니라 교육을 장려한 당 태종의 정책에 따른 것이었다. 곧 태종이 "天下名儒"를 모으는 데 부응하여 고구려와 백제, 高昌 등이 자제를 보내자 신라도 그에 참여한 것이다.[67]

설명의 원전인 『資治通鑑』 기사를 보면, 당시 태종이 國子監에 갔을 때 孔穎達에게 『孝經』을 강론하도록 한 것으로 나온다.[68] 또한 공영달은 태종의 명을 받아 『五經正義』를 찬술하게 된다. 이에 당시 행사를 통해 유학 경전이 본격적으로 신라에 유입되는 계기가 마련되었다고 짐작된다. 당과 적극적인 외교를 모색하던 신라는 국가 기관을 통한 유학 교육의 필요성을 환기하게 되었을 것이다.

다음에 648년(진덕 2) 金春秋가 당에 사신으로 갔을 때 國學을 견학한 점이 주목된다. 국학 견학이 왕명에 의한 것이었는지 아니면 김춘추의 개인적 활동이었는지는 분명치 않다. 그가 파견된 주된 목적은 군사를 청하는 데 있었지만, 한편으로 당에 대한 사대를 본격화하며 衣冠制度의 도입을 도모하였다. 앞서 당 태종의 정책에 부응하여 자제의 입학을 요청한 만큼, 김춘추의 국학 견학 또한 사행 목적에 포함되어 있었을 것이고, 이것은 신라의 유학 이해를 가속시켰을 것이다.[69]

이후 신라는 당에 자제를 보내 宿衛케 한 사례가 나타나기 시작한다.[70] 첫 사례는 651년 入唐하여 조공한 후 그대로 남아 숙위한 金仁問이다.[71] 열전 기록에는 왕명에 의해 입당한 것으로 나오고 있어 이 조치가 당의 교육 체계를 수용하는 토대가 되었음을 판단할 수 있다.[72] 입당 숙위생들은 대개 入學하여 공부했을 것으로 짐작되는데, 德福이 曆術을 널리 배워 온 것은[73] 그 사례이다. 이들이 682년(신문 2) 국학을 설치하는 인적 기반이 되었을 것이다.

한편 강수 열전 말미에서 흥미로운 내용이 발견된다.

---

66) 『三國史記』 권5, 新羅本紀5 善德王 9년 5월, "王遣子弟於唐 請入國學"

67) 고구려본기와 백제본기에는 모두 640년 2월에 자제를 보낸 것으로 되어 있는데, 신라본기에는 동년 5월 기사로 나온다. 세 본기의 구문은 "遣子弟於唐 請入國學"으로 동일한 점에 비추어 모두 『資治通鑑』에서 가져온 기사로 짐작되는데, 신라만 5월로 적은 것은 誤記인지 아니면 5월로 정리된 별도의 신라 기록을 채용한 것인지는 분명치 않다.

68) 『資治通鑑』 권195, 太宗 貞觀 14년 2월丁丑, "上幸國子監 觀釋奠 命祭酒孔穎達講孝經"

69) 김영하, 2005, 앞의 논문, pp.145-1463.

70) 신라 宿衛學生의 역사적 추이에 대해서는 申瀅植, 1969, 「宿衛學生考」, 『歷史教育』 11·12합 참조.

71) 『三國史記』 권5, 新羅本紀5 眞德王 5년 2월, "遣波珍湌金仁問 入唐朝貢 仍留宿衛"

72) 648년 김춘추의 入唐 기사에는 그가 "臣有七子 願使不離聖明宿衛"라고 요청하면서 함께 간 아들 文王에게 명을 내린 것으로 되어 있다. 이로 보면 문왕이 그대로 체류했을 여지도 있다. 그러나 체류에 대한 명확한 언급이 없고 그가 還國하는 기사도 나타나지 않아 단정할 수 없다. 3년 뒤 김인문이 입당하는 것을 볼 때, 그가 실질적인 첫 사례일 듯하다. 또한 그가 왕명으로 간 것은 앞서 김춘추의 요청이 신라의 공식적 조치임을 시사한다.

73) 『三國史記』 권7, 新羅本紀7 文武王 14년 정월, "入唐宿衛大奈麻德福 傳學曆術還 改用新曆法"

> 『新羅古記』에 이르기를, "문장은 强首, 帝文, 守眞, 良圖, 風訓, 骨番이 있다"라고 했는데, 제문 이하는 사적이 산일되어 立傳하지 못했다.[74]

위에서 언급한 『新羅古記』가 어떤 책인지는 알 수 없으나 문장에 관련된 여러 인물을 열거한 것을 보면, 일종의 傳記 자료로 추정할 수 있다. 강수는 이 자료에서 정리한 신라 문장가 중의 한 사람인데 유일하게 내용이 남아 있어 입전될 수 있었다. 나머지 인물은 卷首의 목록에서 확인된 것으로 추정된다.

그런데 열거된 인물 중 良圖는 김인문 전기 말미에 "良圖海湌 六入唐"이라고 되어 있어 그가 여러 차례 당에 다녀온 것을 알 수 있다. 김인문은 7차례 입당했는데,[75] 이는 그가 숙위 학생으로 경험을 쌓은 것이 기반이 되었을 것이다. 양도 또한 처음에는 숙위 학생으로 입당하였고, 이후 그 경험을 토대로 여러 차례 사행을 간 것으로 이해된다. 風訓은 675년 기사에 宿衛學生이었다는 내용이 보인다.[76]

양도나 풍훈이 문장으로 명성을 얻는 데에는 입당하여 국학에서 경전을 학습한 것이 중요한 기반이 되었을 것이다. 이에 대해 강수는 국내에서 학습한 경우로서 문장가의 초기 사례에 해당한다. 이후 배출된 유학생들은 중국에서 경전을 정식으로 배웠으며, 이를 통해 문장과 더불어 유학에 대한 이해도 진전되었을 것이다. 이를 바탕으로 신라는 국내에서 교육을 행하기 위해 국학을 설립하였고, 이후 신라의 유학 이해도 본격화된 것으로 정리할 수 있다.

Ⅳ. 맺음말

이상에서는 「임신서기석」의 제작 시기를 새롭게 파악하고, 신라 중고기의 유학 이해에 대해 검증하였다. 주 논점은 이 비가 8세기 이후에 제작되었으며, 신라 중고기의 유학 이해 또한 적극적으로 평가할 수 없다는 것이다. 검토된 내용을 정리하면 다음과 같다.

현재 「임신서기석」의 제작 시기는 552년, 또는 612년으로 보는 것이 일반적이다. 이는 맹서의 주인공을 화랑으로 보고 화랑의 활약기에 비가 제작되었다는 견해에 기반하고 있으나 실제 구체적인 근거는 없다.

비의 제작 시기는 비문 중 "若國不安大亂"이라는 구문에서 도출된다. '만약'이라는 가정에 비추어 당시가 '불안'이나 '대란'의 상황이 아니며, 이는 이 비가 전쟁기인 6~7세기에 제작되지 않았음을 의미한다. 신라는 6세기 중반 이후 전시체제로 들어갔고 이는 나당전쟁이이 종결될 때까지 지속되었다. 611년 김유신이 수련에 들어가며 당시를 "略無寧歲", "志淸禍亂"로 표현한 것은 '不安'과 '大亂'이 현실 상황임을 보여준다.

---

74) 『三國史記』 권46, 列傳6 强首, "新羅古記曰 文章則强首帝文守眞良圖風訓骨番 帝文已下事逸 不得立傳"

75) 『三國史記』 권44, 列傳4 金仁問 "仁問七入大唐 在朝宿衛 計月日凡二十二年 時亦有良圖海湌 六入唐"

76) 『三國史記』 권7, 新羅本紀7 文武王 15년 9월, "薛仁貴以宿衛學生風訓之父金眞珠伏誅於本國 引風訓爲鄕導 來攻泉城"

유학 경전의 학습은 관리로 출사하기 위한 것이었다. 국학의 설치와 독서삼품과는 그러한 체계를 보여주며, 비문의 주인공 또한 출사를 위해 경전 학습을 다짐한 것이다. 그런데 7세기 화랑의 사례를 보면 대개 무예가 중시되었고 경전 학습은 확인되지 않는다.

강수가 자신의 진로를 儒로 선택하고 경전을 학습한 것은 '문장'을 위한 것이었다. 그가 배운 『孝經』·『曲禮』는 기초 교양이고 『爾雅』·『文選』은 문장 학습용이다. 이는 비문 및 國學의 教授之法에 보이는 경전과 층위가 다르다. 원성왕 때 제정된 讀書三品科는 기존에 무예 중심으로 관리를 선발하던 것을 문장 중심으로 바꾸려는 것이었다. 이에 비추어 「임신서기석」의 제작 시기는 독서삼품과 시행 이후인 792년이나 852년으로 비정된다.

漢代 이후 유학 경전은 이념과 문장의 기초를 제공하였다. 삼국이 구사하는 문장에는 처음부터 유학적 요소가 내재해 있었다. 경전 이해에 앞서 경전에서 차용된 특정 구문을 구사할 수 있는 바, 이를 그대로 유학 이해의 지표로 삼을 수는 없다.

「봉평비」의 博士는 立石碑人에 해당하므로 유학 지식인으로 볼 수 없다. "獲罪於天"은 『논어』에 나오지만 "하늘의 벌을 받는다"는 한자의 일반적 의미로도 구성이 가능하다는 점에서 경전 이해의 준거로 삼기 어렵다.

「진흥왕순수비」에도 "修己"를 비롯해 유교적 색채가 짙은 표현들이 발견된다. 이 비문의 찬자는 승려로 추정되는데, 이들은 중국에서 불교를 배우면서 문장도 함께 훈련하였다. 이 과정에서 유학적 소양도 습득하였고 이것이 비문에 투영된 것이다. 신라가 중시한 『문선』에는 다양한 구문의 출전으로서 경전 내용이 소개되어 있는 바, 실제 경전을 학습하지 않고서도 특정 구문을 활용할 수 있다.

圓光의 세속오계는 유교의 기본 윤리인 忠·孝·信을 차용하고 있다. 그러나 오계를 전부받은 貴山 등이 화랑이라는 근거가 없고, 개인적으로 받은 것이어서 일반화할 수도 없다. 또한 원광의 유학 지식이 당대의 보편적 이념을 반영한 것도 아니다. 遊學僧들의 유학 지식은 문장으로 귀결되는 것으로, 동시대 유학 이해의 직접적인 지표가 되기에는 한계가 분명하다.

强首의 사례는 유학승이 담당하던 문장을 전문가가 담당하게 되는 변화를 보여준다. 그는 외교 문서에서 많은 역할을 했는데, 이를 위해서는 다양한 수사가 필요하고 그중에는 유학 경전에서 차용된 것들도 있었다. 그에 대한 평가에는 신라의 전쟁에서 '武'와 더불어 '文'의 중요성을 강조하고자 한 『삼국사기』 편집자의 시각도 투영되어 있다.

金后稷은 사냥에 빠진 진평왕에게 『노자(도덕경)』와 『서경』의 구절을 인용하며 간언하였다. 그러나 이 시기는 고구려에 도교가 본격 유입된 것보다 앞선다. 더구나 두 경전을 활용한 사냥 만류는 『舊唐書』 柳澤 열전에 동일하게 나타나고 있어 이를 차용한 것임을 알 수 있다. 조강지처에 대한 의리를 말한 강수의 사례나 군주를 위해 목숨을 바칠 것을 말한 박제상의 사례는 모두 전기가 찬술된 시기에 구사된 내용으로 파악된다.

유학 수용과 함께 국가는 교육 기관을 통해 경전을 학습한 인재를 관리로 임용했기 때문에 유학 이해는 교육 및 관리 임용 체계와 불가분의 관계에 있다. 신라의 교육 체계는 신문왕 때 국학 설치로 성립하지만, 그에 앞서 교육을 통한 경전 학습을 도모하는 전기가 상정된다.

중고기의 교육 체계로서 이해되고 있는 화랑은 집단 활동을 통해 인재를 발굴하는 방안으로서 일반적 의미의 교육과 거리가 있다. 또한 "相磨以道義"는 화랑의 운영에 대한 후대의 표현이므로 화랑의 사상적 기반을 말할 수 없다. 최치원이 「鸞郎碑」의 서문에서 風流가 三教를 포함하고 있다고 말한 것 또한 신라 말의 시각에서 화랑도를 설명한 것으로서 풍류의 내용 중에서 儒·佛·道와 각각 연결할 수 있는 지표를 찾아 구성한 것에 불과하다.

신라의 유학 교육은 640년 唐에 자제를 보내 국학 입학을 요청한 것을 전기로 한다. 이는 외교 의례의 성격이 강했지만, 국가 기관을 통한 유학 교육을 접했다는 점에서 이후 유학 교육의 단서를 제공하였다. 진덕왕 때 김춘추가 국학을 견학한 것은 그 추세를 가속시켰다.

이후 신라는 당에 자제를 보내 宿衛케 하였는데, 첫 사례는 651년 왕명으로 入唐한 金仁問이다. 강수 열전 말미에는 『新羅古記』를 인용하여 강수를 포함한 다수의 문장가를 열거한 기사가 있다. 이 중 良圖와 風訓은 모두 입당 사적이 확인된다. 이들이 문장가로 명성을 얻는 데에는 당의 국학에서 경전을 학습한 것이 기반이 되었을 것이다. 이들이 신라의 국학 설치에 인적 기반이 되었다. 「임신서기석」은 이후 신라에서 유학 경전이 충분히 보급되고 교육과 관리 선발에 활용되는 상황을 반영한다.

이처럼 신라 중고기의 유학 이해는 문장 학습과 활용에 투영된 수준을 넘기 어렵다. 신라의 유학 이해는 국학 설치를 전후하여 본격화되며, 이후 유학에 입각한 국가 운영과 이념적 활용이 모색되었다. 이것은 유학 교육과 연계된 관리 선발과 더불어 종묘를 비롯한 국가 의례의 정비, 그리고 유교 정치 이념의 확산 등으로 표출되었다. 그 구체적인 양상과 의미에 대해서는 차후의 연구 과제로 삼는다.

투고일: 2019. 4. 26.	심사개시일: 2019. 5. 09.	심사완료일: 2019. 5. 17.

참/고/문/헌

1. 자료

『三國史記』『三國遺事』『南齊書』『南史』『舊唐書』『資治通鑑』『禮記』『論語』『文選』

韓國古代社會研究所 편, 1992, 『譯註韓國古代金石文』, 駕洛國史蹟開發研究院.

2. 연구 논저

고경석, 1997, 「신라 관인선발제도의 변화」, 『역사와현실』 23.

權仁瀚, 2015, 「출토 문자자료로 본 신라의 유교경전 문화」, 『口訣研究』 35.

金德原, 2011, 「신라 國學의 설립과 그 주도세력」, 『震檀學報』 112.

金瑛河, 2005, 「新羅 中代의 儒學受容과 支配倫理」, 『韓國古代史研究』 40.

김창호, 1984, 「壬申誓記石 製作의 年代와 階層」, 『加耶通信』 10; 2009, 『삼국시대 금석문 연구』, 서경문화사.

노중국, 2008, 「신라 中古期 儒學 사상의 수용과 확산」, 『大邱史學』 93.

朴蓮洙, 1982, 「壬申誓記石에 관한 考察: 花郞의 '天' 및 '國家'觀」, 『陸士論文集』 23.

孫煥一, 2000, 「壬申誓記石의 書體考」, 『美術資料』 64.

손환일, 2017, 「한국 고대의 유교경전 기록과 목간(木簡)의 서체(書體)」, 『韓國思想과文化』 87.

申瀅植, 1969, 「宿衛學生考」, 『歷史教育』 11·12합.

劉占鳳, 2011, 「신라와 당의 교육체제 비교: 中央官學을 중심으로」, 『大邱史學』 104 .

윤경진, 2016, 「三韓一統意識의 성립 시기에 대한 재론: 근거 자료에 대한 검토를 중심으로」, 『韓國史研究』 175.

李基白, 1869, 「新羅統一期 및 高麗初期의 儒敎的 政治理念」, 『大東文化研究』 6·7; 1986」, 『新羅思想史研究』, 一潮閣.

李基白, 1969, 「强首와 그의 思想」, 『文化批評』 3; 1986, 『新羅思想史研究』, 一潮閣.

李基白, 1973, 「儒敎 受容의 初期形態」, 『韓國民族思想史大系』 2; 1986, 『新羅思想史研究』, 一潮閣.

이병도, 1957, 「壬申誓記石에 대하여」, 『서울대학교논문집(인문사회과학)』 5; 1976, 『韓國古代史研究』, 博英社.

李喜寬, 1998, 「新羅中代의 國學과 國學生: 『三國史記』38 國學條 學生關係規定의 再檢討」, 『新羅文化祭學術發表會論文集』 19.

장지훈, 2001, 「신라의 유교사상」, 『史叢』 54.

정구복, 2002, 「유학과 역사학」, 『(신편)한국사』, 국사편찬위원회.

조남옥, 2014, 「신라 화랑도에 내재한 유교사상」, 『윤리교육연구』 35.

朱甫暾, 1997, 「新羅 花郎徒 硏究의 現況과 課題」, 『啓明史學』 8.
최연식, 2016, 「新羅의 變格漢文」, 『木簡과文字』 17.
한준수, 2014, 「신라 중대 國學의 설치와 운용」, 『韓國古代史探究』 17.
玄相允, 1947, 『朝鮮儒學史』, 民衆書館.
洪起子, 1998, 「新羅下代 讀書三品科」, 『新羅文化祭學術發表會論文集』 19.
홍순창, 1991, 「신라 유교사상의 재조명」, 『新羅文化祭學術發表會論文集』 12.
황의동, 2012, 「국학(國學) 설립의 의의와 신라유학의 발전」, 『韓國思想과文化』 63.

大坂金次郎, 1967, 「新羅花郎の誓記石」, 『朝鮮學報』 43.
末松保和, 1936, 「慶州出土の壬申誓記石について」, 『京城帝大史學會誌』 10; 1954, 「壬申誓記石」, 『新羅史の諸問題』, 東洋文庫.
田中俊明, 1983, 「新羅の金石文: 壬申誓記石」, 『韓國文化』 6-7.

〈Abstract〉

Time of Creation of the「Imshin Seogi-seok (壬申誓記石, Stone of Oath carved in the Imshin-year)」 inscription, and Confucianism in the Shilla dynasty's Middle-Ancient era

Yoon, Kyeong-jin

Newly estimated in this article is the date for the Imshin Seogi-seok inscription, which contains the students' oath to study Confucian classical texts diligently. The intention is to gain new understanding of the level of Confucian studies reached in the Middle-Ancient era of Shilla.

Until now, this monument was believed to have been erected when the Hwa'rang(花郎) figures were in operation. It was a general perception that the inscription would have been made in either 552 or 612. Yet the inscription itself does not reveal any reference to the Hwa'rang figures. Instead, the line which says "If the state is to be disrupted[不安] or rattled by upheavals[大亂]" insinuates the fact that the inscription was drafted actually during peace time when the state was quite stabilized.

The texts studied by Gang Su(强首) who served and operated as a literary figure for the government during the reign of king Mu'yeol-wang was Munseon(文選, generally consulted in writing practices) and Hyogyeong(孝經, generally read in acquiring basic Confucian morality). Studies of Classical texts including the Five Classics(五經) only began during king Weonseong-wang's reign when the Dokseo Sampum-gwa(讀書三品科) institution was launched for the first time.

The Shilla people's initial understanding of Confucianism was within the context of perceiving it as part of Chinese literature(漢文學). Buddhist priests used to go over to China to study classical writing, and absorbed Confucian understanding too in the process. Such efforts were to primarily learn advanced skills of writing, and did not necessarily mean that they were particularly interested in studies of Classical text, or achieved a certain level of understanding in Confucian teaching for that matter. Quotes from Classical texts we can find from「Jinheung-wang Sungsu-bi(眞興王巡狩碑)」were actually inserted there most dominantly to decorate the king's own leadership and authority. And many of the Confucian descriptions with regard to individuals who lived this period and included in their biographies[傳記] are most certainly added in subsequent periods when those biographies were actually written. The example of Kim Hu-jik(金后稷) which mentioned Noja(老子) and Seogyeong(書經) was modeled after Chinese historical details.

▶ Key words: Imshin Seogi-seok(壬申誓記石, Stone of Oath carved in the Imshin-year), Confucianism(儒學), Gang Su(强首), the Five Classics(五經), Munseon(文選, generally consulted in writing practices), Dokseo Sampum-gwa(讀書三品科), Kim Hu-jik(金后稷)

논 문

昌寧 仁陽寺 碑文의 判讀과 解釋

김성주[*], 박용식[**]

〈국문초록〉

이 글은 '창녕탑금당치성문기비(昌寧塔金堂治成文記碑)' 비문의 판독과 자형에 관한 글이다. 이 비는 1919년과 1920년의 조선총독부(朝鮮總督府) 조사 이후 여러 연구자들의 조사를 통해 그 성격과 내용이 밝혀졌지만 비문의 완전한 판독과 해석은 아직 이루어지지 않았다. 그동안 탁본과 역탁을 이용한 조사 등을 통해 이 비의 비문 판독을 위한 다양한 방법이 동원되었지만 아직 몇몇 글자들은 논란의 여지가 있다. 이 글은 야간 연속 조명을 이용하여 촬영한 자료를 바탕으로 인양사비명에서 판독에 문제가 되었던 '順, 年, 庚, 安, 取, 妙, 熱, 川, 嚴, 苑, 第, 仏, 庚' 등의 자형을 새롭게 또는 재확인하였다. 인양사비명 자체가 판독이 어려운 부분이 많지만 야간 연속 촬영을 통하여 그동안 논란이 된 자형을 보다 정확하게 판독할 수 있다. 또한 인양시비명에 사용된 이두문의 특성을 고려할 때, '辛酉年六寺安居食六百六石'의 해석은 '辛酉年(781)에 六寺의 安居食이 606석이었다'로 보는 것이 합리적이며, 아울러 인양사비명에 쓰인 이두문은 6세기에 쓰인 '초기 이두문'으로 규정하기보다는 9세기에 유행한 특징적인 이두문으로 보는 것이 합리적이다.

▶ **핵심어: 창녕, 인양사, 비문, 판독, 자형**

* 동국대학교 대학원 국어국문학과 초빙교수
** 경상대학교 국어국문학과 조교수, 교신저자

Ⅰ. 서론

경남 창녕의 '창녕탑금당치성문기비(昌寧塔金堂治成文記碑)'(이하 '인양사비')는 1919년과 1920년의 조선총독부(朝鮮總督府) 조사 이후 여러 연구자들의 조사를 통해 그 성격과 내용이 밝혀졌지만 비문의 완전한 판독과 해석은 아직 이루어지지 않았다.

탁본과 역탁 그리고 야간 연속 조명 등 다양한 방법을 통한 비문 판독에 괄목할 만한 연구 성과가 있었지만 여전히 판독하기 어려운 글자가 남아 있어 완전한 해독에는 많은 어려움이 있다. 이 글도 전체 비문의 완전한 판독과 해독문을 제시하기에는 미흡하지만 기존 논의에서 논란이 된 부분을 중심으로 온전한 판독과 해석을 위한 또 하나의 작업을 시도한 것이다.

지금까지 이 비문에 대한 기존의 논의는 대부분 탁본 사진을 제시하거나 탁본을 바탕으로 직접 모사한 자료를 제시하였기 때문에 객관적인 이미지 자료를 제시하지 않은 상태로 논의될 수 밖에 없었다. 이 글에서는 논의하고자 하는 자형의 사진을 제시함으로써 논의의 객관성을 높이려고 노력하였다.

경남 창녕군 창녕읍 교리 294에 위치한 창녕 인양사비는 현재 보물 제227호로 지정되어 있으며 문화재청에 등록된 공식 이름은 '창녕탑금당치성문기비(昌寧塔金堂治成文記碑)'이다. 높이는 160㎝이며 폭과 두께는 각각 48㎝, 18.5㎝이다. 글자 크기는 3~4㎝ 정도이다.

그림 1. 인양사 비의 현재 모습

그림 2. 1920년 발견 당시

〈그림 1〉은 2011년 8월 조사 당시의 것이고 〈그림 2〉는 조선총독부(1920: 40)에 수록된 사진이다. 이 비석은 남향으로 스님의 석상(石像)이 조각된 점이 특징인데 〈그림 2〉를 보면 현재와는 달리 석상(石像)이 있는 면(面)의 앞 부분에 석물(石物)이 보인다. 그동안 비의 앞면과 뒷면에 대한 해석에서 이견도 있었으나 석상(石像)이 있는 면을 앞면으로 북향(北向)인 비문이 있는 면을 뒷면으로 보는 것이 당연하다. 전면의 조각에 대해서는 조선총독부(1919, 1920)은 '석불(石佛)'로 보았으나 문명대(1970, 1981)의 논의를 통해 불상(佛像)이 아니라 뒷면의 비문과 관련 있는 승상(僧像)으로 밝혀졌다.[1)]

이 비석의 성격에 대해서 대부분의 연구자들은 신라 하대의 지방유력자들의 재력과 위상을 보여주는 대표적인 작품으로 보고 있지만 최연식(1992: 234)는 '인양사(仁陽寺)의 탑(塔)과 금당(金堂)을 완성한 것을 기념하여 그간의 과정을 적은 치성문(治成文)이 적혀 있는 것'으로 보았다.

이 비에 대해서는 미술사, 역사, 국어사 방면의 논의가 있었는데, 남풍현(1983/2000)은 비문(碑文)에 사용된 한자들 가운데 '治, 石, 中, 之' 등은 국어에 바탕을 두고 사용된 용자(用字)임을 논의하였다. 기존 연구의 방법은 주로 탁본과 현지 조사에 의존한 반면 하일식(1997: 55-58)은 4차례의 조사를 통해 작성한 탁본(拓本)과 역탁(逆拓)은 물론, 야간에 여러 각도에서 조명을 비추어 조사하는 방법을 사용하기도 하는 등 다양한 시도를 하였다.

이 글은 2011년 8월 31일과 2012년 1월 2일에 조사하여 직접 촬영한 사진을 바탕으로 연구를 진행하였다.[2)] 두 번의 조사 모두 야간에 LED 조명을 비추어 생기는 글자의 음영(陰影)을 촬영하였다. 1차 조사에는 흰색 조명뿐만 아니라 붉은색과 푸른색 조명을 비추어 보기도 했는데 붉은색 조명은 판독에 도움이 되지 않은 반면 푸른색 조명은 경우에 따라 흰색 조명보다 판독이 더 용이하기도 하였다. 2차 조사는 흰색 조명만을 사용해서 비석의 각 부분을 다양한 각도에서 조명하고 이를 촬영하였다. 현장에서 직접 조명을 비추고 또 촉각을 이용해 조사하는 것은 판독에 큰 도움이 되지 않았다. 오히려 촬영된 사진을 밝기나 대비를 다르게 조작하거나 확대해 가면서 자형의 윤곽을 관찰하는 것이 자형 판독에 훨씬 도움이 되었다.

II. 판독과 자형

이 장에서는 인양사 비문의 내용을 의미 단위로 나누어 글자의 판독과 해석을 동시에 진행한다. 판독은 총독부(1920), 문명대(1980), 남풍현(1983/2000), 최연식(1992), 하일식(1997)과 함께 저자들의 판독을

1) 2013년 이 글을 한국사상사학회에서 발표할 당시 조경철 선생님은 인양사비를 '국내 유일의 승비상(僧碑像)'으로 볼 수 있다는 견해를 피력하였다.

2) 인양사비의 1차 조사는 박용식(경상대학교 국문학과 교수), 유화정(경상대학교 국문학과 박사과정), 2차 조사는 박용식, 권인숙(경남 고성 상리중학교 교사) 등이 참여하였다. 그리고 2013년 8월 31일 김성주(동국대학교 국문학과 교수)의 현장 조사 결과도 이 글에 반영하였다.

실었다.

〈제1행〉[3)]

총:元和五年庚寅六月三日順表□塔金堂治成文記之辛亥年仁陽寺

문:元和五年庚寅六月三日□表□塔金堂治成文記之辛亥年仁陽寺

남:元和五年庚寅六月三日**頓**表**明**塔金堂治成文記之辛亥年仁陽寺

최:元和五年庚寅六月三日順表□塔金堂治成文記之辛亥年仁陽寺

하:元和五年庚寅六月三日順表□塔金堂治成文記之辛亥年仁陽寺

김/박:元和五年庚寅六月三日順表□塔金堂治成文記之辛亥年仁陽寺

남: 元和 5年(庚寅年 810) 6月 3日에 **頓表明**이 塔과 金堂을 修理하고 造成한 글을 記錄한다.

최: 元和 5년(810년), 庚寅년 6월 3일에 順表□塔과 金堂을 수리하고(治) 완성한(成) 글을 기록한다.

하: 元和 5년 庚寅年(헌덕왕 2년, 810년) 6월 3일에 順表…(□) 塔과 金堂을 수리(治)하고 이룬(成) 글을 기록한다.

김/박:元和 5年 庚寅(810년) 6月 3日에 順表師가 塔과 金堂을 고치고 세운 글을 쓴다.

남풍현(1983/2000)은 각각 (01:11)[4)]과 (01:13)을 '頓, 明'으로 판독하였다. (01:11)은 '頓'보다는 '順'으로 보는 것이 타당하다. 順의 변인 '川'의 제2획이 다른 수직획보다 길지만 아래에 제시된 자형을 참조하면[5)] '順'임을 알 수 있다.

표 2. 01:11 順

				東魏 敬史君碑	魏 王基残碑
1	2	3	4	대서원 2889	대서원 2890

3) 판독과 해석의 약호는 다음과 같다. 총:총독부(1920), 문: 문명대(1980), 남: 남풍현(1983/2000), 최: 최연식(1992), 하: 하일식(1997), 김/박: (이 글).

4) 이 글에서 글자의 제시는 행의 순서와 글자의 순서를 차례로 제시하여 표시하였다.

5) 이 글에서 제시하는 참고 자형은 모두 〈大書源, 2007, 二玄社〉에 수록된 것이다. 각 자형이 수록된 쪽수를 따로 밝혔다.

남풍현(1983/2000)에서 '明'으로 본 글자는 판독하기 어렵다. 그러나 '明'의 이체자를 검토하여도 (01:13)을 '明'으로 판독하기는 어렵다. 이어지는 내용은 '塔金堂'인데 (01:13) 즉 '□'를 '塔'과 연결되는 것으로 보고 '順表가 □塔과 金堂을 고치고 만든 글'이라고 해석하는 것도 한 방법이 될 수 있으나 이 비문이 한 스님의 업적을 기리는 것을 내용으로 하고 있기 때문에 단순히 스님의 法名만을 써서 그 스님의 업적을 기리지는 않았을 것이라고 생각한다. 따라서 '□'는 '塔'과 연결되어 '□塔'으로 쓰이는 것보다는 그 스님의 법명인 '順表'와 연결되어 '順表□'로 쓰였고 이때 '□'는 스님을 높이는 존칭으로 쓰인 글자라고 생각한다. 현대의 감각으로는 '□'에는 '師'자 정도가 쓰였을 것으로 생각하는데 글자가 많이 훼손되어서 정확한 판독을 할 수 없다.[6]

또한 塔이 부처님을 모신 金堂 앞에 오는 것이 어색하다고 볼 수도 있으나 '塔' 또한 부처님의 사리를 모신 것으로 '佛像'이 출현하기 전에는 塔이 佛像을 대신하여 예배의 대상이 되었으며, 현재도 塔은 여전히 金堂과는 동등한 예배의 대상으로 볼 수 있기 때문에 '塔金堂'의 배열은 불교적인 관점에서 어색하지 않다.

이 글에서는 (01:13)의 '□'를 판독할 수 없으나 비문의 주인공을 法名만으로 부를 수 없다는 점을 고려하여 '□'를 이 비문의 주인공인 '順表'를 대우하는 글자일 것으로 추정하고 현대역에서는 '師'를 사용하여 결과적으로 '順表師'로 하였다.

표 3. 01:13 ?

1	2	3	4

이 글에서는 '年'이 모두 22회 나온다. 그런데 이 비문에 사용된 '年'의 자형은 특징적인 면이 있다. 아래는 창녕진흥왕척경비(561년), 무술오작비(578년), 남산신성비(591년)의 '秊'에 가까운 자형이나, 이 비문의 '年'의 자형은 수평획이 3획이 아니라 4획이며 위로부터 셀 때 제2획과 제4획의 경우 짧은 세로 획이 있다. 이것은 일반적으로 '年'의 마지막 수평획에서만 짧은 세로획이 동반하는 것과는 다른 특징적인 '年'의 자형이다. 남풍현(1983/2000: 333)은 이 비문에 쓰인 '年'의 자형이 蔚州川田里書石追銘에도 쓰이고 있음을 지적하고 있다.

6) 남풍현(2000: 349)에서는 '順表□'를 '頓表明'으로 판독하고 '頓'은 高僧을 존대한 語助辭로 보고 이 비의 주인공인 이 스님의 법명을 '表明'으로 보고 있다. 그러나 앞서 지적한 대로 우리는 (01:1)을 '順'으로 (01:13)을 판독 불가능한 글자로 파악하기 때문에 이 논의를 수용하지 않는다.

표 5. 주요 고대 비문에 나타나는 年의 자형

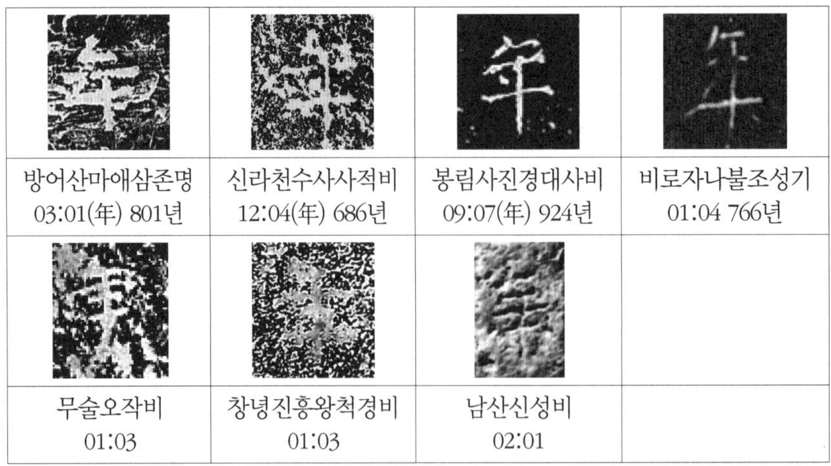

방어산마애삼존명 03:01(年) 801년	신라천수사사적비 12:04(年) 686년	봉림사진경대사비 09:07(年) 924년	비로자나불조성기 01:04 766년
무술오작비 01:03	창녕진흥왕척경비 01:03	남산신성비 02:01	

표 6. 인양사비의 年의 자형

01:24	03:07	03:21	05:01	06:17	06:24

이 비문에서는 '庚'이 간지(干支)를 나타내는 환경에서만 4번 출현하는데 아래의 '庚'의 자형과 같이 '广' 안의 세로획과 파임이 서로 연결된 일반적인 자형이 아니라 세로획과 떨어져 마치 '八'을 두 점으로 처리한 아래의 그림과 같은 자형이다. 간지에 쓰이고 있으므로 자형에 상관없이 '庚'으로 판독할 수 있다. 이 비에는 5회 모두 동일한 자형이 쓰였다.

표 7. 인양사비의 庚

					唐 歐陽通 道因法師碑	東晉 王羲之 興福寺斷碑
01:05	08:09	08:12	09:26	10:09	대서원 902	대서원 902

'治'는 '고치다, 수리하다'의 뜻이다. 이 비문과 비슷한 시기의 이두문인 永川菁堤碑貞元銘(798년)에 '菁堤治記之'의 용례가 있다. '成'은 '만들다, 조성하다'의 뜻이다. 비슷한 시기의 이두문으로는 上院寺鐘銘(725년)의 '鐘成記之', 新羅華嚴經寫經造成記(755년)의 '一部周了成內之', 葛項寺石塔造成記(785년)의 '娚姉妹三人業以成在之', 禪林寺鐘銘(804년)의 '當寺鍾成內之', 中初寺幢竿支柱銘(827년)의 '丁未二月三十日

了成之', 菁州蓮池寺鐘銘(833년)의 '蓮池寺鐘成內節', 竅興寺鐘銘(856년)의 '竅興寺鐘成內矣' 등의 예가 있다.

그런데 '塔金堂治成文記之'와 관련하여 '창녕 인양사비문'의 어학적 성격을 말해 둘 필요가 있다. 이 비문의 텍스트는 한자를 우리말 어순으로 배열한 것으로 본격적인 이두의 요소는 표기되지 않았다. 그런데 이렇게 말할 수 있는 좋은 예가 바로 '塔金堂治成文記之'이다. 만일 이 비문의 문장이 정식 이두문이었으면 비슷한 시기의 이두문처럼 '文記之'의 '記'와 '之'의 사이에는 '內'나 '在'가 표기되었어야 한다. 위에 예를 든 新羅華嚴經寫經造成記(755년), 葛項寺石塔造成記(785년), 禪林寺鐘銘(804년), 菁州蓮池寺鐘銘(833년), 竅興寺鐘銘(856년) 등이 모두 '內'나 '在'를 표기하고 있다.

단지 上院寺鐘銘(725년)의 '鐘成記之', 中初寺幢竿支柱銘(827년)의 '丁未二月三十日了成之' 등에서만 동사와 종결어미 '之' 사이에 '內'와 '在'가 없다.[7]

〈제2행〉

총: **鐘**成辛酉年六寺安居食六百六石壬戌年仁陽寺□**抄**戸頂禮石成
문: 鍾成辛酉年六寺**尖**居食六百六石壬戌年仁陽寺**承**妙戸頂禮石成
남: 鍾成辛酉年六寺安居食六百六石壬戌年仁陽寺**取**妙戸頂禮石成
최: **鐘**成辛酉年六寺安居食六百六石壬戌年仁陽寺**事(?)妙(抄)**戸頂**札**石成
하: 鍾成辛酉年六寺安居食六百六石壬戌年仁陽寺取妙戸頂礼石成
김/박: 鍾成辛酉年六寺安居食六百六石壬戌年仁陽寺取妙戸頂礼石成

남: 辛亥年(771)에 仁陽寺의 鍾을 造成. 辛酉年(781)에 六寺의 **安居食으로 606石**. 壬戌年(782)에 仁陽寺 取妙戸의 頂禮石을 造成.
최: 辛亥年(771년)에 仁陽寺의 종이 완성되었다. 辛酉年(781년)에 여섯 절에서 安居할 때 6백 6석의 곡식을 먹었다. 임술년(782년)에 인양사의 事妙(抄?)戸와 頂禮石(拜禮石)이 완성되었다.
하: 辛亥年(혜공왕 7년, 771년)에 仁陽寺의 鍾을 이루었다(成). 辛酉年(선덕왕 2년, 781년)에 6寺의 **安居食이 606석이었다**. 壬戌年(선덕왕 3년, 782년)에 仁陽寺 取妙戸의 頂礼石을 이루고(成)
김/박: 辛亥年(771)에 仁陽寺의 鍾을 만들었다. 辛酉年(781)에 六寺의 安居食이 606석이었다. 壬戌年(782)에 仁陽寺 取妙戸의 頂礼石을 만들었다.

(02:01)의 자형은 '鐘'이 아니라 '鍾'이 확실하다.

---

7) 여기에 대해서는 3장의 말미에 좀 더 자세한 견해를 피력하였다.

표 8. 02:01 鍾

1	2	3

(02:08)은 '安'이 확실하다. 唐『文選』에서 사용된 자형이나 일본 奈良寫經인『繪因果經』에 사용된 '安'의 자형을 참고하면 (02:08)은 '安'임이 확실하다.

표 9. 02:08 安

1	2	3	대서원 719	대서원 719

(02:21)과 (02:22)는 각각 '取/承/事'와 '抄/妙' 등으로 판독하였는데 사진 상으로는 쉽게 판단하기 어렵다[8]. 다만 (02:21)을 '事'로 보기는 어렵다.

표 10. 02:21 取?/承?

1	2	3

(02:22)는 〈표 11〉을 볼 때 '抄'보다는 '妙'로 보는 타당하다. 좌변을 '扌'로 보기는 어렵기 때문이다.

8) 심사 과정에서 '冣'로 볼 수 있다는 지적이 있었지만 〈표 9〉의 사진을 보면 '冖'가 잘 드러나지 않는다.

표 11. 02:22 妙

'六寺'에 대해서는 조금 부언할 필요가 있다. 이 비에 등장하는 '六寺'는 '여섯 개의 사찰'이 아니라 고유명사로서의 '六寺'일 가능성이 있다. 이것은 제공된 安居食의 量이 '606石'이라는 점에서도 그렇다고 볼 수 있다.[9)]

'取妙戶頂礼石'이라는 판독이 맞다고 가정할 때, 그 해석은 '取妙戶와 頂礼石'인가 아니면 '取妙戶의 頂礼石'인가? 답은 후자일 것으로 생각한다. 이 비문에 등장하는 '戶'는 '階, 石梯石, 頂禮石'을 가질 수 있는 존재이다. 頂禮石은 '절을 할 수 있도록 편평하게 깎아 놓은 돌'이며, '階'와 '石梯石'은 각각 '계단'과 '돌사다리'이므로 어떤 건물에 접근할 수 있도록 만든 구조물들이다. 그러므로 이 비문에 쓰인 '戶'는 '예배의 대상이 되는 건물'로 추정할 수 있다.

그런데 '辛酉年六寺安居食六百六石'를 '辛酉年(781년)에 여섯 절에서 安居할 때 6백 6석의 곡식을 먹었다(최연식 1992).'로 해석하는 것보다는 '辛酉年(781)에 六寺의 安居食이 606석이었다.'와 같이 계사문으로 해석해야 한다.

〈제3행〉

총: 同寺金堂治同年羊?楡二驅施食百二石乙丑年仁陽无上舍成

문: 同寺金堂治同年半?楡卅二驅施食百二石乙丑年仁陽无上舍成

남: 同寺金堂治同年辛熱楡卅二駟施食百二石乙丑年仁陽无上舍成

최: 同寺金堂治同年羊熱楡川二駅施食百二石乙丑年仁陽无上舍成

하: 同寺金堂治同年辛熱楡川二駟施食百二石乙丑年仁陽无上舍成

김/박: 同寺金堂治同年辛熱楡川二駟施食百二石乙丑年仁陽无上舍成

남: 같은 해(782) 金堂을 修理. 같은 해(782)에 仁陽寺에 辛熱楡 32 수레, 시주한 糧食 102 石. 乙丑年(785)에 仁陽寺의 无上舍를 造成.

최: 같은 절의 金堂을 수리하였다. 같은 해에 羊熱과 楡川의 두 驛에서 곡식 1백 2석을 시납하였다. 乙丑년(785년)에 인양사의 无上舍가 완성되었다.

하: 同寺 金堂을 수리하였다(治). 同年에 辛熱·楡川 2驛에 곡식 102석을 주었다(施食).

9) 일본에도 '七寺(ななつでら)'라는 이름의 절이 있다는 사실도 참고가 된다.

乙丑年(원성왕 1년, 785년)에 仁陽寺의 无上舍를 이루었다(成).

김/박: 같은 절의 金堂을 고쳤다. 같은 해(782)에 辛熱과 楡川의 두 驛의 施食이 102石 이다. 乙丑年(785)에 仁陽寺의 无上舍를 세웠다.

(03:08)은 기존연구에서 '羊, 𢆉, 辛' 등으로 판독하였다. 아래의 그림을 참조하면 '辛'으로 보는 것이 타당하다. 이 비문에 쓰인 '辛'은 특히 北緯의 '皇甫驎墓誌'에 사용된 '辛'의 자형과 유사하다.

표 12. 03:08 辛

1	2	3	대서원 2610	대서원 2610

(03:09)는 사진상으로 볼 때는 '圭(?)+九+火'로 볼 수 있다. 다만 '圭'의 자형이 다소 불확실하다. 잠정적으로 아래의 '灬'가 '火'로 된 '熱'으로 판독한다.

표 13. 03:09 熱

1	2	3	4	대서원 1695

(03:11)은 '川'으로 보는 것이 타당하다. 수평획이 확인되지 않기 때문에 '卌'으로 볼 수는 없다. 아래에 제시한 '川'의 자형을 참고할 수 있다.

표 14. 03:11 川

1	2	3	4	대서원 845	대서원 845

(03:13)은 '驅'나 '馹'으로 보기는 어렵다. 아랫부분 가운데의 삐침획('丿')은 '尺'의 삐침획이 아니라 '馬'의 제6획의 일부분으로 보아야 한다. 사진상의 판독으로는 '驅'나 '駟'이 제일 가까운 자형인 것으로 보인다.

표 15. 03:13 '駟/駟?'

1	2	3

'无上舍'는 仁陽寺에 세워진 부속 건물인 것으로 보이나 정확한 용도는 알 수 없다.

〈제4행〉

총: 壬午年京奉德寺永興寺天嚴寺寶藏寺施食二千七百十三石壬午

문: 壬午年京奉德寺永興寺天嚴寺寶藏寺施食二千七百十三石壬午

남: 壬午年京奉德寺永興寺天嚴寺寶藏寺施食二千七百十三石壬午

최: 壬午年京奉德寺永興寺天**巖**寺寶藏寺施食二千七百十三石壬午

하: 壬午年京奉德寺永興寺天嚴寺寶藏寺施食二千七百十三石壬午

김/박: 壬午年京奉德寺永興寺天嚴寺寶藏寺施食二千七百十三石壬午

남: 壬午年(802)에 서울(慶州)의 奉德寺, 永興寺, 天嚴寺, 寶藏寺에 시주한 糧食 2713石.

최: 壬午년(802년)에 서울(경주)의 奉德寺와 永興寺, 天巖寺, 寶藏寺 **등에서** 곡식 2천 7백 13석을 시납하였다.

하: 壬午年(애장왕 3년, 802년)에 王京의 奉德寺·永興寺·天嚴寺·寶藏寺에 곡식 2,713石을 주었다(施食).

김/박: 壬午年(802)에 서울(慶州)의 奉德寺, 永興寺, 天嚴寺, 寶藏寺의 施食이 2713石이었다.

(04:12)는 '巖'이 아니라 '嚴'으로 보는 게 타당하다. 아래 사진에서 수직획이 드러난다. 아래 사진에서 口와 口 사이에 수직획이 있는 '嚴'의 자형을 참조할 수 있다.

표 16. 04:12 嚴

 北魏 元熙墓誌	 唐 玄宗 石台孝経
1	2	3	4	대서원 531	대서원 531

거론된 慶州의 절 중 奉德寺와 天嚴寺는 아래의 (1)과 같이 『三國遺事』에서 확인할 수 있다.

(1) 가. 其子惠恭大王乾運 以大曆庚戌十二月 命有司鳩工徒 乃克成之 安於**奉德寺** 〈『삼국유사』 권 제3 탑상 제4 황룡사종 분황사약사 봉덕사종〉

나. 第四十哀莊王代 有沙門正秀 寓止皇龍寺 冬日雪深 旣暮 自三郞寺還 經由**天嚴寺**門外 〈『삼국유사』 권제5, 감통 제7, 정수사구빙녀〉

경주에 있는 奉德寺, 永興寺, 天嚴寺, 寶藏寺 등 4절에 2,713石의 施食이 제공되었므로 산술적으로 계산하면 하나의 절에 약 700石 정도가 제공된 것으로 볼 수 있다.

〈제5행〉

총: 年仁陽寺三寶中入食九百五十四石同年塔盧半治癸未年仁陽寺金

문: 年仁陽寺三寶中入食九百五十四石同年塔盧半治癸未年仁陽寺金

남: 年仁陽寺三寶中入食九百五十四石同年塔盧半治癸未年仁陽寺金

최: 年仁陽寺三寶中入食九百五十四石同年塔盧半治癸未年仁陽寺金

하: 年仁陽寺三寶中入食九百五十四石同年塔盧半治癸未年仁陽寺金

김/박: 年仁陽寺三寶中入食九百五十四石同年塔盧半治癸未年仁陽寺金

남: 壬午年(802)에 仁陽寺의 三寶에 들여 놓은 糧食 954石. 같은 해(802)에 塔盧를 半을 修理. 癸未年(803)에 仁陽寺 金堂 안의 佛像을 造成.

최: 임오년에 인양사의 三寶에 9백 54석의 곡식을 넣었다. 같은 해에 탑의 露盤을 수리하였다(塔盧(?)를 반절 수리하였다). 癸未년(803년)에 인양사 금당 안의 (불)상을 완성하였다.

하: 壬午年에 仁陽寺 三寶에 곡식 954석을 들였다(入食). 同年에 塔의 盧半을 수리하였다(治). 癸未年(애장왕 4년, 803년)에 仁陽寺 金堂 내의 像을 이루었다(成).

김/박: 壬午年(802)에 仁陽寺의 三寶에 入食이 954石이다. 같은 해(802)에 塔의 露盤을 고쳤다. 癸未年(803)에 仁陽寺 金堂 안에 像을 만들었다.

이 비문에 쓰인 '三寶'는 '佛法僧'을 가리키는 일반적인 의미이기보다는 일종의 '寶'일 가능성이 있는 것으로 본 최연식(1992)의 견해를 따르는 것이 나아 보인다.

'施食'과 '入食'의 차이에 대해서 종래 많은 논의가 있었다. 이 글에서도 이들이 구체적으로 어떻게 다른지에 대해서는 특별한 해석안이 없다. 그러나 어학적인 관점에서 말하자면 '施食'과 '入食'을 '食量을 베풀었다'와 '食量을 들였다'로 해석할 수 없다는 점은 분명하다. 이때의 '施'와 '入'은 동사가 아니라 관형어로 쓰인 것이다. 따라서 적어도 풀어서 해석할 때에는 '베푼 식량'과 '들인 식량'으로 해석해야 할 것이다. 이 비문에 쓰인 이두문은 漢字를 우리말의 어순으로 재구성한 이두문 문체상 특별한 위치를 점하고 있다. 이두문에서 조사, 어미 등 문법 형태의 표기가 어느 정도 발달한 시기인 9세기에 오히려 조사, 어미 등의 문법 형태 표기를 일체 생략하고 한자를 우리말의 어순으로 재배열한 이두문에 속하는 것이다. 즉 인양사비의 이두문의 특징은 우리말 어순대로 재배열한 점에 있다. 따라서 제3행과 제4행에 쓰인 '施'와 제5행에 쓰인 '入'이 동사라면 이들은 당연히 문장의 맨 끝에서 표기되었어야 한다.

'塔露半'을 남풍현(1983/2000)은 '塔盧를 半을'로 해석하였으나 '塔盧'가 무엇을 가리키고 '塔盧'의 '半'은 무엇을 가리키는지 명확하게 제시되어 있지 않다. 우리는 다른 기존 연구와 같이 '塔盧半'은 '塔의 露盤'으로 본다. '盤'을 '半'으로 표기할 수 있는지 의문스러울 수도 있으나 신라 이두문에서는 音이 같은 글자로 표기하는 경우는 많이 있다. 아래의 '永泰二年銘石造毘盧遮那佛舍利盒'의 밑면에 쓰인 '二個反藥者'의 '反'에서도 볼 수 있다. 여기의 '反'은 남풍현(1989/2000)에서 접시를 뜻하는 '盤'을 대신해서 쓰인 것으로 보았고, 김성주 · 박용식(2013)은 '半'으로 해석될 가능성도 있다고 보았는데, 어떤 해석이 맞든 여기의 '反'은 '盤'이나 '半'과 音이 같기 때문에 쓰인 경우에 해당한다.

'中'은 전형적인 이두문에서 처격 조사 표기를 위해 쓰인 것으로 고대 중국어에서도 '처격'의 용법이 있던 글자이다. 이와 같이 이두문에서 문법 형태에 쓰인 글자들은 고대 중국어에서 그와 유사한 용법이 있는 글자가 쓰인 경우가 많은데, 이 비문에 쓰인 '中, 之'도 이러한 유형에 속한다. 이 비문에서 '之'와 '中'은 아래의 예문과 같이 오직 한 번밖에 사용되지 않았다. 그러므로 이들이 문법 형태를 표기한 것인지 아니면 한문의 용법을 우리말 어순으로 배열한 것인지 정확하게 판단하기는 어렵다. 전자라면 훈독하였다고 볼 수 있고, 후자라면 음독하였다고 볼 수 있다.

(2) 가. 元和五年庚寅六月三日順表□塔金堂治成文記<u>之</u>
나. 仁陽寺三寶<u>中</u>入食九百五十四石

남풍현(1983/2000)은 인양사비명과 함께 中初寺幢竿支柱銘(827년)을 이두문을 의미 요소는 음독하고 문법 형태는 훈독하던 전형적인 이두문과는 달리 우리말 어순으로 재배열하여 모든 글자를 음독하는 초기 이두문과 비슷한 성격을 지녔다고 보았다. 그러나 이러한 견해와는 달리 '인양사비문(810년)'이나 '중초사당간지주명(827년)' 등 9세기에 한자를 우리말 어순으로 재배열한 이두문에 대해서는 이들이 단순히 한자를 우리말 어순으로 재배열한 초기 이두문과 비슷한 이두문이 아니라 전형적인 이두문과 같이 의미부는 음독하고 형태부는 훈독을 하였으나 단지 표기에 있어서는 문법 형태 표기를 전면적으로 생략한 것으로 볼 가능성도 있다. 이렇게 본다면 이 비문에 쓰인 '之'와 '中'은 생략된 다른 문법 형태와는 달리 생략하고 나면 문장을 해석할 때 어려움을 줄 여지가 있다. 실제로 (2가)에서 '之'가 생략된 문장 즉 '元和五年庚寅六月三日順表□塔金堂治成文記'는 표기법으로서는 어색하다고 판단되며, 특히 (2나)의 '中'이 생략된 '仁陽寺三寶入食九百五十四石'은 표기법으로서는 어색하기 때문에 각각 '之'와 '中'이 들어간 것으로 볼 수 있다.

〈제6행〉

총: 堂內像成同年苑池寺金堂內像成癸未年仁陽寺塔?四 層治同年

문: 堂內像成同年花池寺金堂內像成癸未年仁陽寺塔?? 層治同年

남: 堂內像成同年花池寺金堂內像成癸未年仁陽寺塔吊四層治同年

최: 堂內像成同年苑池寺金堂內像成癸未年仁陽寺塔弔四層治同年

하: 堂內像成同年苑池寺金堂內像成癸未年仁陽寺塔第四層治同年

김/박: 堂內像成同年苑池寺金堂內像成癸未年仁陽寺塔第四層治同年

남: 같은 해(803) 花池寺 金堂 안의 佛像을 造成. 癸未年(803)에 仁陽寺의 塔吊 四層을 修理.

최: 같은 해에 苑池寺 金堂 안의 (불)상을 완성하였다. 계미년에 인양사의 탑이 4층이 무너져서 수리하였다.

하: 同年에 苑池寺 金堂 내의 像을 이루었다. 癸未年에 仁陽寺塔의 제4층을 수리하였다.

김/박: 같은 해(803)에 苑池寺 金堂 안에 像을 만들었다. 癸未年(803)에 仁陽寺 塔의 第4層을 고쳤다.

(06:07)은 '花'가 아니라 '苑'으로 보는 것이 타당하다. 아래의 그림을 참조하면 글자의 좌하 부분의 수직획은 '亻'처럼 정확하게 수직으로 내려오는 것이 아니라 '夕'과 같이 우상에서 좌하로 비스듬이 삐쳐져 내려오는 획임을 확인할 수 있다.

표 17. 06:07 苑

(06:22)는 '第'로 보는 게 타당하다. 아래의 그림을 참조하면 '竹'로 볼 수 있는 부분의 두 '丿' 획이 뚜렷하다.

표 18. 06:22 第

〈제7행〉

총: 仁陽寺佛門四角鐸成乙酉年仁陽寺金堂**成開**□堂盖丁亥年須**彌**

문: 仁陽寺佛門四角鐸成乙酉年仁陽寺金堂佛門**僧**堂盖丁亥年□□

남: 仁陽寺佛門四角鐸成乙酉年仁陽寺金堂仏門□堂盖丁亥年須弥

최: 仁陽寺佛門四角鐸成乙酉年仁陽寺金堂**成開**□堂盖丁亥年須**彌**

하: 仁陽寺佛門四角鐸成乙酉年仁陽寺金堂仏門**居**堂盖丁亥年須弥

김/박: 仁陽寺佛門四角鐸成乙酉年仁陽寺金堂仏門居堂盖丁亥年須弥

남: 같은 해 仁陽寺 佛門의 四角鐸을 造成. 乙酉年(805)에 仁陽寺 金堂, 佛門들의 居堂을 盖瓦.

최: 같은 해에 인양사 佛門 네 모서리의 풍경이 완성되었다. 乙酉년(805년)에 인양사 금당이 완성되었다. 開□堂에 지붕(을 올렸다?).

하: 同年에 仁陽寺 佛門의 四角鐸을 이루었다(成). 乙酉年(애장왕 6년, 805년)에 仁陽寺 金堂 仏門居堂의 기와를 이었다(盖).

김/박: 같은 해(803)에 仁陽寺 佛門에 四角鐸을 달았다. 乙酉年(805)에 仁陽寺의 金堂, 佛門, 居堂의 기와를 이었다.

'佛門'은 정확하게 알 수는 없으나 '부처님이 계신 곳으로 들어가는 문'일 것으로 추정할 수 있다. 그렇다면 부처님이 계신 '金堂'의 문이거나 사찰로 들어가는 一柱門으로 생각되는데 '四角鐸'을 달았다는 것으로 보아서 金堂은 아닌 것으로 볼 수 있다. 또 '佛門'은 기와를 이는 대상이므로 金堂은 아니다. 金堂의 일부인 金堂門에 기와를 이었다는 것은 있을 수 없기 때문이다. 一柱門에 사각탁을 단 사례를 확인할 수 없으나 塔이나 기타 사찰의 건물에 사각탁을 다는 것은 오늘날에도 쉽게 볼 수 있다.

(07:18)은 '成'으로 보기 어렵다. '仏'이 맞다.

표 19. 07:18 仏

1	2	3

'金堂仏門居堂'은 '金堂 仏門 居堂'로 끊어 읽는 것이 합리적이다. '仏門居堂'으로 붙여 읽을 근거가 없기 때문이다. '佛門'은 '기와를 이는 대상'이므로 건물일 것으로 추정된다.

〈제8행〉

총: 成己丑年常樂寺无□**倉**成庚寅年同寺**无**□**倉**成同年大谷寺石塔

문: 成己丑年常樂寺无**康舍**成庚寅年同寺**无上舍**成同年大谷寺石塔

남: 成己丑年常樂寺无□**會**成庚寅年同寺**无報會**成同年大谷寺石塔

최: 成己丑年常樂寺**无**(?)尽(?)倉成庚寅年同寺**无**□**倉**成同年大谷寺石塔

하: 成己丑年常樂寺**无庚會**成庚寅年同寺**无報會**成同年大谷寺石塔

김/박: 成己丑年常樂寺无庚會成庚寅年同寺无報會成同年大谷寺石塔

남: 丁亥年(807)에 (仁陽寺)의 須彌壇을 造成. 乙丑年(809)에 常樂寺의 无□會를 이룸. 庚寅年(810)에 같은 절(常樂寺)의 无報會를 이룸. 같은 해(810)에 大谷寺의 石塔을 造成.

최: 丁亥년(807년)에 須彌壇이 완성되었다. 乙丑년(809년)에 常樂寺 無盡(?)倉이 완성되었다. 庚寅년(810년)에 같은 절의 無□倉(舍)이 완성되었다. 같은 해에 大谷寺 석탑이 완성되었다.

하: 丁亥年(애장왕 8년, 807년)에 須弥壇을 이루었다(成). 乙丑年(헌덕왕 1년, 809년)에 常樂寺 无庚會를 이루었다(成). 庚寅年(헌덕왕 2년, 810년)에 同寺 无報會를 이루었다(成). 同年에 大谷寺 石塔을 이루었다(成).

김/박: 丁亥年(807)에 (仁陽寺의) 須彌壇를 만들었다. 乙丑年(809)에 常樂寺에 无庚會

를 만들었다. 庚寅年(810)에 같은 절(常樂寺)에 无報會를 만들었다. 같은 해 (810)에 大谷寺에 石塔을 세웠다.

(08:09)는 그림을 참조하면 '庚'으로 보는 게 타당하다. 이 문맥이 干支를 나타내는 것이기 더 더욱 확실한 것으로 보인다.

표 20. 08:09 庚

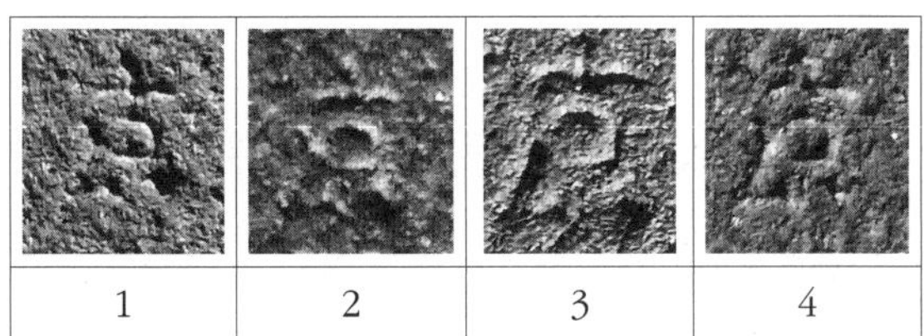

1	2	3	4

이 비문에 제시된 '會'가 구체적으로 무엇인지는 역사학계에서 많은 논의가 있었다. 여기서는 이 비문의 문맥상 '~~會'를 만드는 데에는 財力이 있어야 되는 것으로 파악할 수 있고 이 비문의 주인공인 順表師는 '~~會'를 만드는 데에 일정한 기여를 한 것으로 볼 수 있다.

〈제9행〉

총: 成己丑年仁陽寺赤戸**陽**寺戸石?頂禮二石成□鶴足石成庚寅

문: 成己丑年仁陽寺赤戸階成寺戸石梯頂禮二石成□砠足石成庚寅

남: 成己丑年仁陽寺赤戸階成寺戸石梯頂禮二石成□鶴足石成庚寅

최: 成己丑年仁陽寺赤戸階成寺戸石梯頂札二石成□鶴足石成庚寅

하: 成己丑年仁陽寺赤戸階成寺戸石梯頂礼二石成□鶴足石成庚寅

김/박: 成己丑年仁陽寺赤戸階成寺戸石梯頂礼二石成□鶴足石成庚寅

남: 己丑年(809)에 仁陽寺 赤戸階를 造成. 寺戸의 石梯와 頂禮의 2 石을 造成. □鶴足石을 造成.

최: 기축년(809년)에 인양사 赤戸의 계단이 완성되었다. 절문의 돌계단과 정례석 둘이 완성되었다. □鶴足石이 완성되었다.

하: 己丑年(헌덕왕 1년, 809년)에 仁陽寺 赤戸階를 이루었다(成). 寺戸의 石梯·頂礼 2 石을 이루고(成), □鶴足石을 이루었다(成).

김/박: 己丑年(809)에 仁陽寺의 赤戸에 계단을 만들었다. 寺戸에 石梯石과 頂禮石을 만들었다. □鶴足石을 만들었다.

(09:21)은 정확한 판독을 할 수 없는데 '傜'나 '搖'와 자형이 유사한 것으로 보인다.

표 21. 09:21 傜?/搖?

	唐 高宗 李勣碑
1	대서원 1175

'□鶴足石'은 정확하게 무엇인지 알 수 없다. 仁陽寺에 있었던 돌로 만든 구조물로 생각할 수 있다.

〈제10행〉

총: 年龍頭成辛亥年初庚寅年至間□合同食一萬五千五百九十五石

문: 年龍頭成辛亥年□庚寅年**中門修**合同食萬五千五百九十五石

남: 年龍頭成辛亥年初庚寅年至間□合同食一萬五千五百九十五石

최: 年龍頭成辛亥年初庚寅年至間□合用食一萬五千五百九十五石

하: 年龍頭成辛亥年初庚寅年至間□合用食一万五千五百九十五石

김/박: 年龍頭成辛亥年初庚寅年至間□合用食一万五千五百九十五石

남: 庚寅年(810)에 龍頭를 造成. 辛亥年(771)에서 시작하여 庚寅年에 이르는 사이에 □合同한 糧食 15,595石.

최: 경인년에 龍頭가 완성되었다. 신해년에 시작하여 경인년에 마치기까지 그 사이에 모두 곡식 1만 5천 5백 9십 5석을 사용하였다.

하: 庚寅年(헌덕왕 2년, 810년)에 龍頭를 이루었다(成). 辛亥年(혜공왕 7년, 771년)에서 庚寅年(헌덕왕 2년, 810년)에 이르는 사이에 합쳐서 곡식 15,595석을 썼다(用食)

김/박: 庚寅年(810)에 龍頭를 만들었다. 辛亥年(771)부터 庚寅年(810)까지의 사이에 도합 쓴 곡식이 15,595石이다.

龍頭는 '용수(龍首)라고도 한다. 동국대 불교학술원의 『불교용어사전』에는 "범종(梵鐘)의 위에 용머리 모양으로 된 꼭지. 여기에 갈고리를 매어 종을 달아 놓음. 이것을 용 모양으로 만든 것은 잘못이고, 포뇌수(蒲牢獸) 모양으로 만드는 것이 옳다고 함. 포뇌는 바닷가에 사는 짐승. 성품이 고래를 무서워하고 소리는 범종과 같으므로 포뇌의 모양을 만들어 종 위에 붙이고 방망이를 고래 모양으로 만들어야 종이 반드시 울린다고 하는 것. 후세에 범종 소리를 경음(鯨音)이라 하는 것도 여기서 생긴 것"으로 되어 있다.[10] 그러나 이 비문의 龍頭는 종의 머리 부분을 말하는 것이 아닐 가능성이 있다. 順表師의 업적을 나열하는 것으로 다른 예와 달리 너무 사소한 듯 싶기 때문이다.

(10:14)는 문명대(1980)만 '修'로 보았을 뿐 판독을 하지 않았다. 아래의 그림을 참조하면 '企'가 가장 근접한 듯하다.

표 22. 10:14 企?

1	2	3	4	5

표 23. 10:14와 유사한 자형 ?

魏 鍾繇 賀捷表	東晋 王羲之 淳化閣帖	北魏 牛橛造像記
1 대서원 136(企)	2 대서원 136(企)	3 대서원 255(公)

이 비문은 좌우에도 명문이 있다. 이 명문은 이두문이 아닌 순수 한문으로 보이는데 우측에서 시작하여 좌측에서 끝나는 것으로 보인다. 아래에 좌면과 우면의 문면을 제시하면 아래와 같다.[11)]

우면: 夫大(出?)要象法求之塔幹□□□門八萬法藏從何□作□□□之□有木食巖居草□石□□□□□□□□□□□□□□□□□□□□(右側)

좌면: 依三寶 奉報四恩 復有 偏身獻佛 役力供僧 栖遲迴谷 宴黙深山 雪中截壁 碓下通心 怜鳩割股 念虎投身 如此等類 皆是菩提(左側)

앞면과는 달리 순한문으로 이루어져 있는데 앞면의 글과 이어지는 것은 아니다.

여기서 인양사비명의 문체에 대해 잠시 언급할 필요가 있다. 비문의 내용을 통해 알 수 있듯이 인양사비명은 810년에 작성된 것이다. 그런데 인양사비명의 문체는 동시대의 禪林寺鐘銘(809), 菁州蓮池寺鐘銘(833), 竅興寺鐘銘(856), 국립중앙박물관 소장의 咸通銘禁口(865), 禪房寺塔誌石銘(879) 등 9세기의 다른 이두문과는 구별되는 특징을 가지고 있다.

10) 홈페이지 주소는 다음과 같다. http://www.tripitaka.or.kr/

11) 좌측면과 우측면의 텍스트는 최연식(1992)와 하일식(1997)을 참조하였다.

仁陽寺碑銘(810)은 위에 거론된 9세기의 다른 이두문과는 달리 우리말의 선어말어미나 어말어미가 표기되지 않고, 일부의 조사 등에 해당하는 문법 요소에 해당하는 이두만 표기되었으며, 어순이 우리말과 같이 배열되어 있다는 특징이 있다.

(3) 元和五年庚寅六月三日順表□塔金堂治成文記之

(3)의 '成文記之'는 이 시대의 정상적인 이두문이었다면 '成內(文)記之'라야 한다. 앞에서 거론된 9세기 이두문은 이와 유사한 문맥에서 모두 '鍾成內之' 〈禪林寺鐘銘(809)〉, '鐘成內節' 〈菁州蓮池寺鐘銘(833)〉, '鐘成內矣' 〈竅興寺鐘銘(856)〉, '成內□月寺禁口' 〈咸通銘禁口(865)〉, '練治內記' 〈禪房寺塔誌石銘(879)〉 등과 같이 '內'를 표기하고 있다.[12)]

인양사비명의 문체적 특징으로 또 거론할 만한 것으로는 아래의 (4)와 같이 글자의 배열이 모두 우리말의 어순으로 되어 있다는 점이다.

(4) 가. 辛亥年仁陽寺鐘成
나. 壬戌年仁陽寺取妙戶頂禮石成
다. 同寺金堂治

(4가)의 '鐘成', (4나)의 '取妙戶頂禮石成', (4다)의 '堂治'는 이들이 정상적인 어순의 한문이라면 각각 '成鐘', '成取妙戶頂禮石', '治堂'으로 되어야 한다. 이와 같은 예는 아래의 (5)와 같이 中初寺幢竿支柱銘(827), 東海市三和寺鐵佛造像銘(860년대) 등에서도 볼 수 있다.

(5) 가. 中初寺東方僧岳一石分二得
나. 上首十方旦越同心同願盧舍那佛成

(5가, 나)는 정상적인 한문이라면 각각 '中初寺東方僧岳分一石得二', '上首十方旦越同心同願成盧舍那佛'으로 되어야 한다.

위에서 거론한 인양사비명의 문체적 특징은 기존의 연구들에서도 부분적으로 언급된 것인데, 여기서

12) 한편 '塔金堂治成文記之'에는 '文'이 들어가 있는 것이 특이한데 대체로 이 시기의 유사한 표현에서는 '文'을 넣지 않는 것이 일반적이다(남풍현 1983/2000: 362). 그런데 이 시기의 이두 중에서는 유사한 환경에서 '文'을 표기한 예도 발견된다. 英陽石佛坐像光背銘(889)은 짧은 3행의 이두문이고 판독되지 않는 글자도 많이 있으나 해당 부분은 분명히 판독되는데 여기에서도 '文'을 사용하고 있다.

(ⅰ) □紀元年己酉八月佛成文

특별히 문제를 제기하려는 점은 인양사비명의 문체가 壬申誓記石銘(552년 또는 612년)이나 南山新城碑銘(591)과 같이 6세기에 사용된 '초기 이두문'과 동일한 성격으로 취급되어서는 안 된다는 것이다. 신라 이두문의 표기는 新羅華嚴經寫經造成記(755)나 永泰二年銘石造毘盧遮那佛造像記(766) 등의 예를 보면 모두 8세기 중반에는 선어말어미, 어말어미, 조사 등의 표기를 정밀하게 하는 이두의 표기 체계가 확립된 것으로 볼 수 있다. 그런데 인양사비명(810)을 비롯하여 중초사당간지주명(827), 동해시삼화사철불명(860년대), 英陽石佛坐像光背(889) 등 문법 요소의 표기가 일부 종결어미와 조사에 국한되고, 한문을 우리말의 어순으로 배열한 이두문을 '초기 이두문'으로 규정할 수는 없다. '초기 이두문'은 6세기에 사용된 이두 문체이고, 이들은 9세기에 사용된 이두 문체이다. 따라서 이 글에서는 인양사비명(810) 등의 문체를 '초기 이두문'으로 규정하는 것을 반대하고 9세기에 유행한 이두문의 문체로 본다.

물론 인양사비명(810)을 비롯한 9세기의 동일한 문체적 특징을 가진 이두문들이 6세기에 사용된 '초기 이두문'의 써 오던 습관에 의해서 9세기 이두로 남아 있을 가능성이 있다. 그러나 워낙 이두자료가 희귀하기 때문에 생겼을 가능성이 있지만 현존하는 자료만을 두고 봤을 때는 6세기와 9세기의 간극을 무시할 수 없다. 따라서 9세기의 이두를 禪林寺鐘銘(809), 菁州蓮池寺鐘銘(833), 竅興寺鐘銘(856), 국립중앙박물관 소장의 咸通銘禁口(865), 禪房寺塔誌石銘(879)과 같이 우리말의 선어말어미, 어말어미, 조사 등을 이두로 표기하는 이두문과 昌寧仁陽寺碑銘(810), 中初寺幢竿支柱銘(827), 東海市三和寺鐵佛造像銘(860년대), 英陽石佛坐像光背銘(889)와 같이 선어말어미나 어말어미 등은 표기하지 않고 일부 종결어미만을 표기하면서 한문을 우리말의 어순으로 배열하는 이두문이 존재한다고 볼 수 있다.

여기서 한 가지 짚고 넘어가야 할 문제가 있다. 인양사비명에서 우리말 어순으로 배열된 글자들이 음독된 것이 아니라 훈독되었을 가능성이 있다는 사실이다. 남풍현(1883/2000)은 아래의 (6가, 나)의 '初'와 '每'를 모두 음독된 것으로 보고 있다.

(6) 가. 辛亥年初庚寅年至間□合同食一萬五千五百九十五石
　　나. 此大因緣由□劫劫出現佛每此處華嚴大不識儀經□一時成

(6가)는 仁陽寺碑銘(810)의 예이고, (6나)는 三和寺鐵佛造像銘(860년대)의 예인데, 남풍현(2000: 362, 420)은 여기서 '初'와 '每'는 각각 음독된 것으로 보았다. 그러나 본고는 이들이 음독되었다기보다는 각각 '비릇'과 '마다'로 훈독되었다고 본다. 그렇게 보는 이유는 만약 (5가)의 '初'를 음독하였다면 [신해년-초 경인년-지 사싀]로 읽었고, (6나)는 [출현불-매]로 읽었다는 것인데 이렇게 읽으면서 전자를 '신해년에서 시작하여, 경인년까지 그 사이에'로, 후자를 '출현불마다'로 해석하기는 쉽지 않아 보이기 때문이다. (6가, 나)는 선어말어미나 어말어미와 같은 우리말의 문법 형태를 충실하게 표기한 것은 아니지만 그래도 일부 종결어미나 부사 등을 표기한 이두문으로 보는 것이 자연스럽다.[13]

13) 남풍현(2000: ??)의 지적대로 이 시기의 이두에는 '金中庸送上油粮黃租三百碩〈開仙寺石燈記(891)〉'의 '碩'과 같이 음

인양사비명(810)에서 문법 형태를 표기하기 위해서 쓰인 이두는 음독된 것이 아니라 훈독되었을 가능성이 있으며 이러한 문체가 9세기에 등장한 것은 임신서기석명이나 남산신성비명 등의 예에서 알 수 있듯이 6세기에 정착된 '초기 이두문'이 7~8세기를 거쳐 9세기에서도 계속 쓰였을 수도 있으나, 6세기에 쓰이던 이러한 '초기 이두문'과는 달리 9세기에는 우리말의 선어말어미나 어말어미는 표기하지 않고, 일부 조사만 표기하면서 우리말 어순으로 한자를 배열하는 문체가 유행을 했을 가능성이 있다고 볼 수 있다. 그리고 이러한 문체에 쓰인 仁陽寺碑銘(810)의 '初'와 三和寺鐵佛造像銘(860년대)의 '毎' 등은 음독된 것이 아니라 훈독되었을 가능성이 있다.

III. 결론

이 글은 보물 227호인 '창녕탑금당치성문기비(昌寧塔金堂治成文記碑)'(이하 '인양사비')의 명문을 판독하고 해석한 글이다. 먼저 판독문과 해석문을 제시하고 몇 가지 사실을 요약하여 결론으로 삼는다.

독된 것으로 볼 수 있는 예도 있으므로 이 문제는 좀 더 신중히 접근할 필요가 있는 것으로 보인다. 이 글의 문제 제기는 (5가, 나)의 '初'와 '毎'가 음독이 아닌 훈독되었을 가능성을 주장하는 데 있다.

〈판독문〉

비문

10	09	08	07	06	05	04	03	02	01	
年	成	成	仁	金	年	壬	同	鍾	元	01
龍	己	己	陽	堂	仁	午	寺	成	和	02
頭	丑	丑	寺	內	陽	年	金	辛	五	03
成	年	年	佛	像	寺	京	堂	酉	年	04
辛	仁	常	門	成	三	奉	治	年	庚	05
亥	陽	樂	四	同	寶	德	同	六	寅	06
年	寺	寺	角	年	中	寺	年	寺	六	07
初	赤	无	鐸	苑	入	永	辛	安	月	08
庚	戶	庚	成	池	食	興	熱	居	三	09
寅	階	會	乙	寺	九	寺	楡	食	日	10
年	成	成	酉	金	百	天	川	六	順	11
至	寺	庚	年	堂	五十	嚴	二	百	表	12
間	戶	寅	仁	內	四	寺	駟	六	□	13
□	石	年	陽	像	㪽	寶	施	㪽	塔	14
合	梯	同	寺	成	同	藏	食	壬	金	15
用	頂	寺	金	癸	年	寺	百	戌	堂	16
食	礼	无	堂	未	塔	施	二	年	治	17
一	二	報	仏	年	盧	食	㪽	仁	成	18
万	石	會	門	仁	半	二	乙	陽	文	19
五千	成	成	居	陽	治	千	丑	寺	記	20
五	□	同	堂	寺	癸	七	年	取	之	21
百	鶴	年	盖	塔	未	百	仁	妙	辛	22
九	足	大	丁	第	年	十	陽	戶	亥	23
十	石	谷	亥	四	仁	三	无	頂	年	24
五	成	寺	年	層	陽	㪽	上	礼	仁	25
㪽	庚	石	須	治	寺	壬	舍	石	陽	26
	寅	塔	弥	同	金	午	成	成	寺	27

〈해석문〉

元和 5年 庚寅(810년) 6月 3日에 順表師가 塔과 金堂을 고치고 세운 글을 기록한다. 辛亥年(771)에 仁陽寺의 鐘을 만들었다. 辛酉年(781)에 六寺의 安居食이 606石이다. 壬戌年(782)에 仁陽寺 取妙戸의 頂禮石을 만들었다. 같은 절의 金堂을 고쳤다. 같은 해(782)에 辛熱과 楡川의 두 驛의 施食이 102石이다. 乙丑年(785)에 仁陽寺에 无上舍를 세웠다. 壬午年(802)에 서울(慶州)의 奉德寺, 永興寺, 天嚴寺, 寶藏寺의 施食이 2,713石이다. 壬午年(802)에 仁陽寺의 三寶에 入食이 954石이다. 같은 해(802)에 塔의 露盤을 고쳤다. 癸未年(803)에 仁陽寺 金堂 안에 像을 만들었다. 같은 해(803)에 苑池寺 金堂 안에 像을 만들었다. 癸未年(803)에 仁陽寺 塔의 第4層을 고쳤다. 같은 해(803)에 仁陽寺 佛門에 四角鐸을 달았다. 乙酉年(805)에 仁陽寺의 金堂, 佛門, 居堂의 기와를 이었다. 丁亥年(807)에 (仁陽寺의) 須彌를 만들었다. 乙丑年(809)에 常樂寺에 无庚會를 만들었다. 庚寅年(810)에 같은 절(常樂寺)에 无報會를 만들었다. 같은 해(810)에 大谷寺에 石塔을 세웠다. 己丑年(809)에 仁陽寺 赤戸에 계단을 만들었다. 寺戸에 石梯石과 頂禮石을 만들었다. □鶴足石을 만들었다. 庚寅年(810)에 龍頭를 만들었다. 辛亥年(771)부터 庚寅年까지의 사이에 도합 쓴 곡식이 15,595石이다.

아래에서는 이 비문의 국어학적 특징에 대해서만 간단히 요약한다.

1. 남풍현(1983/2000)은 이 비문의 어학적 특징으로 '治, 石, 中, 之' 등을 제시하고 이들이 '국어에 바탕을 두고 사용된 用字'임을 지적하였다. 그런데 이 비문에 사용된 글자 중 '治, 成, 石'은 그렇게 말하여도 무방하지만 '中, 之'에 대해서는 해석을 달리할 가능성도 있다. '中, 之'는 이두문의 문법 형태를 표기하는데 사용된 대표적인 글자들로서 각각 '처격'과 '종결'을 표기하기 때문이다. 그렇다면 이 비문에서 '中'과 '之'가 각각 처격과 종결을 표기한 것인지, 아니면 이 용법을 가지고 있는 한자들을 단순히 한자를 우리말 어순으로 배열하는 초기 이두문에 사용한 것인지 판단이 쉽지 않다. 앞에서도 언급했듯이 '中'과 '之'가 이 비문에 한 번씩밖에 쓰이지 않아서 본격적인 문법 형태를 표기했다고 적극적으로 주장하기는 어렵지만 이렇게 해석할 가능성도 충분히 있다. 여기에 대해서는 유사한 이두문과의 종합적 연구를 통해 보다 더 선명한 결론에 도달할 수 있을 것이다.

2. 인양사비의 비문은 한국어 어순으로 변형된 한국식 한문이다. '成, 治, 盖' 등 동사가 오는 문장에서는 어김없이 이들 동사들이 文尾에 오고 있다. 따라서 '石'으로 끝나면서 '施食, 入食'이 있는 문장에서 '施, 入'은 동사가 아니라 '食'을 수식하는 관형어로 해석하여야 한다. 즉 '辛酉年六寺安居食六百六石'의 해석은 '辛酉年(781년)에 여섯 절에서 安居할 때 6백 6석의 곡식을 먹었다'가 아니라 '辛酉年(781)에 六寺의 安居食이 606석이었다'이어야 한다. 따라서 '施食'이나 '入食'이 있는 구절에서 '施'나 '入'을 동사로 해석해서는 안 된다.

3. 인양사비명(810)에 쓰인 이두문은 우리말의 어순대로 한자를 배열하되, 선어말어미나 어말어미 등의 표기는 생략한 채, 일부 종결어미만 표기하였다. 그런데 이러한 문체는 6세기에 등장한 壬申誓記石銘

이나 南山新城碑銘 등과 같은 '초기 이두문'이 아니라 9세기에 유행한 이두 문체로 볼 가능성이 있다. 또한 仁陽寺碑銘(810)의 '初'는 음독된 것이 아니라 훈독되었을 가능성이 있다.

투고일:2019. 4. 27.　　심사개시일:2019. 5. 08.　　심사완료일:2019. 5. 18.

참/고/문/헌

南豊鉉, 1983/2000, 「昌寧 仁陽寺碑의 吏讀文 考察」, 『國文學論集』 11, 단국대학교 국어국문학과. 南豊鉉(2000)에 재수록.

南豊鉉, 2000, 『吏讀研究』, 태학사.

文明大, 1970, 「仁陽寺金堂治成碑像考」, 『考古美術』 108.

文明大, 1980, 「仁陽寺塔金堂治成碑文의 한 考察」, 『新羅伽倻文化』 11(嶺南大).

박홍국, 2008, 「昌寧 仁陽寺碑文의 塔 關聯記事에 대한 검토」, 『新羅文化』 32, 동국대학교 신라문화연구소.

尹善泰, 2005, 「新羅 中代末~下代初의 地方社會와 佛教信仰結社」, 『新羅文化』 26, 동국대학교 신라문화연구소.

二玄社, 2007, 『大書源』, 二玄社.

朝鮮總督府, 1919, 『朝鮮金石總攬 上』.

朝鮮總督府, 1920, 『大正六年度古蹟調查報告』.

崔鉛植, 1992, 「仁陽寺碑」, 『譯註 韓國古代金石文』 3.

하일식, 1997, 「昌寧 仁陽寺碑文의 研究 -8세기 말~9세기 초 신라 지방사회의 단면-」, 『韓國史研究』 95, 韓國史研究會.

許興植 編, 1984, 『韓國金石全文 古代篇』.

古文字常用字形网上检索系统 http://www.wenzi.cn/guwenziziximgjiansuo/guwenziziximgjiansuo.HTM

臺灣 教育部『異體字字典』字形檢索 http://dict.variants.moe.edu.tw/suo.htm

中國古代簡帛字形 http://www.bsm-whu.org/zxcl/

국사편찬위원회 한국사데이터베이스 http://db.history.go.kr/

한국역사종합정보시스템 http://www.koreanhistory.or.kr/

서울대 규장각한국학연구원 http://e-kyujanggak.snu.ac.kr/

한국학중앙연구원 장서각 http://jsg.aks.ac.kr/

한국 금석문종합영상시스템 http://gsm.nricp.go.kr/_third/user/main.jsp

고전번역원 한국고전종합DB http://db.itkc.or.kr/itkcdb/mainIndexIframe.jsp

한국의 지식콘텐츠 http://www.krpia.co.kr/#

고려대장경연구소 지식베이스 http://kb.sutra.re.kr/ritk/index.do

동국대 불교학술원 한글역경원 불교용어사전 http://www.tripitaka.or.kr/

〈Abstract〉

A deciphering and interpreting of Changnyeong Inyangsa inscriptions

Kim, Seong-ju / Park, Yong-sik

This article is about the deciphering and writing of the inscription of 'Changnyeong Inyangsa inscriptions'. Although the contents of inscriptions have been revealed through the investigation of a few researchers since the investigation of the Joseon government office in 1919 and 1920, the complete reading and interpretation of the inscription has not been done yet. Various methods have been used to read the inscriptions, but some letters are still controversial. This article presents the objective data for the reading of the figure by directly presenting the data photographed using the night illumination and discusses the characteristics of each figure.

▶ Key words: Changnyeong, Inyangsa, inscriptions, deciphering, font

『梁書』 諸夷傳의 기초적 분석

전상우*

〈국문초록〉

본고는 『梁書』의 편찬 과정과 諸夷傳이 활용한 原典의 계통을 분석한 것이다. 『梁書』의 편찬 과정을 보다 자세히 다루고자 하였고, 이를 토대로 諸夷傳이 어떠한 자료를 참고하여 편찬되었는지를 검토했다.

현전하는 『梁書』는 姚察이 梁·陳代에 지속적으로 편찬된 梁史, 陳史를 참고하여 陳代에 찬술을 시작하여 아들인 姚思廉이 唐 초기에 완성하였다. 이에 따라 『梁書』가 唐代에 완성되었다고는 하나, 기본 내용은 梁代의 사료와 인식으로 구성되었다고 할 수 있다. 『梁書』의 사료적 성격은 관찬과 사찬이 병존했다고 이해했다. 아울러 唐朝가 『梁書』 편찬의 주체였다는 점에서 『梁書』가 唐의 의도에 따라 變改되었을 가능성을 상정했다.

다음으로 『梁書』 諸夷傳에서 주변국과 宋·南齊와의 관계 기사는 梁代에 다시 정리된 자료가 아닌 『宋書』와 『南齊書』를 주로 참고한 점, 지리·습속 기사는 남조계 정사 및 기타 사서를 참고하면서 梁代에 만들어진 자료를 토대로 최신화했다는 점을 확인했다. 이는 『梁書』 諸夷傳이 梁代의 사료와 인식을 토대로 작성되었음을 보여준다고 할 수 있다. 더불어 『梁書』가 唐朝에 의해 편찬되었기에 唐에 문제가 되지 않는 선에서 고유명사 혹은 체제 등 소략한 정도만이 고쳐졌음을 확인했다.

▶ **핵심어: 양서(梁書), 요찰(姚察), 요사렴(姚思廉), 제이전(諸夷傳)**

* 단국대학교 사학과 박사과정

I. 머리말

중국 正史는 중국 왕조가 공인한 기전체 역사서로 후대의 왕조가 전대의 역사를 정리하여 작성되었다. 그 구성은 司馬遷의 『史記』에서 시작하여 淸의 『明史』에 이르며, 경우에 따라 『新元史』와 『淸史稿』를 포함시킨다. 이 중 『北齊書』와 『陳書』를 제외한 모든 정사에는 한반도와 만주에 존재하던 정치 세력을 서술한 열전이 朝鮮·東夷 등의 제목으로 입전되어 있다.

한국 고대사의 연구에 있어서 중국 정사는 필수 불가결한 사료이다. 중국 정사 중 한국 고대사를 다룬 것은 『史記』부터 『宋史』까지 총 16권에 해당한다. 이 가운데 『梁書』는 남조 梁의 역사를 다룬 역사서로 唐代에 姚察과 姚思廉 父子가 완성시켰다. 姚察과 姚思廉은 『梁書』뿐만 아니라 『陳書』도 공동으로 편찬했는데, 『梁書』에만 주변 세력을 다룬 諸夷傳을 포함시켰다. 『梁書』 諸夷傳은 최초로 삼국 모두를 입전시켰고, 기존 남조계 정사[1]에는 없던 지리·습속 등에 대한 새로운 정보를 전해 사료의 가치가 높다.

『梁書』 諸夷傳은 국사편찬위원회와 동북아역사재단에서 각각 중국정사조선전,[2] 중국정사외국전이라는[3] 제목으로 역주서를 발행하여[4] 그 내용은 모두 파악되었다. 또한 중국 정사 조선전의 전반적 분석,[5] 『梁書』의 찬자인 姚察·姚思廉의 역사관,[6] 『梁書』 諸夷傳 고구려·백제·신라조를 분석한 연구[7] 등으로 『梁書』와 諸夷傳에 대한 이해는 어느 정도 진행되었다. 이외에 중국사학사를 다룬 단행본이나,[8] 『梁書』를 주 사료로서 활용한 논고에서도[9] 간략하게 언급되고 있다. 그럼에도 『梁書』를 누가, 어떠한 과정을 거쳐, 왜 편찬했는지,[10] 諸夷傳은 어떻게 구성되었는지 등에 대해서 조금 더 자세히 살펴볼 필요가 있다.[11] 『梁書』

---

1) 본고에서 이야기하는 남조계 정사란 『宋書』와 『南齊書』를 가리킨다.

2) 국사편찬위원회 편, 2007, 『譯註 中國 正史 朝鮮傳』, 신서원.

3) 동북아역사재단 편, 2010, 『譯註 中國 正史 外國傳』, 동북아역사재단.

4) 한편 중국학계에는 『梁書』 諸夷傳 기사들의 원전을 정리한 저서가 발행되었다(趙燦鵬, 2014, 『梁書諸夷傳異文比勘』, 齊魯書社).

5) 高柄翊, 1994, 『東亞交涉史의 硏究』, 서울대학교출판부; 林起煥, 1998, 「4~6세기 中國史書에 나타난 韓國古代史像」, 『韓國古代史硏究』 14; 김정희 외 5명, 2016, 『중국 정사 외국전이 그리는 '세계'들 -「사기」부터 「명사」까지』, 역사공간.

6) 榎本 あゆち, 1987, 「姚察·姚思廉の《梁書》編纂について」, 『名古屋大學東洋史研究報告』 12; 李啓命, 2000, 「『梁·陳書』 史論을 통하여 본 姚察·思廉 父子의 歷史觀」, 『中國史硏究』 9; 이계명, 2014, 『中國史學史要綱』, 전남대학교출판부 재수록.

7) 金鍾完, 1981, 「梁書 東夷傳의 文獻的 檢討 高句麗·百濟·新羅傳을 中心으로」, 『論文集』 3; 俞元載, 1995, 『中國正史 百濟傳 硏究』 增補版, 學研文化社; 全海宗, 2000, 「梁書東夷傳의 硏究-正史東夷傳比較檢討의 필요성과 관련하여-」, 『學術院論文集(人文·社會科學篇)』 39.

8) 高國抗 지음·오상훈·이개석·조병한 옮김, 1998, 『중국사학사』 上, 풀빛; 劉節 지음·신태갑 옮김, 2000, 『中國史學史 講義』, 신서원; 신승하, 2000, 『중국사학사』, 고려대학교출판부.

9) 李成市, 1984, 「『梁書』 高句麗傳と東明王傳說」, 『中國政史の基礎的研究』, 早稻田大學出版部; 李成市, 1998, 『古代東アジアの民族と國家』, 岩波書店 재수록; 李康來, 1998, 「7세기 이후 중국 사서에 나타난 韓國古代史像 -통일기 신라를 중심으로-」, 『韓國古代史硏究』 14; 李鎔賢, 2006, 「《梁書》·《隋書》·《南史》·《北史》의 新羅傳 비교 검토 -통일이전 신라 서술 중국 사료의 성격-」, 『新羅史學報』 8.

10) 이에 대한 연구는 중국학계에서 다수 검토되었다. 張國安, 1989, 「《梁書》·《陳書》編纂小考」, 『河北師範大學學報: 社會科學版』 1989-3; 趙俊, 1994, 「《梁書》,《陳書》的編纂得失」, 『中國社會科學院研究生院學報』 1994-3; 陳表義, 1997, 「姚思廉及其

諸夷傳의 보다 적극적인 활용을 위해서는『梁書』의 편찬 과정과 諸夷傳의 원전 검토 등 사료의 형성과 성격이 밝혀져야 한다는 것이다.

위와 같은 문제의식에 따라 본고는『梁書』諸夷傳 전반을 분석하여 논지를 전개할 계획이다. 먼저『梁書』의 편찬 과정과 주체를 세밀하게 살펴『梁書』가 가지는 사료적 성격을 살펴볼 것이다. 이어『梁書』諸夷傳을 구성하는 海南諸國·東夷·西北諸戎의 원전을 序文 및 많은 분량을 차지하는 국가의 기사를 선별하여 검토할 예정이다. 이러한 과정을 통해『梁書』諸夷傳에 관한 기초적인 이해를 정리할 수 있을 것으로 기대한다.

다만 본고는 분량의 문제로 東夷條의 전반적인 분석 및『梁書』諸夷傳과『梁職貢圖』의 관계는 다루지 않고,『梁書』諸夷傳 중 海南·西北諸戎을 주된 검토 범위로 설정했다는 점을 밝혀두고자 한다. 제외된 부분에 대해서는 추후 논고에서 검토할 것을 약속한다.

II.『梁書』의 편찬 과정

『梁書』는 중국 남조 중 梁의 역사를 기록한 책으로 本紀 6권, 列傳 50권 총 56권으로 구성되어 있다. 梁은 侯景의 난과 이를 평정한 후의 여파로 557년 敬帝가 陳覇先에게 양위하면서 56년의 역사를 마무리하고 멸망했다. 陳覇先은 侯景의 난을 진압하고 王僧弁과 집권했지만, 곧 王僧弁을 제거하고 권력을 독차지했고, 敬帝에게 제위를 넘겨받아 陳을 건국했다. 이러한 과정 속에서 남조는 梁에서 陳으로 정권이 교체되었다.

일반적으로 前代의 역사서를 편찬하는 작업은 자신들의 정통성을 주장하고 정당화하기 위한 목적을 가진다. 陳 역시 梁의 뒤를 이은 국가로서 건국 초부터 梁史의 편찬에 나섰다.

> A-1. (陳) 高祖가 제위를 물려받자 鴻臚卿에 제수되었고, 나머지는 전과 같게 했다. 杜之偉는 (大)著作에서 물러나고자 사뢰어 말하였다. … 優敕을 내려 허락하지 않았다. 곧 大匠卿, 太中大夫으로 옮겨갔고, 칙서에 따라 梁史를 편찬했다. 永定 3년(559)에 죽었는데, 52세였다.[12]

《梁書》《陳書》淺論」,『暨南學報』1997-2; 熊清元, 2001,「姚氏父子與《梁書》」,『黃岡師範學院學報』2001-2; 鄭春穎, 2009,「《梁書·高句驪傳》史源學硏究」,『圖書館理論與實踐』2009-11; 王君梅, 2014,「論《梁書》的文學價值」, 黑龍江大學碩士學位論文 등.

11) 최근『梁書』諸夷傳 백제조의 검토를 위해『梁書』諸夷傳의 찬술 방식을 고찰한 연구가 발표되었지만, 백제조에 한정된 아쉬움이 있다. 백길남, 2018,「중국왕조의 '百濟略有遼西' 記事 서술과 인식 -百濟郡 설치를 중심으로-」,『百濟學報』25.

12)『陳書』卷34 列傳28 杜之偉 "高祖受禪 除鴻臚卿 餘竝如故. 之偉啟求解著作曰 … 優敕不許. 尋轉大匠卿 遷太中大夫 仍敕撰梁史. 永定三年卒 時年五十二."

A-2. (陳) 高祖가 제위를 물려받자 中散大夫에 제수되었고, 羽林監을 겸했다. 太中大夫로 옮겨 大著作을 겸해 梁史의 편찬 사업을 맡았다. … 처음에 『齊書』를 志를 포함하여 50권을 편찬했으나, 어지러운 시대를 만나 실전되었다. 후에 『梁史』를 편찬하여 58권을 완성했다.[13)]

사료 A는 陳覇先이 즉위하여 陳을 건국하자, 杜之偉와 許亨에게 梁史의 편찬을 명했다는 내용을 전한다. 이들은 梁史의 편찬을 위해 공통적으로 太中大夫·大著作에 임명되었는데, 각각 정사의 논의와 국사의 찬술을 담당한 관직이었다. 두 사람은 梁史를 편찬하기 위해 같은 부서에 배치되었던 것이다. 이는 陳 高祖가 즉위 초반에 이미 梁의 역사를 책으로 편찬하려는 계획을 갖고 있었다는 점을 알려준다.

그렇다면 이때 편찬된 梁史가 현전하는 『梁書』와 같은 책을 가리키는지 궁금하다. A-2는 『陳書』 許亨 列傳으로, 말미에 그가 참여한 저작을 나열하고 있다. 그중에 『梁史』 58권이 있는데, 그가 참여했다는 梁史 편찬 사업의 결과물로 추정된다. 이 사업에는 杜之偉도 구성원에 포함되었을 것이다. 그런데 현전하는 『梁書』는 총 56권으로 이들이 편찬했다는 『梁史』의 구성과는 다르다. 따라서 二十四史의 하나인 『梁書』는 陳 초기에 출간된 『梁史』와는 다른 저작물인 것이다.

그런데 梁史의 편찬은 陳 高祖에 의해서만 계획되지 않았다. 陳 말기에도 재차 梁의 역사를 기록하려는 시도가 이어졌다.

B-1. (太建) 6년(574), 太子率更令에 제수되었다. 곧 大著作을 겸하여 國史를 관장해 梁史의 편찬 사업을 맡았고, 東宮通事舍人을 겸했다. 이때 동궁의 관료(宮僚)에는 濟陽의 江總, 吳國의 陸瓊, 北地의 傅縡, 吳興의 姚察이 있었는데, 모두 재주와 학문이 뛰어나 論者들이 우러렀다. 黃門侍郎 光祿卿으로 옮겨 五禮의 편찬 사업을 맡았고 나머지 관직은 전과 같게 되었다. (太建) 13년(581)에 죽으니 이때가 63세였다.[14)]

B-2. (姚察은) 仁威將軍 淮南王과 平南將軍 建安王 2府의 咨議參軍을 거쳤는데, 모친상을 당해(丁內憂) 관직을 떠났다. 갑자기 戎昭將軍이 되어 梁史의 편찬 사업을 맡아 고사했으나 받아들여지지 않았다. 後主가 제위에 오르자 칙서에 따라 東宮通事舍人이 되었고, 장군호와 역사 편찬의 담당은 전과 같게 했다.[15)]

---

13) 『陳書』 卷34 列傳28 許亨 "高祖受禪 授中散大夫 領羽林監. 遷太中大夫 領大著作 知梁史事. … 初撰齊書并志五十卷 遇亂失亡. 後撰梁史 成者五十八卷."

14) 『陳書』 卷30 列傳24 顧野王 "六年 除太子率更令. 尋領大著作 掌國史 知梁史事 兼東宮通事舍人. 時宮僚有濟陽江總 吳國陸瓊 北地傅縡 吳興姚察 竝以才學顯著 論者推重焉. 遷黃門侍郎 光祿卿 知五禮事 餘官竝如故. 十三年卒 時年六十三."

15) 『陳書』 卷27 列傳21 姚察 "歷仁威淮南王 平南建安王二府咨議參軍 丁內憂去職. 俄起爲戎昭將軍 知撰梁史事 固辭不免. 後主纂業 敕兼東宮通事舍人 將軍知撰史如故."

B-1은 顧野王列傳으로, 그가 太建 6년(574)에 梁史 편찬에 참여했다는 내용을 전한다. 顧野王이 東宮通事舍人을 겸직했음을 기록하고, 뒤이어 동궁에 재직하던 동료들의 이름을 거론하고 있다. 이들은 동궁에서 國史 혹은 梁史로 표현되는 작업에 참여했다는 공통점을 가진다. 사료 A에서 보았던 것처럼, 梁史를 편찬하기 위해 여러 사람을 한 기구에 모았다고 짐작된다. 그러나 顧野王은 곧 五禮의 편찬을 담당하게 되었고, 581년 사망하여 梁史의 완성과는 함께하지 못했다.

사료 B-2는『陳書』姚察列傳의 한 구절이다.[16] 姚察은 모친상을 당하여 상을 치르기 위해 관직에서 물러났음에도 갑자기 戎昭將軍에 임명되고 梁史를 편찬하라는 명을 받았다. 상중이므로 고사하고자 했으나 가납되지 않았고, 後主가 즉위한 582년에 東宮通事舍人이 되어서도 梁의 역사를 편찬하는 작업을 계속 담당했다. 이처럼 陳 초기가 아닌 말기에도 국가가 주도하는 梁史의 편찬 계획이 수립되어 진행되었던 것이다. 그런데 陳에서의 梁史 편찬은 隋의 침입이 본격화되면서 위기를 맞았고, 589년 陳이 隋에게 멸망하면서 중단되었다. 이후의 상황은 다음의 사료를 통해 알 수 있다.

> C. 陳이 멸망하고 隋가 들어선 開皇 9년(589), 조서로 秘書丞에 제수되었고 별도의 칙서로 梁·陳 2대의 역사를 완성하게 했다. … 74세인 大業 2년(606)에 東都에서 사망하니 遺命에 따라 장례를 검소히 하여 최대한 소박하게 치렀다.[17]

위의 사료는 隋가 陳을 멸망시킨 후, 文帝가 別勅으로 姚察에게 梁과 陳의 역사서를 편찬하라고 명한 사실을 전한다. 梁에 이어 陳史의 정리도 담당하게 된 것이다. 그렇다면 文帝는 왜 姚察에게 두 나라의 역사를 편찬하는 작업을 맡겼을까? 그 이유는 먼저 姚察이 가진 학문적 재능에 있었을 것이다. 文帝는 姚察의 학문과 검소함을 알고는 자신이 陳을 평정하고 오직 그를 얻었다는 평가를 내렸다.[18] B-1에서 확인했듯이 姚察의 학문적 소양은 이미 陳에서 유명했는데, 隋에서도 그 능력을 인정받은 것이다. 둘째로는 최근까지 梁史의 편찬 사업에 참여했던 인물이라는 점을 들 수 있다. 陳 말기에 梁史 편찬 사업의 구성원으로는 顧野王·江總·陸瓊·傅縡 등이 알려졌지만, 이들은 590년을 전후로 대부분 사망한 상태였다. 때문에 589년 당시 정상적으로 활동했던 姚察이 적임자로 부상하고 또 채택될 수밖에 없었다고 생각된다. 결국 姚察이 梁·陳史 편찬을 맡게 된 것은 그의 능력과 주변 환경의 여건에 따라 결정되었다고 할 수 있다. 그런데 姚察은 大業 2년(606)에 사망했다. 그의 열전에는 梁·陳 2史의 완성 기록이 보이지 않지만, 아들인 姚思廉의 열전에 그 전말이 확인된다.

---

16) 姚察의 생애에 대해서는『陳書』卷27 列傳21 姚察과 Knechtges·David R. Knechtges·Taiping Chang, 2014,『Ancient and early medieval Chinese literature : a reference guide』, Brill, pp.1873-1876을 참고했다.

17)『陳書』卷27 列傳21 姚察 "陳滅入隋 開皇九年 詔授秘書丞 別敕成梁陳二代史. … 年七十四 大業二年 終于東都 遺命薄葬 務從率儉."

18)『陳書』卷27 列傳21 姚察 "文帝知察蔬菲 別日乃獨召入內殿 賜果菜 乃指察謂朝臣曰 聞姚察學行當今無比 我平陳唯得此一人."

D-1. 姚察이 찬술한 梁·陳史가 아직 일이 완성되지 않았음에도 隋 文帝 開皇 연간에 內史舍人 虞世基를 보내 글을 찾아 바치게 하니 지금 내전에 있다. 梁·陳史 글의 대부분은 姚察이 편찬했으며 그중에서 서론 및 기전에 빠진 부분이 있는 것은 임종의 때에 아들 姚思廉에게 체례를 당부하여 갖추게 하니 널리 조사하여 찬술을 잇도록 했다. 姚思廉이 눈물을 흘리며 울면서 받들어 행했다.[19]

D-2. 이전에 姚察이 陳에서 梁·陳 두 역사를 엮었으나 완성하지 못하고 임종에 이르러 姚思廉으로 하여금 계속하여 그 기록을 완성하게 했다. … 姚思廉이 표를 올려 아버지의 유언을 말하자 조서로 梁·陳의 역사를 이어서 완성하도록 허가를 받았다.[20]

姚思廉은 姚察의 아들로, 아버지로부터 漢史를 배우는 등 史官으로서의 자질을 갖추고 있었다. 陳에서 관직 생활을 시작하여 隋에서는 漢王府의 參軍으로 재직하였으나 아버지의 죽음으로 관직을 내놓았다. 姚察은 사망 시점까지 梁·陳의 역사를 정리하여 완성하지 못했다. 그는 아들에게 유언으로 자신이 진행하던 작업의 마무리를 당부했고, 姚思廉은 그 뜻에 따라 당시 황제였던 煬帝에게 표를 올렸던 것이다. 煬帝는 이를 허락했고, 梁·陳史의 편찬 작업은 계속해서 진행되었다.

주지하다시피 隋는 589년 陳을 평정하여 통일을 달성했지만, 안정된 치세를 이어가지 못하고 혼란에 빠졌다. 정치적으로 어지러운 상황이 계속되면서 梁·陳史의 편찬 작업도 더디게 진행되었다. 姚思廉은 처음부터 梁·陳史의 편찬에 참여하지 않고, 姚察이 진행하던 작업을 이었으므로 인수 과정에서 어느 정도 시간이 소비되었을 것이다. 또한 혼란한 국내의 상황은 국가의 지원이나 편찬 부서 구성원의 변동 등에 영향을 미쳐 작업 속도를 늦추었다고 여겨진다.[21] 582년 무렵부터 시작한 梁·陳史 편찬 작업은 전란과 혼란한 정치 상황으로 인해 제 속도를 내지 못하여 완성에 이르지 못했다고 정리할 수 있다.

E. 喪亂의 뒤를 이은 때에 經籍이 흩어져 없어지니 令狐德棻이 흩어져 없어진 책들을 구하여 모으기를 주청하여 錢帛을 크게 더하고 楷書吏를 늘려 교정하여 옮기게 했다. 수년간 많은 책들이 대략 갖추어졌다. 令狐德棻이 일찍이 高祖에게 容言하여 말했다. "살펴보건대 근래 이래로 正史의 없음이 많았으나 梁·陳 및 齊의 文籍은 존재합니다. 周와 隋에 이르러 大業의 離亂을 만나 잃고 이지러짐이 많이 있었습니다. 지금은 귀와 눈으로 접할 수 있어 항상 전거로 삼는 것이 가능하지만 십수 년이 지나간 후에 事跡이 인멸될까 두렵습니다. 폐하께서는 隋로부터 이미 受禪하시어 다시 周의 歷數를 계

19) 『陳書』 卷27 列傳21 姚察 "察所撰梁陳史雖未畢功 隋文帝開皇之時 遣內史舍人虞世基索本 且進上 今在內殿. 梁陳二史本多是察之所撰 其中序論及紀傳有所闕者 臨亡之時 仍以體例誡約子思廉 博訪撰續 思廉泣涕奉行."

20) 『舊唐書』 卷73 列傳23 姚思廉 "初 察在陳嘗修梁陳二史 未就 臨終令思廉續成其志. … 思廉上表陳父遺言 有詔許其續成梁陳史."

21) 熊清元, 2001, 「姚氏父子與《梁書》」, 『黃岡師範學院學報』 2001-2, p.9.

승하셨고, 국가의 두 선조가 공업을 세운 것은 모두 周代였습니다. 文史가 존재하지 않는다면 어떻게 今古의 본보기를 전하겠습니까? 신의 愚見이 이와 같으니 아울러 청컨대 실행해 주십시오."[22]

사료 E는 唐 高祖 武德 4년(621) 11월,[23] 令狐德棻이 사서의 편찬을 上奏한 내용이다. 주목되는 부분은 令狐德棻이 사서의 편찬을 주청하기 전에 망실된 자료들을 구입하고 사관을 늘려 정리했다는 구절이다. 隋가 중국을 통일했음에도 안정된 치세를 이어가지 못하고 다시 혼란에 빠지면서 사적들이 흩어진 정황을 확인할 수 있다.[24] 국가의 서고에 사서가 없어 민간에 돈과 비단을 후히 주어야 구입이 가능했던 것이다. 사료 D에서 姚思廉이 煬帝로부터 梁·陳史의 편찬을 허락받았음에도 진척이 쉽사리 이루어지지 않은 이유를 위의 사료에서 일부분이나마 찾을 수 있다.[25]

한편 令狐德棻의 노력과 주청의 결과 1년 뒤인 武德 5년(622) 12월 26일에[26] 魏·周·隋·梁·齊·陳의 역사를 편찬하라는 조서가 내려졌다.[27] 그런데 梁史를 담당한 인물로 大理卿 崔善爲, 中書舍人 孔紹安,

---

22) 『舊唐書』 卷73 列傳23 令狐德棻 "時承喪亂之餘 經籍亡逸 德棻奏請購募遺書 重加錢帛 增置楷書 令繕寫. 數年間 群書略備. 德棻嘗從容言於高祖日 竊見近代已來 多無正史 梁陳及齊 猶有文籍. 至周隋遭大業離亂 多有遺闕. 當今耳目猶接 尚有可憑 如更十數年後 恐事跡湮沒. 陛下既受禪於隋 復承周氏歷數 國家二祖功業 並在周時. 如文史不存 何以貽鑑今古. 如臣愚見 並請修之."

23) 『舊唐書』에는 令狐德棻의 上奏 시점에 대한 언급이 없는데, 『唐會要』 卷63 史館上에 "武德四年十一月 起居舍人令狐德棻 嘗從容言於高祖日…"이라 하여 武德 4年(621) 11月의 일로 전한다.

24) 전란으로 인한 서적의 손실을 전하는 사례로는 梁 元帝 시기의 기사가 있다. 『資治通鑑』 卷165 梁紀21 "(554年 10月) 帝入東閣竹殿 命舍人高善寶焚古今圖書十四萬卷 將自赴火 宮人左右共止之. … (554年 10月) 或問 何意焚書 帝日 讀書萬卷 猶有今日 故焚之." 梁 元帝는 西魏에 의해 성이 함락되자 고금의 도서 14만권을 불태웠다. 당대 최고의 지배층이자 국가의 힘으로 수집한 도서들이었으므로 중요하고 희귀한 도서들이 많았을 것이다. 한편 『新唐書』 卷57 志47 藝文1에 따르면 "初 隋嘉則殿書三十七萬卷 至武德初 有書八萬卷 重複相糅. 王世充平 得隋舊書八千餘卷 太府卿宋遵貴監運東都 浮舟泝河 西致京師 經砥柱舟覆 盡亡其書."이라 하여 본래 隋에 도서가 37만 권이 있었으나 唐 武德 초년에는 8만 권만이 남았고, 그마저도 중복되고 서로 섞였다고 했다. 또한 王世充이 평정되고 隋의 옛 서적 8,000여 권을 얻었으나, 운송 과정에서 배가 뒤집어져 모두 망실되었다고 전한다. 이처럼 전란으로 인한 도서들의 散失은 지속적으로 발생했다.

25) 王君梅, 2014, 「論《梁書》的文學價値」, 黑龍江大學碩士學位論文, p.24에서는 『隋書』 經籍志에 등장하는 많은 梁의 역사서를 토대로 姚察의 사료 수집이 어렵지 않았을 것이라 주장했다. 그러나 지속된 전란으로 隋代는 물론 唐 초기에 산실된 책이 많다고 한 기록이 있어 재고의 여지가 있다.

26) 『舊唐書』 卷73 列傳23 令狐德棻 "高祖然其奏 下詔日 … 中書令蕭瑀 給事中王敬業 著作郎殷聞禮可修魏史 侍中陳叔達 祕書丞令狐德棻 太史令庾儉可修周史 兼中書令封德彝 中書舍人顏師古可修隋史 大理卿崔善爲 中書舍人孔紹安 太子洗馬蕭德言可修梁史 太子詹事裴矩 兼吏部郎中祖孝孫 前祕書丞魏徵可修齊史 祕書監竇璡 給事中歐陽詢 秦王文學姚思廉可修陳史. …" 역시 『舊唐書』에는 魏·周·隋·梁·齊·陳의 역사서를 편찬하라는 조서의 반포 시점이 기록되어 있지 않지만, 『唐會要』 卷63 史館上에 "至五年十二月二十六日詔 … 中書令蕭瑀 給事中王敬業 著作郎殷聞禮 可修魏史 侍中陳叔達 祕書丞令狐德棻 太史令庾儉 可修周史 中書令封德彝 中書舍人顏師古 可修隋史 大理卿崔善爲 中書舍人孔紹安 太子洗馬蕭德言 可修梁史 太子詹事裴矩 吏部郎中祖孝孫 前祕書丞魏徵 可修齊史 祕書監竇璡 給事中歐陽詢 秦王府文學姚思廉 可修陳史."이라 하여 武德 5년(622) 12월 26일이라는 시점을 전한다.

27) 金相範, 2011, 「令狐德棻의 史學과 『周書』-唐代 관찬사학의 典範」, 『역사문화연구』 38, p.162에 令狐德棻의 도서 구입과 보

太子洗馬 蕭德言 3인만이 언급되어 姚思廉이 보이지 않는다. 姚思廉은 祕書監 竇璡, 給事中 歐陽詢과 함께 秦王文學 姚思廉으로 등장하여 陳史를 맡게 되었다. 隋代에는 姚思廉이 梁·陳史의 편찬을 맡았으나, 唐代에 들어서는 陳史의 편찬 작업만을 부여받은 것이다. 姚思廉이 陳史만을 담당한 이유는 알 수 없으나, 그가 陳의 관리였던 이력이 반영되었을 가능성이 있다. 그러나 622년의 편찬 작업은 끝내 마무리되지 못하였다.[28)]

이후에도 姚思廉은 唐에서 관직 생활을 이어갔고, 貞觀 초에 弘文館學士가 되었다. 이어 貞觀 3년(629)에 太宗으로부터 역사서의 편찬 명령을 받는다.

F-1. (貞觀) 3년(629) 또한 秘書監 魏徵과 함께 양·진 2사를 편찬하라는 조서를 받았다. 姚思廉은 또 謝炅 등 여러 사가들의 梁史와 계속 만들어온 아버지의 책을 모으고, 아울러 陳事를 연구하였다. 傅縡와 顧野王이 만든 옛 사서는 더하거나 뺐다. 이들을 모아 『梁書』 50권, 『陳書』 30권을 편찬했다. 魏徵은 비록 총론만을 지었으니 그 순서를 다듬은 것은 모두 姚思廉의 공이다. 비단 500段을 주고 通直散騎常侍를 더했다.[29)]

F-2. (貞觀) 10년(636) 봄 정월 任子, 尚書左僕射 房玄齡과 侍中 魏徵이 梁·陳·齊·周·隋 五代의 역사서를 올렸다. 조서를 내려 秘閣에 두도록 했다.[30)]

貞觀 3년(629)에[31)] 姚思廉은 당시 秘書監이었던 魏徵과 함께 梁·陳史를 편찬하라는 조서를 받았다. 이전과 달리 역사서의 편찬은 무리 없이 진행되었다. 또한 같은 시기에 『北齊書』·『周書』·『隋書』도 편찬이 시작되어 자료의 수집과 정리 등 국가의 지원을 받기에 유리했다. 그리하여 貞觀 10년(636)에 『梁書』·『陳書』는 같이 편찬되던 역사서들과 함께 완성되었다.[32)] 姚思廉은 『梁書』와 『陳書』의 완성으로 비단 500段과

관에 대한 주청을 武德 5년(622)이라 했지만, 『唐會要』 卷63 史館上에서 봤듯이 이 일은 武德 4년(621)의 일로 보인다. 또한 같은 해의 일이라고 언급한 각주 10번의 "購天下書 選五品以上子孫工書者爲書手 繕寫藏於內庫 以宮人掌之."는 『新唐書』 卷57 志47에 "貞觀中 魏徵 虞世南 顔師古繼爲祕書監 請購天下書 選五品以上子孫工書者爲書手."이라 하여 貞觀中이라는 시점을 명확히 하고 있다. 따라서 令狐德棻의 주청은 武德 4년(621)이고 이에 대한 高祖의 조서는 武德 5년(622)이며, 5品 이상의 자제를 書手로 삼거나 繕寫를 內庫에 보관한다는 조치 등은 貞觀 연간의 일로 보아야 하지 않을까 한다.

28) 『舊唐書』 卷73 列傳23 令狐德棻 "瑀等受詔 歷數年 竟不能就而罷." 蕭瑀 등이 조서를 받고 수 년이 지났지만 나아가 마칠 수 없었다고 한다.

29) 『舊唐書』 卷73 列傳23 姚思廉 "三年 又受詔與秘書監魏徵同撰梁陳二史. 思廉又採謝炅等諸家梁史續成父書 竝推究陳事 刪益傅縡顧野王所修舊史 撰成梁書五十卷陳書三十卷. 魏徵雖裁其總論 其編次筆削 皆思廉之功也 賜彩絹五百段 加通直散騎常侍."

30) 『舊唐書』 卷3 本紀3 太宗下 "十年春正月壬子 尚書左僕射房玄齡侍中魏徵上梁陳齊周隋五代史 詔藏於秘閣."

31) 姚思廉의 『梁書』·『陳書』 편찬 시작 시점을 주석에 貞觀 2년(628)으로 전하는 기사가 있다. 『史通』 外篇 卷13 "唯姚思廉貞觀二年起 功多於諸史一歲."

32) 李康來, 1998, 「7세기 이후 중국 사서에 나타난 韓國古代史像 -통일기 신라를 중심으로-」, 『韓國古代史研究』 14, p.196; 백

通直散騎常侍가 더해졌으나, 1년 뒤인 貞觀 11년(637)에 사망했다.

그런데 姚思廉이 완성한 『梁書』를 『舊唐書』에는 50권, 『新唐書』와 宋代에 지어진 『梁書』의 서문에는 56권으로 전하고 있어 6권의 차이가 있다. 같이 완성된 『北齊書』·『周書』·『隋書』의 권수는 차이가 없는데, 유독 姚思廉이 지은 『梁書』와 『陳書』가 총 권수가 6권의 차이가 난다. 710년에 완성된 劉知幾의 『史通』에도 姚思廉이 최종적으로 완성한 『梁書』와 『陳書』를 각각 50권과 36권으로 기록했다.[33] 현재 이 차이가 왜 나는지는 알 수 없다. 다만 『梁書』와 편찬 시기 간격이 그리 멀지 않은 『舊唐書』와 『史通』에서 50권이라고 전하므로 최초의 『梁書』는 총 50권이라 함이 타당할 것이다.[34]

한편, 위의 사료에는 『梁書』와 『陳書』의 편찬 방식에 대한 약간의 언급이 확인된다. 姚思廉은 梁·陳史를 처음부터 새로이 엮은 것이 아니라, 여러 사가들이 완성했던 梁史와 姚察이 작업해놓은 바를 정리하여 편찬했다.[35] 『新唐書』에는 『梁書』가 魏徵과의 공동 찬작이라고 했지만, 『舊唐書』에 보이는 바와 같이 魏徵은 총론만을 담당했다. 『梁書』는 姚察이 작업한 자료들과 여러 사가들에 의해 출간된 梁史 관련 자료들을 종합하여 姚思廉이 나름의 기준을 가지고 정리하여 편찬되었던 것이다. 따라서 『梁書』의 기본 내용은 梁代의 사료를 근거로 작성되었다고 할 수 있다.[36]

姚思廉이 완성한 『梁書』는 어떠한 성격을 가진 사서라고 할 수 있을까? 보통 역사서는 官撰史書와 私撰史書로 구분된다. 본격적이고 전형적인 관찬사서의 시작은 唐代에 편찬된 『晉書』부터라고 이해된다. 設官修史로 요약되는 사서 편찬의 개혁으로 국가에서 史館을 운영하게 되었는데, 그 대표적인 저작이 『晉書』라고 보기 때문이다. 그렇다면 『梁書』의 경우는 어떠할까?

G-1. 開皇 초에 散騎常侍 秘書監에 제수되어 옮겼다. 牛弘은 典籍이 사라짐으로 인해 표를 올려 민간에서 책을 바치는 통로를 열어줄 것을(獻書之路) 청하며 말했다. … "만약 외람되이 영명한 조칙(明詔)을 베풀어주시고 아울러 금액을 건다면 진귀한 전적이 반드시 모일 것이니 道를 중히 여기는 풍조가 前世를 뛰어넘음이 훌륭하지 않겠습니까? 엎드려 황제의 판별을 원하오니 적게나마 밝은 살핌을 베풀어주십시

길남, 2018, 「중국왕조의 '百濟略有遼西' 記事 서술과 인식 -百濟郡 설치를 중심으로-」, 『百濟學報』 25, p.196에서는 『梁書』는 628년 姚思廉에 의해 개인적으로 완성되었다가 629년 太宗의 명에 따라 내용을 보완하여 636년에 최종적으로 마무리되었다고 이해했다.

33) 『史通』 外篇 卷12 "爲梁書五十卷 陳書三十六卷 今竝行世焉." 다만 『史通』 역시 판본에 따라 56권으로 기록한 경우가 있다. 본고에서는 劉知幾 著·오항녕 譯, 2014, 『史通』, 역사비평사의 교감을 따른다.

34) 국사편찬위원회 編, 2007, 『譯註 中國 正史 朝鮮傳 1』, 신서원, p.453에서는 『梁書』에 대해 50권설과 56권설을 언급하면서 56권설이 타당하다고 주장했지만, 그 근거를 제시하지는 않았다.

35) 『史通』 外篇 卷12 "皇家貞觀初 其子思廉爲著作郎 奉詔撰成二史. 於是憑其舊稿 加以新錄 彌歷九載 方始畢功. 定爲梁書五十卷 陳書三十六卷 今竝行世焉." 『史通』에도 『梁書』의 편찬 방식이 보인다. 여기서 언급한 '加以新錄'이란 구절은 唐代의 기록을 더했다는 것이 아니라 姚察의 초고에서 각종 梁史類를 가감한 일을 의미한다고 생각된다.

36) 『二十二史箚記』의 저자 趙翼은 『梁書』가 梁의 國史를 저본으로 삼았다고 이해했다(『二十二史箚記』 卷9 梁書悉據國史立傳"梁書本姚察所撰 而其子思廉續成之. 今細閱全書 知察又本之梁之國史也.").

오." 황제가 이를 받아들이고 이에 조서를 내려 책 1권을 바치면 비단 1필을 주게 했다. 1~2년 동안 篇籍이 점차 갖추어졌다. 爵을 올려 奇章郡公으로 하고 1,500戶를 봉지로 주었다.[37)]

G-2. (開皇 13년, 593) 5월 癸亥 조서를 내려 민간에서 國史를 모아 찬술하거나 인물을 평가하는 것을 모두 금지함을 포고했다.[38)]

사료 G-1과 G-2는 隋代의 사서 편찬 방향을 대략이나마 알려주는 자료이다. 먼저 G-1은 牛弘이 文帝에게 상주한 내용으로 令狐德棻과 마찬가지로 흩어진 사서들의 수집을 요청하고 있다. 구체적으로 책 1권당 비단 1필이라는 기준이 제시되었고, 이 정책이 실제로 효과를 거두었음을 알려준다. 이는 앞서 언급했던 바와 같이 국가의 사서 편찬 주도와 관련 있다고 생각된다. G-2는 文帝가 민간에서의 國史 편찬을 금지하는 조서를 내렸다는 내용이다. 이는 국가가 역사의 편찬을 전담하고, 민간에서의 편찬을 금지한다는 즉, 사찬사서의 집성을 불허한다는 의미이다. 이럴 경우, 『梁書』와 『陳書』의 서술에는 隋 혹은 唐의 의도가 포함되었을 개연성이 상정된다.

한편 姚察의 작업이 완성되지 않자 아들 姚思廉이 아버지의 뜻에 따라 梁·陳史의 편찬을 담당했다는 점은 『梁書』가 지닌 사찬사서의 성격을 보여주는 사례이다. 사료 E에서 令狐德棻의 주청에 대한 6代史 편찬 지시에서 梁史의 편찬에 姚思廉이 포함되지 않았고, 貞觀 연간에 들어서야 梁·陳史의 편찬을 맡아 아버지의 작업에 기반하여 『梁書』를 완성한 점도 사찬의 성격을 보여준다고 할 수 있다. 즉, 『梁書』의 편찬은 姚察에서 姚思廉으로 이어지는 姚氏 집안의 가업으로 진행되었다고 하겠다.

이상에서 『梁書』는 관찬과 사찬의 성격을 모두 가지고 있었음을 확인했다. 따라서 『梁書』는 관찬과 사찬의 성격이 병존하는 과도기적인 성격의 사서로 보는 편이 합리적일 것이다.

지금까지 『梁書』의 편찬 과정에 대해 간략하게 살펴보았다. 그 결과, 현전하는 『梁書』는 梁·陳代에 지속적으로 편찬된 梁史, 陳史를 다룬 역사서를 토대로 작성되었음을 확인했다. 또한 『梁書』는 姚察이 완성하지 못하고 죽자 아들인 姚思廉이 작업을 이어가 唐代에 편찬이 종료되었음을 살펴보았다. 다만, 그 사료적 성격은 관찬과 사찬의 성격이 병존했다고 이해했다. 따라서 『梁書』는 陳代부터 姚察이 梁史의 찬술에 개입했으므로 梁代의 자료와 인식이 밑바탕이 되었으면서도 최종적으로 唐 太宗에 의해 완성되었다는 점에서 唐의 의도에 맞게 變改되었을 가능성도 존재한다.[39)]

사실 한국에서 『梁書』에 관심을 갖는 이유는 남조계 정사 중에서 삼국 전체에 대한 정보를 전하기 때문

---

37) 『隋書』 卷49 列傳14 牛弘 "開皇初 遷授散騎常侍秘書監. 弘以典籍遺逸 上表請開獻書之路 曰 … 若猥發明詔 兼開購賞 則異典必臻 觀閣斯積 重道之風 超於前世 不亦善乎. 伏願天鑒 少垂照察. 上納之 於是下詔 獻書一卷 賚縑一匹. 一二年間 篇籍稍備. 進爵奇章郡公 邑千五百戶."

38) 『隋書』 卷2 帝紀2 高祖下 "(開皇十三年)五月癸亥 詔人間有撰集國史臧否人物者 皆令禁絕."

39) 林起煥, 1998, 「4~6세기 中國史書에 나타난 韓國古代史像」, 『韓國古代史研究』 14, p.165. 해당 논고에서는 『梁書』의 서술 태도에 唐 초기의 시대적 분위기가 반영되었을 가능성을 제기했다.

이다. 『梁書』에는 신라가 최초로 중국의 正史에 입전되었고, 백제와 신라에 대한 새로운 자료들이 다수 전하고 있다. 특히 삼국 중 고구려에 대한 기사는 諸夷傳의 어느 국가보다 많은 비중을 차지한다. 그렇다면 『梁書』의 편찬 과정과 성격을 염두에 두면서 『梁書』 卷54 列傳48 諸夷傳에 대해 살펴보도록 하겠다.

III. 『梁書』 諸夷傳의 原典 계통

『梁書』에는 앞선 남조계 정사인 『宋書』 夷蠻傳, 『南齊書』 蠻東南夷傳과 같이 주변 종족들에 대한 정보를 담은 諸夷가 열전으로 포함되어 있다. 諸夷는 海南·東夷·西北諸戎으로 구성되어 있는데, 梁의 입장에서 동·서·남쪽에 존재하던 주변 종족들을 다룬 것이다. 다만 북쪽에 있던 北魏는 諸夷와 같은 열전에 포함되지 않았다. 『宋書』와 『南齊書』가 北魏를 각각 索虜와 魏虜라는 명칭으로 열전을 세운 것과는 대비되는 현상이다. 『宋書』와 『南齊書』는 本紀에서도 北朝의 명칭으로 索虜와 魏虜를 사용했지만, 『梁書』는 魏·魏主 등으로 표현했다. 『梁書』가 胡族 출신인 唐에서[40] 편찬되었기에 의도적으로 북조에 대한 멸칭을 피한 듯하다.[41]

諸夷傳의 총 글자 수는 대략 14,844자이며, 海南은 7,788자, 東夷는 3,674자, 西北諸戎은 3,304자이다. 비율로는 諸夷傳 전체 100%에서 海南 약 52%, 東夷 약 25%, 西北諸戎 약 22%이다. 분량으로만 판단하면 海南 지역에 대한 정보가 東夷와 西北諸戎 지역의 내용을 합친 것보다 많으며, 東夷·西北諸戎 각 구절의 2배가 넘는다. 구체적으로 각 지역의 국가 중 많은 분량을 차지하는 곳을 나열하면 海南의 林邑國이 1,556자, 扶南國은 2,458자 中天竺國이 1,101자, 東夷의 高句驪가 1,385자, 百濟가 492자, 新羅가 328자, 倭가 558자, 扶桑國이 452자, 西北諸戎의 河南이 533자, 武興國(仇池)이 440자, 高昌國은 402자이다. 전체를 두고 볼 때, 扶南國-林邑國-高句驪의 순서로 분량이 배분된 것이다. 단순히 분량을 두고 봤을 때, 梁은 海南 지역에 대한 관심이 많았고, 東夷와 西北諸戎은 상대적으로 주목하지 않았다고도 할 수 있다. 그렇다면 諸夷傳 내에서의 분량 차이는 왜 발생한 것일까? 분량을 해당 지역에 대한 관심의 척도로 이해할 수 있을까? 이러한 의문을 염두에 두면서 『梁書』 諸夷傳이 나눈 지역 구분에 따라 기초적인 분석을 진행하고자 한다.

1. 海南

H. 海南의 여러 국가는 대저 交州 남쪽 및 서남쪽 大海의 섬 근처에 위치해 서로 거리가

40) 박한제, 2015, 『대당제국과 그 유산 -호한통합과 다민족국가의 형성-』, 세창출판사, pp.208-217에서는 代國에서 당에 이르는 북조 국가는 중화풍의 왕조명을 가졌지만 사실은 연속적인 호족국가라고 이해했다.

41) 『梁書』와 같은 현상은 唐代에 편찬된 『南史』에서도 확인할 수 있다.

가까운 곳은 3,500리이고 먼 곳은 2~3만 리로 그 서쪽은 서역의 여러 국가와 접해 있다. 漢 元鼎 연간(기원전 116~기원전 111)에 伏波將軍 路博德을 보내 百越을 개척하여 日南郡을 설치했다. 그 변방 바깥의 여러 국가는 武帝이래부터 모두 조공했다. 後漢 桓帝의 시대에 大秦과 天竺이 모두 이 길을 따라 사신을 보내 공물을 바쳤다. 吳 孫權의 때에 이르러 宣化從事 朱應과 中郎 康泰를 보내 통교했다. 그 지난 것과 전해 들은 바가 백 수 십 국으로 인하여 記傳을 세웠다. 晉代에 중국과 통교한 나라가 거의 드물어 고로 사관이 싣지 못했다. 宋과 齊에 이르러 이른 국가가 10여 국이 있어 비로소 傳으로 삼았다. 梁에게 국운이 바뀐 이래로 그들이 정삭을 받들고 공직을 닦아 바다를 건너 매해 이름이 전대를 뛰어넘었다. 이제 그 습속을 채록하여 대략을 저술하니 엮어 海南傳으로 부른다.[42)]

위의 사료는 『梁書』 諸夷傳 중 海南의 序文이다. 海南의 여러 국가들이 위치한 지역에 대해 언급한 후, 漢代에서 晉을 거쳐 梁에 이르는 시기까지 海南과 중국의 교류를 간략하게 설명했다. 이 중에서 海南이 宋과 南齊의 시대에 이르러 비로소 10여 국을 열전에 포함시켰다는 점이 흥미롭다. 이러한 표현은 海南의 국가가 남조와 본격적으로 교섭하여 의미 있는 정보가 수집되었기에 사용되었을 것으로 추정된다.

『梁書』 海南의 대표적인 세력 중 하나인 林邑은 『宋書』 夷蠻傳과 『南齊書』 蠻東南夷傳 모두에서 많은 비중을 차지했다. 반면 扶南은 『南齊書』에 상세하고 『宋書』에는 단 한 줄만이 기록되었다. 『梁書』에 이르러서는 두 국가 모두 분량이 많아지고 다루어지는 내용도 풍부해졌다.[43)] 그 내용은 전대의 사서를 전거로 삼았다고 추정되는 부분도 발견되지만, 새로이 전하는 기사가 훨씬 많다. 『梁書』 林邑에서 『宋書』 혹은 『南齊書』의 기록을 채록한 것으로 추정되는 구절은 宋·南齊와의 교섭기사에 집중되어 있고, 지리 및 습속 기사는 대부분 『南齊書』의 기록을 토대로 하여 보완 작업이 이루어졌다. 『梁書』 扶南 역시 林邑과 마찬가지로 『南齊書』를 인용하면서 추가 설명을 덧붙였다. 특히 扶南의 주변국으로 언급한 頓遜國, 毗騫國, 諸薄國에 대한 내용은 이전에 없던 기사이거나 매우 소략했던 부분이다. 이를 보다 구체적으로 살펴보도록 하겠다.

『梁書』에서 林邑은 지리–특산품–421년까지의 관계 기사–습속–421년~梁代까지의 관계 기사로 구성되어 있다. 林邑의 전체 내용 중에서 75%에 해당하는 부분이 중국과의 관계 기사이고, 나머지 25% 정도가 그 지역의 지리 및 습속에 해당한다. 林邑과 관련한 기사는 뒤이어 언급할 扶南에 비하면 그 습속 부분이 부족한 편이다. 林邑이 『宋書』와 『南齊書』에서 연속하여 열전에 포함되어 저본 자료가 많았을 것임

42) 『梁書』 卷53 列傳48 諸夷 "海南諸國 大抵在交州南及西南大海洲上 相去近者三五千里 遠者二三萬里 其西與西域諸國接. 漢元鼎中 遣伏波將軍路博德開百越 置日南郡. 其徼外諸國 自武帝以來皆朝貢. 後漢桓帝世 大秦天竺皆由此道遣使貢獻. 及吳孫權時 遣宣化從事朱應中郎康泰通焉. 其所經及傳聞 則有百數十國 因立記傳. 晉代通中國者蓋尠 故不載史官. 及宋齊 至者有十餘國 始爲之傳. 自梁革運 其奉正朔 脩貢職 航海歲至 踰於前代矣. 今採其風俗粗著者 綴爲海南傳云."

43) 『宋書』와 『南齊書』에는 소략했던 晉代의 교섭 기사가 『梁書』에 보다 상세히 기록된 점이 대표적이다.

에도 불구하고 『南齊書』와 『梁書』에서는 扶南보다 적은 비중을 차지한다. 점차 梁代에 이를수록 林邑보다 扶南과의 교류가 많아지는 현상이 반영된 것으로 추측된다.

林邑의 기사를 들여다보면, 관계 기사를 제외하고 지리·습속 등의 내용은 『宋書』와 『南齊書』에서 연원했다고 보기 어려운 면도 보인다.

표 1. 『梁書』 諸夷傳 林邑條 전거 자료 분석

구분	기사
지리	『南齊書』: 南夷林邑國 在交州南 海行三千里 北連九德 秦時故林邑縣也. 『梁書』: 其地縱廣可六百里 城去海百二十里 去日南界四百餘里 北接九德郡.
	『南齊書』: 林邑有金山 金汁流出於浦. 『梁書』: 其國有金山 石皆赤色 其中生金.
의복	『南齊書』: 王服天冠如佛冠 身被香纓絡. 『梁書』: 其王著法服 加瓔珞 如佛像之飾.
혼례	『南齊書』: 貴女賤男 謂師君爲婆羅門. 群從相姻通 婦先遣娉求婿. 女嫁者 迦藍衣横幅合縫如井闌首戴花寶. 婆羅門牽婿與婦握手相付 祝願吉利. 『梁書』: 其大姓號婆羅門. 嫁娶必用八月 女先求男 由賤男而貴女也. 同姓還相婚姻 使婆羅門引婿見婦 握手相付 祝日吉利吉利 以爲成禮.
종교	『南齊書』: 事尼乾道 鑄金銀人像 大十圍. 『梁書』: 國王事尼乾道 鑄金銀人像 大十圍.
관계 기사	『南齊書』: 楊邁死 子咄立 慕其父 復改名楊邁. 『梁書』: 陽邁死 子咄立 慕其父 復曰陽邁.
	『宋書』: 太祖元嘉初 侵暴日南 九德諸郡 交州刺史杜弘文建牙聚衆欲討之 聞有代 乃止. 『梁書』: 元嘉初 陽邁侵暴日南 九德諸郡 交州刺史杜弘文建牙欲討之 聞有代乃止.
	『宋書』: 八年 又遣樓船百餘寇九德 入四會浦口 交州刺史阮彌之遣隊主相道生三千人赴討 攻區粟城不剋 引還. 『梁書』: 八年 又寇九德郡 入四會浦口 交州刺史阮彌之遣隊主相道生帥兵赴討 攻區粟城不剋 乃引還.
	『宋書』: 太祖忿其違傲 二十三年 … 龍驤司馬童林之 九真太守傳蔚祖戰死 竝贈給事中. 『南齊書』: 元嘉二十二年 … 和之後病死 見胡神爲祟. 『梁書』: 二十三年 … 和之後病死 見胡神爲祟.
	『宋書』: 世祖孝建二年 林邑又遣長史范龍跋奉使貢獻 除龍跋揚武將軍. 大明二年 林邑王范神成又遣長史范流奉表獻金銀器及香布諸物. 『南齊書』: 孝建二年 始以林邑長史范龍跋爲揚武將軍. 『梁書』: 孝武孝建 大明中 林邑王范神成累遣長史奉表貢獻.
	『宋書』: 太宗泰豫元年 又遣使獻方物. 『梁書』: 明帝泰豫元年 又遣使獻方物.
	『南齊書』: 永明九年 … 十年 以諸農爲持節 都督緣海諸軍事 安南將軍 林邑王. 『梁書』: 齊永明中 范文贊累遣使貢獻.

〈표 1〉은 『梁書』 諸夷傳 林邑條의 전거 자료를 정리한 표이다. 지리–의복–혼례–종교와 관계 기사 부

분으로 구분선을 그었다. 『宋書』 및 『南齊書』를 참고한 것으로 보이는 기사는 전체 1,556자 중 390자로 25%의 비율이다. 먼저 관계 기사를 살펴보면, 梁代 이전의 관계 기사는 사실상 『宋書』와 『南齊書』가 원전이라 할 수 있다. 『梁書』는 전대의 사서를 원전으로 하면서도 기사를 그대로 옮기지 않고, 축약하는 방식을 채택했다. 그러면서도 원전과 내용이 다른 부분이 존재한다. 이후 梁代의 관계 기사는 林邑의 조공과 梁의 책봉으로 구성되었다. 한편 義熙 3년 기사 말미의 '交州遂致虛弱'과 八年 기사 직후에 기록된 '爾後頻年遣使貢獻 而寇盜不已'라는 구절은 『梁書』 찬자 나름의 평가 혹은 정리 부분으로 판단된다.[44)]

반면 지리-의복-혼례-종교로 구성된 습속 부분은 관계 기사와 다른 양상을 나타낸다. 먼저 지리는 『南齊書』와 키워드가 겹치면서도 새로운 내용이 많다. 九德이라는 郡名과 金山이라는 지명이 모두 등장하지만, 단순히 존재만이 일치하고 그에 대한 설명은 전혀 다르다. 林邑의 위치에 대한 시대적 기준도 『南齊書』는 秦, 『梁書』는 漢이라 표기했다. 의복 역시 林邑王이 불교식 차림을 했다는 점은 비슷하면서도 묘사가 다르다. 혼례는 바라문에 대한 해석이 다르고, 혼례까지의 과정은 일치하지 않는다. 다만 혼례에서 바라문이 축복하는 장면은 유사한데, 『梁書』가 약간 구체적이다. 결국 지리-의복-혼례 기사는 같은 정보를 전하면서도 세부내용이 다르다는 점에서 『南齊書』와 『梁書』는 林邑에 관한 서로 다른 원전을 인용했다고 생각된다.[45)] 그런데 종교 부분은 이전과 사정이 다르다. 『南齊書』의 구절을 『梁書』에서 어투만 바꾸었기 때문이다. 따라서 『梁書』 林邑條 습속 부분에서 확실하게 원전을 확인할 수 있는 구절은 尼乾道 관련 내용이라 할 수 있다.

다음으로 『梁書』에서의 扶南은 지리-습속-외교-습속-불교의 순서로 전개된다. 扶南의 전체 내용 중에서 지리와 습속은 30%, 외교가 9%의 비중을 차지한 반면 나머지 약 60%는 扶南과 중국 간의 불교 교류내용이다. 扶南에서 특이한 점은 지리와 습속을 언급하면서 이웃 국가로 頓遜國, 毗騫國, 諸薄國을 기록한 것과 불교 관련 부분이 扶南의 내용에서 절반 이상을 차지한다는 것이다. 먼저 頓遜國, 毗騫國, 諸薄國의 기사에서 毗騫國은 『南齊書』에 간략하게 등장하지만, 나머지 두 국가는 『梁書』에 처음 보인다. 毗騫國이 『南齊書』에 등장한다고 하지만, 『梁書』보다는 단출하다. 따라서 위 세 국가에 대한 기사는 梁代에 확장된 海南의 정보가 반영된 근거로 볼 수 있다. 다음으로 『梁書』 扶南의 불교 관련 기사는 梁 武帝의 적극적인 숭불정책과의 연관성이 상정된다. 구체적으로 불상, 경전 등 불교 물품과 阿育王(아소카왕) 등 불교 관련 인물들에 얽힌 기이한 내용들을 포함하는데, 梁 武帝라는 최고위층의 관심이 작용했기 때문으로 보인다. 즉, 梁과 扶南의 관계는 武帝의 불교 숭상이라는 실제적인 관심과 엮여 當代의 정보가 다수 수집 및 등재되었던 것이다.

---

44) 백길남, 2018, 앞의 논문, p.199; 위가야, 2019, 「백제 무령왕대 대외관계의 새로운 모색--'累破句驪'와 '更爲强國'의 실상을 중심으로-」, 『한국고대사학회 제32회 합동토론회 발표자료집』, pp.116-117에서는 『梁書』 諸夷傳 百濟條의 '更爲强國' 역시 『梁書』 찬자의 인식 혹은 평가로 이해했다.

45) 『梁書』의 찬자가 林邑에 대한 내용을 서술하면서 『南齊書』를 참고하지 않았다는 의미는 아니다. 梁代에 작성된 보다 다양하고 구체적인 정보를 전하는 사서를 원전으로 했다는 것이다. 이는 梁代에 海南과의 교류가 전대를 뛰어넘었다는 사료 H의 구절과도 상통한다.

표 2. 『梁書』 諸夷傳 扶南條 전거 자료 분석

구분	기사
지리	『南齊書』: 扶南國 在日南之南大海西蠻中 廣袤三千餘里 有大江水西流入海. 『梁書』: 扶南國 在日南郡之南 海西大灣中 去日南可七千里 在林邑西南三千餘里.
기원	『南齊書』: 其先有女人爲王 名柳葉. … 遂治其國. 子孫相傳. 『梁書』: 扶南國俗本裸體 文身被髮 不制衣裳. … 納柳葉爲妻 生子分王七邑.
왕위 계승	『南齊書』: 至王槃況死 國人立其大將范師蔓. 『梁書』: 盤況年九十餘乃死 立中子盤盤 以國事委其大將范蔓. 盤盤立三年死 國人共擧蔓爲王.
	『南齊書』: 蔓病 姊子旃慕立 殺蔓子金生. 『梁書』: 蔓姊子旃 時爲二千人將 因篡蔓自立 遣人詐金生而殺之.
종교	『南齊書』: 十餘年 蔓少子長襲殺旃 以刃鑱旃腹曰 汝昔殺我兄 今爲父兄報汝. 旃大將范尋又殺長國人立以爲王 是吳 晉時也. 晉 宋世通職貢. 『梁書』: 蔓死時 有乳下兒名長 在民間 至年二十 乃結國中壯士襲殺旃 旃大將范尋又殺長而自立.
관계 기사	『南齊書』: 永明二年 … 古貝二雙 琉璃蘇鉝二口 玳瑁檳榔柈一枚. 『梁書』: 齊永明中 王闍邪跋摩遣使貢獻.

〈표 2〉는 『梁書』 諸夷傳 扶南條의 전거 자료를 정리한 표이다. 위에 따르면 『南齊書』를 참고했을 가능성이 있는 구절은 2,458자 중 283자로 11.5%이다. 앞선 林邑에 비해 전대의 사서를 참고했을 것으로 보이는 기사가 적은데, 扶南이 『南齊書』에 이르러 본격적으로 기술된 까닭으로 짐작된다.[46] 〈표 2〉에서 언급한 기사들은 고유명사나 서술 내용 등이 유사하다는 점에서 『南齊書』를 원전으로 했을 가능성이 높다. 그런데 『梁書』의 찬자는 『南齊書』만을 인용하지 않고, 보다 상세한 내용을 더해 기사를 작성했다. 『南齊書』에는 盤況 이후 范師蔓이 즉위했다고 전하지만, 『梁書』는 盤況 다음으로 盤盤이 즉위하고, 盤盤의 사후 范蔓했다고 서술한 것이 대표적이다. 『南齊書』보다 자세한 내용을 전한다는 점에서 양자가 서로 다른 사서를 원전으로 했을 수도 있겠지만, 『南齊書』를 바탕으로 梁代에 입수된 정보를 더했을 가능성도 있다. 이후 배치되어 있는 남제시기의 관계 기사는 간략하게 서술했다.

결국, 『梁書』 諸夷傳 海南條는 이전 남조계 正史에 비해 늘어난 정보를 토대로 보다 다양한 국가들을 다루었다고 할 수 있다. 남조계 정사를 참고하여 주로 扶南, 林邑을 중심으로 내용이 전개되었고, 扶南과의 불교 교류 기사가 많은 비중을 차지한 점이 확인되었다. 이러한 현상은 실제로 梁代에 늘어난 海南諸國과의 교류와 그에 따른 관심과 정보의 증가가 원인으로 여겨진다.[47]

46) 『宋書』 卷97 列傳57 "扶南國 太祖元嘉十一 十二 十五年 國王持黎跋摩遣使奉獻." 이처럼 『宋書』는 扶南에 대해서 단 한 줄만을 기록했다.

47) 송정수, 2016, 「중국 정사 외국전에 대한 이해」, 『중국 정사 외국전이 그리는 '세계'들 –「사기」부터 「명사」까지』, 역사공간, pp.24–25.

2. 東夷

I. 東夷의 국가는 朝鮮이 성하여 箕子의 교화를 얻었으므로 그 기물에는 가히 예악이 있다고 한다. 魏 시기에 朝鮮 동쪽의 馬韓과 辰韓의 무리가 대대로 중국과 교통했다. 晉이 長江을 건넌 이래로 배를 타고 바다를 건넌 동쪽의 사신에는 고구려와 백제가 있어 宋과 齊의 시기에는 항상 공물을 바쳤고 梁이 흥하자 또 다다름이 있었다. 扶桑國은 이전에 듣지 못했다. 普通 연간(520~526)에 스스로 그곳에서 이르렀다고 하는 도인이 있었는데 그 말의 근원이 특히 갖추어져 고로 모두 기록한다.[48)]

사료 I는『梁書』諸夷傳 중 東夷의 序文이다. 사료 H의 海南 序文과 마찬가지로 중국과 東夷가 교섭을 시작한 시기부터 梁代에 이르기까지를 시간적 흐름에 맞춰 간략하게 소개했다. 海南의 序文과 비교하면 도인의 말을 토대로 扶桑國을 기록했다는 점이 특이하다. 海南에서도 승려 혹은 도인으로 불리는 사람들의 기이한 행적을 다수 기록했는데, 東夷도 마찬가지의 편찬 경향이 나타난다. 나아가 東夷에서는 도인의 말을 토대로 扶桑國이라는 국가가 當代에 실존했다고 이해했다. 이와 같이『梁書』諸夷傳에는 신뢰하기 어려운 기이한 일들을 많이 전재했는데,『梁書』의 사료적 신뢰성을 떨어뜨리는 부분이라 생각된다.[49)]

『梁書』諸夷傳 東夷에서는 고구려가 다른 국가들의 기사에 비해 약 3배 많은 분량을 차지한다. 다음으로 扶桑國, 倭, 백제의 순서로 분량이 배분되었다. 특히 고구려는 海南의 扶南, 林邑 다음으로 諸夷傳 전체에서 많은 분량을 차지했다. 따라서 앞선 海南의 경우와 같이 梁과의 상호 활발한 교역과 관심을 추측게 한다.

고구려조는 시조 설화-지리-정치-습속-王莽~毌丘儉까지의 관계 기사-晉代~梁代 관계 기사로 구성되어 있다. 다른 지역과 크게 다르지 않은 구성이지만, 관련 기사를 분석하면 흥미로운 사실이 발견된다. 晉代~梁代 관계 기사를 제외한 나머지 기사는 이전 사서들을 그대로 옮겨 적었다는 점이다. 자구나 표현의 차이는 존재하지만, 그 내용은 전대의 자료들과 다르지 않다.[50)] 고구려와 梁의 교섭이 적지 않았

48)『梁書』卷53 列傳48 諸夷 "東夷之國 朝鮮爲大 得箕子之化 其器物猶有禮樂云. 魏時 朝鮮以東馬韓辰韓之屬 世通中國. 自晉過江 泛海東使 有高句驪百濟 而宋齊間常通職貢 梁興 又有加焉. 扶桑國 在昔未聞也. 普通中 有道人稱自彼而至 其言元本尤悉 故并錄焉."

49) 熊清元, 2001, 앞의 논문, p.13.

50)『梁書』諸夷傳 高句驪條의 저본 자료에 대한 견해는『魏略』원전설(여호규, 2014,「고구려의 건국설화와 종족 기원」,『고구려 초기 정치사 연구』, 신서원, pp.55-57),『三國志』원전설(金鍾完, 1981,「梁書 東夷傳의 文獻的 檢討 高句麗·百濟·新羅傳을 中心으로」,『論文集』3, p.170; 高柄翊, 1994,『東亞交涉史의 硏究』, 서울대학교출판부, p.29; 全海宗, 2000,「梁書東夷傳의 硏究-正史東夷傳比較檢討의 필요성과 관련하여-」,『學術院論文集(人文·社會科學篇)』39, p.13),『三國志』및 타사료 대조설(李成市, 1984,「『梁書』高句麗傳と東明王傳說」,『中國政史の基礎的硏究』, 早稻田大學出版部, p.123; 李成市, 1998,『古代東アジアの民族と國家』, 岩波書店, p.68 재수록; 鄭春穎, 2009,「《梁書·高句驪傳》史源學硏究」,『圖書館理論與實踐』2009-11, p.55)의 세 갈래로 정리할 수 있다.

고, 주변국과 비교해서 책봉호 역시 낮지 않았다는 점에서 특히 의아스럽다.

그렇다면 고구려와 같이 삼국을 형성한 백제와 신라는 어떠할까? 백제는 기원-지리-晉代 이후 관계 기사-습속-관계 기사로 이루어져 있고, 신라는 기원-지리-관계 기사-습속으로 구성되었다. 두 국가의 관계 기사는 이전의 사서를 가져온 부분도 있지만, 습속 부분은 당대의 사실을 전하는 자료들이 존재한다. 백제의 경우 당시 도읍인 固麻城을 언급하고 지방에 檐魯가 있음을 전한다. 이는 이전『宋書』와『南齊書』에서 볼 수 없었던 내용으로, 남조계 사서의 백제 관련 기사에서 중요한 의의를 갖는다고 평가된다.[51]

신라는 중국 正史 중에서『梁書』에 처음으로 입전되었기에 대부분 當代의 상황을 기술했다고 할 수 있다. 신라 역시 啄評과 邑勒이라는 지방통치제도, 신라 언어, 관등제 등 當代의 모습을 전하고 있어 많은 연구자들이 주목해 왔다.

『梁書』 諸夷傳에서 삼국의 기사를 비교해 봤을 때, 고구려조가 백제조와 신라조보다 월등한 분량을 가졌음은 앞서 살펴본 바와 같다. 그럼에도 기사를 분석하면 분량이 훨씬 적은 백제와 신라조는 당대의 정보를 담았고, 고구려는 관계 기사를 제외하면 당대의 정보가 전혀 발견되지 않는다. 이러한 현상은 분명히 海南의 林邑, 扶南과 대비되는 현상이라 할 수 있다. 海南과 東夷의 서술 경향을 비교했을 때, 개별 국가의 서술 문제는 양국이 서로에게 얼마나 많은 관심을 가졌는지의 여부와 관련이 있다고 판단된다.[52] 이에 따라 梁과 고구려는 교섭은 이루어졌지만 의례적이었을 가능성과[53]『梁書』의 편찬을 지시한 唐 太宗이 고구려에 대한 부정적인 인식을 가져 當代의 정보를 싣지 못했을 가능성이 제기되었다.[54] 다만『梁書』 고구려조에는 이전과 달리 東明王을 시조로 하는 인식이 나타나고 있어 梁代의 정보가 반영되었을 여지도 존재한다. 이에 대해서는『梁書』 諸夷傳과『梁職貢圖』의 관계 등을 고려해야 하므로 본고에서는 판단을 유보하고 추후 논고를 통해 견해를 피력하도록 하겠다.

그렇다면 梁은 백제를 고구려보다 중요하게 생각했기에 당대의 정보를 수집할 수 있었을까? 그보다는 백제가 梁에 대해 적극적인 우호를 전개했기 때문으로 판단된다. 주지하다시피 백제의 武寧王陵은 梁의 양식을 따르고 있으며,『梁書』 백제조 말미에 侯景에게 梁의 수도가 함락되자 백제의 사신이 통곡한 장면은 백제가 梁을 꽤 중시했음을 알려준다. 아마 백제는 梁을 통해 새로운 문물을 도입하고 고구려를 견제하려 했던 것으로 보인다. 결국 梁이 東夷 지역에 큰 관심이 없더라도 백제의 적극적인 자세로 인해 當代 백제의 정보가 수집되고 수록될 수 있었던 것이다.

---

51) 俞元載, 1995,『中國正史 百濟傳 硏究』 增補版, 學硏文化社, p.153.

52) 高柄翊, 1994, 앞의 책, pp.25-33; 俞元載, 1995, 위의 책, p.350.

53) 林起煥, 1998, 앞의 논문, p.177.

54) 尹龍九, 2012(a),「현존 梁職貢圖百濟國記 三例」,『百濟文化』 46, pp.246-247; 백길남, 2018, 앞의 논문, p.198. 그러나 貞觀 연간에 완성된 사서에는『梁書』뿐만 아니라『周書』와『隋書』도 포함되어 있고, 이 두 사서에는 當代의 것으로 보이는 새로운 고구려 관련 정보가 수록되어 있다. 즉, 唐 太宗이 고구려에 대한 부정적 인식을 가졌다면『梁書』만이 아니라『周書』와『隋書』에도 그러한 모습이 보여야 타당하다.

3. 西北諸戎

J. 西北의 諸戎은 漢代 張騫이 서역의 길을 처음으로 열고 甘英이 마침내 西海에 이르면서 어떤 곳은 侍子를 보내고 어떤 곳은 공헌을 받들었다. 이때에 비록 병사와 무기를 기울여 가까스로 승전했으나 전대에 비하면 그 다스림은 심오했다. 魏代에는 삼국이 솥발처럼 서 날마다 전쟁했고, 晉이 吳를 평정한 이후에는 잠시 평화를 얻어 다만 戊己의 관을 두었으나 여러 국가 또한 복종하지 않았다. 뒤이어 中原에 상란이 발생하고 호인이 번갈아 일어나자 서역과 강동이 막혀 사절이 교통하지 못했다. 呂光의 龜茲 도달 역시 蠻夷가 蠻夷를 정벌함과 같은 것이지 중국의 뜻은 아니었다. 이로부터 여러 국가가 갈라지고 합쳐지니 승부와 강약을 상세하게 싣기 어렵다. 明珠와 翠羽는 비록 後宮에 채워져 있으나 蒲梢와 龍文은 外署에 드물게 들어왔다. 梁이 천명을 잇자 정삭을 받들고 조정에 조회한 나라는 仇池, 宕昌, 高昌, 鄧至, 河南, 龜茲, 于闐, 滑 등이다. 이제 그 습속을 엮어 西北戎傳이라 한다.[55]

사료 J는『梁書』諸夷傳 西北諸戎의 序文이다. 이 역시 漢代로부터 梁代에 이르기까지 중국과 西北諸戎의 교류를 망라했다. 그런데 海南, 東夷의 序文과는 달리 교섭이 자주 이루어지지 않았음을 언급하고 있다. 海南, 東夷에서 그 상세함을 전하기 힘들다고 하면서도 결국 梁代에 이르러 교섭이 늘어났다고 한 것과 차이를 보인다. 이는 梁과 서북 지역이 지리적으로 멀고, 北朝에 의해 교통이 원활하지 않았던 상황이 반영된 결과로 짐작된다. 실제로 西北諸戎의 기사는 앞선 海南, 東夷에 비해 분량이 적다.

『梁書』諸夷傳 西北諸戎의 분량은 총 3,324자로 河南 533자, 武興國(仇池) 440자, 高昌國 402자의 순서로 배분되었다. 비율로는 각각 16%, 13.2%, 12%이다. 河南과 武興國은 梁에서 서역으로 가는 길목에 위치한 결과 두 국가가 많은 분량을 차지한 것으로 판단된다. 그러나 東夷條를 살펴보면서 분량의 다소가 梁의 관심으로 이어지기 어려운 점을 확인했다. 그렇다면 西北諸戎은 어떠한지 많은 비중을 차지하는 세력을 중심으로 검토하도록 하겠다.

먼저 西北諸戎에서 가장 많은 분량을 차지하는 河南은『宋書』에 鮮卑吐谷渾의 하나로,『南齊書』에 河南으로 등장한다.『梁書』에서의 河南은 기원-지리-습속 부분과 晉-宋-南齊-梁代의 관계 기사로 구성되어 있다. 비율로는 기원이 18%, 지리·습속이 23%, 관계 기사가 59%이다. 기원은『宋書』의 내용을 요약하여 정리한 것으로 보이며,『南齊書』와는 키워드만을 공유했다. 그러나 지리·습속은 이전 남조계 정사에

---

55)『梁書』卷53 列傳48 諸夷 "西北諸戎 漢世張騫始發西域之跡 甘英遂臨西海 或遣侍子 或奉貢獻 于時雖窮兵極武 僅而克捷 比之前代 其略遠矣. 魏時三方鼎跱 日事干戈 晉氏平吳以後 少獲寧息 徒置戊己之官 諸國亦未賓從也. 繼以中原喪亂 胡人遞起 西域與江東隔礙 重譯不交. 呂光之涉龜茲 亦猶蠻夷之伐蠻夷 非中國之意也. 自是諸國分并 勝負強弱 難得詳載. 明珠翠羽 雖仞於後宮 蒲梢龍文 希入於外署. 有梁受命 其奉正朔而朝闕庭者 則仇池 宕昌 高昌 鄧至 河南 龜茲 于闐 滑諸國焉. 今綴其風俗爲西北戎傳云."

서는 보이지 않는, 사실상 새로운 정보를 전한다.

표 3. 『梁書』 諸夷傳 河南條 전거 자료 분석

구분	기사
기원	『宋書』: 阿柴虜吐谷渾 遼東鮮卑也. 父弈洛韓 有二子 長曰吐谷渾 少曰若洛廆. 若洛廆別為慕容氏. 渾庶長 廆正嫡. … 於是遂西附陰山. 『梁書』: 河南王者 其先出自鮮卑慕容氏. 初 慕容奕洛干有二子 庶長曰吐谷渾 嫡曰廆. … 其地則張掖之南 隴西之西 在河之南 故以爲號.
주거	『南齊書』: 後稍爲宮屋 而人民猶以氈廬百子帳爲行屋. 『梁書』: 有屋宇 雜以百子帳 即穹廬也.
관계 기사	『南齊書』: 易度侯卒 八年 立其世子休留茂爲使持節 督西秦河沙三州諸軍事 鎭西將軍 領護羌校尉 西秦河二州刺史. 『梁書』: 齊永明中 以代爲使持節 都督西秦河沙三州 鎭西將軍 護羌校尉 西秦河二州刺史.

〈표 3〉은 『梁書』 諸夷傳 河南條의 전거 자료를 분석한 것이다. 海南과는 다르게 남조계 정사에서 그 전거를 찾기가 쉽지 않다. 다만 위의 표와 같이 『梁書』 諸夷傳 河南條가 남조계 정사를 참고했을 가능성이 있는 구절은 전체 533자 중 140자로 26.2%이다. 기원·지리·습속에 관한 기사는 남조계 정사와 일치하는 구절이 많지 않은데, 기원의 경우 서사의 전개가 『宋書』의 내용과 유사하다는 점에서 『宋書』를 축약한 것으로 보인다. 습속 중 주거에 관해서는 百子帳이 『南齊書』에서 확인되지만, 『梁書』에서는 다르게 설명된 점도 주목할 만하다. 이외에 성곽의 존재를 두고 『南齊書』는 河南에 성곽이 없다고 한 반면,[56] 『梁書』는 성곽의 존재를 인정하고 있는데, 『梁書』의 이후 구절에서 '慕延死 從弟拾寅立 乃用書契 起城池 築宮殿 其小王並立宅.'라고 하여 시간의 흐름에 따른 차이에서 비롯되었다고 판단된다.[57]

관계 기사에서는 南齊 永明 연간의 책봉 기사가 『南齊書』의 구절과 통한다. 『梁書』 河南條가 『南齊書』를 참고했다는 증거라고 할 수 있다. 그러면서도 피책봉자의 이름을 『梁書』는 休留代, 『南齊書』는 休留茂라 한 점, 책봉호의 세부 명칭이 다른 점에서 차이가 보인다. 따라서 『梁書』 河南條는 기원과 南齊 이전까지의 관계 기사는 『宋書』, 南齊代의 기사는 『南齊書』를 참고했고, 지리·습속 등과 각종 고유명사는 梁代에 입수된 정보를 따랐다고 판단된다. 한편 天監 15년 기사 이후의 '其使或歲再三至 或再歲一至'라는 구절은 『梁書』 찬자의 정리 부분으로 보인다.

『梁書』 河南條 지리·습속 등의 새로운 정보는 梁과 河南의 관계가 전대보다 밀접해졌음을 의미하는 것일까? 河南條의 분량은 『南齊書』가 『梁書』보다 약 240자 정도 많지만, 조서와 河南에 사신으로 파견되었다가 사망한 丘冠先과 관련한 일화가 포함되어 있어 실질적으로는 『梁書』 河南條가 『南齊書』 보다 河南 그 자체에 대해 많은 정보를 담았다고 판단된다. 더욱이 本紀에서 梁은 13번, 南齊는 5회 河南과 교섭했

56) 『南齊書』 卷59 列傳40 河南 "多畜 逐水草 無城郭."

57) 『梁書』 卷53 列傳48 諸夷 "慕延死 從弟拾寅立 乃用書契 起城池 築宮殿 其小王竝立宅."

다는 기록이 보인다. 종합하면 『梁書』 河南條는 河南과 梁의 활발한 교섭과 그에 따른 정보의 유입으로 최신화된 정보가 기재되었다고 할 수 있다. 이처럼 『梁書』 河南條는 전대의 자료와 當代의 자료를 결합시킨 가장 일반적인 사서 편찬 형태인 것이다.

다음으로 분량이 많은 武興國(仇池)은 『宋書』에 鮮卑吐谷渾, 『南齊書』에 氐楊氏로 편제되었다. 그 구성은 宋-南齊-梁으로 이어지는 관계 기사가 등장하고 후반부에 지리-습속으로 이어지며 마무리된다. 비율로는 관계 기사가 76%, 지리·습속 기사가 24%를 차지한다. 『梁書』 武興國條에서는 지리·습속 기사가 남조계 정사에 보이지 않는 새로운 정보를 전하는 반면,[58] 관계 기사는 남조계 정사를 위주로 참고했다는 점이 주목된다.

표 4. 『梁書』 諸夷傳 武興國條 전거 자료 분석

구분	기사
관계 기사	『宋書』: 十三年三月 難當自立爲大秦王 … 十九年正月 太祖遣龍驤將軍裴方明 … 又發荊 雍二州兵討難當 … 於是難當將妻子奔索虜 死于虜中. 『梁書』: 楊難當自立爲秦王 宋文帝遣裴方明討之 難當奔魏.
	『宋書』: 二十五年 爲索虜所攻 奔于漢中. 『南齊書』: 氐王楊難當從兄子文德聚眾茄蘆 宋世加以爵位. 『梁書』: 其兄子文德又聚眾茄盧 宋因授以爵位 魏又攻之 文德奔漢中.
	『宋書』: 元和從弟僧嗣 復自立 還戍茄蘆 以爲寧朔將軍 仇池太守. 『梁書』: 從弟僧嗣又自立 復戍茄盧.
	『宋書』: 僧嗣卒 從弟文度復自立. 泰豫元年 以爲龍驤將軍 略陽太守 封武都王 又改龍驤爲寧朔將軍. 後廢帝元徽四年 加督北秦州諸軍事 平羌校尉 北秦州刺史 將軍如故. … 其年 虜破茄蘆 文度見殺 追贈本官 加散騎常侍. 『南齊書』: 難當族弟廣香先奔虜 元徽中 爲虜攻殺文慶 以爲陰平公 茄蘆鎮主. 文慶從弟文弘爲白水太守 屯武興 朝議以爲輔國將軍 北秦州刺史 武都王仇池公. 『梁書』: 卒 文德弟文度立 以弟文洪爲白水太守 屯武興 宋世以爲武都王. 武興之國 自於此矣. 難當族弟廣香又攻殺文度 自立爲陰平王 茄盧鎮主.
	『南齊書』: 虜亦遣僞南梁州刺史仇池公楊靈珍據泥功山以相拒格 … 四年 僞南梁州刺史楊靈珍與二弟婆羅 阿卜珍率部曲三萬餘人舉城歸附 送母及子雙健 阿皮於南鄭爲質. … 以靈珍爲持節 督隴右軍事 征虜將軍 北梁州刺史 仇池公 武都王. 『梁書』: 齊永明中 魏氏南梁州刺史仇池公楊靈珍據泥功山歸款 齊世以靈珍爲北梁州刺史 仇池公.
	『南齊書』: 行輔國將軍 北秦州刺史 武都王楊集始 幹局沈亮 乃心忠款 必能緝境寧民 宣揚聲教. 可持節 輔國將軍 北秦州刺史 平羌校尉 武都王. 『梁書』: 文洪死 以族人集始爲北秦州刺史 武都王.

58) 『梁書』 諸夷傳 武興國條는 지리-습속 부분이 張庚摹本 『職貢圖』 武興蕃條의 기사와 대부분 일치한다(해당 자료는 尹龍九, 2012(b), 「『梁職貢圖』의 傳統과 摹本」 『木簡과 文字』 9, p.146의 표 참조). 『梁書』 諸夷傳과 『梁職貢圖』의 관계에 대해서는 추후 논고를 통해 논의할 예정이다.

〈표 4〉는『梁書』諸夷傳 武興國條의 전거 자료를 정리한 표이다. 위에 따르면『梁書』武興國條가 남조계 정사를 참고했을 가능성이 있는 구절은 440자 중 166자로 전체 분량의 37.7%이다. 武興國條에서는 관련 사건을 기술하면서 宋代의 일은『宋書』를, 南齊代의 일은『南齊書』를 참고한 듯하다. 전거 자료를 그대로 옮기지 않고 요약하여 기재하는 방식을 채택했는데, 전거 자료를 나름의 교차 검증하여 누락된 부분을 다른 사서로 채운 모습으로 생각된다. 楊文德의 즉위 기사는 전반부를『南齊書』, 후반부를『宋書』에서 인용하여 그 대표적인 형태라고 할 수 있다. 인명의 표기에는 차이를 보여 문홍을『宋書』와『南齊書』가 文弘,『梁書』는 文洪이라 했고, 문도를『宋書』와『梁書』는 文度,『南齊書』는 文慶으로 기록했다. 표기 방식의 차이는 남조계 정사 외에도 梁에서 보유한 정보가 있었음을 추측게 한다. 지리·습속 기사에 이르러서는『梁書』의 내용이 남조계 정사에 보이지 않는다.『南齊書』에 지리·습속에 관한 내용이 존재함에도 겹치는 부분이 없다. 이 역시『梁書』의 작성에 梁代에 새로이 축적된 자료의 존재 가능성을 보여준다. 한편 문도의 즉위 과정에서 기술된 '武興之國 自於此矣'라는 구절은『梁書』찬자의 정리 부분으로 판단된다.

이상을 종합하면『梁書』諸夷傳 西北諸戎의 宋·南齊 시기 관계 기사는 각 시대의 정사를 따라 요약하여 정리되었음을 알 수 있다. 지리·습속 기사와 梁代의 관계 기사는 이전 남조계 정사와 겹치지 않는다는 점, 고유명사에서 차이를 보인다는 점으로 보아 梁代에 입수되거나 정리된 자료가 원전이 되었다고 생각된다.

지금까지『梁書』諸夷傳의 서술 방식을 海南과 西北諸戎의 序文과 두 지역에서 많은 분량을 차지하는 두 국가를 위주로 검토하였다. 그 결과 다음의 사실을 알 수 있었다. 먼저 宋·南齊와의 관계 기사는 梁代에 다시 정리된 자료가 아닌『宋書』와『南齊書』를 주로 참고했다는 점이다. 물론 宋代의 사건을 요약한『南齊書』의 기사와 유사한 구조를 보이기도 하지만, 주된 원전은 각 시대의 정사였다. 반면 지리·습속 기사는 남조계 정사를 참고하면서 梁代에 만들어진 자료를 토대로 최신화를 거친 경우도 있었다. 이는 기본적으로『梁書』諸夷傳이 梁代의 사료를 기본으로 하면서 다른 자료를 참고하여 편찬되었음을 보여준다고 생각된다. 그 구체적인 자료의 하나로는『梁職貢圖』를 들 수 있다.[59] 따라서 앞에서 언급한 唐朝에 의한『梁書』의 變改는 문장 전체보다는 고유명사나 체제 정리 선에 머물렀을 가능성이 높다.

Ⅳ. 맺음말

지금까지『梁書』의 편찬 과정과 諸夷傳의 구성에 대해 간략하게 살펴보았다. 그 결과를 정리하면 다음과 같다.

59)『梁職貢圖』는 북한학계의 보고 이후 중국학계에서 연구가 이루어져, 대체로『梁書』諸夷傳은『梁職貢圖』를 원전으로 했고, 나아가『梁職貢圖』의 원전은 裵子野의『方國使圖』라는 견해가 일반적으로 받아들여지고 있다. 최근에는『梁職貢圖』의 새로운 摹本이 발견되어 다시『梁職貢圖』관련 연구가 활발해지는 추세이다.

Ⅱ장에서는 먼저 현전하는 『梁書』는 梁·陳代에 지속적으로 편찬된 梁史, 陳史를 다룬 역사서를 토대로 작성되었음을 확인했다. 이에 따라 『梁書』가 비록 唐代에 완성되었다고는 하나 기본 내용은 梁代의 사료와 인식으로 구성되었다고 추측했다.

또한 『梁書』는 姚察이 찬술을 시작했고, 그가 완성하지 못하고 죽자 아들인 姚思廉이 작업을 이어가 唐代에 편찬이 종료되었음을 살펴보았다. 다만, 그 사료적 성격은 관찬과 사찬이 병존했다고 이해했다. 唐朝가 『梁書』 편찬의 주체였다는 점에서 『梁書』가 唐의 의도에 따라 變改되었을 가능성을 상정했다.

Ⅲ장에서는 『梁書』 諸夷傳을 海南·東夷·西北諸戎에서 많은 분량을 차지하는 세력을 중심으로 분석했다. 그 결과 주변국과 宋·南齊의 관계 기사는 梁代에 다시 정리된 자료가 아닌 『宋書』와 『南齊書』를 주로 참고한 점, 지리·습속 기사는 남조계 정사 및 기타 사서를 참고하면서 梁代에 만들어진 자료를 토대로 최신화했다는 점을 확인했다. 이는 『梁書』 諸夷傳이 梁代의 사료와 인식을 토대로 작성되었음을 보여준다고 이해했다. 더불어 『梁書』가 唐朝에 의해 편찬되었기에 唐에 문제가 되지 않는 선에서 고유명사 혹은 체제 등 소략한 정도만이 고쳐졌음을 확인했다.

요컨대 『梁書』는 梁代에 축적된 사료를 토대로 陳代부터 唐代에 걸쳐 완성되었으며, 그 기사는 梁代의 인식과 사료를 바탕으로 하면서도 唐朝의 정통성을 훼손하지 않는 선에서 變改되었다고 정리할 수 있다.

머리말에서 언급한 바와 같이 본고는 『梁書』 諸夷傳 東夷條에 대한 분석 및 『梁書』 諸夷傳과 『梁職貢圖』의 연관성을 검토하지 못했다. 이는 분량의 문제에서 기인한 것으로, 추후 『梁書』 諸夷傳과 『梁職貢圖』의 관련성 및 『梁書』 諸夷傳 東夷條, 특히 高句驪條의 전반적인 문제를 별도의 논고를 통해 보완할 것을 약속한다.

투고일: 2019. 4. 28. 심사개시일: 2019. 5. 08. 심사완료일: 2019. 5. 17.

참/고/문/헌

『宋書』『南齊書』『梁書』『陳書』『隋書』『舊唐書』『新唐書』『史通』『唐會要』『資治通鑑』『二十二史箚記』

국사편찬위원회 편, 2007, 『譯註 中國 正史 朝鮮傳 1』, 신서원.
司馬光 著·권중달 譯, 2009, 『資治通鑑』, 삼화.
趙翼 著·박한제 譯, 2009, 『이십이사차기』, 소명출판.
동북아역사재단 편, 2010, 『譯註 中國 正史 外國傳 6 南齊書·梁書·南史 外國傳 譯註』, 동북아역사재단.
劉知幾 著·오항녕 譯, 2014, 『史通』, 역사비평사.

高柄翊, 1994, 『東亞交涉史의 硏究』, 서울대학교출판부.
俞元載, 1995, 『中國正史 百濟傳 硏究』增補版, 學研文化社.
여호규, 2014, 『고구려 초기 정치사 연구』, 신서원.
이계명, 2014, 『中國史學史要綱』, 전남대학교출판부.
김정희 외 5명, 2016, 『중국 정사 외국전이 그리는 '세계'들 -「사기」부터 「명사」까지』, 역사공간.

金鍾完, 1981, 「梁書 東夷傳의 文獻的 檢討 高句麗·百濟·新羅傳을 中心으로」, 『論文集』 3.
李康來, 1998, 「7세기 이후 중국 사서에 나타난 韓國古代史像 -통일기 신라를 중심으로-」, 『韓國古代史硏究』 14.
林起煥, 1998, 「4~6세기 中國史書에 나타난 韓國古代史像」, 『韓國古代史硏究』 14.
全海宗, 2000, 「梁書東夷傳의 硏究-正史東夷傳比較檢討의 필요성과 관련하여-」, 『學術院論文集(人文·社會科學篇)』 39.
金相範, 2011, 「令狐德棻의 史學과 『周書』-唐代 관찬사학의 典範」, 『역사문화연구』 38.
尹龍九, 2012(a), 「현존 梁職貢圖百濟國記 三例」, 『百濟文化』 46.
尹龍九, 2012(b), 「『梁職貢圖』의 傳統과 摹本」 『木簡과 文字』 9.
梁鎭誠, 2016, 「梁代 奉勅撰墓誌를 통해 본 墓誌銘의 定型化」, 『中國史硏究』 106.
백길남, 2018, 「중국왕조의 '百濟略有遼西' 記事 서술과 인식 -百濟郡 설치를 중심으로-」, 『百濟學報』 25.
위가야, 2019, 「백제 무령왕대 대외관계의 새로운 모색--'累破句驪'와 '更爲强國'의 실상을 중심으로-」, 『한국고대사학회 제32회 합동토론회 발표자료집』.

李成市, 1984, 「『梁書』 高句麗伝と東明王伝説」, 『中國政史の基礎的研究』, 早稻田大學出版部.
榎本 あゆち, 1987, 「姚察·姚思廉の《梁書》編纂について」, 『名古屋大學東洋史研究報告』 12.
李成市, 1998, 「『梁書』 高句麗伝と東明王伝説」, 『古代東アジアの民族と國家』, 岩波書店.

熊清元, 2001,「姚氏父子與《梁書》」,『黃冈師範學院學報』2001-2.
鄭春穎, 2009,「《梁書·高句骊傳》史源學研究」,『圖書馆理論與實踐』2009-11.
王君梅, 2014,「論 梁書 的文學价值」, 黑龙江大學硕士學位論文.

Knechtges·David R. Knechtges·Taiping Chang, 2014,『Ancient and early medieval Chinese literature : a reference guide』, Brill, 2014.

〈Abstract〉

Fundamental Analysis of The Book of Liang (Liang Shu) Zhu Yi Zhuan

Jeon, Sang-woo

This manuscript analyzed compilation process of the Book of Liang (Liang Shu) and chain of basic original text practiced by Zhu Yi Zhuan. It contains the detail of compilation process of the Book of Liang (Liang Shu), and reviewed what kind of data Zhu Yi Zhuan utilized to its compilation.

Currently known the Book of Liang (Liang Shu) was compiled by Yao Cha on Chen Dynasty period based on Liang Dynasty History and Chen Dynasty History during the periods of two dynasties, and it was completed on early Tang Dynasty by his son Yao Si Lian. According to this fact, it is considered although the Book of Liang (Liang Shu) was published on Tang Dynasty era, basic context is composed of historical records and recognition of Liang Dynasty. The historical material characteristic of the Book of Liang (Liang Shu) was understood both governmental and personal compilation coexisted. Also, the possibility of that the Book of Liang (Liang Shu) has been edited on Tang's intention was introduced based on the fact Tang Dynasty was the principal factor of the Book of Liang (Liang Shu) publication.

The diplomatic records between the surrounding countries and Song/Southern Qui Dynasty in 'The Book of Liang (Liang Shu)' Zhu Yi Zhuan were not based on the records from the Liang Dynasty period but from the Book of Song (Song Shu) and the book of Southern Qui (Southern Qui Shu). Geographic and velocity records were finalized based on the data of the Liang Dynasty period while referring to official historiography of Southern Qui Dynasty's lines and other historical records. It proves the Book of Liang (Liang Shu) Zhu Yi Zhuan was published according to the historical records and recognition of Liang Dynasty period. It is also confirmed short degree of data such as proper names and system was edited that would not be considered negative for the Dang Dynasty according to the fact the book was compiled on its period.

▶ Key words: The Book of Liang (Liang shu), Yao Cha, Yao Si Lian, Zhu Yi Zhuan

신출토 문자자료

부여 석목리 143-16번지 유적 문자자료 소개

울진 성류굴 제8광장 新羅 刻石文 발견 보고

일본 출토 고대 문자자료

부여 석목리 143-16번지 유적 문자자료 소개

심상육*, 이화영**

〈국문초록〉

2017년 발굴된 부여 석목리 143-16번지 유적은 삼국시대 백제의 도성지에서 확인된 백제유적지이다. 이 유적은 사비도성의 동북부에 해당하는 곡간의 충적평야지대에 위치하며, 측구가 포함된 최대 폭 6m가 넘는 도로와 도로변을 따라 건물지와 우물 등이 확인되었다. 특히, 금속괴를 용해하기 위한 도가니와 금속을 갈 수 있는 연마석 등이 확인되어 도로변의 건물지군이 금속 등의 공방일 가능성도 유추해 볼 수 있게 되었다. 이에 더하여 유적 주변으로는 다수의 공방 흔적이 발굴을 통해 지속적으로 드러나고 있다.

한편, 부여 석목리 143-16번지 유적에서는 문자자료 4점이 확인되었다. 두 점은 '前部×'와 '□糧好邪'가 적힌 목간이고, 大泉五十이 찍힌 동전 1점, '□部甲瓦'가 찍힌 인각와 1점이다. 이 유물은 유적에서 확인된 도로와 부엽시설에서 출토되었는데, 문자자료와 직접적으로 연결되는 유구가 확인되지 않아 유물은 유적 주변의 어떠한 시설지에서 부여 석목리 143-16번지 유적으로 이입된 것으로 판단된다.

본고는 부여 석목리 143-16번지 유적에서 확인된 문자자료 4점을 소개하는 글이다.

▶ **핵심어: 부여 석목리 143-16번지 유적, 백제, 사비도성, 문자자료**

* 백제고도문화재단
** 백제고도문화재단

I. 머리말

1982~3년 삼국시대 백제의 마지막 도성이었던 부여에서 목간 2점이 발굴(尹武炳 1985)되었다. 그리고 2018년 7월 12일에는『論語』의 '學而'편 구절이 적힌 사면 목간을 비롯해, '丁巳年'이란 연대와 '岑凍宮'으로 판독된 목간이 국립가야문화재연구소에서 열린 한국목간학회 워크숍을 통해 보고되었다[1]. 전자는 백제의 궁성지로 유력시되는 관북리 유적이고, 후자는 近者에 백제도성의 시가지급 유적이 나왔다고 신문지상을 장식[2]한 부여 쌍북리 56번지 유적(울산발전연구원 문화재센터 2018)이다. 이처럼 백제의 마지막 도성지인 현재의 부여시가지 일원에서는 30년 전부터 고고학적 조사를 통해 현재까지 다수의 문자자료를 찾아 소개하고 있으며, 2011년 간행된『韓國木簡字典』(國立加耶文化財硏究所 2011)의 많은 부분을 차지하고도 있다. 본 글[3]에서 소개되는 문자자료는 후자의 유적과 연결된 유적이며, 2017년 같은 시기에 발굴조사가 진행되기도 하였다.

그림 1. 부여 석목리 143-16번지 유적 전경(발굴보고서 도판 23 인용)

---

1) 2018년 7월 12일 한겨레신문의 '1400년전 논어구절·궁궐명 적힌 백제목간 나왔다' 인용.

2) 2018년 5월 15일 한겨레신문의 '부여서 백제 사비시대 시가지급 왕경유적 나왔다' 인용.

3) 본 글은『부여 석목리 143-16번지 백제유적』(백제고도문화재단 2019)를 요약·정리·발췌한 것임을 밝힌다.

그림 2. 유적의 위치(——— 은 일제강점기 도로망, 심상육 2018 인용)

부여 석목리 143-16번지 유적의 문자자료는 이미 2017년 11월 3일 한국목간학회 추계학술대회에서 소개된 것으로, 본고에서는 문자자료가 출토된 유적에 대해서 개괄하고, 이곳에서 출토된 문자자료인 '大泉五十' 동전, '□部甲瓦' 인각와, '前部×'와 '□糧好邪' 목간을 소개토록 하겠다.

Ⅱ. 문자자료 출토 부여 석목리 143-16번지 유적[4]

유적은 충청남도 부여군 부여읍 석목리 143-16번지 일원에 위치하며, 농협에서 주차장을 조성하기에 앞서 시행한 발굴을 통해 알려진 유적이다. 발굴은 2017년 1월에 시굴조사를 거쳐 3월부터 5월까지 정밀 발굴조사를 백제고도문화재단에서 실시되었다. 조사 결과, 삼국시대 백제의 도로시설과 도로가의 건물군이 확인되었으며, 그 당시의 생활상을 볼 수 있는 나무그릇과 나무빗, 토기그릇, 쇠솥, 쇠가위 등과 공

4) 백제고도문화재단, 2019, 『부여 석목리 143-16번지 백제유적』.

방관련 도가니와 숫돌 등이 출토되었다.

1. 유적의 위치

부여는 백제의 마지막 도성지로 일반적으로 사비도성이라 일컬어진다(朴淳發 2000). 금번 유적 또한 이와 연관된다.

사비도성은 대략 동서와 남북이 4㎞에 이르는 공간으로 이루어져 있고, 동과 북 일부의 경계는 나성이고, 서와 남은 금강이 그 역할을 한 것으로 보고 있다. 그리고 도성의 핵심은 중앙 북쪽 끝부분인 부소산과 그 남록이 궁성과 후원(田中俊明 1990)이며, 중앙부에 정림사지가 위치하고 있다. 이러한 구조물은 나성의 문지와 금강변의 나루터 그리고 왕궁터와 사찰터가 도로에 의해 연결(심상육 2018)된 모습이다.

석목리 143-16번지 유적은 사비도성의 내부 공간 중 북동부에 해당되는 곳이며, 주변의 여러 곳의 발굴[5]을 통해 도로시설과 우물, 건물지 등의 유구와 공방과 관련이 있는 도가니 등이 출토된 곳이기도 하다.

유적의 지형을 보면, 유적은 해발 100m 미만 산지 중 곡간 경작지에 해당되는데, 주변 동쪽으로 능산리산이 서쪽으로는 금성산(124.3m)이 위치하고 있다. 그리고 곡간의 경작지는 경사면의 방향에 따라 북으로 전개된다. 이 곡간 평지에서는 대부분 백제 유적이 발굴을 통해 확인된다.

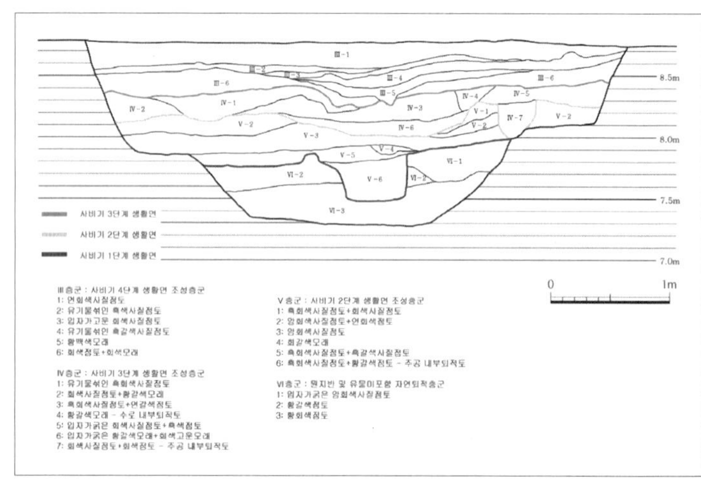

그림 3. 유적의 층위(발굴보고서 도면 15 인용)

한편, 유적은 백제 당시 나성의 동문지와 부소산 남록의 왕궁지를 연결하는 길목에 위치하고 있기도 하다.

5) 주변부에서 발굴된 유적을 나열하면 괄호와 같다(금강문화유산연구원, 2017, 『부여 석목리 143-16번지 농협 농산물 산지유통센터 증축공사부지 내 유적 발굴조사 약보고서』; 백제고도문화재단, 2014, 『부여 쌍북리 184-11(부여 사비119안전센터부지) 유적』; 강산문화연구원, 2017, 『부여 쌍북리 184-16번지 유적-백제 사비 1~3단계 남북도로 및 생활유구-』; 충청문화재연구원, 2009, 『부여 쌍북리 현내들, 북포 유적』; 동방문화재연구원, 2017, 『부여 쌍북리 713-5번지 유적』; 동방문화재연구원, 2013, 『부여 사비119 안전센터 신축부지내 쌍북리 173-8번지 유적』; 한국문화재재단, 2015, 「3. 부여 석목리 143-26번지 유적」, 『2012년도 소규모 발굴조사 보고서Ⅵ-부여3·충남-』; 충청문화재연구원, 2008, 『부여 쌍북리 두시럭골 유적』 등).

2. 유적의 층위

유적은 부여 시가지의 동쪽 일대의 100m 미만의 산지 중 곡간 경작지[6]에 해당된다. 이곳은 곡간부가 열린 북서쪽 즉, 부여읍의 쌍북리 일대는 넓은 저평지가 펼쳐져 있다.

금번 유적 역시 사비도성의 다른 충적평야지대와 마찬가지로 백제문화층이 누층으로 확인되었다. 그러나 통일신라시대 이후부터 조선시대 어느 시점까지는 이 일대가 늪지와 같은 수침된 지역이었던 것으로 보인다. 이는 유물이 포함되어 있지 않은 두터운 점질토층이 백제 문화층을 덮고 있는 상태였기 때문이다. 그리고 백제문화층 아래에서는 원지반층이 확인되고 있어 이 일대 인간에 의한 점유기간은 백제 때에 집중되어 있음을 확인할 수 있었다.

유적의 층위는 크게 6개의 층으로 대별된다. Ⅰ층은 최근세 경작층군으로 조사가 이뤄지기 전까지 경작이 이루어지던 층이다. Ⅱ층은 통일신라시대 이후~조선시대에 이르기까지 형성된 자연퇴적층으로 유

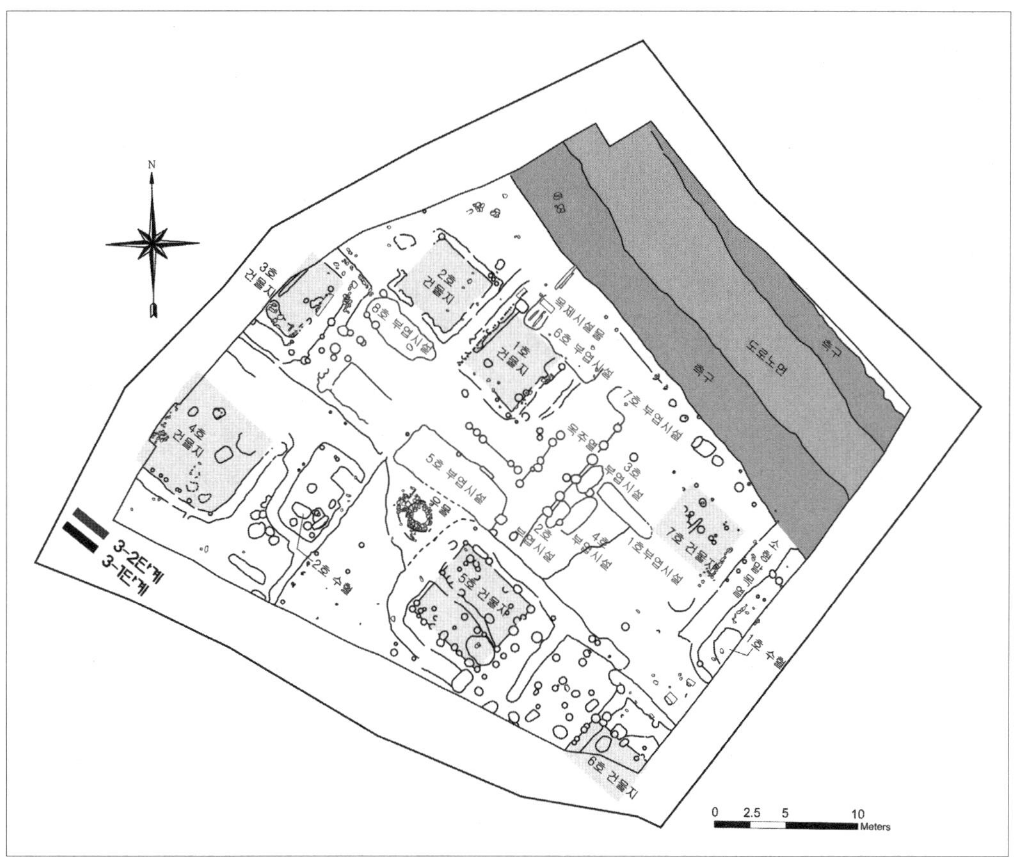

그림 4. 유적 발굴조사 현황도(발굴보고서 도면 12 수정 인용)

6) 발굴조사 당시 경작면의 해발고도는 약 10m 정도였다.

물이 거의 포함되어 있지 않고, 유적 전반에 걸쳐 안정적으로 형성되어 있어 하부의 삼국시대 백제생활면을 잘 보존해 주고 있다. Ⅲ층군은 삼국시대 백제 4차 생활면[7]을 이루고 있는 층군으로, Ⅲ층군 상면에는 수로 3기가 조성되어 있고, 일부 지점에서 우족흔이 확인되고 있다. Ⅳ층군은 백제 3차 생활면[8]을 이루고 있는 층군으로, 건물지군과 도로시설, 우물 등이 운용되고 있다. Ⅴ층군은 백제 2단계 생활면[9]을 구성하고 있는 층군으로, 시굴조사의 탐색트렌치를 통해 확인되었다. Ⅵ층군은 원지반과 그 상부로 형성된 유물이 포함되지 않은 자연퇴적층군으로 이 층군의 상면에서 백제 1차 생활면이 조성되어 있으며, 단면상으로 주공이 확인된 바 있다. 유적의 북쪽 일대는 회갈색점질토로 이루어져 있으며, 남쪽 일대는 황갈색 고토양의 원지반을 이루고 있다.

3. 확인된 유구

유적은 해발 100m 미만의 저구릉성 산지의 북사면 끝자락에 위치한 약 200m 폭의 곡간평탄지에 형성되었다. 따라서 곡간의 중앙부로는 물이 남동에서 북서향으로 흐르고 있으며, 유적 북편으로는 이보다 넓은 평탄지가 펼쳐져 있다.

확인된 유구는 곡간의 평탄지 중앙부에 물의 흐름과 같은 방향으로 도로가 설치되어 있다. 도로는 사질토로 단단히 다져 만들었으며, 도로면 좌우로는 배수로가 설치되어 있다. 도로의 폭은 최대 6m를 넘고 있어 사비도성 내의 도로 중에서는 대형급에 해당된다고 볼 수 있으며, 이 도로는 부여 쌍북리 56번지 유적에서 확인된 도로와 직선으로 연결되는 것으로 판단된다. 그리고 도로에서 보았을 때 배수로 너머에는 도로 방향과 일치하는 건물과 우물이 배치되어 있다. 건물지는 일정한 간격을 유지한 상태로 배치되어 있으며, 벽체 부분에 기둥을 촘촘히 세운 벽주건물로 확인되었고, 건물지 내부에서는 취사 혹은 난방시설로 볼 수 있는 아궁이와 구들이 확인되었다. 건물지에서는 다양한 목제품과 토제품이 확인되었는데, 특히 숫돌 등 研磨石과 유리와 금속을 용해하기 위한 용기인 도가니가 편으로 다수 수습되었다.

우물은 할석으로 축조된 평면 방형으로 확인되었는데, 우물의 가장 바닥에서 쇠솥이 온전한 상태로 출토되었다.

한편, 건물이 들어선 대지는 곡간의 충적평탄지로 앞서 유적의 층위에서도 보았듯이 구지표면 아래에는 유물이 포함된 층이 쌓여 있는 상태이다. 이 층 중 건물이 들어선 곳의 경우 흙을 단단하게 다져 건물의 기반을 튼튼하게 한 곳도 있었다. 그리고 지반력을 강화하기 위해 사용한 것으로 추정되는 부엽시설도 확인되었다. 이 부엽시설은 장방형의 평면 형태로 충적대지를 판 후 그 안을 식물의 줄기와 잎사귀 등으로 채운 후 모래 등으로 상부를 덮은 시설이다. 그런데 고대의 부엽시설은 제방을 설치할 때에 흙의 지

7) 백제 마지막 단계면으로 기존의 도로시설 및 건물지군이 폐기되는 단계이다. 이 단계의 유물은 모두 백제사비기에 해당하는 유물인데, 기존의 건물지와 우물 도로시설 등이 모두 사라지는 단계에 해당되어 통일신라시대 초기일 가능성도 열어두어야 할 것 같다.

8) 건물지군과 도로시설이 유지와 보수되는 단계이다.

9) 도로시설 및 우물이 축조되는 단계이다.

지력을 높이기 위해 흙 사이에 나뭇가지를 넣은 것으로, 금번 유적에서 확인된 부엽시설과는 차이가 있다. 또한 금번 부엽시설 내부의 토양샘플을 분석한 결과(신동훈 외 2019), 회충·편충·개편충·간흡충·호르텐스 극구흡충 등 인간의 몸 속에 기생했던 기생충란이 검출되었다. 그런데 금번 유적에서는 건물지 내부와 도로시설, 건물지 외곽의 배수로 등에서 기생충란이 검출되었고, 특히 화장실 유구로 추정되었던 건물지군에서 도로의 측구로 연결된 목제시설물에서도 기생충란이 검출되어 주목된다. 즉, 금번 유적에서 확인된 부엽시설은 인간의 배설물을 폐기하기 위한 시설물일 가능성도 있어 향후 이 유구에 대한 다각적인 검토가 요구되며, 유적 전반이 기생충란에 의해 오염되었다는 점은 그 당시 인구밀도가 비교적 높았다는 것을 시사하는 것으로 판단된다.

4. 유적의 성격

부여 석목리 143-16번지 유적의 대표 유구는 도로와 도로 주변의 건물지일 것이다. 우선 도로시설은 사비도성의 가로구획의 일부로 판단해 볼 수 있겠다.

사비도성은 도성 전체를 정연한 격자 형태의 공간으로 균일하게 구획, 정비한 것이 아니라, 대상 부지

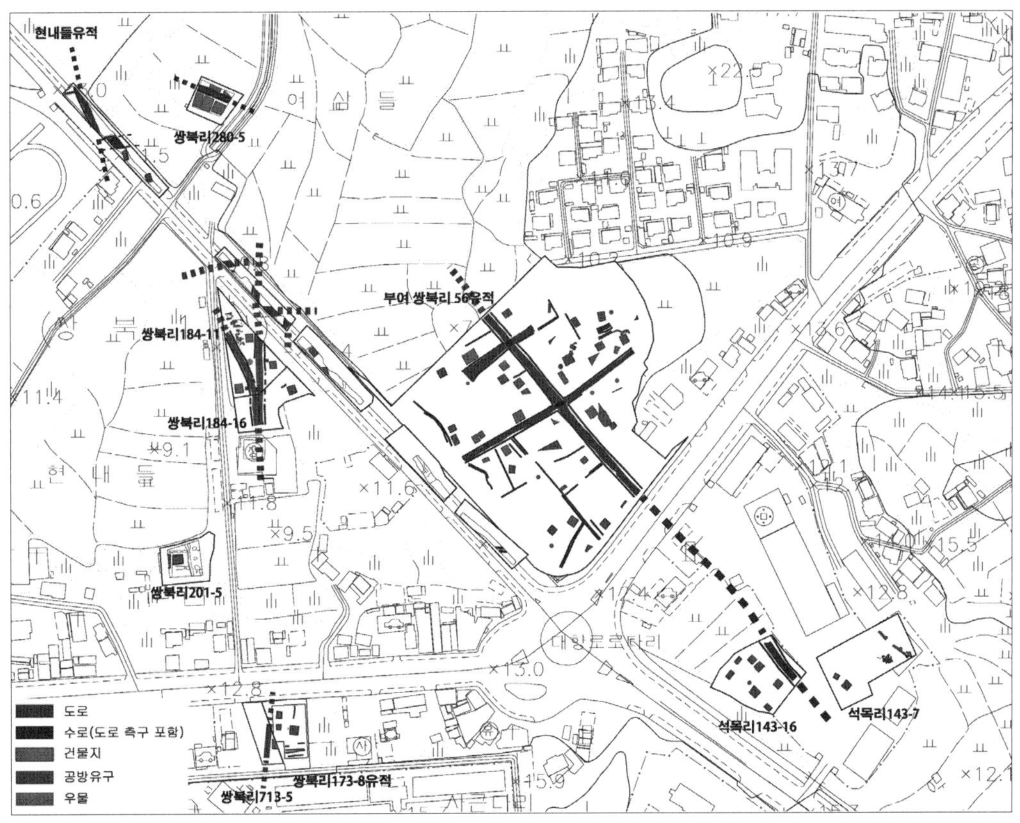

그림 5. 유적 일대 백제사비기 확인된 도로 흔적(발굴보고서 도면 66 인용)

의 형태, 소하천 방향, 간선도로 등에 따라 지역별로 별도의 구획기준선과 거점좌표가 존재하는 다원화된 도시계획이 적용되었다는 점에서 다른 고대도성과 큰 차이를 보인다는 연구(황인호 2012)로 보면, 금번 유적의 경우 궁남지 일원의 동-서도로와 관북리 유적의 동서와 남북도로와는 다른 공간구획 방식이 적용되었을 것이다. 즉, 부여 석목리 143-16번지에서 공간구획의 정보는 도로를 통해 획득 가능하며, 이 도로는 쌍북리 56번지 유적으로 계속해서 직선으로 연결되고 있다. 이를 통해 보면 이는 이 지역의 자연적인 지형에 맞추어 소하천 방향에 따라 도로가 개설되었음을 엿볼 수 있을 것이다. 그리고 이 중심적인 도로를 직교하도록 일정한 간격으로 십자상의 도로가 더해져 이 일대의 공간이 구분된 것으로 보인다. 이처럼 이 일대는 사비도성의 내부 도로 등의 가로구획에 의해 구분된 공간 중 일부에 해당된다.

다음으로 이 가로구획에 의해 나누어진 공간에 들어선 유적의 성격은 건물지의 구조와 공간배치, 출토유물을 통해 유추할 수 있을 것 같다.

우선 석목리 143-16번지 유적은 우물을 중심으로 보면 그 주변으로 일정한 간격을 유지한 채 7동의 건물이 들어선 상태이다. 이 건물은 도로와도 일정한 간격이 이격된 상태이다. 각 건물은 난방과 조리 등을 할 수 있는 건물지 3기[10]와 이러한 시설물이 없는 건물이 3기[11], 그리고 추정 용해로가 확인된 4호 건물지로 구성되어 있다. 이점은 각 건물이 용도에 따라 설치되었을 가능성을 보여주는 것으로 해석할 수도 있겠다. 이에 더하여 이 유적에서 출토된 유물이 주목된다. 즉, 공방시설지에서 다수 확인되고 있는 금속괴를 녹이는 용기인 도가니가 파편으로 다수 확인되는 점, 금속기를 마연하기 위한 다수의 연마석이 이 일대에서 확인된 점, 소수이긴 하나 쇠솥과 쇠가위와 쇠화살촉이 출토된 점 등은 이 일대가 공방과 관련되었을 가능성을 높여주는 사례라 할 수 있겠다.

한편, 사비도성 내부의 북동쪽에 치우친 부여 석목리 143-16번지 유적을 포함한 지점에는 공방관련 시설이 다수 확인되고 있다. 대표적으로 유적으로는 쌍북리 173-8 유적(동방문화재연구원 2013), 쌍북리 56 유적(울산발전연구원 문화재센터 2018), 석목리 143-7 유적(금강문화유산연구원 2017), 쌍북리 두시럭골 유적(충청문화재연구원 2008)이 있다. 쌍북리 173-8 유적에서는 수혈유구와 구상유구, 고상건물지, 용해로 등의 유구와 함께 50여 점의 도가니가 출토되었고, 금동제 이식, 철기, 목기 등 다양한 유물을 비롯하여 목간 5점도 출토하였다. 쌍북리 두시럭골 유적은 금성산 북쪽 구릉 말단부에 위치하는데, 금동보살입상편과 도가니 13점이 출토하였고, 공방으로 추정되는 건물지 2기가 조사되었다. 석목리 143-7 유적에서는 주거지와 건물지, 구상유구, 수혈과 함께 공방지 2기가 확인되었다. 그리고 쌍북리 56번지 유적은 백제 사비기 문화층 2개가 잔존하고 있으며, 도로, 건물지, 우물, 화장실, 울타리, 집수장, 집석유구, 족적군, 수혈, 구상유구, 기단열, 옹관묘 등 다양한 유구와 함께 공방지 2기가 확인되었는데, 1호 공방지는 타원형 노시설 5개가 나란하게 연접하여 조성되어 있고, 외구와 벽주, 소성유구로 구성되어 있다.

이상을 통해 보면, 부여 석목리 143-16번지 유적을 위시하여 사비도성의 내부 동북부 일대가 금속과

10) 건물지 1과 3 그리고 7이 이에 해당한다.

11) 건물지 2와 5 그리고 6이 이에 해당한다.

관련된 공방단지 등의 역할을 수행한 것이 아닌가 한다.

한편, 사비도성 내 공방관련 시설은 부여 관북리 유적 나지구의 노시설, 부여 능산리사지 부속 공방지, 그리고 쌍북리 일대 다수의 유적에서 확인되고 있다. 먼저 사비도성의 왕궁지로 알려진 부여 관북리 유적 나지구에서는 소형 노시설 9기, 폐기용 수혈 2기, 부석유구 1기 등이 공방 관련시설로 확인되었고, 도가니편과 목탄, 슬래그 등 각종 공방관련 잔해물이 출토되었으며, 이외에도 가지구의 연지에서도 다량의 금속편, 도가니, 슬래그가 출토된 바 있다. 이를 분석한 결과 금, 은, 구리, 철 등으로 밝혀짐에 따라, 이 일대에서 금속을 제련하고 용해 작업도 함께 이루어진 것으로 보고(국립부여문화재연구소 2009)되었다. 따라서 나지구의 공방은 왕실 직속으로 운용되었던 것으로 볼 수 있을 것이다. 하지만 공방시설의 구체적인 운용 방법이나 조업 시기에 대해서는 연구자별 차이가 있을 듯 보인다. 한편, 관북리 유적을 중심으로 하여 부소산 폐사지, 부소산성 서문지 주변, 구아리 백제 유적에서도 도가니 및 용범 등 공방 관련 부산물이 출토되는 양상을 보이고 있다. 따라서 왕궁을 중심으로 왕실공방이 왕궁 가까이 존재했을 것이라 볼 수 있는데, 초기 단계의 공방이 관북리 나지구에 위치하고 있었던 것으로 보이고 점차 사비도성 내부의 공간 중 궁성시설의 확장으로 인해 나지구의 공방시설이 폐기되고 난 이후 왕궁 권역으로 이 일대가 편입됨에 따라 생산시설이 다른 지점으로 이동되었던 것으로 이해할 수 있을 것 같다. 그러면서 사비도성의 공방시설지가 공방과 관련된 시설물이 다수 확인되고 있는 사비도성의 동북부 충적평야지대로 이동 배치되었을 가능성도 고려된다.

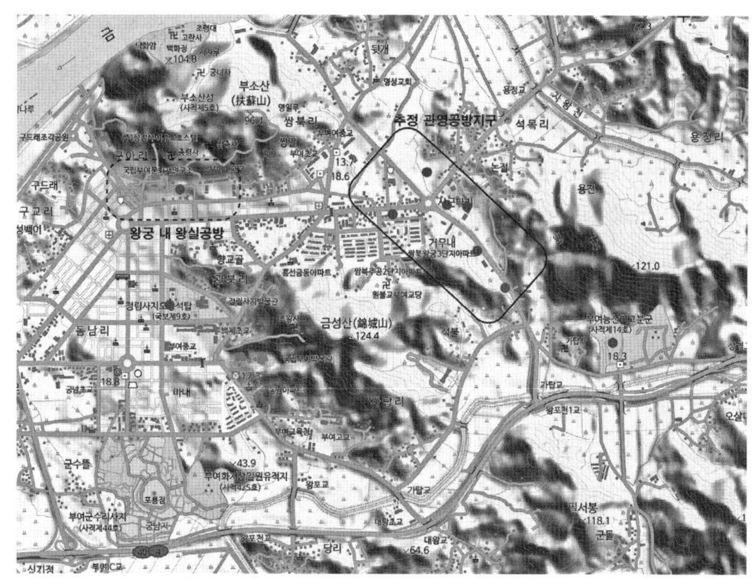

그림 6. 사비도성 내 공방시설지 추정도(발굴보고서 도면 70 인용)

5. 유적의 편년

유적에 대한 편년은 층위적으로 3단계 생활면을 이루고 있는 지층, 4단계 생활면을 이루고 있는 지층, 4단계 생활면에 형성된 유구 내부 매립토에서 출토된 유물의 차이를 살펴봄으로써 유적의 단계별 편년이 가능할 것이다. 하지만, 출토 유물의 기종이 매우 다양하고 대부분 파편에 해당되어 상세한 편년작업은 힘든 실정이다. 따라서 유물의 편년이 어느 정도 확립되어 있거나 교차편년이 가능한 자료가 수집되어 있는 일부 유물을 통해 보면, 3단계 생활면에서는 7세기 초·중엽으로 편년되는 유물들이 다수 확인되고 있다. 또한 유적 출토 토기의 기종 구성을 살펴보면, 사비기에 들어서 쇠퇴·소멸해가는 舊기종(삼족기, 고배, 개배, 직구소호 등)의 유물도 보이지만, 사비기에 新出하는 기종(대부완, 전달린토기, 접시, 자배기, 보주형꼭지가 부착된 뚜껑류 등)도 다수 보이고 있다. 이러한 구기종과 신기종의 공반 출토 양상은 사비기 대부분의 유적에서 보이는 양상이므로, 유적 형성 시기를 판단하기에는 부족하지만, 일반적으로 백제 사비기의 신기종이 출현하고 본격적으로 유통되는 시기를 7세기 전후하는 시기로 설정된 바 있다(山本孝文 2003).

이러한 요소들을 염두에 둘 때, 유적의 가장 전성기에 해당될 것이라 보이는 3단계 생활면의 하한은 7세기 전엽~중엽 즈음으로 비정해둘 수 있으며, 백제 멸망 이전의 시기까지 3단계 생활면이 유지되었던 것으로 볼 수 있을 것이다. 이러한 편년은 기존에 발굴조사된 주변의 사비도성 내 유적의 단계별 생활면과 대응시켜볼 수 있는데, 쌍북리 154-10 유적에서는 사비기 초의 자연유로 및 저수지의 성격을 띠고 있다가, 6세기 말~7세기 초 즈음(3단계)에 들어서는 수공업 공방 구역으로 개편, 조성되었음이 확인된 바 있으며, 개편된 공방 구역으로서의 공간 기능이 7세기 말까지 정연한 구획 체계를 구축하면서 유지되었음이 확인된 바 있다(백제고도문화재단 2014a). 이러한 공간의 재편은 백제 사비기 왕궁지로 추정되는 부여 관북리 유적 나지구에서 확인된 공방 기능이 쌍북리 일원으로 이동되는 양상으로 이해되기도 하며, 부여 쌍북리 184-11 유적에서도 이와 같은 공방 기능의 구조가 확인(백제고도문화재단 2014b)된 바 있다.

III. 문자자료 소개

부여 석목리 143-16번지 유적에서는 문자자료가 4점 출토되었다. 목간 2점과 동전 1점, 인각와 1점이다. 이 유물은 유적 내 유구와 직접적으로 연결되지는 않는다. 즉, 인각와의 경우 유적 내 기와를 얹은 건물은 확인되지 않았기 때문에 어디에선가 사용된 것이 유적으로 들어온 것으로 보이고, 목간의 경우 도로의 측구에서 확인되어 유적의 남동편 일대에서 유적으로 유입되었을 가능성이 높다. 동전의 경우 부엽시설 내부에서 확인되어 유구와의 연관이 가능하나 1점에 불과하여 동전=銅塊라는 개연성은 희박한 편이다. 따라서 유적에서 확인된 문자자료는 현재로서는 유물 자체가 중요할 것으로 판단된다.

1. 前部×, □糧好邪

목간은 2점[12]이 출토되었다. 모두 도로의 측구 퇴적토에서 확인되었다. 228번 목간은 자와 같은 홀형으로 일부 결실된 상태이다. 문자는 한쪽면에서만 확인되었다. 229번 목간은 단면 방형의 도장과 비슷한 형태의 목간으로 나무의 나이테로 인해서인지 반들한 면인 두면에서만 묵서흔이 관찰된다.

228번 목간은 잔존 길이가 8.4㎝이고, 너비가 2.4㎝, 두께가 0.9~1.1㎝인 목간이다. 출토 당시 묵서흔

12) 228번과 229번 목간이다. 앞의 번호는 보고서에 수록된 유물 연번이다.

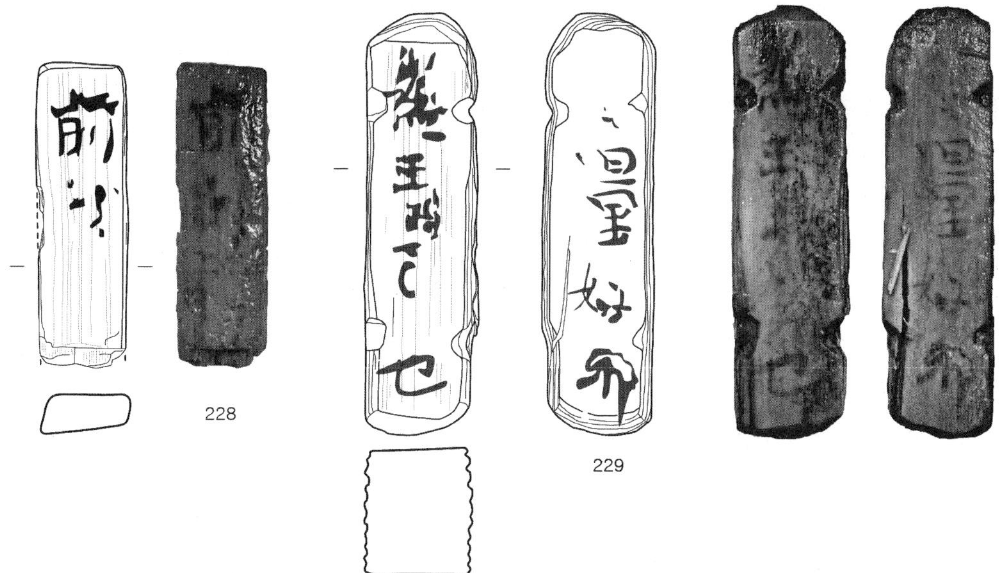

그림 7. 유적 출토 목간 실측도와 사진(발굴보고서 도면 80 인용)

이 관찰되어 목간임을 확인한 것이다. 출토 당시에 '前'이 판독되었고, 적외선카메라 등으로 묵서흔이 최초 관찰된 면과 그렇지 않은 면을 촬영한 결과, 최초 확인된 면에서만 묵서흔을 관찰할 수 있었다.

묵서흔의 문자는 '前部'로 판독하였다. 우선 '前'은 윗변의 가로획과 그 위로 세로의 두 획이 일치하는 것으로 보이며, 하변의 좌측이 '日'처럼 쓰여진 '月'로 볼 수 있고, 우측이 세로의 두획으로 볼 수 있어 前이 분명해 보인다.

前의 아래는 묵서흔이 좌우로 나누어진 글자로, 좌변의 경우 가로의 두 곳에서 묵서흔이 관찰되고, 우변의 경우 세로 방향의 묵서흔이 관찰되었다. 이 문자의 경우 명확히 판독되지는 않고 前과 연결되는 사비도성 5부를 나타내는 部와 형상이 비슷하여 '部'[13]로 판독하였다. 部 아래로도 충분히 한 글자 이상의 문자가 적힐 공간이 있으나 확인되지 않아 단정할 순 없다. 뒷면에서는 묵서흔이 확인되지 않았다. 따라서 판독문은 '前部×'[14]이다.

229번 목간은 비교적 원형을 유지하고 있는 목간으로 길이는 11.7㎝, 너비는 3.1㎝, 두께는 3.4㎝이다. 목간의 상단과 하단에는 홈을 파 끈 등으로 엮거나 묶을 수 있도록 만들었다. 묵서흔은 나이테로 인해 울퉁불퉁하지 않은 두 면에서 확인되었다.

13) 2017년 목간학회 추계학술대회에서 '別'로 볼 수도 있다는 의견도 개진되었다. 이를 제기한 연구자는 명확하지 않다.

14) 논문 심사 때에 '前□×'로 처리하는 것이 바람직하다는 의견이 제기되었다. 이 점에 대해서는 충분히 동의하는 바이다. 하지만 본고에서는 사비도성 내부에서 기 출토된 목간 자료를 고려해 무리가 있지만 '前部×'로 보고하는 바이다. 이는 발굴조사보고서와 동일함을 밝혀둔다.

우선 1면은 맨 처음과 끝 문자의 크기를 통해 4글자로 적혀 있는 것으로 보이나, 이 또한 명확하지 않다. 우선 첫 문자는 아래의 灬변으로 '鷹' 혹은 '爲'로 볼 수 있으나 명확하지는 않다. 다은 글자는 王변이 들어간 글자로 판독하지 못하였고, 그 다음자도 판독하지 못하였다. 마지막 자는 '也'가 분명해 보인다. 따라서 판독문은 '鷹[15]□[16]□□也'이다.

2면은 4글자가 적혀 있다. 가장 윗 글자가 판독되지 않았다. 두 번째 문자는 좌변이 희미하지만 米로 보이며, 우변은 量이 분명해 보인다. 따라서 '糧'으로 읽을 수 있다. 세 번째 문자는 女와 子로 보여 '好'로 판독된다. 네 번째는 '邪'로 볼 수 있다. 따라서 판독문은 '□糧好邪'이다.

229번 목간은 문자가 적혀 있는 이외의 면은 나무의 나이테 골로 매우 울퉁불퉁하여 원래부터 목간의 면으로 활용되지 않았을 가능성이 높다. 이는 목간의 상하단을 끈 등으로 묶을 수 있도록 목간이 만들어진 점을 통해서도 짐작해 볼 수 있겠다. 그러면 이 목간의 1면과 2면으로 이루어진 2면 목간으로 이와 형태가 유사한 다른 목간이 4면을 활용한 점과 구별된다.

목간의 내용은 2면의 糧과 好邪를 통해 유추해 볼 수 있겠다. 우선 糧은 식량 혹은 양식을 나타내는 총칭이며, 바로 다음은 좋고 나쁨을 나타내는 好邪[17]가 나온다. 따라서 맨 앞 글자는 식량 혹은 곡물과 연결되는 문자를 상정해 볼 수 있겠다. 그리고 1면의 문자는 이러한 곡물 혹은 식량을 생산했던 지명과 연결되지 않을까 상정해 볼 수 있겠다. 그리고 이 목간은 229번 하나로 이루어진 것이 아닌 이와 비슷한 것이 수개 연결되어 만들어진 목간첩[18]이 아닌가 한다.

2. 大泉五十

동전은 6호 부엽시설에서 유기물층에서 출토되었다. 앞서 살핀 것과 같이 부엽시설은 지반을 단단하게 하기 위한 시설물로 판단되나, 그 내부에서 기생충란이 검출되어 부엽시설물에 오물을 섞어 넣었는지 아니면, 부엽시설로 명명한 유구의 기능이 인간의 배설물을 처리하기 위한 시설물인지에 대해서는 차후 많은 논의가 이루어져야 할 것으로 판단된다. 이를 차치하고 대천오십이란 동전이 7세기 전반대의 중심 년대를 갖고 있는 유적에서 출토된 점은 매우 이례이다.

대천오십전은 漢왕조가 몰락한 후 정권을 잡은 王莽이 新을 건국하고, 4번의 화폐개혁을 단행하면서 주조된 王莽錢[19] 중 하나로, 서기 7년부터 13년까지 주조된 것으로 알려졌다. 한반도 내에서 대천오십전

15) 爲으로 볼 수도 있으나 분명하지 않다.

16) 王변이 들어간 자이다.

17) 好邪는 부여 구아리 319유적 편지목간에서 이미 확인된 용례가 있어 주목된다(심상육·김영문 2015).

18) 이에 대해서는 분명하지 않다. 다만, 다른 4면 목간과 비슷한 형태를 갖고 있음에도 불구하고 2면에만 문자가 적혀 있고 다른 목간과 겹쳐지는 부분의 경우에는 문자가 적혀 있지 않은 점과 상하단을 끈으로 엮을 수 있는 흔적이 관찰되는 점을 미루어 이와 같이 추정하였음을 밝혀둔다.

19) 왕망전은 왕망의 신대에 발행된 대천, 계도, 착소, 소천, 화천, 화포, 포천 등을 말하며, 짧은 기간 발행되었지만, 당시 주조량이 많아 중국 중원지역과 동북지역, 한반도 일본 등지에서 많은 수량이 확인되는 것으로 알려졌다(권욱택, 2013, 『한반도·중국 동북지역 출토 진·한대 화폐의 전개와 용도』, 영남대학교대학원 석사학위논문).

그림 8. 유적 출토 대천오십(발굴보고서 도판 301 수정 인용)

이 출토된 사례로 남한에서는 제주도 산지항 유적[20]과 제주도 출토품[21]이 유일한 것으로 보이며, 북한의 낙랑 관련 토성과 무덤 내에서 출토되고 있다. 이처럼 우리나라에서의 대천오십전의 출토는 대체로 王莽의 新과 가까운 시기에 해당하는 유적에서 출토되었다. 만약 이 대천오십전이 왕망전이 맞다고 하면 傳世된 시기가 무려 500년이 넘는다는 점에 의문이 든다. 다만, 사비도성 내부에서 지금까지 출토된 五銖錢[22]과 開元通寶는 대부분 隋와 唐에 鑄造된 것이 유통(박선미 2013)된 것으로 보인다. 이를 비추어보면 대천오십도 백제 사비기와 연동되는 시기에서 크게 벗어나지 않는 시기에 중국에서 재주조[23]된 동전이 백제의 사비도성으로 들어온 것으로 유추해 볼 수 있지 않을까 한다.

한편 대천오십전이 금속공방과 연관 유적에서 출토되어 銅錢이 銅塊로 전용되었을 가능성도 충분히 상정해 볼 수 있겠다. 하지만 백제 사비도성에서 개원통보 등의 동전이 궁남지와 부소산성 등지에서 꾸러미로 10점 이하로 출토되는 점으로 미루어보아 동괴로의 판단은 현재로서는 유보해야 할 것으로 판단된다.

대천오십의 문자는 외구 원형, 내구 방형이며, 내구의 방형 위변에 大가 내구 방형 아래에 泉이 내구의 우변에 五가 내구의 좌에 十이 찍혀 있다. 반대면에는 문자가 새겨져 있지 않다. 외구 직경은 2.8㎝이며, 두께는 0.1㎝이고, 무게는 3.56g이다. 일반적인 대천오십전과 형태상 같다고 볼 수 있다.

3. □部甲瓦[24]

인각와는 1점이 출토되었다. 층위는 백제문화층이며, 암키와에 도장이 찍힌 것이다. 단부는 모두 결실되었고, 외면에는 집선문이 타날되어 있고, 내면에는 통쪽와통을 사용한 흔적이 관찰된다. 잔존된 인각와의 크기는 잔존 길이 9.3㎝, 잔존 너비 10.7㎝, 두께 1.7㎝이다.

인각와에 찍힌 도장의 형태는 원형으로 인부의 크기는 5㎝로 비교적 큰 편이다. 인부의 내면에는 양각

20) 이청규, 1986,『제주도유적-선사유적지표조사보고』, 제주대학교박물관.

21) 이청규·강창화, 1994,「제주도출토 한 대 화폐유물의 한 례」,『한국상고사학보』 17.

22) 오수전은 쌍북리 184-11유적, 부여 현내들유적, 부여 동나성 내외부 백제유적 등지에서 출토되었고, 개원통보는 부여 관북리유적 연지, 궁남지유적 등지에서 출토되었다.

23) 금번 유적에서 출토된 대천오십전이 재주조되었다고 단정할 수는 없다. 다만, 오수전과 같은 맥락에서 이해할 수 있을 것 같다.

24) 금번 보고하는 문자와의 판독은 이것만으로 한정한다면 '□部□□'가 맞을 것이다. 하지만 이와 같은 인각와가 이미 '□部甲瓦'로 보고된 상황이기 때문에 이를 따라 보고하는 바이다. 발굴조사보고서에서도 이와 동일하다.

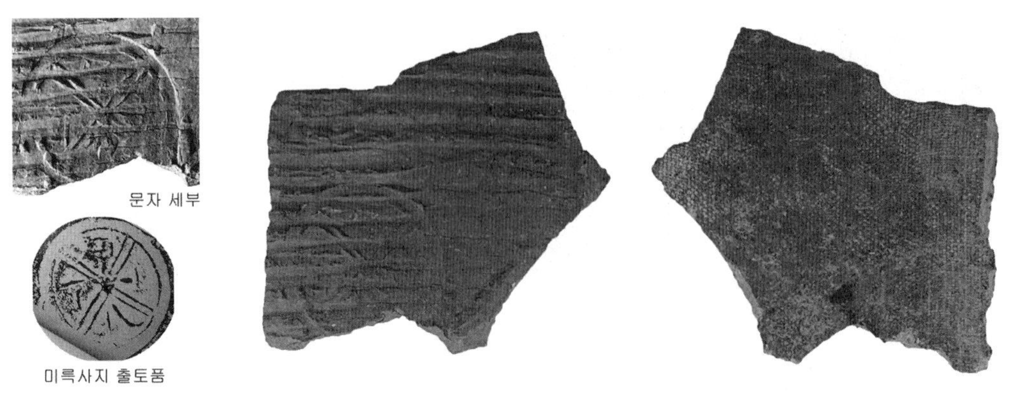

그림 9. 유적 출토 인각와(발굴보고서 도판 310 수정 인용)

된 문자와 인부를 4분한 '×'의 양각선이 2조 찍혀 있고, 분할면 각각에 문자가 적혀 있다. 문자는 선문타날 위로 도장이 찍혀 희미한 편으로 판독이 불가하다. 다만, 이 유물과 같은 익산 등지에서 출토된 인각와를 통해 보면, 문자는 '×'분할선 위쪽 중앙에 한자가 적혀 있는데 '甲'이 분명한데, 이 유물에서는 분명하지 않다. 다음으로 십자선의 아래 중앙에 위치한 것은 '瓦'가 분명한데 결실되어 분명하지 않다. 우변의 중앙에 위치한 것은 部의 이형자로 볼 수 있겠다. 좌변의 중앙부에 위치한 자는 아직까지 판독되지 않은 문자이다.

일반적으로 백제의 인각와는 인부 하나에 문자가 1에서 6자가 있던가, 아니면 인부 두 개에 각각 1글자씩 찍힌 예가 대부분이며, 원형 인부 1개에 네 글자가 찍힌 예는 대부분 5부명 인각와로 인식되고 있다. 금번 유적에서 확인된 것은 일반적인 5부명 인각와와 마찬가지로 甲瓦일 경우 양각으로 찍혀 있다는 점 등은 일치하고 있지만, 인부 내에 십자선이 설치되어 있는 점, 문자의 읽기 순서가 일반적이지 않는 점, 이 인각와가 출토되기 전에는 익산에서만 출토된 점 등에 의해서 다른 것과 상이한 점이 많다.

Ⅳ. 맺음말

부여 석목리 143-16번지 유적의 문자자료는 이미 2017년에 소개된 것으로, 본고에서는 문자자료가 출토된 유적에 대해서 개괄하고, 이곳에서 출토된 문자자료인 '大泉五十' 동전, '□部甲瓦' 인각와, '前部×'와 '□糧好邪' 목간을 소개하였다.

앞서 언급한 것과 같이 부여 석목리 143-16번지 유적은 삼국시대 백제의 도성지에서 확인된 백제 유적지이다. 이 유적은 사비도성의 동북부에 해당하는 곡간의 충적평야지대에 위치하며, 측구가 포함된 최대 폭 6m가 넘는 도로와 도로변을 따라 건물지와 우물 등이 확인되었다. 특히, 금속괴를 용해하기 위한 도가니와 금속을 갈 수 있는 연마석 등이 확인되어 도로변의 건물지군이 금속 등의 공방일 가능성도 유추해 볼 수 있게 되었다. 이에 더하여 유적 주변으로는 다수의 공방 흔적이 발굴을 통해 지속적으로 드러나고 있다.

그리고 유적은 사비도성의 동면에 위치한 나성 동문지에서 궁성지인 관북리와 부소산성을 연결하는 주된 도로변에 위치하고 있어, 부여 석목리 143-16번지유적에서 확인된 도로가 주목되는 바이며, 2018년도에 보고된 '岑凍宮'명 목간이 출토된 부여 쌍북리 56번지의 도로와 연결되는 듯하다.

부여 석목리 143-16번지 유적에서는 문자자료 4점이 확인되었다. 두 점은 '前部×'와 '□糧好邪'가 적힌 목간이고, 大泉五十이 찍힌 동전 1점, '□部甲瓦'가 찍힌 인각와 1점이다. 이 유물은 사비도성의 도성五部를 짐작할 수 있거나, 동전의 쓰임새 등을 다각도로 검토해 볼 수 있다. 하지만 확인된 문자자료가 도로의 측구와 부엽시설에서 출토되어 확인된 유구와 문자자료가 직접적으로 연계되지 않아 금번 보고되는 문자자료는 유적 주변의 어떠한 시설지에서 부여 석목리 143-16번지 유적으로 이입된 것으로 판단된다.

투고일: 2019. 4. 25.　　심사개시일: 2019. 5. 08.　　심사완료일: 2019. 5. 22.

참/고/문/헌

1. 사전

國立加耶文化財研究所, 2011, 『韓國木簡字典』.

2. 보고서

국립부여문화재연구소, 2009, 『부여관북리백제유적발굴보고Ⅲ』.

금강문화유산연구원, 2017, 『부여 석목리 143-7번지 농협 농산물 산지유통센터 증축공사부지내 유적 발굴조사 약보고서』.

동방문화재연구원, 2013, 『부여 사비119 안전센터 신축부지 내 쌍북리 173-8번지 유적』.

백제고도문화재단, 2014a, 『부여 쌍북리 154-10번지 사비 공방구 유적』.

백제고도문화재단, 2014b, 『부여 쌍북리 184-11유적(부여 사비119안전센터부지)』.

백제고도문화재단, 2019, 『부여 석목리 143-16번지 백제유적』.

울산발전연구원 문화재센터, 2018, 『부여 쌍북리(56번지) 사비한옥마을 조성사업 부지내 유적 결과보고서』.

尹武炳, 1995, 『扶餘官北里百濟遺蹟發掘報告(Ⅰ)』, 忠南大學校博物館.

충청문화재연구원, 2008, 『부여 쌍북리 두시럭골 유적』.

3. 논문

권욱택, 2013, 『한반도·중국 동북지역 출토 진·한대 화폐의 전개와 용도』, 영남대학교대학원 석사학위논문.

박선미, 2013, 「고구려유적 출토 화폐검토」, 『고구려발해연구』 47, 고구려발해학회.

朴淳發, 2000, 「泗沘都城의 構造에 대하여」, 『百濟研究』 第31輯, 충남대학교 백제연구소.

신동훈 외, 2019, 「부록 4. 토양샘플 분석 결과」, 『부여 석목리 143-16번지 백제유적』, 백제고도문화재단.

심상육·김영문, 2015, 「부여 구아리 319 유적 출토 편지목간의 이해」, 『木簡과 文字』 第15號.

심상육, 2018, 「사비도성의 개발 계획과 활용」, 『토지 활용과 경관의 고고학』 제42회 한국고고학전국대회, 한국고고학회.

山本孝文, 2003, 「5. 군수리지점 출토 백제토기분석」, 『사비도성-능산리 및 군수리지점 발굴조사 보고서-』, 충남대학교 백제연구소.

田中俊明, 1990, 「王都로서의 泗沘城에 대한 豫備的 考察」, 『百濟研究』 第21輯, 충남대학교 백제연구소.

황인호, 2012,「백제 사비도성의 도시구획에 대한 검토」, 『고고학』 11-3, 중부고고학회.

〈Abstract〉

An Introduction to the letter relic of site in 143–16 Seokmok–ri, Buyeo

Shim, Sang–yuck / Lee, Hwa–young

The archaeological site of Seokmok–ri 143–16 in Buyeo, unearthed in 2017, is a Baekje place that identifies at Baekje capital ruins in the Three Kingdoms period. This archaeological site is located in the northeast area of Sabi capital fortress, where is in the alluvial plain between valleys. Besides, the maximum 6 meters wide road including lateral facility, building ruins and a well following the road are identified. In particular, a crucible to melt metal block and a grind stone to sharpen metal enable to consider the building complex site could be metal workshops. In addition to this, the evidence of lots of workshop has been uncovered by excavations.

While, the site of Buyeo Seokmok–ri 143–16 revealed 4 inscriptions. Two of them are wooden tags that show '前部×' and '□糧好邪'. The other are a coin that inscribes '大泉五十', and a stamped roof that shows '□部甲瓦'. This object is unearthed from the road and the leaf mold facility discovered in the site. Because of the lack of evidence that features are directly connected with inscriptions, the object seems to have been transferred from some facility to the site of Buyeo Seokmok–ri 143–16.

This article is written for the introduction of 4 inscriptions that identified at the site of Buyeo Seokmok–ri 143–16.

▶ Key words: the site of Buyeo Seokmok–ri 143–16, Baekje, Sabi capital fortress, inscriptions

울진 성류굴 제8광장 新羅 刻石文 발견 보고

심현용*

Ⅰ. 머리말
Ⅱ. 울진 성류굴 각석문의 발견 경위
Ⅲ. 울진 성류굴 각석문의 판독과 현황
Ⅳ. 간지 및 연호의 시기 (맺음말을 대신하여)

〈국문초록〉

울진 성류굴 제8광장에서 2019년 3월 21일 심현용 울진 봉평리 신라비 전시관 학예연구사와 이종희 한국동굴연구소 조사연구실장이 정원 14년명을 비롯한 다수의 신라시대 각석문을 발견하였다. 이 명문에는 경진년, 신유년, 갑진년, 정원 14년, 병부사, 화랑과 승려의 이름, 향도 등이 포함되어 있다. 이는 4월 11일 언론에 처음 보도되었다. 이후 경진년명은 심현용 학예연구사와 이용현 국립경주박물관 학예연구사가 공동판독한 결과, 신라 진흥왕이 성류굴에 행차하였음을 확인하게 되었다. 이는『삼국사기』를 비롯하여 기존 문헌에 보이지 않는 것으로 신라사를 새롭게 구성하고 울진 성류굴의 역사적 위상을 밝힐 중요한 사료로 평가된다. 울진군은 이 결과를 5월 23일 언론에 보도하였다.

이 글은 필자가 성류굴 제8광장에서 확인한 신라 명문의 발견경위와 주요 명문 현황을 학계에 처음으로 보고하는 것이다. 그러나 성류굴에는 제8광장뿐만 아니라 비공개구간을 포함한 전 구간에 셀 수 없을 정도로 수많은 각석문들이 확인되고 있어 충격을 주고 있다. 특히 성류굴은 560년 진흥왕이 다녀갈 정도로 유명하고 신성한 명승지로 국가적인 차원의 화랑 수련장소였음을 알 수 있게 되었다. 이곳에서 확인되는 명문들은 화랑도, 군제사, 불교사, 인명사 등 신라의 정치·사회사 연구에 귀중한 사료로 향후 전수

* 울진 봉평리 신라비 전시관 학예연구사

조사가 기대된다.

▶ **핵심어: 울진, 성류굴, 각석문(명문), 신라, 진흥왕, 화랑, 향도**

I. 머리말

2019년 3월 21일(목) 국가지정문화재 천연기념물 제155호 '울진 성류굴(1963. 5. 7. 지정)'제8광장(경상북도 울진군 근남면 노음리 산 32-2번지)에서 정원 14년명 각석문들을 필자와 한국동굴연구소 이종희 조사연구실장이 처음 발견하였다. 이후 3차례의 추가 조사를 걸쳐 어느 정도 현황이 파악되자 필자는 4월 8일(월) 문화재청 천연기념물과·발굴제도과와 경북도청 문화유산과에 공문으로 발견 보고를 하였다.[1] 문화재청은 4월 9일(화) 현장답사를 하고 그동안 필자가 판독하고 해석한 자료 및 필자가 미리 만들어 둔 언론보도문을 가져가 4월 11일(목) 신라 명문 발견 사실을 언론에 발표하였다.

울진 성류굴은 聖留山(해발 200.9m) 서북쪽에 위치하여 입구(일명 1입구, 해발 약 20m)에서 동북쪽으로 발달해 있으며, 主窟의 길이는 약 330m, 枝窟의 길이는 약 540m로 총연장은 약 870m(2007년 발견된 약 85m의 수중구간 포함)로 전체 12광장으로 이루어져 있으나 10광장까지 약 270m를 공개하고 있다. 성류굴은 전체적으로 수평동굴로 동굴 내 여러 개의 다양한 크기의 호수가 형성되어 있고, 왕피천과 연결되어 있다. 성류굴은 石灰洞窟로 동굴 내에는 종유석, 석순, 석주, 베이컨시트와 동굴진주, 석화, 동굴산호, 동굴방패 등 다양한 동굴생성물로 인해 아름다운 경관을 만들고 있어 '지하금강'이라고 불린다.[2]

이 글에서는 성류굴 내 각석문의 발견 경위와 발견된 다수의 명문 중 역사적 자료로 의미 있다고 판단되는 삼국시대~통일신라시대의 주요 명문들을 소개하고자 한다.

II. 울진 성류굴 각석문의 발견 경위

1. 3월 21일(목)

2018년 12월 18일(화) 오후 4시경 (사)한국동굴연구소(소장 최기주) 직원 몇 명이 필자를 찾아와 울진군청 관광문화과에서 어떤 일로 협의를 하게 되었다. 회의 중 필자가 성류굴 제8광장에 조선시대 墨書銘

---

1) 「천연기념물 제155호 울진 성류굴 내에서 삼국~통일신라시대의 각석문 발견 보고」라는 제목으로 울진군 관광문화과-7383(2019. 4. 8.)호로 공문을 발송하였다.

2) 한국동굴연구소, 2007, 『성류굴 종합학술조사 보고서』, 울진군; 심현용, 2007, 「울진의 성류굴」, 『「울진 문화 유적」 바로 알기』, 울진군.

이 있다는 것을 알려주자 한국동굴연구소 김련 책임연구원이 향후 성류굴을 조사할 때 그곳을 안내해달라는 요청을 하였다. 이후 한국동굴연구소 이종희 조사연구실장이 재차 안내요청을 하여 2019년 3월 21일(목) 오후 2시에 성류굴에서 만나 안내하기로 일정이 잡혔다. 그날 필자는 약 30분 일찍 성류굴에 도착했는데, 이미 김련 부소장과 이종희 실장이 와 있었으며, 오후 2시가 되어 필자와 이종희 실장이 묵서명이 있는 제8광장으로 향하였다.

나중에 안 일이지만 한국동굴연구소는 울진군(관광문화과 성류굴운영팀)과 '울진 성류굴 종합정비계획수립 연구용역'을 체결(2018. 4. 20.~2019. 5. 14.)하여 동굴특성과 교육적인 활용 목적에 맞는 환경 친화적인 시설물 개선, 또 향후 실시설계에 필요한 종합관리 및 정비기획안 마련을 목적으로 용역을 수행중이었다. 제8광장에는 성류굴 북쪽으로 옛날 출입구(일명 2입구, 해발 약 25m)가 있는 곳이다. 한국동굴연구소는 향후 이 2입구를 어떻게 정비해서 활용할 것인가를 고민하고 있던 중 필자를 만나게 되어 제8광장에 조선시대 묵서명과 다양한 글자들이 새겨져 있다는 말을 필자에게서 듣고는 혹 정비기획안 마련에 도움이 될까 하여 묵서명의 위치를 안내해 줄 것과 관련 자료를 필자에게 요청하였던 것이다.

필자는 성류굴로 들어가기 전 현 입구(일명 1입구) 앞에서 최근 2015년 12월 6일(일)에 발견된 신라시대 각석문[3)]과 조선시대 울진현령 이희호의 각석문[4)], 묵서, 현대의 사람 이름 등 여러 각석문과 묵서가 다양하게 있다는 것을 보여주고 설명해 주면서 들어갔다. 다행히 관람객이 많지 않아 제8광장까지 도착하는 데는 5분 정도 밖에 안 걸렸다. 거리로는 1입구에서 230m 정도 되는 위치이다(지도 1).

먼저 이종희 실장에게 조선시대 묵서명을 알려주었다. 사실 이 명문은 필자가 이미 조사하여 '성류굴

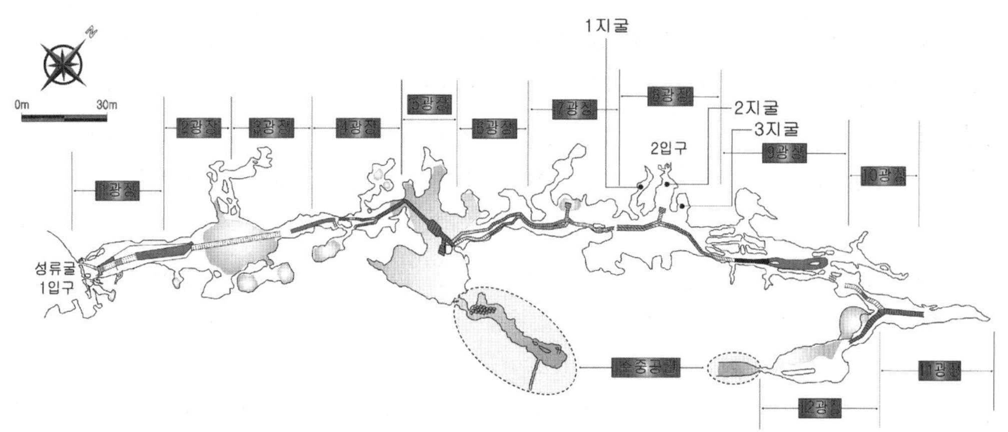

지도 1. 울진 성류굴 제8광장 위치도

3) 박홍국·심현용, 2015, 「울진 성류굴 입구 암벽에서 삼국시대 신라 명문 발견」, 『울진문화』 29, 울진문화원; 이영호, 2016, 「울진 성류굴 암각 명문의 검토」, 『목간과 문자』 16, 한국목간학회; 이용현, 2016, 「울진의 금석문」, 『울진군의 역사와 문화』, 삼한문화재연구원·성림문화재연구원.

4) 심현용 외, 2012, 『울진의 금석문』, 울진문화원, pp.16-17. "縣令/ 李熙虎/ 子 祖慶/ 鄭匡文/ 李東錫/ 李鼎弼". 이희호의 울진현령 재임기간은 1858년(철종 9) 1월~1862년(철종 13) 10월이므로 이때 새긴 것이다.

묵서명'이라는 이름으로 소개하였던 것으로 1740년(영조 16) 5월 동굴을 방문한 10명의 이름이 적혀 있다.[5] 그 외에도 書體를 달리하여 묵서가 더 있으나 판독하기 어렵다. 이를 알려준 후 아직도 빛이 들어와 500원짜리 동전 크기만한 빛이 보이는 2입구를 가리키며 서로 이야기를 주고받는데, 그때 이종희 실장이 2입구의 크기가 동전 크기가 아니라 사람 한 명이 나갈 수 있는 크기로 자기는 조사 시 출입을 여러 번 해 보았다고 하는 것이었다. 사실 필자는 그곳으로 가보지 못하고 빛으로만 크기를 가늠했으며, 원래 좀 크게 있었는데 세월이 지나면서 묻혀 다 메워지지 못하고 동전 크기의 작은 틈으로 빛이 들어오는 줄로만 생각하고 있어서 이 소리를 듣고 깜짝 놀랐다. 그래서 그것이 사실인지 2입구를 직접 보고 싶어졌다. 이종희 실장이 길을 안내하여 2입구 쪽으로 가게 되었는데, 그 2입구에서 약 5m 동굴 안쪽에서 석주, 석순과 벽면에서 다수의 글자를 발견하게 되었다. 많은 글자들이 새겨져 있는 것을 알게 되자 둘이는 서로 글자를 찾기 시작하였다. 그 과정에서 필자가 '貞元十四年'이 적힌 명문 2개(2-①·②)를 찾아내었고 이종희 실장은 판독이 안 되는 '△△十四年'[6] 1개(2-③)를 찾게 되었다. 서로 깜짝 놀라 새겨진 시기까지 알 수 있게 되었다고 하면서 '貞元'이라는 연호의 시기를 내가 정확히 기억하지 못한다고 하면서 밖에 나가면 내 차에 『동양연표』[7]가 있으니 확인해보면 바로 알 수 있을 것이라는 말을 하였다. 좀 더 조사하니 '~郎'자와 '소[牛]'자(2-⑦)도 보여 이종희 실장에게 울주 천전리 각석에 가면 신라 화랑들의 이름이 적혀 있는데, 이것도 화랑의 이름일 가능성이 있다고 말해 주었다. 그러나 판독이 잘 안되어 장담할 수 없다는 이야기도 함께 하였다. 또'長川'(2-24)이라는 단어도 찾게 되어 고려 말 이곡의 「동유기」[8]에 '長川'이라는 단어가 나오는데, '긴 하천'이라고 해석해야 할지 아니면 고유명사로 하천 이름인지 판단하기 어려웠는데 이 각석문으로 보아 지명, 즉 하천의 이름으로 읽어야 한다는 이야기도 해주었다. 또 조사 시 바위 틈에서 완전히 탄 숯 조각[木炭]도 발견하여 이는 분명히 요즘 것이 아니라 옛날에 사람들이 들어올 때 나무에 불을 피웠던 흔적일 것이라고 하였다. 두 사람은 이곳에서 한자는 물론이고 한글, 또 영어(RC) 등 현대에 이르기까지 이름 등 다양한 글자를 많이 찾았으나 판독이 잘 안되고 시간적 여유도 없어 일단 중요한 글자들이 있을 거라는 추정만 하면서 다음을 기약하며 성류굴을 나오니 오후 3시 50분경이었다.

필자는 바로 연호를 확인하기 위해 주차장으로 가서 차에 있는 『동양연표』를 확인하니 '정원'이라는 연호는 중국의 당(785~805)과 금(1153~1155)이 사용하였는데, 금은 제양이 3년간 사용하였으나, 당은 덕종이 20년간이나 사용하였으므로 정원 14년은 당 덕종 14년으로 798년이며, 신라 원성왕 14년에 해당됨을 알게 되었다. 금석문이 통일신라시대까지 올라간다는 사실에 놀라고 흥분되었다. 흥분을 가라앉히고 석사 때 지도교수인 주보돈 경북대 사학과 명예교수에게 먼저 휴대폰으로 전화를 해 798년의 통일신라 각석문이 성류굴 내부에서 발견되었다는 사실을 알렸다. 바로 노중국 계명대 사학과 명예교수에게도 전

5) 심현용 외, 2015, 『울진의 금석문』 Ⅱ, 울진문화원, pp.43-46. "△△△/ 南△△/ 南△△/ 南宗△/ 南△△/ 南△△/ 南△△/ 南△△/ 南△△/ 南△△/ 乾隆庚申五月△△[상부] … [하부]"

6) 처음에 필자는 '△△'를 '自光'으로 읽었는데, 이런 연호도 있나하고 의아해 했다.

7) 이현종, 1992, 『東洋年表』 개정증보판 9판, 탐구당.

8) 李穀, 『稼亭集』 卷5 記 「東遊記」(1349).

화하니 주보돈 교수와 같이 있다고 하였다. 두 분께서는 놀라면서 귀중한 자료가 발견되었다면서 좀 더 자세히 조사하라 하였다. 특히 노중국 교수는 내일 울진문화원 울진군지편찬위원회 회의가 있어 가니 그 전에 직접 확인해 보고 싶다고 하였다. 필자도 울진문화원 울진군지편찬위원이어서 회의에 가야 하니 다음날 오후 1시 30분에 성류굴 매표소에서 만나 회의 전까지 살펴보고 같이 회의에 참석하기로 약속하였다. 그리고 두 분께는 울진군에서 보도자료를 언론에 발표하기까지 보안을 유지해달라고 부탁의 말씀도 드렸다.

필자는 울진 봉평리 신라비 전시관으로 들어와 찍은 사진을 판독하기 시작하였으며, 이종희 실장이 발견한 명문도 사진을 확대해 보니'貞元'으로 판독하게 되어 다시 한번 놀랐다. 금석문을 발견한 흥분으로 필자는 저녁도 먹지 않고 오후 9시까지 전시관에서 1차 판독을 완료하였다. 판독이 끝나자 바로 주보돈·노중국 교수에게 판독문과 관련 사진들을 카톡 메시지로 전송하였다. 집으로 퇴근하여 식사 후 전화를 걸어 이종희 실장이 발견한 명문도 같은 '정원'이라고 알리면서 중요한 사료이니 울진군에서 언론에 발표하기 전까지 보안유지를 당부하였다. 그리고 이종희 실장이 찍은 사진도 필자에게 메일로 보내주길 부탁하였다.

2. 3월 22일(금)

3월 22일(금) 오후 1시 30분에 성류굴 매표소에서 노중국 교수와 만나 성류굴을 관리하고 있는 울진군 관광문화과 성류굴운영팀 정동화씨와 함께 제8광장으로 향하였다. 도착하자마자 제일 먼저 조선시대 묵서명을 먼저 알려주었으며, 주변에 있는 다수의 금석문도 보아가면서 정원명이 3개나 있는 2입구 쪽으로 나아갔다. 노중국 교수는 필자가 찾아낸 명문을 위주로 확인 작업을 하였다. 특히 정원 연호를 재확인하였으며, 대부분 필자의 판독과 비슷하게 보면서도 '大人'[9]으로 읽은 것은 그렇게 보기 어렵다고 하였다. 또 정원 14년명에 나오는 '林川廉'[10]의 임씨 성 발견은 임씨로서 가장 빠른 최초의 명문이라 의미가 있다고 하였다. 또 명문을 살펴보는 과정에서 전날 찾지 못한 '〤(五)'자(2-②·⑩)를 두 개나 더 찾아내었다. 노중국 교수와 필자는 울진문화원에서 울진군지 편찬위원회 회의가 있어 더 이상 자세히 살펴보지 못하고 나오니 오후 2시 50분쯤 되었다.

필자는 주보돈 교수에게 전화를 하여 울진 봉평리 신라비에 보이는 모래시계 모양의 다섯 오(〤)자를 두 개나 찾았다는 소식을 전했다. 나중에 사진으로 이를 본 주본돈 교수도 '〤(五)'자가 맞다 하시면서 삼국시대로 올려볼 여지가 있다고 하였다. 노중국 교수와 필자는 울진문화원 회의를 마친 후 다시 울진항(일명 현내항)에 있는 아라마루 카페에서 향후 성류굴에 대한 전수조사 및 발견 명문 처리에 대해 상의를 하고 헤어졌다.

---

9) 처음에 필자는 2-②명문 중에 '大人'으로 읽은 것이 있었다.

10) 처음에 필자와 노중국 교수는 '林川廉'으로 읽었으나, 4월 9일(화) 조사 시 노중국 교수가 '林川'을 '梵'으로 읽어야 한다 하여 자세히 살펴보니 '梵'자가 확실하였다.

3. 3월 23일(토)

3월 23일(토) 오전 10시 30분경 필자는 노중국·주보돈 교수에게 성류굴 제8광장에서 찾은 글자 중에 이야기 하지 않은 글자가 갑자기 생각나서 카톡 메시지로 알렸다. 즉 첫날 21일 명문 발견 시 '~郎'자(2-⑦)도 보았는데 화랑일 가능성도 있다고 말씀드렸다. 두 분은 그렇다면 중요한 자료가 된다 하시었다. 특히 노중국 교수에게는 카톡 메시지 후 바로 전화를 걸어 화랑의 '郎'자를 본 그 날의 상황을 말씀드리니 사진 찍은 것이 있냐고 물었다. 그날 정신이 없어서 그 글자까지는 사진을 찍지 못하였다고 말씀드리자 그러면 증거가 안 된다 하면서 아직 울진을 떠나지 않고 있으니 오늘 자세히 조사를 하자고 제의하였다. 당시 필자는 작년에 힘든 가족사가 있어서 분위기 쇄신 차 오늘부터 누나 3명과 경주로 여행을 가기로 약속되어 있었다. 그래서 포항 큰 누나 집에서 모두 만나 경주로 출발하기로 하여 필자는 점심을 먹고 포항으로 출발할 예정이었다. 그러나 만약 진짜 화랑의 이름이 맞다면 아주 중요한 역사적 사료가 될 것으로 판단되어 출발을 미루고 오후 3시에 성류굴 매표소에서 만나기로 약속하였다.

필자는 일찍 출발하여 그동안 보지 못한 2입구와 제1광장 부근을 조사할 생각을 하였다. 오후 1시 30분경 성류굴에 도착하여 2입구를 외부에서 살펴보았다. 어른 한 사람이 엎드려서 겨우 빠져 나갈 수 있는 크기의 작은 구멍이 성류산 기슭에 나 있는데 크기는 직경 50㎝ 정도 밖에 안 되며 방향은 북향(N-30°-W)이었다. 주변을 살펴보니 모두 암반으로 되어 있어 옛날에도 구멍 크기는 지금과 같이 별 차이가 없었을 것으로 판단되었다. 또 2입구 주변이 암벽으로 되어 있어 혹 명문이 있지 않을까하고 조사를 하였으나 글자는 보이지 않았다. 그 후 1입구로 들어가 제1광장과 제2광장의 암벽면을 조사하였는데, 암벽 하단에 많은 명문들이 있었으나 중복되어 판독하기 어려웠다. 특히 제1광장 맨 앞쪽 동굴 끝에는 출입하는 철계단이 설치되어 있어 그 밑으로는 사람들이 전혀 가지 않는데 조사를 하였다. 맨 끝 암벽에서 명문이 새겨져 있었으나 판독하기 어려웠으며, 다만 시기가 올라갈 것 같은 느낌을 받았다.

그러던 중 조금 일찍 도착한 노중국 교수가 제1광장으로 들어와서 오후 2시 50분경 만나게 되어 제8광장으로 향하였다. 이번에는 2입구와 가까운 곳으로는 가지 않고 더 안쪽의 석주와 암벽면을 위주로, 특히 필자가 말한 화랑의 이름으로 추정되는 '郎'자를 찾기 위해 꼼꼼히 살펴보았다. 두 사람은 신경을 쓰면서 많은 글자들을 일일이 자세히 확인하기 시작하였다. 그래서 노중국 교수와 함께 화랑 4명의 이름(2-④·⑦·⑧·⑫), 병부사(2-⑥), 신유년(2-④), 범렴(2-⑧) 등의 명문을 추가로 찾았으며, 모래시계 모양의 다섯 오(ㄨ)자(2-21)도 한 개 더 찾았다. 특히 신유년명은 삼국시대까지 올려볼 수 있는 명문이었다. 이러한 명문들로 인해 두 사람 모두 놀라며 귀중한 명문 발견에 기뻐하였다. 나오면서도 중간 중간 통로에 있는 암벽에 글자들이 있는지 살펴보며 천천히 나왔다. 또 제1광장에 있는 명문은 좀 오래된 것으로 보여 노중국 교수를 안내하여 자세히 살펴보았으나 판독하기 어려웠다.

이후 밖으로 나와서 2입구가 있는 성류산 북쪽 산 아래로 가서 위치를 알려드렸으며, 시간이 없어 가까이 가보지는 못하고 산 아래 길에서 2입구 주변 상황과 입구를 찍은 사진을 휴대폰으로 보여주었다. 그리고 두 사람은 헤어지기 위해 주차장으로 오니 오후 5시 50분경이었다. 노중국 교수는 대구로 가고 필자는 집으로 오면서 주보돈 교수에게 화랑 이름, 신유년명, 병부사 등의 명문을 새로 찾았다고 알렸다. 주보돈 교수는 중요한 금석문이 발견되었으니 빨리 정리하여 언론에 발표하라고 말씀하셨다. 필자는 집으로 돌아와 오늘 찍은 사진 50여 장을 노중국·주보돈 교수에게 카톡 메시지로 전송하고 그동안에 있었던 발견 경위를 정리하였다.

4. 3월 30일(토)

3월 30일(토) 오후 2시 30분경 울진문화원 울진향토사연구회 장기영 연구위원과 함께 성류굴 제8광장을 찾았다. 지금까지 필자가 찍은 사진은 대부분 휴대폰으로 찍은 것이라 글자를 제대로 보여주기 어려웠다. 그래서 필자는 발견보고서와 보도자료 작성을 위한 각석문들의 사진을 제대로 찍기 위해 다시 방문하였던 것이다. 그런데 여기서 삼국시대로 추정되는 경진년 및 갑진년 명문(1-①)과 화랑 이름(2-⑩·⑪), 조선시대 울진현령 이복연(3-①·②), 군운(3-①), 범렴(2-⑨) 등 다수의 명문을 추가로 찾았다. 보고서에 필요한 사진촬영과 추가조사를 끝내고 밖으로 나오니 오후 5시 15분경이었다.

III. 울진 성류굴 각석문의 판독과 현황

성류굴 내에는 수많은 글자들이 새겨져 있지만, 제8광장에 명문들이 가장 많이 기록되어 있다. 이번에 발견한 각석문 중 역사적 자료로 의미 있다고 판단되는 몇몇 글자를 소개하겠다.

각석문의 서체는 대부분 해서를 바탕으로 쓰였으나, 일부 행서가 가미되기도 하였다. 글자 크기는, 작은 것은 가로 3×세로 2㎝ 내외이며, 중간 정도는 가로 6×세로 9㎝ 내외, 큰 것은 가로 25×세로 28㎝ 내외로 대부분 일률적이지 않고 다양하다. 또 각자방법은 정으로 새긴 것, 낙서하듯이 선각된 것과 갈아 판 듯 굵게 각자된 것으로 구분된다.

편의를 위해, 세로로 적힌 것을 가로로 적었으며, 상·하·좌·우의 방향은 글자를 기준으로 하였다. 기호 중 △는 글자가 있으나 판독되지 않는 자이며, (　)는 앞의 글자를 괄호 안의 글자로도 볼 수 있다는 뜻, (?)는 앞의 글자로 판독하였으나 확실하지 않다는 뜻, [　]는 앞의 글자를 정자체로 다시 표기한 것이다. 또 … 는 글자가 있으나 파악하기 어렵다는 뜻이며, /는 줄을 바꾸어 기록하였다는 기호이다. 그리고 제8광장은 3개소의 枝窟로 나눠지는데, 1입구에서 들어가면서 먼저 나타나는 공간을 '1지굴', 2입구와 연결되는 두 번째 공간을 '2지굴', 그리고 가장 안쪽에 있는 세 번째 공간을 '3지굴'이라 명명하겠다.

1. 1지굴 명문

①

〔판독문〕
叉金(또는 余)△(또는 杙·札)/

庚辰六月日/
柵作榏父飽/
女二交右伸/
眞興/
王挙/
世益者五十人/[11]

甲珎[12]九月十一日/
悋火△旦(?)/
從(?)行/

〔현황〕

이 명문은 아주 큰 石柱의 상단(A), 중단(B), 하단(C)으로 나뉘어 음각되어 있다. 중단인 B는 지표에서 약 2.3m의 높은 곳에 위치한다. A(그림 1)의 명문이 가장 크고 독특한 서체로 세로 1줄 새겼는데, 3자를 위·아래로 붙여서 쓴 것 같다. B(그림 2)는 가장 작은 크기(가로 7~8×세로 7~12㎝ 내외)로 세로 6줄 右書되어 있으며, C(그림 3)는 두 번째 크기로 세로 3줄 우서되어 있으나 흐려서 판독하기 어렵다. 글자 크기와 서체가 모두 다른 것으로 보아 각기 시기를 달리하여 새긴 것으로 추정된다. 특히 B가 C의 앞자인 '甲'을 일부 덮고 있고 마멸상태도 C가 가장 심한 것으로 보아 C가 먼저 기록되었다. 명문은 "(A) 차금△

11) 필자는 4월 20일(토) 한국목간학회 제31회 정기발표회 때 '진흥왕'으로 보이는 명문이 있는데 정밀조사가 필요하다고 하였다. 이후 필자의 요청으로 5월 4일(토) 이용현 국립경주박물관 학예연구사와 이영호 경북대 교수가 현장을 답사하였다. 필자는 이용현 박사와 공동으로 판독을 진행하였으며, 5월 7일(화) 오세윤 문화재전문 사진작가의 정밀촬영으로 인해 판독에 큰 도움을 받았다. 공동판독이 5월 9일(목) 최종 완료되자 필자는 5월 23일(목) 그 결과를 언론에 발표하였다(심현용, 2019. 5. 23., 「울진군 보도자료: 560년 신라 진흥왕이 울진 성류굴에 다녀가다!」, 울진군). 필자의 요청에 흔쾌히 촬영해준 오세윤 사진작가에게 지면을 빌어 깊은 감사를 드린다. 또한 후술하는 '정원 20년명(2-⑤)' 판독에도 오세윤 사진작가의 사진 도움이 컸다.

12) '子'자처럼 보이나 '甲'자이며, '珎'자는 '辰'자를 잘못 쓴 것으로 판단된다.

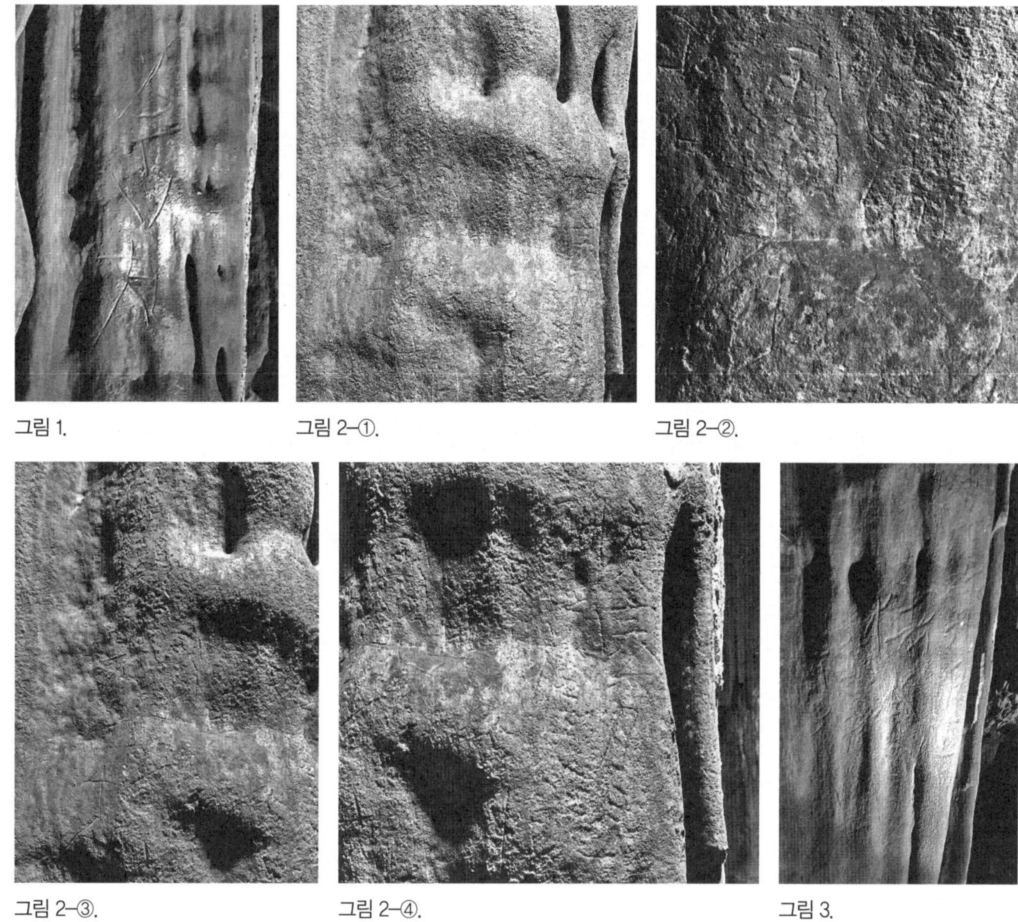

그림 1. 그림 2-①. 그림 2-②.

그림 2-③. 그림 2-④. 그림 3.

(또는 차여비·차여찰). (B) 경진 6월 일, 잔교(棧橋 = 柵)를 만들고, 뱃사공[樒父]을 배불리 먹였다. 여자들이 교대로 보좌하며 펼쳤다. 진흥왕이 다녀가셨다(행차하셨다). 세상에[13] 도움이 된 이(보좌한 이)가 50인이었다. (C) 갑진 9월 11일 노화△단종이 왔다 간다."로 해석된다.

13) '世'자에는 시간과 공간의 뜻이 있다. 필자는 울진 봉평리 신라비(524)의 '世中字三百九十八'을 '그 해[年]에 (이 일을 마쳤다.) 글자는 393자(字)이다.'로 해석하여 '世'자를 시간적 뜻으로 보았다(조영훈·이찬희·심현용, 2013, 「울진 봉평리 신라비의 재판독과 보존과학적 진단」, 『문화재』 46-3(통권 61), 국립문화재연구소). 그러나 이 경진년명(560)으로 보아 '이때에'라는 시간적 개념보다는 '세상에 공표한다'는 공간적 개념으로 보는 것이 더 타당할 것 같다. 그래서 울진 봉평리 신라비에서 시간적 뜻으로 본 필자의 견해를 철회하고 '세상에 글자는 398자이다'라는 공간적 뜻으로 수정하고자 한다. 그러면 포항 냉수리 신라비(503)의 '世中了事'에서도 '세상에 일을 마쳤다'라는 공간적 뜻으로 보아야 할 듯하다. 즉 신라 6세기 때 '世'자는 국가에서 일반 백성에게 널리 알린다는 공표의 개념인 관용구로 사용하였으며, 그렇기 때문에 마지막 줄에 기록하였던 것으로 볼 수 있다.

②

〔판독문〕
老行(?) /
并(?)老/
小早互/

〔현황〕
이 명문은 1-①명문의 바로 옆 우측 석주에 세로 3줄로 음각되어 있다(그림 4). 판독하기 어려우나, 1-①의 C 명문의 크기와 서체가 비슷하다. 명문은 "노가 노소조호와 함께 왔다 간다."로 해석된다.

③

〔판독문〕
見(또는 具)禾/
伐/

〔현황〕
이 명문은 아주 큰 석주의 하단에 큰 글씨로 세로 2줄 우서로 음각되었다(그림 5). 명문은 "견화벌(또는 구화벌)"로 해석된다.

그림 4.

그림 5.

그림 6.

그림 7.

④

〔판독문〕

永行/

〔현황〕

이 명문은 1-①명문에서 우측으로 약 5m 떨어진 큰 석주에 세로로 음각되었다(그림 6). 명문은 "영이 왔다 간다."로 해석된다.

⑤

〔판독문〕

子川/

〔현황〕

이 명문은 암벽에 세로로 음각되었다(그림 7). 명문은 "자천"으로 해석된다.

2. 2지굴 명문

①

〔판독문〕

貞元十四年/
戊寅八月廿五日/
梵廉行/

〔현황〕

이 명문은 巖壁에 세로 3줄 우서로 음각되어 있다그림 8).(좌·우의 줄 간격은 일정치 않으나 모두 同時에 기록한 것이다. 이 명문의 좌측에 약간 떨어져서 2-⑤명문이 위치하고 있다. 명문은 "정원 14년(798, 신라 원성왕 14) 8월 25일 범렴이 왔다 간다."로 해석된다.

그림 8.

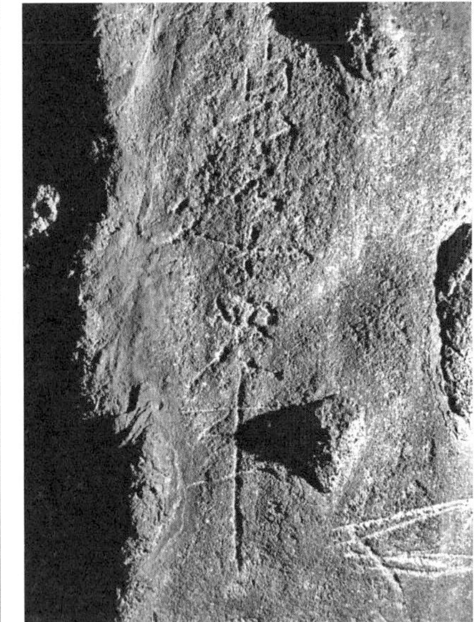

그림 9.

②

〔판독문〕

　　　　久(?)辛⌛[五]△/

　　　　人(?)義(?)旧(?)/

貞元十四年 勿(?)次(?)/

〔현황〕

이 명문은 石筍에 세로 3줄로 음각되어 있다(그림 9·10). 서체가 두 가지로 나눠지는 것으로 보아 시기를 달리하여 각자된 것으로 추정된다. 즉 3행의 1~5번째까지'정원십사년'글(B)과 나머지 1행·2행·3행 6~7번째까지 글(A)은 분리되는 것이다. 이는 글자의 높이가 B는 우측 위에 있고 B는 아래쪽 좌·우에 몰려 있는 것에서도 충분히 추정할 수 있다. 또 좌·우의 줄 간격도 일정치 않다. 시기적으로 A가 먼저 쓰이고 B가 나중에 적힌 것으로 추정된다. B는 작지만 굵고 깊게 정자체로 잘 새겼으나, A는 크지만 얕고 가늘게 파여 낙서하듯이 새겼는데 우서로 기록한 것 같다. 명문은 "(A) 정원 14년(798, 신라 원성왕 14). (B) 구신오△/ 인의구/ 물차."로 해석된다.

③

〔판독문〕

行/

貞元十四年八月卄五日淸忠向達/

〔현황〕

이 명문은 석주에 세로 2줄 左書로 음각되어 있다(그림 11). 석주의 가운데에 2행을 먼저 쓰고 그 우측에 여백이 있지만 그 아래가 푹 꺼져서 글자를 새기기 어렵자 좌측에 나머지 글자를 쓴 것으로 추정된다. 그래서 일반적인 우서와 다르게 좌서가 된 것으로 판단된다. 특히 '元'자는 '之'자 비슷하며, '行'자는 아주 길게 2행의 '日'자 위치까지 내려 써서 멋을 부렸다. 명문은 "정원 14년(798, 신라 원성왕 14) 8월 25일 청충향달(또는 청충과 향달)이 왔다 간다."로 해석된다.

④

〔판독문〕

　　　山彡信/

辛酉年見在石山本/

得世/

共郎乂伐山/

得世/

그림 10.

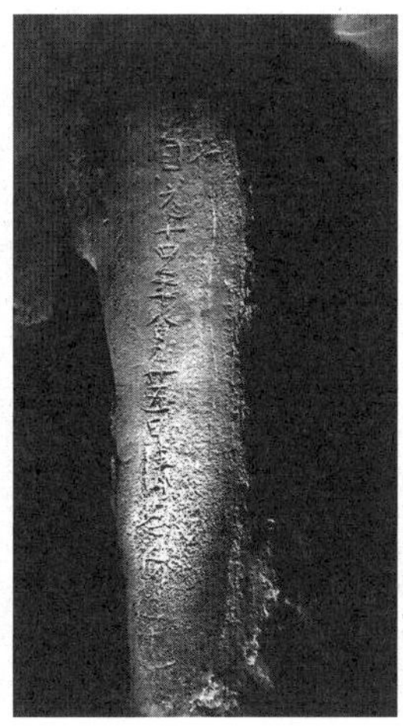

그림 11.

그림 12.

〔현황〕

이 명문은 석순에 세로 5줄로 음각되어 있는데, 두 번(1·2·4·5행은 A, 3행은 B)에 의해 새겨진 것으로 추정된다(그림 12). 글자는 2~5행(3행 제외)을 먼저 우서로 썼는데, 우측의 지표가 밑으로 푹 꺼져 쓰기 어렵자 마지막 1줄을 가장 왼쪽인 1행에 적은 것으로 판단된다. 좌·우의 줄 간격은 일정하지 않으며, 특히 3행의 '득세'는 다른 글자보다 작게 새겨져 있어 나중에 새겼을 것으로 추정된다. 그리고 2행의 '辛'자는 지금도 천정에서 물이 떨어져 글자를 석회분이 덮어 희미해져 가고 있다. 명문은 "(A) 신유년에 재석산, 본공랑, 차별산, 득세, 산삼신이 (와서) 보았다. (B) 득세."로 해석된다.

⑤

〔판독문〕

貞元卄年/

甲申十一月三日朴上/

來/

孝才/

△行/

〔현황〕

이 글자는 암벽에 세로 우서로 음각하였다(그림 13). 또 이 명문의 우측에 약간 떨어져 2-①명문이 있다. 명문은 "(A) 정원 20년 갑신(804, 신라 애장왕 5) 11월 3일 박상이 왔다. (B) 효재△가 왔다 간다."로

그림 13.

그림 14.

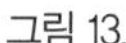

해석된다.

⑥

〔판독문〕
兵府史/
礼生行/

〔현황〕
이 명문은 석주에 세로 2줄 우서로 음각되었다(그림 14). 명문은 "병부사 예왕이 왔다 간다."로 해석된다.

⑦

〔판독문〕
良弥十**刄** 林郎訓見/
牛廿[卄]匹/

〔현황〕
여기는 石筍과 石柱가 붙어서 자라고 있는데, 명문은 세로로 각각 떨어져 음각되었다. 1행은 석순(A·B)에, 2행은 석주(C)에 있는데, A(그림 15)·B(그림 16)·C(그림 17)의 서체와 크기가 모두 다르다. 특

그림 15.

그림 16.

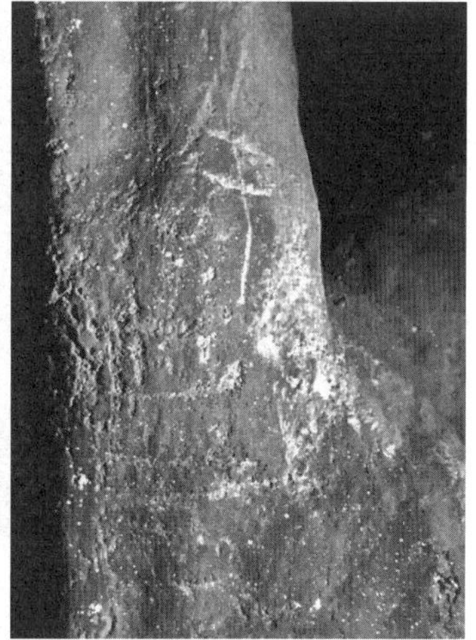
그림 17.

히 A의 끝자가 B의 앞자를 덮고 있어 B가 먼저 기록되었음을 알 수 있다. 명문은 "(A) 양진 10량[14](또는 양진과 십량). (B) 임랑이 (무리를) 이끌고 와서 보았다. (C) 소 20필."로 해석된다.

⑧

〔판독문〕
伸陽郎訓見 善山女/
　梵廉/
先得行(?)/

〔현황〕
이 명문은 석주에 세로로 음각되어 있다. 1행의 1~5번째 글자(A, 그림 18)와 6~8번째 글자(B, 그림 19), 그리고 2행(C, 그림 20) 및 3행(D, 그림 21)으로 구분되며, 모든 글자의 서체와 크기가 다르고 좌·우의 줄 간격도 일정하지 않아 각기 시기를 달리하여 새겼음을 알 수 있다. B의 '善'자가 A의'見'자를 덮고 있어 A가 먼저 새겨졌으며, C의 '梵'자가 A의'郎'자를 일부 덮고 있어 C가 나중에 쓰여졌음을 알 수 있다. 또 D는 C의 우측 약간 위에 크게 새겨져 있는데 글자 중복이 많다. 그러므로 A가 가장 먼저 기록되었으며, B와 C는 선·후 관계를 파악하기 어렵다. 1행 우측 상단에도 한글로 '김두석'이 적혀 있는데, '김'이 '伸'바로 우측 위에 있어 판독에 혼동을 준다. 이곳에는 글자가 여러 차례 낙서하듯이 중복되어 있어 파악하기 어렵다. 또 같은 석주 우측 하단에 약간 떨어져서 1행의 '선산녀'높이 부분에 2-⑥이 새겨져 있다. 명문은 "(A) 신양랑이 (무리를) 이끌고 와서 보았다. (B) 선산녀. (C) 범렴. (D) 선득이 왔다 간다."로 해석

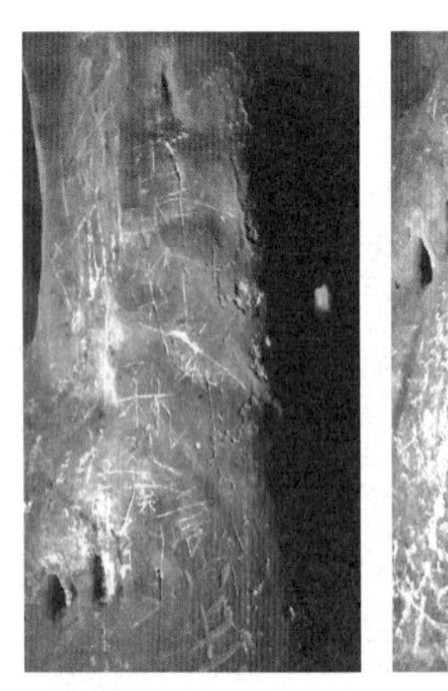

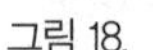

그림 18.

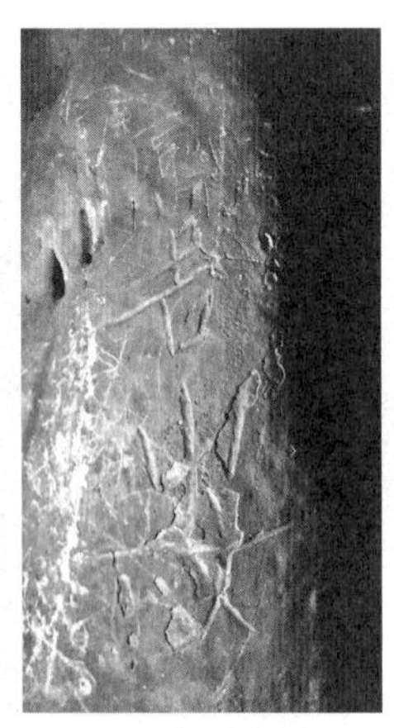

그림 19.

그림 20.

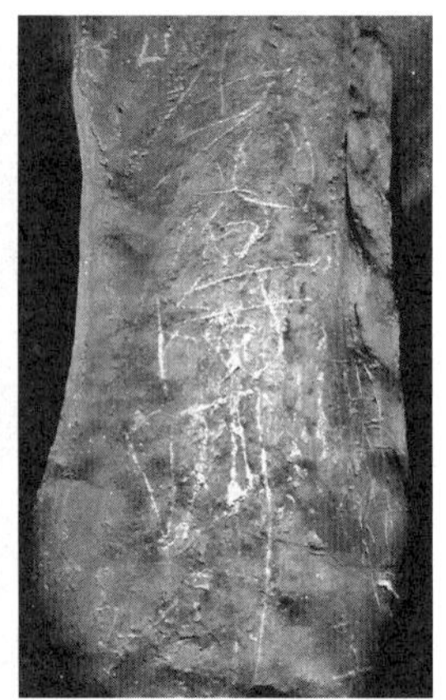

그림 21.

14) '량'은 25인으로 이루어진 편제단위인 隊를 말한다.

된다.

⑨

〔판독문〕

梵廉行/

夫匆郎行云山行/

〔현황〕

이 글자는 석주에 세로로 음각되어 있다(그림 22). 상태로 보아 2행이 1행보다 먼저 새겨진 것으로 추정된다. 주변에 '林△△'나 '최(한글)'등 여러 글자들이 중복되어 있어 파악하기 어렵다. 명문은 "(A) 범렴이 왔다 간다. (B) 부문랑이 왔다 간다. 운산이 왔다 간다."로 해석된다.

⑩

〔판독문〕

玄才行/

一百 ⧖[五]并/

… △宝工(또는 正)行/

古郎良珎行/

그림 22.

그림 23.

그림 24.

그림 25.

〔현황〕

이 명문은 한 석주에 돌아가면서 세로로 음각되었다. 1행(A, 그림 23)의 우측 아래에 약간 떨어져 2행(B, 그림 24)이 있으며, 2행의 우측 아래에 약간 떨어져 3행(C, 그림 25)이, 3행의 우측 상단에 약간 떨어져 4행(D, 그림 26)이 새겨져 있다. 서체와 크기도 모두 달라 다른 시기에 각자된 것으로 추정된다. 주변에도 글자들이 중복되어 있어 판독하기 어렵다. 명문은 "(A) 현재가 왔다 간다. (B) 105명이 함께 왔다 간다. (C) … △보공(또는 △보정)이 왔다 간다. (D) 고랑과 양진이 왔다 간다."로 해석된다.

⑪

〔판독문〕

右(또는 尤)道/

△△力大有　古郎良珎行/

△世僊人/

崔重權/

冬△△/

〔현황〕

이 명문은 상부가 부러진 석순에 세로로 음각되어 있다(그림 27·28). 서체는 1행·2행 상단과 3행·5행(A)이 비슷하여 같이 기록한 것으로 추정되고, 2행 하단(B)과 4행(C)도 서로 달라서 다른 시기에 각자된 것 같다. 특히 4행은 다른 글자를 덮고 있어 현대에 새겼을 것으로 추정된다. 명문은 "(A) 우도 … 역대유. △세선인(또는 △세와 선인), 동△△. (B) 고랑과 양진이 왔다 간다. (C) 최중권"으로 해석된다.

그림 26.

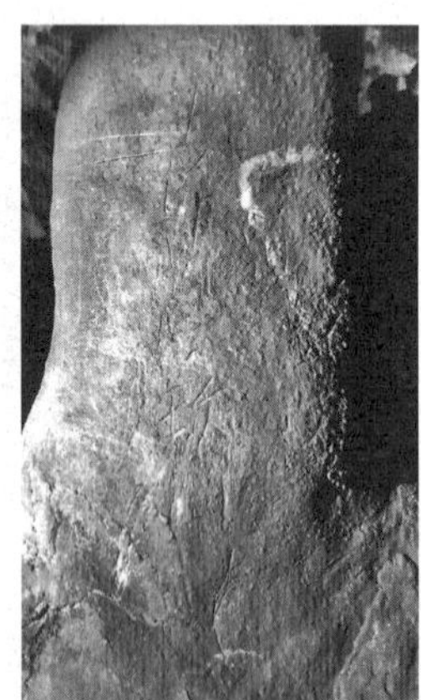
그림 27.

그림 28.

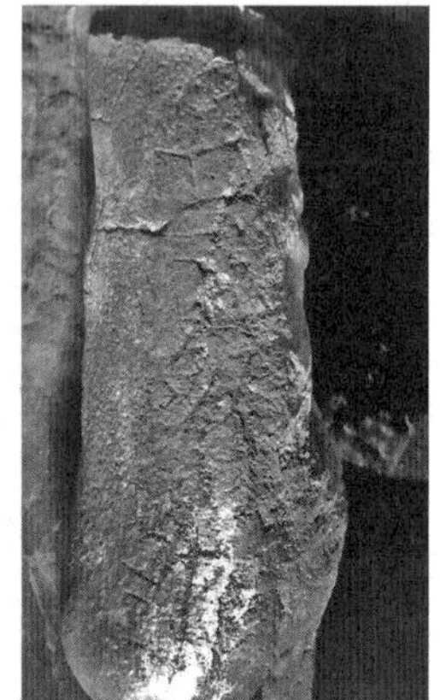
그림 29.

⑫

〔판독문〕
円(또는 白)勿郎/
… 問良力 … /

〔현황〕
이 석주는 3개의 석주가 붙어 1개의 석주를 이루었는데, 2개는 부러져 상부가 없다. 부러진 석주 중 키가 큰 것에 명문이 세로 2줄로 음각되어 있다(그림 29). 특히 1행(A)의 '勿'자에 2행(B)의 글자가 일부 겹쳐져 있는데, 크기도 아주 작고 마멸이 심해 파악하기 어렵다. 명문은 "(A) 원물랑(또는 백물랑). (B) … 문양력 …"으로 해석된다.

⑬

〔판독문〕
冬視行/

〔현황〕
이 명문은 석주에 세로로 음각되어 있다(그림 30). 명문은 "동시가 왔다 간다."로 해석된다.

⑭

〔판독문〕
昌如/

王丁/
頁自朩/
忠行/

首利行/

加行(?)/[15]

그림 30.

그림 31.

그림 32.

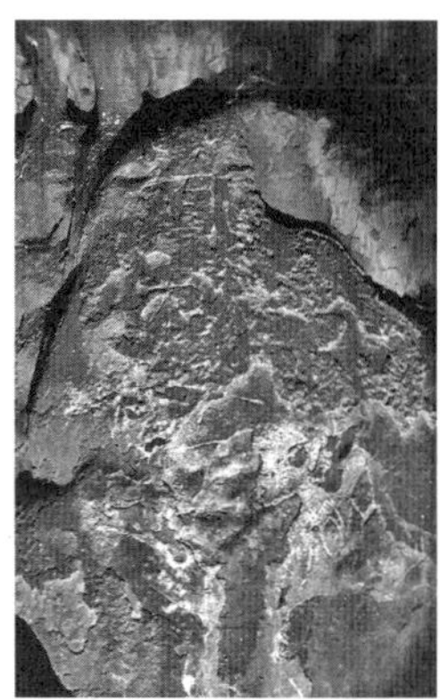
그림 33.

〔현황〕

이 명문은 큰 석주 상부의 위(A·B)·아래(C·D)에 세로로 음각되었는데, 박락이 심하다. A(그림 31), B(그림 32), C·D(그림 33) 모두 글자 크기와 서체가 다르다. 주변에도 글자들이 있으나 판독하기 어렵다. 명문은 "(A) 창여. (B) 숙정혈자빈충이 왔다 간다. (C) 수리가 왔다 간다. (D) 가가 왔다 간다."로 해석된다.

⑮

〔판독문〕

水川行/

〔현황〕

이 명문은 석주에 세로로 음각되었다(그림 34). 명문은 "수천이 왔다 간다"로 해석된다.

⑯

〔판독문〕

未叉行/

15) 이 석주의 맞은 편 암벽에도 '加行'이 새겨져 있다.

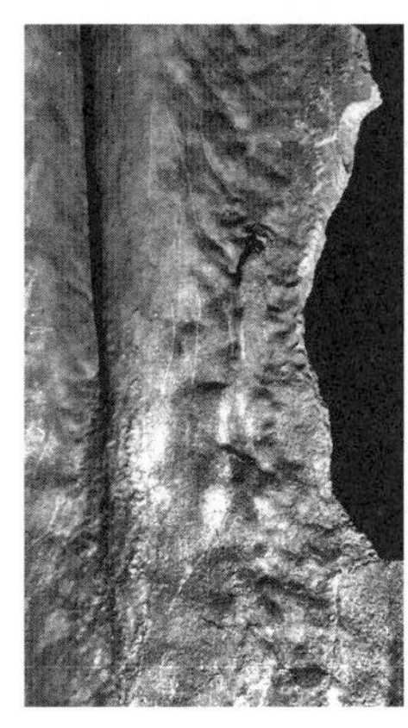
그림 34.

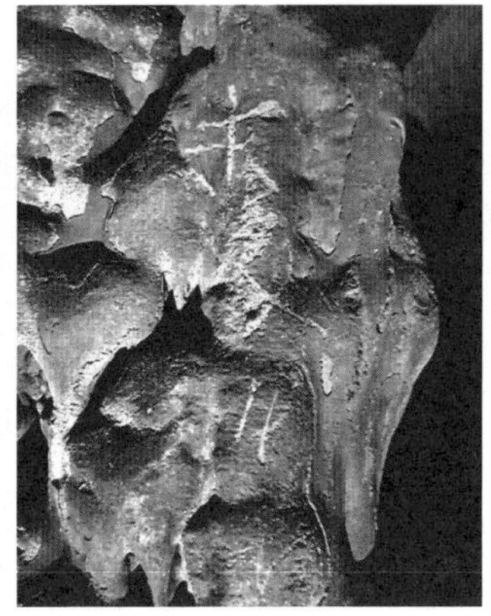
그림 35.

그림 36.

그림 37.

〔현황〕

이 명문은 석주에 세로로 음각되었다(그림 35). 명문은 “미차가 왔다 간다”로 해석된다.

⑰

〔판독문〕

行述(?)內(?)/

金大△/

金易九/

伐見勿行/

行△/

… △勿并/

〔현황〕

이 명문은 석주의 상단(1·2행, 그림 36)과 하단(3~6행, 그림 37)에 세로로 음각되었다. 상·하단 모두 서체와 크기가 다르다. 2행이 1행을 덮고 있어 1행이 먼저 기록되었다. 1행 위에 다른 크기로 ‘百, 夫, 行’ 등 많은 글자들이 중복되어 있고 하단도 많은 글자들이 중복되어 있어 판독하기 어렵다. 2·3행은 현대에 쓴 것 같다. 명문은 “술내가 왔다 간다. 김대△. 김이구. 벌견물이 왔다 간다. △가 왔다 간다. … △물이 함께 왔다 간다.”로 해석된다.

⑱

〔판독문〕
△石山十山叉伐山/
山彡信/

〔현황〕
이 명문은 석순에 세로 2줄로 음각되어 있다(그림 38). 마멸이 심하여 판독하기 어려우며, 서체와 크기도 비슷해 같은 시기에 새겨진 것으로 추정된다. 명문은 "△석산, 십산, 차벌산, 산삼신"으로 해석된다.

⑲

〔판독문〕
叉伐山/

〔현황〕
이 명문은 석순에 세로로 크게 음각되었다(그림 39). 명문은 "차벌산"으로 해석된다.

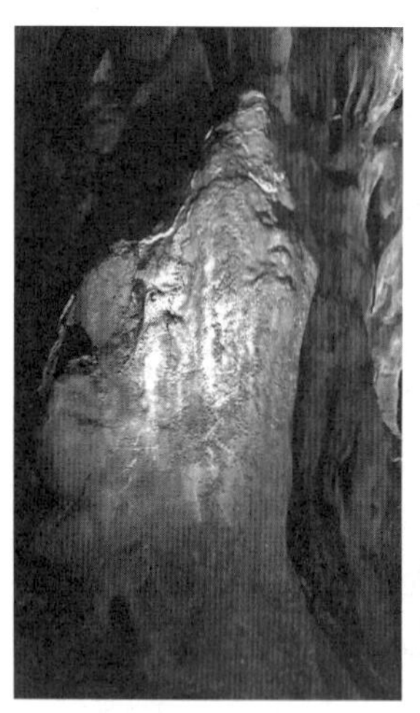
그림 38.

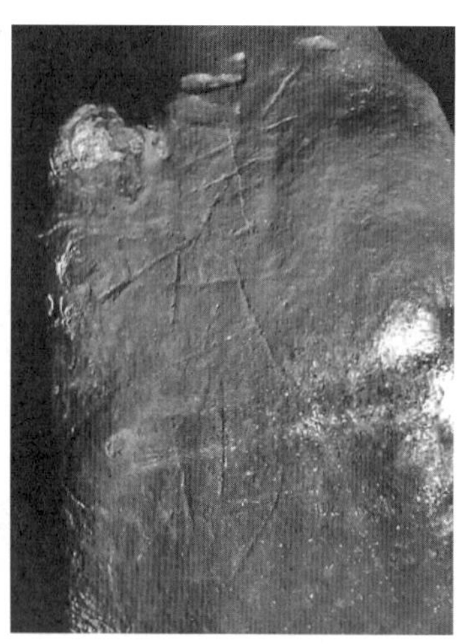
그림 39.

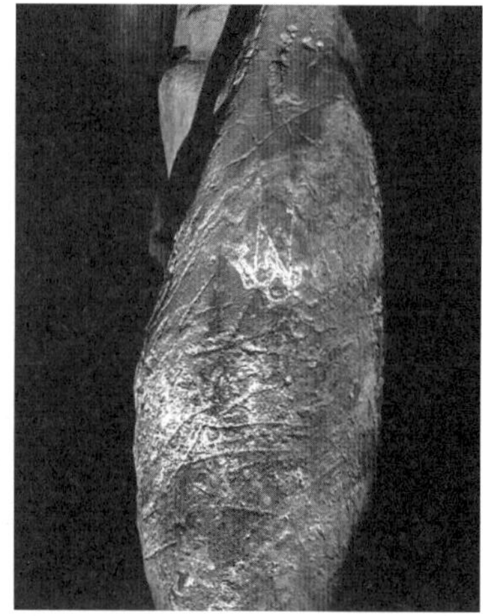
그림 40.

⑳

〔판독문〕

叉伐山/

〔현황〕

이 명문은 큰 석주 하단에 세로로 크게 음각되었다(그림 40). 명문은 "차벌산"으로 해석된다.

㉑

〔판독문〕

尒叱薩行/

廿 … ⅹ[五] … /

問山叉山△行/

〔현황〕

이 명문은 석주에 세로로 음각되었다(그림 41·42). 서체와 크기가 모두 다르고 마멸상태로 보아 1행이 2행보다 늦게 각자된 것으로 판단된다. 이 석주에는 글자가 여러 차례 중복되어 있어 판독하기 어렵다. 명문은 "(A) 이질살이 왔다 간다. (B) 20 … 5 … . (C) 문산, 차산△(또는 문산, 차산, △)가 왔다 간다."로

그림 41.

그림 42.

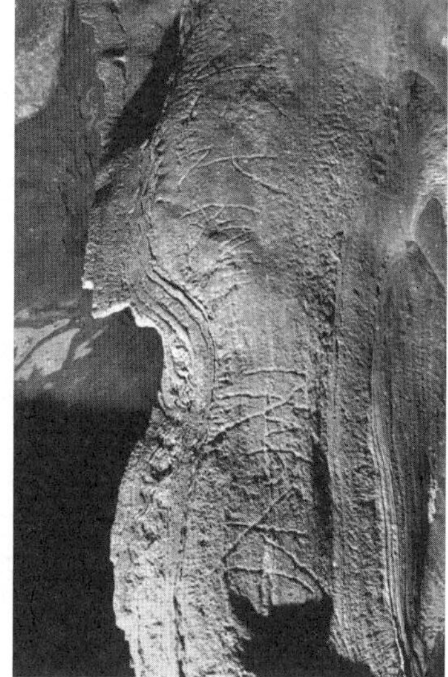
그림 43.

해석된다.

㉒

〔판독문〕

尒叱薩 孝本/

〔현황〕

이 명문은 2-21명문의 앞쪽에서 마주보며 천정에 달린 커튼형 鐘乳石에 세로로 음각되어 있다(그림 43). 서체와 글자 크기가 같아 동시기에 기록한 것으로 추정된다. 명문은 "이질살, 효본"으로 해석된다.

㉓

〔판독문〕

一目一六十四并 … 八 … 廿五行/

〔현황〕

이 명문은 석순에 세로 1줄로 작고 길게 음각되었는데, 하부는 석회분으로 덮여서 판독하기 어렵다(그림 44). 명문은 "일목이 164명(또는 일목일이 64명)과 함께 왔다 간다. … 8 … 25명이 왔다 간다."로 해석된다.

㉔

〔판독문〕

云山長川/

石川/

文行 未行/

良丙(?)行 先行/

智光/

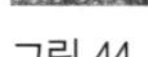

그림 44.

그림 45.

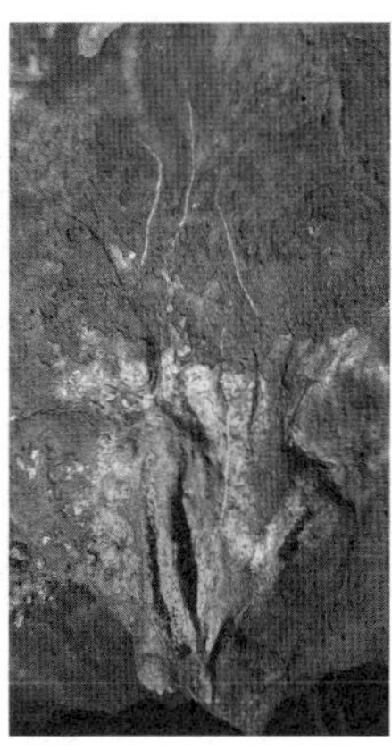

그림 46.

그림 47.

〔현황〕

이 명문은 제8광장에서 가장 중심되는 큰 석주에 돌아가며 음각되어 있다(그림 45). 이 석주에는 수많은 글자들이 크기를 달리하여 중복되어 있어 모두 판독하기 어려우며, 이 중 '운산장천'이 가장 크고 굵게 새겨졌다. 명문은 "(A) 운산, 장천, 석천. (B) 문이 왔다 간다. 미가 왔다 간다. 양병이 왔다 간다. 선이 왔다 간다. (C) 지광."으로 해석된다.

㉕

〔판독문〕

水川/

〔현황〕

이 명문은 암벽에 세로로 음각되었다(그림 46). 명문은 "수천"으로 해석된다.

㉖

〔판독문〕

丨山/

〔현황〕

이 명문은 암벽에 세로로 음각되었다(그림 47). 명문은 "곤산"으로 해석된다.

3. 3지굴 명문

①

〔판독문〕

主倅/

李復/

淵/

戊戌/

君云/

〔현황〕

이 명문은 암벽에 세로로 음각되었다(그림 48). 1~4행(A)은 같은 서체로 우서로 기록되었으나, 5행(B)은 다른 서체이며 크기도 훨씬 더 크서 시기를 달리하여 새겨진 것으로 추정된다. 마멸 상태로 보아 B가 먼저 기록된 것으로 추정된다. B의 글자 크기는 가로 15×세로 20㎝ 정도이며, '君云'으로부터 1.5m 떨어진 우측에 3-③명문이 있다. 명문은 "(A) 주수(울진 현령) 이복연 무술(1718, 숙종 44).[16] (B) 임금께서 다녀가시다(또는 군운)."로 해석된다.

②

〔판독문〕

　　李克淵/

主倅李復淵/

　戊戌

　　　問悰行/

〔현황〕

이 명문은 3-①명문의 바로 앞 맞은편의 아주 큰 석주 하단에 세로로 음각되었다(그림 49). 1~3행(A)과 4행(B)의 서체가 다르고 B의 글자가 두 배 더 크면서도 낡은 것으로 보아 B가 먼저 기록되었다. 명문

16) 이복연은 조선시대 울진현의 현령으로 무과로서 1717년(숙종 43) 2월에 부임하여 1722년 2월에 승진되어 서울에 살았으므로(울진군지편찬위원회, 2001, 『蔚珍郡誌』 下, 울진군, p.399) 무술년은 1718년 숙종 44년에 해당된다.

그림 48.

그림 49.

은 "(A) 이극연, 주수(울진 현령) 이복연 무술(1718, 숙종 44). (B) 문종이 왔다 간다."로 해석된다.

③

〔판독문〕

宦行/

〔현황〕

이 명문은 암벽에 세로로 음각되었다(그림 50). 이 명문의 좌측으로 1.5m 떨어져서 3-①명문이 있으며 글자 크기는 가로 5×세로 7㎝ 정도이다. 명문은"환이 왔다 간다."로 해석된다.

④

〔판독문〕

香徒(?)[17]/

17) '徒'는 쓰다 만 것 같이 완전한 획을 이루지 않았으나 제7광장에서 '香徒'(그림 54·55)라는 완전한 명문이 있으므로 '徒'자로 추독하였다.

그림 50.

그림 51.

그림 52.

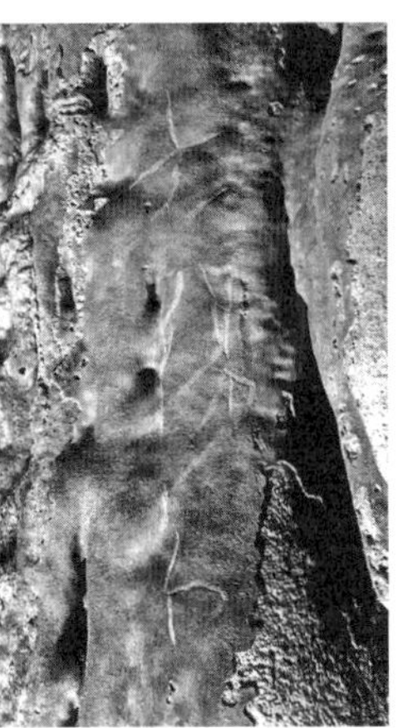
그림 53.

〔현황〕

이 명문은 큰 석순 하단에 세로로 음각되었다(그림 51). 명문은"향도(화랑도)"로 해석된다.

⑤

〔판독문〕

刀行/

〔현황〕

이 명문은 3-③의 우측 큰 석순 상단에 세로로 음각되었다(그림 52). 명문은"도가 왔다 간다."로 해석된다.

⑥

〔판독문〕

大陽行/

〔현황〕

이 명문은 큰 석주에 세로로 음각되었다(그림 53). 명문은"대양이 왔다 간다."로 해석된다.

Ⅳ. 간지 및 연호의 시기(맺음말을 대신하여)

이외에도 제8광장에는 梵日, 宗術見女行, 昌如行, 加行, 知行(?), △口川, 沈尙大伏, 沈尙△[18], 戊戌四月沈尙賢氏, 李克淵氏, 天△△, 乙卯年六月日/ 南世革/ 南德微/ 南宗微 등의 명문과 함께 판독하기 어려운 수많은 글자들이 확인된다. 그런데 제8광장뿐만 아니라 제1~10광장과 비공개구간인 제11~12광장[19] 등 전 구간에 걸쳐서 삼국시대에서 현대에 이르기까지의 수많은 글자들이 확인된다.

그중 일부만 살펴보면, 제1광장에는 암벽에 '辛△/ 申四月七日/ 志白(?)得/ 七(또는 土)李(또는 木子)/ … '라는 각석문이, 제2광장에는 암벽에 "癸亥五月念[二十]三日/ 林性舜/ 李徽在/ 沈相烈/ 田應秀/ … "라 하여 1923년 5월 23일에 적은 묵서명이 있다. 또 제4광장에는 암벽에 '月行'이, 제5광장에는 석순에 '井(?)南升(?)円并(?)刀/ 庚辰行狟大見/ 八月九日朱田(?)禾(?)石'라는 다수의 글자가 세로로 음각되었는데, 서로 다른 서체와 크기로 여러 차례 중복되어 있으며, '伐石'도 확인된다. 제7광장에는 석주에 '東山'이 보이며, 암벽에 '香徒', '慶云行', '刀米情郎行', '中和六年四月/ 連筱行'(그림 54·55), '厉樂行', '書樂行', '高郎', '蘭金'등이 확인되고, 제9광장에는 암벽에 '黃萬英'이 세로로 음각되었는데, 제8광장 석주에도 세로로 '黃萬英'이 있어 동일인으로 판단된다. 제11광장에는 암벽에 '相郎行', '哹(?)山', '月岳', '明且(?)', 제12광장에도 암벽에 '天仁', '金△行' 등의 명문이 확인된다. 동굴 내부에서 다수의 명문이 셀 수 없을 정도로 확인되므로 향후 정밀한 전수조사가 필요하다. 특히 특징적인 것은 인명과 '~行'의 문구가 많이 눈에 띄며, 시기가 지나면서 글자들을 무분별하게 겹쳐 새겨 알아보기가 매우 어렵다.

그림 54.

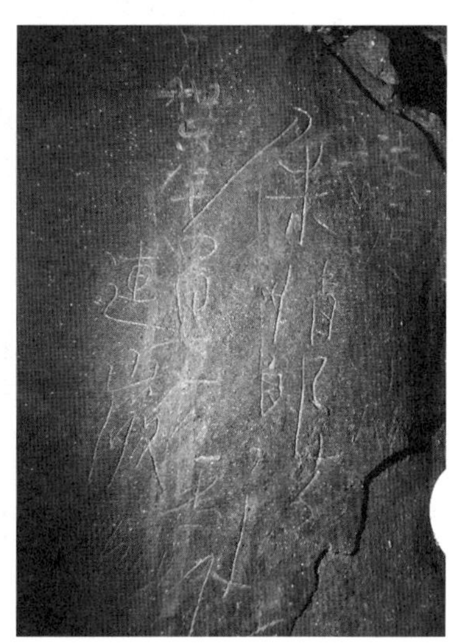
그림 55.

성류굴은 이미 2015년 12월 6일 성류굴 1입구 외부 암벽에서 신라 각석문이 발견되어 그 중요성이 널리 알려

18) 끝에 한자가 더 있었을 것으로 추정되나 박락으로 파악할 수 없다.

19) 5월 22일(수) 울진군에서 향후 동굴 내부의 각석문 전수조사와 보존 및 활용방안을 마련하기 위하여 노중국 계명대 명예교수, 주보돈 경북대 명예교수, 장원섭 경민대 교수, 이영호 경북대 교수, 이용현 국립경주박물관 학예연구사 등 5명의 관계 전문가를 초정하여 자문회의를 개최하였는데, 이때 비공개구간 제11·12광장도 살펴보았다.

졌다. 또 동굴 안에서 청동기시대 석검편이 조사되어 선사시대부터 사람들이 활용하였음을 알 수 있다.[20] 그리고 『삼국유사』에 의하면 700년을 전후하여 신문왕의 아들 보천태자(보질도태자)가 불교를 전파하며 수련[21]하였던 유서 깊은 곳이다.

그동안 울진 성류굴과 제천 점말동굴[22]의 외부에서 신라 명문이 발견된 적이 있으나 동굴 안에서 명문이 확인된 것은 울진 성류굴이 처음이다. 특히 진흥왕, 화랑, 향도, 승려 및 병부사의 이름이 다수 보이는 것으로 보아 성류굴은 삼국시대부터 국가적 차원의 화랑들의 수련 장소였으며, 소[牛]가 확인되는 것으로 보아 포항 냉수리 신라비(503)와 울진 봉평리 신라비(524)처럼 의례행위도 행하였음을 충분히 짐작할 수 있다. 그래서 이 명문들은 신라의 정치, 화랑도, 군제사, 불교사, 인명사 등의 연구에 귀중한 자료라 하겠다.

맺음말을 대신하여 제8광장의 경진년명, 신유년명, 갑진년명, 정원 14년명, 정원 20년명과 제7광장의 중화 6년명의 시기에 대해 간략히 살펴보겠다.[23]

이를 위해서 울진지역이 언제부터 신라의 영역이 되었는지를 먼저 살펴볼 필요가 있다. 이는 다음의 문헌기록에서 파악된다.

> A) 가을 8월, 말갈이 북쪽 변경을 침범하므로 군사를 보내 실직들[悉直之原]에서 그들을 대파하였다. (『삼국사기』(1145) 권3 신라본기3 나물이사금 40년(395))

> B) 가을 7월, 북쪽 변경 하슬라(何瑟羅)에 가뭄이 들고 메뚜기 떼가 나타났다. 흉년이 들고 백성들이 굶주렸다. 그 지방의 죄수를 특사하고, 1년간의 세금을 면제하여 주었다. (『삼국사기』(1145) 권3 신라본기3 나물이사금 42년(397))

위 사료 A·B는 경주에 위치한 신라가 동해안을 따라 북상하여 삼척과 강릉지역에 진출한 시기를 보여주는 것이다. 실직은 삼척, 하슬라는 강릉의 옛 지명이므로 삼척은 395년에, 강릉은 397년에 신라의 영역이 되어있었으며, 이는 늦어도 4세기 말에 삼척·강릉이 신라에 복속되었다는 상황을 말해주는 것이다. 또 이러한 문헌기록은 고고학적 자료에서도 4세기 4/4분기(375~400)의 신라 묘제와 토기들이 강릉에서 발굴되어 입증되었다.[24] 그러므로 그 남쪽에 위치한 울진지역도 4세기 말 이전에 이미 신라에 복속되어

---

20) 심현용, 2016, 「고고자료와 문헌기록으로 본 울진의 연혁」, 『울진군의 역사와 문화』, 삼한문화재연구원·성림문화재연구원, p.247.

21) 심현용, 2008, 「울진지역의 불교문화 연구」, 『경주문화연구』 10, 경주대학교 문화재연구원.

22) 충청북도문화재연구원, 2013, 『제천 점말동굴 주변 정비지역 발굴 보고』; 이도학, 2017, 「제천 점말동굴 화랑 각자에 대한 고찰」, 『신라·가야사 연구』, 서경문화사; 김창호, 2018, 「제천 점말동굴의 화랑 석각」, 『문화사학』 50, 한국문화사학회; 김재홍, 2019, 「신라 각석 명문에 보이는 화랑과 서약」, 『신라사학보』 45, 신라사학회.

23) 이번에 확인된 다수의 명문들에 대한 전체적인 분석은 향후 별고를 통해서 발표하기로 하겠다.

있었을 것임은 분명하다.[25] 그렇다면 위 명문들의 시기는 4세기 말을 올라가지 않을 것으로 추정된다.

'庚辰年'명은 내용 중에 진흥왕이 나오므로 갑진년은 그의 재위기간(540~576) 중 21년에 해당되어 560년이 된다. 이는 560년 6월에 진흥왕이 울진 성류굴을 다녀가고 남긴 기록인 것이다. 진흥왕이 성류굴에 행차할 때 동굴 내부를 잇는 잔교가 설치되었고 이동에는 선박이 활용되었으며, 행차에는 50인이 보좌하였음을 알 수 있다. 이는『삼국사기』를 비롯하여 기존 문헌에는 보이지 않았던 것으로 신라사를 새롭게 구성하고 울진과 성류굴의 역사적 위상을 밝힐 중요한 자료라 하겠다.

또 중국 사서인『북제서』 권7 제기7 무성 하청 4년 2월 갑인조에 "신라국왕 김진흥(金眞興)을 사지절동이교위 낙랑군공 신라왕으로 삼았다."라는 기록이 있는데, 무성제 하청 4년은 신라 진흥왕 26년에 해당되어 565년이 된다. 이미『북제서』로 인해 진흥왕이 살아있을 때의 이름으로 밝혀졌는데, 이 경진년명은 이보다 5년 더 빠른 것으로『북제서』의 기록을 입증한다 하겠다.

그런데 이 경진년명의 기록방식이 성류굴 1입구 외벽에서 확인된 계해년명과 비슷하고 글자도 예서의 분위기가 남아있는 해서체로 동일하다. 그러므로 543년(진흥왕 4)[26] 또는 663년(문무왕 3)[27]으로 추정되는 계해년명은 543년일 가능성이 더 높다.

'辛酉年'명은 중국 연호를 사용하지 않고 간지로 기년을 적고 있다. 전술한 울진의 역사적 상황으로 보아 신유년은 361년(나물왕 6), 421년(눌지왕 5), 481년(소지왕 3), 541년(진흥왕 2), 601년(진평왕 23), 661년(문무왕 1), 721년(성덕왕 21) 중에 하나로 볼 수 있다. 신라 금석문의 연대표기는, 중고기에는 干支를 사용하고 중대·하대에는 중국 연호를 사용하였는데, 중국 연호는 675년(문무왕 15)에 표기하기 시작하여 677년(문무왕 17)부터는 활발히 사용되었으며, 간지로 가장 늦게 사용한 것은 689년(신문왕 9)년이다.[28] 신유년은 신라의 울진지역 진출 시기, 그리고 중국 연호를 사용하지 않고 간지로만 시기를 적고 있는 것으로 보아 빠르면 675년 이전, 늦어도 689년 전후일 가능성이 높다. 이를 참조하면 신유년은 421년, 481년, 541년, 601년, 661년으로 좁혀볼 수 있다. 그런데 명문에서 화랑으로 추정되는 '본공랑'의 인명이 보이므로 화랑이 설치된 진흥왕대(540~562 이전) 이전으로 올라가기 어려우므로 신유년은 541년, 601년, 661년 중 하나일 가능성이 가장 높다.

---

24) 심현용, 2008,「고고자료로 본 신라의 강릉지역 진출」, 경북대학교 석사학위논문, pp.11-15; 심현용, 2009,「고고자료로 본 신라의 강릉지역 진출과 루트」,『대구사학』 94, 대구사학회, pp.6-15; 심현용, 2009,「고고자료로 본 5~6세기 신라의 강릉지역 지배방식」,『문화재』 42-3(통권 45), 국립문화재연구소, p.17; 심현용, 2016,「고고자료와 문헌기록으로 본 울진의 연혁」,『울진군의 역사와 문화』, 삼한문화재연구원·성림문화재연구원, pp.255-258.

25) 심현용, 2016,「고고자료와 문헌기록으로 본 울진의 연혁」,『울진군의 역사와 문화』, 삼한문화재연구원·성림문화재연구원, pp.255-258.

26) 박홍국·심현용, 2015,「울진 성류굴 입구 암벽에서 삼국시대 신라 명문 발견」,『울진문화』 29, 울진문화원; 김재홍, 2019,「신라 각석 명문에 보이는 화랑과 서약」,『신라사학보』 45, 신라사학회.

27) 이영호, 2016,「울진 성류굴 암각 명문의 검토」,『목간과 문자』 16, 한국목간학회; 이용현, 2016,「울진의 금석문」,『울진군의 역사와 문화』, 삼한문화재연구원·성림문화재연구원; 김창호, 2018,「제천 점말동굴의 화랑 석각」,『문화사학』 50, 한국문화사학회.

28) 이영호, 2016,「울진 성류굴 암각 명문의 검토」,『목간과 문자』 16, 한국목간학회, pp.251-254.

'甲辰年'명은 중국 연호를 사용하지 않고 간지로 시기를 적고 있다. 울진의 역사적 상황으로 보아 갑진년도 빠르면 675년 이전, 늦어도 689년 전후로 추정된다. 그러므로 갑진년은 344년(흘해왕 35), 404년(실성왕 3), 464년(자비왕 7), 524년(법흥왕 11), 584년(진평왕 6), 644년(선덕여왕 13), 704년(성덕왕 3) 중에 404년, 464년, 524년, 584년, 644년으로 좁혀 볼 수 있다. 그런데 560년의 경진년명보다 이전에 기록되었으므로 갑진년은 524년일 가능성이 높다. 이는 제8광장에서 524년의 울진 봉평리 신라비에서 보이는 모래시계모양의 다섯 오(⧖[五])자가 3개나 확인되는 것에서도 충분히 가능하다.

'貞元十四年', '貞元卄年'과 '中和六年'명은 중국 연호를 사용하고 있어 시기를 쉽게 파악할 수 있다. '貞元'은 중국의 당과 금이 사용하였는데, 금의 제양은 3년(1153~1155) 사용하였으며, 당의 덕종은 20년(785~805)이나 사용하였다. 뒤의 14년과 20년으로 보아 당 덕종의 연호임이 분명하다. 또 간지로 '戊寅'이 기록되어 당 덕종 정원 14년이 더욱 확실하며, 이는 798년으로 신라 원성왕 14년에 해당된다. 간지로 '甲申'이 기록된 것도 당 덕종 정원 20년의 간지와 일치하므로 804년이 되며, 신라 애장왕 5년임을 알 수 있다. 또 '中和'는 당 희종의 연호로 4년(881~884)까지 있으나 각석문에는 6년(실제로는 희종 光啓 2년)으로 기록하였으며, 중화 6년은 886년, 즉 신라 정강왕 1년에 해당된다.

이 외 시기를 가늠해 볼 수 있는 것이 울진 봉평리 신라비에서 보이는 모래시계 모양의 다섯 오(⧖[五])자이다.[29] 울진 봉평리 신라비는 524년으로 그 시기를 보고 있으므로 이 명문들은 이와 비슷한 시기일 것이다. 또 명문 중 20을 나타내는 '卄'이라는 글자도 확인되는데, 이 자는 고려시대 들어오면 '二十'으로 표기하므로[30] 신라시대 각자되었음을 알 수 있다. 이러한 글자들은 성류굴의 각석문 시기를 파악하는데 중요한 단서가 된다.

투고일: 2019. 4. 29. 심사개시일: 2019. 5. 12. 심사완료일: 2019. 5. 24.

29) 조영훈·이찬희·심현용, 2013, 「울진 봉평리 신라비의 재판독과 보존과학적 진단」, 『문화재』 46-3(통권 61), 국립문화재연구소.

30) 최광식, 1992, 「임신서기석」, 『역주 한국고대금석문』 Ⅱ(신라1·가야편), 한국고대사회연구소, p.175.

참/고/문/헌

1. 사료

『北齊書』, 『三國史記』, 『三國遺事』, 『稼亭集』(李穀),

울진군지편찬위원회, 2001, 『蔚珍郡誌』 下, 울진군.

이현종, 1992, 『東洋年表』 개정증보판 9판, 탐구당.

한국고대사회연구소, 1992, 『譯註 韓國古代金石文』 Ⅰ·Ⅱ·Ⅲ, 가락국사적개발연구원.

2. 보고서, 기타

박홍국·심현용, 2015, 「울진군 보도자료: 울진 성류굴 입구 암벽에서 삼국시대 신라 명문 발견」, 『울진문화』 29, 울진문화원.

심현용, 2019. 5. 23., 「울진군 보도자료: 560년 신라 진흥왕이 울진 성류굴에 다녀가다!」, 울진군.

울진군, 2019. 4. 8., 「천연기념물 제155호 울진 성류굴 내에서 삼국~통일신라시대의 각석문 발견 보고」 (관광문화과-7383호).

충청북도문화재연구원, 2013, 『제천 점말동굴 주변 정비지역 발굴 보고』.

한국동굴연구소, 2007, 『성류굴 종합학술조사 보고서』, 울진군.

3. 단행본

심현용, 2007, 『「울진 문화 유적」바로 알기』, 울진군.

심현용 외, 2012, 『울진의 금석문』, 울진문화원.

심현용 외, 2015, 『울진의 금석문』 Ⅱ, 울진문화원.

4. 논문

김재홍, 2019, 「신라 각석 명문에 보이는 화랑과 서약」, 『신라사학보』 45, 신라사학회.

김창호, 2018, 「제천 점말동굴의 화랑 석각」, 『문화사학』 50, 한국문화사학회.

심현용, 2008, 「고고자료로 본 신라의 강릉지역 진출」, 경북대학교 석사학위논문.

심현용, 2008, 「울진지역의 불교문화 연구」, 『경주문화연구』 10, 경주대학교 문화재연구원.

심현용, 2009, 「고고자료로 본 신라의 강릉지역 진출과 루트」, 『대구사학』 94, 대구사학회.

심현용, 2009, 「고고자료로 본 5~6세기 신라의 강릉지역 지배방식」, 『문화재』 42-3(통권 45), 국립문화재연구소.

심현용, 2016, 「고고자료와 문헌기록으로 본 울진의 연혁」, 『울진군의 역사와 문화』, 삼한문화재연구원·성림문화재연구원.

이도학, 2017, 「제천 점말동굴 화랑 각자에 대한 고찰」, 『신라·가야사 연구』, 서경문화사.

이영호, 2016, 「울진 성류굴 암각 명문의 검토」, 『목간과 문자』 16, 한국목간학회.

이용현, 2016, 「울진의 금석문」, 『울진군의 역사와 문화』, 삼한문화재연구원·성림문화재연구원.

조영훈·이찬희·심현용, 2013, 「울진 봉평리 신라비의 재판독과 보존과학적 진단」, 『문화재』 46-3(통권 61), 국립문화재연구소.

〈Abstract〉

Discovery Report of Silla Rock Inscriptions at the 8th Plaza in Seongnyugul Cave, Uljin

Shim, Hyun-yong

Curator Shim, Hyun-yong of Uljin Bongpyeongri Sillabi Museum(Museum of Silla Monument in Bongpyeong-ri, Uljin) and Director Lee, Jong-hee of Survey & Research, Korea Institute of Cave Studies discovered the Rock Inscriptions of the Silla Dynasty along with the engraving of the Year Jeongwon 14 at Square 8 of Uljin Seongnyugul Cave on March 21, 2019. The engravings include the engravings of special years--Gyeongjin, Sinyu, Gapjin, and Jeongwon 14--along with the names of Byeongbusa, Hwarang (warriors of Silla), Buddhist monks, and Hyangdo. It was released to the press on April 11. Curator Shim, Hyun-yong of Uljin Bongpyeongri Sillabi Museum and Curator Lee, Yong-hyeon of Gyeongju National Museum jointly studied the engraving of the Year Gyeongjin and found out that Silla King Jinheung visited Seongnyugul Cave that year. This is not recorded in the preceding literature, including 『Samguksagi』, and thought to be an important historical resource for the history of Silla and Uljin Seongnyugul Cave. Uljin-gun released this to the press on May 23.

This is written to report to the academic sector the discovery of Silla's engravings at Square 8 of Seongnyugul Cave and the contents. However, it is shocking that Seongnyugul Cave has countless engravings throughout all sectors, including Square 8 and the areas not open to public.

In particular, it has been discovered that Seongnyugul Cave was a renowned sacred landmark visited by King Jinheung in 560 and a national training site for Hwarang. The engravings found here are significant resources for the study of Silla's politics and society, including Hwarang, military systems, Buddhism, and Names, and should be studied thoroughly in the future.

▶ Key words: Uljin, Seongnyugul Cave, Rock Inscriptions(the engravings), Silla, King Jinheung, Hwarang, Hyangdo

일본 출토 고대 문자자료

－秋田県 秋田城跡 111次 調査 出土 具注暦 기재 漆紙文書－

三上 喜孝 著*
오택현 譯**

〈국문초록〉

본고는 매년 최근 일본에서 출토된 목간 중 주목되는 것을 선택해 소개했지만, 이번에는 작년에 이어서 필자가 조사에 관여한 漆紙文書의 출토 사례를 소개하고자 한다.

秋田城이란 秋田県 秋田市에 있는 고대 城柵으로 山形県 庄内地方에 있던 出羽柵을 733년(天平5)에 이동시킨 것이다. 8세기 후반에는 出羽国府를 두었다고 하는 견해가 있다. 秋田市 教育委員会에 의해 발굴조사가 진행되었고, 최근 조사에서 漆紙文書, 木簡, 墨書土器와 같은 유물에서 문자자료가 대량으로 확인되었다. 2018년 111차 조사에서는 秋田城의 西門 유적지 부근에서 발굴된 토기에 부착되었던 漆紙文書가 출토되었다. 적외선 카메라를 사용해 조사해 보니 고대 具注暦의 일부가 확인되었다.

具注暦이란 지금의 달력인데, 暦日을 표시한 것 이외에도 日의 干支, 納音, 十二直, 節気, 七十二候, 吉凶과 禍福 등의 暦注를 적어 놓은 暦이었던 것이다.

고대 일본에서는 具注暦이 매년 중앙정부의 陰陽寮에서 작성되어 中務省을 거쳐 諸司·諸国에게 배포되었다. 그러나 頒暦의 실태는 諸国에서 雑掌들이 都에 가서 서사해 가지고 왔다고 생각된다. 国府에 준비된 具注暦은 다시 동일하게 서사되어 国府 내의 기관과 国分寺 그리고 郡家 등에도 구비되었을 것이다.

* 日本 國立歷史民俗博物館 教授
** 동국대학교 역사교육과 일반연구원

具注暦의 서식은 일반적으로 상·중·하 3단으로 되어 있다. 상단에는 日付·干支·納音·十二直, 중단에는 24절기와 七十二候, 하단에는 暦注와 吉事注 등을 기재했다.

고대의 具注暦은 각지에서 漆紙文書의 형태로 출토되고 있다. 正倉院 文書에서 전래된 3개의 사례를 포함해 具注暦은 이제까지 15건 정도 확인되고 있다.

이번에 출토된 秋田城 111차 조사 출토 漆紙文書는 남겨진 문자 정보에서 宝亀 9년(778) 具注暦으로 4월 30일~5월 3일 부분일 가능성이 높다. 이것은 漆紙文書가 부착되어 있던 토기의 연대와도 일치하는 연대관이다.

秋田城跡에서는 天平宝字 3년(759)의 具注暦 漆紙文書가 발견되었고, 기록된 具注暦은 儀鳳暦이다. 하지만 이번에 발견된 778년 暦은 大衍暦이여서 하나의 유적에서 儀鳳暦에서 大衍暦까지의 具注暦의 변화를 확인할 수 있다는 점에서 귀중한 자료라고 생각된다. 또 잘못 서사되었다고 생각되는 부분도 존재하고 있기 때문에 秋田城이라는 官司에서 具注暦이 2차로 서사되었을 가능성도 엿볼 수 있다.

▶ **핵심어: 秋田城跡, 漆紙文書, 具注暦**

I. 들어가며

『木簡과 文字』 20호에는 2017년 秋田県 払田柵跡에서 출토된 漆紙文書에 대해 보고한 바 있다. 본고에서는 2018년에 秋田県의 秋田城跡에서 출토된 漆紙文書에 대한 조사 성과를 보고하고자 한다.

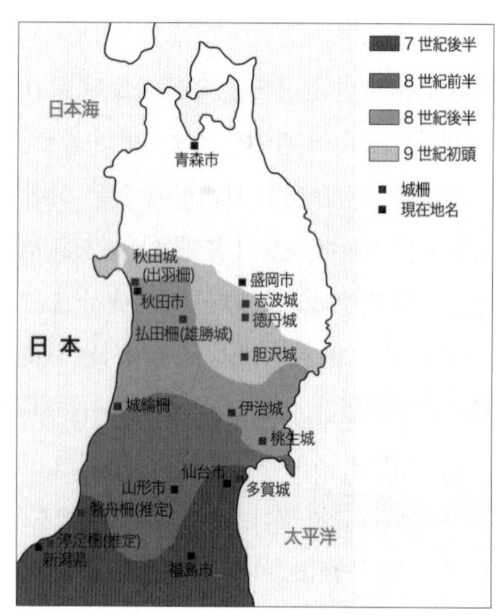

일본 고대 성책 지도

秋田城은 秋田県 秋田市에 위치한 고대 城柵으로 山形県 庄内地方에 있던 出羽柵을 733년(天平 5)에 이동시켜 설치(移設)한 것이다. 8세기 후반에는 出羽国府를 두고 있었다는 설이다. 秋田市 教育委員会에 의해 발굴조사가 진행되었고, 최근 조사에서 漆紙文書, 木簡, 墨書土器와 같은 유물에서 문자자료가 대량으로 출토되었다. 2018년 111차 조사에서는 秋田城의 西門 유적지 부근에서 토기에 부착된 것으로 보이는 漆紙文書가 출토되었다. 적외선 카메라를 사용해 조사해본 결과 고대 具注暦의 일부인 것이 확인되었다. 본고에서는 이 漆紙文書를 조사한 성과를 소재하고자 한다. 단 漆紙文書의 기본 설명은 『木簡과 文字』 20호(2018년)를 참조하기 바란다.

II. 유물현황 및 판독문

秋田城跡 출토 漆紙文書의 赤外線 写真

秋田城跡 漆紙文書의 実測図

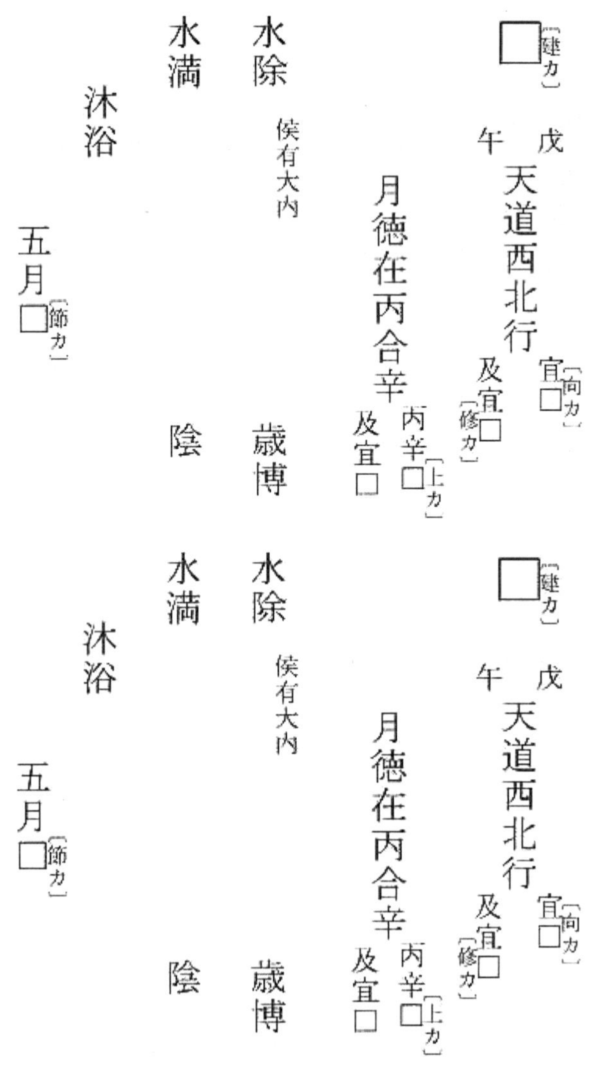
□〔建カ〕 戊 天道西北行 宜□〔向カ〕
午 及宜□〔修カ〕
月徳在丙合辛 丙辛□〔上カ〕
及宜□
水除 侯有大内 歳博
水満 陰
沐浴
五月□〔節カ〕

□〔建カ〕 戊 天道西北行 宜□〔向カ〕
午 及宜□〔修カ〕
月徳在丙合辛 丙辛□〔上カ〕
及宜□
水除 侯有大内 歳博
水満 陰
沐浴
五月□〔節カ〕

秋田城跡 漆紙文書 판독문

III. 具注暦이란 무엇인가

앞서 살펴본 漆紙文書는 「具注暦」이 기록된 일부의 파편이다. 具注暦이란 지금의 달력인데 단순하게 暦日을 표시하기 보다는 그 날의 干支, 納音, 十二直, 節気, 七十二候, 吉凶과 禍福 등의 暦注를 포함하고 있던 暦이다.

일본 暦法의 歴史는 오래전 중국에서 元嘉暦이라고 하는 暦이 전해진 것을 시작으로 持統天皇 6년

(692)에 儀鳳暦과 함께 사용되었고, 文武天皇 2년(698)부터 儀鳳暦이 단독으로 시행되었다. 또 天平宝字 7년(763)에는 大衍暦이 채용되어 天安 원년(857)까지 시행되었다. 天安 2년부터 4년간 五紀暦과 함께 사용된 후, 貞観 4년(862)부터 宣明暦이 채용되어 貞享 元년(1684)까지 823년간에 걸쳐 시행되었다.

지금까지 살펴본 것은 간단하게 살펴보면 아래와 같다.

元嘉暦
持統 6年 (692)
↓ 儀鳳暦
天平宝字 7年 (763)
↓ 大衍暦
天安 2年 (858)
↓ 五紀暦
貞観 4年 (862)
↓ 宣明暦
貞享 元年 (1684)

고대에 具注暦은 매년 중앙정부의 陰陽寮에서 작성되어 中務省을 거쳐 諸司·諸国에 배포된다. 그러나 頒暦의 실태는 諸国에서 雑掌들이 都에 올라가 서사해서 가지고 돌아왔다고 생각된다. 그 国府에서 준비된 具注暦은 다시 동일하게 서사되어 国府 내의 기관과 国分寺, 그리고 郡家 등에도 구비되었을 것이다.

具注暦의 서식은 일반적으로 上段·中段·下段의 3단으로 구성되어 있다. 상단에는 日付·干支·納音·十二直, 중단에는 24절기와 七十二候, 하단에는 暦注와 吉事注 등을 기재한다.

현존하는 고대의 具注暦을 살펴보면 〈표 1〉과 같다.

표 1.

	년代	西暦	暦名	種類	遺跡 (所在地)
1	持統3년 暦	689	元嘉暦	木簡	石神遺跡 (明日香村)
2	神亀6년 暦	729	儀鳳暦	木簡	城山遺跡 (静岡県浜名郡)
3	天平18년 暦	746	儀鳳暦	正倉院文書	
4	天平21년 暦	749	儀鳳暦	正倉院文書	
5	天平勝宝8歳 暦	756	儀鳳暦	正倉院文書	
6	天平勝宝9歳 暦	757	儀鳳暦	漆紙文書	武蔵台遺跡 (府中市)
7	天平宝字3년 暦	759	儀鳳暦	漆紙文書	秋田城跡 (秋田市)
8	天平宝字7년 暦	763	儀鳳暦	漆紙文書	山王遺跡 (宮城県)

	년代	西曆	曆名	種類	遺跡 (所在地)
9	宝亀11년 曆	780	大衍曆	漆紙文書	多賀城跡 (多賀城市)
10	延曆9년 曆	790	大衍曆	漆紙文書	鹿の子C遺跡 (石岡市)
11	延曆22·23년 曆	803~804	大衍曆	漆紙文書	胆沢城跡 (奥州市)
12	延曆23년 曆	804	大衍曆	漆紙文書	大浦B遺跡 (米沢市)
13	년代未詳 曆	(延曆년間)	大衍曆	漆紙文書	鹿の子遺跡e区(石岡市)
14	弘仁12년 曆	821	大衍曆	漆紙文書	多賀城跡(多賀城市)
15	嘉祥元년 曆	848	大衍曆	漆紙文書	胆沢城跡 (奥州市)

秋田城에서는 과거에 天平宝字 7년(763)의 具注曆이 漆紙文書의 형태로 출토되었다. 이번에 발견된 具注曆은 秋田城에서 출토된 사례 2건 중 하나인데, 天平宝字 7년 曆이 儀鳳曆을 기본으로 한 具注曆인 것에 반해 이번에 발견된 具注曆은 후술하는 것 같이 大衍曆을 기본으로 한 曆이여서 같은 유적에서도 儀鳳曆에서 大衍曆까지의 변화를 알려주기에 중요한 자료라고 생각된다.

Ⅳ. 연대의 판정

이번에 발견된 漆紙文書는 파편이기에 연대에 대한 정확한 정보를 알기 어렵다. 하지만 매월 초에 기재된 月建 記事의 일부가 남겨져 있어 이로 인해 具注曆의 해당 년과 해당 月을 추정하는 것이 가능하다. 月建이란 曆月에 대입시킨 干支를 말한다.

月建 記事에 月建干支(이번에 발견된 具注曆의 경우「戊午」)가 기재되어 있다. 또 天道·月德 아래에 2행으로 나누어 글자를 기입했다. 이러한 기재방식은 儀鳳曆에는 보이지 않고 大衍曆에서 보이는 특징이다. 그렇기 때문에 이번에 발견된 具注曆은 大衍曆(763~858)이 기재되어 있다.

月建部分에는 諸神의 방위가 표시되어 있는데 이번에 발견된 漆紙文書에는「天道西北行」「月德」2개의 사례가 보인다. 이 2 神의 각 節月에 해당하는 방위는 아래 〈표 2〉, 〈표 3〉과 같다.

표 2.

	正月	二月	三月	四月	五月	六月	七月	八月	九月	十月	十一月	十二月
天道	南	南西	北	西	北西	東	北	北東	南	東	南東	西
月德	丙	甲	壬	庚	丙	甲	壬	庚	丙	甲	壬	庚

이번에 발견된 具注曆에는「天道西北行」「月德丙」이 있기 때문에 某년 5月의 曆인 것을 알 수 있다.

月建干支가 「午」인 것도 해당 항목이 5월인 것을 뒷받침한다.

표 3.

正月	二月	三月	四月	五月	六月	七月	八月	九月	十月	十一月	十二月
寅	卯	辰	巳	午	未	申	酉	戌	亥	子	丑

더욱이 5월의 月建 干支가 「戊午」에 해당하는 연대를 大衍暦 내에서 찾는다면 神護景雲 2년(768), 宝亀 4년(773), 宝亀 9년(778), 延暦 2년(783), 延暦 7년(788), 延暦 12년(793), 延暦 17년(798), 延暦 22년(803), 大同 3년(808), 弘仁 4년(813), 弘仁 9년(818), 弘仁 14년(823), 天長 5년(828), 天長 10년(833), 承和 5년(838), 承和 10년(843), 嘉祥 元년(848)이 해당된다.

이를 바탕으로 『日本暦日総覧 具注暦 古代中期 2』(本の友社, 1993년)를 참고해 具注暦의 연대를 좁혀 나가보자 한다.

月建 기사의 다음 행에는 朔日부터 시작하는 月의 날짜별 干支, 納音, 十二直, 暦注 등이 1행씩 기록되어 있었을 것이다. 여기에서는 日付와 干支 부분이 남겨져 있지 않아 정확한 내용은 알 수 없다. 하지만 朔日에 해당하는 행의 納音과 十二直에 「水除」, 2일에 해당하는 행의 納音와 十二直에 「水満」이 보인다.

이것에 해당하는 연대를 『日本暦日総覧』의 大衍暦에서 찾아봐도 이와 일치하는 연대는 보이지 않는다.

하지만 그중에서 宝亀 9년(778)의 具注暦이 주목된다. 宝亀 9년 4월 20일의 納音과 十二直가 「水除」, 5월 朔日의 納音와 十二直이 「水満」이다.

이번에 발견된 具注暦에서는 「水除」 아래에 「侯有大内」라는 구절이 보이는데 宝亀 9년 4월 30일에 60괘로서 「侯大有内」가 있어 이와 대응한다. 더욱이 하단의 暦注 부분에는 「歳博」이라는 구절이 보이고 있는데 이것도 동일한 날의 「歳博 復」에 대응한다.

「水満」의 하단 부분에는 「陰」이라는 문자의 확인이 가능하다. 하지만 이것은 宝亀 9년 5월 朔日의 暦注에 보이는 「陰錯了戻」에 대응된다고 생각된다. 「水満」 다음 행에는 「沐浴」이라는 구절이 보이는데 이것은 宝亀 9년 5월 2일의 暦注로 보인다.

「沐浴」의 다음 행에는 「五月□〔節か〕」의 구절이 보이는데 이것은 宝亀 9년 5월 3일에 24절기로서 「芒種五月節 螳螂生」이 있어 이와 대응한다.

이상과 같이 「水除」의 행을 宝亀 9년 4월 30일, 「水満」의 행을 宝亀 9년 5월 朔日로 본다면 기록된 다른 내용들과도 문제없이 설명하는 것이 가능하다.

반면에 이번에 발견된 具注暦의 파편에 보이는 이들의 기재를 문제없이 설명하는 것은 宝亀 9년 4월 30일~5월 3일 이외에는 존재하지 않는다.

서사의 잘못 등 어떠한 사건으로 인해 5월의 月建 기사 다음에 4월 30일의 기재가 들어갔다면 이 具注暦은 宝亀 9년(778)의 것일 가능성이 높다.

이상을 근거로 해 이번에 발견된 具注暦의 현존 부분을 복원하면 다음과 같다(흑색으로 된 글자는 현재 남겨진 문자, 회색으로 된 글자는 추정 복원된 문자).

五月小建 戊午 天道西北行 宜向西北行 及宜修造 ……

月徳在丙合在辛 丙辛上取土 及宜修造 ……

四月三十日丙午水除 侯有大内 歳博 復

五月朔日丁未水満 陰錯了戻 ……

五月二日戊申土平 沐浴 大歳対小歳後…

五月三日己酉土平 芒種 五月節 螳螂生 大歳対 …

V. 나가며 - 이번에 발견된 漆紙文書의 意義

이상 검토한 바에 의하면 이번에 발견된 漆紙文書는 宝亀 9년(778) 具注暦으로, 4월 30일~5월 3일의 부분일 가능성이 높다고 생각된다.

具注暦의 연대를 이렇게 파악할 수 있다면 漆紙文書가 부착되었던 토기의 연대와도 부합된다. 秋田市立 秋田城跡 歴史資料館의 견해에 따르면 이번에 발견된 漆紙文書가 부착되어 있던 토기의 연대는 8세기 제Ⅳ半期(775~800)일 가능성이 높다고 한다. 즉 기재내용으로 추정한 具注暦의 연대가 토기의 연대와도 일치하는 것이다. 具注暦은 해당 년의 다음 해에는 폐기되었을 것이기에 폐기 후 얼마 되지 않은 시점에 칠이 담겨져 있던 통의 뚜껑 종이로 재활용되었다고 생각된다.

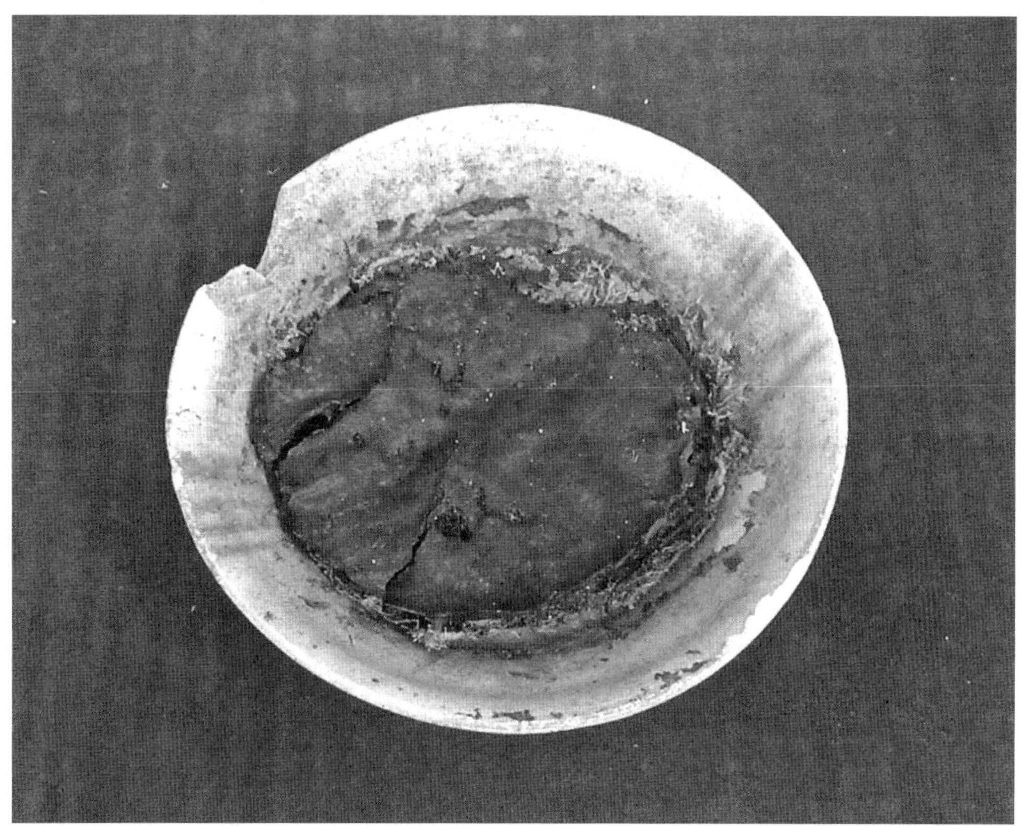

秋田城跡 출토 漆紙文書가 토기에 부착되어 있는 모습

具注曆의 기재내용에 주목하면 앞서 언급한 것과 같이 4월 30일의 기재가 5월의 月建 기사 뒤에 쓰여져 있고, 「侯大有内」라고 써야 하는 것을 「侯有大内」라고 쓰고 있는 것 등 서사하는 과정에서 잘못 쓰여졌다고 생각되는 부분이 보인다. 문자도 근엄한 해서체라기보다는 흘려서 글자를 쓰고 있다. 더욱이 具注曆은 통상 上段, 中段, 下段의 3단으로 나눠 정연하게 기재는데 이번에 발견된 具注曆은 단을 나눠서 쓰는 정연함이 없다.

이러한 것들은 감안한다면 이번에 발견된 具注曆은 중앙정부에서 頒曆된 具注曆이 아닌 官司 내에서 書写한 것일 가능성이 있다. 이번에 발견된 具注曆은 秋田城 내에서 書写되었을 것이라고 생각되는데 秋田城에서는 頒曆된 具注曆을 가지고 그것을 書写했던 복수의 具注曆이 사용되고 있었다고 생각된다. 具注曆은 日의 吉凶 등을 아는데 불가결한 것이기에 秋田城에서 정무와 의례에 불가결한 도구로서 여러 번 서사되었고, 성내의 각 관사에서 이용된 것은 아닐까.

투고일: 2019. 4. 30.　　심사개시일: 2019. 5. 09.　　심사완료일: 2019. 5. 26.

참/고/문/헌

『秋田城跡歴史資料館年報2018 秋田城跡』秋田市教育委員会, 2019年3月.

『秋田城跡調查事務所年報2014 秋田城跡』秋田市教育委員会, 2015年3月.

『日本暦日総覧 具注暦 古代中期 2』本の友社, 1993年.

〈Abstract〉

Ancient Lacquered documents in Japan discovered recently

Mikami Yoshitaka

Akita Castle(秋田城) is an ancient a fortress and a palisade(城柵) in Akita, Akita Prefecture(秋田県), and an excavation was conducted by the Akita City Education Committee(秋田市教育委員会). In the 111th survey in 2018, Lacquered documents(漆紙文書) were unearthed near the west gate of Akita Castle(秋田城). An infrared(赤外線) camera showed that some of the ancient Juzhuli(具注暦, annotated calendar) were identified. The form of the sphere force is generally in three stages: top, middle, and bottom.

The 111st Akita Castle(秋田城) 111th investigation of the Lacquer Paper document is highly likely to be the part of the calendar from April 30 to May 3.

The 778-year-old calendar, which was discovered this time, is a valuable reference to the transition from the Giho calendar(儀鳳暦) to the Taisho calendar(大衍暦) in one site.

▶ Key words: Akita Castle(秋田城跡), Lacquered documents(漆紙文書), Juzhuli(具注暦, annotated calendar)

해외현장조사

2019년 한일목간학회 공동주최 국제학술대회 참가기

2019년 한일목간학회 공동주최 국제학술대회 참가기

김병준*

1.

2019년 1월 19일 日本 東京市 早稻田大學에서 韓國木簡學會와 早稻田大學朝鮮文化硏究所와 日本木簡學會가 공동 주최하는 국제학술대회가 열렸다. 한국 목간은 1970년대 慶州 雁鴨池에서 발견되면서 국내 학계의 관심을 받기 시작했고, 咸安 城山山城에서 발견된 200여 점의 목간을 주제로 國立金海博物館에서 국제학술대회가 개최되면서 동아시아에서 한국 목간의 위치를 둘러싼 논의가 본격화되었다. 이로부터 진행된 20년간의 연구를 돌아보고 한일 양국 연구자의 대화를 시도하려는 것이 본 학회의 취지였다.

이러한 취지를 담아서 학술대회 주제를 〈韓國木簡과 日本木簡의 對話 : 韓國木簡硏究 20年〉로 정했다. 주제만 보아도 이 학회가 특별한 자리였음을 눈치 챌 수 있다. 더욱이 韓國木簡 硏究 20주년을 맞이하여 한국이 아니라 일본에서 국제학술대회가 개최되었다. 보통 이러한 행사는 본국에서 치루기 마련이다. 그런데 한국목간 연구 20주년을 기념하여 한국이 아닌 일본에서 학회를 열었다. 대화의 상대를 직접 찾아가 대화를 하겠다는 의지라고 보아도 좋을 것 같다.

장소만이 아니다. 학술대회 발표자를 보아도 이번 학회의 깊은 고민과 의도를 찾을 수 있다. 이번 행사에는 오전에 특별강연으로 佐川英治 교수(東京大學)가 초빙되었고, 오후부터 시작된 본격적인 학술발표에는 모두 4명의 일본 학자 市大樹(大阪大學), 馬場基(奈良文化財硏究所), 田中史生(早稻田大學), 鐘江宏之(學習院大學)가 나섰다. 강연과 발표가 모두 일본 학자로 구성되었다는 것이다. 학술대회 프로그램 명단에 한국인의 이름을 올린 것은 4명의 토론자 뿐이었다(윤선태, 최연식, 김병준, 권인한). 이렇게 구성한 목적은 적극적으로 일본 연구자의 목소리를 듣고 싶었던 데에 있다. 만약 평소처럼 한국에서 학회가 열렸다면, 한국 학자가 그 동안 한국목간에 대한 연구 성과를 자랑하고 한두 외국 학자가 자국의 목간 중 한국목간과 비슷한 점을 소개하는 정도가 아니었을까. 이런 방식으로는 각자 자기의 목소리를 낼 수 있을지는 모르지만 서로 간의 '대화'가 이루어지기는 힘들다. 진정한 대화를 위해서는 서로가 어떻게 이해

* 서울대학교 동양사학과

하는지를 알아야 하는데, 상대방이 나를 어떻게 이해하고 있는지를 아는 것이 선행되어야 할 작업이다. 그러기 위해서 일본학자가 한국목간을 바라보고 있는 시선을 들어보아야 했던 것이다. 특히 한국 목간을 일본 목간과 어떻게 관계지우고 있는지, 그리고 그것을 일본사에 어떻게 적용하는가는 장래 한국 목간 연구 나아가 동아시아 목간 연구에 중요한 시사점을 던져줄 것임에 틀림없기 때문이다.

2.

학회는 佐川英治(東京大學) 선생의 「4,5世紀를 경계로 하는 동아시아 세계의 변화」라는 강연으로 시작했다. 본격적인 워크숍 전에 별도로 준비된 특별 강연이었다. 비록 한일 목간과 직접 관련이 없지만, 한일 목간이 주로 발견된 시기를 이해하는데 필요한 배경 지식을 제시했다. 강연의 핵심은 383년 淝水之戰을 경계로 동아시아 세계의 흐름이 一元的인 중화세계의 통일에서 多元的인 중화세계의 통합으로 바뀌게 되었다는 것이다. 이 시기를 즈음하여 중국의 華北에서는 漢 제국의 질서를 부흥시키려고 했던 前秦이 붕괴되고 강남에서는 東晋이 쇠퇴하게 되는데, 이는 곧 황제의 일원적 지배 하에서 華夷를 통일하려고 했던 시대가 끝나고 중국과 주변세계가 서로 상대방을 허용하면서 다원적인 세계의 통합을 모색하는 새로운 시대로 들어갔다는 것을 의미한다는 것이다. 이 글에 목간이 직접 언급되지는 않았지만, 한국과 일본의 목간이 주로 제작된 6~8세기가 '상대방을 허용하는 다원적 세계'로 진입한 이후의 시기였다는 지적은 앞으로의 목간 연구에서 참조해야 할 부분이다. 이 시기 다원적인 세계 속에서 한반도와 일본 열도 지역에서는 자신의 아이덴티티를 찾으려는 경향이 커졌을 것이며 그러한 자의식은 다시 어떻게든 문자로 표현되었을 것이라면, 그것이 한국과 일본의 목간에서 어떻게 나타났는지를 주목해야 할 필요가 있기 때문이다.

오후 본격적인 워크샵은 平川南 선생(人間文化研究機構)의 기조 강연으로부터 시작되었다. 〈한국 목간과의 만남〉이라는 제목으로 진행된 강연은, 우선 平川南 선생 본인이 1997년 2월 부산박물관 전시에서 맨 처음 한국 목간을 만나게 된 이후 지속적으로 관심을 갖고 연구해 왔음을 밝힌 뒤, 한국 목간이 고대사 연구에서 갖는 사료적 가치를 제시했다. 첫째, 咸安 城山山城 荷札木簡에 보이는 字體가 일본 大谷탐험대가 樓蘭에서 발견한 〈李柏文書〉와 유사한데, 〈李柏文書〉가 남북조 시기의 行書體를 그대로 보여주는 만큼 城山山城 목간도 書道史的으로 중요한 가치를 갖는다고 지적하였다. 둘째, 신라 雁鴨池 목간의 '犭五臟'을 日本 平城宮 출토 목간에 기록된 鹿肉의 五臟과 연결시켜 멧돼지(豕)로 이해하고, 雁鴨池에서 함께 출토된 '加火魚'와 같이 의례에 희생으로서 바쳐졌을 것이라고 추정했다. 셋째, 백제 부여 陵山里 陽物形 목간과 日本 難波宮과 多賀城에서 출토된 陽物形 목제품이 동일한 형태상 특징을 갖는다는 점에 주목하고, 백제 陵山里 목간에 쓰인 '道緣立立立'이라는 글자를 道祖神 신앙의 표현이라고 이해하여, 한반도에서 일본열도로 이어지는 道祖神의 루트를 상정했다. 넷째, 백제 부여 雙北里에서 출토된 〈佐官貸食記〉 목간과 〈與帳〉 題籤軸 목간의 내용이 出擧와 관련되어 있으며, 이를 일본 奈良縣 香芝市 下田東 유적 출토 목간의 파종과 수확 일자 기록과 연결시켜 보았다. 다섯째, 백제 王都 출토 荷札 목간에 쓰인 '那

尒波連公'이 일본 法隆寺 묵서명에 나오는 倭人의 명칭과 동일하다는 점에 주목했다. 여섯째, 경주 壺杅塚에서 출토된 廣開土王 壺杅 바닥 및 6~7세기경 新羅 토기에 새겨진 '井'字 부호가 일본 長野縣 下神 유적과 福島縣 御手千軒町 유적에서도 발견되었는데 이것이 액을 제거하는 기능을 갖는다고 보았고, 경상남도 昌寧市 火旺山城에서 출토된 人形 목간에 쓰인 '龍王開祭' 기록이 일본에서의 龍王 신앙과도 연결될 것이라고 추정했다. 일곱째, 慶州 皇南洞에서 출토된 목간의 '椋'이라는 글자와 扶餘 陵山里寺址에서 출토된 목간의 '丑'이라는 글자, 그리고 羅州 伏岩里에서 출토된 목간의 '畠'자, 慶州 雁鴨池에서 출토된 목간의 '鲍'자를 각각 창고(倉)와 나락(籾), 밭(田), 절인 물고기의 뜻으로 이해하고, 이것들은 모두 중국에서는 쓰이지 않았던 글자로서 그 동안 일본의 '國字'라고 여겨졌던 것들이 한반도에서 기원했다는 점이 밝혀졌다. 平川南 선생은 주로 한국 목간의 내용 중 일본 목간과 동일한 내용을 찾아냄으로써 그동안 일본 목간의 특징으로만 생각했던 것들이 한국 목간과 공유하는 것임을 강조했다.

두 번째 발표는 市大樹 선생의 〈日本 7세기 목간으로부터 본 한국 목간〉이었다. 제목 그대로 일본 7세기 목간의 연구 성과를 바탕으로 한국의 함안 城山山城 출토 목간과 월성 해자 출토 목간과 대비하고자 했다. 함안 성산산성 출토 목간에 대해서는 일단 이를 築城에 동원되었던 사람들의 식량인 稗와 麥의 荷札 목간이라고 보았다. 그 연대를 둘러싸고 551~561년경에 干支에서 干으로 변화한다는 점을 근거로 外位 〈上干支〉가 등장하는 성산산성 목간은 561년 이전이라고 보는 견해와, 목간과 共伴된 토기가 7세기 초라는 점과 목간에 보이는 壬子年 紀年名이 532년에 新羅가 安羅에 축성하기 어렵다는 점에서 7세기 초라고 보는 견해를 소개하고, 그 중 干支의 변화에 대한 자신의 견해를 밝혔다. 즉 일본 古代의 姓이 費直-費-直의 순서로 등장하지만 병용기간도 존재하기 때문에, 干支와 干도 마찬가지로 병용기간을 고려할 필요가 있다는 것이다. 안압지 기년명에 나오는 747년 丁亥年과 751년 辛卯年의 경우 이미 '載'라는 자를 사용하기로 했음에도 불구하고 여전히 '年'이라는 자를 사용하는 것과 동일하다고 보았다. 7세기 초의 견해를 지지하는 입장에 서 있다고 할 수 있겠다. 또 작성주체는 고대 일본에서도 하찰목간은 〈國-郡-里〉 중에서 기본적으로 郡에서 제작되는 것처럼, 城山山城 목간도 〈州-郡-城·村〉 중에서 郡에서 제작되었다는 견해에 찬성하고, 地名·人名·物品의 기재가 일정하지 않고 생략되는 경우가 많다는 점에 주목했다. 이러한 다양성은 일본 목간에서도 흔히 찾아볼 수 있는데, 〈日字+地名+人名+稅目+品目+수량〉이라는 기본 형태가 있지만 완전한 기재는 거의 없다는 것이다. 특히 8세기 이후가 되면 통일되어 가는 경향이 있지만, 그 이전에는 다양한 형태가 보이는데 한국 목간도 동일하다고 보았다.

이어서 경주 월성 해자 출토 목간과 관련해서는 먼저 月城垓子 2호 목간에 대한 석독을 시도하였다. 이어서 7세기 전형적 上申 문서에 해당하는 '某前白'의 기재 형식에 주목하여 2017년 출토된 新 월성 해자 목간과 함께 일본 목간에서 동일한 형식으로 쓰인 사례를 소개했다. 市大樹는 일본 7세기 중엽~8세기 초 前白 목간의 특징으로서 《(1)수신자가 맨 처음에 기본적으로 기록된다. 시대가 내려갈수록 발신자가 처음에 쓰이는 사례도 있다. (2)수신인은 지위·존칭·관직의 순서로 기록되는 것이 일반적이다. '大夫' 등과 같이 보통명사도 많다. (3)발신인은 자주 생략된다. 다만 文中에 1인칭 형태로 등장하는 경우는 있다. (4)날짜는 거의 쓰이지 않는다.〉를 들 수 있다고 하고, 한국 목간에도 적용 가능하다고 보았다. 또 일본 고대에 韓半島로부터 건너온 渡來人이 문서작업의 중핵을 담당했던 것을 참조하면, 월성 해자 목간에 등장한 '文人周公智吉士'의 '周公'을 중국 출신의 도래인으로 볼 수 있다고도 했다. 마지막으로 월성 해자 목간보다 시기가 앞서는 二聖山城과 雁鴨池 前白 목간에서는 날짜가 기록되어 있고 또 발신인-수신인의 순서로 기재되어 있는 반면, 일본 목간의 前白 목간은 이와는 달리 월성 해자 목간에 가깝다는 사실에 주목하여 일본 목간의 직접적 기원이 월성 해자 목간일 가능성이 크다고 보았다. 이상과 같이 市大樹 선생은 단지 한국 목간과 일본 목간이 유사하다는 것을 지적하는 데에 그치지 않고, 한국 목간의 연대 및 서사양식의 다양성, 시간의 흐름에 따른 목간 서사양식의 변화 등 한국 목간의 성격을 일본 목간과의 비교를 통해 심도 있게 분석했다.

세 번째 발표는 馬場基 선생의 〈동아시아 문자문화 속의 한국목간〉이었다. 제목에서 드러나듯이 한국목간을 일본 목간만이 아니라 중국 목간을 포함한 동아시아 목간 전체 속에서 이해해 보려는 시도가 엿보이는 발표였다. 목간의 제작 방법이라는 측면에서 볼 때 신라와 백제의 목간 문화가 다르다는 점, 문자의 운영이라는 전체적 측면에서 볼 때 중국 대륙의 晉代의 것이 백제를 경유하여 일본으로 전해졌다는 입장을 밝혔다. 먼저 하찰목간을 楬와 付札(簽)로 구분할 경우 漢簡에서 晉簡으로 진행되면서 이미 楬에서 付札로의 변화가 보이는데, 이러한 변화에 조응하여 일본 고대 목간과 한국 목간에서도 부찰이 많다는 점에 주목했다. 그런데 城山山城 목간에는 하단부가 뾰족하게 가공되면서 동시에 양쪽으로 홈이 파인(切入部)가 있다는 점이 확인되는데, 晉簡·일본 목간·백제 목간에서는 뾰족하게 가공하여 꽂아 넣은 것과 홈을 파서 묶는 것이 각각 별개의 계통으로 나타나기 때문에 이 두 가지가 하나의 목간에 표현되었던 성산산성 목간의 형태는 신라목간의 독특한 특징일 가능성이 있다고 주장했다.

또 일본열도의 지역과 시대에 따라 문자가 다를 것이라는 전제 하에 체계적으로 문자를 세밀히 관찰하고 그 결과를 데이터베이스로 만들었는데, 이를 기초로 동아시아 문자 전체로 시야를 확대하여 지역적·시대적 경향을 확인해 본 결과, 晉代와 백제·일본의 고대 문자가 가깝고 신라와는 거리가 멀다고 보았다. 이처럼 晉簡-百濟簡-日本古代簡이 이어지는 반면 신라목간은 이것과는 다른 연원을 갖고 있으며, 따라서 한반도의 목간은 漢代이래 중국 목간의 다양한 형태가 다양한 경로로 전래되어 들어왔던 것은 아닌가라고 추정했다.

네 번째 발표는 田中史生 선생의 〈屯倉과 韓國木簡 - 倭國史에서 韓國木簡의 可能性〉이었다. 6세기 중반 이후 지방 지배를 위해 渡來人 집단을 호적에 편입시키고 이들을 〈某コホリ〉라는 단위로 파악했는데, 이 〈コホリ〉가 곧 屯倉의 지배영역을 가리키는 명칭이 되고, 이를 기초로 郡(評)이 되었다. 이러한 〈コホリ〉 및 屯倉의 호적이 胆津과 같은 백제계 문자기술자에 의해 정리되었으므로 호적 제도도 백제로부터 영향을 받았을 가능성이 크다고 보았다. 그리고 이미 7세기 扶餘 宮南池 출토 목간과 羅州 伏巖里 출토 목간을 통해 8세기 일본 호적제가 먼저 五胡十六國·北魏-고구려-신라의 계보를 이었고 이에 이어서 망명 백제인에 의한 백제의 영향을 받아 西海道型 호적이 성립되었다는 기존 학설에 대해, 6세기 단계의 倭國 호적 제도에도 백제의 영향이 컸을 가능성이 크다는 점을 지적했다. 특히 陵山里 출토 299호 백제 목간은 6세기 백제에서 丁의 편성과 관리가 이루어졌을 가능성을 보여준다고 했다. 그런가 하면 백제

계 王辰爾이 '數錄'에 능통한 문자기술을 갖고 있었다고 하지만, 이러한 '數錄'은 陵山里 출토 〈支藥兒食米記〉 목간뿐만 아니라, 水系를 이용해 집적된 물자에 붙여졌던 신라 城山山城 荷札 목간에서도 찾아볼 수 있었으므로 王辰爾만이 아니라 백제와 신라로부터 온 渡來系 문자기술자가 이미 7세기 전반 이전에 屯倉에 배치되어 운영되었다고 볼 수 있는데, 이것이 곧 문자에 의한 지배의 확립이라고는 할 수 없지만 적어도 문자기술을 갖고 있던 도래계 사람이 일본의 물류와 노동징발 관리 강화에 동원되었다는 사실을 알려준다고 했다.

田中史生 선생은 백제 목간이 일본 고대 율령지배의 핵심이 되는 호적 제도의 확립 과정에 큰 영향을 미쳤다는 기존의 학설에서 더욱 나아가, 이미 6세기 왜국의 물류 및 노동 징발 과정에도 백제와 신라의 영향이 있었을 것이라고 추정했다. 일본 고대 율령지배 이전 단계의 편호 및 造籍의 단계에 주목하고 그것을 백제 목간만이 아니라 신라 목간으로부터의 영향까지를 시야에 두었다는 점이 주목된다.

다섯 번째 발표는 鐘江宏之 선생의 〈大寶律令施行에서의 日本社會 變容과 韓國木簡〉이었다. 일본 목간은 大寶律令이 시행되는 701년 이전과 이후 사이에 상당한 차이가 확인된다. 첫째는 大寶令 이후는 年號 사용이 원칙인데 비해 그 전에는 干支가 사용되었다. 둘째는 대보령 이전에는 前白 위주의 上申문서가 널리 보이지만, 대보령 이후에는 보이지 않는다. 그런데 일본의 옛 시기 목간과 한국목간 사이에 유사한 특징이 확인된다. 첫째는 일본의 옛 시기 하찰 중에는 하단부에 양쪽에서 파인(절입부) 목간의 사례가 있는데, 한국에서도 발견되었다. 둘째는 前白목간과 유사한 표현이 발견된다. 셋째는 연호를 사용하지 않고 간지에 의해 기년을 표시하였다. 이러한 목간 사용의 특징은 조선반도로부터 일본으로 전달되어 7세기에는 정착되었음을 반영한다. 그런데 대보율령의 시행과 함께 기존의 목간문화가 바뀌었다는 것은 곧 문화적 관행의 개혁을 의미한다고 볼 수 있으며, 이는 한반도와 공통되는 요소가 많았던 한반도방식으로부터 중국적 요소가 강한 중국방식으로의 변화라고 할 수 있다고 했다. 바꾸어 말하면, 7세기까지의 문화 기조는 한반도로부터 학습한 것이라는 점을 강조했다. 일본 福岡縣 國分松本 유적 출토 호구 기록 목간은 시기적으로 빠른 御野型으로서 한반도의 목간과 유사했지만, 대보율령과 함께 西海道型이 도입되면서 唐과 가까운 모습으로 호적 형식이 전환되었다는 것이다. 鐘江宏之 선생은 견수사 이래 7세기를 통해 중국문명을 직접 배웠다는 점을 부정할 수는 없지만, 전체적으로는 주로 한반도에서 배워 한반도와 공통되는 모습을 기조로 했다고 보아야 한다는 점을 강조하였다.

3.

이번 발표는 크게 두 부분으로 나누어 볼 수 있다. 하나는 목간 자체의 비교이고, 또 하나는 이러한 비교를 통한 일본 고대사에 대한 이해이다. 平川南, 市大樹, 馬場基의 발표가 전자에 속하고, 田中史生와 鐘江宏之의 발표가 후자에 속한다.

첫 번째 부류인 목간 자체의 비교 연구는 주로 한국과 일본 목간의 유사성에 집중하였다. 첫째, 동일한 글자 혹은 용어가 확인하는 점에 주목했다. 일본 측 목간에서 먼저 발견되어 國字라고 이해해 왔던 '丑'

‘畠’ ‘蚫’가 한반도에서 확인된다는 점, 또 ‘犭’字라든가 ‘井’字와 같은 글자도 그동안 일본의 특이한 용법으로 이해해 왔지만, 모두 한국 목간에서 확인된다는 점이 강조되었다. 둘째, 글자만이 아니라 문서 형식도 동일한데, 그중에서도 上申 문서의 수신인과 발신인 뒤에 ‘前白’이 붙는 형식, 물건에 붙이는 하찰목간에 대해 논의가 집중되었다. 셋째, 문서 내용만이 아니라 글자의 형태 및 목간 자체의 형태에서도 발견되는 양자 사이의 유사성에 주목했다. 陽物型 목간 이외에도 하찰 목간의 형태가 楬에서 付札로 이동해 간다는 점이 지적되었다.

이러한 유사성은 그동안 일본 목간의 특징이라고 생각되었던 것들이 한반도에서 변용된 것들이 일본열도로 전파되었다는 사실을 확인시켜 주었다. 기존 연구에서는 중국의 사례에서 찾아보기 어려운 것들이 일본 목간에서 발견되면 이를 일본에서 변용된 것이라고 보았는데, 이는 연구자의 시야에 한반도가 생략되었기 때문이었다. 목간이 본격적으로 발견된 것이 늦었고 그 수량도 적었기 때문이었을 것이다. 그러나 이제 점차 시간이 경과하며 비록 여전히 수량은 적지만 매우 다양한 형식과 형태의 목간이 추가되면서 일본 목간에서 확인되는 대다수 문서형식이 한반도에서 확인될 가능성이 커져가고 있다. 이번 학회 발표에서 이 점이 다시 한 번 확인되었다고 할 수 있다.

발표 내용은 단순히 형태상 한국과 일본의 목간이 유사하다는 것에 그치지 않았다. 그동안 일본 목간의 수량과 연구 성과에 기초해 구문 형식과 그 변화 과정에 대한 지적이 이루어졌다. 가령 일본 목간에서는 시기에 따른 前白목간 서사형식의 변화를 읽어낼 수 있는데 이러한 변화가 한국 목간에도 적용될 수 있다고 한 지적이나, 어떤 용어가 특정 시점을 기점으로 순식간에 바뀌는 것이 아니라 상당기간 병용된다는 사실을 고려할 때 한국 목간의 연대를 단정적으로 결정해서는 곤란하다는 지적, 그리고 하찰목간의 형식이 완전하게 기재되어 있는 것이 거의 없고 대부분 지명, 인명, 물명이 일정하지 않게 생략되어 매우 다양한 형태가 나타나므로 한국 城山山城 목간 역시 이러한 각도에서 이해해 볼 필요가 있다는 지적이 그러하다. 소수의 목간으로 추정을 이어갈 수밖에 없는 기존 한국 목간 연구가 귀담아 듣지 않으면 안 되는 중요한 지적이 아닐 수 없다.

일본 목간 연구는 목간과 관련한 전반적 사항을 정밀하게 분석하는 것으로 잘 알려져 왔는데, 그 중에서도 목간을 데이터베이스화하고 이를 기초로 많은 정보를 추출해 왔던 점이 주목되어 왔다. 이번 발표에서도 이를 이용해 글자의 자체를 세밀히 분석한 결과가 제시되었다. 백제 목간과 신라 목간 사이에 자체의 차이가 발견되며, 백제 목간은 일본 목간과 연결되는 반면 신라 목간의 경우는 특징적인 모습을 보인다는 것이다.

두 번째 부류인 목간을 통한 일본 고대사 이해와 관련한 발표에서도 매우 중요한 내용이 제기되었다. 한일 목간의 유사성이 일본 고대사 이해를 크게 바꾸어 놓는 계기가 되었던 점이 크게 강조되었다. 부여 宮南池 목간과 羅州 伏巖里 목간에서 보이는 호적 제도가 8세기 일본 호적 제도에 영향을 주었을 것이라는 점은 이미 한국 학계에서 제기된 바 있다.[1] 그런데 이번 발표에서는 8세기보다 앞서 이미 6세기 단계에 백제에서 丁의 편성과 관리가 이루어졌을 가능성을 陵山里 목간을 통해 추정하고 또 城山山城 하찰목간에서 보이는 물류 관리의 방식이 6세기 倭國의 물류 및 노동 징발 과정에 영향을 미쳤을 것임을 주장하였다. 또 문서 내용뿐만 아니라 형태 상의 유사성을 통해 大寶律令 이전까지 일본 사회는 중국이 아니라 한반도를 통해 들어온 이른바 한반도 방식의 문화가 위주였으며, 이것이 大寶律令을 거치면서 급격히 唐과 가까운 형식으로 바뀌어 갔다는 점이 제기되었다.

1960년대 이후 일본 고대사 연구는 遣隋使의 파견 이후 大寶律令까지를 중국 隋唐과의 교류 속에서 중국 문명을 수용하는 시기로 파악하고 있었다. 1970년대 이후 동아시아세계를 염두에 두면서도 여전히 한반도의 의미가 생략되어 온 것이 사실이다. 이미 최근 天聖令의 발견으로 飛鳥淨御原令과 大寶律令 사이의 격절이 확인되면서 이 기간을 遣隋使 이래의 계속적인 문명화 과정으로 보기 힘들다는 지적도 있었지만, 한국 목간의 발견은 구체적인 증거를 제시함으로써 이러한 종래의 이해를 바꾸는데 결정적인 역할을 했던 것이다. 7세기까지를 한반도를 통해 수용한 문명의 시기라고 이해한다면, 나아가 8세기 大寶律令이 제시한 國制의 틀도 마땅히 건설해야 할 국가의 청사진이고 그래야 할 목표를 보여주는 것이라고 해야 한다.[2] 이런 점에서 이번 학회는 한국 목간에 대한 연구가 한국 고대사만이 아니라 일본 고대사의 이해를 획기적으로 바꿀 수 있는 것임이 확인된 자리라고 해도 좋을 것 같다.

4.

이번 학회를 통해 일본 연구자가 한국 목간의 내용은 물론 서식, 자체, 형태 등 여러 각도에서 꼼꼼한 분석을 하고 있다는 사실, 또 표면적인 관찰에 그치지 않고 일본 고대사 이해에 적극적으로 활용하고 있다는 사실을 알 수 있었다. 한국 목간을 소개하거나 한국 고대사에서 갖는 의의를 논하는 것이 아니라, 한국 목간과 일본 목간의 비교, 그리고 그것이 일본 고대사 나아가 동아시아 고대사에서 어떤 의미를 갖고 있는지를 연구하는 단계에 와 있었던 것이다. 학회의 주제로 내건 한국 목간과 일본 목간의 '대화'라는 말이 잘 어울리는 학회였다고 평가할 수 있겠다.

하지만 아쉬운 점이 없는 것도 아니다. 전체적인 논의가 한국과 일본의 두 나라에 집중되면서 중국의 목간에 대한 관심이 거의 보이지 않는다는 점이 아쉽다. 물론 이런 현상은 이번 학회에만 국한된 것은 아니다. 과거 한일 목간 연구의 주된 관심은 중국에서 전래된 목간 문화가 한반도와 일본열도에서 어떻게 변용되었는가에 집중되어 왔었다. 중국의 전형적인 모습보다는 중국에서는 잘 보이지 않는 특징을 발견한 뒤, 그것을 한국과 일본 즉 주변의 수용자가 주체적으로 변화시켰던 것으로 이해하는 것이 일반적이었다. 이번 학회의 발표에서 한국과 일본 목간의 유사점으로 지적된 것들 중에서도 역시 중국과는 다른 것이라고 본 것들이 적지 않았다. 가령 양국 목간에서 확인되는 國字, '井'字 부호 등이 여기에 해당된다. 그런가 하면 많은 연구자들의 관심을 받았던 호적 제도, 前白이 나타나는 상신문서의 서식, 하찰 목간 그리고 목간의 절입부 형태와 같은 것은 전적으로 중국으로부터 영향을 받았을 것임에 틀림없음에도 불구

1) 윤선태, 2007, 『목간이 들려주는 백제이야기』, 주류성, pp.172-180.
2) 李成市, 2018, 「〈東アジア〉という歴史觀」, 『闘争の場としての古代史』, 岩波書店, p.318.

하고, 그 원형에 대한 연구를 충분히 참조했다고 하기 어렵다. 아니 거의 언급이 이루어지지 않았다고 해도 과언이 아니다. 언급이 되는 경우도 자연히 중국 목간에 대한 설명은 표면적 이해에 그치는 경우가 많았다.

특히 필자는 기존 학계의 연구가 중국 목간을 지나치게 전형화시켜서 이해해왔다는 점을 지적하고 싶다.[3] 주지하듯이 중국에서 출토된 목간의 양은 한국과 일본과 비교하기 어려울 정도로 많다. 시기와 지역에 따라 대단히 다양한 모습이 출현할 것이라는 것은 너무도 당연한 사실이다. 그런데 이러한 다양성이 매몰된 채 〈중국〉으로 이해하려고 한다. 일본의 목간 데이터베이스 연구도 지역과 시대적 차이를 반영하고 있을 것임에 틀림없지만, 역시 〈일본〉을 하나의 단일한 단위로 파악하고 있다. 그런가 하면 한반도의 목간에 대해서는 백제와 신라 목간의 차이를 크게 강조하는 경향이 엿보인다. 그 결과 중국과 일본은 단일한 형태의 모습을, 그리고 한반도의 목간에 대해서는 백제와 신라 사이의 작은 차이도 드러내고자 했던 것이다. 일본사의 입장에서 볼 때 백제와 신라는 국제관계가 크게 다르기 때문일 것이기도 하겠지만, 근본적으로는 왕조를 단위로 한 고전적 이해에서 벗어나지 못한 결과라고 생각된다.

하지만 중국의 경우 호적 제도와 前白 목간 그리고 하찰목간 등의 서사 형식은 물론, 목간의 형태나 서체 또한 어느 하나의 형태로 단정할 수 없다. 본 학회에서 제기된 의견 중 목간의 하단부에 절입부가 표현되어 있는데 그 아래쪽에 뾰족하게 깎여있는 것을 중국에서 찾을 수 없다고 해서 신라의 특징으로 이해한다든가, 글자체의 특징으로 晋簡-백제간의 계통과 신라간의 계통을 나누는 것은 더 충분한 검토가 있어야 할 것이다.

한국 목간이 발견되기 이전에는 고대 일본의 역사 발전이 주로 중국문명을 직접 수용하는 방식에 의해 이루어졌다고 보는 경향이 강했다. 그런데 한국 목간이 발견되면서 비로소 한반도의 역할이 크게 드러나게 되었다. 하지만 이번에는 중국에서 시작된 목간의 다양한 모습이 간과된 채, 주변에서 그것을 수용하는 측면만이 강조되었다. 이번 학회가 한국과 일본 목간의 만남과 대화에 주목했기 때문일 지도 모르겠다. 문화의 발신자와 수신자 양측의 상황이 함께 논의될 때 동아시아 목간문화의 모습이 정확히 그려질 것이라는 상식이 다시 한 번 강조되어야 할 시점이다. 그렇기 때문에 2019년 가을, 그리고 2020년에 중국측 연구자를 포함해서 열리게 되는 한중일 국제학술대회가 더욱 기대된다.

缺一足, 鼎不立 !

투고일: 2019. 4. 25. 게재확정일: 2019. 5. 20

3) 김병준, 2011, 「樂浪郡의 漢字使用과 變容」, 『古代 東아시아의 文字交流와 疏通』, 동북아역사재단; 김병준, 2018, 「월성해자 2호 목간 다시 읽기 -중국 출토 고대 행정 문서 자료와의 비교」, 『목간과 문자』 20.

휘보

학회소식, 정기발표회, 한국고대문자자료 연구모임, 자료교환

학회소식, 정기발표회, 한국고대문자자료 연구모임, 자료교환

1. 학회소식

1) 제 30차 운영회의

* 일시 및 장소 : 2019년 3월 7일 충무로 청미루
* 2019 신임임원 대면 및 소개
* 2019 학술회의 및 하계세미나 일정 논의

2) 2019 해외 현장조사

* 일시 및 장소: 1월 18일, 도쿄
* 참여인원: 공임순, 권인한, 김병준, 김영심, 김재홍, 김창석, 노형석, 瀨間正之, 박성종, 백두현, 백승옥, 서영교, 오택현, 윤선태, 윤용구, 이건식, 이병호, 李成市, 이수훈, 이영호, 이용현, 장경준, 정동준, 정선화, 정승혜, 조세인, 주보돈, 최연식 (총 28명)

2. 정기발표회

1) 제 30회 정기발표회

* 일시 : 2019년 1월 19일
* 장소 : 일본 와세다대학교
* 주최 : 한국목간학회, 일본목간학회

■ 식전행사 특별강연

佐川英治, 4,5世紀를 경계로 한 동아시아 세계의 변화

■ 기조강연

平川南(人間文化研究機構)

■ 발표

市 大樹(大阪大学), 일본의 7세기 목간에서 바라 본 한국 목간(日本の7世紀木簡からみた韓国木簡)

馬場 基(国立奈良文化財研究所), 동아시아 문자문화 중의 한국 목간(東アジア文字文化の中の韓国木簡)

鐘江 宏之(学習院大学), 대보율령 시행에 의한 일본사회의 변화와 한국 목간(大宝律令施行による日本社会の変容と韓国木簡)

田中 史生(早稲田大学), 미야케와 한국 목간 – 왜국사에 있어서 한국 목간의 가능성(ミヤケ(屯倉)と韓国木簡–倭国史における韓国木簡の可能性)

2) 제 31회 정기발표회

* 일시 : 2019년 4월 20일
* 장소 : 공주대학교 자료도서관 1층 아카데미홀
* 주관 : 한국목간학회
* 주최 : 공주대학교박물관, 한국목간학회

■ 1부 연구발표–사회 : 홍승우(경북대)

공주대박물관, 公山城 출토 文字資料 조사

발표 : 박초롱(공주대), 祢氏一族의 백제 이주와 성장

토론 : 植田喜兵成智(學習院大學)

■ 2부 연구발표– 사회 : 홍보식(공주대)

발표 : 이현숙(공주대), 公山城 출토 銘文資料의 재검토

정인성(영남대), 考古學에서 본 樂浪 文字資料

토론 : 이태희(국립중앙박물관)

■ 3부 연구발표– 사회 : 권인한(성균관대)

발표 : 김병준(서울대), 古代人들의 책 읽기 : 목간 속 句讀符號를 단서로

정현숙(원광대), 新羅四天王寺址 출토 碑片의 새로운 이해

토론 : 김동하(경주문화재연구소)

■ 4부 연구발표– 사회 : 안정준(서울시립대)

발표 : 심현용(울진 봉평리 신라비 전시관), 울진 성류굴 제8광장 新羅 刻石文 발견 보고

최연식(동국대), 永樂6年 고구려의 百濟侵攻 배경 : 廣開土王碑 辛卯年條의 재해석

토론 : 백승옥(국립해양박물관)

3. 한국고대문자자료 연구모임

1) 월례발표회

* 주제 : 한국고대문자자료 역주
* 일시 : 매월 첫째주 토요일
* 장소 : 동국대학교 서울캠퍼스
* 주최 : 한국목간학회

■ 제38회 정기발표회 (2019년 1월 5일)

발표자 : 이규호 (동국대학교)

주　제 : 원원평처 왕씨 묘지명, 안락왕 삼자처 한씨 묘지명

발표자 : 안정준 (서울시립대학교)

주　제 : 초원4년 호구부 목간

■ 제39회 정기발표회 (2019년 2월 9일)

발표자: 이승호 (동국대학교)

주　제 : 왕정 묘지명

발표자 : 김근식 (동국대학교)

주　제 : 평양시 보통강구역 석암동(석암리) 출토 문자자료

■ 제40회 정기발표회 (2019년 3월 2일)

발표자 : 안정준 (서울시립대학교)

주　제 : 평양 평양역 구내(=동리묘) 출토 영화 9년명전

발표자 : 이준성 (국사편찬위원회)

주　제 : 평북 박천군 덕성리(=구 영변군 독산면 덕성동) 출토 왕원명전 / 평양 낙랑 전축분 출토 왕통명 복륜금구

발표자 : 강진원 (서원대학교)

주　제 : 기타 평안지역 출토 문자자료 / 영광3년명 효문묘 동종, 양묵서 동종

발표자 : 이재철 (대한민국역사박물관)

주　제 : 평양시 낙랑구역 토성동 출토 문자자료

■ 제41회 정기발표회 (2019년 5월 11일)

발표자 : 강진원 (서원대학교)

주　제 : 영광 3년명 효문묘 동종, 양묵서 동종

발표자 : 장병진 (연세대학교)

주　제 : 평양시 선교리 출토 문자자료 / 평남 대동군 대동강면, 남곶면, 용연면 출토 문자자료

발표자 : 백다해 (이화여자대학교)

주　제 : 점제현 신사비

4. 자료교환

日本 木簡學會와의 資料交換

*日本 木簡學會 『木簡研究』 40호 수령(2019년 1월)

* 韓國木簡學會 『木簡과 文字』 21호 일본 발송 (2019년 1월)

부/록

학회 회칙, 간행예규, 연구윤리규정

학회 회칙

제 1 장 총칙

제 1 조 (명칭) 본회는 한국목간학회(韓國木簡學會, The Korean Society for the Study of Wooden Documents)라 한다.

제 2 조 (목적) 본회는 목간을 비롯한 금석문, 고문서 등 문자자료와 기타 문자유물을 중심으로 한 연구 및 학술조사를 통하여 한국의 목간학 발전에 이바지함을 목적으로 한다.

제 3 조 (사업) 본회는 목적에 부합하는 다음의 사업을 한다.

1. 연구발표회
2. 학보 및 기타 간행물 발간
3. 유적·유물의 답사 및 조사 연구
4. 국내외 여러 학회들과의 공동 학술연구 및 교류
5. 기타 위의 각 사항의 사업을 수행하기 위해 필요한 사업

제 4 조 (회원의 구분과 자격)

① 본회의 회원은 본회의 목적에 동의하여 회비를 납부하는 개인 또는 기관으로서 연구회원, 일반회원 및 학생회원으로 구분하며, 따로 명예회원, 특별회원을 둘 수 있다.

② 연구회원은 평의원 2인 이상의 추천을 받아 평의원회에서 심의, 인준한다.

③ 일반회원은 연구회원과 학생회원이 아닌 사람과 기관 및 단체로 한다.

④ 학생회원은 대학생과 대학원생으로 한다.

⑤ 명예회원은 본회의 발전에 크게 기여한 회원 또는 개인 중에서 운영위원회에서 추천하여 평의원회에서 인준을 받은 사람으로 한다.

⑥ 특별회원은 본회의 활동과 운영에 크게 기여한 개인 또는 기관 중에서 운영위원회에서 추천하여 평의원회에서 인준을 받은 사람으로 한다.

제 5 조 (회원징계) 회원으로서 본회의 명예를 손상시키거나 회칙을 준수하지 않았을 경우 평의원회의 심의와 총회의 의결에 따라 자격정지, 제명 등의 징계를 할 수 있다.

제 2 장 조직 및 기능

제 6 조 (조직) 본회는 총회·평의원회·운영위원회·편집위원회를 두며, 필요한 경우 별도의 위원회를 구성할 수 있다.

제 7 조 (총회)

① 총회는 정기총회와 임시총회로 나누며, 정기총회는 2년에 1회 정기적으로 개최하고 임시총회는 필요한 때에 소집할 수 있다.

② 총회는 회장이나 평의원회의 의결로 소집한다.

③ 총회는 평의원회에서 심의한 학회의 회칙, 운영예규의 개정 및 사업과 재정 등에 관한 보고를 받고 이를 의결한다.

④ 총회는 평의원회에서 추천한 회장, 평의원, 감사를 인준한다. 단 회장의 인준이 거부되었을 때는 평의원회에서 재추천하도록 결정하거나 총회에서 직접 선출한다.

제 8 조 (평의원회)

① 평의원은 연구회원 중 평의원회의 추천을 받아 총회에서 인준한 자로 한다.

② 평의원회는 회장을 포함한 평의원으로 구성한다.

③ 평의원회는 회장 또는 평의원 4분의 1 이상의 요구로써 소집한다.

④ 평의원회는 아래의 사항을 추천, 심의, 의결한다.

1. 회장, 평의원, 감사, 편집위원의 추천
2. 회칙개정안, 운영예규의 심의
3. 학회의 재정과 사업수행의 심의
4. 연구회원, 명예회원, 특별회원의 인준
5. 회원의 자격정지, 제명 등의 징계를 심의

제 9 조 (운영위원회)

① 운영위원회는 회장과 회장이 지명하는 부회장, 총무·연구·편집·섭외이사 등 20명 내외로 구성하고, 실무를 담당할 간사를 둔다.

② 운영위원회는 평의원회에서 심의·의결한 사항을 집행하며, 학회의 제반 운영업무를 담당한다.

③ 부회장은 회장을 도와 학회의 업무를 총괄 지원하며, 회장 유고시에는 회장의 권한을 대행한다.

④ 총무이사는 학회의 통상 업무를 담당, 집행한다.
⑤ 연구이사는 연구발표회 및 각종 학술대회의 기획을 전담한다.
⑥ 편집이사는 편집위원을 겸하며, 학보 및 기타 간행물의 출간을 전담한다.
⑦ 섭외이사는 학술조사를 위해 자료소장기관과의 섭외업무를 전담한다.

제 10 조 (편집위원회) 편집위원회는 학보 발간 및 기타 간행물의 출간에 관한 제반사항을 담당하며, 그 구성은 따로 본회의 운영예규에 정한다.

제 11 조 (기타 위원회) 기타 위원회의 구성과 활동은 회장이 결정하며, 그 내용을 평의원회에 보고한다.

제 12 조 (임원)
① 회장은 본회를 대표하고 총회와 각급회의를 주재하며, 임기는 2년으로 한다.
② 평의원은 제 8 조의 사항을 담임하며, 임기는 종신으로 한다.
③ 감사는 평의원회에 출석하고, 본회의 업무 및 재정을 감사하여 총회에 보고하며, 그 임기는 2년으로 한다.
④ 임원의 임기는 1월 1일부터 시작한다.
⑤ 임원이 유고로 업무를 수행할 수 없게 된 때에는 평의원회에서 보궐 임원을 선출하고 다음 총회에서 인준을 받으며, 그 임기는 전임자의 잔여임기가 1년 미만인 경우는 잔여임기에 규정임기 2년을 더한 기간으로 하고, 잔여임기가 1년 이상인 경우는 잔여기간으로 한다.

제 13 조 (의결)
① 총회에서의 인준과 의결은 출석 회원의 과반수로 한다.
② 평의원회는 평의원 4분의 1 이상의 출석으로 성립하며, 의결은 출석한 평의원 과반수의 찬성으로 한다.

제 3 장 출판물의 발간

제 14 조 (출판물)
① 본회는 매년 6월 30일과 12월 31일에 학보를 발간하고, 그 명칭은 "목간과 문자"(한문 "木簡과 文字", 영문 "Wooden documents and Inscriptions Studies")로 한다.
② 본회는 학보 이외에 본회의 목적에 부합하는 출판물을 발간할 수 있다.
③ 본회가 발간하는 학보를 포함한 모든 출판물의 저작권은 본 학회에 속한다.

제 15 조 (학보 게재 논문 등의 선정과 심사)

① 학보에는 회원의 논문 및 본회의 목적에 부합하는 주제의 글을 게재함을 원칙으로 한다.

② 논문 등 학보 게재물은 편집위원회에서 선정한다.

③ 논문 등 학보 게재물의 선정 기준과 절차는 따로 본회의 운영예규에 정한다.

제 4 장 재정

제 16 조 (재원) 본회의 재원은 회비 및 기타 수입으로 한다.

제 17 조 (회계연도) 본회의 회계연도 기준일은 1월 1일로 한다.

제 5 장 기타

제 18 조 (운영예규) 본 회칙에 명시하지 않은 운영에 필요한 사항은 따로 운영예규에 정한다.

제 19 조 (기타사항) 본 회칙에 규정되지 않은 사항은 일반관례에 따른다

부칙

1. 본 회칙은 2007년 1월 9일부터 시행한다.
2. 본 회칙은 2009년 1월 9일부터 시행한다.
3. 본 회칙은 2012년 1월 18일부터 시행한다.
4. 본 회칙은 2015년 10월 31일부터 시행한다.

편집위원회에 관한 규정

제 1 장 총칙

제 1 조 (명칭) 본 규정은 '편집위원회에 관한 규정'이라 한다.

제 2 조 (목적) 본 규정은 한국목간학회 편집위원회의 조직 및 편집 활동 전반에 관한 세부 사항을 규정하는 것을 목적으로 한다.

제 2 장 조직 및 권한

제 3 조 (구성) 편집위원회는 회칙에 따라 구성한다.

제 4 조 (편집위원의 임명) 편집위원은 세부 전공 분야 및 연구 업적을 감안하여 평의원회에서 추천하며, 회장이 임명한다.

제 5 조 (편집위원장의 선출) 편집위원장은 편집위원 전원의 무기명 비밀투표 방식으로 편집위원 중에서 선출한다.

제 6 조 (편집위원장의 권한) 편집위원장은 편집회의의 의장이 되며, 학회지의 편집 및 출판 활동 전반에 대하여 권한을 갖는다.

제 7 조 (편집위원의 자격) 편집위원은 다음과 같은 조건을 갖춘자로 한다.

1. 박사학위를 소지한 자.
2. 대학의 전임교수로서 5년 이상의 경력을 갖추었거나, 이와 동등한 연구 경력을 갖춘자.
3. 역사학·고고학·보존과학·국어학 또는 이와 관련된 분야에서 연구 업적이 뛰어나고 학계의 명망과 인격을 두루 갖춘자.

4. 다른 학회의 임원이나 편집위원으로 과다하게 중복되지 않은 자.

제 8 조 (편집위원의 임기) 편집위원의 임기는 2년으로 하되, 연임할 수 있다.

제 9 조 (편집자문위원) 학회지 및 기타 간행물의 편집 및 출판 활동과 관련하여 필요시 국내외의 편집자문위원을 둘 수 있다.

제 10 조 (편집간사) 학회지를 비롯한 제반 출판 활동 업무를 원활히 하기 위하여 편집간사 약간 명을 둘 수 있다.

제 3 장 임무와 활동

제 11 조 (편집위원회의 임무와 활동) 편집위원회의 임무와 활동 내용은 다음과 같다.

1. 학회지의 간행과 관련된 제반 업무.
2. 학술 단행본의 발행과 관련된 제반 업무.
3. 기타 편집 및 발행과 관련된 제반 활동.

제 12 조 (편집간사의 임무) 편집간사는 편집위원회의 업무와 활동을 보조하며, 편집과 관련된 회계의 실무를 담당한다.

제 13 조 (학회지의 발간일) 학회지는 1년에 2회 발행하며, 그 발행일자는 6월 30일과 12월 31일로 한다.

제 4 장 편집회의

제 14 조 (편집회의의 소집) 편집회의는 편집위원장이 수시로 소집하되, 필요한 경우에는 3인 이상의 편집위원이 발의하여 회장의 동의를 얻어 편집회의를 소집할 수 있다. 또한 심사위원의 추천 및 선정 등에 필요한 경우에는 전자우편을 통한 의견 수렴으로 편집회의를 대신할 수 있다.

제 15 조 (편집회의의 성립) 편집회의는 편집위원장을 포함한 편집위원 과반수의 출석으로 성립된다.

제 16 조 (편집회의의 의결) 편집회의의 제반 안건은 출석 위원 과반수의 찬성으로 의결하되, 찬반 동수인 경우에는 편집위원장이 결정한다.

제 17 조 (편집회의의 의장)　편집위원장은 편집회의의 의장이 된다. 편집위원장이 참석하지 아니한 경우에는 편집위원 중의 연장자가 의장이 된다.

제 18 조 (편집회의의 활동)　편집회의는 학회지의 발행, 논문의 심사 및 편집, 기타 제반 출판과 관련된 사항에 대하여 논의하고 결정한다.

부칙

제1조 이 규정은 운영위원회의 의결을 거쳐 2007년 11월 24일부터 시행한다.

제2조 이 규정은 운영위원회의 의결을 거쳐 2009년 1월 9일부터 시행한다.

제3조 이 규정은 운영위원회의 의결을 거쳐 2012년 1월 18일부터 시행한다.

학회지 논문의 투고와 심사에 관한 규정

제 1 장 총칙

제 1 조 (명칭) 본 규정은 '학회지 논문의 투고와 심사에 관한 규정'이라 한다.

제 2 조 (목적) 본 규정은 한국목간학회의 학회지인 『목간과 문자』에 수록할 논문의 투고와 심사에 관한 절차를 정하고 관련 업무를 명시함에 목적을 둔다.

제 2 장 원고의 투고

제 3 조 (투고 자격) 논문의 투고 자격은 회칙에 따르되, 당해 연도 회비를 납부한 자에 한한다.

제 4 조 (투고의 조건) 본 학회에서 발표한 논문에 한하여 투고하는 것을 원칙으로 한다.

제 5 조 (원고의 분량) 원고의 분량은 학회지에 인쇄된 것을 기준으로 각종의 자료를 포함하여 20면 내외로 하되, 자료의 영인을 붙이는 경우에는 면수 계산에서 제외한다.

제 6 조 (원고의 작성 방식) 원고의 작성 방식과 요령 등에 관하여는 별도의 내규를 정하여 시행한다.

제 7 조(원고의 언어) 원고는 한국어로 작성함을 원칙으로 하되, 외국어로 작성된 원고의 게재 여부는 편집회의에서 정한다.

제 8 조 (제목과 필자명) 논문 제목과 필자명은 영문으로 附記하여야 한다.

제 9 조 (국문초록과 핵심어) 논문을 투고할 때에는 국문과 외국어로 된 초록과 핵심어를 덧붙여야 한다. 요약문과 핵심어의 작성 요령은 다음과 같다.

1. 국문초록은 논문의 내용과 논지를 잘 간추려 작성하되, 외국어 요약문은 영어, 중국어, 일어 중의 하나로 작성한다.
2. 국문초록의 분량은 200자 원고지 5매 내외로 한다.
3. 핵심어는 논문의 주제 및 내용을 대표할 만한 단어를 뽑아서 요약문 뒤에 행을 바꾸어 제시한다.

제 10 조 (논문의 주제 및 내용 조건)　논문의 주제 및 내용은 다음에 부합하여야 한다.

1. 국내외의 출토 문자 자료에 대한 연구 논문
2. 국내외의 출토 문자 자료에 대한 소개 또는 보고 논문
3. 국내외의 출토 문자 자료에 대한 역주 또는 서평 논문

제 11 조 (논문의 제출처)　심사용 논문은 온라인투고시스템을 이용한다.

제 3 장 원고의 심사

제 1 절 : 심사자

제 12 조 (심사자의 자격)　심사자는 논문의 주제 및 내용과 관련된 분야에서 박사학위를 소지한 자를 원칙으로 하되, 본 학회의 회원 가입 여부에 구애받지 아니한다.

제 13 조 (심사자의 수)　심사자는 논문 한 편당 2인 이상 5인 이내로 한다.

제 14 조 (심사 의뢰)　편집위원장은 편집회의에서 추천·의결한 바에 따라 심사자를 선정하여 심사를 의뢰하도록 한다. 편집회의에서의 심사자 추천은 2배수로 하고, 편집회의의 의결을 거쳐 선정한다.

제 15 조 (심사자에 대한 이의)　편집위원장은 심사자 위촉 사항에 대하여 대외비로 회장에게 보고하며, 회장은 편집위원장에게 이의를 제기할 수 있다. 심사자 위촉에 대한 이의에 대하여는 편집회의를 거쳐 편집위원장이 심사자를 변경할 수 있다. 다만, 편집회의 결과 원래의 위촉자가 재선정되었을 경우 편집위원장은 회장에게 그 사실을 구두로 통지하며, 통지된 사항에 대하여 회장은 이의를 제기할 수 없다.

제 2 절 : 익명성과 비밀 유지

제 16 조 (익명성과 비밀 유지 조건)　심사용 원고는 반드시 익명으로 하며, 심사에 관한 제반 사항은 편집위원장 책임하에 반드시 대외비로 하여야 한다.

제 17 조 (익명성과 비밀 유지 조건의 위배에 대한 조치)　위 제16조의 조건을 위배함으로 인해 심사자에게 중대한 피해를 입혔을 경우에는 편집위원 3인 이상의 발의로써 편집위원장의 동의 없이도 편집회의를 소집할 수 있으며, 다음 각 호에 따라 위배한 자에 따라 사안별로 조치한다. 또한 해당 심사자에게는 편집위원장 명의로 지체없이 사과문을 심사자에게 등기 우송하여야 한다. 편집위원장 명의를 사용하지 못할 경우에는 편집위원 전원이 연명하여 사과문을 등기 우송하여야 한다. 익명성과 비밀 유지 조건에 대한 위배 사실이 학회의 명예를 손상한 경우에는 편집위원 3인의 발의만으로써도 해당 편집위원장 및 편집위원에 대한 징계를 회장에게 요청할 수 있으며, 이 경우 그 처리 결과를 학회지에 공지하여야 한다.

1. 편집위원장이 위배한 경우에는 편집위원장을 교체한다.
2. 편집위원이 위배한 경우에는 편집위원직을 박탈한다.
3. 임원을 겸한 편집위원의 경우에는 회장에게 교체하도록 요청한다.
4. 편집간사 또는 편집보조가 위배한 경우에는 편집위원장이 당사자를 해임한다.

제 18 조 (편집위원의 논문에 대한 심사)　편집위원이 투고한 논문을 심사할 때에는 해당 편집위원을 궐석시킨 후에 심사자를 선정하여야 하며, 회장에게도 심사자의 신원을 밝히지 않는 것을 원칙으로 한다.

제 3 절 : 심사 절차

제 19 조 (논문심사서의 구성 요건)　논문심사서에는 '심사 소견', 그리고 '수정 및 지적사항'을 적는 난이 포함되어야 한다.

제 20 조 (심사 소견과 영역별 평가)　심사자는 심사 논문에 대하여 영역별 평가를 감안하여 종합판정을 한다. 심사 소견에는 영역별 평가와 종합판정에 대한 근거 및 의견을 총괄적으로 기술함을 원칙으로 한다.

제 21 조 (수정 및 지적사항)　'수정 및 지적사항'란에는 심사용 논문의 면수 및 수정 내용 등을 구체적으로 지시하여야 한다.

제 22 조 (심사 결과의 전달)　편집간사는 편집위원장의 지시를 받아 투고자에게 심사자의 논문심사서와 심사용 논문을 전자우편 또는 일반우편으로 전달하되, 심사자의 신원이 드러나지 않도록 각별히 유의하여야 한다. 논문 심사서 중 심사자의 인적 사항은 편집회의에서도 공개하지 않는다.

제 23 조 (수정된 원고의 접수)　투고자는 논문심사서를 수령한 후 소정 기일 내에 원고를 수정하여 편집위원장에게 송부하여야 한다. 기한을 넘겨 접수된 수정 원고는 학회지의 다음 호에 접수된 투고 논

문과 동일한 심사 절차를 밟되, 논문심사료는 부과하지 않는다.

제 4 절 : 심사의 기준과 게재 여부 결정

제 24 조 (심사 결과의 종류)　심사 결과는 '종합판정'과 '영역별 평가'로 나누어 시행한다.

제 25 조 (종합판정과 등급)　종합판정은 ①揭載 可, ②小幅 修正後 揭載, ③大幅 修正後 再依賴, ④揭載 不可 중의 하나로 한다.

제 26 조 (영역별 평가)　영역별 평가 기준은 다음과 같다.

1. 학계에의 기여도
2. 연구 내용 및 방법론의 참신성
3. 논지 전개의 타당성
4. 논문 구성의 완결성
5. 문장 표현의 정확성

제 27 조 (게재 여부의 결정 기준)　심사용 논문의 학회지 게재 여부는 심사자의 종합판정에 의거하여 이들을 합산하여 시행한다. 게재 여부의 결정은 최종 수정된 원고를 대상으로 한다.

제 28 조 (게재 여부 결정의 조건)　게재 여부 결정의 조건은 다음과 같다.

1. 심사자의 2분의 1 이상이 위 제25조의 '①게재 가'로 판정한 경우에는 게재한다.
2. 심사자의 2분의 1 이상이 위 제25조의 '③게재 불가'로 판정한 경우에는 게재를 불허한다.

제 29 조 (게재 여부에 대한 논의)　위 제28조의 경우가 아닌 논문에 대하여는 편집회의의 토의를 거친 후에 게재 여부를 확정하되, 이 때에는 영역별 평가를 참조한다.

제 30 조 (논문 게재 여부의 통보)　편집위원장은 논문 게재 여부에 대한 최종 확정 결과를 투고자에게 통보하여야 한다.

제 5 절 : 이의 신청

제 31 조 (이의 신청)　투고자는 심사와 논문 게재 여부에 대하여 이의를 신청할 수 있다. 이 때에는 200자 원고지 5매 내외의 이의신청서를 작성하여 심사 결과 통보일 15일 이내에 편집위원장에게 송부하

여야 하며, 편집위원장은 이의 신청 접수일로부터 15일 이내에 이에 대한 처리 절차를 완료하여야 한다.

제 32 조 (이의 신청의 처리)　이의 신청을 한 투고자의 논문에 대해서는 편집회의에서 토의를 거쳐 이의 신청의 수락 여부를 의결한다. 수락한 이의 신청에 대한 조치 방법은 편집회의에서 결정한다.

제 4 장　게재 논문의 사후 심사 및 조치

제 1 절 : 게재 논문의 사후 심사

제 33 조 (사후 심사)　학회지에 게재된 논문에 대하여는 사후 심사를 할 수 있다.

제 34 조 (사후 심사 요건)　사후 심사는 편집위원회의 자체 판단 또는 접수된 사후심사요청서의 검토 결과, 대상 논문이 그 논문이 수록된 본 학회지 발행일자 이전의 간행물 또는 타인의 저작권에 귀속시킬 만한 연구 내용을 현저한 정도로 표절 또는 중복 게재한 것으로 의심되는 경우에 한한다.

제 35 조 (사후심사요청서의 접수)　게재 논문의 표절 또는 중복 게재와 관련하여 사후 심사를 요청하는 사후심사요청서를 편집위원장 또는 편집위원회에 접수할 수 있다. 이 경우 사후심사요청서는 밀봉하고 겉봉에 '사후심사요청'임을 명기하되, 발신자의 신원을 겉봉에 노출시키지 않음을 원칙으로 한다.

제 36 조 (사후심사요청서의 개봉)　사후심사요청서는 편집위원장 또는 편집위원장이 위촉한 편집위원이 개봉한다.

제 37 조 (사후심사요청서의 요건)　사후심사요청서는 표절 또는 중복 게재로 의심되는 내용을 구체적으로 밝혀야 한다.

제 2 절 : 사후 심사의 절차와 방법

제 38 조 (사후 심사를 위한 편집위원회 소집)　게재 논문의 표절 또는 중복 게재에 관한 사실 여부를 심의하고 사후 심사자의 선정을 비롯한 제반 사항을 의결하기 위해 편집위원장은 편집위원회를 소집할 수 있다.

제 39 조 (질의서의 우송)　편집위원회의 심의 결과 표절이나 중복 게재의 개연성이 있다고 판단된 논문에 대해서는 그 진위 여부에 대해 편집위원장 명의로 해당 논문의 필자에게 질의서를 우송한다.

제 40 조 (답변서의 제출)　위 제39조의 질의서에 대해 해당 논문 필자는 질의서 수령 후 30일 이내 편집위원장 또는 편집위원회에 답변서를 제출하여야 한다. 이 기한 내에 답변서가 없을 경우엔 질의서의 내용을 인정한 것으로 판단한다.

제 3 절 : 사후 심사 결과의 조치

제 41 조 (사후 심사 확정을 위한 편집위원회 소집)　편집위원장은 답변서를 접수한 날 또는 마감 기한으로부터 15일 이내에 사후 심사 결과를 확정하기 위한 편집위원회를 소집한다.

제 42 조 (심사 결과의 통보)　편집위원장은 편집위원회에서 확정한 사후 심사 결과를 7일 이내에 사후 심사를 요청한 이 및 관련 당사자에게 통보하여야 한다.

제 43 조 (표절 및 중복 게재에 대한 조치)　편집위원회에서 표절 또는 중복 게재로 확정된 경우에는 회장에게 지체 없이 보고하고, 회장은 운영위원회를 소집하여 다음 각 호와 같은 조치를 집행할 수 있다.

1. 차호 학회지에 그 사실 관계 및 조치 사항들을 기록한다.
2. 학회지 전자판에서 해당 논문을 삭제하고, 학회논문임을 취소한다.
3. 해당 논문 필자에 대하여 제명 조치하고, 향후 5년간 재입회할 수 없도록 한다.
4. 관련 사실을 한국연구재단에 보고한다.

제 4 절 : 제보자의 보호

제 44 조 (제보자의 보호)　표절 및 중복 게재에 관한 이의 및 논의를 제기하거나 사후 심사를 요청한 사람에 대해서는 신원을 절대적으로 밝히지 않고 익명성을 보장하여야 한다.

제 45 조 (제보자 보호 규정의 위배에 대한 조치)　위 제44조의 규정을 위배한 이에 대한 조치는 위 제17조에 준하여 시행한다.

부칙

제1조(시행일자) 본 규정은 2007년 11월 24일부터 시행한다.

제2조(시행일자) 본 규정은 2009년 1월 9일부터 시행한다.

제3조(시행일자) 본 규정은 2015년 10월 31일부터 시행한다.

제4조(시행일자) 본 규정은 2018년 1월 12일부터 시행한다.

학회지 논문의 투고와 원고 작성 요령에 관한 내규

제 1 조 (목적) 이 내규는 본 한국목간학회의 회칙 및 관련 규정에 따라 학회지에 게재하는 논문의 투고와 원고 작성 요령에 대하여 명시하는 것을 목적으로 한다.

제 2 조 (논문의 종류) 학회지에 게재되는 논문은 심사 논문과 기획 논문으로 나뉜다. 심사 논문은 본 학회의 학회지 논문의 투고와 심사에 관한 규정에 따른 심사 절차를 거쳐 게재된 논문을 가리키며, 기획 논문은 편집위원회에서 기획하여 특정의 연구자에게 집필을 위촉한 논문을 가리킨다.

제 3 조 (기획 논문의 집필자) 기획 논문의 집필자는 본 학회의 회원 여부에 구애받지 아니한다.

제 4 조 (기획 논문의 심사) 기획 논문에 대하여도 심사 논문과 동일한 절차의 심사를 시행하는 것을 원칙으로 하되, 편집위원회의 의결을 거쳐 심사를 면제할 수 있다.

제 5 조 (투고 기한) 논문의 투고 기한은 매년 4월 말과 10월 말로 한다.

제 6 조 (수록호) 4월 말까지 투고된 논문은 심사 과정을 거쳐 같은 해의 6월 30일에 발행하는 학회지에 수록하며, 10월 말까지 투고된 논문은 같은 해의 12월 31일에 간행하는 학회지에 수록하는 것을 원칙으로 한다.

제 7 조 (수록 예정일자의 변경 통보) 위 제6조의 예정 기일을 넘겨 논문의 심사 및 게재가 이루어질 경우 편집위원장은 투고자에게 그 사실을 통보해 주어야 한다.

제 8 조 (게재료) 논문 게재의 확정시에는 일반 논문 10만원, 연구비 수혜 논문 30만원의 게재료를 납부하여야 한다.

제 9 조 (초과 게재료) 학회지에 게재하는 논문의 분량이 인쇄본을 기준으로 20면을 넘을 경우에는

1면 당 2만원의 초과 게재료를 부과할 수 있다.

제 10 조 (원고료) 학회지에 게재되는 논문에 대하여는 소정의 원고료를 필자에게 지불할 수 있다. 원고료에 관한 사항은 운영위원회에서 결정한다.

제 11 조 (익명성 유지 조건) 심사용 논문에서는 졸고 및 졸저 등 투고자의 신원을 드러내는 표현을 쓸 수 없다.

제 12 조 (컴퓨터 작성) 논문의 원고는 컴퓨터로 작성함을 원칙으로 하며, 문장편집기 프로그램은 「훈글」을 사용할 것을 권장한다.

제 13 조 (제출물) 원고 제출시에는 온라인투고시스템을 이용하며, 연구윤리규정과 저작권 이양동의서에 동의하여야 한다.

제 14 조 (투고자의 성명 삭제) 편집간사는 심사자에게 심사용 논문을 송부할 때 반드시 투고자의 성명과 기타 투고자의 신원을 알 수 있는 표현 등을 삭제하여야 한다.

제 15 조 (출토 문자 자료의 표기 범례 등 기타) 출토 문자 자료의 표기 범례를 비롯하여 위에서 정하지 않은 학회지 논문의 투고와 원고 작성 요령 및 용어 사용 등에 관한 사항들은 일반적인 관행에 따르거나 편집위원회에서 결정한다.

부칙

제1조(시행일자) 이 내규는 2007년 11월 24일부터 시행한다.
제2조(시행일자) 이 내규는 2009년 1월 9일부터 시행한다.
제3조(시행일자) 이 내규는 2012년 1월 18일부터 시행한다.
제4조(시행일자) 이 내규는 2015년 10월 31일부터 시행한다.
제5조(시행일자) 이 내규는 2018년 1월 12일부터 시행한다.

韓國木簡學會 研究倫理 規定

제 1 장 총칙

제 1 조 (명칭) 이 규정은 '한국목간학회 연구윤리 규정'이라 한다.

제 2 조 (목적) 이 규정은 한국목간학회 회칙 및 편집위원회 규정에 따른 연구윤리 등에 관한 세부사항을 규정하는 것을 목적으로 한다.

제 2 장 저자가 지켜야 할 연구윤리

제 3 조 (표절 금지) 저자는 자신이 행하지 않은 연구나 주장의 일부분을 자신의 연구 결과이거나 주장인 것처럼 논문이나 저술에 제시하지 않는다.

제 4 조 (업적 인정)

1. 저자는 자신이 실제로 행하거나 공헌한 연구에 대해서만 저자로서의 책임을 지며, 또한 업적으로 인정받는다.
2. 논문이나 기타 출판 업적의 저자나 역자가 여러 명일 때 그 순서는 상대적 지위에 관계없이 연구에 기여한 정도에 따라 정확하게 반영하여야 한다. 단순히 어떤 직책에 있다고 해서 저자가 되거나 제1저자로서의 업적을 인정받는 것은 정당화될 수 없다. 반면, 연구나 저술(번역)에 기여했음에도 공동저자(역자)나 공동연구자로 기록되지 않는 것 또한 정당화될 수 없다. 연구나 저술(번역)에 대한 작은 기여는 각주, 서문, 사의 등에서 적절하게 고마움을 표시한다.

제 5 조 (중복 게재 금지) 저자는 이전에 출판된 자신의 연구물(게재 예정이거나 심사 중인 연구물 포함)을 새로운 연구물인 것처럼 투고하지 말아야 한다.

제 6 조 (인용 및 참고 표시)

1. 공개된 학술 자료를 인용할 경우에는 정확하게 기술하도록 노력해야 하고, 상식에 속하는 자료

가 아닌 한 반드시 그 출처를 명확히 밝혀야 한다. 논문이나 연구계획서의 평가 시 또는 개인적인 접촉을 통해서 얻은 자료의 경우에는 그 정보를 제공한 연구자의 동의를 받은 후에만 인용할 수 있다.

2. 다른 사람의 글을 인용하거나 아이디어를 차용(참고)할 경우에는 반드시 註[각주(후주)]를 통해 인용 여부 및 참고 여부를 밝혀야 하며, 이러한 표기를 통해 어떤 부분이 선행연구의 결과이고 어떤 부분이 본인의 독창적인 생각·주장·해석인지를 독자가 알 수 있도록 해야 한다.

제 7 조 (논문의 수정) 저자는 논문의 평가 과정에서 제시된 편집위원과 심사위원의 의견을 가능한 한 수용하여 논문에 반영되도록 노력하여야 하고, 이들의 의견에 동의하지 않을 경우에는 그 근거와 이유를 상세하게 적어서 편집위원(회)에게 알려야 한다.

제 3 장 편집위원이 지켜야 할 연구윤리

제 8 조 (책임 범위) 편집위원은 투고된 논문의 게재 여부를 결정하는 모든 책임을 진다.

제 9 조 (논문에 대한 태도) 편집위원은 학술지 게재를 위해 투고된 논문을 저자의 성별, 나이, 소속 기관은 물론이고 어떤 선입견이나 사적인 친분과도 무관하게 오로지 논문의 질적 수준과 투고 규정에 근거하여 공평하게 취급하여야 한다.

제 10 조 (심사 의뢰) 편집위원은 투고된 논문의 평가를 해당 분야의 전문적 지식과 공정한 판단 능력을 지닌 심사위원에게 의뢰해야 한다. 심사 의뢰 시에는 저자와 지나치게 친분이 있거나 지나치게 적대적인 심사위원을 피함으로써 가능한 한 객관적인 평가가 이루어질 수 있도록 노력한다. 단, 같은 논문에 대한 평가가 심사위원 간에 현저하게 차이가 날 경우에는 해당 분야 제3의 전문가에게 자문을 받을 수 있다.

제 11 조 (비밀 유지) 편집위원은 투고된 논문의 게재가 결정될 때까지는 심사자 이외의 사람에게 저자에 대한 사항이나 논문의 내용을 공개하면 안 된다.

제 4 장 심사위원이 지켜야 할 연구윤리

제 12조 (성실 심사) 심사위원은 학술지의 편집위원(회)이 의뢰하는 논문을 심사규정이 정한 기간 내에 성실하게 평가하고 평가 결과를 편집위원(회)에게 통보해 주어야 한다. 만약 자신이 논문의 내용을 평가하기에 적임자가 아니라고 판단될 경우에는 편집위원(회)에게 지체 없이 그 사실을 통보한다.

제 13 조 (공정 심사)　심사위원은 논문을 개인적인 학술적 신념이나 저자와의 사적인 친분 관계를 떠나 객관적 기준에 의해 공정하게 평가하여야 한다. 충분한 근거를 명시하지 않은 채 논문을 탈락시키거나, 심사자 본인의 관점이나 해석과 상충된다는 이유로 논문을 탈락시켜서는 안 되며, 심사 대상 논문을 제대로 읽지 않은 채 평가해서도 안 된다.

제 14 조 (평가근거의 명시)　심사위원은 전문 지식인으로서의 저자의 인격과 독립성을 존중하여야 한다. 평가 의견서에는 논문에 대한 자신의 판단을 밝히되, 보완이 필요하다고 생각되는 부분에 대해서는 그 이유도 함께 상세하게 설명해야 한다.

제 15 조 (비밀 유지)　심사위원은 심사 대상 논문에 대한 비밀을 지켜야 한다. 논문 평가를 위해 특별히 조언을 구하는 경우가 아니라면 논문을 다른 사람에게 보여주거나 논문 내용을 놓고 다른 사람과 논의하는 것도 바람직하지 않다. 또한 논문이 게재된 학술지가 출판되기 전에 저자의 동의 없이 논문의 내용을 인용해서는 안 된다.

제 5 장　윤리규정 시행 지침

제 16 조 (윤리규정 서약)　한국목간학회의 신규 회원은 본 윤리규정을 준수하기로 서약해야 한다. 기존 회원은 윤리규정의 발효 시 윤리규정을 준수하기로 서약한 것으로 간주한다.

제 17 조 (윤리규정 위반 보고)　회원은 다른 회원이 윤리규정을 위반한 것을 인지할 경우 그 회원으로 하여금 윤리규정을 환기시킴으로써 문제를 바로잡도록 노력해야 한다. 그러나 문제가 바로잡히지 않거나 명백한 윤리규정 위반 사례가 드러날 경우에는 학회 윤리위원회에 보고할 수 있다. 윤리위원회는 윤리규정 위반 문제를 학회에 보고한 회원의 신원을 외부에 공개해서는 안 된다.

제 18 조 (윤리위원회 구성)　윤리위원회는 회원 5인 이상으로 구성되며, 위원은 평의원회의 추천을 받아 회장이 임명한다.

제 19 조 (윤리위원회의 권한)　윤리위원회는 윤리규정 위반으로 보고된 사안에 대하여 제보자, 피조사자, 증인, 참고인 및 증거자료 등을 통하여 폭넓게 조사를 실시한 후, 윤리규정 위반이 사실로 판정된 경우에는 회장에게 적절한 제재조치를 건의할 수 있다.

단, 사안이 학회지 게재 논문의 표절 또는 중복 게재와 관련된 경우에는 '학회지 논문의 투고와 심사에 관한 규정'에 따라 편집위원회에 조사를 의뢰하고 사후 조치를 취한다.

제 20 조 (윤리위원회의 조사 및 심의)　윤리규정 위반으로 보고된 회원은 윤리위원회에서 행하는 조사에 협조해야 한다. 이 조사에 협조하지 않는 것은 그 자체로 윤리규정 위반이 된다.

제 21 조 (소명 기회의 보장)　윤리규정 위반으로 보고된 회원에게는 충분한 소명 기회를 주어야 한다.

제 22 조 (조사 대상자에 대한 비밀 보호)　윤리규정 위반에 대해 학회의 최종적인 징계 결정이 내려질 때까지 윤리위원은 해당 회원의 신원을 외부에 공개해서는 안 된다.

제 23 조 (징계의 절차 및 내용)　윤리위원회의 징계 건의가 있을 경우, 회장은 이사회를 소집하여 징계 여부 및 징계 내용을 최종적으로 결정한다. 윤리규정을 위반했다고 판정된 회원에 대해서는 경고, 회원자격정지 내지 박탈 등의 징계를 할 수 있으며, 이 조처를 다른 기관이나 개인에게 알릴 수 있다.

제 6 장 보칙

제 24 조 (규정의 개정)

1. 편집위원장 또는 편집위원 3인 이상이 규정의 개정을 發議할 수 있다.
2. 재적 편집위원 3분의 2 이상의 찬성으로 개정하며, 총회의 인준을 얻어야 효력이 발생한다.

제 25 조 (보칙)　이 규정에 정해지지 않은 사항은 학회의 관례에 따른다.

부칙

제1조(시행일자) 이 규정은 2007년 11월 24일부터 시행한다.

Wooden Documents and Inscriptions Studies No. 22. June. 2019

[Contents]

The Korean Society for the Study of Wooden Documents

발 행 인　이성시
편 집 인　이건식
편집간사　나유정
총무간사　이규호

- 함안 성산산성과 출토 목간의 연대
- 함안 성산산성 출토 문서목간과 力役 동원의 문서 행정
- 함안 성산산성 목간으로 본 6세기 신라 촌락사회와 지배방식
- 함안 성산산성 출토 부찰목간의 지명 및 인명 기재방식과 서식
- 일본 7세기 목간에 보이는 한국목간
- 大寶律令 施行에 따른 일본사회의 변용과 한국목간
- 屯倉과 韓國木簡
- 公山城 출토 칠피갑옷 銘文資料의 재검토
- 신라 사천왕사지 출토 비편의 새로운 이해
- 「壬申誓記石」의 제작 시기와 신라 중고기의 儒學 이해에 대한 재검토
- 昌寧 仁陽寺 碑文의 判讀과 解釋
- 『梁書』 諸夷傳의 기초적 분석
- 부여 석목리 143-16번지 유적 문자자료 소개
- 울진 성류굴 제8광장 新羅 刻石文 발견 보고
- 일본 출토 고대 문자자료
- 2019년 한일목간학회 공동주최 국제학술대회 참가기

木簡과 文字 연구 21

엮은이 | 한국목간학회
펴낸이 | 최병식
펴낸날 | 2019년 7월 29일
펴낸곳 | 주류성출판사
서울시 서초구 강남대로 435
전화 | 02-3481-1024 / 전송 | 02-3482-0656
www.juluesung.co.kr
e-mail | juluesung@daum.net

책 값 | 20,000원
ISBN 978-89-6246-399-6 94910
세트 978-89-6246-006-3 94910

* 이 책은『木簡과 文字』22호의 판매용 출판본입니다.